novum pro

WALTHER WEVER

Treppenwitz zur Zeitkultur

SPRUNG IN DIE ‚NACH-CORONA'
GLÜCKSKULTUR

novum pro

Bibliografische Information
der Deutschen Nationalbibliothek:

Die Deutsche Nationalbibliothek
verzeichnet diese Publikation in
der Deutschen Nationalbibliografie.
Detaillierte bibliografische Daten
sind im Internet über
http://www.d-nb.de abrufbar.

Alle Rechte der Verbreitung,
auch durch Film, Funk und Fernsehen,
fotomechanische Wiedergabe,
Tonträger, elektronische Datenträger
und auszugsweisen Nachdruck,
sind vorbehalten.

© 2020 novum Verlag

ISBN 978-3-99107-214-0
Lektorat: Marie Schulz-Jungkenn
Umschlagfoto:
Eugenesergeev | Dreamstime.com
Umschlaggestaltung, Layout & Satz:
novum Verlag

Gedruckt in der Europäischen Union
auf umweltfreundlichem, chlor- und
säurefrei gebleichtem Papier.

www.novumverlag.com

Prolog

Bernd wälzt sich im Bett. ‚Wieder mal 'ne Nacht, in der der Schlaf nicht kommen will'. So sehr er sich auch darum bemüht, ihm will Claudia nicht aus dem Kopf gehen. Er versucht sich vorzustellen, sie läge neben ihm, bis er sich sogar einbildet, den Duft ihrer Haare inhalieren zu können. Wieder mal ein schwarzes Loch, in dem sich sein emotionales Gleichgewicht aufgehängt hat. Er murmelt vor sich hin, „hat es Sinn, sie anzurufen? Was soll ich ihr sagen? Dass ich – auf mich selbst gestellt – an dem albernen Zeitkultur-Projekt zu scheitern drohe? Wenn es mir wenigstens gelänge, ein originelles Narrativ zu finden, um einen nachvollziehbaren Sinnpfad durch das undurchdringliche Unterholz der Sinnlosigkeit zu schlagen. Vielleicht habe ich aber auch einfach mal Glück und sie schlendert morgen durch einen Bücherladen, um auf meinen ‚Treppenwitz zur Urkultur' aufmerksam zu werden. Sicher kauft sie es sofort begeistert, um mich beglückt anzurufen. Oder sie entdeckt bei einer Freundin den ‚Treppenwitz zur Hochkultur'. Wäre vielleicht besser so, sie regte sich vermutlich über seine detailverliebte Beschreibung ihrer Liebesszenen auf. Anstatt zu begreifen, dass ich diese schöne Zeit mit ihr einfach nur unsterblich zu machen gedachte. Oder ist sie nur das traurige Resultat meiner Einbildung? Eigentlich ist es doch ein ausgemachter Blödsinn zu glauben, ihr Herz mit der albernen Kulturbeflissenheit wach küssen zu können!

Verdammt, es ist nun schon wieder Sommer geworden. Sogar ein traumhaft schöner Sommer. Dieser Juni 2019, dessen warme Winde ihn schon seit Tagen beglücken. Nur seine Schwermut klebt in ihm fest. Hätten deine Bücher bloß von Glücksrezepten gehandelt, ja dann … Aber doch nicht von Kultur!"

Er wälzt sich auf die andere Seite. „Das ist es. Das Glück als Schlüsselbegriff der Zeitkultur! Begaben wir uns mit dem ‚Kapitalismus 1.0' ab dem Jahr 1850 auf eine kollektive Glückssuche?" Ihm wird schlagartig bewusst, erst mit der industriell bedingten Zerstörung vertrauter Lebensträume, erst mit dem die Sinne der Jedermanns abstumpfenden maschinellen Takt verloren wir unser bisheriges inneres Gleichgewicht, womit die Jedermanns ihren Musikern, Malern und Literaten immer weniger Beachtung schenkten. Sowie unser Vertrauen in die christliche Religion, womit auch noch die Vertrautheit über die Gewissheit des Sinns des Lebens entschwand.

Bernd reißt die Augen weit auf. Doch die Finsternis liegt bleiern über seinem Bett, sodass er die Zimmerdecke nicht ausmachen kann. „Kapital ließ die Menschen reich werden, sie zu Abhängigen eines neuen Lebenswandels mutieren. Bemerkten die Jedermanns nicht, bei der Suche nach materiellem Glück in eine immer tiefere Ausweglosigkeit hineinzurutschen? Und wie ihre Sucht nach der Akkumulation des Geldes ihnen ein genussvolles Leben im Diesseits vorzugaukeln begann? Wie erst hiermit die krampfhafte Gier nach den vier Buchstaben G-e-l-d einsetzte? Hatten wir erst einmal Geld, glaubten wir, uns damit unser Glück erkaufen oder zumindest die Betäubung unserer Sinne finanzieren zu können. Kann ich diese Glücksspirale enttarnen?" Bernd schließt wieder die Augen. „Was sind wir nur für ein komisches Volk, da wir inzwischen selbst unser kollektives Glück mit jährlichen Allensbach-Umfragen messen?"

Wieder wälzt sich Bernd auf die andere Seite. „Das verfluchte Kapital führte uns seit 1850 auf immer größere Abwege. Alle 50 Jahre auf einer engen Wendeltreppe eine neue Plattform erklimmend. Zunächst die des ‚regionalen Kapitalismus 1.0', dann des ‚nationalen Kapitalismus 2.0', des ‚internationalen Kapitalismus 3.0' und schließlich des ‚globalen Kapitalismus 4.0'. Um in der kollektiven Verkrampfung des ‚Glücks 1.0', ‚2.0', ‚3.0' und ‚4.0' zu münden! Vielleicht kommt nun die Zeit der Umkehr!"

Er versucht sich das Happy End einer Versöhnung mit ihr vorzustellen. Ihre Annäherung, ihre Berührungen, ihre beiderseitige Vereinigung. Seine Gesichtszüge entspannen sich.

Plötzlich vernimmt er wieder altbekannte summende Geräusche. „Nein, nicht schon wieder der verdammte Administrator. Warum ausgerechnet der schon wieder?"

> „Letztes Mal bist du entwischt
> mir, was selten hier passiert.
> Hast Geschichten aufgetischt,
> Argumente weggewischt,
> sprich, ich war dank dir verwirrt."

Bernd antwortet spontan:

> „Danke damals für den Tipp,
> der mich bracht zurück zur Spur!
> Gern ich hing an deiner Lipp',
> war erfolgreich auf dem Trip,
> schrieb zur ‚Ur'- und ‚Hochkultur'!
> Jetzt fehlt nur noch der Teil drei!" –

> „Das ist mir doch einerlei!
> Will dich nicht mehr ziehen lassen!"

> „Was, ich war doch gut, dank dir"!

> „Ha, das könnte dir so passen,
> du bleibst hier! Ich kann's nicht fassen,
> du erneut suchst Rat bei mir?"

Bernd versucht, sich aus dieser misslichen Lage zu befreien.

> „Tu ich! Ich will konzedieren,
> dass ich von der Muse hier
> ließ mich bestens inspirieren!

> *Doch auch du tat'st profitieren,*
> *denn ich half damit auch dir,*
> *deine Himmelskraft sie fand*
> *sich in jedem meinem Band!*

Der Administrator hat offenbar keine Lust, sich auf diese, aus seiner Sicht unnütze wie nicht relevante Diskussion einzulassen:

> *„Dann ist alles bestens doch,*
> *du darum kannst bleiben hier!" –*

> *„Auf die Zeitkultur ich poch,*
> *sie beschreibend mir ist noch*
> *wichtig heut! Gestatt' es mir!*

> *Will für ‚Schöne Künste' leben,*
> *von Kultur – die uns erhält,*
> *und uns prägt in unsrem Streben –*
> *schwärmen! Denn Kultur ist eben*
> *schlicht das ‚formende Prinzip der Welt'!"*

> *„Unsinn, Lust auf so was hat*
> *niemand mehr bei euch auf Erden.*
> *Jeder träumt vom Glück, das matt*
> *euch ich schenk nur! Ihr seid satt*
> *von Kultur, von ihrem Werden!*

> *‚Schöne Künste' sind verronnen!*
> *Heute wird auf jedem Posten*
> *Materielles nur ersonnen!*
> *Glück hat der nur noch gewonnen,*
> *der am besten ist bei Kosten!*

Dank des Mammons euch beschweren
Glücksgier, Anspruchssklaverei,
Lug und Trug, sie sich vermehren,
um euch bleiern zu beschweren.
Euch ist Muse einerlei!

Populismus, Egoismus,
Ismus grad, so weit man sieht!
Nun der Avantgarde-Verismus
– nebst dem plumpen Populismus –
bald euch in den Abgrund zieht!

Sollt ihr doch daran verrecken!
Rüstet weiter, suchet nicht
Wahrheit! Ihr am Arsch könnt lecken
mich! Könnt eure Welt verdrecken,
Wasser, Erde, Luft und Licht!

Fokussiert auf Umweltpossen,
CO2 längst wurscht indes!
Sinnlos wird Benzin vergossen
von meist klobigen Karossen,
Hauptsache PS, PS!

Weiter wollt ihr euch vermehren,
fest drum stehet mein Entschluss,
Gier- und Machttrieb euch beschweren,
da ihr wollet nicht umkehren,
mache ich nun endlich Schluss!

Seh' mich insofern gezwungen,
bei solch reichlich Idiotie,
euch zu stoppen notgedrungen
– was ich einst mir ausbedungen –
nun mit einer Pandemie!"

Bernd ist verblüfft. „Habt ihr hier oben uns denn aufgegeben?" Sein Gegenüber schweigt. „Und was bedeutet es, uns mit einer Pandemie zu konfrontieren?" „Wirst es schon sehen." „Wieder mit einer Pest, einer Spanischen Grippe oder einem erneuten Coronavirus?" Sein Gegenüber schweigt. Bernd schießt es durch den Kopf, wird schon nicht so schlimm werden, denn wir haben ja Sars auch mit Tamiflu gut in den Griff bekommen. Entpuppte sich letztlich als reine Panikmache. „Du wirst es schon noch sehen." Worauf Bernd weiter grübelt, stimmt, der kann ja meine Gedanken lesen. Aber vielleicht böte sich hiermit auch eine Chance einer neuen kollektiven ‚Nach-Corona' Glücksvision? Um dann laut seinem Gegenüber zu entgegnen: „Ich wäre auch bereit, die Jedermanns ganz in deinem Sinne bei der Entwicklung dieser Glücksvision zu begleiten." Erst jetzt wird er sich bewusst, dass sein Gegenüber wirklich nicht zum Spaßen aufgelegt ist. Bernd ringt mit einem passenden neuen Argument, um jenen doch dazu zu bewegen, nicht hier in Quarantäne wohlmöglich auf unbegrenzte Zeit festzusitzen. Diesmal will er nicht, wie schon so oft erst nach manchem Ende einer Diskussion beim Verlassen auf der Treppe von jenem merkwürdigen Phänomen des ‚Treppenwitzes' überrumpelt werden. Der ihm zumeist – trotz seiner an und für sich ihm eigenen Spontanität – letztlich immer erst dort in den Sinn kommt. Anstatt in den Sekunden, in denen es darauf ankommt, einen Treffer zu landen. „Vielleicht gelingt es mir ja hier", schießt es Bernd durch den Kopf, „weil es im Himmel gar keine Treppe gibt." Mit diesem Gedanken findet er seinen roten Faden wieder, um triumphierend zu antworten:

> *„Auf der Schussfahrt gilt's zu wenden!*
> *Will 'nen Spiegel halten vor*
> *jedermann, nicht Zeit verschwenden!*
> *Tröstend neuen Sinn will spenden*
> *gegen uns'ren ‚Zeitgeist-Chor'.*
> *Darum nur, ich bitt dich eben,*
> *mir noch etwas Zeit zu geben!"*

Worauf der Administrator schweigt. Bernd fühlt sich durch dieses Schweigen ermutigt, nicht locker zu lassen, sondern sofort nachzusetzen:

„Eben darum ist mein Plan,
lyrisch weiter vorzugehen,
bis das Herz von jedermann
dank der Worte Zauber dann
wird erweicht! Dies muss geschehen!"

Der Administrator antwortet mit einem resignierenden Unterton:

„Dann versuch's! Kannst auf mich zählen,
bloß verschwende nicht die Zeit,
um zu ängstigen die Seelen
so, dass sie verzweifelt wählen
Pfaffen-Rat! Schad wär's soweit!
Und auch male schwarz nicht bloß,
dass die Lag scheint aussichtslos!

Ist der Mensch beschwert zu sehr,
trifft ihn schnell Melancholie!
Ist's zur Depression nicht mehr
weit, sodass womöglich er
rennt zum ‚Seelendoktor'. Nie
dieses menschlich Unterfangen
langfristig ist gut gegangen!

Denn Psychiater, meist sie lügen,
der Patient, der hoffend denkt,
wird er auf dem Sofa liegen,
wird schon seine Angst besiegen.
Wird getäuscht! Was daran hängt:

Auseinander lassen Seelen
nehmen sich, beseh'n bei Licht.
Doch euch unsere Künste fehlen,
die wir lassen uns nicht stehlen,
des Zusammenfügens schlicht!
Dazu braucht es uns're Kraft,
die allein so etwas schafft."

„Und was soll ich insoweit
tun, sie unten zu betören?"

Der Administrator hält einen Moment inne:

„*Wenn du bist dazu bereit,*
Kulturelles uns'rer Zeit
zu erzählen, zu beschwören,

du dich solltest fokussieren,
ohne allzu viel Tamm, Tamm,
da die Deutschen inhalieren
und auch schätzen's Phantasieren,
auf ein Märchen wundersam!
Denn das Märchen bringt zurück
Sinn, Moral und damit Glück!"

„Wenn ich also ein kulturgeschichtliches Märchen schriebe und die obskuren Lehren aus der vom Administrator angekündigten Corona-Zeit einschlösse, dann, ja dann bekäme ich noch die Zeit für den Abschluss meiner Trilogie", stellt Bernd erleichtert fest. „Warum nicht? Hauptsache Zeit!" Er versucht, davonzueilen, sieht sich stolpern, rappelt sich wieder auf, stürzt erneut. Schweißgebadet wacht Bernd auf, um erleichtert festzustellen: „Wieder einmal bist du dem Administrator von der Schippe gesprungen. Dann mal auf zur ‚Mär der Zeitkultur'!"

13
Treffen zur ‚Epoche des Kapitalismus 1.0'
(1850 bis 1900)

„Es war einmal vor langer Zeit, da liebten sich ein älterer Mann und eine jüngere Frau. So könnte das Märchen beginnen", befindet Bernd. „Bald erfreuten sich beide daran, sich zunächst ganz nah in die Augen zu sehen, um die Gedanken des Gegenübers zu erahnen, zu erraten, abzulesen. Was sie immer besser beherrschten. Um das Gleiche – sich immer weiter voneinander entfernend – auszuprobieren. Zuletzt sogar von zwei, durch eine kleine Schlucht getrennten Hügeln aus. Bis ihr Treiben von einer bösen Hexe entdeckt wurde, die, ihnen ihr Glücksgefühl nicht gönnend, einen Starkregen herbeizauberte. Der ließ blitzschnell den kleinen Bach zwischen den beiden Hügeln zu einem reißenden Fluss anschwellen, dabei die Liebenden schmerzlich trennend. Da standen sie nun, jeder an seinem Ufer, wehklagend rufend ‚und zwischen uns ein breiter Fluss, alles passiert, wie es passieren muss'."

Der Regen prasselt auf das Dach seines Bootes. ‚Und die Moral von der Geschicht'? Bernd ist sich unschlüssig. Er erinnert sich noch zu genau an das Ende der Beziehung mit Claudia, auch wenn sie in ihrer Kulturgeschichte erst im Jahr 1850 angekommen waren. Sowie an das traurige Ende des kollektiven Traums der Jedermanns nach dem Scheitern des Erfurter ‚Unionsparlaments' just in diesem Jahr. „Wie ging es nun weiter?", überlegt Bernd laut. „Na klar, die Jedermanns ließen sich von einem neuen Fieber erfassen, der Sucht nach einer Kapitalakkumulation. Sie gaben sich sozusagen kollektiv dem Märchen des Kapitalismus hin, mit dem sich zumindest für einige bürgerliche Glückspilze die gesellschaftlichen Schlagbäume öffneten. Grenzen wurden neu gezogen, nicht mehr zwischen ‚Adel und Bürgertum', sondern zwischen ‚reich und arm'."

Während Bernd diese Worte vor sich hin brummt, versucht er, sich einzureden, sich mit dem reißenden Fluss zwischen Claudias und seinem Standort abgefunden zu haben. Er hofft, die beklemmenden Brustschmerzen der vergangenen nächtlichen Attacken nun endgültig überwunden zu haben. Die sich anfühlen, als stünde ihm der Herzinfarkt bevor. Von denen er dank der Konsultation seines Kardiologen doch weiß, dass sie von seinem Liebesschmerz herrühren. Er atmet tief durch. Doch zu weiteren Aktivitäten kann er sich einfach nicht aufraffen. Sich auf das Einfach-so-Dasitzen und Atmen fokussierend. Er fühlt sich matt, schlapp und verbraucht.

Plötzlich reißt die Wolkendecke auf und endet auch das prasselnde Geräusch des Regens. Er genießt die ersten wärmenden Sonnenstrahlen des Osterfestes. „Schade nur, dass ich keinen habe, mit dem ich heute mein Ei kicken kann." Zugegeben, eine verdammt alberne, aber schöne Tradition, die ihn an seine frühe Kindheit erinnert. Bei der es darum geht, mit einem bunt bemalten ‚Siegerei' in der Hand den Frühstückstisch triumphierend zu verlassen.

Er holt aus der Tiefe seines Hausbootes die Auflage für seine sich an Deck befindliche Liege, um sich in seinen Oberdeck-Liegestuhl fallen zu lassen. Urplötzlich schießen ihm die so oft von seinem Vater zitierten österlichen Zeilen durch den Kopf. Einem Automatismus folgend, beginnt er, sie vor sich herzubeten. „Wie gingen sie noch mal los? Ach ja, ‚vom Eise befreit sind Strom und Bäche,/durch des Frühlings holden, belebenden Blick,/im Tale grünet Hoffnungsglück./Der alte Winter in seiner Schwäche/ zog sich in raue Berge zurück./Jeder sonnt sich heute so gern,/ sie feiern die Auferstehung des Herrn./Ich höre schon des Dorfes Getümmel,/hier ist des Volkes wahrer Platz./Zufrieden jauchzet Groß und Klein,/hier bin ich Mensch, hier darf ich's sein.' Was für altvertraute, ganz andere Formen des kollektiven Glücks beschreibende Verse unseres klassischen Dichterfürsten Johann

Wolfgang v. Goethe aus einer heute so verdammt fremden Zeit, die mit dem ‚Kapitalismus 1.0' unwiderruflich unterging.

Die der Kulturhistoriker Jakob Burckhardt seit 1853 mit seinen kulturgeschichtlichen Beschreibungen für die Nachwelt zu retten versuchte. Es sollte noch bis 1911 dauern, bis der berühmte Philologe Albert Soergel mit seiner großartigen Literaturgeschichte ‚Dichtung und Dichter der Zeit' die Jedermanns in seinen Bann zog. Vielleicht auch aufgrund der Sorge, dass die gute alte Zeit der Kulturvielfalt bald zugrunde gehen könnte. Und als dies mit dem Ersten Weltkrieg geschah, machte er sich in der Tat 1925 noch einmal dran, sie wundersam um die expressionistische Kunst zu ergänzen, die für uns Deutsche zu einer besonders prägenden Kunstrichtung avancierte. Im gleichen Jahr 1925 brachte zudem Egon Friedmann alias Friedell den Mut auf, ein allgemein verständliches Buch zur gesamten deutschen Kulturgeschichte zu schreiben. Seit sage und schreibe einhundert Jahren jedoch gibt es einen solchen mehrdimensionalen Versuch zur Kulturbeschreibung nicht mehr! Seit einhundert Jahren, und nun macht ausgerechnet Claudia schlapp."

Nun erst wird er der leeren Flasche Korn neben sich gewahr. „Verdammt, du trinkst in letzter Zeit zu viel." Mit der Folge eines komatösen Schlafes und immer merkwürdiger Träume, die ihn immer tiefer in seine Melancholie ziehen. „Wie war noch der Traum gestern Nacht?" Er erinnert sich langsam an die Details. „Warum reagierte der ihm erschienene Administrator eigentlich so kritisch auf Pastoren und Psychiater? War der etwa eifersüchtig darauf, dass die Menschen heute weder auf die Religion noch auf ihre innere Stimme hören, sondern sich auf die Hilfe der Psychiatrie stürzen? Was für eine merkwürdige Vorstellung eines globalen Kampfes der uns umgebenden Mächte, die heute nun wirklich keinen mehr hinter dem Ofen hervorlockt.

„Alles nur Hirngespinste deines Unterbewusstseins, das dir gerne des Nachts Streiche spielt", befindet er. „Was für eine blöde Forderung des Administrators, ein Märchen zu schreiben. So ein Quatsch, wie soll ich das denn bitte anstellen?" Na ja, er müsste etwas Heiteres mit nur wenigen Protagonisten verfassen. Vermutlich gelänge ihm das sogar. „Je weniger, umso besser! Wie wäre es mit Claudia und mir selbst?" Er grinst. „Doch dann muss ein Happy End her. Aber das wird doch dir erfolgsverwöhntem Kerl auch noch gelingen!", macht er sich Mut. „Doch was könnte ausgerechnet bei der Zeitkultur die Moral der Geschichte sein?" Er schüttelt den Kopf. „Gibt es überhaupt eine allgemein gültige Moral?"

Er grübelt. „Wie stand es eigentlich mit der Moral der alten Märchen?" Er schlägt das Buch der Gebrüder Grimm auf, um der Frage auf den Grund zu gehen. „Was ist eigentlich die Moral bei Rumpelstielzchen?" Je länger er über sie nachdenkt, umso kritischer wird sein Blick. Dann muss er über sich selbst lachen, laut vor sich hin brummelnd: „Na klar! ‚Und die Moral von der Geschicht'/Bescheidenheit, die lohnt sich nicht'." Er blättert zum nächsten Märchen des ‚tapferen Schneiderleins'. „Und hier? Na klar! ‚Und die Moral von der Geschicht',/nie zeige wem dein wahr' Gesicht'." Schon verschlingt er das Märchen ‚der gestiefelte Kater'. Auch hier hat er schnell eine Lösung parat, ‚und die Moral von der Geschicht',/man führe and're hinters Licht'. Er wendet sich nun dem ‚Froschkönig' zu. „Na klar, ‚und die Moral von der Geschicht',/das Hässliche will sehn man nicht'. Ist doch alles Unsinn, diese Art von Moral trägt heute beim besten Willen nicht mehr", befindet er. „Doch wenn du damit deine Frist verlängern kannst, ist es zumindest einen Versuch wert. Du musst dich halt nur ein bisschen mehr anstrengen, dann klappt das schon."

Er muss schmunzeln. Jedes Mal, wenn er sich einer neuen Herausforderung stellt, fällt ihm der großartige Spruch des großen indischen Literaten Tagore ein. Der frei übersetzt schrieb, ‚Ich schlief und ich träumte, das Leben war Freude./Erwachend begriff ich, das Leben war Pflicht./Beim Tun erst erkannt ich der Weisheit Gebäude,/die Pflicht, sie mutierte zur Freude mir schlicht!' „Könnte ich Claudia nicht mit meiner Freude anstecken, indem wir uns im edlen Ringen des Freilegens der Wurzeln unserer Zeitkultur üben? Ne, das haben wir ja wiederholt versucht und hat letztlich doch zu unserer Trennung geführt. Du müsstest vom Glück sprechen, um die Geschichte der kollektiven Glücksfindung mit derjenigen der Zeitkultur zu verweben." Er schließt die Augen und gibt sich resignierend wieder der ihn überkommenden Melancholie hin. „Wie lange wird es wohl noch dauern, bis sich die Melancholie in eine handfeste Psychose steigert?" Er beobachtet das Spiel der Wellen, sich insgeheim ausmalend, wie er leblos mit auseinandergespreizten Armen und Beinen durch das Wasser gen Boden gleitet. Er sieht auf den Tiefenmesser: „6,50 Meter, das müsste reichen."

Er lässt seinen Blick in die Ferne schweifen. Was ihn besonders schmerzt, ist ihr Scheitern, nicht etwa aufgrund der thematischen Herausforderung, sondern ausgerechnet aufgrund einer verkorksten, verschachtelten und verunglückten Beziehungsgeschichte. „Zweisamkeit und Freiheit, du wolltest einfach zu viel!" Er stöhnt. „Was sollte eigentlich ihr völlig überbewertetes, geradezu albernes Insistieren auf dem Skifahren? Irgendwie hat sie dich doch nur verarscht, da steckt was ganz anderes dahinter", versucht er sich zu beruhigen. Doch da ist sie wieder, diese verdammte innere Stimme, die ‚nie ihre Grenzen verschiebt, den Übergang bewacht, dass deine Seele nicht erkrankt'. Denn wäre er ehrlich zu sich selbst, so müsste er sich doch eingestehen, dass die wesentliche Schuld allein bei ihm lag. „Nur weil ich mich zu sehr in die mir lieb gewonnene Freiheit einsamer Bootstouren verrannte."

Gelangweilt schaltet er die Glotze ein. „Verdammt, ich hätte fast vergessen, am heutigen Mittwochabend wird ja in der ‚Englischen Woche' das Top-Bundesligaspiel Bayern München gegen Borussia Dortmund übertragen." Erleichtert stellt er fest, dass erst zehn Minuten gespielt sind. Seine Lebensgeister kehren zurück. Er beschließt, sich schnell noch ein Bier zu holen, um wenigstens die restlichen achtzig Minuten entspannt auf dem Sofa abzuhängen. Von wegen entspannt. Das Spiel entpuppt sich als eine kampfbetonte, packende Partie zweier hochmotivierter Mannschaften. Voller Zweikampfszenen und gelungener Pässe, geprägt von den so typischen ohrenbetäubenden Hintergrundgesängen der

Dortmunder Fans. Bernd ist seit Jahren ein Fan der Dortmunder, auch wenn er seit seiner Bekanntschaft mit Claudia auch eine gewisse Sympathie für die Bayern hegt. „Wenn die nur nicht immer wieder alle guten Spieler der Liga aufkauften. Denn das hat zur Folge, dass sich unsere kollektive Spannung nicht mehr auf den Titel-, sondern allein auf den Abstiegskampf fokussiert. „Ist aber auch nicht schlecht", befindet er, „denn damit stehen endlich auch mal die weniger Guten im öffentlichen Rampenlicht."

Einer der Dortmunder Spieler kommt im Strafraum zu Fall, der Schiedsrichter pfeift. „Ja, Elfmeter", freut sich Bernd, vom Sofa aufspringend. Just in diesem Moment klingelt sein Handy. Genervt brummt er, einem Automatismus folgend, „ja", ohne sich jedoch mit der ihn anrufenden Stimme zu beschäftigen. Denn just in diesem Moment setzt der Elfmeterschütze zum Strafstoß an – und verwandelt. „Joop", ruft er. Erst jetzt lenkt sein Hippocampus seine Aufmerksamkeit auf das Handy. Doch auf der anderen Seite rührt sich nichts. „Wer ist denn da?", erkundigt er sich sichtlich genervt.

„Männer sind doch echt unzuverlässig", hört er die ihm so vertraute Stimme Claudias. Er braucht Sekunden, um sich zu fangen. Zu lange, um ihrer schnippischen Bemerkung zuvorzukommen. „Was ist eigentlich mit deinem nächsten Vortrag, ist der nach eineinhalb Jahren nun endlich fertig oder immer noch nicht?" „Natürlich ist er das", erwidert Bernd. „Nur dachte ich, du wolltest nichts mehr von mir wissen." „Wie kommst du denn auf dieses schmale Brett?", erkundigt sie sich. Wie er befindet, ein wenig scheinheilig. „Ich dachte, du wolltest mit deinem, sich dir höflich als Trauzeugen andienenden Freund nichts mehr zu tun haben." „Mensch, Bernd, unser Streit ist doch Schnee von gestern", reagiert Claudia fröhlich. „Außerdem …" Sie hält einen Moment inne. „Ne lass mal, erzähl ich dir besser Aug in Aug.

Wie wäre es mit übermorgen?", erkundigt sie sich. „Gleich übermorgen?", antwortet er ungläubig. Worauf sie trocken erwidert: „Wusste ich doch, du bist mit deinem Vortrag noch gar nicht fertig." „Pass mal auf", erwidert Bernd. „Willst du mir drohen?", säuselt sie. „Natürlich nicht, aber ich müsste noch zwei Hotelzimmer besorgen, mich um eine Tischreservierung kümmern und allen Gästen für meine geplante Hausboot-Party absagen." Worauf sie nachsetzt: „Und dazu brauchst du ganze zwei Tage?" Bernd ist sprachlos, was ihm relativ selten passiert. „Und wo willst du dich mit mir treffen? Dann könnte ich nämlich morgen schon einmal meine Fahrkarte ausdrucken." „Wie wäre es mit Bremen?", erwidert er. „Gerne", um ein wenig leiser in die Muschel zu sprechen, „ich freue mich auf dich." „Halt mal", erwidert er. Doch an der Stille in der Leitung ist es ihm längst klar, sie beendete das Gespräch genauso abrupt, wie sie es zuvor begann. Er wendet sich wieder dem Spiel zu. Doch seine Gedanken sind ganz woanders.

Schon in der Halbzeitpause zieht es ihn an den Schreibtisch, vor dem er seit Monaten nicht mehr Platz nahm. Er sucht nach seinen dort herumfliegenden Aufzeichnungen, einem ungeordneten Stapel einiger nicht zusammenhängender Geschichten und Bemerkungen, den es nun gilt, zu einem Narrativ zusammenzuführen. „Na ja, viel Zeit hast du ja nicht mehr", schmunzelt er. Doch er fühlt sich hinreichend ausgeruht, um schwungvoll durchzustarten. „Vielleicht gelingt es dir ja, anstelle nach einer durchzechten nun mal nach einer durchschriebenen Nacht aufzuwarten." Sich still darüber wundernd, was die kurze Präsenz ihrer Stimme tief in seinem Inneren bewirkte. Er trinkt entgegen seiner sonstigen Gewohnheit ein Glas Leitungswasser und beginnt mit der Arbeit. Währenddessen schießen die Bayern ein Tor, doch das erscheint ihm nebensächlich. Wie weggeblasen ist sein Interesse an den wenigen packenden Schlüsselszenen jenes Lieblingsspiels der Deutschen, an der wöchentlichen Tabelle, an den albernen Transfers und der Taktik-Kryptologie wichtigtuender Kommentatoren. Er hat nur noch ein Ziel. „Das wird deine letzte Chance sein."

Auf dem Bremer Rathausplatz

„Ist ja kaum zu glauben, dich mal wiederzusehen!", ruft Claudia dem sich ihr lässig nähernden Bernd zu. Der um 18:55 Uhr vor dem Bremer Roland eintrifft. Kaum haben sie sich mit einem doppelten Wangenkuss begrüßt, setzt sie fort: „Wir nähern uns endlich dem letzten, hoffentlich besonders anregenden Teil unserer Kulturgeschichte. Und ob du es glaubst oder nicht, mein Lieber, ich freue mich echt drauf." „Meinst du das ‚politisch oder sexuell'?" „Mensch, geht's noch?", empört sie sich, „ich dachte, ich hätte mich klar genug ausgedrückt, das Sexuelle liegt längst hinter uns." „Sorry, war nur ein dummer Spruch aus meiner Jugend." Bernd ärgert sich, denn dieser blöde Spruch war ihm nur herausgerutscht. Offenbar bemüht auch sie sich, die Stille mit den Worten zu überspielen: „Dann zeig mir mal lieber den schönen Platz hier." Sich bei ihm einhakend, innerlich strahlend, befindet zumindest er, als er ihr die Figur des Rolands näherbringt. Er erläutert ihr die Details der Renaissance-Architektur des Rathauses und des Schüttings. Zweier Gebäude, die den zauberhaften Rathausplatz prägen, deren einzelne Schmuckelemente im Scheinwerferlicht noch konturenhafter als bei Sonnenschein wirken. „Weißt du, das sind prächtige Symbole des einstigen, bewusst gegen den Adel gerichteten, auf dem internationalen Handel fußenden Bürgerstolzes." „Der platzt ja, mein Lieber, noch heute aus allen Nähten."

„Wo wir schon mal dabei sind, möchte ich dich bitten, mit mir da vorne um die Ecke zu gehen. Da steht nämlich das Bremer Wahrzeichen." „Was, nicht auf dem Platz hier?", reagiert sie verdutzt. „Doch gleich neben dran." Wenige Sekunden später stehen sie vor ihm. Bernd erläutert ihr: „Das Bremer Wahrzeichen ist weder ein Brauhaus noch eine Oper oder ein Fachwerk-Ensemble, sondern ein fast unscheinbares Denkmal, in dem die vier Protagonisten des von den Gebrüdern Grimm gesammelten Märchens der ‚Bremer Stadtmusikanten' dargestellt werden. Kennst du deren Geschichte?" „Ich weiß nur, da stehen vier Tiere übereinander, ein Hahn auf einer Katze, die sich auf einem Hund festkrallt, der wiederum auf dem Rücken eines Esels steht. Aber das Märchen selbst kenne ich leider nicht." „Immerhin, ist doch schon einmal ein Anfang. Willst du mehr wissen?" „Gerne." „In dem Märchen geht es um die Selbstachtung vermeintlich unnützer Wesen. Alle vier Tiere sollten, so das Märchen, wegen ihres Alters getötet werden, da sie zu nichts mehr nütze waren. Doch sie wehrten sich, taten sich zusammen, um in die Welt zu ziehen. Nach mehreren Abenteuern im Wald erreichten sie schließlich musizierend Bremen. Um hier von den Bürgern der Stadt ob ihres großartigen Gesangs freundlich aufgenommen zu werden." „Das ist ja eine echt schöne Geschichte. Könnte für mich glatt zum Synonym unserer Leitkultur werden", erwidert sie.

„Komm, lass uns in den Rathauskeller gehen. Dazu müssen wir nur die schmale Tür da den Keller hinunter." „Ist ja gerade kein repräsentativer Eingang", bemerkt Claudia. „Eben deshalb sind die Bremer so stolz auf diese schmale Tür. Denn damit wollen sie ihre hanseatische Bescheidenheit zum Ausdruck bringen. Doch glaube mir, dort unten wirst du gleich einen sehr beeindruckenden Raum vorfinden." „Hanseatische Bescheidenheit, so ein Quatsch", befindet sie. Während er ein wenig altklug bemerkt: „Eigentlich vom Stil her ziemlich ähnlich wie der berühmte Leipziger Auerbachs Keller."

Im Bremer Rathauskeller

Kaum haben sie auf der rechten Restaurantseite in einem, von Bernd reservierten Separee Platz genommen, erscheint die Kellnerin. Sie bestellen zwei Gläser Wein. Dann kann es sich Bernd nicht verkneifen zu befinden: „Die Bremer sind übrigens sehr bekannt für ihre Weinliebe. Deswegen befindet sich hier ein großer Weinkeller. Sie waren, glaube ich, die Ersten im Norden, die an diesem Gesöff besondere Freude empfanden, um die Weinfässer aus aller Herren Länder hierher zu importieren." „Aber zum eigenen Weinanbau reichte es ihnen wohl nicht", erwidert sie laut lachend. „Sei nicht unfair, du stolze Keltin. Das liegt allein an den klimatischen Rahmenbedingungen hier." „O. k. Und wie willst du dein heutiges Thema überschreiben, mein Lieber?" Worauf er erwidert: „Vielleicht so. ‚Ein Märchen aus alten Tagen,/das heute kommt mir in den Sinn,/von uns'rer Ahnen Ertragen/des Kapitalismus-Beginn'." „Willst du mir jetzt auch noch ein Märchen präsentieren?", erkundigt sie sich ein wenig besorgt. „Vielleicht. Ich finde, du solltest froh darüber sein, dass ich nicht wie folgt begann, ‚es begab sich aber zu der Zeit, als ein Gebot von dem Kaiser Augustus ausging, dass alle Welt geschätzt werde'." „Du willst doch nicht die Weihnachtsgeschichte mit einem Märchen vergleichen, oder?" „Nein, aber bei dem seit Jahren immer prominenteren Weihnachtskommerz hätte ich auch auf diese Weise zur Epoche des ‚Kapitalismus 1.0' überleiten können." „Das klingt verdammt grundsätzlich", befindet Claudia, um fortzufahren, „vielleicht sollten wir zunächst erst mal das Essen bestellen. Ich habe nämlich den ganzen Tag noch nichts Vernünftiges zwischen die Kiemen bekommen. So sagt ihr doch hier, oder?" Bernd schmunzelt: „Ich kann dir hier besonders den Labskaus empfehlen." „Muss das sein?", erwidert Claudia. „Ne, ist aber ein typisch Bremer Gericht. Wie wäre es dann mit Grünkohl und Pinkel?" „Was ist das denn?" „Klingt vielleicht ein wenig komisch, schmeckt aber wirklich gut", befindet Bernd. Er versucht, sie zu dieser Wahl zu überreden, indem er für sich selbst dieses Gericht bestellt. Doch sie lässt sich hierauf nicht ein. „Ne, da bevorzuge ich lieber den Hering nach Hausfrauenart, denn rohen Fisch esst ihr Norddeutschen ja gern. So wie die Japaner und Holländer. Das scheint mir jedenfalls die sicherere Wahl zu sein." „Von mir aus, ‚wat der Bauer nich kennt, dat fret er nicht'."

Bernd fährt fort: „Ich habe mich auch für heute echt gequält, die Entwicklungslinien nicht nur der Architektur, sondern auch der Malerei, Musik und Literatur in ein einheitliches Raster zu pressen." „Finde ich nicht schlecht, mein Lieber." „Um ganz ehrlich zu sein, dazu musste ich manches geradebiegen, womit ich bei detailverliebten Malern, Musikern und Philologen sicher sehr viel Kritik ernte." „Ganz ehrlich, das ist mir wurscht, denn eine zu große Detailverliebtheit endet in totaler Komplexität, ohne die Chance, den Wald vor lauter Bäumen zu erkennen", bestärkt ihn Claudia. Bernd strahlt. „Da überzeugt mich mehr dein Versuch, für die Kulturgeschichte einen roten Faden zu weben. Denn der ist doch letztendlich die einzige Form, um sie nicht nur begreifbar, sondern vor allem auch merkbar zu machen. Um uns und die Jedermanns aus dem Labyrinth des Stilpluralismus hinauszugeleiten." „Ist zumindest einen Versuch wert." Sie prosten sich beide zu.

Sie tauschen sich über ihre Urlaubserlebnisse des vergangenen Jahres aus. Sie schwärmt ihm dabei von einem Abenteuerurlaub im Frühjahr quer durch den brasilianischen Urwald vor. „Ist echt krass, wir fingen sogar Kaimane, um sie abends zu verspeisen." „Wie habt ihr das denn angestellt?" „Ich fuhr abends zusammen mit einem Indigenen in einem Einbaum auf den See hinaus. In der Hand hielt dieser einen langen Stock, auf dem ein eiserner Widerhaken befestigt war, dessen Öse an einer langen Schnur hing. Mit seiner Taschenlampe leuchtete er den See ab. Kaiman-Augen reflektieren das künstliche Licht genauso wie Katzenaugen. Die kann man so gut ausmachen. Anschließend paddelten wir vorsichtig zu dem Kaiman. Bis mein Begleiter den Stab mit dem Widerhaken zwischen die Augen des arglosen Tiers stieß. Das tauchte ab. Da sich am Widerhaken ein Seil befand, hielt mein Begleiter dieses fest, was mit erheblicher Kraftanstrengung verbunden war. Denn unser Boot nahm schnell an Fahrt auf, bis das Tier nach 15 Minuten ermüdete, worauf wir irgendwo ans Ufer paddelten, um es an Land zu ziehen. Erst dann wurde es aggressiv, um gut einen halben Meter weit auf uns loszuspringen. Darauf wartete mein Begleiter nur, der todesmutig blitzschnell auf das Tier sprang, um eine Schlinge um das Maul des verletzten Tieres zu binden. Dann erst begutachtete er die Haut, um zu entscheiden, es wieder laufen zu lassen, wenn es zu klein war, oder zu töten. Schmeckt übrigens wie Hühnchenfleisch." „Ich weiß nicht, mir klingt die Geschichte verdammt nach Tierquälerei." „Ist schon komisch mit uns, auf der einen Seite fordern wir, den Urwald unbedingt als den Lebensraum der Indigenen zu bewahren. Und auf der anderen, jenen unsere Ethik aufzuzwingen." Bernd schweigt. „Und wie war der sonst?" „Gar nicht so draufgängerisch, wie ich mir vorstellte." „Sag bloß, du hast mit ihm geschlafen?" „Warum denn nicht?" Bernd sieht sie verdutzt an.

„Übrigens habe ich, mein Lieber, im Spätsommer etwas ganz Verrücktes gemacht. Ich bin von einer Freundin zu einer Inseltour eingeladen worden." „Sag bloß." „Ja, die hat ein eigenes Flugzeug, mit dem wir ein Inselhopping betreiben. Nur auf Helgoland durfte sie nicht landen." „Und welche Inseln hast du dir angesehen?" „Gestartet sind wir in Borkum, waren dann ein Wochenende auf Juist, um nach Norderney weiterzufliegen. Von hier aus haben wir uns nach Baltrum übersetzen lassen. Weiter ging es nach Langeroog und Spiekeroog. Das fand ich übrigens besonders toll. Und schließlich ging es nach Wangerooge, womit wir – wie du weißt – alle ostfriesischen Inseln abdeckten." „Und ward ihr auch auf Neuwerk?" „Ne, wo liegt das denn?" „An der Elbemündung." „Ne, wir machten dann mit Pellworm, Föhr, Amrum und Sylt weiter." „Also ward ihr auch nicht auf den Halligen?" „Ne, mir reichte die Tour. Muss aber echt zugeben, das war eine sehr abwechslungsreiche Tour, zumal wir fast nur geiles Wetter hatten." „Dann warst du sicher auch an der Fischbude von List?" „Na klar, ich weiß mein Lieber, da liegt der nördlichste Punkt Deutschlands." „Alle Achtung."

In diesem Moment wird das Essen serviert. Sie genießen beide ihre bestellten Speisen. Nachdem sie ein Stück Pinkel probiert hat, befindet sie: „Wenn ich gewusst hätte, wie gut der schmeckt, hätte ich mir auch Pinkel bestellt." „Sag ich doch, etwas mehr Vertrauen könnte dir nicht schaden." Nach dem Essen bestellen sich beide einen Schnaps. „Denn der Fisch muss schwimmen", befindet Bernd. „Du hast doch keinen Fisch gegessen." „Ne, aber Hirn will auch verdaut werden." „Hoffentlich bist du überhaupt noch in der Lage, mich von deinen Kulturvisionen zu begeistern", bemerkt Claudia, sich wohlig zurücklehnend.

Bernds Vortrag zur ‚Epoche des Kapitalismus 1.0'
(1850–1900)

„Es waren einmal, lange ist's her wirklich schon/als träumte von Einheit die ganze Nation!" Claudia muss lachen. „Willst du mir jetzt echt ein Märchen erzählen?" „Warum denn nicht?" „Was soll denn diese bekloppte Idee?" „Die Form des Märchens unterstützt das Narrativ, denn jedes Märchen endet mit einer Moral, sprich mit der Quintessenz einer Geschichte." „Bitte, tu doch, was du nicht lassen kannst." „Danke. Genau gesagt, will ich dich sogar mit sieben Märchen beglücken. Nämlich zudem mit sechs Etappenmärchen auf dem Weg zum großen Narrativ des Zusammenwachsens zu einer Nation.

Wie bei unseren letzten Treffen will ich die politische wie kulturelle Geschichte wieder in sechs Tage unterteilen. Und damit in sechs Etappenmärchen. „Weißt du, was du bist?" „Ne?" „Ein echter Spinner." „Danke für das Kompliment, denn du weißt doch, ‚das geht raus an alle Spinner, denn wir sind die Gewinner'." Claudia stöhnt. „Der Traum einer Nation jenseits einer bloßen ‚Kulturnation' schien 1850 am Beginn der Epoche nach dem Scheitern des Erfurter Reichstages ausgeträumt zu sein. Immerhin beschloss das preußische Parlament, wenigstens innerhalb seiner Landesteile sozusagen transregional ein einheitliches Strafgesetzbuch einzuführen. Ein erster Anfang war damit gemacht. Ein Konzept, das sich später mit der Gründung des ‚Norddeutschen Bundes' und dann des ‚Deutschen Reiches' wie eine Blaupause wiederholen sollte. Um im Jahr 1899 mit der Verabschiedung des Bürgerlichen Gesetzbuches zu enden, das damit pünktlich zur Jahrhundertwende in Kraft trat. Sprich, ‚und die Moral von der Geschicht',/die Hoffnung gebet auf bloß nicht'." „Klingt ja auch noch nach einem echten Happy End, mein Lieber", freut sich Claudia. Bernd nickt: „Dann will ich mal mit der allgemeinen Geschichte beginnen.

Montag der Zeit des Deutschen Bundes (1850-1866)

‚Es war einmal vor langer Zeit,/man träumte viel vom Kapital,/von neuen Märkten insoweit,/die nicht nur waren regional'. Denn du erinnerst dich vielleicht, der ‚Deutsche Bund' war nichts anderes als ein loser Staatenbund, der sich aus fünf Königreichen und verdammt vielen ‚Duodez-Fürstentümern' zusammensetzte. Geprägt von dem Konflikt um die Vormachtstellung zwischen den preußischen Königen und österreichischen Kaisern. In Hannover regierte noch König Ernst August, der 1851 die Jedermanns zu überraschen wusste. Obwohl er seit Langem als Gegner des Zollvereins verschrien war, ließ ausgerechnet er die verblüfften Hannoveraner Untertanen wissen, sein Königreich träte nun dem von Preußen dominierten Zollverein bei."
„War der nun über Nacht wirtschaftsliberal geworden?" „Keineswegs. Ursächlich für seine Entscheidung war die Erblindung seines Sohnes. Denn mit dessen Verlust des Augenlichts stellte sich die bundesweit heiß erörterte Frage, ob ein Blinder überhaupt einen Königsthron besteigen dürfe. Allein um Preußen in dieser heiklen Frage gnädig zu stimmen, entschloss sich Ernst August zum Zollverein-Beitritt. Womit die Bürger Preußens endlich ohne Zollschranken von Aachen über das Rheinland und Berlin bis nach Königsberg reisen konnten. Die Rechnung Ernst Augusts sollte aufgehen, denn nach seinem Tod fand ein reibungsloser Thronwechsel auf Georg V in Hannover statt. Leider erwies sich der neue Hannoversche König Georg V aufgrund seiner Blindheit als extrem misstrauisch, um die erzkonservative Linie seines Vaters deutlich zu übertreffen.

Ganz anders als in Sachsen, wo 1854 der Bruder Johann des bisherigen Königs die Regierungsgeschäfte nach dessen Pferdewagen-Unfall übernahm, um eine Justizreform, die Gewerbefreiheit und vor allem den zügigen Ausbau der Eisenbahn zu initiieren. Auch beim Arbeitsrecht wurde Sachsen Vorreiter, 1861 erstmals eine gesetzliche Erlaubnis erteilend, dass Arbeitgeber und Arbeitnehmer, zur Wahrung ihrer Interessen, ‚Koalitionen' eingehen durften. Das war die Geburtsstunde der Tarifverträge. 1863 gründeten Ferdinand Lassalle in Leipzig den ‚Allgemeinen Deutschen Arbeiterverein' und 1869 im benachbarten Eisenach August Bebel und Wilhelm Liebknecht die ‚Sozialdemokratische Arbeiterpartei'.

In Württemberg herrschte zunächst König Wilhelm I, dessen liberales Image dank seines restaurativen Kurswechsels nach 1850 Risse bekam. Seit 1864 regierte dort König Karl, ein liberaler Geist, der die Presse-, Gewerbe- und Vereinsfreiheit einführte und auch den Juden die vollen Staatsbürgerrechte zugestand.

In Bayern förderte König Maximilian II Kunst und Wissenschaft. Er gründete das ‚Maximilianeum' als Stiftung für Hochbegabte und unterstützte durch seine Fußmärsche kreuz und quer durchs Land das bayerische Brauchtum. Auch ließ seine Regierung die Bauernbefreiung, die Judenemanzipation und einige Freiheitsrechte verfügen. Nach seinem Tod bestieg 1864 die wohl schillerndste Persönlichkeit der Bayerischen Geschichte den Königsthron. Ich meine den landauf, landab bekannten, kulturvernarrten Märchenkönig Ludwig II, der gleich nach seiner Thronbesteigung mit der Verwirklichung seiner baulichen Träume begann.

1858 starb der Preußenkönig Friedrich Wilhelm IV, womit sein erzkonservativer Bruder Wilhelm als neuer König aufrückte. Der verblüffte die preußischen Jedermanns zunächst damit, weder — wie allgemein befürchtet — die preußische Verfassung zu revidieren, noch sich zu weigern, seinen Eid auf die Verfassung abzulegen. Ausgerechnet er veranlasste die Bauernbefreiung. Er sah allerdings auch tatenlos zu, wie liberale Abgeordnete die ‚Deutsche Fortschrittspartei' gründeten. Dies war bundesweit die erste ‚Programmpartei', zu deren bekanntestem Vertreter der Berliner Arzt Rudolf Virchow avancierte. Dank ihres 1861 in Preußen erzielten, erdrutschartigen Sieges forderte die Fortschrittspartei rechtsstaatliche Reformen. Dazu zählten vor allem die Ernennung unabhängiger Richter, das Einfrieren der Militärausgaben und die Aussetzung der von der Regierung beschlossenen dreijährigen Wehrpflicht. Worauf König Wilhelm die Auflösung des Parlaments verfügte. Bei den anschließenden Neuwahlen gelang jedoch der Fortschrittspartei ein noch größerer Sieg. Worauf das preußische Abgeordnetenhaus abermals die Mittel für die Heeresreform ablehnte. Der preußische König erwog seinen Rücktritt. Worauf ihm sein Kriegsminister v. Roon die Ernennung des erzkonservativen Botschafters Otto von Bismarck zum Preußischen Ministerpräsidenten ans Herz legte. Ein Vorschlag, den der König beherzigte. Kaum war Bismarck 1862 zum Ministerpräsidenten ernannt, verblüffte er das Parlament mit seiner – nicht von der Verfassung gedeckten – ‚Lückentheorie'. Dahingehend argumentierend, im Falle des verfassungsrechtlich nicht geregelten Patts zwischen Parlament und königlichem Willen entspreche es dem ‚Monarchischen Prinzip', dass der König das letzte Wort habe. Worauf die Heeresreform auch ohne Parlamentsbeschluss umgesetzt wurde.

Den in den Königreichen und Fürstentümern lebenden Jedermanns war klar, eine deutsche Nation scheiterte letztlich am Widerstand Österreichs und Frankreichs. Doch immerhin wuchs man in wirtschaftlicher Hinsicht zu einer Einheit zusammen, wozu der Zollverein und vor allem das sich stetig vergrößernde Eisenbahnnetz beitrugen. Lag es 1850 noch bei knapp 6.000 Kilometern, so schnellte es bis 1866 auf rund 15.000 Kilometer an, womit nahezu alle Hauptstrecken angelegt waren. Auch wurde mit der Rheinbegradigung der Rhein von der holländischen Grenze bis Basel schiffbar gemacht. Dieses infrastrukturelle Netz beschleunigte den Prozess der Umwandlung bisheriger Manufakturen zu Industriebetrieben wie Borsig und Schwartzkopff in Berlin, Maffei in München, Kessler in Karlsruhe, Egestorff in Hannover, Henschel in Kassel, Merck in Darmstadt, Thyssen in Aachen und Krupp in Essen.

Trotz des außenpolitischen Drucks verloren die Jedermanns die nationale Einheit nicht aus den Augen. Der Hannoveraner Rudolf v. Bennigsen gründete den ‚Deutschen Nationalverein', der sich bald landauf, landab aus vielen Ortsgruppen zusammensetzte und eine unglaubliche Sogwirkung auslöste. Denn die Mitglieder dieses Vereins trafen sich zumeist einmal pro Woche und erwiesen sich damit als patriotisches Gegenmodell zu den heute internationalen Clubs wie Rotary und Lions. Bald umfasste der Verein mehr als 25.000 Mitglieder, die ihren Patriotismus besonders mit den 100-Jahr-Feiern zu Schillers Geburtstag zum Ausdruck brachten. Ebenso enthusiastisch gefeiert wie die aufkommenden Turn-, Sänger- und Schützenfeste.

Derweil spitzte sich die außenpolitische Situation unerwartet zu. 1863 beschloss nämlich der dänische König die Einverleibung der Herzogtümer Schleswig und Holstein in das dänische Königreich. Nicht schon wieder der, werden sich die Delegierten der Frankfurter Bundesversammlung gesagt haben. Bismarck konfrontierte die Bundesabgeordneten mit seiner Überzeugung, große Fragen der Zeit würden nicht durch ‚Wegreden', sondern nur durch ‚Blut und Eisen' entschieden. Worauf die Frankfurter Gesandten des Deutschen Bundes die Entsendung eines, sich aus preußischen und österreichischen Truppen zusammensetzenden Bundesheeres nach Schleswig-Holstein beschlossen. Die marschierten im Januar 1864 in Schleswig ein. Womit der ‚Deutsch-Dänische Krieg' wieder, wenn auch nur kurz, aufflackerte. Nach der Eroberung der ‚Düppeler Schanzen' im April 1864 verzichtete der Dänenkönig erneut auf seinen Einverleibungsplan. Allerdings bestand der Deutsche Bund dieses Mal auf einer dauerhaften Stationierung preußischer Truppen in Schleswig und österreichischer in Holstein.

Den Jedermanns blieb es anschließend nicht unbemerkt, wie sich die politischen Wege Preußens und Österreichs immer mehr kreuzten. Nicht zuletzt aufgrund eines Geheimvertrages Österreichs und Frankreichs des Jahres 1866, wonach sich Frankreich mit der dauerhaften Annexion Holsteins durch Österreich einverstanden erklärte und Österreich Frankreich im Gegenzug zugestand, den Rhein als ‚natürliche Grenze' zu akzeptieren. In Holstein suchten die Österreicher neue Wege, um im Juni 1866 im besetzten Holstein zu einer neuen ‚Ständeversammlung' einzuladen. Was eine dauerhafte Trennung Schleswig-Holsteins zur Folge gehabt hätte, die von Preußen nicht akzeptiert wurde. Also marschierten die preußischen Truppen in Holstein ein, die österreichischen Soldaten zum Rückzug zwingend. Als daraufhin Österreich beim Deutschen Bund in Frankfurt eine Strafaktion gegen Preußen vorschlug, erklärte Preußen den Bundesvertrag für erloschen. Eine deutsche Einheit sah anders aus.

Beide Seiten steuerten offensichtlich auf eine militärische Auseinandersetzung zu. Preußen entschloss sich, in die Offensive zu gehen. Ziel war es, seine in dem Rheinland, Minden und Brandenburg stationierten Truppen schnell zusammenzuziehen und gen Süd-Osten zu verlagern. Preußen forderte hierzu Sachsen, Hannover und Kurhessen auf, ihre Zustimmung zum friedlichen Durchzug preußischer Truppen zu erteilen. Kurhessen stimmte zu, doch Sachsen und Hannover lehnten diese ab. Der Hannoversche blinde König Georg V hielt die von Preußen angebotene einjährige Neutralitätspflicht für unakzeptabel. Er wollte Preußen als Gegenleistung für seine Durchmarschgenehmigung bestenfalls eine achtwöchige Neutralität zugestehen." „Hatte der etwa ernsthaft vor, im Falle einer preußischen Niederlage gegen Österreich in Preußen einzufallen?"

„Ich weiß es nicht. Jedenfalls reichte es dem preußischen Generalstabschef v. Moltke, der den Durchmarsch seiner Truppen auch ohne hannoversche Genehmigung befahl. Das traf den Hannoveraner König Georg V unvorbereitet. In aller Eile ließen die Hannoveraner ihre Truppen in Langensalza zusammenziehen. Dank moderner Zündnagelgewehre konnte die preußische Vorhut mit der Armee Hannovers ein militärisches Patt erzwingen. Als am darauffolgenden Tag die restlichen preußischen Truppenteile die Armee Hannovers einschlossen, gaben sich die Hannoveraner wegen der abgeschnittenen Nachschubwege geschlagen. Worauf sich die preußische Armee teilte. Ein Teil marschierte weiter nach Süden, um bei Bad Kissingen die bayerische Armee und bei Tauberbischofsheim die Württemberger Truppen zu schlagen. Der andere Teil zog durch Sachsen gen Böhmen. Denn die sächsischen Truppen hatten sich nach Königgrätz zurückgezogen, um sich dort mit den Österreichern zu verbünden. Kurz hinter der böhmischen Grenze vereinten sich die aus Berlin und Sachsen getrennt vorrückenden preußischen Truppen – erstmals zu schnellen Truppenverlagerungen die Eisenbahn nutzend. Um die Österreichisch-Sächsische Armee vernichtend zu schlagen. Damit war Bismarck am Ziel, mit der Gründung des ‚Norddeutschen Bundes' die regionalen Strukturen nördlich des Mains gegen die Interessen Österreichs neu zu gestalten. Er war weise genug, sich zunächst die Zustimmung des französischen Kaisers Napoleon III einzuholen. Jener stimmte letztendlich dem Bund zu, um die schlimmere Variante einer Vereinigung aller deutschen Länder zu verhindern. Der Friedensvertrag war schnell verfasst, Bismarck verzichtete gegenüber Österreich auf jegliche Gebietsansprüche und lehnte sogar einen Triumphzug durch Wien ab. Hannover, Kurhessen und Nassau dagegen wurden – neben Frankfurt – wegen ihrer geostrategischen Lage inmitten der beiden preußischen Landesteile als preußische Provinzen geschluckt, während Württemberg und Bayern mit Schadensersatzzahlungen an Preußen davonkamen. Als Ausgleich für die Vereinnahmung erhielten die drei Fürsten von Hannover, Kurhessen und Nassau von Preußen stattliche Abfindungen. Während die Verhandlungen mit den beiden hessischen Fürsten zu schnellen Ergebnissen führten, dauerten die Verhandlungen mit dem blinden Hannoverschen König Georg V bis in den Juli. Doch dann stimmte auch er der Dotation von 16 Mio. Talern zu – was später 48 Mio. Mark entsprechen sollte. 12 Mio. davon durfte Georg V bei der Bank von England anlegen, die restlichen 32 Mio. wurden ihm – als preußische Staatsanleihen mit 4½ % verzinst – zugesprochen. Jener ‚Welfenfonds' sollte im weiteren Verlauf der Geschichte noch eine große Rolle spielen.

Über die ‚Neuen Schönen Künste'

Damit will ich zu den ‚Schönen Künsten' überleiten. Wir haben uns ja bisher über die klassischen Künste der vorherigen Epochen unterhalten. Du wirst dich hoffentlich nicht darüber wundern, dass sich mit dem Kapitalismus 1.0 ‚Neue Schöne Künste' etablierten." „Wie, es gab kapitalbedingt eine wundersame Kulturvermehrung?" „Genau. Insofern unterscheide ich fortan zwischen den „Klassischen Schönen Künsten" und den „Neuen Schönen Künsten." „Und welche sollen das deiner Meinung nach sein?" „Die Trivialliteratur und die Unterhaltungsmusik." „Muss das sein?" Bernd sieht Claudia mit einem scharfen Blick an, um dann ohne Beantwortung dieser für ihn ohnehin nur rhetorischen Frage fortzufahren.

„Ursächlich für das neue Genre der Trivialliteratur war letztlich eine Literaturzeitung, die seit 1853 als erstes erfolgreiches Massenblatt erschien, sich ‚Gartenlaube' nennend. Um in weniger als einem Jahrzehnt zu einer Auflagenstärke von über 100.000 Stück anzuschwellen. Eine solche Verbreitung erreichend, dass sich breite Schichten dem Lesen leicht unterhaltender Literatur widmeten. Natürlich ist die Grenze zwischen trivialer und klassischer Literatur fließend. Und doch lässt sich nicht abstreiten, dass es den Literaten der Trivialliteratur darauf ankam, leicht lesbare Texte zu verfassen, um ihre Leser in eine ‚heile Welt' zu entführen, sie ohne detailverliebte Beschreibungen von Charakter- und Gesichtszügen zu langweilen und sich auf schlichte emotionsgeladene Handlungen zu beschränken. So gelang es ihnen, die Fantasie ihrer Leser aus unterschiedlichen Gesellschaftsschichten mit einfachen Sujets anzuregen. Ein typischer Protagonist der neuen Trivialliteratur war übrigens mit seinen ‚Camelien' der Gartenlaube-Herausgeber Ferdinand Stolle.

Die ‚Neuen Schönen Künste' entfalteten sich zudem auch in der Unterhaltungsmusik. Als 1858 das ‚Allgemeine Deutsche Kommersbuch' erschien, erlebten Studentenlieder einen unglaublichen Aufschwung. Zu diesen gehörten Heimatlieder wie

Volkslieder, die gerne in Gasthäusern, aber auch beim Wandern in der freien Natur gesungen wurden. Mit der Verbreitung der Gesangsbücher erlebten diese jedenfalls einen transregionalen Boom. Zudem erblickte die Operette als neues Genre der Unterhaltungsmusik das Licht der Welt. Es war kein anderer als der ‚wahre Jakob' Jacques Offenbach, der diese neue Musikform erfand, indem er in ein Theaterstück schwungvolle Lieder integrierte, die sich bald auch außerhalb der Bühnen als Gassenhauer erwiesen. Du kennst vermutlich den ‚Höllen-Cancan' aus seinem 1858 aufgeführten Werk ‚Orpheus in der Unterwelt'." Sie nickt. „Später folgte sein ‚Blaubart und Insel Tulipatan'. So viel zu den ‚Neuen Schönen Künsten'.

‚Klassische Schöne Künste'

Mit dem Auftauchen der ‚Neuen Schönen Künste' verloren die ‚Klassischen Schönen Künste' ihre einstige Wirkmächtigkeit. Was vielleicht auch daran lag, dass sich deren Protagonisten mit ihrem Anspruch an sich selbst schwertaten. Vielleicht auch infolge der Erfindung der Dialektik, mit der sie sich erst einmal an das Denken in Widersprüchlichkeiten gewöhnten. Denn die brachen nun als unterschiedliche Stilrichtungen deutlich zutage. Auf der einen Seite in Form des ‚Realismus', einer sich durchsetzenden Erkenntnis, Wahrheit beruhe auf einer objektiven Sinneserfahrung. Auf der anderen Seite befanden Vertreter der ‚Innerlichkeit', ihre künstlerische Erkenntnis lieber aus der Tiefe des eigenen Gemüts abzuleiten. Letztlich eine neue Spielart des Romantisierens entfaltend, denn die Romantik endete ja unwiederbringlich 1850. Diese beiden Kunstansätze des ‚Realismus' und der ‚Innerlichkeit' will ich nun für die vier ‚Klassischen Schönen Künste' herausarbeiten.

Beginnend mit der Architekturkultur des ‚Realismus'. Um das kapitalistische Gefühl des ‚mir san mir' in Form von prachtvollen wie protzigen Bauten aufscheinen zu lassen. Zu dieser Stilrichtung zählt der im Rundbogenstil erbaute Profanbau des Berliner Roten Rathauses mit seinem überdimensionierten Turm und das von August Stüler errichtete Berliner Neue Museum wie der Neubau des Berliner Kultusministeriums und das – viel Aufmerksamkeit auf sich ziehende – Stadtpalais des Berliner Eisenbahnkönigs Bethel Strousberg mit Zentralheizung und Badezimmern. Was übrigens genau da stand, wo sich heute die britische Botschaft befindet. Eduard Knoblauch und Friedrich Schlüter bauten die gewaltige Neue Synagoge in der Berliner Oranienburgerstraße, die dank der konstruktiven Verwendung des Gusseisens eine zauberhafte Lichtdramaturgie entfaltete.

Auf der anderen Seite bemühten sich die von der ‚Innerlichkeit' geprägten Architekten darum, ihre Bauten möglichst harmonisch in die sie umgebenden englischen Landschaftsgärten einzufügen. Wie das von Georg Laves geschaffene Fresenhaus in Loppersum, das von Konrad Hase errichte Schloss Marienburg, die von August Stüler erbaute Burg Hohenzollern oder die von Carl Schnitzler am Rhein errichtete Burg Sooneck." „Ich glaube, mein Lieber, ich weiß, worauf du hinaus willst."

„Auch in der klassischen Malerei setzte sich dieses Spannungsfeld zwischen ‚Realismus' und ‚Innerlichkeit' fort. Auf der einen Seite erfreute der vom ‚Realismus' geprägte Maler Xaver Winterhalter die Jedermanns mit seinen Doppelporträts vom österreichischen Kaiser und von Sissi. Carl Spitzweg bemühte sich, mit braunen Farben experimentierend, immer wieder seine vom ‚Realismus' gekennzeichnete Gesellschaftskritik geschickt in kleinste Formate zu pressen, während es Ferdinand Waldseemüller in seinem Werk ‚Rückkehr von der Kirchweih' darauf ankam, den gleichen ‚Realismus' in monumentaler Größe den Jedermanns zu offenbaren.

Auf der anderen Seite standen die Protagonisten der historisierenden ‚Innerlichkeit'. Hier ist insbesondere Adolph Menzel zu nennen, der mit seinen rückbesinnend verklärenden Werken ‚Flötenkonzert' und ‚Tafelrunde' auf den musizierenden wie philosophierenden Friedrich den Großen aufmerksam machte.

Doch die ‚Innerlichkeit' war nicht nur rückwärtsgewandt, sondern entfaltete auch eine neue Dynamik. Etwa mit dem Bild des Lübecker Malers Johann Cordes ‚wilde Reiter', mit dem jener die Statik der Biedermeierzeit überwand, wilde Gesellen mit einer Hundemeute über den wolkenverhangenen, nächtlichen Himmel galoppieren lassend. Schließlich muss ich noch eine andere Form der Dynamik erwähnen. Anselm Feuerbach gelang das Meisterwerk ‚junger Römer', ein in Brauntönen gehaltenes meisterliches Porträt eines mit glasigen Augen und Lockenkopf in die Ferne blickenden Jünglings. Dessen Körperhaltung erinnert an einen antiken Gott. Vor allem aber erweckt förmlich der Staub des heißen italienischen Sommertages bei den Zuschauern den Eindruck, ihn selbst unter sich zu verspüren.

Auch die klassische Musik entwickelte sich im Spannungsfeld von ‚Realismus' und ‚Innerlichkeit'. Beim musikalisch geprägten ‚Realismus' kam es den Komponisten darauf an, in den Zuhörern eine besondere Sinneserfahrung auszulösen. Franz Schubert komponierte 1865 seine ‚Unvollendete'. Auch die Klavierkonzerte von Brahms sind hier in einem Atemzug zu nennen, mit denen er die Soloinstrumente gleichberechtigt den Orchestern gegenüberstellte. Berühmt wurde er vor allem 1867 mit seinem ‚Deutschen Requiem', sich dank des Reichtums der Nebenstufen-Funktionen melodisch gleichberechtigter Bassstimmen als herausragender Harmoniker und Kontrapunktist erweisend. Schließlich will ich den Mainzer Peter Cornelius nicht vergessen, dem 1858 mit seiner Oper ‚Barbier von Bagdad' ein musikalisches Meisterwerk voller buntfarbiger orientalischer Klänge gelang.

Gleichzeitig brach die ‚Innerlichkeit' mit Macht hervor, um aus Sicht ihrer Komponisten nicht mehr auf die Wirkung auf die Zuhörer, sondern allein auf ihre eigenen Empfindungen abzustellen, sich immer mehr in eine harmonische Verspieltheit hineinsteigernd. 1857 komponierte der Kölner Max Bruch seine ‚Faustsinfonie', um sich anschließend mit seinem ‚Ersten Violinkonzert' unsterblich zu machen. Von dieser ‚Innerlichkeit' strotzten auch die Frühwerke der von ersten Disharmonien geprägten Kompositionen Richard Wagners, der es verstand, seine

Musik zu einer ungeheuren Klangfülle zu verdichten. Um den Jedermanns zu beweisen, wie sehr ihn die Musik selbst emotionalisierte. Wagner komponierte, fußend auf seinem selbst verfassten Gedicht Brünhildes Abgesang. ‚Nicht Gut, nicht Gold, noch göttliche Pracht,/nicht trübet Verträge trügender Bund,/noch heuchelnden Sitte hartes Gesetz,/selige Lust und Leid lässt – die Liebe nur sein'. 1865 folgte seine Oper ‚Tristan', mit der er, in Quintenzirkeln auf zwei- oder dreifache Wechseldominanten zurückgreifend, einzigartige Melodien seinen Zuhörern an den Kopf schleuderte.

Auch die Literatur entfaltete sich im Spannungsfeld von ‚Realismus' und ‚Innerlichkeit'. Während empirische Anhänger des ‚Realismus' die Umwelt und das eigene Ich nüchtern beobachteten, tauchten die von der ‚Innerlichkeit' erfassten Schriftsteller tief in die Gemütslagen ihrer Psyche ein, um sie ihren Lesern ungeschminkt zu offenbaren. Beginnen will ich mit dem ‚Realismus', geprägt sowohl vom humoristischen als auch sozialkritischen Beschreibungshorizont. Beim ‚humoristischen Realismus' entwickelte sich Wilhelm Busch zu unserer Ikone, der 1864 mit seinem ‚Max und Moritz' die Herzen der Jedermanns im Sturm eroberte. Kennst du dessen Gedicht ‚Selbstkritik'?" „Ne." „Musst du aber. Das lautet so: ‚Die Selbstkritik hat viel für sich,/gesetzt den Fall, ich tadle mich,/so habe ich erstens den Gewinn,/dass ich so hübsch bescheiden bin./Zum zweiten denken alle Leut,/der Mann ist voller Redlichkeit./Auch schnapp ich drittens diesen Bissen/vorweg den and'ren Kritiküssen./Und viertens hoff ich außerdem/auf Widerspruch, der mir genehm./So kommt es dann zuletzt heraus,/dass ich ein ganz famoses Haus'." Claudia sieht ihn prüfend an, um dann trocken zu bemerken: „Wolltest du jetzt mit den Ansätzen deiner vermeintlichen Selbstkritik protzen oder reicht dir einfach nur meine Anerkennung als ganz famoses Haus?" Bernd strahlt, gar nicht die Spitze bemerkend.

Um nach einem kräftigen Schluck fortzusetzen: „Beim ‚Realismus' bildete sich zudem eine ungewohnt minimalistische Sprache heraus, wie sie in Friedrich Rückerts ‚Reigen' oder Graf zu Auerspergs ‚Poesie der Zukunft' zum Ausdruck kam. Rückert beschrieb den heran nahenden Tod anders als bisher: ‚Der Reigen dreht ohn Unterlass,/du musst daran'. Dein Reisepass verlängert oft,/ab ist er nun gelaufen./Hier dein neuer Pass,/du musst daran'. Während Graf zu Auersperg schrieb, ‚wo sie die wilde Schlacht geschlagen haben,/o lauscht nicht auf dem Feld nach Lerchen-Sange./Da kreischt die Krähe nur nach blanken Fange,/dann kommen erst die Geier und die Raben'. Die großen Protagonisten des ‚Realismus' waren Freytag, Geibel und Herweg. Gustav Freytag beschrieb 1855 im ‚Soll und Haben' den Prozess, in dem allmählich sein Protagonist als erfolgreicher Unternehmer einen adeligen Junker im gesellschaftlichen Ansehen übertrifft. 1861 verfasste Emanuel Geibel sein Gedicht ‚Deutschlands Behuf'. ‚Macht und Freiheit, Recht und Stärke,/ klarer Geist und scharfer Hieb/zügeln dann aus starker Mitte/ jeder Selbstsucht wilden Trieb./Und es mag am deutschen Wesen/einmal noch die Welt genesen'. Und Georg Herweg 1863 schrieb sein ‚Bundeslied' für den allgemeinen Arbeiterverein. ‚Mann der Arbeit aufgewacht/und erkenne deine Macht./Alle Räder stehen still,/wenn dein starker Arm es will'. So viel zum literarischen ‚Realismus'.

Die literarische ‚Innerlichkeit' zeichnete sich insbesondere durch ‚historisierende' oder ‚heimatbezogene' Sujets aus. Für die ‚historisierende Innerlichkeit' wurden unsere späteren Nobelpreisträger Theodor Mommsen und Paul v. Heyse stilprägend. Während Mommsen sein Bild des alten Roms verfasste, brachte v. Heyse seine zahlreichen Novellen zu Papier. Etwa 1865 sein Werk ‚Kolberg', in dem er den heldenhaften Kampf des jungen Stadtkommandanten Major v. Gneisenau gegen die Napoleonische Übermacht glorifiziert. Vertreter der ‚heimatbezogenen Innerlichkeit' setzten sich vor allem dank der seit 1863 in Leipzig erscheinenden Illustrierten ‚die Gartenlaube' durch, die nicht nur für die Trivialliteratur stand. Hier sind die Namen Keller, Auerbach, Stifter, Reuter, Scheffel und Storm zu nennen.

Gottfried Keller schrieb seinen berühmten Roman ‚der grüne Heinrich' und dichtete 1854, ‚es wallt das Korn weit in die Runde/und wie ein Meer dehnt es sich aus./Doch liegt auf seinem stillen Grunde/nicht Seegewürm noch andrer Graus./Da träumen Blumen nur von Kränzen/und trinken der Gestirne Schein,/o goldnes Meer, dein friedlich Glänzen/saugt meine Seele gierig ein'. Berthold Auerbach erfreute die Jedermanns mit seinen ‚Schwarzwälder Dorfgeschichten', Adalbert Stifter beschrieb in seinem ‚Bergkristall' die heilsbringenden Kräfte der Berge gerade für die immer technikvernarrtere Zivilisation und Fritz Reuter verfasste 1862 sein berühmtes Werk ‚Ut min Stromtid'. Joseph Scheffel dichtete ‚wohlauf, die Luft geht frisch und rein,/wer lange sitzt, muss rosten./Den allersonnigsten Sonnenschein/lässt uns der Himmel kosten'. Theodor Storm schrieb 1852 sein berühmtes Gedicht ‚die Stadt'. Ich bin mir sicher, du kennst jene zauberhaften Zeilen, ‚am grauen Strand, am grauen Meer/und seitab liegt die Stadt./Der Nebel drückt die Dächer schwer/und durch die Stille braust das Meer/eintönig um die Stadt./Doch hängt mein ganzes Herz an dir,/du graue Stadt am Meer./Der Jugendzauber für und für/ruht lächelnd doch auf dir, auf dir,/du graue Stadt am Meer'.

Mit diesen Werken der Innerlichkeit will ich den Montag enden lassen." „Mann, du holst aber weit aus", stöhnt Claudia. „Das kann ich mir doch nie im Leben merken." „Tut mir leid, liegt vielleicht an meinem mangelnden Mut, mich auf nur ganz wenige Protagonisten des Zeitgeistes zu beschränken." „Dann lass dir jetzt schon mal gesagt sein, ungeschoren kommst du mir beim nächsten Mal nicht davon. Wenn ich dann am Drücker bin, dann kriegst du diese Komplexität eins zu eins wieder." „Dann ist es halt so", erwidert ihr Bernd schulterzuckend. „Ach ja, und was war die Quintessenz des Montages, mein Lieber?" „Stimmt, die hätte ich fast vergessen. Wie wäre es mit: ‚Und was bitte ist die Moral der Geschicht'?/Bleib zäh, dann enttäuscht dich das Schicksal schon nicht'?" „Von mir aus. Ist wenigstens ein Happy End."

Dienstag der Zeit des „Norddeutschen Bundes" (1866–1870)

„Der Dienstag begann 1866 mit der Gründung des ‚Norddeutschen Bundes'. Nicht konzipiert als ‚Staatenbund', sondern als echter ‚Bundesstaat'. Von den Jedermanns begeistert begrüßt, auch wenn er für viele nur als ein Etappensieg zum langen Werden der Nation galt. Denn noch standen sie unter der Fuchtel des österreichischen Kaisers. ‚Es war einmal, ach vor verdammt langer Zeit,/man träumte von Un- statt Abhängigkeit'. Den Jedermanns war klar, nur Preußen war zur Umsetzung dieses Traumes in der Lage. Denn letztlich spielten im Norddeutschen Bund die anderen Staaten eine vergleichsweise geringere Rolle."

„Wer waren die überhaupt, mein Lieber?" „Die sieben Thüringer Staaten, die drei Stadtstaaten Hamburg, Bremen und Lübeck, die drei niedersächsischen Staaten Braunschweig, Lüneburg und Oldenburg, die zwei Mecklenburger Staaten sowie Sachsen, Lippe, Waldeck, Lauenburg und Schaumburg Lippe. Insgesamt also 21 Staaten, die nördlich des Mains lagen. Was für ein beglückendes Gefühl, seit Jahrhunderten wieder zumindest eine ‚Teilnation' zu bilden. Bismarck ließ sich für diesen Bund eine Verfassung auf den Leib schneidern, ja, er legte, auf Rügen weilend, selbst Hand daran an. Darauf bedacht, sie sowohl modern wirken zu lassen, als auch zu vermeiden, in seinen politischen Rechten als preußischer Ministerpräsident beschnitten zu werden. Dieses Konzept gelang meisterlich.

Im Sommer 1867 verabschiedete der Bundestag des sich konstituierenden ‚Norddeutschen Bundes' den Verfassungstext. Dessen Organe klingen uns bis noch heute noch vertraut. An seiner Spitze standen das ‚Bundespräsidium', der ‚Bundestag' und eine ‚Bundesregierung' unter Vorsitz des ‚Bundeskanzlers'. Das ‚Bundespräsidium' war nichts anderes als eine eigentümliche Umschreibung für den Preußenkönig. Der Bundestag wurde in freien, gleichen und geheimen Wahlen gewählt. Das galt damals als ultramodern. Der Bundeskanzler dagegen war de facto der in Personalunion agierende preußische Ministerpräsident, dessen Handlungsfähigkeit nur geringfügig vom Parlament hinterfragt werden konnte. Denn Bismarck sah sich zwar als Kanzler, doch vorrangig als Ministerpräsident. Mit der Folge, sich nicht gegenüber dem Bundestag, sondern ausschließlich seinem preußischen König rechenschaftspflichtig zu fühlen. Unterstützt wurde der Kanzler nicht von Ministern, sondern von Staatssekretären, denn Minister gab es selbstverständlich nur in den Landesregierungen, die auch weiterhin Botschaften im Ausland unterhielten. So nannte man die unsere diplomatischen Interessen koordinierende Bundesbehörde schlicht ‚Auswärtiges Amt'. Eine Bezeichnung, die wir bis zum heutigen Tage beibehielten.

Die Verabschiedung der Verfassung verlief zunächst ganz im Sinne Bismarcks. Das Parlament akzeptierte nahezu all seine Vorstellungen, bis auf eine. Auf Anregung des Hannoveraners Rudolf v. Bennigsen bestand der Bundestag nämlich auf einer wesentlichen Änderung. Der Bundeskanzler müsse jegliche Anordnungen des ‚Bundespräsidiums', sprich des Königs, gegenzeichnen. Womit er letztlich nicht nur für sie mitverantwortlich wurde, sondern zudem vom Bundestag für königliche Verfügungen zur Rechenschaft vorgeladen werden konnte. Womit der Bundeskanzler dann doch noch eine eigene Rolle als Bundesorgan zugewiesen bekam.

In der Verfassung wurden grundlegende ökonomische Fragen festgeschrieben. So einigte man sich darauf, die Gewinnmöglichkeiten der Länder aus ihren monopolistischen Eisenbahnstreckennetzen auf ein faires Maß zu beschränken. Hierzu wurde der ‚Ein-Pfennig-Tarif" pro Tonne und Kilometer festgeschrieben. Damit galt in ganz Norddeutschland ein einheitlicher Eisenbahntarif. Mit dem Rückgang des Postkutschenverkehrs verlor die Post an wirtschaftlicher Bedeutung. Folglich hatten die Länder nichts dagegen, diese auf den Bund zu übertragen. Zumal nicht alle Länder eine eigene Post betrieben. Die kleineren Länder verließen sich seit Jahrhunderten auf die Dienstleistungen der Familie Thurn und Taxis, die die Reichspost betrieb. Doch mit der Gründung der Norddeutschen Post zwang Bismarck den

Fürsten Maximilian Thurn und Taxis im Januar 1867 zu einem ‚Postabtretungsvertrag', mit dem seine norddeutsche Reichspost auf die ‚Norddeutsche Post' übertragen wurde.

Die Süddeutschen – sprich insbesondere Hessen, Sachsen, Württemberger, Badener und Bayern – sahen bei diesen Konzepten bewusst tatenlos zu. Denn sie wollten vor allem eines: selbstständig bleiben. Zumal sie als Mitglieder des nach wie vor bestehenden ‚Deutschen Zollvereins' ohnehin von den wirtschaftlichen Vorzügen der Einheit profitierten. So nimmt es kein Wunder, dass sich der ‚Deutsche Zollverein' viele Gesetzesvorhaben des ‚Norddeutschen Bundes' einfach zu eigen machte. Immerhin verabschiedete der Norddeutsche Bundestag in vier Jahren mehr als 80 Gesetze. Ein weites Spektrum von der einheitlichen Staatsangehörigkeit über die Festschreibung der Gleichberechtigung und Konfessionsfreiheit bis hin zur Verabschiedung des Handelsgesetzbuches. Auch beschloss man ein Postgesetz zur Festlegung der Postbezirke und erließ eine ‚Maß- und Gewichtsordnung', die die bis dahin unterschiedlichen Maßeinheiten vereinheitlichte und bei uns das metrische System von Meter und Kilometer einführte.

Inmitten diesen politischen Umgestaltungen platzte die Forderung des französischen Königs Napoleon III, Frankreich habe wegen seines bisher neutralen Verhaltens gegenüber dem ‚Norddeutschen Bund' nun ein Anrecht auf die bayerische Pfalz und Teile Hessens. Das veranlasste die süddeutschen Staaten, trotz ihrer Sorge vor dem immer einflussreicheren Preußen ein ‚Schutz- und Trutzbündnis' mit Berlin zu unterzeichnen. Napoleon III nahm darauf schmollend von seinen Forderungen Abstand. Auch der im österreichischen Exil lebende, blinde Hannoversche Exkönig Georg V wollte den preußischen Machtzuwachs nicht widerspruchslos hinnehmen. So finanzierte er aus dem ‚Welfenfonds' ein 600 Mann starkes, in Frankreich stehendes Exilkorps, das Hannover zurückerobern sollte, sobald Preußen in einen absehbaren Krieg mit Frankreich verwickelt werde. Zudem ließ er in Hannover für diesen Fall eine allgemeine Volkserhebung vorbereiten, die von vierzig Kantonen koordiniert werden sollte. Als der preußische Ministerpräsident Bismarck hiervon erfuhr, reagierte er mit harter Hand und ließ 1868 kurzerhand den ‚Welfenfonds' beschlagnahmen. Um auszuführen, ‚Preußen handele in Notwehr', ‚bösartige Reptilien' müsse man verfolgen.

Seither hieß der ‚Welfenfonds' im Volksmund nur noch ‚Reptilienfonds', den fortan Bismarck als schwarze Kasse vorbei am Parlament zur Verbesserung der preußenfeindlichen Stimmung in Hannover nutzte. Dazu zählten neben der Straffreiheit für die rückkehrwilligen Soldaten des Hannoverschen Exilkorps ein Reisegeld sowie eine Abfindung von 400 Francs pro Mann. Sowie für die Offiziere eine großzügige Pension von jährlich 1200 Talern.

Zudem diente der ‚Welfenfonds' zur Finanzierung weiterer Projekte wie der Gründung des Literarischen Büros, das wir heute als Bundespresseamt bezeichneten. Auch diente der Fonds für ‚nützliche Verwendungen' von Kasernenbauten in Celle und Frankfurt, Kirchenbauten in Hildesheim und Hannover, für die Renovierung der Hannoverschen Oper und den Ausbau des Seebades Norderney. Schließlich unterstützte Bismarck aus diesem Fonds – jenseits des ihm eigentlich zugedachten Zweckes – den Wahlkampf der Konservativen, indem er in jedem Berliner Wahlkreis Festlichkeiten mit Konzerten, Tanz und anderen Volksbelustigungen finanzierte.

Bismarck hetzte zynisch gegen den ‚vaterlandslosen Gesellen' Karl Marx, der sich 1867 von seinem Londoner Exil aus um die Aufmerksamkeit seines Werkes ‚das Kapital' bemühte, das jedoch nur von wenigen gelesen wurde. Wie die Bände zwei und drei, die Friedrich Engels aus dessen weitergehenden Überlegungen später veröffentlichte. Umso erstaunlicher ist, dass ausgerechnet dieses schwer verständliche Gesamtwerk im Zwanzigsten Jahrhundert eine außerordentliche Wirkmächtigkeit entfalten sollte."
„Warum erst dann?" „Weil Karl Marx wegen seines Einreiseverbotes in London festsaß, aber auch, weil Marx als selbst ernannter Universalgelehrter unglaublich arrogant war und daher selbst bei Gleichgesinnten wegen seiner Rechthaberei immer wieder aneckte. Zudem mussten die Jedermanns die Argumente erst einmal durchdringen. Marx versteifte sich auf die nicht ganz einfach nachvollziehbare These, der Kapitalismus würde zugrunde gehen,

denn der Tauschwert einer Ware ergäbe sich neben dem Warenwert aus der in sie fließenden Arbeitszeit. Da ein Unternehmer nicht den fairen, sondern nur den ‚Subsistenzlohn' zahlte, um sich am Mehrwert zu bereichern, werde sich eines Tages der Vierte Stand erheben, um eine klassenlose Gesellschaft durchzusetzen. Eine These, die im Zwanzigsten Jahrhundert zunächst dank des sich auf Marx berufenden Lenin in Russland und sodann dank Mao eine geradezu pandemische Verbreitung fand und letztlich fast die halbe Welt in den Bann des ‚Marxismus-Leninismus' zog. Was zu der Bestattung von Marx keiner der gerade einmal erschienenen sieben Wegbegleiter erahnte. Damit will ich unmittelbar zum Mittwoch überleiten, denn letztlich waren die fünf Jahre nicht lang genug, um neue Kulturstile zu prägen." „Einverstanden, nur solltest du, mein Lieber, wenigstens dein Märchen noch auflösen." „Ach stimmt: ‚Und was bitte ist die Moral der Geschicht'?/Ganz einfach, zu früh bloß verzweifele nicht'!" „O. k., klingt irgendwie auch nach einem Happy End."

Mittwoch des deutsch-französischen Krieges 1870

„Mit dem Mittwoch ging nach 20 Jahren ein ‚Epochenbruch' einher, den wir bis heute mit dem Jahr 1870 verbinden. Denn immer noch waren wir ja keine Nation. Insofern möchte ich den Mittwoch mit den an ein Märchen angelehnten Worte beginnen: ‚Es war mal vor langer Zeit,/wo selbst in den Palästen/ man sprach von der Nation voll Neid,/sogar auch im Südwesten.' Jedenfalls forderte im Februar 1870 der Abgeordneten Lasker, der Norddeutsche Bundestag möge das Land Baden in seinen Bund aufnehmen. Den meisten Jedermanns war klar, dies nähme Frankreich niemals hin. Bismarck verstand es geschickt, die Diskussion hierüber hinauszuzögern.

Dann überraschte das spanische Parlament mit drei gleichlautenden Briefen an den Preußenkönig, den preußischen Kanzler und den Sigmaringer Hohenzollern, um Letzterem nach dem Tod des spanischen Königs den spanischen Königsthron anzudienen. Die Sigmaringer Hohenzollern waren eine katholische Nebenlinie der preußischen Herrscherfamilie. Bismarck sah in diesem Antrag die außenpolitische Chance für einen Prestigegewinn Preußens. Denn bei den Wahlen zum Zollparlament errangen 1868 ausgerechnet die preußenkritischen Parlamentarier in Deutschlands Süden deutliche Stimmenzuwächse. Zudem war Bismarck über die Freundschaft des Bayerischen Kabinettschefs mit dem Österreichischen Außenminister mehr als besorgt. Bismarck lud zu einer geheimen Konferenz nach Berlin ein. Doch die brachte nicht den erwünschten Erfolg, denn vor allem der preußische König war weiter unschlüssig. Monate waren vergangen und eigentlich war damit der Drops gelutscht. Doch dann erklärte der in Bad Ems zu einer Kur weilende preußische König dem französischen Botschafter in einer Audienz, dass er die Entscheidung herausgezögert habe, obwohl Bismarck die spanische Sache sehr fördere. Der französische Botschafter meldete dies pflichtgemäß umgehend nach Paris. Dort schäumte man. Denn damit bestätigten sich die Vermutungen, dass Preußen aktiv die Ernennung eines Hohenzollern zum spanischen König betrieb. Worauf der französische Außenminister noch am gleichen Tag seinen Botschafter anwies, den Preußenkönig zu bedrängen, ‚ein und für alle Male' für alle Hohenzollern einen Thronverzicht zu erklären. Als der französische Botschafter schweren Herzens während eines Spaziergangs im Kurpark dieser Aufforderung nachkam, war der Preußenkönig sichtlich verärgert, um wahrheitsgemäß zu antworten, er besäße nicht die Autorität zur Bevormundung seines Verwandten." „Sag bloß, nun kommt die Geschichte mit der Depesche, die ich noch nie verstand?"

„Genau. Nun jedenfalls ahnte der Preußenkönig, dass er mit der Preisgabe der Pläne Bismarcks einen Fehler gemacht hatte und veranlasste einen ihn begleitenden Mitarbeiter des Auswärtigen Amtes, den Sachverhalt für den in Berlin weilenden Kanzler zusammenzufassen. Der sandte seinen Bericht als vertrauliche ‚Depesche' nach Berlin. Bismarck triumphierte, um diese interne

Botschaft für seine politischen Ziele zu nutzen. Hierzu verschärfte er zunächst den Text und spielte ihn anschließend als ‚Emser Depesche' der Presse zu. Vor allem die von Bismarck gewählte Formulierung, ‚seine Majestät habe es abgelehnt, den französischen Botschafter noch einmal zu empfangen' galt als diplomatischer Affront. Denn diese Formulierung kam der Ankündigung eines Abbruchs der diplomatischen Beziehungen ziemlich nahe. Die französische Presse machte mit der Schlagzeile ‚Preußen kneift' auf. Der französische Botschafter meldete pflichtgemäß, es handele sich um ein Missverständnis, das Gespräch habe in freundschaftlicher Atmosphäre stattgefunden. Doch er wurde in Paris nicht mehr vorgelassen. Worauf das französische Parlament nahezu einstimmig mit den Rufen ‚À Berlin' Preußen den Krieg erklärte und mobil machte.

Der französische Kriegsplan sah vor, mit beiden französischen Armeen zangenartig den Rhein zu überschreiten. Alle Verbände wurden gleichzeitig mobilisiert, worauf sich bei den französischen Truppen eine große Unordnung breit machte. Zudem war das französische Eisenbahnnetz für eine breite Mobilisierung nicht ausgelegt. So besetzten die Franzosen zunächst Saarbrücken, doch dann kam der Vormarsch ins Stocken. Zudem war Paris erstaunt darüber, dass Wien nicht mitmachte. Denn Österreich bestand darauf, erst von Bayern und Württemberg gerufen zu werden. Doch ein solcher Hilferuf der süddeutschen Länder unterblieb. Derweil reagierte der preußische Generalstabschef Moltke mit einem variablen Gegenplan und ließ die Truppen per Bahn nicht gen Saarbrücken, sondern weiter gen Süden transportieren, von wo aus sie ihren Vormarsch auf Paris begannen. Auf dem Weg dorthin gelang es denen in Sedan, einen Teil der französischen Truppen im September 1870 zu umzingeln, worauf sich diese ergaben. Unter den 370.000 Kriegsgefangenen befand sich auch der französische Kaiser Napoleon III. Anschließend rückten die Preußen bis Paris vor, wo eine Revolution ausbrach. Im September wurde der Ring um Paris geschlossen. Außerhalb von Paris flackerten die Kämpfe immer wieder auf. Doch im Grunde war den Jedermanns klar: Preußen hatte auf ganzer Front gewonnen.

Nun lag die Einheit der Nation zum Greifen nah. Bismarck lud im Oktober 1870 die Bundesfürsten nach Versailles ein, um vor den Toren der eingeschlossenen Hauptstadt über den Beitritt der Süddeutschen zum ‚Norddeutschen Bund' zu verhandeln." „Das erinnert mich irgendwie an den Beitritt der DDR zur Bundesrepublik", wirft Claudia ein. „Mag sein, diesmal waren es jedenfalls die Süddeutschen, die nach dem Motto ‚friss oder stirb' die bestehenden Verfassungsregeln zu akzeptieren hatten. Der bayerische Märchenkönig Ludwig II forderte den Beibehalt der bayerischen Post und Eisenbahn sowie in Friedenszeiten eine eigene Militärhoheit. Ihm wurden seine Wünsche gewährt. Nur seine großartige Idee eines zwischen Bayern und Preußen alternierenden Kaiserwechsels musste er fallen lassen. Preußen köderte Ludwig mit großzügigen jährlichen Dotationen aus dem ‚Welfenfonds' zur Finanzierung seiner baulichen Großprojekte Lindauer Hof, Herrenchiemsee und Neuschwanstein. Ludwig schlug ein. Weshalb die Welfen bis heute stolz darauf sein dürfen, unser weltweit bekanntes Schloss Neuschwanstein indirekt mitfinanziert zu haben.

Damit war man sich handelseinig und nahm der ‚Norddeutsche Bundestag' am 9. Dezember 1870 die restlichen deutschen Staaten mit einem Votum von 195 : 32 Stimmen in den Bundesstaat auf. Das will ich als den dritten Meilenstein der Epoche bezeichnen, denn damit erfüllte sich endlich der lang gehegte Traum der Jedermanns. Womit wir als eine der letzten europäischen Nationen zu einem Bundesstaat verschmolzen, an dessen Spitze nicht mehr ‚Bundespräsidium', ‚Bundestag' und ‚Bundeskanzler', sondern ‚Kaiser', ‚Reichstag' und ‚Reichskanzler' standen. Doch ansonsten wurde die Verfassung kaum geändert. Am 18. Dezember 1870 bat der Bundestagspräsident v. Simson den Preußenkönig um eine Audienz, um ihm zum zweiten Mal die Kaiserkrone anzutragen. Dieses Mal hatte er die schriftliche Zustimmung des Bayernkönigs im Gepäck, womit der Preußenkönig einlenkte. Damit wurde zumindest staatsrechtlich die Silvesternacht zum 1.1.1871 zur Geburtsstunde des Zweiten Deutschen Reiches." „Es ist schon erstaunlich", befindet Claudia, „wir benötigten drei Kriege, ehe unsere Nachbarn die Gründung unser Nation akzeptierten." „Wenn sie gewusst hätten, wozu dies im 20. Jahrhundert führte, hätten sie es sicher kollektiv zu verhindern versucht." „Stimmt." „Ach so, ,und die Moral von der Geschicht'?/Geduld ist oft von Schaden nicht'."

Sie nickt. „Auch wenn die Jedermanns diesen Tag als Happy End feierten, bemerkten sie bald schmerzlich den kleinen Schönheitsfehler der Zielverfehlung des zweiten Zieles, nämlich des Liberalismus." „Das war eben der Preis für die Vereinigung", befindet sie, um fortzufahren, „können wir nun mal eine Pause machen?" „Gerne."

Halbzeitpause

„Endlich Halbzeitpause!" Claudia sieht ihm tief in die Augen. „Ich hatte echt vergessen, wie anstrengend unsere Treffen sind. Bin irgendwie im Trott meiner täglichen Arbeit in ein Hamsterrad geraten, das mir für solche Treffen einfach keine Zeit mehr lässt. Doch nun begreife ich wieder einmal, Zeit hat man nicht, man muss sie sich nehmen! Und wenn man das nicht tut, dann verpasst man verdammt viel." Bernd strahlt. „Hast du was dagegen, mein Lieber, mich auf eine Zigarette vor die Tür zu begleiten?" „Ne, von mir aus gerne. Frische Luft täte mir ohnehin gut." Sie hakt sich bei ihm unter. Bald stehen sie beide auf dem Rathausplatz. „Kannst dir vorstellen, unser Experiment bis zum bitteren Ende durchzuziehen?" „Na klar, mein Lieber, denn ich bin mir soeben darüber im Klaren geworden, wie gleichermaßen anstrengend und anregend das ist." „Ist schon krass, dass das Jahr 1870 einen so tiefen Einschnitt in unserer Entwicklung verursachte. Wieso ließen dies unsere Nachbarn zu, wo sie doch all die Jahrhunderte davor alles dransetzten, uns kleinzuhalten?"

„Ich bin davon überzeugt, uns begünstigte eine extreme Laune des Schicksals. Dies gilt zunächst in militärischer Hinsicht aufgrund der relativen Stärke unserer Militärstrategie und -ausrüstung. Dank des Rundkeil-Verschlusses erwies sich die von Krupp produzierte 4-Pfünder-Hinterlader-Feldkanone als kriegsentscheidend, sich durch eine hohe Treffergenauigkeit, Sequenz und Reichweite auszeichnend. Zudem hatte der Preuße Nikolaus Dreyse das Zündnagelgewehr erfunden, in das einfach nur eine Zündpatrone eingeführt werden musste, die uns heute als geradezu selbstverständlich erscheint. Denn dank dieser konnten die preußischen Soldaten dreimal so viel Schuss pro Minute abgeben wie die Österreicher und im Liegen nachladen, womit die Soldaten kaum noch eine Zielscheibe für das gegnerische Feuer boten. Was sich an den ungleichen Zahlen der Gefallenen in Königgrätz gut ablesen lässt. Dank dieser technischen Überlegenheit setzte Moltke zudem militärstrategisch auf kleinere Trupps, die die starren Reihen der Gegner zusätzlich verunsicherten. Im Frankreichkrieg kamen die technisch verbesserten Zündnagelgewehre der Preußen zum Einsatz, die seit 1869 über kaum noch klemmende Verschlüsse des ‚Systems Beck' verfügten. Zwar hatten die französischen Truppen mit dem Chassepot-Gewehr eine vergleichbar gute Waffe, die sogar über eine noch größere Feuerkraft verfügte. Doch sie hatte einen starken Rückstoß. Deshalb feuerten sie die meisten aus dem Hüftschlag ab, was zulasten der Zielgenauigkeit ging. Vor allem war es auch hier die Artillerie, auf der die strategische Überlegenheit der Preußen fußte.

Sodann erwies sich auch politisch der Zeitpunkt des Krieges als extrem günstig, denn unsere Nachbarn waren wegen eigener strategischer Projekte abgelenkt. Russland erfreute die Schwächung Frankreichs, denn so konnte es die Entmilitarisierung des Schwarzen Meeres rückgängig machen. Italien nutzte die Gunst der Stunde, um sich den – bisher von Frankreich militärisch geschützten – Kirchenstaat einzuverleiben, der sich bisher wie ein Fremdkörper in der Mitte Italiens befand. Beseelt von dem Ziel, die italienische Hauptstadt nun endlich von Florenz nach Rom zu verlegen. England war zwar um die europäische ‚Balance of Power' bedacht, war damals aber vorwiegend um die Sicherheit Kanadas besorgt, nachdem die USA von Russland Alaska erwarben und damit die westliche Küste Kanadas in die Zange nahmen. Österreich sah sich nach der verlorenen Schlacht von Königgrätz nicht in der Lage, erneut militärisch gegen Preußen zu agieren, solange es hierzu nicht ausdrücklich von Bayern oder Württemberg aufgefordert wurde. Auch Dänemark fühlte sich nicht stark genug. Sprich, alle Nachbarn hielten still. Wenn man so will nichts als eine zufällige Kombination für uns glücklicher Ereignisse, die Bismarck zum unverhofften Durchbruch verhalfen." „Du hast ja noch gar nichts von der Kaiserkrönung erzählt. Lässt du die weg?"

„Nicht so ungeduldig. Doch die ist in der Tat für mich bestenfalls schmückendes Beiwerk, zumal sie erst einen halben Monat nach dem Beitritt der Bundesländer zum Deutschen Reich erfolgte. Genauer gesagt, am 18. Januar des Folgejahres, womit das ‚Zweite Deutsche Reich' eigentlich erst dann das Licht der Welt erblickte. Bismarck schlug vor, der bayerische Märchenkönig solle als rangnächster Monarch dem Hohenzollern die Kaiserkrone andienen. Doch nun entspann sich ein Streit über die merkwürdige Frage, ob der Kaiser – wie von Bismarck vorgeschlagen – ‚Deutscher Kaiser' oder – wie vom Bayerischen Märchenkönig Ludwig II gefordert – ‚Kaiser von Deutschland' heißen solle. Man einigte sich nicht, doch das war Bismarck egal, um pünktlich auf den Tag genau 170 Jahre nach der Krönung des ersten Preußenkönigs die Kaiserproklamation stattfinden zu lassen. Doch die war im Grunde nichts als eine Politik-Show. Im Januar 1871 begann übrigens zudem die Beschießung von Paris, worauf sich schließlich die französische Nationalversammlung Anfang März in Bordeaux zu einem Vorfrieden entschloss. Einen Monat später folgte der Friedensvertrag mit Frankreich, mit dem die Franzosen zu einer damals unvorstellbar großen Kriegsentschädigung von 4 Milliarden Mark verpflichtet wurden. Bismarck machte zudem den schweren politischen Fehler, anders als nach dem Krieg mit Österreich bei Frankreich auch noch auf Gebietsansprüche zu bestehen. Mit der Annexion von Elsass und Lothringen verfestigte sich die Feindschaft zu Frankreich." „So ein Irrsinn, findest du nicht auch?", erkundigt sie sich.

„Na klar. Im Nachhinein ist man immer schlauer. Sicher wäre es besser gewesen, beide Länder wie die drei Benelux-Länder und die Schweiz in die Selbstständigkeit zu entlassen." „Mag sein, aber um den Ersten Weltkrieg wären wir dank des blödsinnigen ‚Schlieffen-Plans' auch so nicht herumgekommen." „Vermutlich nicht", erwidert er. „Jedenfalls sollten wir uns darüber freuen, dass Straßburg auch so zu einer der drei europäischen Hauptstädte avancierte. Das haben die Elsässer echt verdient.

Der Kaiser erhob Bismarck als Anerkennung für seine Verdienste um die Gründung des Reiches noch im gleichen Jahr in den Fürstenstand und schenkte ihm den bei Hamburg liegenden Sachsenwald. Immerhin 9.000 Hektar Wald, die ihn zu einem der großen Waldbesitzer unseres Landes machten." „Da hat der ja echt Schwein gehabt. Hast du was dagegen, mir noch ein Glas Wein hier nach draußen zu bringen? Der Platz hier ist einfach zu schön." „Gerne", erwidert Bernd, um kurz im Rathauskeller zu verschwinden. Um wenige Momente später mit zwei vollen Gläsern zu ihr zurückzukehren. „Ist ja wirklich toll hier. Danke für den Wein", haucht sie, um ihm einen Kuss auf die Wange zu drücken. Bernd schwebt im siebten Himmel.

Überraschend setzt sie fort: „Eigentlich hast du mich heute ein bisschen enttäuscht." „Warum?", will Bernd verdutzt wissen. „Weil du mir langsam zu lammfromm wirst. Oder hast du dir wirklich anders als bei unseren bisherigen Treffen keine Gedanken über unsere Heimat und unser Brauchtum gemacht, um mich mit diesen Begriffen als meiner Meinung durchaus geeignete Synonyme für unsere Kulur zu verklapsen?" „Natürlich", erwidert Bernd strahlend. „Ich bleibe dabei, diese eignen sich nicht zur Beschreibung unserer Leitkultur. Daher werde ich gerne diese so lang gepflegte Sitte des ‚Lächerlich-Machens' von Heimat und Brauchtum nicht ausgerechnet bei unserem heutigen Wiedersehen einfach so an den Nagel hängen." Sie lächelt, „aber bitte nur ein Beispiel pro Treffen! Versprochen?"

„Versprochen. Neulich war ich einem fantastischen Käsegeschäft", bemerkt Bernd. „Da ist mir aufgefallen, wir Deutsche erfreuen uns sehr an unserem Käse." „Geht das jetzt schon wieder los?", verdreht Claudia genervt die Augen: „Ne, ganz ehrlich, denk dir was anderes aus, als mich nun mit Käsesorten wie dem ‚Würchlitzer Milbenkäse' zu langweilen." „O. k. Wie wäre es stattdessen mit Gesellschaftsspielen?" „Na bitte, mein Lieber, geht doch. Dieser Ansatz klingt jedenfalls deutlich besser. Und welche Spiele hast du im Sinn?" „Ich glaube, wir Deutschen spielen abends oft und gerne Karten-, Gesellschafts- und neuerdings Computerspiele. Ich würde uns als spielsüchtig bezeichnen, auch wenn wir nur selten um Geld spielen." „Na, dann leg mal mit deinen Spielen los." „Beginnen will ich mit den Kartenspielen ‚Doppelkopf' ‚Skat', ‚Schafskopf', ‚Rommé', ‚Schwimmen' und ‚Arschloch'. Dann komme ich zu Computerspielen, bei denen ich mich auf nur drei beschränken will, nämlich auf ‚Gothic', ‚Lord of the Fallen' und ‚Shadow Tactics'. Somit habe ich noch Raum für beliebte Brettspiele wie ‚Mensch ärgere dich nicht', das ‚Hütchenspiel', ‚Um Reifen Breite', ‚Adel verpflichtet', ‚Thurn & Taxis', ‚Café International' und ‚Carcassonne'. Und schon habe ich sechzehn Spiele zusammen." „Stimmt, sind mir alle wohlbekannt."

„Gerne hätte ich dir noch einige Fernsehserien etwa von Beziehungsgeschichten aufgezählt, so ‚Gute Zeiten, schlechte Zeiten' und die ‚Lindenstraße'." „Deine Liebe zu Beziehungsgeschichten ist mir neu", unterbricht sie ihn. „Eigentlich bist du doch ein ‚lonesome Rider'." „Wie kommst du denn darauf?" „Weil du mir, mein Lieber, immer wieder zu verstehen gibst und gabst, nicht wirklich an mir, meinen Themen und Gefühlen interessiert zu sein. Mal abgesehen von unseren Bettgeschichten. Und selbst da warst du vor allem darauf bedacht, deine eigene Glücksbefriedigung zu suchen, zu der du allerdings offensichtlich mich benötigtest." Bernd sieht sie fassungslos an, so als hätte sie ihm ein Messer in die Brust gerammt, was ihm den Atem raubt. Was war das denn für eine Attacke, die ihn einfach aus dem Nichts traf. Er beschließt, cool zu bleiben und hierauf nicht weiter einzugehen. „Lass mich das Thema wechseln." „Gerne." „Ich habe lange darüber gegrübelt, ob du beim letzten Mal recht hattest, die letzte Epoche einfach so inmitten des Jahrhunderts abzubrechen."

„Und?", will sie wissen. „Du hattest natürlich recht. Denn eigentlich wollte ich meine Geschichte mit einem Vorwort beginnen, das ich doch glatt vergaß." „Kannst du es nicht nachholen?" „Weiß nicht. Ich glaube schon", befindet Bernd, „denn ich wollte dich zunächst mit einer Definition der ‚Neuzeit 1.0' überraschen." „Kannst du jetzt doch auch noch tun, ich habe Zeit." „Gut.

‚Neuzeit 1.0'

Du erinnerst dich vielleicht noch an den Beginn der Antike, die mit den Olympischen Spielen begann." „Na klar." „Ähnliches wiederholte sich zu Beginn der Neuzeit. 1850 wurde in England die Idee der Olympischen Spiele wiedergeboren, veranstaltet von der ‚landwirtschaftlichen Lesegesellschaft Wenlock'. Diese Spiele fanden viele Jahre erfolgreich statt, bis sie im Jahr 1890 vom Schweizer Albert Coubertin besucht wurden, der sofort Feuer und Flamme war. Und für sich beschloss, diese fortan international zu veranstalten. Womit knapp vor dem Ende der Epoche 1896 in Athen die ersten neuzeitlichen Olympischen Spiele das Licht der Welt erblickten. Mit denen sich die Völker wieder auf die griechische Tradition besannen, in friedlichem Wettkampf gegeneinander anzutreten. Sprich, wie die Antike beginnt auch die Neuzeit mit olympischen Spielen." „Klingt ja nach einem Märchen mit Happy End." „Wenn du meinst. Doch es wäre natürlich zu kurz gesprungen, die Neuzeit nur an den Spielen festzumachen. Insofern will ich mich mit den Ionen der Neuzeit beschäftigen, sprich mit der elektrisch geladenen Materie unseres Zeitgeistes." „Du meinst wie wir sie bisher an der Relig-ion, der Modekreation und Innovat-ion festmachten?" „Genau. Denn es gibt ja in der Geschichte jenseits des Narrativs strenger Kausalitäten sich nacheinander ereignender Geschehnisse auch die Möglichkeit, sich über einen längeren Zeitraum mit nur einem Thema zu beschäftigen. Um quasi in die Tiefe gehend die Brüche des Zeitgeistes detailliert zu beleuchten." „Ich weiß, mein Lieber. Dann rück mal mit deinen den Zeitgeist bestimmenden Ionen raus."

Ionen des Zeitgeistes

„Du erinnerst dich sicher noch an das traurige Ende deines letzten Vortrages, oder?" „Na klar, ich bin doch nicht dement." „Wie die beiden Ideale der Freiheit und geeinten Nation politisch zerplatzten." „Genau." „ Also sannen die Jedermanns nach einer Alternative und verfielen ausgerechnet der Idee, sich dem ‚Kapitalismus 1.0' zu verschreiben. Denn hiergegen hatten die Adeligen nichts einzuwenden. So erfreuten sich die Jedermanns bald am Auftürmen des Kapitals, an einer ‚Kapitalakkumulation' also, die ich mit Beginn der Neuzeit als ein neues Ion beschreiben muss. Denn mit ihr ging zudem eine neue Unternehmenskultur einher."

„Übertreibst du nicht, nur weil, wenn ich dich richtig verstehe, der Kapitalismus die Jedermanns zu gelehrigen Schülern des Privateigentums an Produktionsmitteln, der Gewinnmaximierung und der Akzeptanz freier Märkte machte?" „Ne, diese Begriffe kannten die Jedermanns schon seit der Jungsteinzeit, die waren ihnen lange wohlvertraut. Es ist anders als du vermutest, Claudia. Das Kapital nahm einfach zu." „Was, neues Geld?" „Genau, der einsetzende Kulturwandel beruhte auf einer wundersamen Geldvermehrung, die uns zum Götzendienst des schnöden Mammons anstachelte. Wenn du nichts dagegen hast, werde ich dir die Dramatik dieser Entwicklung gerne in ihrem ganzen Ausmaß vor Augen führen." „Wenn du meinst. Bin jedenfalls gespannt, warum du so viel Wert auf das Ion der ‚Kapitalakkumulat-ion' legst."

‚Kapitalakkumulat-ion'

Das neue Ion der ‚Kapitalakkumulat-ion' breitete sich mit ungeheurer Wirkmächtigkeit aus, sich wie die lodernden Flammen eines Waldbrandes immer mehr selbst anfachend. Ich will, nein ich muss dir diese exponentielle Ausbreitung im Detail beschreiben. Die erste Welle erreichte die Jedermanns mit der Einführung des Papiergeldes, des Wechsels und der Kassenanweisungen." „Klingt mir zu technisch, mein Lieber". „Ist aber schnell erklärt. Das Papiergeld änderte vieles. Bisher klammerte die Gesellschaft am Taler fest, sprich an Silbermünzen, selbst wenn sich diese als unpraktisch erwiesen. Denn wollte ein Kaufinteressent eine Ware für 1.000 Taler kaufen, so musste er 18 kg Münzen mit sich herumschleppen." „Und warum vertrauten die Jedermanns nun dem schlichten Papier?" „Das Land Preußen ließ es zu, dass Privatbanken ihr eigenes Geld druckten, wenn sie ein Drittel des Nominalbetrages in Form von Silberbarren bei der neu gegründeten ‚Königlichen Zentralbank' hinterlegten. Das reichte als Vertrauensvorschuss. Diese Chance nutzten zunächst vorwiegend ausländische Banken, die bis 1856 in Preußen Banknoten mit einem Wert von 20 Mio. Talern zirkulieren ließen. Dann folgten auch inländische Privatbanken. Gleichzeitig gewann der Wechsel als Schuldschein an Bedeutung, mit dem sich Banken und Betriebe verpflichteten, eine bestimmte Summe zu einem bestimmten Tag an den Inhaber des Wechsels zu zahlen. Der Wechsel wirkte damit wie ein Geldschein, denn er konnte an Dritte übertragen werden. Nur Zinsen gab es auf ihn nicht. Konnte der Wechselaussteller am Tage der Fälligkeit nicht zahlen, wurde er inhaftiert." „Na, das ist ja mal was." „Drittens führten Privatbanken Kassenanweisungen ein, die nichts anderes waren als das Bankversprechen, die auf diesen ausgewiesenen Beträge gegen Bargeld einzutauschen.

Ab 1865 folgte eine zweite Welle. Nun waren es Aktien, Anleihen und Pfandbriefe, die wie Brandbeschleuniger wirkten. Aktien waren nichts anderes als verbriefte, frei handelbare

Anteile am Grundkapital von Aktiengesellschaften. Unternehmer hafteten damit nur noch mit dem eingesetzten Kapital. Auch Privatbankiers erkannten schnell den Vorteil dieser Finanzierungsform und gründeten ‚Bankaktiengesellschaften'. Schließlich boten Hypothekenbanken hypothekarisch gesicherte Pfandbriefe zur Refinanzierung ihrer Hausdarlehen an Grundstückseigentümer an." „O.k., das habe ich verstanden, mein Lieber." „Ab Mitte der achtziger Jahre folgte die dritte Welle der wundersamen Geldvermehrung. Nun suchten auch Handwerker, Bauern und Privatpersonen, Drittmittel für ihre Projekte zu beschaffen. Dies führte zur Gründung von Sparkassen und Genossenschaftsbanken. Gab es 1850 lediglich 11 Sparkassen, so schnellte deren Zahl in nur fünfzig Jahren auf knapp 2.700 an, die fast 9 Milliarden Mark verwalteten. Noch stärker wuchsen Genossenschaftsbanken nach der 1889 verabschiedeten gesetzlichen Begrenzung der Haftung auch von Genossenschaftsanteilen. Mit der Folge, dass im Jahr 1900 sage und schreibe 1.500 städtische und 10.000 ländliche Genossenschaftsbanken Kleindarlehen finanzierten."

Der Staat wollte natürlich von dieser wundersamen Geldvermehrung profitieren. Allerdings wählte die Politik einen Umweg, indem sie zunächst die Besteuerung der Landbevölkerung beschloss. Bisher gab es nämlich nur indirekte Steuern – in Form einer Akzise als einer Art Mehrwertsteuer. Diese wurde in den Städten auf alle verkauften Produkte erhoben, die mit rund 12 % zum Landeshaushalt Preußens beitrugen." „Und wie finanzierte sich das Land sonst?", will Claudia erstaunt wissen. „Zur Hälfte aus den Einnahmen der Eisenbahn sowie zu je 15 % aus den Überschüssen der Forsten, des Bergbaus und der Domänen. Man stelle sich heute einmal vor, es gäbe keine Einkommens- und Unternehmensbesteuerung." „Jedenfalls ließe sich damit sicher der moderne Sozialstaat nicht finanzieren." „Jedenfalls führte die Politik 1851 für die Landbevölkerung ‚Kontributionen' ein. Eine Art Grundsteuer, die je nach Grundstücksgröße in fünf Klassen unterteilt war. Danach zahlte die erste Klasse jährlich 4 Taler pro Haushalt zuzüglich 2 Taler pro Person, die zweite 2 Taler pro Haushalt zuzüglich 1 Taler pro Person, während die fünfte Klasse lediglich 8 Groschen pro Haushalt und 1 Groschen pro Person zu entrichten hatte." „Das klingt doch übersichtlich." „Vielleicht im Vergleich zu heute. Doch im Grunde besteuerte die Politik damit die Falschen, gar nicht bemerkend, wie sich die Zeiten änderten. Erst allmählich begriff die Politik, von der armen Landbevölkerung war nicht wirklich viel zu holen. Also kam der Finanzier Bismarcks namens Gerson Bleichröder auf die großartige Idee, 1865 die Köln-Mindener-Eisenbahn AG, an der Preußen einen Anteil von 15% hielt, nicht mehr mit jährlichen Rechnungen für staatliche Durchfahrtsrechte zu belasten, sondern sie zu veranlassen, diese mit dem einmaligen Betrag von 13 Mio. Talern abzulösen. Hierzu erhöhte die Köln-Mindener-Eisenbahn AG ihr Grundkapital, das viele Jedermanns gerne zeichneten. Mit dieser Abgeltung der Durchfahrtsrechte konnte Preußen nicht nur die Anteile an der Bahn von 15% auf 20% aufstocken, sondern sich vor allem die Aufrüstung für den Krieg gegen Österreich und Frankreich leisten! Erst gegen Ende der Epoche führte der preußische Finanzminister Johannes v. Miquel eine uns heute wohl vertraute Einkommenssteuer mit einer Steuerprogression ein, die fortan die Jahreseinkommen der Jedermanns ab 900 Mark mit 0,6% besteuerte, während ab 100.000 Mark ‚stolze' 4% gezahlt werden mussten.

Mit der ‚Kapitalakkumulat-ion' lernten die Jedermanns schmerzlich die Bedeutung von Konjunkturzyklen kennen. Denn die Nachfrage ging nicht nur immer bergauf, sondern entwickelte sich wellenartig, was man erst später erkannte. Jedenfalls folgte regelmäßig auf die Flut eine Ebbe. Denn kaum war die Begierde nach neuen Produkten entfacht, verflog sie schon wieder. Erst allmählich lernten die Jedermanns, dass Geld zwar ein geeignetes Tausch-, aber ein gänzlich ungeeignetes Vermögens-Aufbewahrungsmittel war! Ein erster Vorbote einer Konjunkturschwankung ereignete sich bereits im Jahr 1857, ausgelöst in den USA durch Eisenbahnspekulationen, worauf viele amerikanische Geschäftspartner ihr Geld aus Deutschland abzogen. Das führte bei uns zu Liquiditätsengpässen. Besonders die im Exportgeschäft exponierte private Hamburger Bank war hiervon betroffen, die die von ihr ausgegebene ‚Banco Mark' nicht kurzfristig in Silber zurücktauschen konnte. Wie durch ein Wunder gelang es der Direktion der Hamburger Bank, private Hamburger Kaufleute zu finden, die bereit waren, der Bank durch Einlagen vorübergehend 12 Mio. Taler zu leihen. Doch selbst diese reichten bald nicht mehr. Schließlich sah sich auch der Stadtstaat veranlasst, zunächst 15 Mio. und dann noch einmal 20 Mio. Taler der Bank darlehenshalber zur Verfügung zu stellen. Nun erst beruhigten sich die Gemüter.

1866 setzte wieder eine Aufschwungphase ein, in der zahlreiche Unternehmen gegründet wurden. Fortan hießen jene Jahre ‚Gründerzeit'. Auch wenn es vor 1850 wenige Aktiengesellschaften gab, so erlebten sie erst jetzt ihren Durchbruch. Jedenfalls wurden in den nächsten sechs Jahren fast 900 Aktiengesellschaften gegründet. Damit explodierte das gesamte Aktienkapital innerhalb weniger Jahre von wenigen Millionen auf mehr als 1,1 Milliarden Reichsmark. Überall wurde investiert. Sei es in Maschinen, in neue Dienstleistungen oder Banken. Diese Phase endete jedoch jäh 1873 mit einer großen Wirtschaftskrise. Als der Konjunkturmotor ins Stocken geriet, blieben Unternehmen auf ihren Produkten sitzen. Die ‚Gründerkrise' stürzte auch Banken in eine existenzielle Krise. Der berühmte BFH-Privatbankier Carl Fürstenberg brachte das Risiko der Aktionäre auf den Punkt, ‚im Unterschied zur Straßenbahn wird an der Börse beim Ein- oder Aussteigen nicht geklingelt'. Rund 60 Banken meldeten im Reich Konkurs an. Woraufsich in der Politik die Erkenntnis durchsetzte, mit der Reichsbank 1875 eine staatliche Zentralbank zu gründen, um fortan die Geldmenge zu steuern. Diese verfügte, die Privatbanken dürften Kassenscheine nur noch in Stückelungen von 5 Mark, 10 Mark und 50 Mark ausgeben. Zudem gestand die Reichsbank den Privatbanken nur noch feste Ausgabekontingente für private Banknoten zu. 1876 folgte das Bankgesetz, um im Deutschen Reich mit der Mark nur noch eine Währung zuzulassen. Gleichzeitig räumte das Gesetz der Reichsbank einen Interventionsspielraum zur Geldausgabe ein, was damals nicht nur ungeteilte Zustimmung auslöste." „Warum das denn?" „Viele sahen eine Gefahr darin, dass die Regierung vorbei am Parlament missbräuchlich Geld über die Reichsbank drucken könnte. Man war halt der Überzeugung, der Gelddruck sei eine Sache der privaten Wirtschaft, die, wenn sie es nicht richtig verstand, darüber auch sehr schnell pleite gehen konnte." „Klingt aus heutiger Sicht komisch, oder?" „Ne, sieh dir doch einmal die aktuelle Diskussion um Kryptowährungen an, die ganz ähnlich verläuft wie damals."

Noch etwas mussten die Jedermanns schmerzhaft lernen. Neben der Konjunktur lauerten Gefahren im betrügerischen Verhalten einiger Wirtschaftsteilnehmer, die die Unwissenheit der Aktionäre durch gezielte Falschaussagen ausnutzten. So wurden allmählich Stimmen laut, es gäbe ‚keinen moralischen Unterschied zwischen der Aneignung fremder Depots und dem Abjagen von Kursgewinnen mittels unwahrer Gerüchte'. Schnell lernten die Jedermanns, bei der Geldvergabe vorsichtig zu sein, um nicht auf Schwindler hereinzufallen. Denn leider zahlten sich für Schlitzohren unwahre Geschichten aus. Wie weit sollte das Informationsrecht der Aktionäre gehen und wie weit deren Mitsprache reichen? Carl Fürstenberg befand, ‚Kleinaktionäre sind dumm und frech. Dumm, weil sie Aktien kaufen, und frech, weil sie auch noch eine Dividende verlangen'. Viele hielten die Börse für ‚eine Akademie für die Übertretung der Gesetze', für den ‚Giftbaum, der auf das Leben der Nation seinen verderblichen Schatten wirft' oder einfach nur für eine ‚Spielhölle'. Unser Philosoph Friedrich Lange analysierte scharfsinnig, ‚das große Interesse unserer Epoche ist die Kapitalbildung. Die viel gescholtene Genusssucht unserer Zeiten ist von dem vergleichenden Blick über unsere Kulturgeschichte bei weitem nicht so hervorragend als die Arbeitssucht unserer industriellen Unternehmer und die Arbeitsnot der Sklaven unserer Industrie'.

Wen wundert es, dass 1884 das Aktiengesetz novelliert wurde, um dem Aufsichtsrat Prüfpflichten aufzuerlegen. Der konnte sich diesen nur dadurch entledigen, wenn er einen, die Bilanzen prüfenden Wirtschaftsprüfer mit der Prüfpflicht beauftragte. Eine neue Zunft war geboren. Zudem reagierte die Politik 1896 mit dem Reichsdepot- und Börsengesetz, eine Börsenaufsicht wie den Prospektzwang bei Neuemissionen und die amtliche Festlegung der Aktienkurse gesetzlich festlegend." „Du, ganz ehrlich, das wird mir jetzt langsam zu viel. Ich dachte, du wolltest mir etwas über unsere Kulturgeschichte erzählen. Doch fürchte ich, du bist gerade dabei, dich restlos zu verheddern." „Mag sein, aber genau das ist erforderlich, um den dramatischen Kulturwandel der ‚Neuen wie Klassischen Künste' vor Augen zu führen. Den tiefen kulturellen Riss, der nun quer durch unsere Gesellschaft verlief. Ich glaube, die Jedermanns wurden damals viel mehr durchgeschüttelt als wir heute. Insofern wollte ich eigentlich noch kurz auf vier Gesellschaftsgruppen eingehen, die von der neuen Entwicklung besonders betroffen waren." „Wenn's denn sein muss", erwidert sie mit resignativem Unterton.

„Die ‚Kapitalakkumula-tion' betraf besonders Konsumenten, Landwirte, Banker und Unternehmer. Ich starte mit den Konsumenten. Mit dem zunehmenden Kapital wuchsen neue Bedürfnisse. Die Jedermanns suchten nach lukrativen Jobs in der Nähe von Unternehmen, was zu einer Verstädterung führte. Die Einwohnerzahl Hamburgs explodierte von 1850 bis 1900 von zunächst 130.000 auf 700.000 und die Münchens von 110.000 auf 500.000 Bewohner. Gleiche Zuwächse erlebten Leipzig, Dresden und Köln. Vor allem aber schnellte die Bevölkerung Berlins von 420.000 auf 1.900.000 Bürger empor, womit das bisherige ‚Spree-Athen' in den Augen vieler zum ‚Spree-Chicago' mutiert. Und Mark Twain befand, ‚die Hauptmasse Berlins macht den Eindruck, als wäre sie vorige Woche erbaut worden'. Immobilienlöwen nutzten geschickt ihre monopolartige Marktposition für den raschen Ausbau großer Bauimperien. Die Jedermanns mussten sich an die neue Form des Großstadtlebens erst gewöhnen. Denn in der Urbanisierung galt es, die ‚Tuchfühlung mit fremden Leuten' in Bussen und Straßenbahnen zu erdulden und das Rasseln der Räder wie das Aufmerksamkeit erfordernde Überqueren voller Straßen zu ertragen. Sowie die aufdringliche Nähe zumindest im verdichteten Wohnungsbau, mit der die Geräusche der Nachbarn nicht zu überhören waren. Ganz zu schweigen von der Nutzung nur einer Toilette durch 40 Bewohner der Mietskasernen. Zudem wurde das ‚Trockenwohnen' erfunden. Die frisch verputzten neuen Wohnungen wurden zunächst zu Sonderkonditionen an Arme vermietet, die in diesen solange wohnen durften, bis die Wände trocken waren. Worauf immer mehr Mieter erkrankten.

Die Kreativität der das Kapital Nutzenden kannte keine Grenzen mehr. Wenn du dir einen Eindruck von der Zeit verschaffen möchtest, empfehle ich dir Gerhart Hauptmanns ‚der rote Hahn'. In diesem beschreibt er die skrupellosen Methoden des Bauführers Schmarowski bei der Grundstücksbeschaffung, um seine fünfstöckige Mietskaserne erbauen zu können. Es entwickelte sich eine neue bürgerliche Mode. In den Augen vieler älterer Zeitgenossen unterschieden sich ‚die Kleider der Damen kaum noch von denen der Dirnen'. Die Damenwelt trug rotes Haar, das mit Früchten und Kunstblumen geschmückt war, und erfreute sich an einer partiellen Entblößung des Busens. Die Haare wurden an der Stirn geteilt und als Ponylocken in Fransen nach vorne gekämmt. Bei den Herren wurden Frack, Kragen und Krawatten ebenso modern wie Zylinder und Melone. Auch schmückten sie sich gerne mit dem Samtbarett.

Zu den neuen Bedürfnissen der Konsumenten zählte die Erfindung der Dienst- und Urlaubsreisen. Eisenbahngesellschaften schossen aus dem Boden, um Regionen miteinander zu verbinden, schnell die bisherigen Postkutschen ablösend. Bethel Strousberg entwickelte sich zum deutschen Eisenbahnkönig, bald mehr als 100.000 Menschen beschäftigend. Dieses Kunststück gelang ihm, indem er Bauunternehmer davon überzeugte, sich an seinen Eisenbahngesellschaften zu beteiligen, um billig ein riesiges Netz aufzubauen, bis einer seiner Wechsel platzte und er im Gefängnis landete. Um nach dem Absitzen seiner Strafe für den Rest seiner Tage als Bettler durch die Straßen Berlins zu ziehen. Von diesem Strukturwandel profitierte auch der Frachtverkehr weg von Kutschen und Schleppkähnen hin zu Eisenbahnen. Was dazu führte, dass regionale Monopole von der Kohle über das Eisen bis hin zu Lebensmitteln gebrochen wurden, womit die

Preise deutlich fielen. Die Jedermanns eroberten in ihrem Urlaub immer abgelegenere Gegenden wie die des Riesengebirges, des Schwarzwaldes oder der Alpen. Auch entstanden Seebäder an der Nord- und Ostsee.

Doch nicht nur Urlaubsreisen, sondern auch Vergnügungen zuhause gerieten in den Fokus der Jedermanns. Otto Normalverbraucher erfreute sich am Wandern im Grünen. Biergärten schossen – nicht nur in Bayern – aus dem Boden. In Berlin sang man, ‚Bolle reiste jüngst zu Pfingsten,/nach Pankow war sein Ziel'. Sich am Samstagabend nicht nur zur Schönholzer Heide begebend, sondern auch zum Wannsee und zur Krummen Lanke. Es entwickelte sich die ‚große Ausdauer der Dienstmädchen beim Polka-Stampfen' in der Berliner Hasenheide oder in Pankow. Neben bürgerlichen Theatern und Opernhäusern etablierten sich erste Freizeitparks und Zoologische Gärten. In den Zoos wurden nicht nur wilde Tiere eingesperrt, sondern auch Farbige aus Afrika und Indigene aus der Arktis zur Schau gestellt." „Was, das glaube ich nicht." „Ist aber leider so."

Auch erfreute sich das Fußballspiel unter Arbeitern einer allgemeinen Beliebtheit. Casinogesellschaften wurden immer beliebter, nicht nur, um sich beim Stammtisch zu treffen, sondern auch, um private Theater- und Tanzveranstaltungen zu organisieren. Zudem entwickelte das Großbürgertum eine Feierkultur, das dank ihrer Verschwendungssucht genauso bewundert wurde wie bisher der Adel. In den ‚Klatsch-und-Tratsch-Blättern' tauchten Geschichten über großartige Feste und Bälle der High Society von Künstlern bis zu Direktoren auf. Dann folgte der nächste Hammer. 1895 begannen die Berliner Brüder Skladanowsky, im Wintergarten des Central-Hotels öffentlich Kinofilme zu zeigen." Claudia holt tief Luft, „o.k., nun begreife ich die Folgen der Kapitalakkumulation auf unsere Kultur."

„Auch die Landwirte entdeckten die Vorteile der Kapitalflut. In der Regel waren bei uns große landwirtschaftliche Betriebe nur selten größer als 100 Hektar. Bis auf die Großbetriebe der ostpreußischen Pferdezucht, die die Jedermanns wie die Armee mit Pferden versorgten. Doch selbst die aus heutiger Sicht mittelgroßen Betriebe benötigten seit der Bronzezeit viele helfende Hände. Denn die Landwirtschaft war arbeitsintensiv und lebte vom Anpacken der Knechte und von Frondiensten der Kleinbauern. Letztere waren Dienste, die die kleinen Bauern gegenüber den adeligen, kirchlichen oder staatlichen Großgrundbesitzern leisten mussten. Mit dem Aufkommen landwirtschaftlicher Maschinen änderte sich das jedoch grundlegend. Anstatt die Verpflichteten einfach von ihren Frondiensten zu entlassen, verfiel die Politik zugunsten der Gutsbesitzer auf eine geradezu perfide Idee. Denn sie zwang wie etwa in Preußen die Kleinbauern dazu, sich von ihren bäuerlichen Reallasten der Frondienste, Gespann- und Naturalleistungen loszukaufen. Die Kleinbauern standen nun vor der Wahl. Entweder mussten sie einmalig 10% ihrer Flächen an die Großbetriebe verschenken oder aber anstelle ihrer bisherigen Arbeitskraft jährliche Zinsen entrichten. Beide Optionen führten bei den Großbetrieben zu einer Kapitalakkumulation, die im Erwerb neuartiger landwirtschaftlicher Maschinen mündete. Schon 1850 setzte der Einsatz dampfbetriebener Dreschmaschinen ein. Dann folgte die Nutzung mineralischen Kunstdüngers aus Kali. Beides führte zu Leistungssteigerungen. Auch die Kleinbauern suchten nach technischen Möglichkeiten zur Arbeitserleichterung, worauf sie sich zu landwirtschaftlichen Genossenschaften zusammenschlossen, die Maschinen zum gemeinsamen Gebrauch anschafften und selbst Zuckerfabriken betrieben. Gelang dies nicht, zogen die Kleinbauern und Knechte mit ihren Familien in die Städte, um sich dort als Arbeiter eine neue Existenz aufzubauen.

Als die ersten dampfbetriebenen Ozeanriesen auftauchten, lösten sie schnell die bisherigen Segler ab. Nun setzte ein Angebotsstrom amerikanischer Produkte ein. Die Preise für Weizen und Fleisch fielen, was zu einer ernsthaften Krise der Landwirtschaft führte. 1880 sah sich die Reichsregierung schließlich gezwungen, Importzölle zum Schutz der Landwirte zu verhängen. Noch dramatischer war die Entwicklung beim Flachsanbau. Wurde bisher die Bekleidung der Jedermanns überwiegend aus Flachs hergestellt, so entdeckten die Jedermanns nun die Baumwolle.

Lag 1850 die Flachs-Anbaufläche noch bei 250.000 Hektar, so reduzierte sie sich innerhalb weniger Jahre auf gerade einmal 7.000 Hektar. Das erwies sich vor allem für die Lohnarbeit der Weber als verheerend. Zudem verlor der Wald mit der einsetzenden Kohleförderung sein bisheriges Monopol zur winterlichen Wärmeerzeugung. Womit die Waldbesitzer begannen, den Einkommensrückgang durch den Holzverkauf an die Bau- und die Möbelindustrie aufzufangen. Sprich, wir mutierten von einer landwirtschaftlich geprägten zu einer industriell dominierten Kulturnation. Zuletzt lag die Anzahl der im primären Sektor Beschäftigten der Forst- und Landwirtschaft nicht mehr bei 55%, sondern nur noch bei 38%.

Nach den Konsumenten und Landwirten will ich nun drittens kurz auf die Banker eingehen. 1869 wurden die Bayerische und die Württembergische Vereinsbank gegründet, gefolgt 1870 von der Deutsche Bank AG und kurz danach der Dresdner Bank AG. Innerhalb kurzer Zeit verzehnfachte sich die Bilanzsumme aller deutschen Banken. Unter den Bankern ragten zwei Persönlichkeiten heraus. Zum einen der Privatbankier Carl Fürstenberg, der die Berliner Handels-Gesellschaft (BHF) zu einer bedeutenden Privatbank ausbaute. Und zum anderen der Banker und Neffe des berühmten Unternehmers Werner v. Siemens. Jener Georg v. Siemens war von 1870 bis 1900 Vorstandssprecher der Deutsche Bank AG, die er zur bedeutendsten Aktienbank ausbaute. Dank des weiter immens steigenden Finanzbedarfs mutierten die Banken zu gleichberechtigten Partnern der Industrie. Es setzte ein Prozess ein, den der Historiker Gerschenkron als den Wandel vom ‚Herr-Diener-Verhältnis zur Zusammenarbeit unter Gleichgesinnten' zwischen Industrie und Banken beschrieb. Womit die ‚Deutschland AG' entstand, sodass etwa Carl Fürstenberg in mehr als 40 Aufsichtsräten saß. Sprich, in den Aufsichtsräten traf sich immer derselbe Kreis derjeniger, der die Geschicke der Wirtschaft bestimmte. Dieses Kränzchen wusste sehr genau, welche Branche boomte und welche nicht. Womit deren Geldanlagen immer sicherer wurden. Was Rosa Luxemburg zu dem Bemerken veranlasste, ‚die Dividenden steigen – und die Proletarier fallen'.

Dass aber auch das Bankengeschäft risikoreich war, zeigt das Beispiel von Hirschfeld&Wolff. 1891 erfuhr die erstaunte Öffentlichkeit, dass dem Gesamtvermögen von 3 Mio. Mark Verbindlichkeiten von 8 Mio. Mark gegenüberstanden. Dies hatte einen panikartigen ‚Bankenansturm' zur Folge, mit dem auch die angesehenen Institute wie die Berliner und die Charlottenburger Bank ihre Pforten für immer schlossen.

Zuletzt gilt es, auf die Unternehmer einzugehen." „Warum?", will Claudia wissen. „Weil ich vielleicht hier in besonderer Weise zeigen kann, dass sich damals die uns heute – mehr denn je – beschäftigende ‚Unternehmenskultur' entwickelte." „Ist ja krass, aber du hast natürlich recht, die Unternehmenskultur erscheint mir spannend." „Danke. Jedenfalls kann man auch hieran sehen, Claudia, welche breiten Kreise die ‚Kapitalakkumulat-ion 1.0' zog.

Die bisherigen Manufaktur-Betreiber wurden erst mit ihren neuen Denk- und Verhaltenswiesen zu Unternehmern, um zunächst die Gunst der Stunde der Landflucht zu nutzen. Denn mit ihr wurde die Arbeit günstig. Arbeiterfrauen und Kinder mussten bald flächendeckend zum Lebensunterhalt beitragen. Das Proletariat war geboren, wie von Karl Marx eindrucksvoll beschrieben." „Hast du den Verstand verloren, Marx so zu loben?", erkundigt sich Claudia besorgt. „Ne, mal ganz ehrlich. Marx war der Auffassung, ein Kapitalist bereichere sich am Mehrwert der Arbeit. Willst du das ernsthaft in Zweifel ziehen?" Sie sieht ihn fragend an, zieht es jedoch vor, nicht in eine Falle tappen zu wollen. Bernd setzt fort, „natürlich teile ich nicht seine These der exogenen Wertsetzung der Arbeit und auch nicht seinen Historizismus, sprich die Vorhersehbarkeit einer unabänderlichen Wirtschaftsentwicklung hin zur klassenlosen Gesellschaft. Doch grundsätzlich hatte Marx mit seiner Mehrwerttheorie Recht, solange die Löhne angebotsbedingt immer weiter fielen. Mit der Folge eines erbärmlichen ‚Pauperismus' des städtischen Proletariats". „Was ist denn das schon wieder?", will sie wissen. „Die kollektive Verarmung des ‚Vierten Standes'."

Claudia schüttelt den Kopf, „ich bin erstaunt, ich hätte dich für konservativer gehalten, mein Lieber." „Mit dieser Begrifflichkeit kann ich nichts anfangen. Ich ziehe es vor, Dinge beim Namen zu nennen. Versetzt man sich in die Gedankenwelt von Marx, dann bereicherte sich übrigens der Kapitalist nicht nur am Mehrwert der billigen Arbeitskraft, sondern auch an demjenigen der Maschinen. Was er jedoch damals noch nicht sehen konnte, war, je billiger die Maschinen wurden, umso mehr fokussierte sich der Kapitalist auf den Mehrwert aus der Maschinenkraft. Bis zu dem Punkt, den wir gerade aktuell erleben." „Was meinst du damit denn schon wieder?" „Dass die Industriearbeiter langsam aussterben." „Ach so", nickt Claudia. „Zur ‚Unternehmenskultur 1.0' gehörte dann die Stechuhr, die sich 1879 Richard Bürk als ‚Arbeiter-Kontrollapparat' patentieren ließ. Längst hatte sich die 72 Stunden-Woche durchgesetzt. Das bedeutet, die Arbeiter mussten sechs Tage die Woche jeweils zwölf Stunden lang schuften, ohne auf Besserung zu hoffen.

Insbesondere in Berlin versuchten sich immer mehr, mit anderen einfachen Dienstleistungen über Wasser zu halten. Viele neue Jobs wurden erfunden, Zeitungsjungen trugen Zeitungen aus, Schuhputzer wurden populär und Kindermädchen fanden in nahezu jedem bürgerlichen Haushalt eine Anstellung. Auch zählte man in Berlin kurz vor der Jahrhundertwende sage und schreibe 20.000 Prostituierte. Die Politik konnte sich jedoch nicht zum Mindestlohn durchringen. Auch wollte sie Streiks nicht zulassen und verhinderte die Gründung von Arbeitervereinen. Infolge der ‚Sozialistengesetze' Bismarcks wurde das Ungleichgewicht von Arbeitgebern und Arbeitnehmern dauerhaft perpetuiert. Nur zu einem sah sich die Regierung Bismarcks genötigt, nämlich den Arbeitenden ein Mindestmaß an sozialer Absicherung zu gewähren, wenn sie unverschuldet aus dem Arbeitsleben ausschieden. Das war die Geburtsstunde der drei Sozialversicherungen der gesetzlichen Unfall-, Renten- und Krankenversicherung.

Dank des unglaublichen Mehrwertes billiger Arbeitskräfte wurden zahlreiche Start-Up-Unternehmer – zulasten der Armen – geradezu märchenhaft reich. Berlin entwickelte sich zur Großstadt der Parvenus'. Unter einem ‚Parvenu' verstand man damals eine Person, die wir heute – aufgrund ihres schnellen sozialen Aufstieges – als ‚neureich' bezeichnen. In der ersten Welle waren dies vor allem Baulöwen. Die Städte wuchsen schnell, was die Bauwirtschaft anheizte, immer mehr Mietshäuser zu bauen, in die viele Städter investierten. Architekten planten zudem Herrenhäuser, die oft prachtvoller und mit fließendem Wasser moderner ausgestattet waren als die meisten Schlösser. Banken, Börsen, Kaufhäuser, Bahnhöfe und selbst Fabrikhallen wurden unter ästhetischen Aspekten geplant. Als Beispiel möchte ich die Berliner Villa Borsig anführen, die über einen riesigen Wintergarten mit exotischen Pflanzen verfügte, oder auch die Essener Villa Hügel der Familie Krupp.

Auch Dienstleistungsunternehmen erlebten einen rasanten Aufschwung. Johann Knoblauch machte die Magdeburger Feuerversicherung zum bedeutendsten Versicherer unseres Landes, zum ersten Mal statistische Daten der Vergangenheit für die Kalkulation von Versicherungsrisiken nutzend. Rudolf Mosse gelang es, mit seiner gleichnamigen Zeitungsannoncen-Expedition bei allen Zeitungen ganze Annoncenseiten zu pachten, die er anschließend gewinnbringend mit Kleininseraten füllte. Um schließlich selbst zum Medienmogul aufzusteigen, das Berliner Tageblatt, die Berliner Morgenzeitung und eine Vielzahl von Fachzeitschriften herausgebend. Vor allem aber war es die Zeit der Gründung industrieller Betriebe, die landauf landab aus dem Boden schossen, Eisenbahnen, mechanische Webstühle und Landwirtschaftsmaschinen bauend." „Findest du nicht, mein Lieber, es wäre an der Zeit, mir einmal ein paar Beispiele von Unternehmerpersönlichkeiten zu präsentieren, die die Unternehmenskultur besonders prägten?"

„Gerne. Immer noch sind uns die Namen einiger der damaligen Start-Up-Unternehmer bekannt. Franz Haniel durchstieß in der Zeche in Bochum erstmals die Mergelschicht, was zu zahlreichen Wassereinbrüchen der dort angelegten Schächten führte, die man letztlich jedoch technisch in den Griff bekam. Womit sich der Bergbau in immer gewaltigere Tiefen vorbohrte und die von seinem Unternehmen entwickelten Strebengerüste der

Förderanlagen bald das ganze Ruhrgebiet prägten. Albert Borsig mutierte in Berlin zum größten Lokomotiven-Hersteller Europas, bald seine eintausendste Dampflok produzierend. Alfred Krupp, der zunächst Löffel und Gabeln aus Gussstahl herstellte, spezialisierte sich auf die Produktion nahtloser Eisenbahnreifen. Werner v. Siemens investierte zunächst in die Telegrafen-Produktion, bis er den Dynamo erfand, womit man Strom produzieren konnte. Ferdinand Kaselowsky gründete in Bielefeld die Ravensburger Flachsspinnerei, die bald zum größten Unternehmen dieser Art avancierte. Und die vielleicht nachhaltigste Wirkung löste der Chemnitzer Maschinenbauer Louis Schönherr aus, der den ersten mechanischen Webstuhl baute. Eine Maschine, die tausende von Webern arbeitslos machen sollte.

Auch in der zweiten Welle folgten einige, uns heute noch vertraute Namen industrieller Start-Ups. Reinhard Mannesmann erfand zusammen mit seinem Bruder das Schrägwalzverfahren von Stahlröhren. Friedrich Bayer stellte aus Teer Farben her und machte damit die Kleider der Jedermanns bunt. Georg Wertheim, Adolf Jandorf, Rudolph Karstadt und Theodor Althoff waren die ersten, die mit ihren ‚Magazinen' den Versandhandel gründeten." „Was ist das denn schon wieder?" „Magazine waren als Versandhandel die Vorgänger der späteren Warenhäuser. Natürlich gab es auch Kritiker dieser neuen Vertriebsform. Einige warnten, das Magazinsystem sei ‚ein Tummelplatz des modernen Schwindels und Humbugs, ja der eigentlichen Schwindeleien'. Doch das focht diejenigen, die die neuen Zeichen der Zeit erkannten, nicht besonders an." „Nach so vielen, die Industriegeschichte prägenden Männern wäre es eigentlich einmal an der Zeit, mit einer Unternehmerin aufzuwarten", kann es sich Claudia nicht verkneifen. Bernd sieht sie verblüfft an, „stimmt, tut mir leid, dass ich dies vergaß. In der Tat gab es nämlich nicht nur Männer, auch wenn die Zahl der Unternehmerinnen nur sehr dünn gesät war. Als Musterbeispiel fällt mir Margarete Steiff ein, die 1877 eine Nähfabrik eröffnete, um Teddybären zu produzieren, mit denen sie bald vor allem auf dem amerikanischen Markt reüssierte." „Geht doch, mein Lieber", erwidert sie entspannt.

„In der dritten Welle nahm ab 1888 die Industrie wieder an Fahrt auf. Nun brach die Zeit der Betriebe an, die nicht mehr nur für den gewerblichen, sondern auch für den privaten Gebrauch Produkte herstellten. An erster Stelle sind hier Fahrräder, Nähmaschinen, Eisschränke und das Telefon zu nennen. Aber auch Rüstungsbetriebe erlebten einen großen Aufschwung, davon profitierend, dass sich die Staatsverschuldung des Reiches bis zur Jahrhundertwende verdoppelte. Als einige Industrielle der Idee verfielen, sich mit Preis- und Mengenabsprachen vor dem Wettbewerb zu schützen, warf dies die rechtliche Frage der Zulässigkeit von ‚Kartellen' auf. 1897 entschied das Reichsgericht deren Zulässigkeit mit der eigentümlichen Begründung, ‚wer die Freiheit habe, frei zu sein, habe auch die Freiheit, seine Freiheit durch Kartelle einzuschränken'. Mit der Freigabe ‚der Freiheit zur Unfreiheit' setzte ein Wetterleuchten des neuen Jahrhunderts ein. Zumindest begannen nun weitere, sich zu Kartellen zusammenzuschließen. Der Eisenbahnreifen-Produzent Alfred Krupp mutierte zum ‚Kanonen-König'. Werner v. Siemens investierte in die öffentliche Beleuchtung sowie den U-Bahn- und Straßenbahnbau. Emil Rathenau spezialisierte die von ihm gegründete AEG auf den Kraftwerksbau. Robert Bosch ließ sich den Magnetzünder für stationäre Gasmotoren patentieren. Carl Benz konstruierte das weltweit erste Auto, mit dem seine Frau Bertha ohne sein Wissen zur ersten Fernfahrt zu ihren Eltern aufbrach, immer wieder Benzin in Apotheken erwerbend. Benz baute dann auch das erste Automobilwerk der Welt. Der ein Ingenieurbüro betreibende Oskar v. Miller ließ die erste Überlandleitung für Strom errichten. Hermann Bahlsen importierte die Herstellung britischer Cakes, die er hier als ‚Kekse verkaufte. Otto Lilienthal erfand zunächst den Tragflügel und sodann das Segelflugzeug, mit dem er – finanziert durch seine erfolgreiche Maschinenbaufirma – bis zu seinem Tod 1896 Gleitflüge von bis zu 250 Metern absolvierte.

Nach den privaten Unternehmern wurden auch Beamte unternehmerisch. Heinrich v. Stephan entwickelte als Beamter eine besondere Kreativität. Er gründete 1872 die Reichspost und führte nicht nur die Postkarte ein, sondern verstand es, den dramatischen Umsatzrückgang des wegbrechenden Postkutschengeschäfts aufzufangen. Hierzu schloss er 1875 das Telegrafenwesen an die Post an, um dieses massiv auszubauen. Gab es zunächst nur 4.000 Telegrafenstationen, so ließ er bis zur Jahrhundertwende knapp 50.000 errichten. Zudem gelang es ihm, sich für die Post auch das Telefonnetz unter den Nagel zu ziehen. Gab es 1881 in gerade einmal sieben Städten lediglich 1.500 Fernsprechstellen, so vergrößerte sich deren Anzahl bis zur Jahrhundertwende in 15.000 Gemeinden auf 250.000 Anschlüsse.

Auch die Länder wurden unternehmerisch. Sie versuchten überall im Lande, sich die Anteile der Eisenbahngesellschaften anzueignen. Standen 1885 rund 11.000 Schienenkilometer im preußischen Besitz, so waren es zehn Jahre später bereits mehr als doppelt so viel. Das gleiche galt für die großen Städte. Noch fuhren in den Städten Pferdefuhrwerke und von Pferden gezogene Straßenbahnen, die immerhin in Berlin mehr als 150.000 Passagiere beförderten. Doch dann folgte in Berlin – dank der visionären Pläne des Architekten Waldemar Suadicani – der Bau der Berliner Ringbahn sowie zweier, auf oberirdisch quer durch die Stadt verlaufenden Viadukten für S-Bahn-Trassen. Diese kreuzten sich am Bahnhof Friedrichstraße und verkürzten die Reisezeiten innerhalb der Stadt erheblich. 1882 fuhr ein erster Oberleitungsbus durch Berlin, zu einer Zeit, als der Dieselmotor für große Fahrzeuge noch unbekannt war. Ab 1896 folgten elektrifizierte Straßenbahnen und wenig später die erste U-Bahnlinie. Damit will ich es bewenden lassen.

Ich hoffe, mir gelang, dir die Dramatik des damaligen Umbruchs vor Augen geführt zu haben. Wie auch den Zynismus der lapidaren Feststellung, dass unter dem Strich gesehen der kollektive Wohlstand zunahm. Denn diese Aussage ist nur mit Blick auf den Wohlstand der Reichen richtig. Stellt man auf das Bruttoinlandsprodukt aller Waren und Dienstleistungen ab und eliminiert man zudem inflationsbereinigt die Preise, was Volkswirte können, so ist zu konstatieren, dass in der ersten Epoche des Kapitalismus – zu Preisen des Jahres 2005 – das Bruttoinlandsprodukt

Deutschlands von 62 Milliarden € in 1850 auf 100 Milliarden € in 1900 zunahm. Da die gesamte Bevölkerung in dieser Zeit von 41 Mio. nur um ein Viertel auf 52 Mio. Einwohner wuchs, ergibt sich rechnerisch eine Wohlstandsvermehrung pro Kopf. Aber eben nur rechnerisch, denn das Kapital war sehr ungleich verteilt."
„Ganz ehrlich, mein Lieber, nicht schlecht", stellt sie anerkennend nickend fest. „Jedenfalls räume ich nun gerne ein, dass die Jedermanns wahrhaftig von der ‚Kapitalakkumulat-ion' mitgerissen wurden. Ist ja echt kaum zu glauben, wie sich in diesen fünfzig Jahren die Lebensumstände der Jedermanns so grundlegend wandelten." Bernd strahlt, um entspannt hinzuzufügen, „danke, Ziel erreicht. Dass dieses neue Ion auch auf die bisherigen Ionen ausstrahlte, ist mehr als logisch. Dass dabei auch die ‚Relig-ion' als wirkmächtiges Ion weggespült wurde, um der Glücksvision zu weichen, ist mein nächstes Thema." „Ach ja, da war doch noch was, mein Lieber. Ist aber o. k., ich höre gerne weiter geduldig zu, denn irgendwie erklärt sich mit dieser Gezeitenwende der bis heute anhaltende allgemeine Irrsinn," schmunzelt sie.

Von der ‚Relig-ion' zur ‚Glücksvis-ion'

„Fortsetzen will ich mit der Schilderung des Untergangs der ‚Relig-ion' als wirkmächtiges Ion. Während der Papst auf seinen Wunsch hin vom ‚Ersten Vatikanischen Konzil' bescheinigt bekam, in seinen Dogmen ‚unfehlbar' zu sein, forderte der Protestant Adolf von Harnack in seinem Lehrbuch ‚Dogmengeschichte' eine Reformation des Glaubens, die auch ein Aufbegehren gegen die kirchliche Autorität Roms einschließe. Zwar erwies sich der Pietismus immer noch existent. So gründete Friedrich v. Bodelschwingh in Bethel eine Anstalt für Epilepsiekranke. Doch im Grunde genommen brachte unser Philosoph Nietzsche den neuen, kapitalistisch geprägten Zeitgeist sehr trefflich auf den Punkt, indem er befand, ‚Gott ist tot'. Auch der Philosoph Karl Marx äußerte sich ähnlich. Religion sei nichts anderes als ‚Opium für das Volk'.

Anstelle der göttlichen Religion traten menschliche ‚Ikonen'. Anstelle von Andachtsbildern wurden nun Kunstwerke angehimmelt, anstelle der Anbetung Gottes verharrten die Jedermanns vor den Denkmälern von Bismarck und Moltke sowie Goethe und Schiller. Diese Ikonen waren jedoch letztlich nur Surrogate für das neue Ion der nun entfesselten ‚Glücksvis-ion'. Die war nichts anderes als die nun entfachte, uns bis heute verfolgende ‚Glückskultur'. Jedenfalls lösten die damaligen Start-Up-Ikonen bei den Jedermanns ‚MeToo-Gefühle' aus, um sich ihrerseits dem Anhäufen des Kapitals zu verschreiben. Denn im Grunde verbergen sich hinter dem allgemeinen Glücksbegriff drei völlig unterschiedliche Phänomene. Erstens die ‚Glückseuphorie des Sekundenglücks' infolge hormoneller Ausschüttungen. Etwa bei einem kalten Bad an einem schwülheißen Sommertag, bei einer warmen Dusche nach einem eiskalten Winterabend, bei einem großartigen Gourmet-Erlebnis oder auch bei einem verdammt geilen Sexualakt." „Kann man so sehen, mein Lieber."

„Zweitens wird von der Begrifflichkeit des Glücks auch das ‚Glücksfanal' erfasst, wenn man etwa im Lotto gewinnt oder dem Totengräber gerade noch dank einer Ausweichbewegung am Steuer seines Fahrzeuges von der Schippe springt. Wenn man also beim Ausgang eines Ereignisses einfach nur ‚Schwein hat'. Ganz im ursprünglichen Sinne des aus dem Mittelhochdeutschen stammenden Begriffes ‚Gelücke'. Egal, ob wir von ihm überrollt werden oder unser Glück mutwillig herausfordern. Natürlich löst ein solches ‚Glücksfanal' letztendlich in der Regel in uns eine ‚Glückseuphorie' aus. Muss aber nicht sein." „O. k., wenn du meinst, mein Lieber."

„Diese beiden Glücksvarianten beziehen sich letztlich immer nur auf ein Individuum und interessieren daher in unserem Kontext nicht. Ganz anders als der dritte Begriff der ‚Glückseligkeit'. Diese stellt nämlich auf einen längerfristigen Betrachtungshorizont ab und ist zudem durchaus geeignet, auch für eine Gemeinschaft umschrieben zu werden. Im Mittelalter suchten die Jedermanns ihr Glück im Jenseits. Nachdem in der Frühneuzeit zunächst die Hoffnung auf ein Paradies im Jenseits starb, beherrschte im Dreißigjährigen Krieg die Jedermanns der nackte Überlebenskampf, der sie von einem ausgelassenen Glücksstreben abhielt, um sich in der Romantik erneut zu wandeln. Denn nun wurden die Jedermanns von der Schwärmerei erfasst, von der Freude am politischen Idealismus wie eigenen Gefühlsregungen. Um sich gezielt und bewusst ihren Sinnen des Sehens, Hörens, Riechens, Schmeckens und Tastens, ihrem Bewegungssinn und ihrem Bauchgefühl hinzugeben. Sprich, aus der Sinnlichkeit heraus Glück zu empfinden. Um diesen Glückszustand über die berauschende Wirkung des Alkohols und braunen Mandelsaftes zu steigern. Übrigens damals trefflich beschrieben von dem Aufklärer Gellert. ‚Glück ist gar nicht mal so selten./Glück wird überall beschert./Vieles kann als Glück uns gelten,/was das Leben uns so lehrt./Glück ist jeder neue Morgen./Glück ist bunte Blumenpracht./Glück sind Tage ohne Sorgen./Glück ist, wenn man fröhlich lacht./Glück ist niemals ortsgebunden./Glück kennt keine Jahreszeit./Glück hat immer der gefunden,/der sich seines Lebens freut.'

Mit der Epoche des ‚Kapitalismus 1.0' änderte sich jedoch der Glücksbegriff der Jedermanns fundamental. Ihr Idealismus wurde materialistisch. Die Jedermanns entdeckten eine auf Geldvermehrung fußende ‚Glückseligkeit'. Die Glückssuche wurde in Geldeinheiten unterteilt und mit dem Begriff Reichtum verknüpft. Gerade so, wie es die Amerikaner verstanden. Garantierte nicht, so besannen sich die Jedermanns, die amerikanische Verfassung ihren Bürgern ein Recht zum Glücksstreben? Worunter sie vor allem das Recht verstanden, wohlhabend zu werden. Was unseren Philosophen Friedrich Nietzsche zu der provokanten These veranlasste, ‚der Mensch strebt nicht nach Glück, das tut nur der Engländer'. Was übrigens auch auf die Amerikaner gemünzt war. Der Idealismus bezog sich bei den Reichen auf ein ausschweifendes Leben, das sie in Form von Kreuzfahrten, Fernreisen und Luxuskuren auskosteten. Für die Armen blieben solche Wünsche natürlich unerfüllt, um sich im post-idealistischen Zeitalter einer neuen Vision hinzugeben: dem weltumspannenden Sozialismus. Oder sie begnügten sich mit dem ‚kleinen materiellen Glück' der Besuche von Volksfesten, dem Zoo oder Zirkusauftritten. Das ‚kleine Glück' umfasste zudem den Wunsch nach Leibwäsche, Zeitungen und dem Tanz, geprägt von ‚Galopp' oder ‚Cancan', sich dem ‚Wahnsinn der Beine' hingebend. Auch die Seife gehörte dazu, denn nun wurde es en vogue, auch im Bett frisch zu riechen. Vorbei war die Zeit des italienischen Königs Emmanuel, der seine Mätresse immer wieder beschwor: ‚komme in 14 Tagen. Bitte wasche dich bis dahin nicht mehr'." „Das meinst du doch nicht im Ernst, oder?" „Doch, doch, ist alles überliefert. Nun konnten die Jedermanns so riechen, wie es der Zeitgeist vorgab, der den Geruch der körpereigenen Säfte hinwegfegte." Sie schüttelt den Kopf.

„Und was wurde aus dem in der Romantik vorherrschenden anderen Ideal der nationalen Einheit?", will Claudia nun wissen. „Es wandelte sich mit der Gründung des Nationalstaates von der liberalen Konnotation gleichzeitiger bürgerlicher Emanzipation zum konservativen Nationalismus des monarchischen ‚Status Quo'. Sodass Hans Delbrück kurz vor der Jahrhundertwende befand, ‚die Staatsautorität erscheint als Vielregieren und Polizeiwillkür'. Der Nationalismus äußerte sich zudem im Imperialismus und Militarismus. Während der Imperialismus von immer neuen Kolonien träumte, entwickelte der Militarismus geradezu groteske Züge, die Fontane 1897 zu seiner Kritik veranlasste, ‚den Borussismus – also das übersteigerte Preußentum – als die ‚niedrigste Kulturform, die je dagewesen ist' zu bezeichnen. Unter diesen Veränderungen litt der ‚Kulturbegriff'. Jedenfalls befanden unsere Kunstschaffenden, Kultur umfasse – anders als noch zu Goethes Zeiten die Gesamtheit der ‚Schönen Künste' wie Naturwissenschaften – nur noch die ‚Schönen Künste'. Denn die Naturwissenschaften drifteten ihrer Meinung nach immer weiter in technik-affine Experimente als allein auf das phantasielose Falsifizieren bedachte Disziplin ab. Nein, für sie gab es nun einen tiefen Bruch zwischen Naturwissenschaften und Kunst."
„Endlich verstehe ich nach deinen ausschweifenden Erläuterungen zur Glückssuche, dass die Jedermanns mit dem Kapitalismus auch ein neues Kulturverständnis gewannen." Bernd nickt.

‚Innovati-on 1.0'

„Damit will ich zuletzt auf die Innovat-ionen überleiten, bei denen sich echte Quantensprünge ereigneten. Analysiert man diese genauer, so stellt man fest, dass sich mit dem Kapitalismus 1.0 ein Vierklang von ‚Konfrontat-ion', ‚Kommunikat-ion', wissenschaftlicher ‚Inspirat-ion' und technischer ‚Perfekt-ion' entfaltete." „Wäre nicht ein Dreiklang ausreichend?", wirft Claudia ein. Um von ihm einen verächtlichen Blick zu ernten. „Beginnen will ich mit Innovationen zur ‚Konfrontat-ion'." „Daran bin ich wirklich nicht interessiert, mein Lieber." „Schon gut, ich mache es kurz. Hier will ich nur zwei Entwicklungen ansprechen, die auf die Art und Weise der Kriegsführung eine erhebliche Auswirkung hatten. Zum einen das ‚Zündnagelgewehr' und zum anderen das ‚Hinterladergeschütz'.

Damit leite ich auch schon auf Innovationen zur ‚Kommunikation' über. Dank der 1850 bei uns eingeführten Briefmarke konnten Kurzinformationen nun endlich auch preisgünstig versandt werden. Zudem musste bei Briefen wie Postkarten nicht mehr der Empfänger, sondern allein der Absender zahlen. Auch setzte sich die Telegrafie landesweit durch. 1851 ließ Litfaß den ersten Tagestelegraphen aufstellen, um täglich über die in Berlin stattfindenden Konzert- und Theaterveranstaltungen zu informieren. Bald beherrschten die Litfaßsäulen das Straßenbild. Auch im Zeitungswesen tat sich vieles, ausgelöst durch die Schnellpresse von Rotationsdruckmaschinen mit Endlospapier. Wolff gründete sein ‚Telegrafisches Büro', das sich als Nachrichtenagentur auf überregionale und internationale Nachrichten spezialisierte, die über die Telegrafie eingesammelt und verteilt wurden. Womit Zeitungen aktueller wie internationaler wurden. Vor allem, nachdem sich Wolff 1870 mit der englischen Nachrichtenagentur Reuters zusammenschloss. Zudem wurden auch die von den Zeitungen aufgegriffenen Themen vielfältiger. 1855 erblickte die ‚Berliner Börsenzeitung' das Licht der Welt, die sich zunächst mit Börsenthemen beschäftigte, um 1877 erstmals auch Sportredakteure einzustellen. 1892 folgte die Berliner Illustrierte Zeitung mit dem neuen Zeitungskonzept bunter Bilder und setzte sich gegen Ende der Epoche – fußend auf der Erfindung des Hessen Philipp Reis – das vom Amerikaner Bell zur Marktreife gebracht Telefon durch." „Ist ja echt krass, mein Lieber, was in dieser Epoche alles geschah."

„Die wissenschaftliche ‚Inspirat-ion' explodierte exponentiell. Dies lässt sich daran festmachen, dass unsere Wissenschaftler für ihre bis zur Jahrtausendwende gewonnenen Erkenntnisse besonders oft Nobelpreise einsackten. Auch wenn sie diese erst nach der Epoche für ihre genialen Geistesblitze erhielten. Beginnen möchte ich mit fünf Chemikern. Emil Fischer entdeckte das Enzym, womit die Epoche der organischen Chemie begann. Adolph von Baeyer war der Wegbereiter der organischen Chemie, Eduard Buch fand die zellfreie Gärung, um die Enzymologie zu begründen. Wilhelm Ostwald stellte sein Ostwald'sches Verdünnungsgesetz auf und Otto Wallach begann, mit den Terpenen organische Verbindungen aufzudecken." „Meinst du, das interessiert mich?" „Dich vielleicht nicht, mich hingegen schon. Denn nur so kann man doch begreiflich machen, wie die Jedermanns durchgeschüttelt wurden. Deshalb will ich auch unsere vier Physik-Nobelpreisträger erwähnen. Conrad Röntgen entdeckte die Röntgenstrahlen. Eine für die Medizin ebenso revolutionäre Entdeckung wie die Kathodenstrahlen Philipp Lenharts. Dann stellte Wilhelm Wien das Wien'sche Strahlungsgesetz auf und gelang es Ferdinand Braun, die von Heinrich Hertz experimentell nachgewiesene elektromagnetische Strahlung nachrichtentechnisch zu verwerten." „Hat das heute denn eine Relevanz?" „Stell dir einmal heute eine Welt ohne Halbleiter-Dioden und drahtlose Kommunikation vor." „Ach so, jetzt ahne ich, dass jener Braun doch von Praxisrelevanz war." „Julius von Meyer formulierte 1867 den Energieerhaltungssatz, wonach Energie nie verloren geht, und Rudolf Clausius entwickelte sein Konzept der bis zum jüngsten Tag andauernden Entropie. 1882 veröffentlichten Hermann Helmholtz seine Thermodynamik und 1886 Hermann Hellriegel und Hermann Wilfrath die Stickstoffoxidation." „O. k., habe verstanden, wir hatten viele schlaue Physiker." „Genau. Was verbleibt, ist auf die großartigen Entdeckungen unserer vier Medizin-Nobelpreisträger einzugehen. Robert Koch entdeckte den Tuberkuloseerreger und begründete damit die moderne Bakteriologie. Emil von Bering entwickelte seine Antitoxine, die den Weg für die Serumtherapie freimachten. Paul Ehrlich stellte seine Seitenkettentheorie auf. Und schließlich gelang Albrecht Kossel ein Durchbruch in der Zellkern-Forschung. Neben diesen vier ausgezeichneten Medizinern sind aber noch andere zu nennen. Rudolf Virchow erkannte, auch wenn er dafür keinen Nobelpreis erhielt, in Berlin die Bedeutung der Hygiene, worauf Trinkwasser und Abwasser in den Städten getrennte Rohre erhielten. Zeitgleich zum Münchener Max v. Pettenkofer, der seit 1865 den bundesweit ersten Lehrstuhl für Hygiene innehatte. Um nach einer Cholera-Epidemie das dortige Abwasserkanalsystem anzuregen. Zu den Visionären der modernen Abwasserbehandlung gehörte zudem der Frankfurter Stadtrat William Lindley, der als Erster in Deutschland 1883 anstelle bisheriger Rieselfelder eine Kläranlage mit einem knapp 100 Meter langen Absatzbecken errichten ließ. Diese Auflistung wäre grob unvollständig, wenn ich nicht zuletzt auf den großen Wissenschaftspolitiker Friedrich Althoff eingehe. Er entwickelte als Vortragender Rat für das Personalwesen im preußischen Kultusministerium eine Wissenschaftsförderung, die bald als ‚System Althoff‘ in die Geschichtsbücher einging. Nicht nur sorgte er für die Gleichstellung der Technischen Hochschulen mit den Universitäten sowie der Realgymnasien und Oberrealschulen mit den Gymnasien. Sondern er begründete die wissenschaftliche Schwerpunktbildung nicht nur in Berlin, sondern in Marburg und Göttingen, wo er etwa die Mathematik und Naturwissenschaften zentrierte. Er machte Münster zur Volluniversität, reformierte das Bibliothekswesen, erarbeitete eine Prüfungsordnung für Ärzte und ließ an der Berliner Charité das erste Krebsinstitut errichten. Als er kurz nach der Jahrhundertwende verstarb, ließ der Kaiser eigens für ihn eine Marmorbüste anfertigen, die in der Nationalgalerie feierlich enthüllt wurde. Über unsere Wissenschaftler hinaus gab es verdammt viele Kreative, über deren Erfolge ich unter der Begrifflichkeit der technischen ‚Perfekt-ion' berichten will." „Ich hoffe, mein Lieber, dich richtig zu verstehen, dass damit der letzte Ton des von dir angekündigten Vierklangs beginnt, oder?" „Genau. Ab Mitte der Fünfzigerjahre begannen die Jedermanns, sich an das Heizen ihrer Wohnungen und Kochen ihrer Speisen mit Gas zu gewöhnen. 1885 wurde in Berlin ein erstes Wasserwerk in Betrieb genommen, womit ein erster Hochbehälter die Silhouette der Stadt zu prägen begann. Nun mussten die Jedermanns nicht mehr zum Wasserpumpen auf die Straßen, sondern floss das benötigte Nass infolge des ausreichenden Druckes bis in ihre Wohnungen. Dank Arthur Hobrecht erhielt Berlin 1862 einen Bebauungsplan, der nicht nur die Minimalgröße der Hinterhöfe festlegte, sondern zudem die zulässige Gebäudehöhe sowie die Kanalisationskanäle. Bei den Tüftlern will ich jedoch besonders auf das bekannte Dreigestirn Benz, Daimler und Otto eingehen. Karl Benz erfand 1885 den Patent Motorwagen, sprich, das erste Auto, Gottlieb Daimler 1885 das erste benzinbetriebene Motorrad und – aufbauend auf der Erfindung Ottos und Reithmanns – den schnell laufenden Ottomotor. Rudolf Diesel folgte wenig später mit der Erfindung des Dieselmotors. Was für ein Feuerwerk innovativer Quantensprünge. Angefangen vom Conti-Autoreifen über die VARTA-Batterie und Bosch-Zündkerze bis hin zum Scheibenwischer, den Prinz Heinrich v. Preußen erfand. So viel zum Auto.

Ludwig Meyn führte 1856 die weltweit erste Erdölbohrung in Dithmarschen und zwei Jahre später wesentlich erfolgreicher in Wietze bei Hannover durch." „Dann waren also nicht die Texaner die ersten, die Öl förderten?" „Nein. 1866 gelang es Ernst Abbé, Mikroskope zu entwickeln, und erfand 1867 Werner von Siemens den Dynamo. Damit war der Weg frei zum Kraftwerksbau. Heinrich Göbel gelang nach eigener Darstellung der erste Bau einer Glühbirne, auch wenn er den von ihm angestrengten Prozess gegen den mächtigen Edison in den USA verlor.

1883 erfand Paul Nipkow seine berühmte Scheibe zur Bildzerlegung. Wenn man so will, den Vorläufer des Kinofilms. 1884 gelang Rudolf Schott ein revolutionäres Verfahren zur Glasherstellung. Friedrich Bayer stellte aus Anilin Farben her, womit unsere Kleider schlagartig bunter wurden." „Welche Farben waren das denn?", unterbricht sie ihn. „Rot und Blau." „Ist ja echt krass, die gab es früher nicht?" „Jedenfalls waren sie bis dahin in der Herstellung verdammt teuer." „Ist mal endlich eine sinnvolle Erfindung." Bernd sieht sie erstaunt an.

„Nachdem Heinrich Hertz 1886 die Radiowellen fand, trumpfte Emil Berliner wenig später mit der Erfindung des Plattenspielers auf. 1891 gelang Oskar v. Miller die Drei-Phasen-Stromübertragung von Heilbronn nach Frankfurt und ein paar Jahre später Felix Hoffmann die Herstellung von Aspirin. Worauf den Jedermanns erstmals ein wirksames Mittel gegen den Kopfschmerz zur Verfügung stand. Während Matthias Theel den Locher erfand, war es Friedrich Soennecken, der ihn patentieren ließ. Louis Leitz setzte mit der Erfindung des Aktenordners noch einen drauf." „Stimmt, der ist wirklich typisch deutsch", amüsiert sich Claudia. „Diese Auflistung will ich mit Graf Zeppelins Erfindung ‚lenkbarer Luftzüge' beenden. Ein erster Zeppelin wurde seit 1899 in einer schwimmenden Montagehalle auf dem Bodensee vor Friedrichshafen gebaut, um sich pünktlich zum neuen Epochenbeginn vor 12.000 begeisterten Zuschauern zum Jungfernflug in die Lüfte zu erheben.

In Summe lässt sich festhalten, mit dem Kapitalismus 1.0 änderte sich die Kultur der Jedermanns, die auf zweifache Weise ‚materialistisch' wurden. Denn erstens entdeckten sie den Kapitalismus, womit sie sich laut Marx materialistisch – sprich geldgierig, finanzgetrieben und technikbegeistert – gerierten. Und zweitens gelangten sie zu der beunruhigen Erkenntnis, dass ihre Gedanken, Gefühle und selbst ihr Bewusstsein nichts anderes waren als das Ergebnis des Spiels der Materie in ihrem Kopf. Um sich nicht mit der Sinnlosigkeit des ‚entleerten materiellen Lebens' konfrontiert zu sehen, sondern zudem der Widersprüchlichkeit der Welt im Sinne der Dialektik Hegels, deren Akzeptanz seither

unser Denken und Handeln bestimmt. Bald machte ein diesen Zustand beschreibendes Gedicht die Runde. ‚Dunkel war's, der Mond schien helle,/als 'ne Kutsche blitzesschnelle/langsam um die Ecke bog./Drinnen saßen stehend Leute/schweigend ins Gespräch vertieft,/als ein tot geschoss'ner Hase/auf der Sandbank Schlittschuh lief.' Mit dem Materialismus änderte sich nicht zuletzt unsere Sprache, die geschäftsmäßig wurde. Was zur Folge hatte, dass unsere blumenreiche Sprache ihre detailverliebte wie romantische Vielfalt verlor. Das soll reichen."
„Danke, das ist auch besser so. Doch eines muss ich dir schon lassen. Du hast mich in den letzten Minuten davon überzeugt, dass 1850 eine neue Epoche anbrach. Insofern bin ich ehrlich froh, beim letzten Mal eigentlich aus Verzweiflung über die Komplexität des 19. Jahrhunderts in der Mitte haltgemacht zu haben."
„Danke, dann war mein Ionen-Exkurs doch nicht vergebens." Sie nimmt ihn liebevoll in den Arm, „Spinner. Komm, lass uns wieder reingehen. Denn mir wird langsam kalt." „Gerne, ist zudem eine gute Gelegenheit, dir noch kurz den Hauffsaal zu zeigen. Benannt nach einem lokalen Schriftsteller, der diesen Raum in seiner 1826 erschienen Novelle ‚Phantasien im Bremer Ratskeller' geradezu unsterblich machte, nicht zuletzt, weil er hier seine Freude am Wein beschrieb." „Du nun wieder", amüsiert sich Claudia. „Bis sich rund einhundert Jahre später kein anderer als Max Slevogt hier mit seinen berühmten vier großflächigen Fresken verewigte." „Nicht schlecht." „Ne, Claudia, geradezu großartig." „Von mir aus auch das." „Dann kann ich dich ja beruhigt zu unserem Tisch zurück geleiten, um mit dem Narrativ des Donnerstages fortzufahren." „Stimmt, da war ja noch was", schmunzelt Claudia. Kaum erreichen sie wieder ihren angestammten Platz, erfreuen sie sich zunächst an einem Schluck Wein. Dann legt Bernd wieder los.

Donnerstag des frühen Zweiten Deutschen Reiches (1871-1888)

„Damit komme ich zum Donnerstag. ‚Es war einmal vor, ach, so vielen Jahren,/als wollte Größe man und Reichtum paaren/mit Kolonien! Träumend voller Wonne,/vom deutschen Glück des Platzes an der Sonne'. Wirtschaftlich ging es nicht zuletzt dank der Kriegsentschädigungen bergauf, ein Spekulationsfieber ‚der entfesselten Gier' auslösend. Soziale Spannungen entluden sich 1872 in den Berliner Blumenstraßen-Krawallen, als ein Gerichtsvollzieher einen armen Schuster samt seines Hab und Guts auf die Straße setzte. Was eine aufgebrachte Menge dazu veranlasste, Steine auf Polizisten zu werfen. Erst am kommenden Mittag beruhigte sich die Menge wieder. Doch dann riss die Berliner Polizei einige Obdachlosenbaracken am Frankfurter Tor ein. Worauf die obdachlos gewordene Masse randalierend durch die Berliner Innenstadt zog, um Gaslaternen und Fensterscheiben zu demolieren." „Dann war ja die Gründerzeit gar nicht so entspannt, wie ich dachte."

„Zumindest nicht für die Armen. Die Reichen dagegen begannen mit wilden Aktienspekulationen. Denn die Börse schien nur eine Richtung zu kennen, von Rekord zu Rekord weiter ansteigend. Bis am 9. Mai 1873 der berühmte ‚Schwarze Freitag' folgte. Ein Börsenkrach, mit dem eine kollektive Katerstimmung einsetzte, gekennzeichnet von einer bis dahin nicht gekannten Konkurswelle, gepaart mit Lohnkürzungen und Massenentlassungen. Erst erklärte die Berliner Quistorp'sche Vereinsbank ihre Zahlungsunfähigkeit, dann verschwanden zwei Drittel der neu gegründeten Aktienbankgesellschaften. Die von der Katerstimmung Betroffenen suchten natürlich nach Schuldigen und fanden diese schnell. Waren nicht die Privatbanken überwiegend in jüdischer Hand? Du erahnst, mit der ersten Wirtschaftskrise keimte der lange als überwunden geglaubte Antisemitismus wieder auf." „Das ist ja furchtbar."

„Kann man wohl so sagen. Dank des wirtschaftlichen Niedergangs verschlechterten sich natürlich die Bedingungen der

Armen. Das führte 1875 in Gotha zum Zusammenschluss der ‚Sozialdemokratischen Arbeiterpartei' August Bebels und Wilhelm Liebknechts mit dem ‚Allgemeinen Deutschen Arbeiterverein' Ferdinand Lassalles zur ‚Sozialistischen Arbeiterpartei Deutschlands'. Mit der Massenverarmung der Arbeiter ging eine Bevölkerungsexplosion im Reich einher, die eine Auswanderungswelle auslöste. Während 1880 noch 100.000 in die USA auswanderten, waren es in den drei Jahren 1881 bis 1883 mehr als eine halbe Million. Doch die Mehrheit blieb hier. Lebten zur Reichsgründung noch 41 Mio. Einwohner in Deutschland, so waren es zur Jahrhundertwende bereits knapp 60 Millionen.

Die Bürgerlichen suchten neue Wege, um mit der Gründerkrise umzugehen. Sie erkannten die Bedeutung der Bildung für ihre Kinder. Die jungen Studenten wiederum suchten nach individueller Freiheit, um ihre Jugend ungestört ausleben zu können. So wurde es bei den Studenten en vogue, nicht in der Nähe des Elternhauses, sondern möglichst weitab zu studieren. Sie zog es nach Heidelberg, in die neu gegründete Deutsche Universität in Straßburg, nach Tübingen und nach Freiburg. Innerhalb nur eines Jahrzehnts verdoppelten sich dort die Studentenzahlen. Die Freiburger Studenten entdeckten schnell die Reize des Schwarzwalds und der Badener Weingegend, worauf sie schon vor dem Ende ihres Studiums betrübt sangen, ‚muss ich einst aus Freiburg scheiden,/wird mir wohl das Auge nass!/Lebet wohl nun all ihr Freuden,/angezapft das letzte Fass./Wer den Wein noch nie probierte,/wer nicht alle Kneipen kennt,/wer den Schwarzwald nie studierte,/war in Freiburg nie Student'.

Allmählich kehrte der Optimismus an die Börse zurück und gründeten sich Konsortien, Sozietäten, Syndikate und Aktiengesellschaften. Der Export wurde immer wichtiger. Dabei erwiesen sich die 1883 verabschiedeten DIN-Regeln der ‚Deutschen-Industrie-Normen' als Wettbewerbsvorteil. Was die Briten 1887 zu ihrem ‚Merchandise Act' veranlasste, um die deutschen Exporteure zu zwingen, ihre Produkte mit dem Hinweis ‚Made in Germany' versehen zu müssen. Was als Ausgrenzung ausländischer Produkte gedacht war, erwies sich als das Gegenteil: als ein Synonym für die hohe, in Deutschland gefertigte Qualität. Mit den unverhofft steigenden Exporten erholte sich die Binnenkonjunktur schnell und wuchsen die Unternehmen mit rasanter Geschwindigkeit.

Unser Kanzler Bismarck fokussierte sich in seiner Innenpolitik auf das Zusammenwachsen des Reiches, was sich als schwierig erwies. Womit die Zeit des ‚Kulturkampfes begann." „Was, es gab einmal einen Kampf um die Kultur?", bemerkt Claudia erstaunt. „Na ja, der richtete sich vor allem gegen die römische Kurie. Gegen die von Rom aus ferngesteuerten Pastoren, die von der Kanzel herab gegen Bismarcks Politik wetterten. Worauf unser Kanzler 1871 den ‚Kanzelparagrafen' verabschieden ließ, mit dem die katholischen Prediger nicht mehr zu tagespolitischen Themen Stellung nehmen durften. 1873 folgte die gesetzliche Regelung des ‚Kulturexamens' für Prediger, wonach nur noch diejenigen predigen durften, die vorher Theologie an einer deutschen Universität erfolgreich studiert hatten. Bismarck zwang damit die zukünftigen Prediger, sich neben der Theologie mit den Fächern Deutsch, Philosophie und Geschichte zu beschäftigen." „Mensch, wäre das nicht eine gute Idee für die aus der Türkei gesteuerten islamischen Geistlichen heute bei uns?" Bernd zuckt die Achseln.

„Im Verlaufe des Kulturkampfes landete unter anderem der Kölner Erzbischof Melchers im Gefängnis, der sich nicht an den Kanzelparagrafen hielt und bald zum Märtyrer hochstilisiert wurde. 1875 ließ Bismarck als nächsten Schritt des Kulturkampfes die ‚obligatorische Zivilehe' einführen. Hierzu wurden ‚Standesämter' eingerichtet, denen das ausschließliche Recht zustand, Ehen zu schließen. Erst mit von diesen ausgestellten Trauscheinen durften fortan die Eheleute kirchlich getraut werden. Letztlich führten diese Maßnahmen zum Einlenken der katholischen Kirche. Auch dank des ‚Reptilienfonds'!" „Was?" „Der rebellische, von den Preußen inhaftierte Kölner Erzbischof Melchers war bereit, auf sein Amt als Kölner Erzbischof zu verzichten, wenn er zum Kardinal erhoben würde. Der Papst stimmte zu, nachdem Bismarck ihm zusicherte, für jenen Kardinal aus dem ‚Reptilienfonds' die jährliche Rente von 16.000 Mark zu übernehmen.

Jährlich reiste übrigens der Stallmeister des Bayerischen Märchenkönigs Ludwig II nach Berlin, um sich dort die seinem König zugesicherten 300.000 Mark aus dem Welfenfonds abzuholen. Davon allerdings nur 250.000 an jenen abführend, denn den Rest durfte er als Provision behalten. So flossen bis zum Tod des Märchenkönigs netto 4,4 Mio. Mark nach München. Weshalb Graf Eulenberg in seinen Memoiren zurecht festhielt, dass diesem Fonds ‚nichts mehr und nichts minder' als das geeinte Deutschland zu verdanken sei. Natürlich blieb das den Zeitgenossen nicht gänzlich unbemerkt. So wagte 1877 ein Abgeordneter im Reichstag eine parlamentarische Anfrage über die Mittelverwendung des ‚Reptilienfonds'. Anstelle des zuständigen Regierungsmitglieds erschien nur ein Unterstaatssekretär auf dem Rednerpult, um die Beantwortung der Frage abzulehnen, was erstaunlicherweise die Mehrheit der Abgeordneten akzeptierte. Am Silvestermorgen 1893 kochte das Thema noch einmal hoch, als 100 Quittungen des Fonds im SPD-Presseorgan ‚Vorwärts' veröffentlicht wurden. Eine Woche später folgte die Antwort im ‚Reichs- und Preußischen Staatsanzeiger', es handele sich um eine Falschmeldung. Beide Seiten beließen es dabei, der Vorwärts aus Sorge vor strafrechtlichen Repressalien und die Regierung vor der Enthüllung der Wahrheit. Die merkwürdigste Mittelverwendung des ‚Reptilienfonds' betraf übrigens die Bezahlung des den Kronprinzen behandelnden Chirurgen. Denn dem alten Kaiser erschien die ärztliche Behandlung seines krebskranken Sohnes Friedrich als zu teuer.

Nach dem ‚Kulturkampf' gerieten die Sozialisten in die Schusslinie Bismarcks. Insbesondere die seit 1875 bestehende Sozialistische Arbeiterpartei, die es sich zur Aufgabe machte, den Pauperismus zu bekämpfen. Es gab nämlich nur wenige Vermögende, die sich als Unternehmer selbst um die sozialen Belange ihrer Mitarbeiter sorgten, wie der Inhaber der Jenaer Zeisswerke Abbé und der Essener Stahlunternehmer Krupp. Am 11. Mai 1878 schoss ein verwirrter Schreiner mit einer Pistole auf den Kaiser. Bei seiner Festnahme stammelte er ein paar Worte, aus denen man eine gewisse Nähe zu den Sozialisten ableiten konnte. Im Juni folgte ein weiterer Kaiser-Attentatsversuch eines verwirrten Akademikers mit einer Schrotflinte. Hierüber war der Kaiser vor allem deshalb verärgert, weil man auf ihn mit Schrot wie auf Niederwild schösse. Bismarck nutzte diese Attentate zu seinen Sozialistengesetzen, mit denen er Versammlungen, Zeitungen und Vereine der Arbeiter verbot. Die Arbeiterbewegung suchte also Bismarck, mit harter Hand strafrechtlich zu unterdrücken. Worauf die Arbeiter sich nicht anders zu helfen wussten, als immer enger zusammenzurücken. Zu den besonders verhassten Staatsanwälten zählte der Berliner Hermann Tessendorf, der bald dank des Spottgedichts stadtbekannt war, ‚der Tessendorf, er ist ein Held,/der schlägt sie alle aus dem Feld./Er stürmte stolz, er stürmte kühn/des Fortschritts Burg, die Stadt Berlin!/Er ist, er ist, er ist/der allergrößte Sozialist'.

Bismarck ging mit harter Hand gegen die Sozialisten vor. Um jedoch keinen Bürgerkrieg zu riskieren, sah er sich dazu veranlasst, in Härtefällen der Arbeiterschaft entgegenzukommen. Um 1883 eine gesetzliche Krankenversicherung, 1884 eine gesetzliche Unfallversicherung und 1889 eine gesetzliche Rentenversicherung einzuführen. Diese Reformwerke wurden von den Sozialisten zwar als ‚Almosenpolitik' verhöhnt, doch blieben sie gleichwohl weltweit sozialpolitische Vorzeigeprojekte. Grund genug, diese als vierten Meilenstein einer innenpolitisch zusammenwachsenden Nation zu bezeichnen.

Außenpolitisch war Kanzler Bismarck darum bemüht, Deutschlands Isolation zu vermeiden. So schloss Bismarck 1873 das ‚Dreikaiserabkommen' mit Österreich und Russland, das nach dem Ausscheren Russlands 1879 im ‚Zweibund' mit Österreich mündete. Flankiert von einem ‚Rückversicherungsvertrag' mit Russland, in dem sich beide Staaten für eventuelle Konflikte Neutralität zusicherten. Dann geriet die Gründung überseeischer Kolonien in den allgemeinen Fokus. 1884 schloss das Reich mit Togo einen Freundschaftsvertrag, womit Togo zum deutschen Schutzgebiet erklärt wurde. Dann erwarb Lüderitz das menschenleere Deutsch-Südwestafrika, bis 1885 Heinrich Göring – der Vater des späteren Luftfahrtministers – von Bismarck zum dortigen Reichskommissar ernannt wurde. Auch wenn Bismarck wusste, weitere Expansionen schürten weiter den Argwohn unserer Nachbarn, ließ er weitere Schutzverträge zu. Innerhalb kurzer Zeit entstanden so die deutschen Kolonien ‚Deutsch-Westafrika' (Togo, Ghana und Kamerun), ‚Deutsch-Südwestafrika' (Namibia) und ‚Deutsch-Ostafrika' (Tansania, Ruanda und Burundi). Auch die Besiedlung der einst zu Polen gehörenden deutschen Ostgebiete betrieben die Jedermanns mit geradezu missionarischem Eifer. Denn dort sprach immer noch eine Mehrheit Polnisch. Die dorthin umsiedelnden deutschen Bauern erhielten zwecks der ‚Germanisierung des Bodens' eine staatliche Unterstützung. Sowie eine moralische durch die ‚alldeutschen Vereinigungen, Flotten- und Ostmarkenvereine'.

Es war aber auch die Zeit, in der der missionarisch begabte Pfarrer Sebastian Kneipp zum Wunderdoktor des neuen Zeitgeistes avancierte, nachdem er 1886 sein Werk ‚meine Wasserkur' veröffentlichte. Als ehemaliger Theologiestudent hatte er in Bad Wörishofen autodidaktisch seine Tuberkulose durch Wasserkuren geheilt. Nun pries er sie als Allheilmittel an. Tausende strömten nach Wörishofen, um morgens um vier Uhr eine Heublumenpackung auf den Rücken gelegt zu bekommen, um Frühgymnastik zu betreiben und sich dem Körperguss, dem ‚König der Güsse', hinzugeben. Zunächst mit warmem und sodann mit eiskaltem Wasser, das bewirkte, dass der Atem stockte, bis sich über den ganzen Körper eine wohlige Wärme ausbreitete. Einen wahren Hype auslösend, von dem sich auch der österreichische Kaiser, ja selbst Papst Leo XIII mitreißen ließen.

Über die ‚Neuen Schönen Künste'

Womit wir endlich wieder bei den ‚Neuen Schönen Künsten' angelangt wären. Also der Analyse der Trivialliteratur und Unterhaltungsmusik, die beide einen Aufschwung erlebten, wie sie ihn bisher die Jedermanns nicht für möglich hielten. Die Trivialliteratur entdeckte Fortsetzungsromane. Mal ging es um Liebes-, mal aber auch um Kriminalgeschichten. Der wohl bekannteste Protagonist dieser literarischen Spielart war Ludwig Ganghofer, der die Jedermanns mit ‚der Jäger von Fall' erfreute. Auch ist Elisabeth Bürstenbinder mit ihrem Werk ‚Glück auf' zu erwähnen. Doch damit will ich es bewenden lassen." „Mensch Bernd, was hat dich denn zu diesem Erkenntnisgewinn veranlasst?" „Deine Grimassen." Claudia strahlt. „Ist ja gut zu wissen."

„In der leichten Musik hatten Volks- und Wanderlieder Hochkonjunktur. Auch erfreuten sich die Operetten einer immer größeren Beliebtheit. Immer noch stand Jacques Offenbach bei den Jedermanns hoch im Kurs. Etwa seine ‚Hoffmanns Erzählungen' mit der von hohem Wiedererkennungswert geprägten ‚Barcarole', auch wenn er deren Uraufführung infolge einer Gichtattacke nicht mehr erlebte. Johann Strauß komponierte nicht nur viele Walzer, sondern auch die ‚Fledermaus' und den ‚Zigeunerbaron', deren Lieder bald in den Gassen der Städte geträllert oder gepfiffen wurden.

Über die ‚Klassischen Schönen Künste'

Damit will ich zu den ‚Klassischen Schönen Künsten' überleiten. Bei diesen standen sich der nüchterne ‚Naturalismus' und der verklärte ‚Mystizismus' gegenüber. Ersterer löste den bisherigen ‚Realismus' ab, während Letzterer auf die bisherige ‚Innerlichkeit' folgte. Während die Naturalisten existenzielle Risiken des moralischen wie wirtschaftlichen Elends in den Mittelpunkt ihrer Betrachtung rückten, bevorzugten die Protagonisten des ‚Mystizismus', die Realität aufgrund ihrer eigenen Phantasien zu mystifizieren. Beginnen will ich erneut mit der Architektur. In dieser kam es den naturalistisch geprägten Protagonisten darauf an, ihre Entwürfe den wirtschaftlichen Rahmenbedingungen von Arm und Reich anzupassen. In den mehrgeschossigen Blockrandbebauungen der städtischen Mietskasernen mit ihren typischen Verzierungen ebenso wie in der architektonischen Auflockerung industrieller Gebäude etwa der Maschinenbauanstalt Borsigs.

Eine ganz andere Vision verfolgten die Architekten des ‚Mystizismus'. Mit dem sie sich dem ‚Historismus' hingaben, um Stilelemente der Neoromanik, der Neogotik, der Neorenaissance, des Neobarock und der Neoklassik bunt miteinander zu mischen. Beispiele hierfür sind die Villa Hügel des Essener Fabrikanten Alfred Krupp, die Villa Merkel des Esslinger Fabrikanten Oskar Merkel, das Münchener Rathaus, die Dresdner Semperoper, das Märchenschloss Neuschwanstein, die Frankfurter Alte Oper, das Hamburger Rathaus, das Leipziger Reichsgericht, die Düsseldorfer Kunstakademie und das Baden-Badener Friedrichsbad. Vielleicht ist das originellste Bauwerk des ‚Mytizismus' – sich am orientalischen Stil orientierend – das Antilopenhaus des Berliner Zoos, mit dem sein Architekt die exotische Ferne an die Spree zu holen gedachte.

Auch in der Malerei standen sich ‚Naturalismus' und ‚Mystizismus' gegenüber. Zu den großartigen naturalistischen Werken zählte Adolph Menzels 1875 geschaffenes Meisterwerk ‚im Eisenwalzwerk', bei dem er die hart arbeitenden Menschen der Großindustrie in das Rampenlicht seines, auf naturgetreue Abbildungen ausgerichteten Malstils setzte. Sowie mit seinem 1883 erschienenen Werk ‚im Biergarten', um eine bisher nie thematisierte Feierabendszene in beeindruckender Detailtreue festzuhalten. Doch vielleicht sein wirkmächtigstes Bild wurde das Pastell ‚Schlittschuhläufer'. Ein von braunen Tönen durchzogenes Werk, in dem viele Menschen beim Schlittschuhlauf zu sehen sind, von denen vier besonders auffallen. Auf der rechten Seite ein Mann, der eine Pirouette dreht, um einem Gestürzten zur Hilfe zu eilen, und auf der linken drei mit hoher Geschwindigkeit dahingleitende Läufer. Menzel gelang es in geradezu einmaliger Weise, in diesem Bild die bisher nicht für möglich gehaltene bewegte Welt malerisch festzuhalten. Sowohl mit einer ins Eis gravierten Spur des Zur-Hilfe-Eilenden wie auch mit schrägen Körperhaltungen der drei Davoneilenden.

Die Werke Konrad Siemenroths ‚Kaiser Wilhelm und sein Kanzler', Philipp Holz' ‚Dachauer Moos', Paul Webers ‚Kühe auf der Weide' und Arnold Böklins ‚Wolkenmalerei' zähle ich zum ‚Naturalismus'. Wie auch Fritz v. Uhdes ‚Komm Herr Jesu', Franz v. Lenbachs ‚der Hirtenknabe' und Hans Thomas ‚der Kinderreigen'. Karl Buchholz gelang mit ‚Blick auf Oberweimar' eine nüchterne Landschaftskomposition ohne überzeichnete Lichteffekte, Franz v. Lenbach porträtierte Franz Liszt und Spitzweg malte den ‚Drachensteiger'. Enden will ich meine Beschreibung mit einem, schon aufgrund seines Titels naturalistischen Werk. Mit Wilhelm Trübners ‚Ave Cäsar, die Todgeweihten grüßen dich', in dem er eine Dogge mit sechs todgeweihten Würstchen im Maul naturgetreu malte.

Wie anders wirkten da die verklärenden Themen des ‚mystifizierenden Historismus'. Anton v. Werner malte die ‚Kapitulationsverhandlungen von Donchery', geprägt von einem besonderen Licht der abendlichen Stimmung. Menzel experimentierte auch mit diesem Stil. Jedenfalls gelang es ihm mit seinem Werk ‚Ballsouper' auf beeindruckende Weise, unglaubliche Lichtbrechungen des Raumes in diesem festzuhalten. Anselm Feuerbach malte seine schon thematisch mystische ‚Amazonenschlacht' und Moritz v. Schwind nicht nur die ‚Hochzeitsreise', sondern auch seine romantisierenden Sujets der deutschen Kleinstadtidylle mit wachsbetropften Tannenbäumen und frisch gebackenen Kuchen. Der Bildhauer Max Klinger schließlich entwickelte mit seiner ‚Venus in Muschelschale' einen ganz eigenen Mystizismus.

In der Klassischen Musik entstand das gleiche Gegensatzpaar. Auf der einen Seite der ‚Naturalismus' des großen Komponisten

Hermann Goetz, der mit seiner komischen Oper ‚der widerspenstigen Zähmung' große Erfolge feierte. Und auf der anderen die mystischen Töne der Oper ‚Hermione' des Kölners Max Bruch, der die Jedermanns auch mit seinem monumentalen Chorwerk ‚Odysseus' erfreute. Anton Bruckner komponierte in diesen Jahren sieben seiner neun Sinfonien. Um in seinen Sonaten auf eine ‚Dreiheit' zu setzen, die er in rhythmisch betonten Schlussgruppen enden ließ. Besonders begeistert mich noch heute Bruckners 8. Symphonie in c-Moll, zu deren Beginn sich die Musik aus dem Nichts heraus entwickelt, um mit einer gigantischen Übersteigerung zu enden, von der Bruckner befand, ‚das ist die Totenuhr, die schlägt unerbittlich ohne Nachlassen, bis alles aus ist'. Zuletzt ist auch Richard Wagners ausgeprägter ‚Mystizismus' seines Spätwerkes ‚Parsifal' zu erwähnen, mit dem er die Fesseln der Tonalität sprengte, ohne die Grundharmonien zu verlieren. Seine Musik zu einem mystischen Nebeneinander alter und neuer Tonalitäten vermengend, von denen Nietzsche sagen sollte, es sei eine Kunst, die ihm wie eine erste Weltumsegelung im Reich der Kunst erschien.

Auch die Literatur prägt dieses Spannungsfeld vom ‚Naturalismus' und ‚Mystizismus'. Zu den ‚Naturalisten' gehören Fontane, Storm, Keller, v. Wilhelm, Meyer und der späte Busch. Theodor Fontane lehnte sich 1880 gegen die ‚Hybris der technischen Machbarkeit' auf. Seine ‚Brücke am Tay' ist ein beredtes Beispiel dieses Denkens und Fühlens, das orkanbedingte Entgleisen einer Lok auf einer Eisenbahnbrücke beschreibend, ‚auf der Vorderseite das Brückenhaus,/alle Fenster sehen nach Süden aus/und die Brücknerleut ohne Rast und Ruh/und in Bangen sehen nach Süden zu,/denn wütender wurde der Winde Spiel/und jetzt, als ob Feuer vom Himmel fiel,/erglüht es in niederschießender Pracht,/überm Wasser unten –und wieder ist Nacht./Tand, Tand/ist das Gebilde von Menschenhand'. Ich jedenfalls finde seine naturalistische Beschreibung über die in die Tiefe stürzende Lokomotive geradezu genial. Geprägt von einer tiefen Technikskepsis, die in den einfachen Worten vom ‚Tand, Tand ist das Gebilde von Menschenhand' zum Ausdruck kommt.

Theodor Storm schrieb 1888 seinen ‚Schimmelreiter', die Geschichte eines Protagonisten erzählend, der sich mit Zähigkeit und Konsequenz für einen neuartigen Damm einsetzt. Und der dabei jegliches Realitätsbewusstsein wie auch soziale Bindungen verliert, um als Deichgraf inmitten einer Sturmflut zur Entlastung des alten Damms den Durchstoß des von ihm mit Verbissenheit betriebenen neuen Damms zu befehligen. Worauf er mit seinem Schimmel von den Fluten weggerissen wird. Gottfried Keller schrieb sein berühmtes Werk ‚Kleider machen Leute', die Geschichte eines Schneiders erzählend, der sich in der Schweiz aus Schabernack als Graf ausgibt, sich immer mehr in dieser Rolle verstrickt und das Herz eines Mädchens erobert, bis der Schwindel auffliegt. Worauf sie eine zweite Verlobung feiern, da sie ihm ‚aus ihrer entschlossenen Seele in süßer Leidenschaft' weiter treu zur Seite stehen will. In seinen ‚Schwarzwälder Dorfgeschichten' macht Keller sich dann zur selbst auferlegten Pflicht, ‚das Gegenwärtige zu überhöhen und zu verschönern, dass die Leute noch glauben können, so seien sie und so gehe es zu'.

Gottfried v. Wilhelm machte mit seiner ‚Geier-Wally' Furore, einem rührseligen, die Heimat beschreibenden Roman einer Tochter eines hartherzigen Vaters, die sich in einen jungen Mann verliebt. Die darunter leidet, dass ihr Vater diese Liebe ablehnt. Bis die Beziehung dank ihrer sie erfassenden Emanzipationsgefühle doch noch ein glückliches Ende findet. Conrad Ferdinand Meyer veröffentlichte sein Gedicht ‚Möwenflug'. ‚Möwen sah um einen Felsen kreisen/ich in unermüdlich gleichen Kreisen./Auf gespannter Schwinge schweben bleibend,/eine schimmernd weiße Bahn beschreibend'. Wilhelm Busch beobachtete in seiner Gedichtsammlung ‚Kritik des Herzens' feinsinnig die menschliche Natur. Etwa mit den Versen, ‚Mein kleinster Fehler ist der Neid./Aufrichtigkeit, Bescheidenheit,/Dienstfertigkeit und Frömmigkeit,/obschon es herrlich schöne Gaben,/die gönn ich allen, die sie haben./Nur wenn ich sehe, dass der Schlechte/das kriegt, was ich gern selber möchte,/nur wenn ich leider in der Nähe/so viele böse Menschen sehe/und wenn ich dann so oft bemerke,/wie sie durch sittenlose Werke/den lasterhaften

Leib ergötzen,/das freilich tut mich tief verletzten./Sonst, wie gesagt, bin ich hienieden,/Gott Lob und Dank so recht zufrieden'. Es gelang ihm jedenfalls immer wieder, seine Zeichnungen wie seine Sprache auf feine natürliche Deduktionen zu minimieren und sich damit unvergesslich zu machen.

Wie anders wirkten da die Sujets der auf den ‚Mystizismus' fokussierten Literaten Nietzsche, Raabe, Liliencorn und Wagner. Die vom Naturalisten Arno Holz mit den Worten kritisiert wurden, ‚noch ehe die Zukunft euch richtet,/verfallt ihr in der ewigen Nacht,/weil ihr zu viel gedichtet/und weil ihr zu wenig gedacht'. Was Holz unterschätzte, war jedoch die Wirkmächtigkeit der Gefühle gerade in der Literatur. Der Philosoph Friedrich Nietzsche verfasste seinen ‚also sprach Zarathustra'. ‚Oh Mensch gibt acht,/was spricht die tiefe Mitternacht./Ich schlief, ich schlief,/aus tiefstem Traum endlich erwacht,/die Welt ist tief/ und tiefer als der Tag gedacht'. Um dann die Verse zu verfassen, ‚ja ich weiß, woher ich stamme,/ungesättigt ist die Flamme,/glühe ich, verzehr ich mich./Licht wird alles, was ich fasse,/Kohle alles, was ich lasse,/Flamme bin ich sicherlich'.

Wilhelm Raabe schrieb 1861 ‚wenn über stiller Heide/des Mondes Sichel schwebt,/mag lösen sich vom Leide/Herz, das im Leiden bebt./Das Ewige ist stille/laut die Vergänglichkeit./ Schweigend geht Gottes Wille/über den Erdenstreit'. Detlev v. Liliencron dichtete ‚wir liebten uns, ich saß an deinem Bette/ und sah in deinen todesmatten Mund./Dein Auge suchte mich an irrer Stätte./Hörst du den Sensenschnitt im Wiesengrund'? Und Richard Wagner verstand als Meister des Mystizismus, uns selbst in seine mystischen Betrachtungen einzubinden: ‚Über das, was deutsch ist, denke ich immer mehr nach und gerate endlich in eine sonderbare Skepsis, die mir das Deutschsein als reine Metaphysik übrig lässt. Als solches wird dieses aber grenzenlos interessant'. Um zudem in seinen Meistersängern zu dichten, ‚habt acht, uns drohen üble Streich,/zerfällt erst deutsches Volk und Reich/in falscher welscher Majestät,/kein Fürst bald mehr sein Volk versteht./Was deutsch und echt, wüsst' keiner mehr,/ lebt's nicht in deutscher Meister Ehr'?" „Ich hoffe, das war's zum

Donnerstag?", erkundigt sich Claudia, einen kräftigen Schluck zu sich nehmend. „Genau", erwidert er gelassen.

Freitag des ‚Dreikaiserjahres' 1888

Damit will ich zum Freitag mit den Worten überleiten, ‚es war einmal, ach, vor verdammt langer Zeit,/da träumten die Menschen nicht mehr nur vom Handel,/und Bildung, nein auch noch von Freizügigkeit./Nun wünschten sie auch sich politischen Wandel'. Im März 1888 starb der greise Kaiser Wilhelm I im neunzigsten Lebensjahr, dem aus der Sicht vieler Jedermanns endlich sein Sohn Friedrich I auf den Kaiserthron folgte. Doch der war zum Zeitpunkt seines Amtsantritts bereits todkrank. Einen Monat zuvor erlitt er einen schweren Erstickungsanfall, worauf er am Kehlkopf operiert werden musste und seine Stimme verlor. Er sollte ‚sprachlos', an einen Rollstuhl gefesselt, von Schloss Charlottenburg aus – wo ihn seine Schwiegermutter Queen Victoria besuchte – nur 99 Tage lang herrschen. Der todkranke Kaiser hatte keine Kraft, Bismarcks Macht einzuschränken oder wie geplant die Verfassung zu liberalisieren. Aber immerhin setzte er mit der Entlassung des Innenministers Robert v. Puttkamer gegen Bismarcks Willen ein deutliches politisches Zeichen. Denn der weigerte sich, die von Kaiser Friedrich verfügte Amnestie für Sozialisten umzusetzen, und erdreistete sich zudem als Chef der Wahlpatronage, die Wahl seines Bruders in das Preußische Abgeordnetenhaus zu manipulieren. Hierzu veranlasste der in Westpreußen eine Neueinteilung der Wahlbezirke und bedachte anschließend die Wahlmänner, so sie für seinen Bruder stimmten, mit zahlreichen Geschenken. Diese Entlassung v. Puttkamers möchte ich als den fünften Meilenstein der Epoche bezeichnen. Mit dem sich die liberale Gesinnung des Kaisers offenbarte, die für die Förderung des inneren Zusammenwachsens des Reiches aus der Sicht der Jedermanns unerlässlich war.

Auch registrierten die Jedermanns sehr wohl, dass der neue Kaiser den bei uns aufkeimenden Antisemitismus als Schmach empfand, und freuten sich, dass der sich als Förderer der Kunst hervortat. Worauf das – 1904 errichtete, erst 1956 in Bodemuseum unbenannte – Skulpturen-Eldorado auf der Berliner Museumsinsel zunächst seinen Namen trug. Vor allem aber beruhigte es die Jedermanns, dass Kaiser Friedrich ein enges Verhältnis zu England pflegte, nicht zuletzt, weil er mit der Tochter der englischen Queen Victoria verheiratet war. Alle Hoffnungen auf eine liberalere, auf die Aussöhnung mit England bedachte neue Zeit zerplatzen jedoch nach drei Monaten, als der Kaiser seiner schweren Krebserkrankung erlag. Noch als die Jedermanns den Tod des Kaisers betrauerten und der Bildhauer Reinhold Begas für ihn einen wunderbaren Sarkophag schuf, betrat im Herbst 1888 Friedrichs unreifer Sohn Wilhelm II als unser dritter und letzter Kaiser die politische Bühne, worauf einige Tage später unser ‚Dreikaiserjahr' 1888 endete und wir beim Samstag angelangt wären." „Na endlich", kann es sich Claudia nicht verkneifen. Doch Bernd lässt sich hiervon nicht beirren, um die Schilderung des Freitages mit den Worten zu beenden: „"Und was bitte ist die Moral der Geschicht'?/Nein, immer gelinget der Wandel halt nicht." Sie sieht ihn prüfend an. „Sag bloß, du bist dafür, dass die Große Koalition auch über das Jahr 2021 hinaus fortgesetzt wird." „Ne, ich sage nur, manchmal stellt man erst hinterher fest, dass sich ein Wandel nicht immer erfolgreich erweist.

Samstag des Wetterleuchtens des Epochenwechsels (1889–1900)

Damit komme ich im Jahr 1889 zum Samstag der bald ablaufenden Epoche, die ich mit den Worten einleiten will, ‚es war mal 'ne Zeit, recht lang schon zurück,/als jeder nur träumte von Größe als Glück'." „Na, das klingt so, dass es dir diesmal nicht gelingt, mit einem Happy End abschließen zu können", kann es sich Claudia nicht verkneifen. „Der nur elf Jahre andauernde Samstag steht für eine Übergangszeit, gekennzeichnet vom ‚Neuen Kurs' unseres jugendlichen Kaisers. Der war geprägt vom unbesiegbaren Technikglauben, von einer Wirtschaftsfokussiertheit und von der festen Überzeugung, nun gebe die Jugend den Takt vor. Für die technische Machbarkeit stand der 1895 eröffnete ‚Kaiser-Wilhelm-Kanal', der heute als ‚Nord-Ostseekanal' unsere beiden Meere miteinander verbindet. Angesichts des sich allmählich abzeichnenden allgemeinen wirtschaftlichen Wohlergehens wähnten sich die Jedermanns am Beginn einer ‚Belle Epoche', geprägt von der Arroganz des sich auf den vergangenen Siegen ausruhenden Offizierskorps und dem unermesslichen Reichtum einiger Großunternehmer. Gekennzeichnet aber auch von einer zunehmend antiliberalen, ja geradezu antihumanitären Nationalstaatsgesinnung. Die sich in einem merkwürdigen Machtgehabe und Sich-selbst-zur-Schau-Stellen entfaltete. Der preußische Generalstabschef Moltke forderte – dies mit Sorge beobachtend – von seinen Offizieren vergebens die Gesinnung des ‚mehr sein als scheinen'. Doch auf ihn hörte keiner mehr. Die Zukunft schien grenzenlos, sofern man wusste, was man wollte. Das wusste zumindest der junge Kaiser, der mit seiner Repräsentationssucht bald die kollektive Identitätssuche des neuen Zeitgeistes animierte. Gerne repräsentierend, dominierend und sich in der Monstranz seiner Macht sonnend. Darauf bedacht, dass nichts Negatives über ihn verbreitet wurde. Gleich zu Beginn seiner Amtszeit ließ Wilhelm II sämtliche Briefe seiner Mutter durchsuchen, da er befürchtete, sie würde ihn gegenüber den englischen Anverwandten ins Lächerliche ziehen. Um sie anschließend auf das Schloss Friedrichshof in Kronberg am Taunus zu verbannen. Dann ging es ungehemmt los!

Bald zeigte sich, dass in dieser neuen Zeit auch für den Kanzler Bismarck kein Platz mehr war. Im Februar 1890 erlitten die Kartellparteien der Nationalliberalen, Freikonservativen und Konservativen bei den Reichstagswahlen eine deftige Niederlage. Da im Herbst 1890 Bismarcks Sozialistengesetz auslief, berief der Kaiser unverzüglich einen Kron-Rat, der im März 1890 Bismarck ein Entlassungsgesuch abnötigte. ‚Der Lotse ging von Bord', hieß es. Denn Bismarck verstand es geschickt, die Schuld hieran dem Kaiser in die Schuhe zu schieben. Zu unserem neuen Reichskanzler ernannte der Kaiser den bisherigen kommandierenden General Hannovers Graf Leo Caprivi, der in der Innenpolitik die Politik des Ausgleiches betrieb. Zunächst darauf bedacht, den ‚Reptilienfonds' seinem rechtmäßigen Eigner zurückzugeben. Nachdem der Hannoversche Kronprinz Ernst August 1892 öffentlich erklärte, treu zum Reich zu stehen, erhielt er wahrhaftig sein Vermögen zurück.

Noch im gleichen Jahr berief Kaiser Wilhelm II eine Konferenz der Industrienationen über den Arbeiterschutz nach Berlin ein. Auch wenn die ergebnislos blieb, brachte die neue Regierung bald ein Reformpaket auf den Weg, um die Sozialpolitik und den Schutz am Arbeitsplatz zu verbessern. Die Sonntagsarbeit wurde verboten, Kinder unter vierzehn durften nicht mehr in Fabriken beschäftigt werden, Jugendliche durften fortan nicht mehr als zehn und Frauen nicht mehr als elf Stunden am Tag arbeiten.

Graf Caprivi lud dann zu einer mit Aufmerksamkeit verfolgten ‚Schulkonferenz' ein, die es sich zur Aufgabe machte, bundesweit zulasten alter Sprachen und zugunsten der Naturwissenschaften Lehrinhalte zu vereinheitlichen. Zudem löste Caprivi die bisherigen Schutzzölle durch internationale Handelsverträge ab, die der Industrie endlich einen wettbewerblichen Zugang zum europäischen Markt verschafften. Nun dominierten in Berlin nicht mehr Fichte und Hegel, sondern Siemens und Halske, in Jena nicht mehr Friedrich Schiller, sondern Carl Zeiss, in Nürnberg nicht mehr Albrecht Dürer, sondern Siegmund Schuckert und in Hannover nicht mehr Gottlieb Leibniz, sondern Georg Egestorff. Bei der Kohleproduktion zogen wir mit England gleichauf, bei der Roheisenproduktion überrundeten wir gar Britannien. Telefone fanden den Weg in Privathaushalte, vor allem setzte die Elektrifizierung des Landes ein, womit sich flächendeckend Bügeleisen, Warmwasserkessel und elektrische Beleuchtung durchzusetzen begannen.

Außenpolitisch schloss Graf Caprivi 1890 mit England den ‚Sansibar-Vertrag', womit er die für die Deutschen strategisch unbedeutende, vor ‚Deutsch-Ostafrika' liegende Insel Sansibar gegen das von den Briten besetzte Helgoland eintauschte. Das war umso erstaunlicher, da Sansibar gar nicht als Insel zur Kolonie Deutsch-Ostafrika gehörte, sondern nur vor deren Küste lag. Dann schlitterten wir immer weiter in den Kolonialismus hinein. Nicht zuletzt mit dem britischen Anerkenntnis des berühmten ‚Caprivi-Zipfels' in Namibia. Das war ein schmaler, mehr als eintausend Kilometer langer Streifen, der die Deutschen davon träumen ließ, eines Tages ‚Deutsch-Südwestafrika' und ‚Deutsch-Ostafrika' zu einem Land vereinigen zu können. Doch dieses Projekt scheiterte, nachdem Cecil Rhodes Rhodesien gründete, ein Land, das die beiden Kolonialgebiete am Ende des Zipfels durchschnitt.

1892 kam es zum Streit über das neue Volksschulgesetz. In diesem hatte Graf Caprivi der Kirche zugestanden, selbst über die Religionsinhalte des obligatorischen Religionsunterrichts bestimmen zu dürfen. Das führte zum Eklat, sein Kultusminister trat zurück. Worauf auch der Kanzler dem Kaiser seinen Rücktritt anbot. Doch der entschied, ihn nur als preußischen Ministerpräsidenten und nicht als Kanzler abzulösen. Worauf sich der neue preußische Ministerpräsident zu Eulenburg und der Reichskanzler Graf Caprivi politisch neutralisierten. Dieser Machtkampf endete 1894 nach dem Zerwürfnis des Kanzlers mit den Deutschkonservativen. Worauf der – bisher auf seinen ‚Neuen Kurs' so stolze – Kaiser im ‚Kampf gegen die Umsturzparteien' den sage und schreibe 75-jährigen Fürsten Chlodwig zu Hohenlohe zum neuen Kanzler berief.

1894 kam es in Berlin zum ‚Bierboykott'." „Was ist das denn schon wieder?" „Ein Arbeitskampf der Böttcher gegen die sieben Berliner Ringbrauereien, der eine große mediale Aufmerksamkeit auf sich zog. Ausgelöst durch eine illegale Feier einiger Böttcher der Berliner Schultheiß-Brauerei am 1. Mai. Denn noch war dieser Tag kein Feiertag. Worauf die Feiernden einige Tage ausgesperrt wurden, was die Böttcher aller sieben Ringbrauereien zum Generalstreik veranlasste. Denn die Schultheiß-Brauerei war damals ein nicht unerheblicher Wirtschaftsfaktor der Hauptstadt, die sechsmal so viel Bier braute wie das Münchener Hofbräuhaus. Als viele Böttcher entlassen wurden, riefen diese zum Bierboykott auf. Der sich jedoch nicht wirklich erfolgreich erwies, da die Berliner viel zu gerne ihr Bier tranken. Erst langsam entspannte sich die Lage.

1896 fand die berühmte Berliner Gewerbeausstellung statt, die sich mit 4.000 Ausstellern einer großen nationalen Aufmerksamkeit erfreute. Das dort präsentierte Riesenfernrohr verzückte die Jedermanns ebenso wie die venezianischen Gondeln, die – mit dem neuen Werkstoff – Aluminium gedeckten Gebäude und Tausende, den Park ausleuchtende Glühlampen. Neben dem eigentlichen Ausstellungsgelände gab es weitere Attraktionen wie ein ‚Eingeborenen-Dorf der Suaheli, Massai und Neuguinea-Leute' aus den Kolonien. Sowie den Nachbau der Cheopspyramide, umgeben von einem Palmenwald, in dem die dort lebenden Beduinen, Türken und Griechen zu bestaunen waren." „Ist ja echt krass, wie rassistisch der Zeitgeist damals war." „Daher mein Petitum, wir sollten die Vergangenheit nie verdrängen.

Die Freizeit gewann an Bedeutung. Es bildeten sich Turn- und Radfahrvereine und es wurde bei Arbeitern die Kleingärtnerei von ‚Laubenkolonien' beliebt. Vor allem begeisterten die Jedermanns die erstmals 1896 wieder stattfindenden Olympischen Spiele in Athen. Auch mutierte das Fußballspiel bei den Arbeitern zum Massensport. Neue Freizeitbeschäftigungen etablierten sich wie der Kinobesuch im Berliner Wintergarten und der Kaufhausbesuch am Berliner Leipziger Platz. Das war eine unbekannte Form des Zeitvertreibs in riesigen Hallen, der man selbst bei Regen und Schnee komfortabel nachgehen konnte.

Es war die Zeit des Beginns der Frauenrechtsbewegung. Jedenfalls rief 1896 die SPD-Frauenrechtlerin Clara Zetkin zur Befreiung der Frauen auf. Ein Ruf, der erst in der nächsten Epoche einen wirkmächtigen Widerhall finden sollte. Denn noch dominierte der greise Kanzler, der sich durch einen besonderen Konservatismus auszeichnete. Nur in wirtschaftlicher Hinsicht geschah Bahnbrechendes. Johannes v. Miquel gelang 1897 eine Reform der Gewerbeordnung, mit der Handelskammern zum Schutz der Handwerker gegründet wurden.

Kanzler Fürst Hohenlohe setzte außenpolitisch die imperialistische Politik seines Vorgängers fort und pachtete 1898 die chinesische Stadt ‚Kiautschou' als das deutsche Pendant zum britischen Hongkong und portugiesischen Macau. Nachdem sich Deutschland schon länger den Bismarck-Archipel in Neu-Guinea angeeignet hatte, folgte schließlich zudem die Inbesitznahme der Südseeinsel Samoa. Im November 1897 brachte es der Politiker v. Bülow im Reichstag auf den Punkt, ‚wir wollen keinen in den Schatten stellen, aber wir verlangen auch unseren Platz an der Sonne'. Das führte 1898 zur Gründung der staatlichen Kolonialverwaltung.

Kriegervereine und nationale Verbände waren mit sich selbst beschäftigt. Die Militärbegeisterung nahm groteske Züge an. Diejenigen, die das Gymnasium nach der 10. Klasse verließen, um nach nur einjähriger Wehrpflicht an Technischen Hochschulen zu studieren, waren fortan stolz, auf ihren Visitenkarten nicht nur ihren akademischen Ausbildungs-, sondern auch ihren Dienstgrad als ‚Leutnant a.D.' zur Schau zu stellen. Doch hohe militärische Posten wie die politischen Ämter oder Botschafterpositionen waren weiterhin allein dem Adel vorbehalten. Worauf der Nationalökonom Max Weber 1895 bei seiner Freiburger Antrittsvorlesung ‚Erziehung in Weltpolitik' mit Blick auf den erstarrten Adel bemerkte, es sei, ‚gefährlich und auf Dauer mit dem Interesse der Nation unvereinbar, wenn eine ökonomisch sinkende Klasse die politische Herrschaft in der Hand hält'. Später sollte der Historiker Sebastian Haffner bemerken, ‚der Rest war ein langes Sterben'.

Man fieberte erwartungsfroh dem kommenden ‚deutschen Jahrhundert' entgegen. In der nicht ganz unbegründeten Hoffnung, nun stünde nach dem französisch gefärbten 18. und dem englisch dominierten 19. Jahrhundert nun ein deutsch geprägtes 20. Jahrhundert vor der Tür. Diese Hoffnung sollte sich jedoch anders als erwartet erfüllen. Kurz vor dem Jahrhundertwechsel wurde das Bürgerliche Gesetzbuch verabschiedet, das ab dem Jahr 1900 in Kraft treten sollte. Ein Gesetz, das für natürliche wie juristische Personen gleichermaßen überall im Lande unsere Rechte von Geburt über Hochzeit und Scheidung bis zum Tod regelt. Sowie so Elementares wie Eigentum, Kauf, Miete und Arbeit reglementiert, ja selbst Gutgläubigkeit und Sittenwidrigkeit. Worauf die Jedermanns befanden, mit diesem sechsten und letzten Meilenstein war unsere innere Einheit abgeschlossen. So viel zur Politik."

Über die ‚Neuen Schönen Künste'

„Lass mich damit ein letztes Mal zu den ‚Neuen Schönen Künsten' überwechseln, die sich immer wirkmächtiger entfalteten. In der Trivialliteratur verkauften sich besonders Ludwig Ganghofers Bücher wie ‚der Klosterjäger' gut. Erwähnen will ich auch Wilhelmine Heimburg, die mit ‚Lumpenmüllers Lieschen' ebenso großen Erfolg hatte wie Anna Wothe mit ‚ein Rosenstrauß'. Vor allem war es aber die Zeit der Abenteuerromane. Zum berühmtesten Abenteuerliteraten avancierte unzweideutig der Sachse Karl May, der in seiner Fantasie seine, vor Kraft nur so strotzenden Helden erschuf. Seine Leser fantasiereich in die heile Welt Arabiens oder in den Wilden Westen entführend, die ‚Kara Ben Nemsi', ‚Old Shatterhand', ‚Winnetou' oder ‚Old Surehand' hießen. Sein Erfolg stieg ihm dann zu Kopfe, um immer mehr Menschen mit seinen Prahlereien zu enttäuschen. Worauf in der ‚Frankfurter Zeitung' zu lesen war, ‚der begabte Icherzähler gibt vor, der beste, tapferste, geschickteste und klügste Mensch' zu sein. Doch längst war er in Privatangelegenheiten zahlreicher Lügen überführt. Unabhängig davon bleibt jedoch festzuhalten, dass sich – Prahlerei hin oder her – seine Bücher bis heute mehr als 200 Millionen Male verdammt erfolgreich verkaufen ließen.

In der Unterhaltungsmusik erlangten die einzelnen Lieder aus den Operetten eine immer größere Beliebtheit. Vor allem die des genialen Komponisten Paul Lincke, der seine berühmte Operette ‚Frau Luna' komponierte, die Geschichte einer Ballonfahrt zum Mond erzählend, auf dem rauschende Feste gefeiert werden. Ein Werk, aus dem der berühmte Gassenhauer ‚das macht die Berliner Luft, Luft, Luft' stammte. Ich würde gerne noch tiefer eintauchen, doch das ginge zulasten der ‚Klassischen Schönen Küste'. Und das wäre wirklich nicht angebracht." „Du machst mir damit nicht gerade Mut, mein Lieber."

Über die ‚Klassischen Schönen Künste'

„Die ‚Klassischen Schönen Künste' entfalteten kurz vor dem Jahrhundertwechsel eine geradezu unglaubliche Vielfalt, die wie ein Wetterleuchten auf die neue Epoche hinwies. Gekennzeichnet von gleich drei Grundströmungen, nämlich dem ‚Symbolismus', dem sehr viel nüchterneren ‚Spätnaturalismus' und dem gefühlvolleren ‚Impressionismus'." „Schade, ich hätte eigentlich erwartet, dass du diese Vielfalt noch mehr verdichtet hättest." „Mensch, du wirst dir doch wohl noch das Dreigestirn von ‚Symbolismus', ‚Spätnaturalismus' und ‚Impressionismus' merken können." „Ja, ja, mein Lieber."

„Beginnen will ich mit der Architektur. Erstens erfuhr die den Wohlstand symbolisierende Kunst eine besondere Blüte. Dieser ‚Symbolismus' entfaltete sich sowohl in dem schweren ‚Monumentalismus' erfolgsverliebter Jedermanns als auch in den leichten, verspielteren Varianten des ‚Jugendstils'. Als Beispiele des ‚Monumentalismus' eines vor Kraft nur so strotzenden Zeitgeistes will ich das Reichstagsgebäude, den Berliner Dom, die Berliner Staatsbibliothek ‚Unter den Linden', das Kronberger Schloss Friedrichshof, das Bonner Palais Schaumburg und den Frankfurter Bahnhof mit seiner monumentalen Stahlkonstruktion anführen. Auch das protzige Kyffhäuser-Denkmal und das sich in Planung befindliche Leipziger Völkerschlacht-Denkmal gehören zu dieser

Stilrichtung. Hierzu zählten auch der von Franz Schwechtern erbaute Monumentalbau des Berliner Anhalterbahnhofs und das Romanische Forum mit der Kaiser-Wilhelm-Gedächtniskirche am Ende des Kudamms. Sowie die Terrassen am Halensee mit ihren zahlreichen Attraktionen, die später in ‚Luna-Park' umbenannt wurden. Alfred Messel erbaute 1896 für Wertheim das erste Kaufhaus an der Berliner Leipzigerstraße. Ein Geschäftshaus ganz neuen Stils mit 26 Meter breiten und 17 Meter hohen Fenstern und vor allem einer riesigen Glaskuppel. Bald folgten in diesem Stil die Warenhäuser von Tietz und Jandorf sowie die Verlagshäuser von Mosse, Scherl und Ulstein. Es war die Zeit der mit schweren dunklen Möbeln vollgestopften Wohnzimmer, die an heutige Antiquitätenläden erinnern. Venezianische Gläser, dickleibiges Geschirr, gotische Schlafzimmer, eine Lust an Unechtem entfaltend. Von der exotischen Palme aus Papier über Fruchtarrangements aus Wachs bis zu Zinnhumpen und Aschenbechern. Über Allem thronte der preußische Helm als Symbol vom schwerleibigen Nationalstolz.

Bei der leichteren Symbolik des ‚Jugendstils' hatten die Künstler die Strahlkraft der verspielten, naturorientierten Jugendlichkeit im Blick, eingerahmt oft von Gesichtern und Zierpflanzen. Überall in unserem Lande findest du prächtige Beispiele für Jugendstil-Bauten, so insbesondere in Hamburg-Havestehude. Auch das Leipziger Rossbachhaus ist heute noch zu bewundern." „Stimmt, aber ich habe gehört, dass wir mit Riga nicht ganz mithalten können." „Stimmt. Und doch finde ich die Münchener Villa Stuck erwähnenswert, die vielleicht von außen nicht die gleiche Jugendstil-Pracht entfaltet wie einige Rigaer Bauten, doch die sich dafür im Innern durch eine besondere Jugendlichkeit auszeichnet. Vom Empfangssalon über den Musiksalon bis hin zum Treppenaufgang geradezu einmalig den Zeitgeist widerspiegelnd." „Von mir aus."

„Zweitens will ich auf den ‚Spätnaturalismus' eingehen. Der zeichnete sich durch eine geradezu kompromisslose Nüchternheit etwa vieler tausender Mietskasernen aus, die die soziale Lage der Armen widerspiegelte. Da sich dieser Stil letztlich als eine

Fortsetzung des ‚Naturalismus' erwies, will ich auf ihn nicht weiter im Detail eingehen." „Macht nichts."

„Anders als drittens auf den nun bei uns auftauchenden ‚Impressionismus'. Dessen Protagonisten orientierten sich ganz an ihrer eigenen Innerlichkeit, ihren eigenen Impressionen. Keine Rücksicht mehr auf die naturgetreue Wiedergabe ihrer Umwelt legend. Geprägt von einer allgemeinen Technikkritik, darum bemüht, die Häuser in die sie umgebende Natur gefühlvoll einzubinden. Besonders bedacht auf die Rückbesinnung des heimatlichen Stils der Regionen, getragen von dem Wunsch, Mensch, Natur und Bauten miteinander verschmelzen zu lassen. Impressionistische Architekten entwarfen entweder Fachwerkhäuser mit geschnitzten Fassadenelementen, Buckelquadern und Fensterläden, um den Gebäuden auch Türmchen und verschnittene Dächer zuteilwerden zu lassen. Oder sie erfreuten sich an den ‚Schweizerhäusern' mit ihren vorgesetzten Schwebegiebeln und einer Laubsäge-Architektur, wie man sie etwa in Potsdam Klein-Glienicke bewundern kann. Zudem fanden sie Gefallen an den ‚Toskanischen Villen' mit ihren so typischen Türmen, die man auch viel in Potsdam sehen kann, und an den ‚Sommerfrischen' wie etwa dem Schloss Lößnitz bei Radebeul. Schließlich erfreuten sich die ‚Impressionisten' am Ausbau der nun überall angelegten Kurgärten, um die Jedermanns zum Lustwandeln anzuregen. Erwähnenswert finde ich auch den impressionistischen Stil des Sodena-Pavillons im Bad Sodener Quellpark, des Bad Salzunger Kurensembles oder der Gusseisen-Architektur der Bad Pyrmonter Helenenquelle. Mit anderen Worten, es wurde in der Architektur unübersehbar, dass eine neue Epoche im Anmarsch war.

Auch in der Malerei entfaltete sich der neue Stilpluralismus von ‚Symbolismus', ‚Spätnaturalismus' und ‚Impressionismus'. Lass mich wieder mit dem ‚Symbolismus' beginnen. Hier gilt es, das Monumentalwerk des Malers Anton v. Werner ‚im Etappenquartier von Paris' zu erwähnen. Aber auch der symbolhafte ‚Jugendstil' entfaltete eine Wirkmächtigkeit, dessen Jugendlichkeit auf neuartigen Schlingpflanzenverzierungen und Verschnörkelungen fußte wie auf einem eigenen Malstil, um sich dem Traum vom Schönen und Guten als sinnliche – mit zart-blassen Farben und schwungvoll runden Linien gekennzeichnete – Abkehr der Industrialisierung hinzugeben." „Warum heißt der eigentlich ‚Jugendstil'? " „Nach der gleichnamigen Zeitung der Münchener Ludwig v. Zumbusch und Georg Hirth, in der sogar der Namenszug mit jeder neuen Ausgabe als Ausdruck der Abkehr von jeglicher Serienproduktion wechselte. Bekannte Protagonisten des Jugendstils waren v. Stuck, v. Hofmann, Hitz und Klinger. Franz v. Stuck schuf 1893 ‚die Sünde', den ‚Wächter des Paradieses' und 1897 sein berühmtes Plakat für die internationale Kunstausstellung in München. Gekennzeichnet von einer – auf eigene Empfindungen reduzierten – verklärenden Detailverliebtheit. Ludwig v. Hofmann malte sein berühmtes ‚Mädchen am Strande', eine zartfarbene Frühlingsfantasie in abendlicher Stimmung, und eine unserer ersten bekannten Malerinnen Dora Hitz ihr vom ‚Jugendstil' durchtränktes ‚Sonnenkind'." „Das kenne ich", wirft Claudia ein. „Für mich ist dies geradezu das Synonym für den ‚Jugendstil'." „Für mich wiederum war es Arnold Böcklins ‚Pesthauch', dem es mit dem apokalyptischen Bild meisterlich gelang, einen durch die Lüfte fliegenden, Dampf speienden Drachen in diesem neuen Stil zu malen, unter dessen Dampf es die pestbefallenen Menschen dahinrafft. Schließlich schuf der Bildhauer Max Klinger seine zweifarbige Marmorstatue ‚Kassandra', die ihm den Ruf des ‚deutschen Rodin' einbrachte. Um fortan mit farbigem Marmor und Bronze zu experimentieren, was sich für die ‚Jugendstil-Bildhauerei' als stilbildend erwies. Neben den Ölgemälden und der Bildhauerei entfaltete sich der ‚Jugendstil' zudem in besonderem Maße bei Plakat-Lithographien. Gerade hier fand er – in Werbeplakaten Fritz Schöns für Opel, Fritz Rehms für Zigaretten und Oskar Höppners für Männerbekleidung – eine treue Anhängerschaft.

Zweitens will ich beim ‚Spätnaturalismus' nur auf das Meisterwerk Gotthardt Kuehls ‚die Skatspieler' eingehen. Heute sind die Lager der Museen noch voller spätnaturalistischer Werke. Doch leider nur noch selten zu sehen. Was vielleicht daran liegt, dass sie auf uns heute irgendwie nüchtern fremd wirken.

Drittens möchte ich auf das Dreigestirn der deutschen Impressionisten eingehen. Allesamt angesteckt durch die großen französischen Impressionisten Degas, Manet, Monet, Gauguin und van Gogh, die sich wiederum von japanischen Bildmotiven und Stilmitteln des Japonismus inspirieren ließen. Eine zunächst als provokant geltende neue Stilrichtung, in der die Farbe nicht mehr in kontinuierlichen Modulationen aufgetragen wurde, sondern in deutlich abgesetzten Pinselstrichen, um einen neuen Weg zu finden, die Bewegtheit der freien Natur in der Malerei festzuhalten. Zum impressionistischen deutschen Dreigestirn avancierten Liebermann, Corinth und Slevogt. Max Liebermann zeigte seine ersten Werke 1889 auf der Pariser Weltausstellung, den Einfluss des Lichtes auf Mensch und Natur perfektionierend. 1892 gründete er die ‚Berliner Sezession', nachdem die Organisatoren der Berliner Kunstausstellung Werke Edward Munchs abgelehnt hatten. Neben Liebermann zählte auch der Ostpreuße Lovis Corinth zu diesem Dreigestirn, dessen Werke ‚im Schlachthaus' und ‚Selbstportrait mit Skelett' von den Jedermanns bestaunt wurden. Wie auch Max Slevogt, dessen ‚Totentanz' – ähnlich wie die Werke der beiden anderen – die Jedermanns zutiefst bewegte.

Neben diesem Dreigestirn gab es aber auch noch ein paar weitere erwähnenswerte Impressionisten wie Rohlfs, Olde, Dettmann, Leistikow und v. Menzel. Christian Rohlfs überraschte die begeisterten Jedermanns mit seinem ‚Waldinneres'. Hans Olde will ich deshalb nicht unerwähnt lassen, weil er sich nach seinem Werk ‚der Schnitter' kurz vor der Jahrhundertwende mit seinen ‚ruhenden Schweinen' zu einem neuartigen Farbenrausch hinreißen ließ. Ludwig Dettmann begeisterte die Jedermanns mit seinen ‚Dilettantinnen'." „Das finde ich persönlich, mein Lieber, übrigens besonders schön." „Walter Leistikow faszinierte die Jedermanns mit seinen immer wieder variierenden Grunewald-Landschaften wie ‚Abendstimmung am Schlachtensee'. Und selbst der späte Adolf v. Menzel ließ sich in seinem Bild ‚Jardin de Luxembourg' vom ‚Impressionismus' anstecken.

Auch die klassische Musik spreizte sich in den ‚Symbolismus', den ‚Spätnaturalismus' und den ‚Impressionismus' auf. Beginnen will ich mit dem, auf einem Märchen fußenden ‚symbolistschen' Werk Engelbert Humperdincks. Geprägt von eingängigen Harmonien einer wohlgefälligen Musik entführte seine Oper ‚Hänsel und Gretel' die Jedermanns auf symbolische Weise in eine heile Welt. Die Oper erwies sich als so erfolgreich, dass er ihr kurz vor der Jahrhundertwende sein Klaviermärchen ‚die sieben Geißlein' folgen ließ.

Zweitens will ich auf den musikalischen ‚Spätnaturalismus' eingehen. Der sich in den Werken des ‚rheinischen Brahms' Ewald Sträßer entfaltete, der mit seinem Klavierkonzert in e-Moll auf die Tonalität und den Stil von Brahms anknüpfte. Auch ist der Berliner Wilhelm Berger mit seiner berühmten 1. Sinfonie zu nennen. Beide Komponisten zeichneten sich durch großartige Harmonien und einen rhythmischen Ansatz auch unter Einsatz vieler Paukenwirbel aus, die sich noch heute als Hintergrundmusik für Krimis eignen.

Drittens brach die Zeit der ‚impressionistischen Musik' an. Etwa mit den Werken des Komponisten Richard Strauss, der sich in seinen Kompositionen nicht mehr vom Kunstgeschmack seiner Zuhörer, sondern allein von seinen eigenen Impressionen leiten ließ. Die Jedermanns mit seiner Oper ‚Guntram' an ihre Grenzen führend, um zu erläutern, ‚für mich ist das poetische Programm nichts weiter als der formbildende Anlass zum Ausdruck meiner Empfindungen'. Doch er blieb nicht allein. Ihm folgte Gustav Mahler mit seinen ersten beiden Sinfonien, der mit seiner immer schrilleren Bitonalität und seiner thematischen Schwermut in neue Sphären vorstieß, um auch vor neuen Instrumenten wie Kuhglocken, Mandolinen und Gitarren nicht haltzumachen.

Damit komme ich zuletzt zur klassischen Literatur, die natürlich auch im Spannungsfeld des ‚Symbolismus', ‚Spätnaturalismus' und ‚Impressionismus' stand. Die Literaten des ‚Symbolismus' thematisierten wie die Architekten und Maler die Größe des Staates. Oder verloren sich in den Tiefen des Jugendstils. Dagegen fokussierten sich die Protagonisten des ‚Spätnaturalismus' auf die nackte Beschreibung der Realität des die Jedermanns umgebenden Umfeldes, während es die Vertreter des ‚Impressionismus'

bevorzugten, in ihre eigene gefühlsbetonte Stimmungswelt hinabzutauchen.
Beginnen will ich auch hier mit dem literarischen ‚Symbolismus'. Otto Hartleben thematisierte mit seinem Bestseller ‚Rosenmontag' den von dem Militarismus besessenen Zeitgeist, während sich Fanny v. Reventlow dem symbolisierenden ‚Jugendstil' verschrieb. Großen Wert darauf legend, dass ihre Texte kombiniert mit Jugendstil-Lithographien zu einem Gesamtwerk verschmolzen, getragen von Tanz und Taumel, von Blütenzauber und Traum. Ich will hier nur ihre beiden Werke ‚Klosterjungen' und ‚das Männerphantom der Frau' anführen.

Um sogleich mit dem ‚Spätnaturalismus' weiterzumachen, der für sich in Anspruch nahm, die reale Welt bewusst wahrzunehmen, um nicht etwa vor ihrer grausamen Fratze die Augen zu verschließen, sondern sie geradezu zu thematisieren. Zu diesen Literaten zählten Rilke, Hauptmann, Holz, Hart und Fontane. Rainer Maria Rilke dichtete, ‚der Frühwind kommt! Dem Schein/des Lichts macht er die Bahn frei./Keck wirft er einen Hahnschrei/in jeden Hof hinein'. Gerhard Hauptmann nahm sich das soziale Elend armer, ausgebeuteter und verzweifelter Menschen vor, wie in seinem 1892 veröffentlichten Meisterwerk ‚die Weber'. Ein Stück, das im preußischen Parlament heftige Proteste auslöste und vom Kaiser als ‚Rinnstein-Kunst' tituliert wurde – und doch so viele Menschen berührte, sodass der Autor später hierfür den Literatur-Nobelpreis erhielt. Arno Holz dichtete 1892, ‚die Nacht liegt in den letzten Zügen,/der Regen tropft, der Nebel spinnt./O, dass die Märchen immer lügen,/die Märchen, die die Jugend sinnt./Wie lieblich hat sich einst getrunken/der Hoffnung gold'ner Feuerwein./Und jetzt? Erbarmungslos versunken,/in dieses Elend der Spelunken,/o Sonnenschein, o Sonnenschein'. Um 1899 sein Gedicht Berliner Himmelfahrtstag zu verfassen, ‚Gelächter, Gelärm, Geschrei, Geschwärm,/Ge-zu, Gewitzel, Gefoppt Gespitzel, Gestoße/Gestupps, Gedränge, Geschupps'. Und Julius Hart dichtete bei seiner Ankunft in Berlin 1898, ‚Berlin! Berlin! die Menge drängt und wallt,/wirst du versinken hier in dunklen Massen?/

Und über dich hinschreitend stumm und kalt,/wird niemand deine schwache Hand erfassen'? Damit komme ich zur spätnaturalistischen Ikone Fontane, der es verstand, eine berührende indirekte Gesellschaftskritik zu entwickeln, die ihresgleichen suchte. Etwa mit seinem 1892 erschienenen Roman ‚Frau Jenny Tribal', ein Werk, in dem er Großbürgerliche, die adelige Lebensmodelle kopierten, kritisierte, um das phrasenhafte Lügnerische des neuen Bourgeois aufzuzeigen. Anhand einer aufstiegsbesessenen und bildungsbeflissenen Protagonistin, die einen wohlhabenden Mann ihrer großen Liebe zu einem einfachen Gymnasiallehrer vorzieht und später auch noch eine Liaison ihres Sohnes zur Tochter des Philisters verhindert. 1895 folgte Theodor Fontanes Gesellschaftsroman ‚Effi Briest', die einen Adeligen heiratet, jedoch ein Kind von einem anderen bekommt und deswegen verstoßen wird, um erst ganz am Ende ihres Lebens wieder von ihren Eltern aufgenommen zu werden. Fontane machte mit seinen ‚Irrungen, Wirrungen' weiter, diesmal eine Geschichte einer nicht als standesgemäß empfundenen Liebe eines Adeligen zu einem einfachen Mädchen beschreibend, die beide die Standesgrenzen nicht überschreiten wollen, um sich in unglücklicher Ehe wiederzufinden. Ein Roman, der bald als ‚Hurengeschichten' diskreditiert wurde.

1895 folgte Fontanes wohl bekanntestes Werk ‚der Stechlin'." „Das kenne ich, kann mich sogar noch an das Ende erinnern. Warte mal, der Pastor sagt darin, ‚eine neue Zeit bricht an. Ich glaube eine bessere und glücklichere'." „Jedenfalls soll uns der Stechlin daran erinnern, stets nach vorne zu schauen, ‚Sich abschließen heißt, sich einmauern, und sich einmauern ist Tod'. Fontane dichtete 1893 zu seinem 75. Geburtstag, ‚hundert Briefe sind gekommen/ich war vor Freude wie benommen./Ich dachte von Eitelkeit eingesungen,/du bist der Mann der ‚Wanderungen'./Aber die zum Jubeltag da kamen,/das waren doch sehr andre Namen./Meyers kommen in Bataillonen,/auch Pollacks, die noch östlicher wohnen'. Um bald darauf zu befinden, ‚immer enger, leise, leise/ziehen sich die Lebenskreise,/schwindet hin, was prahlt und prunkt,/schwindet Hoffen, Hassen, Lieben./

Und ist nichts in Sicht geblieben/als der letzte dunkle Punkt'. So viel zum Spätnaturalismus'." „Wird auch echt Zeit, mein Lieber." „Damit komme ich zum literarischen ‚Impressionismus'. Sicher besonders geprägt von George, aber auch von Dehmel, Liliencron und Huch. Stefan George überraschte die Jedermanns mit seinem Gedichtband ‚das Jahr der Seele'. ‚Komm in den totgesagten park und schau/der schimmer ferner lächelnder gestade,/der reiner wolken unverhofftes blau/erhellt, die weiher und die bunten pfade'. Richard Dehmel dichtete, ‚wenn die Felder sich verdunkeln,/fühl ich, wird mein Auge heller,/schon versucht ein Stern zu funkeln/und die Grillen wispern schneller' und thematisierte zudem in immer wieder verklärender Weise den Abschiedsschmerz. ‚Hinein ich lauschte in dies trunkne Werden,/ein einzig lauschend Aug und Ohr und Herz,/erlauschte Alles-Nichts o Alles-All/des Baums, der Gräser Durst, von einer Brunst umschlungen/fühl ich Alles, in einer Inbrunst/Alles untertauchen'. Detlev v. Liliencron schrieb, ‚wir liebten uns, ich saß an deinem Bette/und sah auf deinen todesmatten Mund/dein Auge suchte mich an irrer Stätte./Hörst du den Sensenschnitt im Wiesengrund?/Sieh zu mir auf, beschirmt von Birkenzweigen,/ich war dir treu, wir haben uns geglaubt!/Aus Wüsten zieht, aus Wolken her das Schweigen,/die Sense sirrt und sterbend sinkt dein Haupt'. Und Ricarda Huch dichtete, ‚dass ich einmal doch zu Haus/läg im Grase wieder!/Bienenschwarm beim Honigschmaus/summt am blauen Flieder,/Zwitscherton vorüber mir/aus der Amsel Kehle,/Leichte Wölkchen über mir,/Hoffnung in der Seele'."

„Nicht schlecht, mein Lieber. Damit hast du doch wahrhaftig noch die Kurve zu einem versöhnlichen Ende bekommen. Hätte ich, ehrlich gesagt, nicht mehr für möglich gehalten. Damit verbleibt für mich nur noch die Frage: ‚Und was bitte ist die Moral der Geschicht'?" Bernd sieht sie mit kritischem Blick an, um dann zu befinden: „Man träume zu heftig von Größe bloß nicht!" Er hält inne. „Warte mal, da müsste ich noch einen drauflegen: ‚Dann landet man nämlich, so geht's auf der Welt,/beim Militarismus, der keinem gefällt'. Damit habe ich fertig."

Sonntägliche Diskussion

„War ja echt eine ergebnisreiche Zeit mit verdammt vielen kulturellen ‚Irrungen und Wirrungen' mein Lieber", stöhnt sie. „War aber eigentlich nicht mein Ziel, dich mit diesen zu verwirren. Ganz im Gegenteil. Ich dachte, wenn ich den Versuch unternähme, dich nur mit dem Dreiklang von ‚Symbolismus', ‚Spätnaturalismus' und ‚Impressionismus' zu konfrontieren, so gelänge es mir, die neue Vielfalt der ‚Schönen Künste' auf ein erträgliches Maß zurechtzustutzen." „Na ja, ich will mal nicht so sein und zumindest dein Bemühen anerkennen. Immerhin hast du ja dein Versprechen gehalten, den roten Faden des Dreiklangs sowohl in der Architektur als auch in der Malerei, Musik und Literatur durchschimmern zu lassen. Ist ja auch schon mal was!" „Danke."

Dann wechselt Bernd das Thema: „Ich muss dir übrigens gestehen, ich bin heute wieder knapp bei Kasse." „Das glaub ich nicht, mein Lieber. Wie ist das denn schon wieder passiert?" „Na ja, ist 'ne längere Geschichte. Darf ich sie dir beim nächsten Mal erzählen?" „Von mir aus, du weißt ja, ich habe ohnehin keinen Stress damit, dich angesichts solch anregender Vorträge auszuhalten." „Danke, echt lieb von dir." „Hast du nicht, mein Lieber, noch etwas vergessen?", erkundigt sie sich. „Ich meine die Quintessenz der ganzen Epoche und nicht nur des Samstags?" Er sieht sie entgeistert an. „Mensch", setzt Claudia fort, „die Moral des alle Tage des Kapitalismus umspannenden Märchens, das du irgendwie mit den Worten des Kapitalismus-Beginns einleitetest?" „Stimmt. Mir fallen meine Zeilen wieder ein, ‚ein Märchen aus alten Tagen,/das heute kommt mir in den Sinn,/von uns'rer Ahnen Ertragen/des Kapitalismus-Beginn'." „Genau das meinte ich, mein Lieber." „Warte mal, wie wäre es mit folgender Quintessenz, ‚es bleibt als Moral nur von dieser Geschicht',/'nem Kapitalisten, dem traue bloß nicht'."

„Soll das etwa ein Happy End sein?" „Irgendwie schon." „Und warum? Nur weil du gerade abgebrannt bist?" „Ne, weil die Jedermanns feststellten, dass sie nicht nur vom Adel, sondern auch von den neureichen Bürgerlichen ausgesaugt wurden." „Immerhin gab es seither drei gesetzliche Sozialversicherungen, mein Lieber." „Das kann auch nur eine sagen, die keine Geldsorgen hat. Wir entwickelten uns anders als die Amerikaner, denn wir blieben bis heute bei den Aktien skeptisch und wurden zurückhaltend, unser Geld einfach nur zu verprassen. Und wenn wir investieren, wollen wir das Risiko selbst einschätzen. So wuchsen auf den Sparbüchern der Jedermanns kleine Summen an, um insbesondere für schlechtere Zeiten vorzusorgen. ‚Und wenn die Sparbücher nicht verloren gingen, dann gibt es sie noch heute'." Sie muss lachen. „Da hast du aber gerade noch einmal die Kurve bekommen."

Bernd ist erleichtert. Während Claudia fortsetzt: „Selbst wenn ich bezweifele, die mir an den Kopf geworfenen Begrifflichkeiten der ‚Innerlichkeit', des ‚Mystizismus' und des ‚Impressionismus' auf der einen und des ‚Realismus', ‚Symbolismus' und ‚Naturalismus' auf der anderen Seite merken zu können." Sie prostet ihm zu. „Aber wenigstens versuche ich noch einmal, die sechs Meilensteine unseres Zusammenwachsens als Nation zu rekapitulieren. Am Montag war dies die Gründung des ‚Deutschen Nationalvereins' als Vorgängerorganisation der heutigen Rotary oder Lions Clubs, am Dienstag die Gründung des ‚Norddeutschen Bundes', am Mittwoch die Aufnahme der süddeutschen Länder in den Norddeutschen Bund, was sich letztendlich als die Geburtsstunde des Zweiten Deutschen Reiches erweisen sollte. Auch wenn uns später die Monarchen weismachen wollten, dass das Reich erst mit der Kaiserproklamation begann. Am Donnerstag folgten die Bismarck'schen Sozialreformen als erste Klammer unseres inneren Zusammenwachsens, am Freitag die kaiserliche Entlassung des Sozialistenhassers Innenminister v. Puttkammer und am Samstag die Einführung des BGB." „Bravo", erwidert Bernd.

„Damit musst du mir nur noch die Frage beantworten, mein Lieber, was denn für dich das prägendste architektonische Wahrzeichen dieser Zeit ist?" „Da habe ich einen Vorschlag, den du hoffentlich akzeptieren kannst. Für mich ist es das 1894 von Paul Wallot errichtete Reichstagsgebäude, welches seither nicht nur unsere Einheit symbolisiert, sondern auch das allmählich sich entwickelnde Demokratieverständnis." „Einverstanden. Dann kann ich ja beruhigt zahlen." „Danke", erwidert Bernd, „darf ich vorschlagen, in der Hotelbar noch einen Absacker zu trinken?" „Gerne", befindet sie strahlend.

Ausklang in der Atlantic Sky Lounge

Sie betreten wenig später die Dachterrasse der Sky Lounge des Atlantic Grand Hotels. „Sieh mal, da vorne liegt ja die ‚Alexander Humboldt', das wunderschöne Segelschiff mit grünen Segeln." „Musste das nicht dereinst für eine Jever-Bierwerbung herhalten?", will sie wissen. „Genau. Ich hatte sogar das große Glück, einmal auf ihr segeln zu dürfen. Echt beeindruckend, da oben im Korb zu schweben." „Und das ausgerechnet du als zum Schwindel neigender Flachlandtiroler", amüsiert sich Claudia. „Da oben habe ich viel über den Sinn des Lebens und Glücks nachgedacht." „Hat es dir was gebracht?" Er blickt gedankenversunken in die Ferne, während Claudia ihre Packung Zigaretten herauszieht, um sich erneut eine anzuzünden.

„Das ist bestimmt schon deine Fünfte. Bist du meinetwegen nervös?" „Ne, habe leider nur mit dem Rauchen wieder angefangen." „Ist verdammt ungesund." Sie lacht. „Und wie steht es um deine Leber?" „Sicher auch nicht besser." „Siehst du", erwidert sie. „Eine kluge Person befand einmal zum Rauchen: ‚Haben wir nicht schon immer gewusst, dass das Rauchen schädlich ist? Wenn wir es nicht gewusst hätten, hätten wir doch niemals Zigaretten geraucht. Weil es gerade seine Schädlichkeit ist, die es so erhaben macht. Ohne diese Unvernunft, die mich glücklich macht, wäre das Leben doch nichts als eine abgeschmackte Abfolge von Bedürfnissen'." Bernd sieht ihr tief in die Augen. „Schade, dass ich nicht schädlich bin, dann dächtest du sicher auch anders über mich." Sie muss lachen.

„Mensch, da fällt mir ein, ich berichtete dir ja ausführlich von meinen vergangenen Urlauben. Und wo warst du im vergangenen Jahr?", will sie nun wissen. „Ich habe zunächst einige Monate in und um Berlin verbracht. War viel beim Arzt." „Was hast du denn?" „Och, nicht so schlimm." „Na sag schon." „Ich habe neuerdings Probleme mit dem Herzen, aber mein Doktor meint, das wird schon wieder." „Na, da fällt mir aber ein Stein vom Herzen." „Letzten Sommer habe ich", setzt Bernd fort, „dann doch noch eine, mich verdammt viele Wochen auf Trab haltende Tour unternommen. Ich beschloss nämlich, die Alpen zumindest von Nahem kennenzulernen." „Doch nicht meinetwegen?", will Claudia erstaunt wissen. „Na ja, wollte mal sehen, wo du dich so rumtreibst. Also fuhr ich mit dem Zug nach Weil am Rhein unweit des Dreiländerecks Schweiz, Frankreich und Deutschland." „Da sind doch gar nicht die Alpen, mein Lieber. Typischer Anfängerfehler", amüsiert sie sich. „Nun warte doch mal ab. Von dort aus ging es hinein in den Schwarzwald über den Gletscherkessel Präg bis hoch zum Feldberg. Und da hatte ich einen sagenhaften Alpenblick auf die französischen wie Schweizer Alpen. Einen solch großartigen Fernblick habe ich danach nie wieder gesehen." „O. k. Wusste ich gar nicht", gibt sie kleinlaut zu.

„Weiter wanderte ich über Altglashütten ins Wutachtal. Und das war wirklich ebenfalls traumhaft. Eine solche verschiedenartige Fauna gibt es sonst nirgendwo in Deutschland." „Ach was." „Nun ging es nach Tengen, um schließlich in Radolfzell den Bodensee zu erreichen. Vorbei an den vielen Spitzkegeln, die dereinst die Kelten verehrten." „Ist ja echt krass." „Weiter ging es nach Konstanz und von dort mit der Fähre nach Meersburg." „Das ist aber gemogelt." „Na ja, findest du, ich hätte mir ein Segelboot leihen sollen? Meersburg ist ein toller Ort. Dort lieh ich mir ein Fahrrad, mit dem ich entlang des Bodensees radelte, um die tolle Gegend voller Wein- und Obstkulturen zu genießen." „Stimmt, mein Lieber. Und dich sicher zudem an dem Blick auf die Schweizer Alpen zu erfreuen." „In Lindau gab ich das Fahrrad wieder ab. Auch da hat es mir übrigens verdammt gut gefallen. Habe mir sogar für einen Tag ein Segelboot gemietet. Denn eigentlich wollte ich da meine Tour beenden." „Aber dann hättest du ja die deutschen Alpen gar nicht gesehen!"

„Stimmt. Also wanderte ich durch das West-Allgäu entlang des Bregenzer Waldes bis zum Großen Alpsee. Und dann weiter nach Ofterschwang und Oberstdorf. Dort bin ich sogar mit der Bahn aufs Nebelhorn gefahren und wieder runtergewandert." „Und?" „War echt schön, wenn auch ein bisschen steil." „Typischer Flachlandtiroler." „Und ich machte obendrein, ob du es glaubst oder nicht, einen Abstecher nach Einödsbach südlich von Oberstdorf. Hat mich zwei Tage gekostet." „Dann warst du ja wahrhaftig am südlichsten Punkt Deutschlands", befindet sie beglückt.

„Du musst zugeben, Claudia, nun kann ich mitreden." „Na klar." „Weiter ging es übrigens zum Grüntensee, zur Alpspitz und zum Weißensee." „Meine Güte, du hast ja eine echte Gewalttour auch noch durch das Ost-Allgäu unternommen, mein Lieber." Sie beugt sich zu ihm rüber und küsst ihn auf die Wange. „Ja, Claudia, die Landschaft fand ich echt toll. Zumindest im Sommer. Weiter ging es nach Füssen zum Schloss Hohenschwangau und Neuschwanstein." „Na bitte, aus dir wird ja noch einmal ein echter Bergzwerg." „Pass bloß auf. Dann ging es in das Ammergebirge." „Echt sportlich, mein Lieber." „Bis ich schließlich im Zugspitzgebiet ankam. Durch die Partnachklamm wanderte ich zum ‚Schachen'. Das ist ja ein echt geiles Schloss. Sieht drinnen aus wie eine Shisha-Bar." „Ich muss dir ehrlich gestehen, da war ich noch nie, mein Lieber." „Da siehst du mal, du kommst auch nur dahin, wohin dich deine Skier tragen, aber nicht an die wirklich originellen Plätze. Übrigens hatte ich dann echt Plattfüße und machte ein paar Tage Pause auf Schloss Ellmau mit dem superschönen Blick auf den Wetterstein. Wenn du da oben im Wellnessbereich bist und insbesondere oben auf dem Dach im Schwimmbad deine Bahnen ziehst, dann willst du von dort nie wieder weg. Einfach ein Traum." Sie nickt zustimmend.

„Wieder wollte ich Schluss machen, aber irgendwie packte mich dann doch der Ehrgeiz. Dann latschte ich durch das Obere Isartal bis zum Karwendel. Dort lernte ich eine drahtige Bayerin kennen, die mir unbedingt hinter Mittenwald die Leutaschklamm zeigen wollte. Ein wirklich beeindruckender Wasserfall, muss ich schon sagen." „Kenne ich – ehrlich gesagt – auch nicht." „Solltest du aber. Weiter ging es hinunter zum Sylvenstein-Stausee bis nach Wildbad Kreuth. Dann latschte ich hinter meiner persönlichen Bergführerin steil bergauf zum Spitzingsee." „Was, dann warst du ja in dem Skigebiet, in dem ich früher als Kind oft war. Vor allem die Taubensteinabfahrt fand ich damals toll." „Ist mir zu steil." „Ach geh." „Jedenfalls brauchten wir eine halbe Ewigkeit bis nach Bayrischzell." „Und, war sie gut im Bett?", erkundigt sie sich. „Echt toll", erwidert er wahrheitswidrig, denn die stellte sich für ihn als eine nicht zu knackende Nuss heraus. „Ehrlich?" „Ne." „Wusste ich doch", amüsiert sie sich.

„Vom Sudelfeld ging es zu den Tatzelwurm-Wasserfällen und dann rüber zum Wendelstein. Dann ging es nur noch bergab nach Nußdorf am Inn. Da habe ich mich von der sportlichen Wanderin getrennt." „Sag bloß, da hast du abgebrochen? Die Beziehung?" „Ne das war sie." „Ich meine doch die Tour." „Ne, so kurz vor dem Ziel wollte ich wirklich nicht aufgeben. Ich wanderte über den Heuberg nach Marquartstein und über die Chiemgauer Alpen zur Winkelmoosalm, um durch die Östlichen Chiemgauer Alpen in Richtung Reiteralpe bis hin nach Berchtesgaden zu marschieren. Von dort machte ich mit dem Fahrstuhl einen Abstecher zum Kehlsteinhaus. Da, wo Hitler immer Urlaub machte. Ist schon ein toller Ausblick von dort oben auf das Salzburger Land." „Da war ich leider auch noch nicht." „Ich fass es nicht. Dann ging es hinunter zum Königssee, um über den Obersee den wahnsinnigen Aufstieg zum Großen Teufelshorn zu wagen." „Donnerwetter, dann bist du wahrhaftig einmal von West nach Ost gewandert? Ist ja super. Hätte glatt Lust, diese Tour zusammen mit dir zu machen." „Wenn du anschließend bereit wärest, mit mir die vielen Ostseeinseln anzusegeln." „Mensch, Bernd, war doch nur ein Witz, so viel Zeit habe ich doch gar nicht wie du."

Von der ‚Alexander Humboldt' dringt der Lärm einiger junger Leute zu ihnen hoch, die sich mit Bierflaschen in der Hand auf dem Steg niederlassen. „Meinst du, unser Konzept ist wirklich sinnvoll?" „Weiß nicht." „Wäre traurig, wenn deine Bücher ungelesen unter dem Ladentisch verstaubten." „Ist aber sehr wahrscheinlich. Ich habe kein gutes Gefühl." „Ich auch nicht. Wir treffen uns heute zum dreizehnten Male, um jedes Mal unsere kulturellen Konturen mühsam zutage zu fördern. Aber immer noch fehlt mir der Kick, das Aha-Erlebnis." „Mich überkommt irgendwie eine Ahnung, dass wir ohne diesen Kick scheitern werden." „Warum?" „Weil unsere in Roman-, in Tagebuch- oder Märchenform gepackten Themen zu komplex für diejenigen sind, die wir zu erreichen suchen. Für die junge Generation, die nur noch auf das Erfassen von 220 Zeichen fokussiert ist. Weil mehr die Tweets nicht hergeben." „Ich glaube, wenn die wollten, schafften die das irgendwie schon", befindet Claudia.

„Warum bist du da so optimistisch?", will Bernd erstaunt wissen. „Weil auch die begreifen werden, dass, wie mir ein guter Freund einmal überzeugend erläuterte, ‚ein Zurückschauen nicht nur der Aufklärung dient, sondern auch der differenzierten Wahrnehmung und damit kompetenten Orientierung'." „Ich bin mir nur nicht sicher, ob die nächste Generation an solch unkonventionellen Ansätzen interessiert ist." Claudia sieht ihn fragend an. „So schlecht fand ich deinen Vortrag nicht. Zumindest ein wenig schräg." Bernd ist glücklich, ein solches Lob hätte er von ihr nicht erwartet. Ob er sie vielleicht doch noch umstimmen könnte? Er berührt ihre Hand, doch sie zieht diese behutsam, aber unmissverständlich zurück.

Um ihm nun zu erläutern: „Du, ich will ehrlich sein, ich finde dich zwar attraktiv, aber eben nicht mehr. Ich glaube, es ist an der Zeit, dir dieses mitzuteilen." Bernd sieht sie fragend an. „Aber..." „Nach unserem letzten Abend wurde mir schlagartig bewusst, dass wir keine gemeinsame Zukunft haben. Vielleicht war diese Erkenntnis nötig, um mich anderen gegenüber wieder zu öffnen. Jedenfalls geschah dann das kleine Wunder, mich spontan erneut zu verlieben." „Das ging aber schnell, so unattraktiv fandest du mich also?" Bernd kämpft mit der Fassung, unmissverständlich spürend, wie seine Sinne an Schärfe verlieren, die sich nur noch um sich selbst zu drehen scheinen. „Ich will, mein Lieber, mit dir unser Projekt zu Ende bringen, wo immer es uns auch hinleitet. Das hat mir erneut dein heutiges Referat gezeigt. Aber nicht, um mit dir anschließend in die Kiste zu steigen." „Danke, habe verstanden. Das ist dann wohl so. Auch wenn ..." „Spar dir jede selbstmitleidige Bemerkung." „Wie heißt denn deine neue Freundin?", will er wissen. „Wenn du es genau wissen willst, Josef. Ich habe endlich einmal einen unverheirateten Typen kennengelernt, der zudem noch gut aussieht." Bernd schluckt, um so unverkrampft als möglich „das freut mich für dich" herauszubringen. Um sich nur ja nicht seine Enttäuschung anmerken zu lassen, greift er zum Weinglas, um auf ihr Wohl anzustoßen. Um die an Dämlichkeit kaum zu überbietende Frage anzuschließen: „Und wie ist das so mit deinem Freund?" „Gut", erwidert sie trocken.

„Du bist wohl eifersüchtig?", wundert sich Claudia. „Ne, interessiert mich nur halt so." „Stimmt, du wolltest ja mein Trauzeuge werden." „Eben." „Dann frage ich dich halt, willst du mein Trauzeuge sein?" Bernd schluckt. „Ist es denn schon so weit?" „Ne, nur für den Fall ..." Er sieht sie prüfend an. Um sich gleichzeitig einzugestehen, dass er sich selbst in eine Sackgasse hineinmanövrierte, aus der nun ein Entrinnen aussichtslos erscheint. Da ist er wieder, der stechende Schmerz in seiner Brust.

„Ja gerne", erwidert er nach kurzer Bedenkzeit. „Das dauerte aber ganz schön lange, ich dachte schon, du kneifst." „Ne", erwidert er verlegen, „ich dachte nur, was der hat, was ich nicht habe." „Er ist vor allem eins: jünger." „Und wozu braucht eine Frau wie du einen jungen Mann?" „Um eine harmonische Zweisamkeit zu erleben, frei von dem Freiheitswahn eines Älteren, der den nur dazu zu nutzen scheint, seine Zeit allein zu verbringen, um sich mit der nutzlosen Analyse über seine, in der Vergangenheit gemachten Fehler zu verlieren. Ich brauche einen Mann für hier und heute, verstehst du?" Bernd beginnt, sich über diese Bemerkung zu ärgern. „Und ich brauche eine Partnerin, die

ihr mangelndes Beziehungsvermögen nicht an mir in Form des ‚Mostings' auslässt." „Des was?", sieht ihn Claudia mit entgeisterten Augen an. „Stell dich doch bitte nicht dumm. Erst hast du mich mit deinem ‚Love Bombing' ganz kirre gemacht, um mich dann mit deinem ‚Mosting' eines völlig unerwarteten, abrupten Kontaktabbruchs in eine tiefe Krise zu stürzen. Genau für dieses Verhalten eines abrupten Endes einer Beziehung steht der Begriff ‚Mosting'."
„Nun mach einmal einen Punkt, mein Lieber. Was heißt hier ohne erkennbaren Grund? Du hast sie doch nicht mehr alle! Du kannst dich wohl gar nicht mehr an unser Hannover-Treffen erinnern, oder?" „Doch, bei dem hast du mir die Pistole auf die Stirn gehalten." „Aber ich habe dich nicht ohne Ansage verlassen." „Kam mir aber gleichwohl so vor. Denn ich dachte, unsere Freundschaft wäre stabil genug, um gemeinsam an einer Zukunft zu basteln, an der wir beide eine gleich tiefe Freude empfinden." „Außerdem war ich es doch, mein Lieber, der den Kontakt zu dir wieder aufnahm. Denn du hättest dich in deinem Selbstmitleid doch zu solch einem mutigen Schritt nie im Leben entschieden!"
„Ich war in einer Sinnkrise." „Da kommen mir ja echt die Tränen, mein Lieber. Das kommt dabei heraus, wenn man sich auf ein Boot zurückzieht." „Da wünsch ich dir beim Skifahren mit Josef mehr Glück, den goldenen Weg zur inneren Zufriedenheit zu finden. Aber sei eines Tages nicht traurig, wenn der beim ‚Après-Ski' eine Jüngere bezirzt." „Das lass mal meine Sorge sein." „Kann er dich denn überhaupt begeistern?" „Na klar, er ist zwar nicht so charmant wie du, dafür aber ausgesprochen witzig." „Sag bloß, der ist eine Frohnatur? Auch das noch." „Was soll denn das schon wieder, mein Lieber?" „Ich stelle mir vor, ich träfe auf deinen Josef und der grinste mich an. Arrogantes Grinsen kann ich nämlich auf den Tod nicht ab. Weißt du, was ich dann machte? Ich finge an, das Lied zu singen ‚womit hab ich es verdient, dass die mich so blöde angrient'." „Na, dann muss ich mir das mit deiner Rolle als Trauzeuge noch mal überlegen. Mann, ist deine Eifersucht heftig." „Ich habe halt Liebeskummer", gibt Bernd unumwunden zu.

„Dann hättest du dich doch einfach mal melden können."
„Das hätte doch nichts gebracht?" Sie schweigt. Bernd kann es sich nicht verkneifen, sie erneut auf Josef anzusprechen. „Ist der finanziell besser aufgestellt als ich?" „Darauf kommt es doch gar nicht an, mein Lieber. Aber wenn du es unbedingt wissen willst, er kommt aus einem sehr vermögenden Hamburger Elternhaus." „Da gratuliere ich dir", erwidert er. „Danke! Ist mir aber wirklich nicht wichtig." „Das sagst du doch einfach so, um mich zu beruhigen. Denn ich fürchte, im Grunde geht es dir allein um die Knete." „Das stimmt doch gar nicht. Ist echt unfair von dir." Sie schweigt. „Und mit was beschäftigt der sich den lieben langen Tag?" „Mit seinem Job." „Und mit welchem?", hakt er nach. „Na ja, mit einem ganz normalen Job halt." „Ist dir wohl peinlich, oder?" „Ne, ich will nur nichts mehr von Josef preisgeben, denn das bringt nichts." „Warte mal, der macht bestimmt was Exotisches. Lass mich raten, wie wäre es mit einem Zoologen. Ne noch besser, bestimmt ist der ein Affenforscher?"

Bernd schlägt sich lachend auf seinen Schenkel, sich an seinem eigenen geradezu großartigen Gedankenblitz erfreuend. „Hör auf, mein Lieber", erwidert sie erkennbar wütend. „Also habe ich recht", amüsiert sich Bernd. „Ein Affenforscher und Claudia, das ist ja echt komisch." „Was ist denn daran komisch?" „Das erinnert mich an das Buch ‚King Kong'. „Das ist geschmacklos", erwidert sie zornig. „Ich wusste gar nicht, wie tief verletzt du bist. Nur weil ich dir mein Herz nicht auf dem Silbertablett präsentiere." Bernd hat längst den Punkt überschritten, sich noch von seinem Kleinhirn kontrollieren zu lassen. Laut wiederholend: „Ich fass es nicht, ein Affenforscher."

Sie springt von ihrem Barhocker auf, um ihm den Stinkefinger zu zeigen. Dabei laut rufend: „Du kannst mich mal, du Narzist. Sieh dich doch mal an, nichts als eine erbärmliche, vom Selbstmitleid zerfressene Gestalt." Worauf sie sich umdreht und im Dunkel der Bar in Richtung Ausgang verschwindet. Erst jetzt kommt Bernd wieder zu Besinnung. So etwas war ihm noch nie passiert. „Was ist denn nur in dich gefahren?", brummt er leise vor sich hin. Das war keine Melancholie mehr, sondern unzweideutig der Beginn einer Psychose. Unheilbar, solange sie ihm nicht dabei half, sich aus ihr zu befreien. „Selber schuld", schimpft Bernd. „Und die Moral von der Geschicht'? ‚Ein Herz kann man nicht reparier'n'? Nein, in der wahren Welt persönlicher Beziehungsgeschichten gibt es selten ein Happy End. Viele verwechseln dies nur mit dem Gefühl ihrer, von Gewohnheit durchtränkten Zweisamkeit-Einsamkeit-Seele. Ihm schießen wieder die Zeilen der Toten Hosen durch den Kopf, ‚die Liebe, sie schmeißt uns ganz einfach raus/in guter Freundschaft haltn's wir nicht aus./Der letzte Sand fällt durch die Uhr,/wir finden keine neue Spur./Und zwischen uns nun ein breiter Fluss,/alles passiert, wie's passieren muss'.

14

Treffen in Erfurt zur Epoche des ‚Nationalismus'
(1900–1950)

‚Alle, die von Freiheit träumen,/sollten's Tanzen nicht versäumen,/sollen tanzen auch auf Gräbern./Freiheit, Freiheit, ist das Einzige, was zählt', schießt es Bernd durch den Kopf, sich mental auf die ‚Epoche des Nationalismus' vorbereitend, eine Phase kollektiver Irrwege und gleich zweier Weltkriege. Wäre da nicht der Tanz die einzige Möglichkeit, ekstatisch das kollektive Leid zu verdrängen, zu vergessen und hinunterzuwürgen? Und zwar so lange im Kreise drehend, bis einen der Schwindel zu Boden zwingt. Um seine Sinne beim anschließenden Aufrappeln scharf ausrichten zu können? Bernd sitzt schon eine ganze Weile vor dem Erfurter Restaurant ‚Faustus', die kleine gotische Kapelle am Ende jener berühmten Krämerbrücke bewundernd. „Sind schon verdammt viele Touristen hier", befindet er, das bunte Treiben auf sich wirken lassend. Ihn überkommt ein ungutes Gefühl. „Ob sie wirklich kommt?" Ihre Funkstille dauerte inzwischen schon verdammt lang, sich auf wenige WhatsApp-Nachrichten beschränkend. Selbst für die heutige Verabredung konnte er sich nicht zu einem Telefonat durchringen. Ihm wird auf einmal klar: „Sie hat im Grunde genommen auf meine Nachricht unseres heutigen Treffens in Erfurt nur ausweichend mit ‚mal sehen' reagiert." Vielleicht folgte sie seinem Lockruf gar nicht. „Verdammt."

Er fängt an, ihre bisherigen Treffen vor seinem geistigen Auge noch einmal Revue passieren zu lassen. Ihre Freude am Münchener Hofbräuhaus, ihre Begeisterung über die Saarbrückener Ludwigskirche, ihr erstaunter Gesichtsausdruck beim Mainzer

Kirschgarten und vor allem ihre zauberhaft angetrunkene Art auf den Düsseldorfer Rheinterrassen. Auch denkt er gerne an ihre Kulturerlahmung vor der Hamburger Elphi und Freude am Thron im Schweriner Schloss zurück. „Mensch, wie lange ist das schon her?" Ärgerlich blickt er auf die Uhr. „Ach könnte es bloß noch einmal so werden wie im vergangenen Jahr, als wir uns über die Hochkultur hermachten. Wie zauberhaft war doch ihr Blick vor dem Magdeburger Hundertwasserhaus, wie strahlend ihr Lächeln im Wiesbadener Spielkasino, wie entsetzt ihr Unverständnis über seine Begeisterung für die Kieler HDW-Werft, wie schlecht ihre Laune im Stuttgarter Mercedes-Benz-Museum. Wie schön ihr vom kalten Schweiß bedecktes Gesicht im Potsdamer Schlossgarten und wie zauberhaft ihr kindlich verblüffter Gesichtsausdruck vor dem gewaltigen Hannoveraner Neuen Rathaus. Auch wenn ausgerechnet dort im Luisenhof sein Traum zerplatzte. Nur weil sie von einer anderen Lebensart träumte als er. „Es hatte doch in Bremen soo gut angefangen, bis ich mich mal wieder nicht beherrschen konnte."

Wieder blickt er auf die Uhr. Nun ist schon eine halbe Stunde vergangen und immer noch gibt es kein Lebenszeichen von ihr. Soll er sich die Blöße geben, um ihr eine erneute WhatsApp-Nachricht zu schreiben? Erweckte er damit nicht den Eindruck, sich ihr aufdrängen zu wollen? Er kommt mit einem jungen Musikstudenten ins Gespräch, der sich sehr interessiert über ihr Großprojekt zeigt. „In der Musik kennen wir seit der Neuzeit keine scharfen epochengeschichtlichen Definitionen, behauptet zumindest mein Prof." „Das stimmt nicht." Sein Gegenüber hält ihm einen ermüdenden Vortrag über die Harmonielehre, frei von jeglichem, ihn interessierenden historischen Bezug. Dann wird er aus seinen, sich um Claudia kreisenden Gedanken herausgerissen, „Mensch, hörst du mir überhaupt zu?" „Natürlich tue ich das", antwortet er tapfer, still hoffend, der setzt jetzt seinen Vortrag nicht mit der Frage fort, ‚wo waren wir noch stehen geblieben'? Doch dazu kommt es nicht, denn sein Gegenüber erhält in diesem Moment eine WhatsApp-Nachricht, um sich urplötzlich mit den Worten zu verabschieden: „So, ich muss nun los, danke für die Weinschorle." „Ein Date?", will Bernd wissen. „Genau. Vielleicht sehen wir uns ja mal wieder."

Da sie immer noch nicht erschienen ist, beschließt Bernd, sich entlang der Gera die Beine zu vertreten. Er schlendert über die Krämerbrücke, um sich auf der gegenüberliegenden Seite des Flusses zum Biergarten des Gasthauses ‚Feuerkugel' zu begeben. Alle Tische sind besetzt, doch sieht hier keine auch nur annähernd so attraktiv aus wie Claudia. „Ist doch verflixt, wieder bei Null anfangen zu müssen", schimpft er leise vor sich hin. Plötzlich klingelt das Handy.

„Hallo Bernd, ich bin's." „Hallo Claudia", erwidert er erfreut über diese unerwartete Wende. „Wo bist du?", will er wissen. „Eigentlich wollte ich dich heute hängen lassen. Ging aber nicht. Josef hat mich genervt, sodass ich nun im ICE sitze. Bin in einer halben Stunde in Erfurt." „Passt schon", antwortet Bernd erleichtert. „Was ist passiert?", will er erstaunt wissen. „Erzähle ich dir später." Sie hängt ein. Er kauft sich in der gut frequentierten Eisdiele auf der Krämerbrücke ein Eis und schlendert durch die Altstadt bis hinunter zum Bahnhof, um gedankenverloren das gegenüber dem Bahnhof gelegene berühmte Fenster des ehemaligen Hotelgebäudes anzustarren. Hinter dem dereinst Willy Brandt stand, um bei seinem ersten DDR-Besuch gleich zu Beginn seiner Entspannungspolitik von Tausenden begeistert bejubelt zu werden. Plötzlich verspürt er ein Klopfen auf seine Schulter. Er dreht sich verdutzt um.

„Hallo Claudia, da bist du ja schon." Während er in ihr entspannt lächelndes Gesicht sieht, schießt es ihm wieder einmal durch den Kopf, was für eine verdammt attraktive Frau sie ist. Sie umarmt ihn flüchtig, während er sich an ihrem Parfüm ergötzt. Diesen leicht süßlichen Duft inhalierend, der mit ihrem Schweiß ein unwiderstehlich betörendes Gemisch entfaltet, genau wie im Meisterwerk des ‚Parfums' beschrieben. Ihm fallen unweigerlich die ihn damals so fesselnden Zeilen der Parfümumschreibung wieder ein: die ‚Frische, aber nicht die Frische der Limetten oder Pomeranzen, nicht die Frische von Myrrhe oder Zimtblatt oder Krauseminze, nicht von Mairegen oder Frostwind oder von Quellwasser, aber nicht wie Bergamotte, Zypresse oder Moschus, nicht wie Jasmin und Narzisse, nicht wie Rosenholz und nicht wie Iris, eine Mischung aus beidem, aus Flüchtigem und Schweren'. „Na, wie geht es dir?", will sie wissen, ihn aus dem Kreislauf seiner offenkundig im eigenen Labyrinth verfangenen Synapsen reißend. „Wenn ich eine so attraktive Frau an meiner Seite habe, dann natürlich super. Und du?" „Ich begab mich zur Vorbereitung auf unser heutiges Treffen auf eine verdammt traurige Zeitreise. War wochenlang niedergeschlagen, nicht zuletzt, weil Josef vorgab, ein Kriegsexperte zu sein." „Ach du jemine." „Das kannst du wohl sagen. Erinnerst du dich noch an meine schwermütigen Erzählungen über die traurige Zeit nach Luthers Thesenanschlag? Nur weil der hier in Erfurt zum Mönch mutierte, die Bibel durchdrang, die Leute wachrüttelte und dabei ungewollt letztendlich die ‚zweite Urkatastrophe' des Dreißigjährigen Krieges bei uns auslöste. Immer obliegt es mir, die schrecklichsten Teile unserer Geschichte vorzutragen, das ist nicht fair."

Bernd nimmt sie in den Arm. „Ist schon gut, wir können ja den Krieg weglassen." „Das habe ich Josef auch gesagt, doch der befand, gerade aus extremen Situationen könne man eine Menge lernen. Also hörte ich mir diesen ganzen Irrsinn an. Klüger bin ich allerdings trotz der vielen belanglosen Fakten nicht geworden. Um den kollektiven Wahnsinn überzeugend beschreiben zu können, fehlt mir jedenfalls jegliches Einfühlungsvermögen. Insofern war ich auch drauf und dran, unser heutiges Treffen abzusagen." „Sag bloß, Josef hat dich davon abgehalten? Hätte ich ihm ja echt nicht zugetraut." „Ne, ganz so war es auch wieder nicht. Der meinte doch allen Ernstes, ein Unternehmer ticke genauso wie ein Oberbefehlshaber und damit ein Unternehmensberater wie ein Generalstabschef. Sich mit Wahrscheinlichkeiten, strategischen Optionen und Psychologie messend."

„Glaubt der etwa, er befände sich im Krieg?" „Genau. Im Wirtschaftskrieg, der genauso ablaufe wie ein mit Waffen ausgetragene Krieg. Und immer gäbe es nur eine Option: siegen zu müssen, den Wettbewerber plattzumachen und die Schachfiguren künstlich dumm zu halten. Als er mich heute auch noch abfragen wollte, sicher erahnend, ich hätte das Thema zu wenig strategisch durchleuchtet, da ist mit der Kragen geplatzt. Der ist doch nicht mein Lehrer und hat nun wirklich keine Ahnung von Kultur." Bernd schüttelt pflichtbewusst den Kopf. „Und weißt du, was der antwortete, als ich ihm dies an den Kopf warf?" „Ne, keine Ahnung." „Kultur sei etwas für Schwache, eine reine Gefühlsduselei, die ich mir nur leisten könne, weil er die Welt für mich rette. Ist doch krank, oder?"

Bernd nickt, sich insgeheim an dieser Meinungsdifferenz erfreuend. „Vielleicht fühlt er sich einfach nur als dein Bestimmer." „Kann gut sein, dass der so tickt. Manchmal ..." „Kann deine Reaktion gut verstehen", befindet Bernd. „Na, dann muss ich heute Josef sogar noch dankbar sein, dich zu diesem Treffen genötigt zu haben. Freue mich jedenfalls über unser Wiedersehen." Sie strahlt ob des versöhnlichen Einlenkens. „Aber nur, damit das klar ist. Damit ändert sich zwischen uns beiden aber nichts."

„Komm, ich werde dich kulturell schon wieder aufbauen." Sie sieht ihn mit kritischem Blick an.

„Sorry übrigens noch einmal", wechselt Bernd das Thema, „ich habe mich beim letzten Mal echt schäbig verhalten." „Passt schon", erwidert sie. Er legt zur Vorsicht noch einmal nach. „Ne ehrlich, ich hatte mich einfach nicht im Griff. Vielleicht, weil ich zu geschockt war über deinen neuen Freund. Und auch ein bisschen eifersüchtig." „Das mit der Eifersucht nehme ich dir sogar ab." „Danke!" „Da du dich ja offensichtlich wieder beruhigt hast, werde ich gerne das Kriegsbeil begraben." „Also bleibt es dabei, dass ich dein Trauzeuge sein darf?" Sie sieht ihn prüfend an, um dann gelassen zu antworten: „Wenn du nicht wieder so ausrastest, gerne." „Danke", strahlt er. Er nimmt sie in den Arm. „Komm, lass uns zur Krämerbrücke wandern.

Wo ist eigentlich dein Gepäck?", will er erstaunt wissen. „Ich werde heute Abend noch den letzten ICE nach München nehmen." „Und wann geht der?" „Um 21:30 Uhr." „Na, dann bleibt uns ja nicht viel Zeit." „Ne, muss aber für heute reichen, denn ich kann mir die Eskapaden zweier Liebestoller angesichts meines augenblicklichen beruflichen Stresses nun wirklich nicht leisten." Bernd murmelt: „Besser liebestoll als liebeskrank." Claudia läuft schweigend neben ihm her, die lauwarme Stadtluft tief einatmend. „Echt schön hier. Fang doch ruhig schon mal auf dem Weg zu deiner Krämerbrücke mit dem von dir so geliebten Schwachsinn zu Heimat und Brauchtum an." „Gerne", erwidert er. „Ich finde, unsere Heimat zeichnet sich durch einen Pilzreichtum aus. Wir lieben unsere Pilze, die wir zu allem Überfluss auch noch gerne selbst sammeln." „Na ja, ich jedenfalls trau mich das nicht", erwidert Claudia. „Warum?", will Bernd erstaunt wissen. „Weil unter ihnen auch einige hochgiftige sind." „Eigentlich kenne ich nur zwei", erwidert er, „den Knollenblätter- und den Fliegenpilz." „So genau kenne ich mich auch nicht aus, mein Lieber." Sie bleibt unvermittelt stehen. „Du, ich habe eine großartige Idee. Das wollte ich schon immer einmal." „Was wolltest du?" „Eine Pilzdröhnung. Meinst du, eine solche Mischung bekäme man samt Gebrauchsanleitung im Internet?" „Hoffentlich nicht. Aber wenn du darauf unbedingt Wert legst, ich kenne einen alten Schulfreund, der zwar auf die schiefe Bahn geriet, doch zweifelsohne ein echter Pilzexperte ist." „Dann frag den doch mal, mein Lieber, welcher Pilz so richtig andröhnt. Vielleicht geht ja damit auch dein Liebeskummer weg. So wie bei den Kelten, die auch immer in ihren Zaubertrank ein paar Pilze schmissen."

„Wenn du willst, erkundige ich mich bei dem gerne." „Danke, mein Lieber. Dann hätten wir das Pilzthema ja im Kasten." „Keineswegs", erwidert er. Ohne ihre Reaktion abzuwarten, beginnt er, einige Sorten herunterzurattern: „Da wäre der Pfifferling, der Schopf-Tintling, der Steinpilz, die Morchel, der Rötelritterling, der Milchling, der Habichtspilz, der Riesenschirmling, der Butterpilz, der Hexenröhrling, der Hallimasch, der Trüffel, die Birkenrotkappe und der Champignon." „Sag bloß, du hast diesen Quatsch auch noch auswendig gelernt", wundert sich Claudia. Um hinzuzufügen: „Alle Achtung, wusste gar nicht, dass dich die Natur so mitgerissen hat."

„Danke." „Ich akzeptiere diese pilzbezogene Heimatverbundenheit aber wie gesagt erst dann, wenn du dich mit mir auf einen giftpilzgeschwängerten Trip begibst. Ich will dies unbedingt vor meiner Ehe noch ausprobieren und dazu wäre doch mein Trauzeuge der perfekte Partner." „Und warum?" „Für euch Kerle gelten drei Dinge, oder? Einen Sohn gezeugt, einen Porsche gefahren und einen Baum gepflanzt zu haben. Kaum einer weiß, dass wir Frauen ähnlich ticken. Für uns ist es ein Muss, eine Tochter zu gebären, ein Haus eingerichtet und einen echten Rausch erlebt zu haben. Bei Letzterem sehe ich zusammen mit Josef schwarz. Solange du mich also auf solch einem Trip nicht begleitest, akzeptiere ich den Pilz als Zeichen meiner Heimatverbundenheit nicht." Er sieht sie verblüfft an. „Ist das gefährlich?" „Kommt sicher auf die Dosis an. Meine Oma sagte immer ‚zu viel ist Gift'." „Wenn du unbedingt willst, mach ich natürlich mit. Übrigens hätte ich dir so gerne noch die für uns typische Brötchenliebe näher gebracht." „Du spinnst doch." „Nein, wir sind geradezu verrückt nach Weizenbrötchen, Weizenmischbrötchen, Roggenbrötchen, Vollkornbrötchen, Schrotbrötchen, Schwedenbrötchen, Kartoffelbrötchen, Mohnbrötchen, Sesambrötchen, Kümmelbrötchen, Partybrötchen mit Zwiebeln und Speck, Pizzabrötchen, Käsebrötchen, Rosinenbrötchen und Dinkelbrötchen." „Du hast sie doch wirklich nicht mehr alle", fängt Claudia schallend an zu lachen. „Dir scheint dein freiheitsfanatischer Liebeskummer irgendwie auf den Magen geschlagen zu haben."

„O. k., lass uns das Thema wechseln", befindet Bernd. „Wir stehen hier vor der berühmten Krämerbrücke. Ich schlage vor, lass uns zunächst einmal um sie herum wandern. Denn wenn du diese heute nicht vollständig gesehen hast, täte dies mir sehr, sehr leid. Denn diese Brücke ist das Wahrzeichen der Stadt." „O. k.", befindet sie ungläubig. „Lass sie uns außen halb umrunden und erst dann auf dem Rückweg über sie laufen. Denn nur auf diese Weise kannst du sie wirklich schätzen lernen." So wandern sie vorbei am Gasthaus ‚zum Goldenen Schwan' und dem ‚Augustiner Bräu' hinüber auf die andere Seite der Gera, um von dort aus die Brücke betretend auf ihr haltzumachen. Um im ‚Haus der Stiftung' im dortigen Kellergewölbe auch noch einen Blick von oben auf die Gera zu werfen. Anschließend kehren sie zu ihrem

Ausgangspunkt des Cafés ‚Faustus' zurück. „Mensch, sieh mal, da vorne wird gerade ein Tisch frei. Bloß hin!", ruft Bernd, um den in der Abendsonne liegenden Tisch für sich zu ergattern. Kaum haben sie Platz genommen, erkundigt er sich: „Wir können aber auch gerne zum Essen ins Brauhaus wechseln." „Ne, lass gut sein. Ich verliere lieber keine weitere kostbare Zeit mit einer Restaurantsuche." „Auch wenn du hier auf die typischen Thüringer Klöße verzichten musst?" „Auch dann, mein Lieber. Es sei denn, die haben hier keinen Salat?" „Doch, doch." Bernd ist froh, damit wenigsten etwas ‚zwischen die Kiemen' zu bekommen. „Hattest du dieses Mal keinen Tisch reserviert?", erkundigt sie sich erstaunt. „Doch, für 18:00 Uhr. Doch so lange konnte ich ihn nicht freihalten." „Ach stimmt. Macht nichts. Hat ja auch so geklappt."

Claudia holt tief Luft. „Das war's dann für heute mit der Heiterkeit! Die von mir beleuchtete Epoche heißt ‚Nationalismus'. Geprägt von der merkwürdigen Vorstellung, nicht mehr alle Deutschen satt zu bekommen. Ein Gefühl, das Hans Grimm in seinem Buch ‚Volk ohne Raum' beschrieb. Zugegeben, unsere Bevölkerung war zu Beginn der Epoche überproportional stark auf knapp 60 Millionen Menschen angewachsen, um – zum ersten wie letzten Mal – einen Anteil von knapp 3 % der Weltbevölkerung auszumachen. Doch rechtfertigte dies unsere immer lauteren Expansionsforderungen? Oder waren diese, sich ausgerechnet in der Forderung nach einem ‚Platz an der Sonne' festmachend, nur der Ausfluss der von Freud beschriebenen unterbewussten Verzerrung von Realität und Innerlichkeit? Hierauf will ich dir die Antwort nicht schuldig bleiben.

Dank des unsterblichen Gottfried Benn, der mich irgendwie aus dem Dschungel der Sinnlosigkeit befreite." „Na, da bin ich aber einmal sehr gespannt", kann es sich Bernd nicht verkneifen. „Der löste die ewig belastende Frage nach dem ‚Wozu' auf seine Art und Weise. Kennst du sein Gedicht ‚nur zwei Dinge'?" „Ne." „Das geht in Bezug auf das ‚Wozu' so: ‚Das ist eine Kinderfrage./Dir wurde erst spät bewusst,/es gibt nur Eines, ertrage,/ob Sinn, ob Sucht, ob Sage,/dein fremdbestimmtes: Du musst./Ob Rosen, ob Schnee, ob Meere/was alles erblühte, verblich./Es gibt nur zwei Dinge: die Leere/und das gezeichnete Ich'." „So schlimm?", will Bernd besorgt wissen. „Irgendwie schon", erwidert sie.

Ionen des Zeitgeistes

„Zunächst will ich – wie du – auf die drei neuen ‚Ionen des Zeitgeistes' eingehen, beginnend mit der ‚Kapitalakkumulat-ion', auf die du ja beim letzten Mal so großen Wert legtest. Ich will jedoch auf den ‚Kreislauf des Kapitalismus' nicht ganz so detailliert eingehen wie du, sondern nur eine Welle beschreiben." „Das klingt vernünftig, hätte ich vielleicht beim letzten Mal auch machen sollen." „Chance verpasst, mein Lieber." Bernd nickt.

‚Kapitalakkumulat-ion 2.0'

„Ich muss dir einräumen, bei der Vorbereitung zu diesem Thema eine gewisse Freude an der Wirtschaftsgeschichte entwickelt zu haben. Denn so uninteressant, wie ich immer dachte, ist sie gar nicht. Wieder war sie gekennzeichnet durch eine wundersame Geldvermehrung. Gleich zum Epochenbeginn wurde die Postanweisung erfunden. Mit dem damit einsetzenden Giroverkehr beschleunigte sich der Geldumlauf. Dass die Jedermanns übrigens mehr als bisher Wert auf das Kapital legten, erkennt man daran, dass die Geldnoten bunter wurden. Der blaue Hunderter des Jahres 1908 war nicht mehr nur eine schlichte Banknote, sondern geradezu das Symbol des Kapitalismus 2.0. Eine ‚stolze Germania', die sich den Jedermanns – in der bis dahin gewohnten Zeit nüchterner Noten – auf eine walkürenähnliche Art und

Weise samt Schild vor einer Eiche sitzend präsentierte. Nachdem die Aufrüstung Unsummen verschlang, begriff die Reichsbank, aufgrund der damit verbundenen Geldmengen-Ausweitung, nie und nimmer mehr die von ihr ausgegebenen Scheine in Gold umtauschen zu können. Worauf die Golddeckung 1914 schlicht und ergreifend gesetzlich aufgehoben wurde.

Infolge kriegsbedingter Darlehen stiegen die Staatsschulden. 1919 kamen weitere unfassbar hohe Reparationsforderungen der Alliierten hinzu, womit unsere Währung von einem breiten Vertrauensverlust erfasst wurde, um 1922 in einer Inflationsspirale zu enden. Womit wir zum Spielball des internationalen Kapitals wurden, was wiederum Kapitalkrisen beschleunigte. Jeder wusste, der Staat war nicht mehr in der Lage, die Schuldenberge abzutragen. Während ein US-Dollar 1914 noch gut 4 Mark wert war, kostete er im November 1923 bereits 4.200 Milliarden Mark. Da damit natürlich nicht mehr die Staatsschulden gegenüber den Alliierten beglichen werden konnten, folgte der Staatsbankrott. Was eigentlich nicht ganz richtig ist, wie der berühmte, bereits erwähnte BHF-Bankier Carl Fürstenberg trefflich befand, ‚wenn der Staat Pleite macht, geht natürlich nicht der Staat pleite, sondern nur seine Bürger'. Mit der vom Staat veranlassten Währungsreform verloren verdammt viele ihr Hab und Gut.

Kanzler Stresemann brachte den Mut auf, eine neue Staatsbank zu gründen, die ‚Deutsche Rentenbank', die er mit einem Grundkapital von 3,2 Milliarden ‚Rentenmark' ausstattete. Gedeckt zur einen Hälfte durch zwangsweise Grundschuldbestellungen der Landwirte und zur anderen durch zwangsweise Schuldverschreibungen der Industrie und Banken. Die Zwangsgrundschulden und Schuldverschreibungen waren mit 6 % zu verzinsen, womit dem Staat jährlich 200 Mio. Mark zuflossen. Langsam erholte sich das öffentliche Leben." „Und warum gab es keine erneute Inflation?", will Bernd wissen. „Weil die Regierung die Jedermanns darüber informierte, kein weiteres Geld zu drucken.

Das ging allerdings nur so lange gut, bis sich in New York der ‚Schwarze Freitag' der Börse ereignete. Worauf das ausländische Kapital erneut abgezogen wurde, was zu einem erneuten

Banken-Ansturm führte. 1929 brach zum zweiten Mal die Konjunktur ein. Wieder gingen viele pleite, bis der Vereinfacher Hitler an die Macht kam. Der das Kapital ‚arisierte'." „Das klingt doch geradezu lächerlich, als ob das Kapital an einer Rasse festgemacht werden kann", wirft Bernd ein. „Du weißt aber, was ich damit sagen will." „Na klar." „Jedenfalls wurden von 1933 bis 1937 alle 54 jüdischen Banken enteignet. Entweder durch Zwangsverkauf oder aber durch die ‚freiwillige' Übertragung auf nicht-jüdische Mitarbeiter. Sicher in der Hoffnung, dass diese nach der NS-Zeit das Vermögen wieder herausgeben würden. Was sich leider in manchen Fällen als Trugschluss erweisen sollte. Das Kapital wurde zudem ‚sozialisiert'. 1934 sorgte die Reichsgruppe Bank für die Gleichstellung aller Zinsen, als ob jedes Geschäft gleich risikobehaftet war. De facto stützten damit risikoarme Darlehen spekulative Geschäfte. Längst nahm die Staatsverschuldung rüstungsbedingt wieder zu, finanziert durch Staatsanleihen und Zwangssparen."

„Davon habe ich ja noch nie etwas gehört." „Na ja, da es im Krieg keine Luxusgüter mehr zu kaufen gab und auch das Reisen untersagt war, blieb den Jedermanns nichts anderes mehr übrig, als ihr Geld zu horten. Mit der Folge, dass nach Kriegsende viel zu viel Geld im Umlauf war und die Jedermanns der Währung nicht mehr trauten, sondern lieber Tauschgeschäfte tätigten. Dank der Devisenbeschränkungen und Reiseverbote, der Lebensmittelkarten und der rückläufigen Produktionskapazitäten infolge der alliierten Demontage sowie des Besatzungsgeldes begannen Unternehmer, ihr Geld lieber in Innenstadt-Immobilien, Rohstoffen oder Halbfabrikaten anzulegen, als in den Fortbestand der Reichsmark als Wertaufbewahrungsmittel zu vertrauen. 1947 folgte ein dritter Neuanfang. Wieder einmal im Wege einer Währungsreform, in der aus bisherigen fünfzehn Mark 1 DM wurde. Wieder einmal hatte sich ein Währungsschnitt als erforderlich erwiesen, da die Geldmenge das Warenangebot deutlich überstieg. Über Nacht waren damit die Läden wieder voll. Schnell schöpften die Jedermanns wieder Hoffnung." „Warum war das eigentlich so?", will Bernd wissen. „Zwar montierten die

Alliierten zunächst noch unsere großindustriellen Anlagen ab, doch dann entschlossen sie sich zu einer bemerkenswerten Umkehr. Sicher getrieben von der Erkenntnis, ein prosperierendes Deutschland sei besser zu integrieren als ein erneut am Boden liegendes Land. Die Alliierten verzichteten letztendlich nicht nur weitgehend auf Reparationsleistungen, sondern die USA verabschiedeten zudem den investitionsstimulierenden Marshallplan."

„Hört denn diese Kapitalakkumulation nie auf?" „Die Frage kannst du mir ja beim nächsten Mal beantworten, mein Lieber."

„Damit will ich auf die Folgen der Achterbahnfahrt der ‚Kapitalakkumulat-ion 2.0' auf die Konsumenten, Landwirte, Banker und Unternehmer eingehen. Wie du, will ich mit den Konsumenten beginnen, die immer mobiler wurden. Der Kommunalverkehr erlebte Quantensprünge. Nicht nur eröffnete Wuppertal im Jahr 1900 seine Schwebebahn, sondern Berlin immer mehr U-Bahn- und elektrische Straßenbahnlinien. Im Fernverkehr experimentierte die Reichsbahn mit einem 210 km/h schnellen elektrischen Schienentriebfahrzeug und steigerte die Geschwindigkeit moderner Dampfloks auf 120 km/h. Dann entdeckten die Konsumenten den Individualverkehr. Daimler brachte einen Zweisitzer mit dem ersten Kompressionsmotor heraus, dessen Leistung durch angesogene Luft um 50% über denen herkömmlicher Motoren lag. Allerdings mit der Folge, deutlich lauter zu sein. Das war der eigentliche Beginn des Straßenlärms. Und Ferdinand Porsche erfand das erste Elektroauto mit Allradantrieb, den ‚Lohner Porsche'. 1923 präsentierte Benz einen ersten dieselbetriebenen LKW. Nun erst lösten Autobusse und Laster die letzten Postkutschen und Pferdefuhrwerke ab.

Folge des zunehmenden Straßenverkehrs war, dass sich die Jedermanns an ganz neue Verhaltensweisen gewöhnen mussten. Der Zebrastreifen wurde ebenso erfunden wie 1924 bei uns am Berliner Potsdamer Platz die erste Ampel eingeführt. Damit mutierten wir auch auf der Straße zu ‚Knechten der Technik'. Die Straßen wurden asphaltiert und nachts hell erleuchtet. Lange wurde heftig darüber diskutiert, wie man den motorisierten Individualverkehr in die Schranken verweisen könnte. Doch der

Berliner Städteplaner Jansen befand, die Autos sollen ‚diejenige Schnelligkeit entwickeln dürfen, die sie verantworten können. Und dies erreicht sich am einfachsten durch Sonderwege, auf denen sie sich austoben können'. Worauf dank der Initiative von Hugo Stinnes 1921 die 19 Kilometer lange ‚Automobil-Verkehrs- und Übungs-Straße', kurz ‚Avus' quer durch den Berliner Grunewald gebaut wurde. Eine ausschließlich Autos vorbehaltene Rennstrecke, auf der die Reichen in ihren schnellen Autos kreuzungs- und schrankenlos für 30 Minuten das ‚Gestern und Morgen vergaßen'. Die Autobahn war damit geboren, die wir bald weltweit exportierten.

Doch die Konsumenten wollten auch hoch hinauf. Der Techniker Graf Zeppelin ließ 1900 endlich sein Luftschiff gen Himmel steigen, worauf wir Deutschen den, von der ‚Beherrschung der Weltmeere' träumenden Briten nacheiferten, öffentlich über die ‚Beherrschung der Luftmeere' faselnd. Schnell stieg die Anzahl der produzierten Zeppeline auf 129. Als jedoch die ‚129' namens ‚Hindenburg' im Mai 1937 mit knapp 100 Menschen an Bord beim Landevorgang in Lakehurst vor den Toren der Stadt New York in Flammen aufging, war es um die Erfolgsgeschichte der Luftschiffe geschehen. Der Grund für diesen Unfall lag in der Entzündung des Wasserstoffgemischs, auf das man zurückgriff, nachdem der Import des nicht brennbaren Heliums den Deutschen untersagt war. Schon im August 1903 experimentierte der Hannoveraner Karl Jatho als einer der ersten Flugpioniere mit seinem Jatho-Dreiflügel-Drachen. Mit diesem flog er in 2,50 Meter Höhe ganze 60 Meter weit, bevor er unsanft landete. Leider waren bei seinem Jungfernflug über der Hannoverschen Vahrenwalder Wiese keine Zuschauer zugegen, die seinen Prioritätsanspruch des weltweit ersten Motorfluges – noch vor den Gebrüdern Wright – hätten bezeugen können. Kaum zu glauben, es dauerte keine zwanzig Jahre, bis 1919 erste Fluglinien das Licht der Welt erblickten, worauf die Jedermanns noch schneller reisen konnten.

Auch das Freizeitverhalten änderte sich geradezu fundamental. Nicht zuletzt geprägt von der weiteren Verstädterung des Lebens.

So erregte der Philosoph Georg Simmel mit seiner Abhandlung ‚die Großstadt und das Geistesleben' große Aufmerksamkeit. Um in dieser auszuführen, die Ballungszentren kreierten einen besonderen Typus großstädtischer Individualitäten. ‚Jeder einzelne entwickele ein Schutzorgan gegen die Entwurzelung seiner selbst durch das ihn umgebende Milieu. Zur strengen Sachlichkeit gehalten, eine eigenartige Blassiertheit entfaltend, um die nie gekannte Reizfülle der Geldwirtschaft und Rechenhaftigkeit der Umgebung auf eine gleich matte wie graue Tönung der Impression zu reduzieren und ihr mit seelischer Robustheit, sachlicher Härte und Extravaganzen zu entgegnen'. Diese neue Geisteshaltung führte zu immer ungewöhnlicheren Freizeitbeschäftigungen. Beginnen möchte ich mit der Geschichte des Motorsports. Ausgelöst durch den Chefkonstrukteur Wilhelm Maybach der Daimler AG, der noch kurz vor dem Jahrhundert den tiefliegenden ‚Mercedes Simplex' baute. Benannt nach der Tochter Mercedes des autoversessenen Österreichers Jellinek, der in Nizza erste Autorennen organisierte. Mit diesem Wagen kassierte Daimler auf der Rennwoche in Nizza alle Preise, weltweite Aufmerksamkeit erregend. Schnell wurden die Jedermanns von einer Autobegeisterung mitgerissen. 1905 wurde nicht nur der Deutsche Automobilclub gegründet, sondern 1926 zudem von zunehmend selbstbewussteren Frauen der Deutsche-Damen-Automobilclub.

Es war die Zeit der Kunstflüge, geprägt von Loopings, Trudeln, Rollen und Rückenflügen. Zu den national bekannten Flugkünstlern zählten der Konstrukteur Hermann Hofmann und der Kriegspilot Ernst Udet, der sein fliegerisches Können in den Filmen ‚die weiße Hölle vom Piz Palü' und ‚Stürme über dem Mont Blanc' unter Beweis stellte. Auch zeigte er zusammen mit Robert v. Greim bei Kunstflugtagen etwa auf dem Münchener Oberwiesenfeld Luftkämpfe. Gerhard Fieseler verwirklichte mit seinen Kunstflügen sein Motto ‚nieder mit der Schwerkraft, es lebe der Leichtsinn'. Das galt auch für Melli Blesse in ihrem Poulain-Eindecker, einen neuen Typ Frau repräsentierend, burschikos und selbstbewusst sowie mit kurzem Haar und langen Hosen. Elly Beinhorn erweckte mit ihrem Weltflug großes Aufsehen.

Auch wurde das Segelfliegen in dieser Epoche populär, sodass viele Jugendliche sich selbst Segelflugzeuge bauten, um mit ihnen insbesondere bei Berlin und auf dem Hohen Meißner die Lüfte zu erobern. Eine Fliegerbegeisterung auslösend, von der später die Luftwaffe profitieren sollte.

1908 wurde im Schwarzwald ein erster Skilift in Betrieb genommen wie nahezu zeitgleich mit einer etwas anderen Technik in Vorarlberg." „Du nun wieder", stöhnt Bernd leise. „Ja, mein Lieber, das war der Beginn des Skisportes, der heute Millionen begeistert. Auch setzte sich das Fußballspiel bei uns durch, worauf pünktlich zum Epochenbeginn der DFB gegründet wurde. Zeitgleich erblickte der erste Vergnügungspark, namens ‚Lunapark', auf der Berliner Hasenheide das Licht der Welt. 1907 wurde zudem für die Berliner Seen das Badeverbot aufgehoben. Worauf der Wannsee von den sich am Badevergnügen und Strandleben erfreuenden Jedermanns bevölkert wurde.

1909 entstand im westfälischen Altena bei der Wandervogel-Bewegung die Idee Richard Schirrmanns zur Gründung einer Jugendherberge. Drei Jahre später erblickte dort die erste deutsche Jugendherberge das Licht der Welt. Getragen von der idealistischen Idee, der Jugend möglichst preiswert eine Stätte der Begegnung, Toleranz und Gemeinschaft anzubieten. 1919 wurde der Hauptausschuss für Jugendherbergen gegründet, die sich schnell landauf, landab verbreiteten. Naturheilkundler wie Friedrich Bilz forderten eine natürliche Lebensweise des ‚Wohnens im Grünen', man kaufte in ‚Reformhäusern' gesunde Kost und trug gesunde Kleidung einschließlich Sandalen und Baumwollunterwäsche. Die Freikörperkultur erblickte das Licht der Welt. Opernabonnements und regelmäßige Theater- und Kabarett-Besuche wurden en vogue. Die Singakademie erlebte einen großen Mitgliederzuwachs. Schaulustige erfreuten sich zudem an großen Militärparaden. Von dieser ‚stählernen Romantik' wurden sogar die Biergärten erfasst, die von mit Schlachtschiffen bemalten Wimpeln nur so strotzten. 1920 wurde im Münchener Hofbräuhaus die Bergwacht gegründet.

In der Mode wurden zunächst die Vatermörder – also abnehmbare, eng anliegende Kragen – und der gezwirbelte Schnurrbart modern. Wie auch Matrosenanzüge für Kinder. Mitte der zwanziger Jahre wurde bei den Herren der ‚Stresemann' en vogue. Die Mode der Damen orientierte sich an der männlichen, womit die knabenhafte flachbrüstige Figur zum Schönheitsidol avancierte. Der Rocksaum rutschte erstmals über die Knie, während die Bubikopf-Figur unter einem Filzglockenhut verschwand. In der NS-Zeit dominierten braune Uniformen bei Männern sowie braune Röcke und weiße Blusen bei Frauen. Was aus meiner Sicht nichts anderes war, als die uniform erbärmliche ‚Entlastung vom persönlichen Geschmack'. Ganz generell gab man sich im Dritten Reich stählern. In der Nachkriegszeit konnte man angesichts der schlichten Nachkriegskleidung von Mode kaum mehr sprechen, bis 1946 der Wunsch nach Farben und mit Blümchen gemusterten Kleidern wieder erwachte. Soviel zu den von der ‚Kapitalakkumulat-ion 2.0' mitgerissenen Konsumenten.

Nun zu den Landwirten. In diese Epoche fiel die Einführung der Traktoren und anderen dieselbetriebenen Maschinen. Zudem begannen die Landwirte, auch Elektromotoren bei Schrotmühlen, Häcksel- und Melkmaschinen zu nutzen. Damit konnte ein Landwirt nicht mehr nur vier, sondern gleich zehn Mitbürger mit ausreichenden Nahrungsmitteln versorgen. 1933 änderte sich die Landwirtschaft, als sich die Bauern mit dem Reichsnährstands-Gesetz an Plan-Produktionsvorgaben des Staates zu halten hatten. Beengt vom Vierjahresplan, aber auch profitierend von den weitgehenden Importbeschränkungen für ausländische Lebensmittel. Nach 1945 durften im Westen die Bauern wieder das produzieren, was sie wollten. Sie standen sich, relativ gesehen, besser da als die übrige Bevölkerung, denn ihr Lebensmittelverbrauch war natürlich bei der – ansonsten über Lebensmittelkarten kontrollierten – Lebensmittelverteilung nicht zu überwachen. Im Osten dagegen verloren 1945 alle ‚Großagrarier' infolge der staatlichen Enteignung ihr Land. Dieses wurde teilweise an Landarbeiter oder Umsiedler und teilweise an VEBs übertragen, sprich ‚Volkseigene Betriebe'. Die Landarbeiter und Umsiedler produzierten nur so viel, wie sie zum Leben benötigten, denn für den Verkauf der nicht selbst konsumieren Produkte fehlten preisliche Anreize. Worauf immer mehr Flächen ‚devastierten', bis sich 1950 die Parteiführung zu einer großen ‚Säuberungsaktion' gezwungen sah.

Nach den Konsumenten und Landwirten leite ich nun zu den Bankern über. Oscar Wassermann war der führende Kopf der Deutsche Bank AG, die zur ersten Bank unseres Landes aufstieg, nachdem sie 1912 den lukrativen Wertpapierhandel aufnahm. Um nicht nur mit dem Einlagen- und Kreditgeschäft, sondern auch dem Kommissionsgeschäft und vor allem dem – von der Monopolisierung der Industrie profitierenden – Investmentgeschäft konsequent zu einer Universalbank ausgebaut zu werden. 1929 erwarb die Deutsche Bank AG zudem die Diskonto-Gesellschaft AG, womit sie eine marktbeherrschende Stellung erwarb. Allerdings blieb auch sie vom Schwarzen Freitag nicht verschont, worauf auch sie von der staatlichen Gold-Diskontobank gestützt wurde. Um sich jedoch – anders als die Dresdner Bank – von dieser dreißigprozentigen Staatsbeteiligung 1933 wieder zu befreien. Nach dem Zweiten Weltkrieg wurde sie jedoch – wie die Dresdner Bank AG und Commerzbank AG – in vier Teile geteilt, um in den vier Besatzungszonen de-monopolisiert neu durchzustarten.

Schließlich will ich etwas ausführlicher auf die neue Unternehmergeneration eingehen, die eine ganz neue Unternehmenskultur schuf. Die ‚Industrie 2.0' war nicht mehr von der Dampfkraft, sondern von dem Elektroantrieb geprägt. Es begann anstelle der bisher dominierenden Textil- und Montanindustrie der unaufhaltsame Aufstieg der Fahrrad-, Motorrad- und Autoindustrie. Auch erlebte der Maschinenbau eine Hochkonjunktur. Das Fließband kam mit der Einführung stromgetriebener Maschinen zu uns, ein maschinelles Räderwerk entfaltend, das den Takt der sie bedienenden Arbeiter bestimmte. Bis zum Ersten Weltkrieg noch geprägt von einer, auf sechs Arbeitstage verteilten 72-Stundenwoche. Aus jener Zeit stammt das Spottgedicht, ‚wer nie bei Siemens-Schuckert war,/bei AEG und Borsig,/der kennt des Lebens Jammer nicht,/der hat ihn erst noch vor sich'. Erst 1919 wurde der 8-Stunden-Arbeitstag eingeführt.

Sich nicht mehr nur auf Fabrikhallen beschränkend, sondern auch die Büroarbeit erfassend, von der Buchhaltung über Schreibbüros bis zur Telefon-Gesprächsvermittlung der ‚Fräuleins vom Amt'. Arbeit galt im Dritten Reich nicht mehr als notwendiges Übel zum nackten Überleben, sondern als ein Ausdruck des Lebenssinns. Man war Teil einer großen Gemeinschaft, in der jeder in die Speichen griff, um das Rad der Geschichte weiter rollen zu sehen. Im Nachkriegsdeutschland war das Angebot von Arbeit zunächst knapp, worauf jeder versuchte, sich mit Tauschgeschäften durchzuschlagen.

War noch in der ‚Gründerzeit' die Start-Up-Kreativität der Direktoren gefragt, so wandelte sich die Unternehmenskultur 2.0 geradezu radikal. Denn nun stand für die, sich als Generaldirektoren bezeichnenden Patriarchen nur noch eines im Fokus: mit schierer Größe die Marktmechanismen auszuhebeln, sei es mit Monopolen oder Kartellen. Für Letztere erwies sich eine Idee des US-Amerikaners und Inhabers der ‚Standard Oil' John Rockefellers als Initialzündung, dem es erfolgreich gelang, den globalen Ölmarkt mit Kartellen zu monopolisieren, für die dessen Anwälte den geradezu albernen Namen ‚Trust' erfanden. Bei diesem Konzept kam es darauf an, mit Markt-, Quoten- und Preisabsprachen horizontale Monopole zu bilden. Oder auch vertikale Monopole, die darauf abzielten, die gesamte vertikale Lieferkette – vom Steinkohlebergwerk über die Verstromung bis hin zu Stahlhütten und Waffen- und Schiffsbau – unter einem Dach zu kontrollieren. Nicht zuletzt gefördert ausgerechnet durch den Staat. Denn dieser besteuerte damals jegliche Umsätze und nicht – wie heute – nur den Mehrwert. Womit sich auch die Kontrolle über die gesamte Lieferkette rentierte. Das fing in der Kaiserzeit an und überdauerte die Weimarer Zeit. Im Dritten Reich wurden die Unternehmen sogar staatlich gleichgeschaltet. Sie mussten das produzieren, was der NS-Staat von ihnen verlangte.

Im Zweiten Weltkrieg wurde anders als im Ersten die gesamte Industrie auf den Totalen Krieg ‚eingenordet'. Im Februar 1940 kam auf behördliche Anweisung die zivile Bauwirtschaft zum Erliegen. Zwei Jahre später untersagte das neu gegründete

‚Ministerium für Rüstungs- und Kriegsproduktion' die Herstellung jeglicher nicht kriegswichtiger Produkte. Und ab Sommer 1944 ging es nur noch um die ‚totale Mobilmachung' der Reserven, um zuletzt 8 Mio. Zwangsarbeiter zu verpflichten, rund 1,9 Mio. ausländische Kriegsgefangene, 5,6 Mio. fremdvölkische Zivilarbeiter und 0,5 Mio. jüdische Häftlinge.

Für die gesamte Epoche lässt sich also feststellen, dass die Großkonzerne immer dominanter wurden und Hierarchien wuchsen, geprägt von Befehl, Gehorsam und Respekt gegenüber dem Unternehmerpatriarchen. Eine Unternehmenskultur, die uns heute fremd vorkommt. Gerade diesen Aspekt will ich ein wenig vertiefen, da ich weiß, dass du besondere Freude an der Unternehmenskultur hast." „Danke, das finde ich echt toll von dir."

„Zu den Patriarchen der Unternehmenskultur 2.0 gehörte Friedrich Flick, der zunächst Vorstand einer kleinen Hütte war, um sich – dank seines regen Zwischenhandels mit der eigenen Gesellschaft – an dieser dreist zu bereichern, sodass er schließlich genug Vermögen besaß, um die Aktienmehrheit an ihr zu erwerben. 1922 begann er nach der politischen Abspaltung Oberschlesiens, mit geliehenem Geld in großem Stil polnische Hütten- und Bergwerks-Betriebe aufzukaufen. Mit der Währungsreform ging sein Plan wahrhaftig auf, denn damit entfielen seine Schulden. Dann fusionierte er sein Imperium mit Thyssen. Das brachte ihm eine 25 %ige Beteiligung an der Gelsenberg AG ein. Später trennten sich die Wege von Flick und Thyssen wieder. Während Thyssen die profitablen Hütten behielt, wurden die weniger profitablen Bergwerke auf die Gelsenberg AG überführt und auf Flick übertragen. Hatte sich Flick damit zum ersten Mal in seinem Leben verrechnet? Oh nein. Denn diese verkaufte er 1932 zum vierfachen Marktwert an die Regierung, nachdem er ihr angedroht hatte, sie andernfalls ausgerechnet an französische Aktionäre zu verticken. Mit dem so erpressten Vermögen erwarb er weitere Steinkohlebergwerke, um bald von der Herstellung synthetischen Benzins zu profitieren. Um dann auch noch in den Flugzeugbau einzusteigen, nachdem die Nationalsozialisten Hugo Junkers enteignet hatten.

Fritz Thyssen fusionierte noch im Jahr der Erbschaft die von seinem Vater gegründete Thyssen AG 1926 mit Stinnes, Rheinstahl und Phönix zur Vereinigten Stahlwerke AG. Diese mauserte sich schnell zum größten deutschen Konzern. Da Thyssen ein Nazigegner war, unterstützte er nur halbherzig die Aufrüstung, worauf Reichsluftfahrtminister Göring die Reichswerke-Hermann-Göring AG gründete, die heutige Salzgitter AG, um die Stahlproduktion anzuheizen. Als Thyssen in die Schweiz emigrierte, wurde er dazu gezwungen, seine Anteile an den Vereinigte Stahlwerke AG zu verkaufen. Blöderweise begab er sich 1940 zum Sommerurlaub nach Cannes, wo er verhaftet wurde, um bis Kriegsende in den Konzentrationslagern Sachsenhausen, Buchenwald und Dachau einzusitzen.

Der Patriarch Gustav v. Bohlen entwickelte eine ganz andere Unternehmenskultur. Er lernte 1906 als Diplomat beim Vatikan die mit ihrer Mutter in Rom weilende Alleinerbin Bertha Krupp kennen, die er noch im gleichen Jahr heiratete. Um 1909 den Firmenvorsitz zu übernehmen, dabei die Konsumanstalten, Fortbildungsschulen und Betriebswohnungen des Konzerns ebenso ausbauend wie die Kranken-, Invaliden- und Hinterbliebenen-Versicherungen für seine Arbeiter. Finanziert durch große Rüstungsaufträge vor allem für die ‚Dicke Bertha', die alle anderen Kanonen an Zielgenauigkeit, Distanz und Nachladegeschwindigkeit übertraf. Er war anständig genug, im Kriege die über das Vorkriegsniveau hinausschießenden Überdividenden an die allgemeine Kriegsopfervorsorge zu überweisen. In der Nachkriegszeit wurde Krupp die Rüstungsproduktion untersagt, doch sorgte er dafür, dass das Know-How dank eines Freundschaftsvertrages mit der schwedischen Bofors-Gruppe nicht verloren ging. Er wurde gezwungen, die Firma komplett umzustrukturieren, sodass Krupp während der gesamten Weimarer Jahre keine Dividende zahlen konnte. Dies änderte sich erst mit der erneuten Aufrüstung, von der vor allem die Krupp-Tochtergesellschaften der Kieler Germania-Werft und das auf den Panzerbau spezialisierte Magdeburger Grusonwerk profitierten. 1941 erkrankte Gustav v. Bohlen schwer. Dank eines extra für die Familie verabschiedeten

Gesetzes wurde die Krupp AG wieder in eine Privatfirma umgewandelt, um die Erbschaftssteuer zu sparen. Was für den Staat den Vorteil hatte, dass Krupp uneingeschränkt in die Aufrüstung investieren konnte. Im Nürnberger Prozess musste die Anklage gegen Gustav v. Bohlen wegen seiner fortgeschrittenen Demenz fallen gelassen werden. Rudolf Nöllenburg entwickelte die DEA zum bedeutendsten deutschen Ölförderer. Auch er träumte von mehr, nämlich vom Zusammenschluss mit der etwa gleich großen DPAG, um zu den international bedeutenden Ölkonzernen in England (BP), in den Niederlanden (Shell), in Frankreich (Total) und in Italien (Eni) aufzuschließen. Diese Fusion scheiterte jedoch an den widerstreitenden Interessen zweier Banken. Genauer gesagt, an der Deutschen Bank und der Disconto-Gesellschaft, die später auf die Deutsche Bank fusioniert wurde und damals noch die Mehrheitsaktionärin der DEA war. Zwar erhielt Nöllenburg 1904 von der Reichsregierung in Form eines hierfür angefertigten Gesetzesentwurfes Rückenwind. Doch blieb der Gesetzesentwurf aufgrund der Bankenblockade mehr als ein Jahrzehnt in den Schubladen. Erst als es während des Ersten Weltkrieges 1916 zu einer echten Treibstoffkrise kam, erzwang die Oberste Heeresleitung im Sinne Nöllenburgs zumindest im Ausland eine gemeinsame Zwangsverwaltung der DEA und DPAG an den rumänischen Ölfeldern. Nach dem Ersten Weltkrieg folgte ein weiterer Anlauf, beide Firmen zu fusionieren. Doch auch dieser Plan scheiterte an der Deutschen Bank. Denn nach der Hyperinflation benötigte sie dringend Kapital, was ihr nur dadurch gelang, indem sie die DPAG auf sich selbst verschmolz und damit die 72 Mio. Schweizer Franken aus dem Verkauf des Rumäniengeschäftes in die eigenen Taschen stecken konnte. So geriet die DEA – trotz des explodierenden Nachfragebooms nach Öl – im Vergleich zu den großen internationalen Konzernen immer mehr ins Hintertreffen. Sie war damit nicht mehr in der Lage, bei den erforderlichen großen Investitionen für internationale Explorationen mitzuhalten. So gingen immer mehr Marktanteile verloren, obwohl bereits 1933 knapp 1 Mio. Motorräder, eine halbe Mio. PKWs und eine viertel Mio. Laster auf unseren Straßen fuhren und zudem die Schotterstraßen seit Mitte der Zwanzigerjahre mit bitumösen Asphaltdecken versehen wurden. Nachdem sich nämlich herausstellte, dass die Gummireifen anders als die Kutschen auf den Schotterstraßen große Schlaglöcher verursachten. Zwar kaufte die staatliche Gelsenberg AG im Zweiten Weltkrieg die DEA auf, doch nicht, um neue Ölquellen zu erschließen, sondern allein, um von deren Tankstellen-Infrastruktur für die – aus Kohle hergestellten – synthetischen Kraftstoffe zu profitieren. Carl Friedrich v. Siemens führte als jüngster Sohn des Firmengründers Werner v. Siemens das Siemens-Geschäft als Patriarch erfolgreich fort, sich erst auf die Telefonbranche fokussierend, um dann Osram als Glühbirnen- und Reiniger als Medizingeräteproduzenten zu erwerben und eine Haushaltsgerätesparte aufzubauen. Mit diesen vier Branchen war Siemens schnell Marktführer. Wenn man so will, bestand der Siemens-Traum darin, sich nicht nur in einer Branche, sondern gleich in mehreren als Monopolist durchzusetzen.

Wilhelm Kissel erlebte als Einkaufschef der Benz AG hautnah die Fusionspläne des Börsenspekulanten Jakob Schapiro mit, der zunächst 45 % der Benz-Aktien aufkaufte, um anschließend einen Zusammenschluss mit der Daimler AG zu erzwingen, an der ihm 42 % der Aktien gehörten. Kissel stieg zum Vorstandsvorsitzenden der neu gegründeten Daimler-Benz AG auf und profitierte von der Erfindung des Vergasers, mit der eine deutliche Steigerung der Motorleistung einherging. Dissel beteiligte sich 1928 auch an den Vorbereitungen einer Fusion aller deutschen Autobauer, bis diese von den Brüdern Opel durchkreuzt wurde. Denn diese erzielten 1929 stattdessen durch den Verkauf ihres, als Marktführer geltenden Unternehmens an den amerikanischen General-Motors-Konzern einen größeren Mehrwert. Worauf auch Dissel das Interesse am Erwerb der übrigen Autohersteller DKW, Audi, Horch und Wanderer verlor, die sich zur Auto Union AG zusammenschlossen. Damals war noch keineswegs absehbar, dass sich Daimler-Benz als führender Autokonzern durchsetzte. Erst als der Konzern eine Kartellabsprache mit

BMW traf, verbesserte sich die Ausgangsposition von Daimler-Benz. Denn in dieser verabredeten die beiden Konzerne, dass sich Daimler-Benz auf die wassergekühlten und BMW auf die luftgekühlten Flugzeugmotoren fokussierten. Was sich für Daimler-Benz als glückliche Fügung erwies.

Günther Quandt gelang 1923 ein namhafter Einstieg beim Batteriehersteller VARTA AG, nachdem er sich aus dem Wollgeschäft zurückgezogen hatte, mit dem er dank des florierenden Uniformverkaufs im Ersten Weltkrieg wohlhabend geworden war. Ihm gelang bald der Mehrheitserwerb an der VARTA AG, indem er eine Gewinnwarnung herausgab, worauf der Aktienkurs fiel. Diese fallenden Kurse nutzte er, um nachzukaufen. Um kurz darauf die erstaunten Aktienverkäufer wissen zu lassen, dass VARTA ‚unerwartet' nicht nur vom einsetzenden Kofferradiogeschäft, sondern auch von der steigenden Autokonjunktur profitierte und zudem eine alte Kriegsrücklage als Sonderdividende ausschüttete. Mit der er, nebenbei bemerkt, die Darlehen für die Aktien-Nachkäufe wieder zurückzahlen konnte. Worauf die Frankfurter Zeitung ihn als einen ‚äußerst gelehrigen Instrumentator aller die Herrschaft verschaffenden Möglichkeiten der Aktien' bezeichnete.

Carl Duisberg wurde im Jahr 1900 in den Vorstand der Bayer AG berufen. Ihm gelang 1926 eine Fusion mit den namhaften Chemieunternehmen Agfa, BASF, Bayer, Höchst, Casella, Kalle und Griesheim zur IG Farben AG. Ein so großes, alle deutschen Chemiekonzerne umfassendes Monopol war selbst bei globaler Betrachtung ungewöhnlich. Man ist geneigt, vom Musterbeispiel eines Monopols zu sprechen, das alle bisherigen Vorstellungen sprengte. Als sichtbares Zeichen der neuen Größe baute die IG Farben AG in Frankfurt das IG Farben Haus, in dem nach dem Kriege zunächst die amerikanische Militärverwaltung untergebracht wurde, um inzwischen die Goethe-Universität zu beherbergen.

Der Kohlebaron Hugo Stinnes erwarb die Mehrheit an der RWE AG, um durch die Verstromung der Steinkohle reich zu werden. Denn damit waren seine Bergwerke nicht nur zur Winterzeit ausgelastet, sondern konnten ganzjährig durchgefahren werden. Auch baute er eine Verbundleitung gen Süden, um die dortigen Stauseen als Zwischenspeicher zu nutzen. Ihm gelang es, Gebietsmonopole mit Kommunen auszuhandeln, die wiederum exklusive Versorgungsverträge innerhalb ihrer Stadtgrenzen erhielten. Damit rechneten sich die großen Infrastrukturprojekte und wurden innerhalb der Gemeinden alle Stromnachfragenden gleich behandelt. Wenn man so will, handelte es sich hierbei um ein sinnvolles Monopol. Worauf RWE zum größten Stromversorger aufstieg.

Hermann Bahlsen gelang mit dem aus der ägyptischen Hieroglyphie abgeleiteten Wort-Bildzeichen TET ein geniales Marketingkonzept seiner über 52 Ecken und fünfzehn Löcher verfügenden Bahlsenkekse, die er seit 1905 in einer Fließbandproduktion herstellte. Damit eine Idee kopierend, die er in amerikanischen Schlachthöfen beobachtete. Worauf die Cakes bald als ‚Keks' den Weg in den Duden fanden. Natürlich ließ er sich dieses Markenzeichen schützen, womit er – auf heute noch legale Weise – in diesem Marktsegment eine beherrschende Position erlangte.

Der Flugzeugnarr Hugo Junkers baute nur wenige Jahre nach den Gebrüdern Wright sein erstes Flugzeug, um sich 1910 eine freitragende, unverspannte Tragfläche patentieren zu lassen. Als der Flugzeugbau nach dem Ersten Weltkrieg verboten wurde, ließ er die Flugzeugteile des weltweit ersten, von ihm entwickelten Ganzmetall-Flugzeugs für die zivile Luftfahrt kurzerhand in Kisten verpacken, um sie in New York zusammenzumontieren. 1932 gelang ihm mit der JU 52 der Bau des seinerzeit berühmtesten Verkehrsflugzeuges. Von den Nationalsozialisten wurde Junkers gezwungen, Dessau zu verlassen und seinen Betrieb zu verkaufen. Er starb wenig später als gebrochener Mann, zumal zuvor auch sein Traum einer eigenen Luftverkehrslinie geplatzt war. Denn seine Junkers Flugverkehrs AG bot zwar schon früh in der Weimarer Zeit Linienflüge an, doch geriet sie in der Zeit der großen Depression in finanzielle Bedrängnis. Worauf er gezwungen war, seine Anteile an den Staat abzutreten. Der wiederum fusionierte sie mit der von Hapag erworbenen Deutschen

Aero Lloyd AG zur Deutschen LuftHansa AG. Dieses Monopol wurde nach dem Kriege von den Alliierten zwangsliquidiert.

Albert Ballin erfand 1903 Kühlschiffe zum Transport von Bananen und baute die Hapag AG als deren Vorstandsvorsitzender mit 175 Schiffen zur weltweit größten Reederei aus. Spätestens als die ‚Imperator' 1913 – als damals weltweit größtes Schiff – zur Jungfernfahrt von Cuxhaven nach New York auslief, war die Hapag AG in aller Munde. In Hapag Reisebüros verkaufte Ballin zudem bis zum Ersten Weltkrieg 42.000 Luftschiffsreisen. Ja, er bot 1914 sogar ‚All-around-the-World-Tickets' an, die 500 Reiselustige für eine Weltumrundung in 110 Tagen nutzten. Nach dem Krieg startete Hapag AG wieder ganz klein mit dem ‚Seebäder-Dienst' für die deutschen Inseln, bis 1922 die alten Liniendienste wieder aufgenommen wurden. Später entwickelte sich Hapag AG jedoch nach dem Schwarzen Freitag zum Sorgenkind, um 1932 vom Staat übernommen zu werden. Im Dritten Reich erholte sich der Konzern durch die Vercharterung seiner Schiffe an die ‚Kraft-durch-Freude-Organisation'. Doch es gibt wohl kein Unternehmen, das so unter der zunehmenden Isolierung des Reiches von der Weltwirtschaft litt wie die Hapag AG. Mit Kriegsbeginn sodass Hapag gezwungen war, sich auf das margenschwache Geschäft von Krankentransporten zu fokussieren. Umso erstaunlicher ist, dass sich 1941 ein Konsortium unter Führung des Hamburger Zigarettenherstellers Philipp Reemtsma dazu entschloss, die Hapag-Aktien günstig zu erwerben. Um nach dem Verlust des Zweiten Weltkrieges abermals mehr oder weniger wieder von vorne anfangen zu müssen. Doch dieses Mal erholte sich die Hapag AG schneller als nach dem Ersten Weltkrieg.

Na, kannst du noch, mein Lieber?" „Warum denn nicht? Ist doch echt spannend, wie sich die Großkonzerne als Synonym des Kapitalismus entwickelten. Finde ich zumindest. Außerdem waren von deren Entwicklung verdammt viele Jedermanns als Arbeiter oder Angestellte unmittelbar betroffen." „Das stimmt, auch wenn ich natürlich nicht mit jeder Geschichte der Großkonzerne aufwarten kann." „Hast du nicht zumindest eine Geschichte einer

Unternehmerin vergessen?", erkundigt sich Bernd. „Stimmt, liegt sicher daran, dass diese damals noch keine so große Rolle spielten. Aber wenn du wirklich eine hören möchtest, will ich dir die Geschichte der Berlinerin Käthe Kruse nicht vorenthalten, die 1904 eine erste Puppe für ihre Tochter herstellte, weil sie die handelsüblichen Puppen für zu hart und steril befand. Innerhalb weniger Jahre produzierte sie immer mehr Puppen, um diese ab 1910 über das Berliner Warenhaus Tietz an ein breites Publikum zu verkaufen. Nach einem amerikanischen Großauftrag sah sie sich gar veranlasst, eine Fertigung mit mehreren Angestellten zu eröffnen, die in Bad Kösen ab 1916 sogar kleine Soldatenpuppen produzierte. 1925 setzte sie sich in einem viel beachteten Urheberprozess gegen die Großindustrie durch, womit sie bei den weichen Puppen ihr Alleinstellungsmerkmal behielt. Um bald auch Schaufensterpuppen und Puppen zur Schulung der Säuglingspflege zu produzieren, mit denen sie an der Pariser Weltausstellung 1937 teilnahm." „Alle Achtung, hätte nicht erwartet, dass dir eine Geschichte zu einer Unternehmerin eingefallen wäre." „Das ist mir schon klar. Wie wäre es mit ein paar Beispielen von Dienstleistern?" „Gerne."

„Hans Hess baute die Allianz AG nach 1933 als deren Vorsitzender zum größten deutschen Versicherer aus, indem er die Grundsätze der Mikroökonomie konsequent auf das Versicherungswesen übertrug und auf ein dezentrales Agenturnetz setzte. Schon 1922 wurde die Tochtergesellschaft Allianz Leben gegründet und 1929 die bedeutende Frankfurter Allgemeine Versicherung übernommen. Vor allem aber wuchs der Konzern nach 1933 durch die im großen Stil abgeschlossenen Versicherungen des Staates. Nicht nur wurden Rüstungsbetriebe von der Allianz versichert, sondern auch Konzentrationslager.

Rudolph Karstadt expandierte mit seinen Warenhäusern schon vor dem Ersten Weltkrieg. 1920 umfasste sein Konzern bereits 30 Warenhäuser, wobei sein Geschäftsmodell darin bestand, die verkauften Produkte in eigenen Webereien und Schlachtereien selbst herzustellen. Bald war Karstadt zur größten Warenhauskette Deutschlands gewachsen. In der Weltwirtschaftskrise geriet jedoch sein Unternehmen in Insolvenz, nicht zuletzt, weil er zu stark auf das hochpreisige Warenhaussegment gesetzt hatte. Dem Insolvenzverwalter gelang es zwar, den Konzern zu ‚arisieren' und damit vor den Zerschlagungsplänen der Nazis zu bewahren, doch war dies für Rudolph Karstadt nur ein kleiner Trost, dessen Patriarchentraum mit der Insolvenz zerplatzte.

Gustav Schickedanz kam 1923 mit seinem Versandhaus Quelle auf die Idee des nationalen Versandhandels mit Textilien, um nicht nur Kleinhändler über Sammelbestellungen von Rabatten, sondern auch Endverbraucher von niedrigen Vertriebskosten profitieren zu lassen. 1932 erweiterte er sein Geschäftsmodell auf eine breite Produktpalette, um 1932 bereits 150.000 Quelle-Kataloge zu drucken. Womit er bis in den Krieg hinein den Versandhandel in Deutschland kontrollierte.

Alfred Hugenberg gründete 1914 als Generaldirektor der Krupp AG – auf eigene Rechnung – eine Gesellschaft zur Vermarktung von Krupp-Produkten im Ausland. Mit dem Ausbruch des Ersten Weltkrieges entfiel dieses Konzept. Doch er schlug sich gut, indem er kostenlose, durch Inserate finanzierte Wochenzeitungen druckte. Nach dem Krieg trennte sich Hugenberg von Krupp, um die Mutuum Darlehen AG zu gründen, mit der er Kredite an Provinzial-Zeitungen vergab und diesen seinen eigenen überregionalen Nachrichtendienst anbot. Sodass sich jene die Einstellung von Reportern außerhalb ihrer Regionen ersparen konnten. Wenn immer in der wirtschaftlich bedrückenden Zeit die Provinzial-Zeitungen ihre Darlehen nicht an die Mutuum Darlehen AG zurückzahlen konnten, erwarb Hugenberg deren Betriebe, sodass er bis 1928 zum größten Medienmogul avancierte. Um als Parteivorsitzender der DNV ausgerechnet für eine Koalition mit der NSDAP zu werben. Trotz seiner Nähe zur NSDAP fiel er schnell in Ungnade und wurde von den Nationalsozialisten gezwungen, seinen Medienkonzern an den – sich im Eigentum der NSDAP befindlichen – Franz-Eher-Verlag zu verkaufen. Auch zwang ihn das Regime, die UFA an den Staat zu verkaufen, die Hugenberg 1927 erwarb, um die Filmgesellschaft innerhalb kurzer Zeit zu sanieren.

Auch Beamte wurden vom Patriarchenfieber erfasst. Reinhold Kraetke machte sich als Chef der Deutschen Reichspost für die Verbreitung des Telefonverkehrs stark. Lagen die Telefonanschlüsse im Jahr 1900 noch bei rund 250.000, so steigerten sie sich bis zum Ende der Epoche auf 2,7 Mio. Anschlüsse. Als er 1917 zurücktrat, sorgten seine Nachfolger auch für das staatliche Postmonopol von Radio-Kurzwellenfrequenzen. Mit der 1924 verabschiedeten Rundfunkordnung hielt zudem die Post 51 % an der Reichsrundfunk-Gesellschaft, die – gesetzlich vorgeschrieben – als Muttergesellschaft aller Radiosender fungierte.

Dem Staatsbeamten Julius Dorpmüller gelang ein ganz besonderer Patriarchentraum. Auf Druck der Alliierten wurden nach dem Ersten Weltkrieg alle Bahngesellschaften auf die Reichsbahn fusioniert und an sie als Faustpfand für ihre Reparationen von 600 Mio. Mark verpfändet. Womit die Bahn-Dividenden den Alliierten direkt zuflossen. 1931 erwarb Dorpmüller ohne Wissen der Politik und Alliierten die Firma Schenker, um den Stückgut-Transport zwischen den Bahnhöfen und den finalen Destinationen sicherzustellen. Kurz darauf endeten die Dividendenverpflichtungen an die Alliierten, womit Dorpmüller eine rasche Modernisierung der Bahn einleitete. 1932 überraschte sie mit ihrem ‚fliegenden Hamburger' und 1936 mit der Schnellfahrt-Lokomotive der Baureihe 05. 1937 gelang Dorpmüller der nächste Coup. Mit dem Ausbau der Autobahnen bedurfte es einer neuen Gesellschaft, die für deren Unterhaltung verantwortlich sein sollte. Was lag da näher, als auch diese unter die Fittiche der Reichsbahn zu stellen? Was Dorpmüller ganz im Sinne eines horizontalen Monopols gelang. Zudem führte er auf den Autobahnen verkehrende, von der Bahn betriebene Bahnbusse ein.

Ein anderer Traum eines Staatsbeamten gelang Friedrich Röhrig. Der wurde 1923 zum Generaldirektor der frisch gegründeten Preussag AG benannt, nachdem sich die Abgeordneten des Preußischen Parlaments 1923 auf die Ausgründung der bisherigen staatlichen Bernsteinbetriebe, NE- und Steinkohlebergwerke verständigten. Leider unterblieb die Übertragung der profitablen Bergwerke im Ruhrgebiet, die damals von den französischen

Truppen im Ruhrkampf besetzt waren und später in der VEBA AG zusammengefasst wurden. Röhrig hatte damit von Anfang an mit dem wirtschaftlichen Überleben der Preussag AG zu kämpfen. Dank der Zähigkeit Röhrigs überlebte die Preussag aufgrund konsequenter Bilanzmanipulationen, indem die Verluste der Tochtergesellschaften über Jahre als Konzerndarlehen ausgewiesen wurden. Als 1933 die Bombe platzte, erhielt die Preussag nach Röhrigs Entlassung frisches Kapital von 30 Mio. Reichsmark, wurde allerdings als Tochtergesellschaft an die VEBA AG übertragen. Doch irgendwie gelang dem Direktorium auch weiterhin, von den Monopolpreisen zu profitieren, ohne auf eine weitgehende Selbstständigkeit verzichten zu müssen. Sodass die Preussag AG von den Alliierten nach Ende des Zweiten Weltkrieges von der VEBA wieder abgespalten wurde.

Mit anderen Worten, es entstanden von Beginn der Epoche an bis 1945 immer größere Monopole mit einigen bedeutsamen Patriarchen, die sich nach Kriegsende in weitaus kleinerem Rahmen wiederfanden. In Summe siehst du also, dass die ‚Kapitalakkumulat-ion 2.0' die Jedermanns ganz schön in Atem hielt. Am Ende blickten die Jedermanns auf eine wirtschaftliche Entwicklung zurück, in der sich ihr kollektives Realeinkommen − zur besseren Vergleichbarkeit in Form des BIP zu Preisen von 2005 − verdreifacht hatte. Um trotz zweier Weltkriege von 100 Milliarden € im Jahr 1900 auf 314 Milliarden € in 1950 anzuwachsen. Das war nur möglich, weil sich der Anteil der Beschäftigten in den drei Beschäftigungssektoren grundsätzlich verschob. Waren noch zu Beginn der Epoche 38 % in der Landwirtschaft beschäftigt, so lag ihr Anteil 1950 bei gerade einmal 11 %. Nun war nicht mehr die Industrie der Veränderungsmotor, auch wenn der Anteil der Beschäftigten dort von 37 % auf 48 % stieg, sondern zunehmend der Dienstleistungssektor. Denn hier stieg der Anteil von 25 % auf 41 %. Das hatte auch weitreichende Folgen für ihre ‚Glücksvis-ion'.

‚Glücksvision 2.0'

Natürlich gab es noch die christliche Religion bei uns, nur spielte sie spätestens seit dem Ende des Ersten Weltkrieges eine immer geringere Rolle. Gab es wirklich einen Gott, der diese grausamen gasverseuchten Grabenkriege nicht zu verhindern wusste? Die Kirchen verloren an Zustimmung. Viele Jedermanns suchten ihr Heil in kultischen Vereinen wie dem ‚Bund der Gotteserkenntnis'. Einer neugermanischen Sekte, für die sich der Glaube auf eine sich im ‚Volkstum entfaltende Gotteserkenntnis' reduzierte, übertragen durch die Volksseele. Dieser völkischen ‚Gottesgläubigkeit' schloss sich auch der ehemalige Generalstabschef Ludendorff an.

Nach der Machtübernahme der Nationalsozialisten verhielten sich beide Kirchen zunächst regime-unterstützend. Die katholischen Bischöfe aufgrund eines Konsenses des Führers mit der Kurie und die protestantischen nach ihrem nationalen Zusammenschluss unter dem nationalsozialistisch gesonnenen Bischof Müller. Erst allmählich formte sich der Widerstand. Bei der katholischen Kirche war es vor allem der systemkritisch eingestellte, in Münster residierende Bischof Graf Gahlen, der über das besondere ‚Wesen der Kirche' jenseits der staatlichen Gemeinschaft predigte. Und bei den Protestanten initiierten Bonhoeffer und Niemöller die ‚Bekennende Kirche', wobei Bonhoeffer predigte, die Kirchengemeinde sei eine – zur Solidarität mit der Welt und nicht des Regimes – auserkorene Gemeinschaft. Nach Ende des Zweiten Weltkrieges setzte ein tiefgreifender Nihilismus ein. Nein, ein lenkender Gott hätte all dieses unfassbare Leid nicht ein zweites Mal zugelassen, da waren sich die meisten Jedermanns einig. Dies führte zu unserer Säkularisierung.

Mit der Folge einer noch dominanteren säkularen ‚Ikonisierung' der Welt, von der du ja das letzte Mal sprachst. Anstelle der Prozessionen waren es nun Militärparaden, die die Jedermanns mit Aufmerksamkeit verfolgten. Landauf, landab schossen ‚Landeskriegerverbände' aus dem Boden, die Hunderte von Kaiser-Wilhelm-Denkmäler finanzierten. Wie auch ‚Bismarck-Vereine', die nicht minder zahlreiche Denkmäler für den ‚Eisernen Kanzler' finanzierten. Das wohl überdimensionierteste steht seit 1906 in Hamburg. Im Ersten Weltkrieg mutierten selbst Autoren wie der rote Baron Richthofen und Graf Luckner als Verfasser des Seeteufels zu ‚Ikonen'. Erstaunlicherweise hielt der Führer wenig von der Ikonisierung seiner selbst, was den Jedermanns den Abriss vieler Denkmäler nach Ende des Zweiten Weltkrieges ersparte.

Aufgrund dieser Zeitgeistverschiebungen entstand die neue ‚Glücksvis-ion 2.0', die die Jedermanns in ihren Bann zog. Nun stand nicht mehr die Geldgier im Vordergrund, sondern die Volksgemeinschaft. Diese festigte sich in Volksfesten wie an Kaisers Geburtstag oder Festen der Kriegsvereine wie im Süden der Kirchweih. Die Volksgemeinschaft wurde selbst im Kleinen gepflegt.

Die ‚Resource', die ‚Redoute' und die ‚Casino-Gesellschaft' waren Berliner Vereine, in denen sich Bildungsbürger trafen, um gemeinsam Traditionen zu pflegen. Zu Beginn des Ersten Weltkrieges rückte eine ganze Generation Kriegsfreiwilliger geradezu euphorisch ein. Nach der Abkühlung des Gemeinschaftsgefühls in der Weimarer Zeit erlebte dieses im Nationalsozialismus einen erneuten Boom, sich der Volksgemeinschaft restlos unterwerfend. Erst nach Ende des Zweiten Weltkrieges hatte sich unser Gemeinschaftsgefühl verflüchtigt.

Intermezzo

„Halt Claudia, ich muss mal kurz verschwinden. Irgendwie drückt mir dein Vorwort auf die Blase. Aber vielleicht tust du mir in der Zwischenzeit bitte den Gefallen, mir noch einen Schoppen zu bestellen." „Von mir aus." Bernd erhebt sich, um im Café zu verschwinden. Als er an den angestammten Platz zurückkehrt, ist Claudia entschwunden. Er wundert sich. Sie hätte doch hier draußen auch an ihrem Tisch rauchen können. „Vielleicht sieht sie sich die Brücke noch einmal an." Nach drei Minuten packt ihn eine innere Unruhe. „So lange benötigt die doch sonst nicht für eine Floppe." Also begibt er sich auf die Krämerbrücke, doch dort gibt es von Claudia keine Spur. Er kehrt zurück zu ihrem Tisch, wo gerade die Kellnerin zwei Weinschorlen abstellt. „Haben Sie meine Partnerin gesehen?" „Ich glaube, die ist mit einem jungen Mann in Richtung Futterstraße entschwunden." „Tun sie mir den Gefallen und halten den Tisch frei? Bin gleich wieder da." „Kein Problem, die kommt schon wieder."

Er wandert die Futterstraße bis zum Louisiana-Steakhaus hinunter. „Ist die etwa in Richtung Augustinerkloster gelatscht, um sich Luthers einstige Wirkungsstätte anzusehen?", murmelt er leise vor sich hin. Gerade, als er umdrehen will, wird er Claudia gewahr, die sich in einem regen Austausch mit einem jungen Mann befindet. Nun ist es ihm peinlich, ihr nachgestiefelt zu sein. Er kehrt blitzschnell um, um bloß nicht von ihr bemerkt zu werden. Kaum ist er an ihren Tisch zurückgekehrt, nippt er betont lässig an seinem Glas. Claudia ruft ihm von Weitem zu: „Hi, mein Lieber, ist deine Blase wieder fit?" „Ja, und deine auch?" „Ne, ich war nicht auf der Toilette, sondern habe mir von einem Einheimischen den Kaisersaal in der Futterstraße zeigen lassen. Der meinte, dieses Gebäude sei mindestens so sehenswert wie die Krämerbrücke." „Den kenne ich ja gar nicht."

„Da siehst du mal, mein Lieber, du musst hier wohl noch mal nach Erfurt reisen." „Den kann ich mir doch morgen noch ansehen. Schade nur, dass du dann nicht mehr dabei bist." „So ist das Leben, hart, aber ungerecht." „Was ist denn an dem Kaisersaal so besonders?" „Der ist heute eine Event-Location. Hier fand 1808 der Erfurter Fürstenkongress von Napoleon und Zar Alexander I statt. Der Typ wies mich auch darauf hin, dass sich hier nach dem Zweiten Weltkrieg im April 1946 die regionale KPD und SPD entschlossen, zur SED zu fusionieren. Doch was mich besonders beeindruckte, ist der klassizistische Theaterbau, der mit großen Namen wie Goethe, Schiller, Clara Schumann verbunden ist. Wenn du allerdings heute das Gebäude betrittst,

ist vom Klassizismus nichts mehr zu sehen, sondern dominiert der typische sozialistische Stil der sechziger Jahre. Wie gesagt, echt sehenswert."
„Na gut, dann werde ich ihn mir morgen anschauen." „Siehst du, da ich diese Zeit nicht habe, bin ich mal kurz mit dem Typen dorthin geschlendert." „Und wieso wollte er dir den Bau zeigen?" „Der saß vorhin am Nachbartisch und bekam wohl mit, dass wir uns über Geschichte unterhielten. Da befand er wohl, mich auf ein paar Gebäude seiner Heimatstadt hinweisen zu müssen. Auf ein Haus, in dem die Blaufärber montags immer blau machten, auf die Augustinerkirche, in der die Erfurter Versammlung stattfand und auf das Angermuseum, in dem sich der berühmte Heckelraum befindet." „Was ist das denn?" „Das ist ein Raum voller, noch heute zu bewundernder expressionistischer Wandmalereien von Erich Heckel." „Bestimmt so ähnlich wie die im Bremer Rathauskeller?", mutmaßt Bernd, „Mann, da habe ich ja morgen noch echt was zu tun. Willst du nicht vielleicht doch bleiben?" Sie sieht ihm tief in die Augen. „Wenn ich das so höre, tut es mir echt weh, dass ich so blöd war, nur für ein paar Stunden hierher zu fahren." „Kannst gerne bei mir übernachten." Sie legt ihre Hand auf seinen Unterarm. „Ich weiß, und ich wäre mir auch sicher, dass du mich nicht beißen würdest. Aber ich habe Josef versprochen, ihn morgen früh zum Flughafen zu bringen. Insofern bin ich hin- und hergerissen." „Gib deinem Herzen einen Stoß."
Sie zückt ihr Handy und ruft Josef an. Dazu erhebt sie sich und wandelt allein in Richtung Krämerbrücke. Unweigerlich haftet sich sein Blick an das wohlproportionierte Hinterteil der zauberhaften Frau, das sie elegant in ihrer Jeans hin- und her zu bewegen versteht. „Ist doch komisch, dass ein an und für sich so nebensächliches Körperteil dich immer wieder so fasziniert", wundert er sich. Nach drei Minuten kehrt sie zurück. „Du, ganz ehrlich, ich will mit Josef keinen Stress. Der war ‚not amused' über unseren Plan. Also bleibt es bei dem ursprünglichen Konzept. Sorry." „Ist schon gut", erwidert Bernd. „Vielleicht planst du bei unserem nächsten Treffen einfach ein bisschen mehr Zeit ein." „Versprochen." Bernd strahlt.

‚Innovat-ion 2.0'

„Wo waren wir eigentlich stehen geblieben?", will Claudia nun wissen. „Ich glaube, du wolltest gerade beim dritten Ion ansetzen." „Stimmt, die ‚Innovat-ion 2.0' ließ die Jedermanns nicht zur Ruhe kommen. Hier will ich kurz auf das magische Viereck der ‚Konfrontat-ion', der ‚Kommunikat-ion', der ‚wissenschaftlichen Inspirat-ion' und der ‚technischen Perfekt-ion' eingehen." Bernd nickt, sich entspannt zurücklehnend. Denn er ahnt nur zu genau, was ihm nun bevorsteht. „Brisanz-Granaten wurden erfunden, die sogar Befestigungsanlagen durchschlugen, Maschinengewehre, Giftgas und Panzer erblickten wie U-Boote das Licht der Welt. Fokker entwickelte seinen Dreidecker, während die beiden Techniker Willy Messerschmitt und Henrich Fokker den ersten Hubschrauber konstruierten. Sturzkampfflugzeuge, sogenannte Stukas, wurden erfunden, um gezielter Ziele am Boden zu zerstören. Natürlich gab es auch Bomber, sprich Angriffsflugzeuge, die den Krieg in die Ferne führen sollten, sowie Jäger als Verteidigungsflugzeuge, um die Bomber abzuschießen. Pabst v. Ohain gelang während des Krieges die Entwicklung des Strahltriebwerkes für Flugzeuge, während Wernher v. Braun mit der V1 die erste Rakete in den Himmel steigen ließ. Als dann auch noch unserem Chemiker Otto Hahn 1938 die Atomspaltung gelang und ein Jahr später Lise Meitner und Otto Frisch die verheerende Wirkung des Kernspaltungsprozesses erkannten, da war es bis zur Entwicklung der furchterregendsten Zerstörungswaffe der Atombombe nicht mehr weit. Natürlich wurde in dieser Epoche gleich auch noch der Abwurf zweier Atombomben auf Hiroshima und Nagasaki praktiziert. Sprich, die ganze Maschinerie – des bis heute destruktiven Wahnsinns bis hin zur Option der vollständigen Zerstörung unseres Planeten – wurde erfunden und getestet.

Die ‚Kommunikat-ion 2.0' war geprägt vom endgültigen Durchbruch des Telefons, über das sich die Jedermanns ‚fernmündlich' über kurze wie lange Distanzen austauschten. Erst noch auf die Vermittlung des ‚Fräuleins vom Amt' angewiesen, um dann – dank des Impulsverfahrens mittels einer Drehscheibe – die Telefonnummer des Gesprächspartners direkt wählen zu können. Dank unseres Nobelpreisträgers Ferdinand Braun erblickte zudem die drahtlose Radio-Übertragung das Licht der Welt. Fritz Pfleumer erfand das Tonbandgerät, Manfred v. Ardenne den Breitbandverstärker für den Fernseher und der Berliner Konrad Zuse 1941 den ersten funktionstüchtigen, programmgesteuerten Computer Z3. Auch wenn der Fernseher und der Computer noch nicht in der Praxis eingesetzt wurden, waren die Fundamente zu diesen bahnbrechenden Erfindungen gelegt.

Lass mich mit der ‚wissenschaftlichen Inspirat-ion 2.0' fortfahren, beginnend mit unseren Nobelpreisträgern." „Weißt du, eigentlich bin ich an diesen Themen nicht so sehr interessiert." „Solltest du aber, denn gerade die Wissenschaft brachte uns nach vorn. In der Physik erhielten sieben herausragende deutsche Wissenschaftler den Nobelpreis. Max von Laue für seine Forschung über die Beugung von Röntgenstrahlen, Max Planck für das plancksche Wirkungsquantum, Johannes Stark für den Doppler Effekt, Albert Einstein für den photoelektrischen Effekt, James Franck und Gustav Hertz für das Atommodell sowie Werner Heisenberg und Max Born für die Quantenmechanik. Heisenberg formulierte die ‚Unschärferelation', wonach sich auf subatomarer Ebene Ursache und Wirkung niemals unterscheiden lassen. Schließlich möchte ich noch Walther Bothe erwähnen, der den Nobelpreis für die Koinzidenz-Methode erhielt.

Ich weiß, ich sprenge nun endgültig den Rahmen, wenn ich für die Chemie gleich mit vierzehn Namen aufwarte." „Das meinst du doch nicht im Ernst", stöhnt Bernd. „Doch, ich finde, um den immer verrückteren Zeitgeist zu begreifen, solltest du zumindest das Feuerwerk erahnen, das auf die Jedermanns einprasselte. Jedenfalls zählen zu unseren innovativsten Forschern die Chemiker Richard Willstätter für seine Chlorophyll-Forschung, Fritz Haber für die Ammoniak-Herstellung, Walther Nernst für die Thermochemie, Richard Zsigmondy für seine in Göttingen entwickelten kolloidalen Lösungen, Hans Windaus für die Erforschung der Gallensäure, Bernd Fischer für die Häminsynthese, Friedrich Bergius und Carl Bosch für das chemische Hochdruckverfahren, Richard Kuhn für seine Vitaminforschung, Hans Butenandt für die Steroidhormonforschung, Otto Hahn für die Spaltung schwerer Atomkerne, Otto Diels und Kurt Adler für die ‚Diels-Adler-Reaktion' und Hermann Staudinger für seine Polymerforschung." „Mann, du machst es mir heute nicht gerade leicht."

„Stimmt, aber Wurst ist wieder Wurst! Und wo ich schon einmal dabei bin, kann ich auch noch mit sieben Medizin-Nobelpreisgewinnern aufwarten." „Ach was." „Mit Otto Meyerhof, der den Muskelstoffwechsel erforschte, mit Otto Warburg und seinem Atmungsferment, mit Bernd Spemann und seinem Organisatoreffekt, mit Otto Loewe, der die Übertragung der Nervenimpulse fand, mit Gerhard Domagk, der die antibakterielle Wirkung des Protosils entdeckte, mit Ernst Chain und seiner Penicillin-Forschung sowie mit Bernd Krebs, der den Zitronensäure-Zyklus herausfand." „Den brauchst du mir gar nicht erneut vorzubeten, denn den konnte ich mir schon in der Schule nicht merken." „Dann will ich darauf mal verzichten, auch wenn er wirklich interessant ist." Er verdreht nur die Augen, um fortzufahren, „das macht dir echt Spaß, oder?" Sie lacht schallend. „Vielleicht erfreut dich stattdessen, dass Ferdinand Sauerbruch mit der von ihm entwickelten Unterdruckmaschine die Toraxchirurgie erfand und mit seinen Unterarmprothesen, die man bald ‚Sauerbruch Arme' nannte, weltberühmt wurde.

Dem Mathematiker Karl Schwarzschild gelang der Nachweis der Existenz ‚Schwarzer Löcher', die uns seither beunruhigen. Jene verdichtete Massenkonzentration, von der wir wissen, sogar imstande zu sein, das Licht zu verschlucken. Alfred Wegener entdeckte die Kontinentaldrift der Landmassen auf unserem Planeten, wodurch die Thesen Darwins erhärtet wurden. Der später in Freiburg lehrende Volkswirt Friedrich von Hayek entwickelte übrigens seine revolutionären Theorien zu Konjunkturschwankungen, für die er später den wirtschaftswissenschaftlichen Nobelpreis erhielt. Dem Chemiker Adolf Bütenandt gelang die Isolierung von

Sexualhormonen und Walter Bauer erfand das Plexiglas. 1927 gelang Hermann Müller der Nachweis, Gene durch Bestrahlung zu einer höheren Mutationsrate anzuregen. 1935 entdeckte der Biologe Karl v. Fritsch die Bienensprache, was den Biologen Konrad Lorenz dazu anregte, die Prägung junger Gänse zu erforschen. 1938 gelangen Hans Detten und Carl-Friedrich von Weizsäcker der Nachweis des Energieprozesses der Sonne. Die ist nämlich letztendlich nichts anderes als eine Wasserstoffbombe, deren Sprengkraft von der Schwerkraft festgehalten wird, weshalb nur die überschüssige Materie als Strahlung entweicht. Ernst Jeger führte die erste Bypass-Operation durch, der Biologe Theodor Boveri entwickelte die Chromosomen-Lehre und Max Delbrück fand heraus, auch Bakterien verfügen über Gene.

Damit verbleibt mir nur noch ein kurzer Verweis auf die ‚technische Perfekt-ion'. Die jenseits der Wissenschaft agierenden Tüftler trugen auch jenseits der Mobilität zur Verbesserung unseres Lebensstandards bei. Carl v. Linde gelang die Verflüssigung der Luft, was sich als Voraussetzung für den Bau von Kühlschränken erwies. Der Sachse Karl Krauß ließ sich eine verzinkte Blechwanne patentieren, die bald ihren Siegeszug in die privaten Wohnungen der Jedermanns antrat. Getreu dem Motto ‚jedem Deutschen wöchentlich sein Bad'. Worauf die öffentlichen Badehäuser schnell an Attraktivität verloren. Melitta Benz erfand den Kaffeefilter, Adolf Ramhold den Teebeutel, Käthe Paulus den Fallschirm, Reinhard Burger die Thermosflasche, Ottomar v. Mayenburg die Zahnpasta, Hans Riegel den Goldbären, Oskar Barnack die Kleinbildkamera und Hermann Kemper die Magnetschwebebahn." „Mensch Claudia, hat das denn nie ein Ende?" „Doch, sehr bald. Der Graphologe Ludwig Klages avancierte mit der Veröffentlichung seines Werkes ‚Handschrift mit Charakter' zum erfolgreichsten Sachbuchautor."

Bernd unterbricht sie erneut: „Du, ich bin ehrlich gesagt nicht in der Lage, mir auch nur ansatzweise diese Innovationen merken zu können. Wie wäre es, wenn ich akzeptierte, es war eine innovationsschwangere Zeit?" „Gerne. Mir geht es ohnehin nur um eine Sensibilisierung für die damalige Stimmungslage, die zur Entgleisung der Welt führte." „Du meinst, wir wurden radikal, weil wir von so vielen Erfindungen und Neuerungen überschüttet wurden?" „Ich fürchte, ja, zumal ich die Liste noch lange fortsetzen könnte." Bernd holt tief Luft. „Ne, so wird das nichts. Ich bin nicht bereit, auf dieser Grundlage weiter zuzuhören." „Komm, stell dich nicht so an." „Nein, tut mir wirklich leid, so geht das nicht." „Und was soll ich jetzt deines Erachtens tun, mein Lieber?" „Dich auf die Kerninnovationen fokussieren." „Wie viele?" „Auf sehr, sehr wenige." „Das geht nicht, mein Lieber." „Wie wäre es, wenn du dich mit drei bahnbrechenden Erkenntnissen begnügtest? Versuch doch bitte, mir das Dreigestirn näherzubringen, das den größten Einfluss auf die damaligen Jedermanns hatte. Welche drei Namen würdest du mir dann nennen?" Sie sieht ihn prüfend an. „Wirklich nur drei? Das geht nicht." „Ist doch dein Problem, ich bin jedenfalls nicht bereit, mir mehr als diese drei zu merken."

Dreigestirn der Innovation

„Also gut, mein Lieber, dann entscheide ich mich für Siegmund Freud, Albert Einstein und Max Weber." „Von denen hast du doch bisher nur Einstein erwähnt, oder?" „Genau. Doch alle drei stießen in unseren Köpfen ein grundlegendes Umdenken an." „Mist, auf diese Idee hätte ich ein bisschen früher kommen sollen", befindet Bernd, sich über sich selbst ärgernd. „Dann hättest du nicht die Tiefe des Veränderungsprozesses der Epoche auch nur ansatzweise nachvollziehen können." „O. k., die habe ich ja mit deiner Aufzählung bereits erahnen können. Doch nun bin ich mal echt gespannt, weshalb du ausgerechnet die drei Wissenschaftler auswähltest. Mit anderen Worten, nun hast du wieder meine volle Aufmerksamkeit."

„Anfangen will ich mit Sigmund Freud. Geboren in Mähren, aufgewachsen in Leipzig und Wien, veröffentlichte er im Jahr 1900 seine bald heiß diskutierte Schrift ‚Das Ich und das triebhafte ‚Es'. Er argumentierte, die Grundlage des Seelenlebens liege im ‚Es', das unsere Gefühle und Leidenschaften mittels des Sexual- und Todestriebs steuert. Beide Triebe bezögen sich auf die eigene Existenz, und zwar in Form des Narzissmus und der Selbstzerstörung. Neben dem ‚Es' und dem ‚Ich' gäbe es noch das ‚Über-Ich' als moralische Instanz der frühen Kindheit, die das eigene Verhalten mit dem eigenen Idealbild kontrollierend abgleicht. Somit sei das ‚Ich' vom ‚Es', der Außenwelt und vom ‚Über-Ich' bedroht, worauf es entweder mit ‚neurotischer Angst' auf das ‚Es', mit ‚Realangst' auf die Außenwelt oder mit ‚Schuldgefühlen' auf das ‚Über-Ich' reagiert."

„Du hast sie doch nicht alle. Ich soll von Realangst, neurotischer Angst und Schuldgefühlen fremdbestimmt sein?" „Zumindest laut Freud, mein Lieber. Und damit du es auch gleich noch weißt, die Realangst ist laut Freud nichts anderes als eine ‚Kastrationsangst', von den Eltern verlassen zu werden." „Donnerwetter, was willst du mir damit denn sagen?" „Du hast dich doch nach der Wirkmächtigkeit der Thesen Freuds erkundigt", antwortet sie gelassen. „Von mir brauchst du keine Kastration zu befürchten. Doch wenn es dir mit deinem Dackelblick nicht gelingt, dein Über-Ich etwas stärker auszubilden, verrennst du dich laut Freud in deinen unkontrollierten Trieben. Denn das Über-Ich ist für uns die Vertretung aller moralischen Beschränkungen, sozusagen der Anwalt unseres Strebens nach Vervollkommnung." Bernd schweigt.

„Der zweite herausragende Wissenschafter war der Ulmer Albert Einstein. Der formulierte 1905 seine ‚spezielle Relativitätstheorie', um zehn Jahre später mit seiner ‚allgemeinen Relativitätstheorie' noch einen nachzulegen. Zunächst also löste er mit seiner einfachen Formel $E=mc^2$ der ‚speziellen Relativitätstheorie' die Probleme der Zeit und des Raumes. Mutig behauptend, neben Länge, Breite und Höhe gäbe es noch die vierte Dimension der ‚Raumzeit'. Sprich Raum und Zeit hängen einfach zusammen. Weshalb sich das Licht nicht durch die Zeit, sondern nur durch den Raum bewegt. Mit anderen Worten, für das Licht steht die Zeit still. Ein Auto bewegt sich – mehr will er uns eigentlich gar nicht sagen – im Vergleich zum Licht extrem langsam, weil der größte Teil seiner Bewegung in der Zeit, und nicht im Raum stattfindet. Dann folgte seine ‚allgemeine Relativitätstheorie', mit der er alle uns bekannten physikalischen Kräfte zu nur einer Theorie zusammenfügte. Indem er die Gravitation, die Erdanziehung also, in Gestalt der ‚Symmetrie von Beschleunigung und Schwerkraft' in sein Erklärungsmodell einband. Danach verzerrt die Existenz der Masse, die die Gravitation auslöst, die ‚Raumzeit'. Die Erde umkreist also die Sonne, weil die Masse der Sonne die ‚Raumzeit' krümmt. Und das bedeutet schlicht, oben auf einem Hochhaus verläuft die Zeit dank der geringeren Gravitation ein klein wenig schneller ab als unten. Etwa eine Sekunde in 100 Millionen Jahren." Bernd sieht sie mit kritischem Blick an.

„Hat das auch einen praktischen Nährwert?" „Na klar, nun wissen wir um den Ursprung der Welt. Was sicher viele Theologen bedauern." „Das leuchtet mir ein." „Und wir können mit unserem Handy genau orten, wo wir uns gerade befinden." „He, warum das?" „Für das GPS spielen Einsteins Thesen eine entscheidende Rolle. Denn die spezielle Relativitätstheorie besagt, weil sich die uns in rund 20.000 km Höhe kreisenden Ortungssatelliten mit einer Geschwindigkeit von rund 14.000 km/h bewegen, gehen dort die Uhren einen Tick langsamer. Zudem ist dort oben die Schwerkraft nur noch rund ein Viertel so groß wie hier unten. Deshalb läuft die Zeit dort oben etwas schneller. Blöderweise heben sich beide Effekte nicht genau gegenseitig auf. Mit der Folge, dass da oben die Uhren etwas schneller gehen als hier unten. Würde man diesen Effekt unberücksichtigt lassen, verschöbe sich die Handy-Ortung hier unten jeden Tag um rund 11 km. So einfach ist das, mein Lieber." Bernd sieht sie mit staunenden Augen an. „Hab mal wieder was gelernt." Claudia nippt zufrieden an ihrem Glas.

„Der Soziologe Max Weber war übrigens der dritte Wissenschaftler, der unser Denken maßgeblich veränderte. Eigentlich war er Nationalökonom, oder wie wir heute sagen, Volkswirt. Doch dann entwickelte er die neue Wissenschaft der Soziologie, ausgelöst durch seine in Heidelberg abgehaltenen Gesprächszirkel.

Er unterteilte uns in vier ‚Idealtypen', nämlich in zweckrationale, wertrationale, affektuelle und traditionelle Personen. Kaum hatten die Jedermanns diese Kröte geschluckt, entwickelte er die These der ‚Wahlverwandtschaft' zwischen einem – letztlich auf protestantisch-christlichen Wurzeln fußenden – innerweltlich-asketischem Berufsethos und dem betriebswirtschaftlich ausgerichteten Kapitalismus. Mit anderen Worten, die westliche Welt entwickelte – dank ihrer religiösen Ausrichtung – den heute weltumspannenden Kapitalismus. Weber forderte zudem von der Wissenschaft das Postulat der ‚Werturteilsfreiheit', also die Bereitschaft des Anerkennens der Wahrheit eines Satzes, unabhängig von seinem normativen Gehalt. Vor allem aber war er es, der scharf zwischen ‚Gesinnungs'- und ‚Verantwortungsethik' unterschied. Eine Unterscheidung, ohne die die Führenden in Politik, Wissenschaft und Wirtschaft bis heute nicht reinen Gewissens handeln könnten. Während die Gesinnungsethik nicht unsere Handlungsfolgen einschließt, stellt die Verantwortungsethik die Handlungsfolgen unserer Entscheidungen in den Vordergrund. Dank dieser Weber'schen Unterscheidungskriterien haben wir seither die Chance, das Dilemma des Entscheidungszwangs vor unserem eigenen Gewissen zu rechtfertigen. Oder aber uns einzugestehen, im Grunde genommen unethisch zu handeln. Was viele nicht gerade gern hörten. So sollte im September 1918 ein hoher Offizier aus dem Admiralstab sagen, ‚der Krieg wäre vielleicht noch zu gewinnen, wenn man Leute wie Max Weber an die Wand stellt'. Was ja nur so viel bedeuten kann, als dass er aus dessen Sicht einen maßgeblichen Einfluss auf die damaligen Jedermanns hatte.

„Danke", erwidert Bernd zufrieden, „ich werde mir jedenfalls gerne die Thesen dieses Dreigestirns Freud, Einstein und Weber merken. Trotzdem kannst du mir nicht weismachen, dass wir aufgrund der Theorien dieser drei auf die schiefe Bahn geraten!" „Lass uns gerne diese These bei unserer sonntäglichen Diskussion erörtern." „Das klingt so, als wärest du mit deiner Einleitung fertig?" „Genau." „Na, dann lass mich erst einmal zwei Viertele bestellen." „Gerne. Bin sogar bereit, noch zu warten, bis du wieder was zu trinken hast." „Donnerwetter, du bist ja heute echt fürsorglich", strahlt er. „Nur, um dich seelisch aufzupäppeln, sonst klappst du mir gleich ab." „Wird schon gehen, zumal ich zuversichtlich bin, dass mir nun die politische Geschichte vertraut ist." „Da wäre ich mir aber an deiner Stelle nicht allzu sicher." „Willst du etwa die Geschichte umschreiben?" „Nein, mein Lieber, aber ganz andere Schwerpunkte wählen als die in unseren Geschichtsbüchern abgedruckten." „Du willst mich heute so richtig fertigmachen, oder?" „Genau. Außerdem glaube ich, dass du keine Ahnung von der Kulturgeschichte hast. Auch da will ich dich mit einigen erstaunlichen Erkenntnissen konfrontieren." „Ich fürchte, da hast du ausnahmsweise mal recht." „Von wegen ausnahmsweise", schmunzelt Claudia.

„Vielleicht sollte ich bis zur Ankunft unserer Getränke noch kurz auf die kulturellen Folgen der vier dargestellten Ionen eingehen. Natürlich nur, wenn du jetzt nicht restlos streikst." „Wie viele Folgeeffekte sind es denn?" „Zwei!" „Damit kann ich leben." „Danke. Der erste betrifft unsere verschriftlichte Sprache, die im Kapitalismus 2.0 verkümmerte. Dank des geschäftlich genutzten Telefonverkehrs und der Verkürzungen der Telegramme. Briefe wurden seltener und ihr Wortreichtum reduzierte sich zu einer gefühlsarmen Schlichtheit, wie bei Ringelnatz' Gedicht ‚ich habe dich so lieb./Ich werde dir ohne Bedenken/eine Kachel aus meinem Ofen schenken'." Sie muss prusten, „echt gut." „Zudem übten sich die Jedermanns in einer noch sachlicheren Sprache, nachdem Wittgenstein in seinem ‚Traktat' feststellte, unsere Sprache habe die Tendenz, den Gedanken zu verkleiden, sodass es schwerfalle, inhaltlich die logischen Strukturen unserer Aussagen zu erkennen. ‚Wenn wir den Ausdruck Gott verwenden, so neigen wir zu dem Schluss einer wahrhaften Existenz Gottes'. Es bestünde eine ‚Unterscheidung zwischen dem Sagbaren und Unsagbaren'. Wovon man nicht sprechen könne, darüber sollte man schweigen! Um anders herum festzustellen, ‚da in der Sprache alles ausgetragen wird, kann über die Sprache selbst nichts ausgetragen werden. Eine Aussage, mit der Wittgenstein laut Georg Lukas die Jedermanns in eine ‚transzendentale Obdachlosigkeit' stürzte. So viel zur Handlungsfolge unserer Sprache.

Der zweite Folgeeffekt der Ionen betraf das Verhältnis der Jedermanns zu sich selbst, nachdem Heidegger Platons gedanklichen Ansatz vom Höhlengleichnis modifizierte, indem er behauptete, unter unserer Welt gäbe es eine transzendente Struktur, die unser Verständnis organisiert. Um festzuhalten, ‚das Dasein ist ein Seiendes'. Da er unter Dasein die menschliche Existenz verstand, befand er, der Mensch habe ein vor-theoretisches, existenzielles Verhältnis zu sich selbst." „Danke, habe zwar nichts verstanden, bin aber nun gespannt auf dein Narrativ. Schaffst du es wenigstens auch, die Geschichte in der Erzählform eines Märchens zu beginnen?" „Wenn es sein muss, auch dies mein Lieber."

In diesem Moment bringt die Kellnerin zwei neue Weingläser. Während sie sich zuprosten, bemerkt sie: „Aber mein Märchen bezieht sich nur auf die ganze Epoche. Ich hatte keinen Bock, mir – so wie du – gleich sechs plus ein Märchen auszudenken." Sie prosten sich zu. Nachdem sie ihre Gläser wieder auf den Tisch gestellt haben, befindet Bernd: „Ist wieder unglaublich anregend mit dir. Wie schaffst du das bloß jedes Mal?" „Weiß nicht, vielleicht, weil wir beide meschugge sind." „Kann sein", brummt er. „Fertig?", erkundigt sie sich. „Ja, dann schieß mal los."

Claudias Nationalismus-Vortrag (1900 bis 1950)

„Es war einmal eine Nation, die beglückt über ihr Zusammenwachsen alle innerliche und äußerliche Scham verlor, um sich vom bisherigen Patriotismus Schritt für Schritt feuertrunken in einen, vom blanken Hass geprägten Nationalismus hineinzusteigern. Beginnend im Juli 1900 mit hasserfüllten, kolonialen Tönen unseres Kaisers seiner berühmten ‚Hunnenrede', gefolgt vom Gaseinsatz in Grabenkämpfen am Dienstag, von einer in Straßenschlachten mündenden ‚inneren Zerrissenheit' der Weimarer Republik am Mittwoch, von dem diskriminierenden ‚rassistischen Nationalsozialismus' am Donnerstag und vom ‚Totalen Krieg' und Progromen am Freitag. Um selbst am Samstag in einem, mit aller Verbissenheit geführten ideologischen Streit zwischen ‚Sozialismus' und ‚Kapitalismus' zu münden. Angesichts dieses kollektiven Hasses und Verdrängens will ich dich neben den erfreulichen Meilensteinen der einzelnen Wochentage auf sechs ‚hasserfüllte Entgleisungen' aufmerksam machen, die diese Epoche so unappetitlich werden ließen. Denn immer wieder überkamen mich bei der Vorbereitung Ekel, Scham und Wut über das, was uns die Generation der Großeltern antat." „So schlimm?", erkundigt er sich. „Noch viel schlimmer", antwortet sie. „War auch der Grund, warum ich den Vortrag fast hingeschmissen hätte." „Ich dachte, dieses Gefühl hätte sich mittlerweile abgeschwächt." „Nein, mein Lieber. Und ich finde, wenn wir eine Lehre aus dieser Epoche ziehen wollen, dann die Erkenntnis, ein und für alle Male wach zu bleiben, um den ‚Anfängen zu wehren'." „Hast ja recht."

Montag der Ära des ‚säbelrasselnden Wilhelminismus' (1900–1914)

„Gleich am Montagmorgen hielt im Juli 1900 unser Kaiser seine ‚Hunnenrede', die er vor den nach China verschifften Truppen hielt, die dorthin zur Niederschlagung der ‚Boxeraufstände' gegen die europäischen Kolonialmächte transportiert wurden." „Warum hießen die Chinesen eigentlich Boxer?" „Wegen ihrer Kontemplationsübungen, mit denen die Europäer nichts anzufangen wussten. Unser Kaiser versteifte sich in dieser Rede darauf, ‚kommt ihr vor den Feind, so wird er geschlagen. Pardon wird nicht gegeben. Gefangene nicht gemacht. Wie vor tausend Jahren die Hunnen sich einen Namen gemacht, so möge der Name Deutschlands in China in einer solchen Weise bekannt werden, dass niemals wieder ein Chinese es wagt, etwa einen Deutschen auch nur scheel anzusehen'. Dass ich dieses Zitat als erste ‚hasserfüllte Entgleisung' ansehe, wundert dich sicher nicht." „Ne, auch wenn ich dieses bisher nicht kannte", gibt er unverhohlen zu.

Um fortzusetzen: „Waren nicht die Hunnen Mongolen, welche einst die Chinesen unterdrückten?" „Da hast du recht. Bis zum Herbst 1900 war übrigens der chinesische Aufstand niedergeschlagen. Womit unser Wahn des ‚am deutschen Wesen solle die Welt genesen' entfacht war, geprägt vom Schwachsinn des ‚Sozialdarwinismus'. Auf der irrigen Vorstellung beruhend, nur diejenige Nation begründe einen Führungsanspruch in der Welt, die bereit ist, ihre Macht egoistisch auszunutzen. Was den Kanzlerberater Kurt Rietzler dazu veranlasste, öffentlich Allianzen als lediglich einen ‚Aufschub der nationalen Feindschaft' anzuprangern. In der Politik verlor man das Interesse an Kompromissen, um sich allein am Kaiser zu orientieren, der sich zum omnipräsenten ‚Medienkaiser' entwickelte. Alle seine Auftritte wurden ‚kinematographiert', sodass die Abkürzung ‚IR' nicht mehr für ‚Imperator Rex' stand, sondern zumindest im Volksmund für ‚Immer Reisebereit'. Da sich der Kaiser vorzugsweise im Sonnenwetter zeigen ließ, sprachen die Jedermanns nun vom ‚Kaiserwetter'.

1901 folgte die Rinnsteinrede des Kaisers, mit der er als Kulturkritiker bei unseren Künstlern Fassungslosigkeit auslöste. Denn die ‚Rinnsteinkunst' widerspreche seiner eigenen, allein auf das Schöne abstellenden Kunstvorstellung. Eben jenes Schöne könne er im Im- und Expressionismus beim besten Willen nicht erblicken. Um seinen Geschmack zum Durchbruch zu verhelfen, ließ er die Berliner Siegesallee – in Form einer ‚borussischen Geschichtsmeile' – im Tiergarten errichten. 32 große Marmorstatuen bedeutender Persönlichkeit als ‚Aufgipfelung einer Denkmalmanie', die die Berliner bald despektierlich als ‚Puppenallee' bezeichneten. Deren Reste befinden sich heute in der Zitadelle. Echt sehenswert.

Der Montagmorgen begann innenpolitisch mit der Ernennung Bernhard v. Bülows zum neuen Kanzler. Noch wurde der Kanzler nicht vom Reichstag, sondern vom Kaiser ernannt, der das Reichstagsgebäude als ‚Reichsaffenhaus' bezeichnete, in dem nur ‚gequasselt' werde. Sich öffentlich darüber echauffierend, dass sich der Reichstagspräsident v. Levetzow als Major der Reserve erlaube, dort ‚in zivil' zu erscheinen. Auch die Jedermanns dachten, lebten und strebten in und nach militärischen Dienstgraden. Kaum trugen sie Uniform, waren sie der zivilen Strafbarkeit entzogen. Als bei einem Metzger eine verdorbene Wurst beschlagnahmt wurde, führte die Spur zu einem ehemaligen Militärpferd, dessen Verkäufer vom militärischen Ehrengericht freigesprochen wurde. 1906 machte der aus dem Gefängnis entlassene Schumacher Voigt bundesweite Schlagzeilen. Der hatte sich nach einem mehrjährigen Gefängnisaufenthalt zunächst redlich darum bemüht, wieder eine Anstellung in einer Schuhfabrik zu bekommen. Doch die Berliner Polizei untersagte ihm – als ehemaligem Häftling – die Aufenthaltserlaubnis. Bis er in einer Mietskaserne untertauchte, um einen ‚Plan B' auszuhecken. Hierzu erwarb er bei unterschiedlichen Trödlern Uniform und Schulterklappen eines Hauptmanns, um mit der S-Bahn zum Berliner Westhafen zu fahren. Hier beobachtete er, welche der damals noch über die ganze Stadt verteilten Wachen nur von einem Gefreiten angeführt wurden. Zunächst hielt er eine Wache der dortigen Schwimmanstalt an, die er mit der Wache eines benachbarten Schießstandes verstärken ließ, um sich per S-Bahn nach Köpenick zu begeben, sie zum Mittagessen einzuladen und anschließend über seinen Geheimauftrag zu informieren, der darin bestand, den dortigen Bürgermeister zu verhaften. Gesagt getan. Im Kassenzimmer nahm sich Voigt ein Passformular mit, um endlich aus Preußen ausreisen zu können, und eignete sich nach einem von ihm angeordneten Kassensturz auch die Stadtkasse an. Anschließend ließ er die Soldaten dort zurück, um sich selbst nach Berlin abzusetzen. Ganz Berlin amüsierte sich über diesen Coup. Als Voigt zehn Tage später verhaftet wurde, wurde er zwar erneut zu einer mehrjährigen Gefängnisstrafe verurteilt, jedoch nach zwei Jahren vom Kaiser begnadigt. Worauf Voigt mit seinen Memoiren durchs Land tingelte und Carl Zuckmayer ihm später mit der vom Militarismus gekennzeichneten Posse des ‚Hauptmanns von Köpenick' ein Denkmal setzte.

Auch wenn sich die soziale Lage der Arbeiter langsam verbesserte, kam es immer wieder zu Streiks. Im Januar 1905 nahmen

220.000 Bergarbeiter im Ruhrgebiet an dem bislang größten Streik teil, um gegen die von den Arbeitgebern beschlossenen Arbeitszeitverlängerungen von 8 auf 8 1/2 Stunden zu demonstrieren. Nach drei Wochen mussten ihn die Gewerkschaften abbrechen, da sie aufgrund finanzieller Engpässe nicht länger das Streikgeld zahlen konnten. Die Arbeitgeber triumphierten. Doch wurden sie nun von der Politik überrascht, die sich die Forderungen der Bergarbeiter zu eigen machte und zumindest für sie den 8-Stundentag gesetzlich einführte. Zudem sorgte Kanzler v. Bülow für den Ausbau der Unfall- und Krankenversicherung und verschärfte das Kinderarbeitsverbot.

Die Ostpolitik spielte weiter eine große Rolle. So unterstützte die Regierung in den – heute wieder zu Polen gehörenden – Gebieten Posen und Westpreußen die Initiative des ‚Ostmarkenvereins', um dort deutsche Ansiedlungen zu subventionieren und damit die polnisch-sprachige Bevölkerung weiter zurückzudrängen. Dann forderten die beiden Frauenrechtlerinnen Helene Lange und Marie Martin mit ihrer Denkschrift ‚die Kulturaufgabe der höheren Mädchenbildung' eine Bildungsinitiative für Frauen. Protegiert durch Kaiserin Auguste Victoria und den umtriebigen Bildungsreformer Friedrich Althoff, wurden diese wahrhaftig mit der Reform des Mädchenschulwesen umgesetzt. Die Gesamtzahl der Studierenden verdoppelte sich auf 50.000, nicht zuletzt, weil sich in Baden seit 1902 und in ganz Deutschland seit 1908 Frauen immatrikulieren durften. Sich zunächst zumeist in philologischen Fächern einschreibend, bis infolge des Krieges das Arztstudium für Frauen populär wurde. 1908 wurde die Kaiser-Wilhelm-Gesellschaft, die heutige Max-Planck-Gesellschaft, zur Wissenschaftsförderung gegründet, zu deren Präsidenten Adolph v. Harnack ernannt wurde. 1905 gründete Helene Stöcker den ‚Bund für Mutterschutz und Sexualreform'. Um sich nicht nur den ‚gefallenen Mädchen' anzunehmen, sondern auch die Verhütung zu fördern, ‚da die Sexualität zu den höchsten Beglückungen des Menschen gehöre und Enthaltsamkeit daher keine Lösung sei'. In der Vereinszeitung ‚die Neue Generation' forderte Stöcker zudem eine selbstbestimmte Sexualität auch außerhalb der Ehe wie die Straffreiheit für Homosexuelle. Mit diesen Forderungen ging sie deutlich weiter als andere Frauenrechtlerinnen wie etwa Helene Lange, die den Bund Deutscher Frauenvereine gründete.

Außenpolitisch richtete die Regierung Bülows den Blick in die Ferne. Jedes Schulkind lernte, dass der Kilimandscharo der höchste Berg Deutschlands sei. Auch schwärmten die Jedermanns von der neuen Kolonie Samoa in der Südsee, worauf das Samoaveilchen bald so manchen Hut mondäner Berlinerinnen schmückte. In den Kolonien schreckte man nicht davor zurück, jegliche Freiheitsbestrebungen grausam niederzuschlagen. Sei es in Namibia den Herero-Aufstand, sei es 1906 den Aufstand der Hottentotten. Gegenüber den Nachbarstaaten verfolgte Kanzler v. Bülow eine neue ‚Außenpolitik der freien Hand‘, um sich gezielt vom Bismarck'schen Netz nachbarschaftlicher ‚Rückversicherungsverträge‘ zu befreien. Bald jedoch wahrnehmend, dass sich nach der diplomatischen Annäherung Frankreichs und Russlands ein mulmiges Gefühl ‚nachbarlicher Einkreisung‘ einstellte.

Der Kaiser löste im Oktober 1908 die ‚Daily-Telegraph-Affäre‘ aus, so bezeichnet nach einem peinlichen Zeitungsinterview in der britischen Zeitung. Peinlich, weil er behauptete, Deutschland rüste seine Flotte nur auf, um ‚sich gegenüber China und Japan Gehör zu verschaffen‘. Da es damals die ‚vornehme Aufgabe‘ des Kanzlers war, solche politischen Entgleisungen des Kaisers zu verhindern, war dem Kaiser angesichts der einsetzenden Medienschelte schnell klar, wer hier versagt hatte. Worauf der Kaiser den Kanzler v. Bülow bei nächster Gelegenheit fallen ließ, nachdem der bei seinem 1909 eingebrachten Erbschaftssteuergesetz keine parlamentarische Rückendeckung bekam.

Der Montagnachmittag begann im Juli 1909 mit der Ernennung Theobald Bethmann-Hollwegs zum neuen Kanzler. Der hatte bald mit einer handfesten Rezession zu kämpfen. Steigende Lebensmittelpreise führten im Ruhrgebiet wieder zu Massenstreiks. Werner Sombart schrieb mit ironischem Unterton, ‚es ist sicher nicht wahr, dass die Armen ärmer geworden sind. Es ist sicher nicht wahr, dass die mittleren Schichten des Einkommens schwächer geworden sind. Es ist sicher nicht wahr, dass die Zahl der Reichen immer mehr zusammenschrumpfte. Ganz im Gegenteil. Man mag die Grenze ziehen, wo man will'. Erst als sich die Lage beruhigte, zeigten viele Lebensläufe wieder eine Tendenz zu besseren Lebensverhältnissen. Nicht zuletzt, weil sich innerhalb weniger Jahre für 140.000 Betriebe Tarifverträge durchzusetzen begannen. Einen kollektiven Bewusstseinswandel ohne behördliche Eingriffe dokumentierend, den ich als den ersten Meilenstein der neuen Epoche ansehe.

Außenpolitisch nahm das ‚Säbelrasseln' zu. Als 1911 französische Truppen in Marokko einmarschierten, beschloss der Kanzler, rein vorsorglich ein Kanonenboot als ‚Faustpfand für deutsche imperialistische Forderungen' in den Hafen von Agadir zu entsenden. Erst als Frankreich hart reagierte, lenkte er ein. Innenpolitisch änderte sich die Stimmung, nachdem es immer offensichtlicher wurde, dass der Kanzler sich wenig um die soziale Frage der erdrückenden Wohnungsnot in den Großstädten scherte. Hinter zumeist monumentalen Fassaden lebten die Arbeiter in verschachtelten winzigen Wohnungen, gekennzeichnet von Toiletten auf dem Gang. Auch gab es dort kaum fließendes Wasser. In den Innenhöfen hielten sich die Anwohner in kleinen Ställen meist eine Kuh, Schweine und Ziegen. Für seine Politik des ‚Weiter-so' erhielt Kanzler Bethmann-Hohlweg bei den Reichstagswahlen 1912 die Quittung, denn die SPD mauserte sich zur stärksten Partei. Mit der bis dato als undenkbar geltenden Folge, dass der Sozialdemokrat Philipp Scheidemann zum Vizepräsidenten des Reichstages gewählt wurde. Im gleichen Jahr 1912 verfasste Oswald Spengler seinen ‚Untergang des Abendlandes', wonach alle Kulturen ‚erscheinen, reifen, verwelken und nie wiederkehren'. Inmitten dieser bedrückenden Stimmung wurde bekannt, dass sich der Halley'sche Planet der Erde gefährlich nähere. Was eine geradezu apokalyptische Hysterie auslöste. Dann folgte die Schreckensmeldung, dass das britische Passagierschiff Titanic auf seiner Jungfernfahrt im Atlantik versank, ausgelöst durch die technik-affine Sorglosigkeit des Reeders wie Kapitäns. Sich nahezu so ereignend, wie es unser Literat Gerhard Hautmann in seinem Buch ‚Atlantis' hellseherisch vorhersagte. Umgehend wurde eine internationale ‚Titanic-Konferenz' einberufen, um nicht nur eine allgemeine Funkpflicht zu verabschieden, sondern auch eine nicht nur auf die Erste Klasse beschränkte Rettungsboot-Pflicht.

Außenpolitisch verdunkelte sich die Lage, nachdem der einst so mächtige türkische Sultan einer Revolution zum Opfer fiel, weshalb die schwache türkische Regierung als ‚kranker Mann am Bosporus' tituliert wurde. Als Serbien von einem Zugang zur Adria träumte, kam es 1912 zum ersten Balkankrieg, in dem sich der nordöstliche Landesteil Bulgarien für unabhängig erklärte und sich Österreich große Teile von Bosnien-Herzegowina einverleibte. 1913 folgte der zweite Balkankrieg. Serbien siegte dank russischer Unterstützung, doch verstanden es die Österreicher geschickt, Serbien dennoch einen angemessenen Mittelmeerzutritt zu verwehren, indem sie Montenegro und Albanien gründeten. Anstatt zu beschwichtigen, goss die deutsche Regierung 1913 mit ihrer Heeresreform zur Verlängerung der Wehrpflicht Öl ins Feuer. Nach immer gereizteren Tönen spürten die Jedermanns schon 1913, es lag etwas in der Luft.

Vielleicht war es diese Stimmung, die 1913 zu einem ganz besonderen Jahr werden ließ. Gekennzeichnet nicht von der Politik, sondern von ausgelassenen Feiern und einer unglaublichen Schaffenskraft unserer Kreativen, die Florian Illies in seinem Buch ‚1913' so meisterlich beschrieb. Erst im Nachhinein wissen wir, hier brach zum letzten Mal die vermeintlich ‚gute alte Zeit' durch, die bald im Strudel des Ersten Weltkrieges untergehen sollte."

„Was wurde denn da gefeiert?", will Bernd erstaunt wissen. „Der Hochadel feierte wie nie zuvor. Zunächst beging Kaiser Wilhelm II im Juni sein 25-jährige Regierungsjubiläum, bei dem ihm die deutschen Bundesfürsten im Berliner Stadtschloss ihre ‚herzliche Liebe und hohe Verehrung' zuteilwerden ließen. Dann folgte die Einweihung des Deutschen Stadions in Berlin, das bereits 1913 für die erst drei Jahre später angesetzten Berliner Olympischen Sommerspiele fertiggestellt wurde. Im August traf sich der Hochadel erneut, aus Anlass des glanzvollen Kelheimer Festes, mit dem die 100-jährige Vertreibung Napoleons aus Deutschland gefeiert wurde. Im Oktober folgte mit großem Prunk die Eröffnungsfeier des Leipziger Völkerschlachtdenkmals und im November 1913 die Krönung des bayerischen Prinzregenten zum Bayerischen König Ludwig III, auch wenn dessen regierungsunfähiger Onkel Otto noch nicht verstorben war. Schließlich traf man sich zur Hochzeit der einzigen Kaisertochter, die einen Welfen heiratete, worauf der Kaiser seinen Schwiegersohn zum Braunschweiger Großherzog erhob, um ihn als Welfen wieder in den Kreis der Bundesfürsten zurückzuholen." „In der Tat waren das verdammt viele Anlässe für Adelspartys." „Sag ich doch." Bernd nippt entspannt an seinem Glas.

Die Jahrhundertfeier der Befreiung von Napoleons Schreckensherrschaft wurde von den Jedermanns landauf, landab gefeiert. Nicht nur die einstigen Kriegshelden heroisierend, sondern auch ‚Heldenmädchen und -Frauen aus großer Zeit'. So zumindest hieß das Werk von Otto Kärstädt, das ‚Schwertjungfrauen' wie das Frauenbild der Königin Luise idealisierte. Die Jahrhundertfeier wirkte wie ein Katalysator auf immer weiter um sich greifende abendliche Vergnügungen. Schönrock veröffentlichte seinen Bestseller ‚Vergnügungs-Direktor', um die Jedermanns zu ‚Fest-Arrangements, Theateraufführungen, Pantomime, Vortragssachen, Diskussionsabenden und Belehrungen wie Anregungen verschiedener Art' zu animieren. Christian Schneehagen lud zum ersten ‚Freideutschen Jugendtag' auf dem Hohen Meißner ein, um sich beim Lagefeuer in flatternden Gewändern der Lyrik hinzugeben. Tausende reformbewegte Leute trafen sich, so wie Gott sie erschuf, worauf die ganz im Jugendstil gehaltene Festschrift verweist. Im Winter folgten Bälle, die einen merkwürdigen Hurra-Patriotismus offenbarten, worauf Wyneke vor einer ‚Mechanisierung der Begeisterung' warnte. Wenn du mal das Flair jener Tage erleben willst, dann begib dich in die ‚Destille' im Osten

Berlins, die damals von Clara und Hermann Bahlenstein eröffnet wurde. Jenes ‚Metzer Eck', das sich bis heute als Kultkneipe hielt, die Udo Lindenberg, Otto Waalkes und Sergio Leone besuchten und in der Manfred Krug die Premiere des DDR-Films Spur der Steine feierte. Auch das berühmte Berliner Tanzlokal ‚Clärchens Ballhaus' wurde in diesem Jahr eröffnet.

Ludwig Kirchner malte seine expressionistischen Bilder von Berlin. Kafka und Musil tranken ihren Cappuccino in Triest, sich über den damals entstehenden ‚Mann ohne Eigenschaften' austauschend. Die impressionistische Dichterin Else Lasker-Schüler romantisierte in Berlin, während sich der in Wien missverstanden fühlende Musiker Arnold Schönberg ein paar Straßen weiter einzog, um sich seiner Zwölftonmusik zu verschreiben. Franz Hessel veröffentlichte seinen Debütroman ‚der Kramladen des Glücks', sein ‚schlafwandlerisches Leben' beschreibend. Seine Angst, ‚Doktor Überall' könne ihn beim Schwimmen in die Tiefe ziehen, seine Abscheu, wie ein paar Straßenjungen an einem Rinnstein ‚wirtschaften und sich einander bespritzen' und seine hungrigen Augen nach einem Mädchen, um resigniert festzustellen, ‚nur vom bloßen Schauen wird man nicht satt'. Walther Rathenau veröffentlichte sein scharfsinniges Werk ‚Mechanik des Geistes', vor den Gefahren der Technik für das ‚Reich der Seele' warnend. Bernhard Kellermann gelang der Romanbestseller ‚der Tunnel' und Max Weber sprach angesichts der zunehmenden ‚Verwissenschaftlichung' der Gesellschaft von der ‚Entzauberung der Welt'.

Während der pensionierte General v. Gebsattel in einer Denkschrift vom Einsatz ‚der gepanzerten Faust Deutschlands' träumte und der erfolglose Maler Adolf Hitler seine in Postkartengröße gemalten Stadtansichten Münchens zu verticken versuchte, veröffentlichte der großartige Berliner Karikaturist Heinrich Zille ‚Mein Milljöh', mit dem er schlagartig berühmt wurde. Geprägt von den Zerrbildern der durch die neue Arbeitswelt gequälten menschlichen Psyche. Im ältesten Seebad Deutschlands Heiligendamm dichte Rainer Maria Rilke im Urlaub, ‚ach die Pein der Lebensmöglichkeiten/hab ich Tag und Nächte gespürt/zueinander flüchten, sich entgleiten,/keines hat zur Freudigkeit geführt'. Bis zum Silvesterfest hielt die allgemeine Euphorie an. Kurt Tucholsky dichtete zum Weihnachtsfest, ‚und sitzt der wahre Bürger bei den Seinen/vorm Karpfen, still im Stuhl um halber zehn,/dann ist er mit sich selbst zufrieden und im Reinen,/ach ja, son Christfest is doch ooch janz scheen'.

Keiner ahnte, dass die Jedermanns unaufhaltsam ‚schlafwandlerisch' – wie der Historiker Christopher Clark befand – auf das Ende der Alten Welt zusteuerten, als die Silvesterkracher über die Berliner Dächer pfiffen, krachten und heulten. Der Krieg rückte nahe, als im Juni 1914 das Attentat auf den österreichischen Kronprinzen Franz Ferdinand gelang. Verübt von einem, von einer bosnischen Teilautonomie träumenden serbischen Extremisten. Zunächst erregten sich die Gemüter, doch beruhigten sie sich im Verlaufe des Julis wieder. Nach vier Wochen beschäftigten sich die Jedermanns medial längst nicht mehr mit diesem Attentat. Doch dann entschloss sich das kriegslüsterne Österreich überraschend dazu, am 28. Juli, Serbien den Krieg zu erklären. Unser Kaiser stand zu seiner nicht konditionierten Zusage, Österreich beiseite zu stehen. So geschah, was kommen musste. Am 29. Juli machte Russland teilmobil, um am 30. Juli die Generalmobilmachung zu beschießen. Am 31. Juli machte auch Österreich mobil, worauf sich am 1. August zuletzt die deutsche Generalmobilmachung anschloss. Das war insofern folgerichtig, als damals nicht nur Österreich, sondern auch Deutschland in der ‚polenlosen Zeit' direkt an Russland grenzten. Was uns jedoch bis heute ein Rätsel bleibt, ist die Tatsache, dass unser an der Seite Österreichs stehender Kaiser diese Mobilmachung mit einer Kriegserklärung an Russland verband." „Vielleicht war sie der deutschen Gründlichkeit geschuldet", wirft Bernd ein, „erst einen Krieg erklären zu wollen, bevor man an ihm teilnahm." „Vielleicht aber auch aufgrund des kaiserlichen Wunsches, im Falle eines Obsiegens zu dokumentieren, das Heft des Handelns selbst in den Händen gehabt zu haben." „Du meinst, wir zogen in den Krieg, weil Österreich Serbien den Mittelmeerzugang verwehren wollte?" „Genau so." „Das glaub ich doch nicht." „Jedenfalls schienen alle europäischen Jedermanns so tatendurstig, mein Lieber, dass sie gar nicht daran dachten, sich über die Kriegsursache Gedanken zu machen."

Über die ‚Neuen Schönen Künste'

„Damit kommen wir zu den ‚Neuen Schönen Künsten'. Umfassten diese bei deinem letzten Vortrag lediglich die Trivialliteratur und Unterhaltungsmusik, so kam nun auch hier ein drittes Genre hinzu." „Das meinst du doch nicht wirklich im Ernst?" „Doch, aber bevor ich dich damit verwirre, starte ich erst einmal mit der vertrauten Trivialliteratur." „Danke, heißt das, ich habe noch eine Chance, dass du das dritte Genre weglässt?" „Mal sehen, mein Lieber." Bernd stöhnt. „In der Trivialliteratur dominierte Hedwig Courts Mahler etwa mit ihrem Heftroman ‚die wilde Ursula und der Scheingemahl'. Karl May begeisterte mit seinem späten Werk ‚im Reich des silbernen Löwen III', Kurt v. Bossewitz mit seinem Roman ‚Unter deutscher Flagge', Ferdinand Grautoff mit seinem fiktiven Kriegsroman über die Erhebung der Nordafrikaner gegen die europäischen Kolonialherren und Hermann Löns 1910 mit seinem ‚Werwolf'. Herman Löns dichtete, ‚die roten Blätter rauschen, der Sommer ist lange vorbei,/es leuchten unsere Augen, es blüht in uns der Mai'.

Seit Beginn der Epoche erfreuten sich die Jedermanns an elektrisch betriebenen Grammophonen. Von Emil Berliner erfunden, mit denen es ihnen nun erstmals möglich wurde, die Musik zu hören, nach der ihnen der Sinn stand. Bald folgte der Plattenspieler mit einer wesentlich besseren Tonqualität. Noch erfreuten sich Volkslieder einer großen Beliebtheit. Vor allem die im ‚Zupfgeigenhansl' veröffentlichten Wanderlieder wurden gerne gesungen.

Jean Gilbert komponierte seine Operette ‚die keusche Susanna' und Eduard Künneke ‚das Dorf ohne Glocke'. Bald wurden die Auskoppelungen aus den eingängigen Operetten der ‚Schwarzwald-Idyllen' des Komponisten Walter Niemann oder Franz Lehars Operette ‚Lustige Witwe' überall nachgeträllert. Ich hoffe, du kennst ‚die Kirschen in Nachbars Garten' von Victor Hollaender, ‚die Liebesinsel' von Paul Lincke, ‚und Meier sieht mich freundlich an' von Leo Fall, ‚ach Isabella' von Otto Teich, ‚ich tu nur bös, bin sonst fidel' von Bernhard Buchbinder, ‚immer an der Wand lang' von Walter Kollo, ‚gehn wir mal zu Hagenbeck' von Jean Gilbert, ‚wo steht denn das geschrieben' von Leo Fall und ‚Hermann heißt er' von Ludwig Mendelssohn." „Na ja", runzelt er die Stirn. „Das werte ich als Zustimmung. Wenn du so gut drauf bist, will ich dich mit einem neuen Genre zu beglücken." „Wenn es wirklich sein muss."

„Nun wurden nämlich die Jedermanns mit einer dritten Kategorie der ‚Neuen Schönen Künste' konfrontiert: mit dem Stummfilm, der 1901 die Kinematologie ablöste. 1901 zeigte Messter seinen Kurzfilm ‚Schützenfest in Hannover', dann folgte Franz Lehars ‚Lustige Witwe' und Richard Strauss' ‚Salome'. Zu den ersten bekannten Kinofilmen zählten ‚das Liebesglück der Blinden' von Heinrich Bolten-Baeker, ‚eine venezianische Nacht' von Max Reinhard, ‚der Student von Prag' von Stellan Rye, ‚Karl Valentins Hochzeit' von Ansfelder, ‚die Insel der Seligen' von Max Reinhardt und ‚der Andere' von Max Mack." „Tut mir leid, da muss ich passen." „Macht nichts, beim Dienstag wird es dir sicher besser ergehen." Bernd nickt hoffnungsfroh. „Wie wirkmächtig der Kinofilm von Anfang an auf die Jedermanns wirkte, kannst du daran erkennen, dass es 1910 bereits landauf, landab 1.500 Lichtspielhäuser gab. Eine Zahl, die sich innerhalb vierer Jahre verdoppelte." „Alle Achtung, 3.000 Lichtspielhäuser, das sind ja mehr als heute, oder?" „Viel mehr, mein Lieber. Wir haben heute gerade mal 1.700, wenn auch größere Kinos." „Sag ich doch", kann es sich Bernd nicht verkneifen.

Über die ‚Klassischen Schönen Künste'

„Womit wir bei den immer weniger beachteten ‚Klassischen Schönen Künsten' angelangt wären. Die offenbarten eine innere Zerrissenheit, die Freud jenseits des vernunftbezogenen dialektischen Materialismus aus der Spannung der Psyche vorhergesagt hatte. Sich in das magische Viereck des ‚Spätsymbolismus', des ‚Impressionismus', des ‚Expressionismus' und der ‚frühen Abstraktheit' unterteilend. Während der ‚Spätsymbolismus' konkrete Bezugspunkte zu symbolisieren gedachte, beschränkte sich der ‚Impressionismus' auf Gefühlsregungen. Sprich, auf Impressionen der Beobachter, deren Wirkung laut Henry Graf Kessler jenseits des Verstandes und der Fantasie den Betrachter im umfassenden Sinne fesselte. Dagegen offenbarte sich der ‚Expressionismus' als Rebellion überkommener Kunstformen. Denn in ihm fokussierten sich die Künstler auf ihren eigenen Seelenzustand. Zuletzt mündete die Kunst in der ‚frühen Abstraktheit', sich von jeglicher Realitätsnähe lösend." „Muss diese Vielfalt denn sein?" „Ich dachte, du interessierst dich für unsere Kultur?" „Ja, ja, ich hatte nur gehofft, dir gelänge es mit weniger Federstrichen, mir diese näherzubringen." „Noch einfacher geht es nun wirklich nicht, um nicht in Banalitäten zu versinken." Bernd schweigt.

„Beginnen möchte ich mit der ‚Spätsymbolischen Architektur'. Da sich der Zeitgeist vom nationalen Hochgefühl über die neue Größe unseres Vaterlandes mitreißen ließ, wollte die Architektur deren Größe mit einer geradezu fundamentalen Monumentalität symbolisieren. Mit dem Leipziger Hauptbahnhof, mit Hannovers ‚Neuem Rathaus' und mit der Berliner Staatsbibliothek Unter den Linden neue Leuchttürme errichtend. Peter Behrens baute das monumentale Düsseldorfer Mannesmann-Haus. Auch das Wiesbadener Kurhaus und das Stuttgarter Lindenmuseum erblickten als eindrucksvolle Bauten des ‚Spätsymbolismus' das Licht der Welt. Beenden will ich diese Aufzählung mit Ludwig Hoffmanns, in Leipzig errichteten Reichsgerichtsgebäude und dem Berliner Stadthaus.

Der spätsymbolische Zeitgeist symbolisierte zudem eine jugendliche Verspieltheit. Es mag zwar sein, dass sich unser ‚Jugendstil' nicht so prachtvoll entfaltete wie in Riga (Michail Eisenstein), in Wien (Gustav Klimt) oder in Barcelona (Antoni Gaudi). Jedoch beeindruckten auch unsere Bauten wie der von Joseph Olbricht entworfene Hochzeitsturm der Darmstädter Mathildenhöhe nebst dem dortigen Ateliergebäude und die Worpsweder Vogler-Villa. Wie Hans Landés Mietshaus in der Berliner Thomasiusstraße, das von Paul Möbius entworfene Mehrfamilienhaus in der Leipziger Waldstraße, das Coburger Carl Otto Leheis Wohnhaus, die Essener, von Edmund Körner entworfene Alte Synagoge, die Weimarer, von Henry van der Velde geplante Villa Dürckheim und das Erzbischöfliche Ordinariat in Freiburg. Letzteres ragt dabei kaum von außen aus gesehen hervor, dafür aber umso mehr mit seiner inneren Ornamentik im Treppenhaus und im Thomas-Nörber-Saal. Vielleicht der beeindruckendste späte Jugendstil-Bau ist die 1913 eröffnete Leipziger Sankt-Alexi-Gedächtniskirche, die den orthodoxen Stil – sich mit ihrer Architektur der Moskauer Christi-Himmelfahrtskirche anlehnend – in beeindruckender Weise auf den Jugendstil verschmelzen lässt.

Beim ‚Impressionismus' dominierten weiterhin toskanische Villen und Schweizerhäuser, eine heile Welt inmitten der Natur widerspiegelnd. Aber auch das von Paul Schultze-Naumburg erbaute Potsdamer Schloss Cecilienhof. Bei der ‚expressionistischen' Architektur träumte Rudolf Steiner von einer ‚übersinnlichen Welterkenntnis', um nach dem Bruch mit der ‚Theosophie' seine Anthroposophie zu entwickeln. Mit dem Ziel, nicht nur das ‚Wissen des Geistesmenschen' zu fördern, sondern es auch architektonisch in dem 1913 errichteten Dornacher Goetheanum stilprägend zur Schau zu stellen. Georg Frentzen konstruierte das ‚Kraftwerk Heimbach' in der Nordeifel und Carl Weber das Nürnberger Volksbad." „Hilfe!", ruft Bernd. Sie blickt ihn kritisch an, um kommentarlos fortzusetzen.

„Die ‚frühabstrakte' Architektur dagegen fokussierte sich auf die Funktion, die jedem Haus und vor allem Produkt innewohnt, eine schlicht abstrakte Warenästhetik der ‚form follows function' entwickelnd. Auf diese neue Stilrichtung fokussierte sich besonders der ‚Deutsche Werkbund'. Bruno Taut konstruierte das berühmte Glashaus für die ‚Kölner Werkbund-Ausstellung', Emil Rathenau engagierte den Architekten Peter Behrens, um den industriellen Produkten eine unverkennbare Form zu geben, und der Mitinitiator des deutschen Werkbundes Hermann Muthesius gründete eine wirtschaftskulturelle Vereinigung von Künstlern, Architekten und Unternehmern ‚zur Veredelung der gewerblichen Arbeit'. Und Walter Gropius konstruierte in Alfeld das bahnbrechende Fagus-Werk mit Vorhängefassade aus Glas, kubischen Formen und dank der eingesetzten Stahlträger viel beachteten ‚offenen Ecken'.

Damit leite ich zu unseren Malern über, die sich ebenfalls im magischen Viereck von ‚Spätsymbolismus', ‚Impressionismus', ‚Expressionismus' und ‚früher Abstraktheit' entfalteten. Der ‚Spätsymbolismus' verlor sich in Symbolik deutscher Größe, deutscher Heimat oder des Jugendstils. Zu Deutschlands Größe fällt mir Adalbert v. Kossaks kolossale ‚Schlacht bei Zorndorf' ein. Zu den die Vertrautheit der Heimat symbolisierenden Werken zähle ich Heinrich Linde-Walthers ‚Kind im Spielzimmer', Wilhelm Hasemann im Schwarzwald festgehaltenen ‚Brautzug im Winter' wie Johann Kirners ‚Kartenschlägerin'. Bei dem die Jugend symbolisierenden Stil möchte ich mit unserem Bildhauer Max Klinger beginnen, der 1903 seine, vom Jugendstil geschwängerte ‚Kassandra' wie auch das großartige Beethoven-Denkmal schuf. Während Klinger den bloßem Oberkörper des Musikers ganz in Weiß hielt, entschied er sich bei dem Stuhl und der Toga für dunklere Materialien. Bei den Malern sind Heinrich Vogeler mit seinem ‚Konzert', Erich Kuithaus mit seiner ‚Träumenden' und Franz v. Bayros mir seinen zahlreichen erotischen Darstellungen zu nennen. Gerade in der Plakatkunst war der Jugendstil besonders populär wie die Werbung für ‚Opel' von Bernd Erdts, für die ‚Lindener Weiße' von Anne Koken und für Herrenausstatter von Ludwig Hohlwein.

Damit komme ich zu den ‚Impressionisten', zu den Namen großer Maler wie Vinnen, Liebermann, Corinth, Slevogt und

Kuehl. Es ist echt bedauerlich, dass wir nicht in der Lage sind, die Einmaligkeit ihrer Werke beschreiben zu können." Bernd nickt. „Carl Vinnen malte sein berühmtes Werk ‚Weg ins Moor'. Max Liebermann ließ mit seinem ‚Restaurant Jacob' 1902 keine Zweifel mehr an seiner Freude über den neuen impressionistischen Stil, sich von der Helligkeit der Farben immer deutlicher vom französischen Impressionismus unterscheidend. Sich auf neue alltägliche Themen wie Urlauber am Strand, Freizeitvergnügen in Parks, den Besuch von Tiergärten, Spaziergänge im Wald und das typische Großstadttreiben konzentrierend. Lovis Corinth malte seine ‚Paddel Petermännchen' oder ‚Nini am Weinspalier', sich langsam dem Expressionismus annähernd. Max Slevogt erfreute die Jedermanns mit seinem ‚Mädchen vor dem Löwenkäfig', bevor er von brauntönigen zu buntfarbigen Paletten wie in seinem Werk ‚Familie Slevogt am Kornfeld' wechselte. Und Gotthard Kuehl ließ sich zweifelsohne vom Impressionismus in seinem Werk ‚Topfmarkt in Dresden' mitreißen.

So erwähnenswert all diese Werke waren, eigentlich erwies sich der Montag als ‚der' Tag unserer herausragenden ‚expressionistischen' Künstler, die sich insbesondere in München, Dresden und Berlin zusammentaten. Alle fußend übrigens auf dem neuen ‚expressionistischen' Stil des sich bei uns heimisch fühlenden Norwegers Edvard Munch, der mit seinem Beitritt zur ‚Berliner Sezession' eine ganze Künstlergeneration prägen sollte. Gekennzeichnet auch vom richtungsweisenden Werk ‚Gott mit der flammenden Handschrift' des Vincent van Gogh.

Erstens will ich auf die in München agierenden ‚Blauen Reiter' eingehen, auf Kandinsky, Münter, Marc, v. Jawlensky, Macke und v. Werefkin. Wassily Kandinsky schuf ‚das bunte Leben' sowie das großartige Werk ‚Grüngasse in Murnau', Marianne Münter ihre mit schrillen Farben geprägten konturenscharfen Portraits und Franz Marc seine von warmen Blautönen gekennzeichneten ‚blauen Pferde' wie auch sein berühmtes ‚Selbstbildnis'. Sein vielleicht bedeutsamstes Werk ist für mich ‚der Turm der blauen Pferde'. Alexej v. Jawlensky erfreute die Jedermanns mit seinem ‚Selbstbildnis', August Macke mit seinem Bild ‚Frau mit Sonnenschirm vor Hutladen', mit dem er das unverwechselbare Flair kleiner Dinge thematisierte, und Marianne v. Werefkin mit ihren so typischen Bildern ‚Herbst' und ‚Tänzer Sacharoff'.

Zweitens gründete sich 1905 die ‚Dresdner Brücke' mit den herausragenden Expressionisten Kirchner, Schmidt-Rottluff, Heckel und Mueller. Ernst Ludwig Kirchners Werk ‚Nollendorffplatz' und ‚Franz vor dem geschmückten Stuhl' wurden für mich ebenso unsterblich wie sein ‚Leuchtturm Staberhuk'. Bei Schmidt-Rottluff will ich zumindest die beiden Werke ‚Gutshof in Dangast', und ‚Mond am Fenster' erwähnen. Erich Heckel malte in grün-blau seinen ‚Waldweg' und Otto Mueller seine ‚zwei Mädchen im Grünen'.

Drittens schlossen sich in Berlin viele Expressionisten zur ‚Berliner Sezession' zusammen, sich an der ‚superlativistischen wie exklamatorischen Plakativität' ihrer Ausdrucksformen geradezu ergötzend. Zu der Berliner Sezession gehörten Barlach, Kollwitz, Beckmann und Feininger. Ernst Barlach begann mit – vom Jugendstil geprägten – expressionistischen Lithographien wie etwa ‚im Zauberwald', bevor er sich mit seinen einmaligen Figuren wie beim ‚Berserker' ganz der Bildhauerei verschrieb. Genauso wie Käthe Kollwitz, die mit ihrer berühmten Kohlezeichnung ‚Inspiration' begann und mit dem Zyklus ‚Bauernkrieg' auf sich aufmerksam machte. Max Beckmann malte seine ‚Rivalen', zwei Ringer am Strand, die eindrucksvoll vor der dunklen Kulisse des Meeres miteinander kämpfen, und Lyonel Feininger ‚die Brücke', mit diesem Werk kubistische Züge vorwegnehmend.

Neben den Expressionisten der ‚Blauen Reiter', der ‚Dresdener Brücke' und der ‚Berliner Sezession' ist es mir ein Bedürfnis, zumindest drei weitere herausragende expressionistische Künstler zu nennen, nämlich Nolde, Modersohn-Becker und Kanoldt. Emil Nolde erfreute die Jedermanns mit seinem ‚Tanz um das goldene Kalb', Paula Modersohn-Becker mit ihrem ‚Selbstbildnis' und ‚Moorgraben' sowie Alexander Kanoldt mit seinem expressionistischem Stillleben ‚Klosterkapelle Klausen'. Während immer mehr Jedermanns die Ausdruckskraft der ‚Expressionisten' bewunderten, fielen sie als ‚Schädlinge der modernen Kunst' bei unserem Kaiser in Ungnade. Schließlich begann sich in diesen Jahren, die ‚frühabstrakte Malerei' zu etablieren, die jeden konkreten Bezug auf die Realität ablehnte. Erwähnen will ich Kandinsky und Kubin. Wassily Kandinsky, der sich zunächst durch expressionistische Werke auszeichnete, probierte 1910 mit seiner ‚Improvisation 10' neue abstrakte Wege, die jeden konkreten Bezug auf die Realität hinter sich ließ. Auch Alfred Kubin entwickelte mit seinem Werk ‚verpuppte Welt' neuartige surrealistische Visionen."

„Mann, das war aber verdammt viel." „Ich hoffe, allein die Vielzahl der weltweit bekannten Künstler vermittelt dir den Eindruck, dass insbesondere der Expressionismus zu ‚der' Kunst der Deutschen mutierte." „Ganz ehrlich, Claudia, eigentlich finde ich den gar nicht so schön wie den Impressionismus." „Da siehst du mal deine Rückständigkeit. Du bist ja offenbar immer noch im 19 Jahrhundert verhaftet." „Seit wann hat denn Ästhetik etwas mit der Epochengeschichte zu tun? Ich sage doch nur, dass mir der Impressionismus besser gefällt als der überzeichnet wirkende Expressionismus." „Komisch, mir geht es genau anders herum, mein Lieber. Könnte es sein, dass du dich mit dem Expressionismus nicht so intensiv beschäftigtest wie mit dem Impressionismus?" „Vielleicht auch, weil er mir eben nicht so gut gefällt." „Mein Lieber, dann lass dir gesagt sein, will man Bilder verstehen, muss man sich mit ihnen auseinandersetzen, sich auf sie einlassen. Das gilt genauso für die Musik. Hörst du zum ersten Mal ein neues Lied, gefällt es dir meistens noch nicht gleich. Erst nach dem wiederholten Hören kannst du wirklich beurteilen, ob für dich die Melodie und Harmonik wirklich eingängig sind." „Das akzeptiere ich", brummt er, „ist mir jedenfalls schon oft so ergangen." „Danke.

Auch die ernste Musik entwickelte diesen magischen Vierklang. ‚Spätsymbolisch' geprägt war Engelbert Humperdincks 1910 komponierte Oper ‚Königskinder'. Hans Pitzner überraschte als 21-Jähriger mit seiner Oper ‚der arme Heinrich', getragen von einem voller Ethos durchzogenen Leitmotiv. Ähnlich vielseitig wie seine Motteten und sein Orgelwerk. Und Franz Schrecker komponierte seine symbolische Oper ‚der ferne Klang'.

Bei der ‚impressionistischen Musik' möchte ich mit den Werken Max Regers ‚die Toteninsel' und ‚Variationen zu einem Thema von Mozart' fortfahren. Gefolgt von den herzzerreißenden Opern ‚Salome' und ‚Elektra' des Müncheners Richard Strauß, die von einem riesigen Instrumentalorchester mit 115 Spielern begleitet wurden. Umso erstaunter waren die Jedermanns, als Strauß mit seiner ‚mozartischen Wende' in seinem ‚Rosenkavalier' zu einer volkstümlicheren Melodik zurückkehrte. Weshalb er von vielen des Verrats an der modernen Musik bezichtigt wurde. Gustav Mahler überraschte die Jedermanns mit seiner 5. Sinfonie, von den meisten nicht mehr verstanden, obwohl sie ihm eine ‚überwältigende Fülle von Schönheiten' konzedierten. Seine 8. Sinfonie war dann getragen von einer kollagen-ähnlichen, sich selbst reflektierenden manischen Musik.

Paul Hindemith rückte als Vertreter der ‚expressionistischen Avantgarde' mit seiner ‚Kammermusik # 1' ins öffentliche Rampenlicht, indem er auf jede Funktionsharmonik verzichtend die Musik mit der Expansion gleichberechtigter Stimmen und gleichzeitiger Auflösung der melodischen Tonika an ihre Grenzen führte. Als noch extremer entpuppte sich die Musik, die die Oktave – mathematisch korrekt – in 12 Töne unterteilte. Sprich eine ‚Abstraktheit' an den Tag zu legen, mit der die Jedermanns zunächst nicht viel anzufangen wussten. Der bedeutendste Protagonist dieser ‚frühabstrakten' 12-Ton-Musik war Arnold Schönberg, der 1912 in Berlin sein Oratorium ‚Gurrelieder' vorstellte. So viel zur Musik.

Damit sind wir schon bei der Literatur angelangt, die ebenfalls vom magischen Vierklang geprägt war. Beginnen will ich erstens mit der ‚spätsymbolischen Literatur', bei der die Schönheit der Natur, das einfache Landleben und Träume von Südsee-Stränden dominieren. Vertreter dieser ‚Spätsymbolik' waren v. Münchhausen, Thoma, Walser, Miegel, Mühsam, Trackl und Busch. Borries v. Münchhausen machte sich für mich mit seiner ‚Ballade vom Brennesselbusch' unsterblich, aber auch mit seiner

‚Lederhosen-Saga', ‚es war ein alter schwarzbrauner Hirsch,/ Großvater schoss ihn auf der Pirsch./Und weil seine Decke so derb und dick,/stiftete er ein Familienstück./Nachdem er lange nachgedacht,/ward eine Hose draus gemacht./Die Geschlechter kommen, Geschlechter vergeh'n,/hirschlederne Reithosen bleiben besteh'n'. Ludwig Thoma amüsierte die süddeutschen Jedermanns mit seinem ‚Münchener im Himmel'. Aber auch mit vielen anderen heimatbezogenen Werken wie seinen Lausbubgeschichten. Agnes Miegel verfasste 1907 ihre Ballade ‚die Frauen von Nidden', darin die düstere Stimmung von sieben Frauen beschreibend, die in Nidden nach dem Überleben der Pest eine ihr Dorf bedrohende Sanddüne bestiegen. ‚Sie klommen die steile Düne an,/Schuh und Strümpfe legten sie an,/und sprachen, Düne wir Sieben/sind allein noch übrig geblieben./Gott vergaß uns, er ließ uns verderben,/sein verödetes Haus sollst du erben,/ Kreuz und Bibel zum Spielzeug haben./Nur Mütterchen komm, uns zu begraben.'

Georg Trackl dichtete ‚ein Winterabend'. ‚Wenn der Schnee ans Fenster fällt,/lang die Abendglocke läutet./Vielen ist der Tisch bereitet,/und das Haus ist wohlbestellt./Mancher auf der Wanderschaft/kommt ans Tor auf dunklen Pfaden/Golden blüht der Baum der Gnaden/aus der Erde kühlem Saft./Wanderer tritt still hinein,/Schmerz versteinerte die Schwelle./Da erglänzt in reiner Helle/auf dem Tische Brot und Wein.' Und Wilhelm Busch überraschte die Jedermanns mit seinen, sich über das kapitalistische Gehabe seiner Mitmenschen amüsierenden ‚Aphorismen wie ‚ein jeder kriegt, ein jeder nimmt/in dieser Welt, was ihm bestimmt' oder ‚Rabatt, Rabatt, das lass dir sagen,/wird vorher erst mal drauf geschlagen' sowie ‚es ist ein Brauch von alters her,/ wer Sorgen hat, hat auch Likör'.

Zweitens komme ich zum ‚literarischen Impressionismus', der sich der Erforschung der Psyche, der Sexualität und der Unerträglichkeit sozialer Verhältnisse zuwandte." „Das wird mir langsam zu viel", befindet Bernd. „Komm, stell dich nicht so an, mein Lieber. Ich werde dir doch wenigstens noch ein paar Literaten ans Herz legen, bevor wir ganz im kriegsbedingten Sumpf versinken." „Schon gut", brummt Bernd. „Ich will mich auf Rilke, Lingg, Lasker-Schüler, v. Hofmannsthal, Eucken, Kafka, Thomas und Heinrich Mann, Musil und v. Reventlow beschränken." „Was heißt hier beschränken?" „Das bedeutet, dass ich noch mit weiteren Protagonisten aufwarten könnte." „Schon gut." „Rainer Maria Rilke dichtet seinen ‚Panther'. ‚Sein Blick ist vom Vorübergeh'n der Stäbe/so müd geworden, dass er nichts mehr hält./Ihm ist, als ob es tausend Stäbe gäbe/und hinter tausend Stäben keine Welt./Der weiche Gang geschmeidig starker Schritte,/der sich im allerkleinsten Kreise dreht,/ist wie ein Tanz von Kraft um eine Mitte,/in der betäubt ein großer Wille steht./ Nur manchmal schiebt der Vorhang der Pupille/sich lautlos auf. Dann geht ein Bild hinein,/geht durch der Glieder angespannte Stille/und hört im Herzen auf zu sein.' Hermann Lingg dichtete 1905 ‚In meine Heimat kam ich wieder./Es war die alte Heimat noch,/dieselbe Luft, dieselben Lieder/und alles war ein And'res doch./Denn vor dem Haus, wo uns vor Jahren/die Mutter stets empfing, dort sah/ich fremder Menschen fremd Gebaren!/Wie weh, wie weh mir da geschah'. Else Lasker-Schüler erfreute die Jedermanns mit ihrem Gedicht, ‚dein süßer Mund ist meine Totengruft,/betäubend ist dein süßer Atemduft,/denn meine Tugenden entschliefen!/Ich trink sinnbetäubt an deiner Quelle/und sink willenlos in ihre Tiefen/verklärten Blickes in die Hölle'.

Hugo v. Hofmannsthal schrieb 1911 seinen ‚Jedermann'. Um seinem Publikum einem herzlosen Millionär zu präsentieren, der nicht nur von Freunden wie Verwandten geschröpft, sondern pausenlos von Bettlern angebaggert wird. Um in einer der Schlüsselszenen einem zahlungsunfähigen Schuldner vorzuhalten, ‚ein reicher Mann ist schnell gesagt,/doch unsererseits ist hart geplagt./Er läuft einher von weit und breit/mit Anspruch und Bedürftigkeit./Tät unsererseits nicht der Schritte drei/von hier bis an die nächste Wand,/ohn eine allzeit off'ne Hand./Wer hieß dich Geld auf Zinsen nehmen?/Nun hast du den gerechten Lohn./Mein Geld weiß nicht von dir, von mir/und kennt kein Anseh'n der Person!/Nimm die Belehrung von mir an,/das war ein weiser und hoher Mann,/der uns das Geld ersonnen hat,/an nied'ren Tauschens und Kramens satt./Dadurch ist unsre ganze Welt/in ein höher Ansehen gestellt/und jeder Mensch in seinem Bereich/schier einer kleinen Gottheit gleich'! Jedermann bleibt bei seinem harten Kurs, selbst als sich Freunde, Familie und seine Partnerin von ihm abwenden. Um doch noch im letzten Moment, sich zum Glauben bekennend, dem frustrierten Teufel zu entkommen, der resignierend feststellt, ‚die Welt ist dumm, gemein und schlecht/und geht Gewalt allzeit vor Recht'.

Unser Literatur-Nobelpreisträger Rudolf Eucken veröffentlichte seine 1909 erschienenen ‚geistigen Strömungen der Zeit'. Hierin befand er, ‚mit der Wende der Geistigkeit klärt sich das Leben gegen sich selbst. Das Reich des sittlichen Handelns und der wissenschaftlichen Erfahrung schaffen neben dem Subjekt des einzelnen und dem Objekt der uns umgebenden Natur eine dritte Ebene, die des Geisteslebens. Der Dichter bringt wie ein Zauberer im Durcheinander der Natur die sonst stummen Weisen zum Sprechen, ihm erschließt sich aller Reichtum der Welt, er führt alle Mannigfaltigkeit ihrer eigenen Tiefe zu'. Franz Kafka offenbarte den Jedermanns in seiner Novelle ‚Urteil' den Prototyp eines Vater-Sohn-Konfliktes, in dem sich der Vater der Verlobung des Sohnes mit einer, aus seiner Sicht nicht ehrenhaften Verlobten widersetzt und schließlich seinen Sohn mit den Worten verdammt, ich verurteile dich jetzt zum Tode des Ertrinkens. Worauf sich der Sohn wahrhaftig in den Fluss stürzt, um leise beim Hinabgleiten in die Fluten zu stammeln, ‚aber liebe Eltern, ich habe euch doch immer geliebt'.

Thomas Mann veröffentlichte 1902 seine ‚Buddenbrooks', um in dieser Sozialstudie der eigenen Lübecker Vorfahren den sozialen Auf- und Abstieg jener Patrizierfamilie detailverliebt zu beschreiben wie auch die einzelnen pathologischen, neurotischen und hysterischen Charakterzüge der familiären Protagonisten. Um wenig später mit seinem ‚Tod in Venedig', in die Rolle des Protagonisten schlüpfend, seine homoerotischen Gefühle zu einem Knaben im Grand Hotel Venedigs festzuhalten. Sein Bruder Heinrich Mann begeisterte die Jedermanns mit seinem ‚Professor Unrat', der Geschichte des allmählich auf die schiefe Bahn geratenden, im Sumpf des ‚Blauen Engels' versinkenden Lehrers. Um in seinem ‚Untertan' einen Protagonisten zu beschreiben, der, zum Großkapitalisten aufsteigend, in der Villa Höhe – in Anspielung an die Krupp Villa Hügel – demonstrierte, ‚wer treten wollte, musste sich auch treten lassen'. Begriffen die Jedermanns wirklich Manns prophetische Warnung, dass der pseudomoralische Obrigkeitsstaat bald in der Katastrophe enden sollte? Robert Musil beschrieb in seinem ‚Mann ohne Eigenschaften' die Sprengkraft der zur Neige gehenden Zeit. ‚Über dem Atlantik befand sich ein barometrisches Minimum, es wanderte ostwärts einem über Russland lagernden Maximum zu. Der Wasserdampf in der Luft hatte seine höchste Spannkraft und die Feuchtigkeit der Luft war gering. Mit einem Wort, es war ein schöner Augusttag'. Und Franziska v. Reventlow veröffentlichte 1912 ihr Werk ‚Von Paul zu Pedro', in der die ewig Liebende ihre Liebhaber typisierend einer lustvollen Betrachtung unterzieht, um sich selbst zu bedauern, denn man könne ja nur einen Mann heiraten, auch wenn man nur zu genau wisse, ‚der Rausch verfliegt, und was dann? Räusche verfliegen auch, aber es kommen neue'.

Drittens will ich zum expressionistischen Literaturstil überleiten, dem vornehmlich die nackte ‚Entzauberung der Welt' ein Anliegen war. Nicht mehr primär auf Empfindungen des Betrachters Rücksicht nehmend, sondern allein auf die eigenen Beobachtungen, wie sie schon im Spät-Naturalismus gang und gäbe waren. Getreu dem Motto ‚wer loslässt, hat zwei Hände frei'. Oft gepaart mit einem konfrontativen Stil, über den Kästner befand, ‚sie sprechen alles so deutlich aus/und dieses heißt Hund und jenes heißt Haus./Und hier ist Beginn und das Ende ist dort./Mich bangt auch ihr Sinn, ihr Spiel mit dem Spott'. Zu diesen neuen Literaten gehören v. Hoddis, George, Morgenstern, Heym, Walser, Mühsam, Tucholsky, Döblin und Wedekind.

Den Beginn der expressionistischen Literatur setzte Jokob v. Hoddis 1911 mit seinem berühmten Gedicht ‚Weltende'. ‚Dem Bürger fliegt vom spitzen Kopf der Hut,/in allen Lüften hallt es wie Geschrei./Dachdecker stürzen ab und gehn entzwei./Und an den Küsten – liest man – steigt die Flut./Der Sturm ist da, dass wilde Meere hüpfen/an Land, um dicke Dämme zu erdrücken./Die meisten Menschen haben einen Schnupfen,/die Eisenbahnen fallen von den Brücken.' Stefan George dichtete sein ‚Im windes-weben'. ‚War meine frage nur träumerei./Nur lächeln war, was du gegeben./Aus nasser nacht ein glanz entfacht –/nun drängt der mai. Nun muss ich gar/um dein aug und haar/ alle tage in sehnen leben'.

Christian Morgenstern dichtete seine ‚Galgenlieder'. ‚Ein Lächeln irrt verflogen/durch einen leeren Saal,/bis es auf einem Bogen/von schillerndem Opal/sein kleines Leben endet,/den letzten Blick noch matt,/zu der herab gewendet,/die es verloren hat'. Aber auch seinen Lattenzaun. ‚Es war einmal ein Lattenzaun/mit Zwischenraum, hindurch zu schaun./Ein Architekt, der dieses sah,/stand eines Abend plötzlich da –/und nahm den Zwischenraum heraus./Und baute dort ein großes Haus./ Der Zaun indessen stand ganz dumm/mit Latten ohne was herum./Ein Anblick, grässlich und gemein,/drum zog ihn der Senat auch ein'. Georg Heym schrieb seine ‚letzte Wache'. ‚Wie dunkel sind deine Schläfen/und deine Hände so schwer,/bist du schon weit von dannen/und hörest mich nicht mehr?/Morgen schon ist hier Schweigen/und vielleicht in der Luft/noch das Rascheln der Kränze/und ein verwesender Duft./Aber die Nächte werden/leerer nun, Jahr für Jahr,/hier, wo dein Haupt lag und leise/immer dein Atem war!'

Robert Walser dichtete die ‚Welt', Parallelwelten beschwörend, ‚es lachen, es entstehen/im Kommen und im Gehen/der Welt viel tiefe Welten,/die alle wieder wandern/und fliegend durch die andern/als immer schöner gelten'. Der Revolutionär Erich Mühsam verfasste während seiner Haft 1910 seine Tagebuchaufzeichnungen ‚ich schwur den Kampf. Darf ich ihn flieh'n?/Noch leb ich wohlig und hart./Kein Tod soll mich der Pflicht entziehn/ und meine Pflicht heißt Gegenwart'. Kurt Tucholsky verfasste sein ‚Großstadt-Weihnachten', um das altbekannte bürgerliche Schauspiel zu entmystifizieren, ‚das Christkind kommt! Wir jungen Leute lauschen/auf einem stillen heiligen Grammophon./Das

Christkind kommt und ist bereit zu tauschen,/den Schlips, die Puppe und das Lexikon'. In Alfred Döblins Werk ‚Ermordung einer Butterblume' traktiert der spießbürgerliche Protagonist eine, von ihm als Ellen titulierte Butterblume mit seinem ‚Stöckchen'. Frank Wedekinds schrieb seine ‚Büchse der Pandora', in der die Protagonistin von einer in sie verliebten Gräfin aus dem Gefängnis befreit wird, um von Berlin nach Paris zu fliehen und einen Vermögenden zu heiraten. Nachdem sie zahlreichen Erpressungen ausgesetzt wird, stiftet sie einen Mann an, ihren Liebhaber zu ermorden, um nach London zu fliehen, wo ihr ‚Honigtöpfchen' immer wieder die Begierden ihrer Freier anzieht, bis sie von dem Frauenmörder ‚Jack the Ripper' getötet wird.

Damit komme ich zur ‚früh-abstrakten Literatur', in der das konkrete Umfeld der literarischen Beobachtungen nur noch als Aufhänger für die verletzte, jeder Konkretheit entrückte Psyche diente. Hier will ich mich auf zwei Protagonisten beschränken." „Musst du auch, sonst bin ich raus." „Mit den Literaten Benn und Bodt haben wir gleich die Vorkriegszeit abgearbeitet." „Das will ich auch hoffen." „Der junge Gottfried Benn dichtete im ‚La Morgue' über Blut, Körper und Krebs. Als junger Pathologe tagsüber geschockt über seine, im Sektionskeller gewonnenen Erkenntnisse, die er abends verarbeitete. ‚Ein ersoffener Bierfahrer wurde auf den Tisch gestemmt./Irgendeiner hatte ihm eine dunkel-hell-lila Aster zwischen die Zähne geklemmt./Als ich von der Brust aus unter die Haut mit einem langen Messer Zunge und Gaumen herausschnitt,/muss ich sie angestoßen haben, denn sie glitt/in das nebenliegende Gehirn.' Und Paul Bodt veröffentlichte 1913 ‚in der Welt', ‚mein Ich ist fort. Es macht die Sternenreise./Das ist nicht Ich, wovon die Kleider scheinen,/die Tage sterben weg, die weißen Greise,/ich-lose Namen sind voll Furcht und weinen'."

„Hör bloß auf. Ist ja Wahnsinn, was da vor dem Ersten Weltkrieg alles geschrieben wurde. Und ich dachte immer, die Klassik wäre unsere Epoche mit der größten Schaffenskraft." „Ne, mein Lieber, ich fürchte, gerade diese Jahre vor dem Ersten Weltkrieg mischten die Jedermanns verdammt auf." „Ich bin echt froh, dass diese Phase nun vorüber ist", stöhnt Bernd. „Ich glaube ohnehin, du holst nur deshalb so weit aus, um nicht in die dir verhasste Kriegsberichterstattung abgleiten zu müssen, oder?" „Ne, mein Lieber, ich will sie keinesfalls auslassen. Aber will ich nicht verhehlen, an dieser literarischen Hochphase eine besondere Freude zu haben." Bernd prostet ihr zu. „Dann mach mal mit dem Scheiß-Krieg weiter." Er greift zum Glas, um es in einem Zug auszukippen. „Darf ich ehrlich sein?" „Gerne, mein Lieber." „Irgendwie habe ich den dummen Verdacht, wenn du so weitermachst, schaffst du deinen Vortrag nie und nimmer bis zur Abfahrt deines Zuges." „Abwarten und Tee trinken, mein Lieber!" „Ich mein ja bloß, mir soll's recht sein." „Träum weiter.

Dienstag des Ersten Weltkriegs und der prärepublikanischen Übergangszeit (1914-1919)

Der Dienstagmorgen begann am 1. August 1914 mit unserer Kriegserklärung gegenüber Russland. Dem Zeitgeist folgend, rückten die Jedermanns als Kriegsfreiwillige freudig in den Krieg. Unser Kaiser erklärte, ‚er kenne keine Demokraten mehr, sondern nur noch Deutsche'. Angesichts des vom Chef der Obersten Heeresleitung General Helmuth v. Moltke unreflektiert übernommenen ‚Schlieffen-Plans' verscherzten wir es uns von Beginn an mit Frankreich. Denn dieser Plan sah zur Vermeidung eines Zwei-Fronten-Krieges vor, zunächst Frankreich niederzuringen, bevor es nach Russland gehen sollte. Die Russen warteten – entgegen der Konzeption Schlieffens – jedoch nicht, bis wir Frankreich niedergerungen hatten, sondern marschierten unverzüglich in Ostpreußen ein. Mit anderen Worten, der Schlieffen-Plan erwies sich von Anfang an als militärstrategisches Desaster. Der Kaiser reaktivierte den 66-jährigen General Hindenburg als Befehlshaber der 8. Armee, dem es dank seines begabten Stabschefs Ludendorff gelang, die russischen Truppen bereits nach einem Monat Ende August 1914 in Tannenberg in einer großen Kesselschlacht zu besiegen. Damit schied Russland als Beschützer serbischer Interessen aus und war der Kriegsgrund entfallen.

Keiner jedoch dachte daran, den eigentlich nur bis Weihnachten ‚geplanten' Krieg Ende September für beendet zu erklären. Kaiser, Politik und Militärs faselten vom ‚Siegfrieden', sprich, von dem Kriegsende nur für den Fall von Gebietszuwächsen. Was ich als die zweite ‚hasserfüllte Entgleisung' der Epoche ansehe. General von Falkenhayn löste als Chef der Obersten Heeresleitung den im Westen glücklosen General v. Moltke ab, der sich zu allem Überfluss zur Schließung der Reihen dazu entschloss, die bis zur Marne vorgedrungenen Truppen wieder zurückzuziehen. Immer unerbittlicher prallten die deutschen und französischen Truppen aufeinander, ohne Geländegewinne zu erzielen. Innerhalb weniger Wochen tauschten die stolzen Kavallerie-Regimenter ihren bunten Rock in eine feldgraue Uniform. Auch ersetzte der Stahlhelm die Pickelhaube, deren Spitze zwar Säbelhiebe gut ableiten konnte, nicht aber Maschinengewehrkugeln. Nun wurde landesweit Brot rationiert. Käthe Kollwitz notierte, ‚das Brot wird knapp, die Kartoffeln werden knapp. Fett fast nicht zu haben, Fleisch unerschwinglich teuer. Und kein Ende des Krieges abzusehen'!

Der Krieg kostete viel Geld, weshalb die Staatsverschuldung von 6 Milliarden Mark bis Kriegsende auf unfassbare 137 Milliarden Mark anstieg. Dank der hohen Investitionen ließ das Militär immer grausamere Waffen produzieren. Im April 1915 setzten die Deutschen erstmals Chlorgas ein. Tausende fielen oder erblindeten. Fortan kämpften die Soldaten mit Gasmasken. Später kamen Flugzeuge und gepanzerte Kettenfahrzeuge zum Einsatz. Im Mai 1915 versenkte ein deutsches U-Boot vor der englischen Küste den amerikanischen Luxusliner Lusitania, eine weltweite Empörung auslösend. Angesichts dieser Entwicklung geriet ein Friedensschluss in immer weitere Ferne.

Im Februar 1916 begann vor Verdun die ‚Materialschlacht', gekennzeichnet von der ungeheuerlichen Geräuschkulisse des

Grollens der Geschütze, das noch in einhundert Kilometer Entfernung zu hören war, und vom Beben der Spreng-Granaten am Boden. In ausgehobenen Gräben und Stollen verloren auf wenigen Quadratkilometern fast eine halbe Millionen Soldaten ihr Leben. Seit Februar 1916 setzten die deutschen Soldaten neu entwickelte Flammenwerfer ein, die lang brennendes Dieselöl versprühten, deren Brandwunden medizinisch nur schwer zu behandeln waren. Nicht nur in Verdun, sondern auch in Arras verloren Hunderttausende ihr Leben, wo noch heute Frankreichs größtes Mahnmal zum Ersten Weltkrieg steht. Eine riesige Ellipse, in der die Namen der fast 600.000 Gefallenen eingraviert sind. Nicht etwa unterteilt in Freund und Feind, sondern in alphabetischer Reihenfolge. Ein versöhnliches Symbol, um nicht mehr die eigenen Helden zu glorifizieren, sondern den Wahnsinn des Krieges anzuprangern, dem Soldaten auf beiden Seiten zum Opfer fielen." „Das wusste ich gar nicht", gibt Bernd kleinlaut zu. „Da solltest du einmal hinfahren. Ist auf den Hügeln über den einstigen Gräben errichtet und echt sehenswert. Erschiene mir wichtiger, als auf die vielen Details des widerlichen Krieges eingehen zu müssen." „Mensch Claudia, echt toll."

„Na, dann mache ich mal weiter. Die Bevölkerung litt immer mehr unter der Lebensmittelrationierung. Massenspeisungen mit Grießgraupen setzten ein. Auch wurden Kaffee, Tee und Seife rationiert. Nun sah sich der Kaiser genötigt, General v. Hindenburg zum Chef der Obersten Heeresleitung zu ernennen. Mit ihm rückte Ludendorff zum Generalstabschef des Heeres auf. Im Juli 1916 starteten die französischen und englischen Truppen ihre Somme-Offensive. Denn die Alliierten waren inzwischen dank ihrer Panzer und Maschinengewehre technisch überlegen. Gleichwohl scheiterten sie an der vom deutschen Generalstab entwickelten ‚flexiblen Vorfeldverteidigung'. Diese sah vor, dass sich die deutsche Front bei gegnerischen Angriffen zurückzog, um anschließend die vorgepreschten Angreifer von den tief gestaffelten Schützengräben aus seitlich zu attackieren. Als zu Hause die Stimmung zu kippen drohte, schlug Kanzler Bethmann-Hollweg im Dezember 1916 baldige Friedensverhandlungen vor.

Doch veranlasst durch Erfolge an der Südfront, begannen die Militärs im Januar 1917 mit dem ‚uneingeschränkten U-Boot-Krieg', worauf nach dem Versenken vierer amerikanischer Dampfer die USA prompt in den Krieg eintraten.

Um den heimischen Stimmungsumschwung abzumildern, griff die Oberste Heeresleitung die Ideen des Filmproduzenten Oskar Meesters auf, Filme zur Steigerung des Wehrwillens zu produzieren. Hierzu wurde die Reichs-Filmstelle gegründet. Die Oberste Heeresleitung nutzte zudem im April 1917 die in Russland ausbrechenden Unruhen für ihre Zwecke, um der Bitte Lenins nachzukommen, der zunächst als Redakteur einer russischen Emigrantenzeitschrift in London agierte, bevor er nach Zürich ins Schweizer Exil übersiedelte. Seine Bitte lautete, ihm in einem verplombten Güterwaggon die Durchreise durch Deutschland zu gestatten, um in Russland die Revolution auszurufen. Und wirklich, kaum erreichte Lenin St. Petersburg, wurde er auf ein gepanzertes Automobil gezerrt, um die Massen aufzuputschen. Eine Strategie, die letztlich für die Heeresleitung aufging. Zunächst wurde der russische Zar ermordet, dann folgte nach der ‚Oktoberrevolution' ein blutiger Bürgerkrieg. Lenin akzeptierte sodann die überzogenen deutschen Forderungen des ‚Diktatfriedens' von Brest-Litowsk, mit denen Russland Finnland, das Baltikum, Russisch-Polen und die Ukraine verlor. Erst jetzt bemerkte der Deutsche Generalstab, zwar hart verhandelt zu haben, aber angesichts dieses Knebelvertrages seine Truppen nicht wirklich vollständig aus dem Osten abziehen zu können, um an der Westfront den Durchbruch zu versuchen. Wie sagt man so schön, ein klassisches Eigentor.

Innerhalb der SPD entbrannte eine Grundsatzdiskussion über die Beendigung des Wahnsinns. Deren linke Fraktion um Hugo Hasse und Karl Liebknecht forderte offen einen umgehenden ‚Burgfrieden'. Da der konservative Flügel der SPD nicht so weit gehen wollte, spaltete sich der linke Flügel im April 1917 ab, sich fortan ‚Unabhängige Sozialdemokratische Partei Deutschlands' (USPD) nennend. Im Juli 1917 forderte auch der Konservative Matthias Erzberger im Reichstag, Deutschland müsse auf jegliche

Annexionen verzichten, worauf wahrhaftig der Reichstag mehrheitlich für eine ‚Friedensresolution' stimmte. Doch die Reaktion der Generäle im Juli 1917 war nur, dass v. Hindenburg und Ludendorff dem Kaiser ihren Rücktritt anboten. Der Kaiser schlug sich auf die Seite der Militärs und entließ den wankelmütigen Kanzler, um den bisherigen Staatskommissar für Volksernährung Georg Michaelis zum neuen Kanzler zu ernennen. Den er jedoch schon nach wenigen Monaten durch Georg Graf Hertling ablöste. Derweil zog die Oberste Heeresleitung alle politischen Strippen.

Erstaunlicherweise interessierten sich unsere Bundesfürsten nicht wirklich für den Krieg. Anders ist es nicht zu erklären, dass inmitten dieses Überlebenskampfes der bayerische König Ludwig III mit einem geradezu aberwitzigen Vorschlag auf sich aufmerksam machte. Indem er forderte, es sei ‚unerträglich für Bayern, ohne erhebliche Landgewinne' aus diesem Kriege nach Hause zu kommen. So machte er allen Ernstes den Vorschlag, Elsass-Lothringen schon einmal rein vorsorglich Bayern zuzuschlagen. Vielleicht lag der Grund dieser Weltfremdheit darin, dass sich die Bundesfürsten und deren Söhne bis auf wenige Ausnahmen nicht an der Front blicken ließen. Kaiser Wilhelm selbst war zwar formal der Oberbefehlshaber des Heeres und der Marine, doch auch er ließ sein Umfeld wissen, ‚wenn man sich in Deutschland einbildet, dass ich das Heer führe, so irrt man sich sehr. Ich trinke Tee und säge Holz und gehe spazieren. Und dann erfahre ich von Zeit zu Zeit, das und das ist gemacht, ganz wie es den Herren (von der Obersten Heeresleitung) beliebt'. Um seinerseits sein Umfeld mit weltfremden Vorträgen unter der Überschrift zu konfrontieren, ‚glänzende militärische Siege, Italien am Boden, Zweiter Punischer Krieg mit der Vernichtung Englands, der Reichstag eine Schwatzbude'.

Der deutsche Generalstab ersann derweil wegen der immer größeren Übermacht der alliierten Truppen aus Propagandagründen die monotone Meldung ‚im Westen nichts Neues', was nicht nur die Alliierten, sondern zunehmend auch die eigenen Soldaten erzürnte. Anfang 1918 schlug der amerikanische Präsident Wilson den Deutschen mit seinen ‚Vierzehn Punkten' eine neue Friedensordnung vor. Diese beruhte auf der Abschaffung der Monarchie, sprich, Einführung einer deutschen Republik. Worauf die deutschen Militärs im März 1918 mit ihrer ‚Westoffensive' antworteten, die jedoch schon nach wenigen Tagen scheiterte. Ab April 1918 wurden monatlich 250.000 amerikanische Soldaten auf den europäischen Kontinent verschifft, womit die Lage immer brenzliger wurde. Am 8. August 1918 durchbrachen die Alliierten bei Armiens erstmals auf breiter Front deutsche Stellungen. Dieser ‚Schwarze Tag des deutschen Heeres' sollte beim Generalstab einen Umdenkprozess einleiten. Nun setzte sich dort die Erkenntnis durch, dass die Front lange nicht mehr zu halten war. Doch anstatt Alarm zu schlagen, unterließ es die Oberste Heeresleitung zunächst, die Politik über den Ernst der militärischen Lage zu informieren. Auch der Kaiser dachte nicht ans Aufhören.

Ganz anders als der österreichische Kaiser Karl, der nach Dresden reiste, um sich dort mit dem sächsischen König über eine Friedensinitiative abzustimmen. Dieser Versuch verlief jedoch im Sande, zumal auch alle anderen deutschen Fürsten den Kopf in den Sand steckten. Der Historiker Machtan sollte später schreiben, bei den politischen Verlautbarungen aus den Fürstenhäusern fiel dreierlei auf, ‚die Fixierung auf den Kaiser, die durchweg antidemokratische Stoßrichtung und eine ratlose Grundhaltung'. Inmitten dieser verfahrenen Lage wurde es an der Front dramatisch. Denn es breitete sich eine Pandemie aus, der mehr als zwei Millionen Soldaten zum Opfer fielen. Eine Viruserkrankung, die sich als ‚Spanische Grippe' in unser kollektives Gedächtnis einbrannte. Das waren noch mehr, als in Arras und Verdun gefallen waren. Alles starrte wie gebannt auf die Entscheidungen der Obersten Heeresleitung. Doch die hüllte sich weiter in Schweigen. Bis zum 29. September! An diesem Tag überraschte Generalstabschef Ludendorff den Kaiser und Kanzler mit der Forderung nach sofortigen Waffenstillstandsverhandlungen. Der Kaiser begriff schnell, die von ihm ernannte Marionettenfigur des Kanzlers sei hierzu nicht in der Lage. Darauf ernannte er am 3. Oktober auf Druck der Militärs den von ihm wenig geliebten Anverwandten Prinz Max v. Baden zum neuen Reichskanzler.

Max v. Baden erwies sich als liberaler Kopf, der den SPD-Politiker Philipp Scheidemann in sein Kabinett aufnahm und den amerikanischen Präsidenten um Waffenstillstandsverhandlungen ersuchte. Nun endlich erwachte auch auf Länderebene wieder die Politik. Am 12. Oktober 1918 traf sich der bayerische Ministerpräsident Otto v. Dandl mit seinen Kollegen aus Sachsen, Württemberg, Baden und Mecklenburg zu einem informellen Gedankenaustausch. Man stellte übereinstimmend fest, ‚man befände sich im Zustand einer latenten Revolution. Doch keiner traute sich, das auszusprechen, was unausweichlich war: der Kaiser musste abdanken. Erst am 3. November ergriff der Vertraute des Kanzlers Drews die Initiative, um in einem vertraulichen Gespräch den Kaiser zum Rücktritt aufzufordern. Der jedoch lehnte empört ab. Anschließend rang der Kaiser seinen sechs Söhnen das Versprechen ab, sich nicht dazu breitschlagen zu lassen, sich an seiner statt als Kaiser zur Verfügung zu stellen. Damit hatte sich der Kaiser endgültig in eine Sackgasse hineinmanövriert.

Der Reichstag beschloss Ende Oktober die Einführung der ‚parlamentarische Monarchie', doch der amerikanische Präsident Wilson beharrte auf seiner Forderung nach einer deutschen Republik. Generalstabschef Ludendorff schlug in dieser angespannten Lage einen Widerstand mit äußersten Kräften vor. Diese erneute Kehrtwendung, die ein vom zweifelhaften Erfolg gekennzeichnetes Weiter-so bedeutet hätte, veranlasste den Kaiser, Ludendorff zu entlassen, um ihn auf Bitte des Kanzlers durch General Groener zu ersetzen. Derweil suchte das Kabinett des Reichskanzlers Max v. Baden, Zeit zu gewinnen, um keinem Diktatfrieden ausgesetzt zu werden. Hierzu zählte die Idee der Demonstration militärischer Stärke durch das Auslaufen der Flotte bei gleichzeitiger Einstellung des uneingeschränkten U-Boot-Krieges. Denn immerhin hatte die Flotte 1916 in der Skagerrak-Schlacht der britischen Flotte einen großen Schaden zugefügt. Der neue Chef der Seekriegsleitung Admiral Scheer plante einen schnellen Vorstoß in die Themse-Mündung, um sich anschließend bei Terschelling der englischen Flotte zu stellen.

Der Operationsplan der Marine empörte die seit zwei Jahren in den Häfen liegenden Matrosen in Kiel und Wilhelmshaven, die am 28. Oktober meuterten. Der SPD-Reichstagsabgeordnete und Marinereferent Noske wurde von der Berliner SPD nach Kiel entsandt. Ihm gelang es, sich an die Spitze der Aufständischen zu stellen. Um die Lage zu de-eskalieren, verfügte Noske für die Marine einen allgemeinen Urlaub. Damit löschte er jedoch nicht den revolutionären Funken, sondern dieser sprang innerhalb weniger Tage – infolge der in die Heimat zurückkehrenden Matrosen – auf das ganze Land über. Landauf, landab bildeten sich bei der Truppe selbsternannte ‚Soldatenräte', die den Offizieren nicht nur den Befehl verweigerten, sondern ihnen deren Schulterstücke abrissen. Jeder wusste, der Krieg war verloren. Die Frage war nur, wie ihn zu beenden, ohne nicht einen innenpolitischen Bürgerkrieg auszulösen.

Prärepublikanische Übergangszeit

Damit will ich zum Dienstagnachmittag überleiten. Zur ‚prärepublikanischen Übergangszeit'!" „Der was?" „Der Zeit, die nicht mehr geprägt war vom äußeren Kampf gegen die Alliierten, sondern vom inneren Kampf zwischen Adel, Sozialdemokraten und Sozialisten. Diese ‚prärepublikanische Übergangszeit' erscheint mir persönlich sehr viel spannender zu sein als die vier Kriegsjahre zuvor. Beginnend am 7. November 1918, also noch wenige Tage vor Ende der Kriegshandlungen, um sich für die nächsten acht Monate bis zum Inkrafttreten der Weimarer Verfassung hinzustrecken, sich in drei ganz unterschiedliche Phasen unterteilend. Nämlich in die erste Woche des ‚Umsturzes des alten Systems', in die nächsten neun Wochen des ‚Richtungskampfes über den neuen Kurs' und die sich anschließende sechs Monate andauernde Phase der ‚Grundsatzentscheidungen der Nationalversammlung'." „Davon habe ich ja noch nie etwas gehört."

„Das ist mal wieder typisch. Erst eine große Klappe und nun die späte Einsicht der Unwissenheit", amüsiert sich Claudia. „Komm, sei nicht so hart zu mir." „Will mal nicht so sein, mein Lieber." Sicher gehören die Monate der ‚präpublikanischen Übergangszeit' zu einer der spannendsten unserer Geschichte, zumal sie auch in unserer Kultur tiefe Spuren hinterließen." „O. k.", reagiert Bernd verblüfft. „Ich habe mir eigentlich nie Gedanken darüber gemacht, wie diese Neuorientierung bis zur Gründung der Weimarer Republik ablief." „Dann wird es aber höchste Zeit", erwidert sie lächelnd.

„Die erste Phase der ‚präpublikanischen Übergangszeit' betrifft den ‚Umsturz des alten Systems'. Und der sollte gerade einmal nur eine gute Woche andauern." „Was soll denn in diesen Tagen schon passiert sein?" „Mehr als in den vier Kriegsjahren zuvor, mein Lieber." „Das glaub ich nicht." „Doch, doch. Im Krieg verschob sich die Grenze mal ein paar Kilometer in die eine und dann wieder die andere Richtung." „Und verloren Millionen Soldaten das Leben", ergänzt Bernd. „Zugegeben. Doch nun änderte sich für die überlebenden Jedermanns das Leben ganz grundsätzlich. Sodass ich eine besondere Freude darin empfinde, hierauf detaillierter einzugehen als auf die Kriegshandlungen. Beginnend übrigens am 7. November.

An jenem Tag gelang es in München dem linken Politiker Kurt Eisner, mit wenigen Gleichgesinnten in die Kasernen einzudringen und die dort stationierten Soldaten hinter sich zu bringen. Womit er de facto in Bayern die Staatsgewalt übernahm, um als ersten Paukenschlag den ‚Freistaat Bayern' auszurufen. Damit war der Weg für einen Föderalismus vorgezeichnet. Wenn es in Zukunft eine deutsche Republik geben sollte, dann nur in Form eines föderalen Staates, in dem die einzelnen Länder auch ohne ihre Könige und Bundesfürsten ein deutliches Mitspracherecht für sich beanspruchten. Als sich am Abend dieses Tages ein Demonstrationszug vor der Münchener Residenz versammelte, um die Ablösung des Königs zu fordern und auch noch die Schlosswache attackierte, floh die königliche Familie auf ihr Schloss Anif im Salzburger Land.

In Berlin bereitete am 8. November der SPD-Führer Friedrich Ebert für den kommenden Tag einen Generalstreik vor, um auch hier einen Politikwechsel zu erzwingen. Auch in der Obersten Heeresleitung war man sich an diesem Tag bewusst, es musste etwas geschehen. Insofern verfügte Feldmarschall v. Hindenburg zur Beurteilung der Stimmung der kämpfenden Truppen für den kommenden Tag die Abordnung je eines Frontoffiziers von jeder Division der Westfront in das sich im belgischen Spa befindliche Hauptquartier. Auch holte an diesem Tag in Magdeburg der Reichstagsabgeordnete Harry Graf Kessler den dort seit einem Jahr internierten polnischen Sozialisten Pilsudski ab, um ihn auf der Rückreise nach Polen zu begleiten. Kaum war der nach Polen zurückgekehrt, avancierte er zum Vorläufigen Staatschef Polens, um eine grundsätzliche gesellschaftliche Umgestaltung einzuleiten, die für die nächsten drei Jahre auch zu einem Grenzkonflikt mit Polen führte. Alles deutete also an diesem Tag darauf hin, dass der morgige 9. November zum Schicksalstag der Nation werde. Wer setzte sich gegen wen durch? Das war die allseits diskutierte Frage. Und vor allem, würde ein Regimewechsel friedlich zu bewerkstelligen sein?" „Mensch, du machst es ja echt spannend."

„Am 9. November versammelten sich frühmorgens die abkommandierten Frontoffiziere in Spa, um über die vom Feldmarschall aufgeworfene Frage abzustimmen, ob sie bereit wären, in Gewaltmärschen gegen die in der Heimat Demonstrierenden militärisch vorzugehen. Der nur wenige hundert Meter davon entfernt weilende Kaiser wartete fieberhaft auf deren Entscheidung. Derweil strömten die ersten streikenden Berliner Arbeiter mit Plakaten ‚Brüder! Nicht schießen' vor den Reichstag, die Reichskanzlei und das Schloss. Die Abdankung des in Spa verweilenden Kaisers ließ weiter auf sich warten, bis dem Kanzler der Geduldsfaden riss, um auch ohne entsprechende Informationen aus Spa in einem zweiten Paukenschlag die Abdankung des Kaisers einfach zu verkünden. Anschließend übergab er die Regierungsgeschäfte an den SPD-Vorsitzenden Friedrich Ebert als Führer der stärksten Reichstagspartei. Ebert bat den scheidenden

Kanzler, als ‚Reichsverweser' dem Land als eine Art Ersatzkaiser so lange zu dienen, bis der älteste Kaiserenkel volljährig sei und dessen Nachfolge antreten könne. Doch Prinz Max v. Baden lehnte ab. Damit war die Entscheidung für die Abschaffung der Monarchie besiegelt." „Warum stellte sich denn Prinz Max von Baden hierfür nicht zur Verfügung?", will Bernd erstaunt wissen. „Ich vermute, weil die Kaiserin ihm androhte, der Öffentlichkeit preiszugeben, dass er schwul war. Was damals als ehrenrührig galt." „Das glaub ich nicht. Wegen des Streites zweier Vettern ging letztlich die Monarchie unter. Das ist ja wirklich unfassbar", befindet Bernd, sich dabei mit beiden Händen an den Kopf packend.

„Über die Machtübergabe an Ebert war sein Mitstreiter, der SPD-Politiker Scheidemann, so beglückt, dass er in den Reichstag eilte, um von dort aus die ‚Deutsche Republik' auszurufen. Dies behauptete er zumindest später in seinen Erinnerungen. Laut des Historikers Machtan fanden sich dafür allerdings keine Zeitzeugen. Denn die erinnerten sich lediglich daran, dass er den Sturz der Dynastie verkündete. Ist aber auch wurscht, so funktioniert das Narrativ der Geschichte halt. Was jedoch überliefert ist, war, dass wenig später der USPD-Führer Karl Liebknecht am Stadtschloss die ‚Freie Sozialistische Republik' ausrief.

Nun erst endete die Befragung der Frontoffiziere, die mehrheitlich nicht dazu bereit waren, an der Spitze ihrer Truppen gegen das eigene Volk zu kämpfen. Der Kaiser erfuhr hiervon beim Mittagessen wie auch von der bereits in Berlin verkündeten Abdankung. Den ganzen Nachmittag und Abend verbrachte er in Gesprächen mit seinen Vertrauten, um zu beraten, wie er auf diese Ungeheuerlichkeiten reagieren sollte. Gar nicht bemerkend, dass eigentlich der Drops längst gelutscht war. Insofern befand Bundespräsident Steinmeier in der Gedenkstunde des Deutschen Bundestages zur Hundertjahrfeier des 9. Novembers 1919 zu Recht, ‚der Tag sei zwar auf der Landkarte der deutschen Erinnerungsorte verzeichnet, habe aber nicht den Platz gefunden, der ihm zusteht'.

Am frühen Morgen des 10. Novembers begab sich der Kaiser – bedrängt von vielen jüngeren Offizieren, die angesichts der sich überall gründenden Soldatenräte um seine Sicherheit besorgt waren – ins Holländische Exil. Damit endete als dritter Paukenschlag die uns seit der Bronzezeit in Atem haltende Monarchie. Ebert machte dem Führer der USPD das Angebot, SPD und USPD sollten einen gemeinsamen ‚Rat der Volksbeauftragten' bilden, bis eine Nationalversammlung über die Zukunft des Landes entweder als parlamentarische oder als sozialistische Republik entschied. Der Führer der USPD Hugo Haase willigte ein, nicht zuletzt, weil dieser ‚Rat der Volksbeauftragten' nach allgemeinem Verständnis die exekutive, legislative wie richterliche Macht innehatte. Noch am Abend wurde ein ‚Berliner Rätekongress' einberufen, der das Konzept Eberts mehrheitlich guthieß. Damit galt auch die Übergangsregierung des ‚Rates der Volksbeauftragten' als sanktioniert!

Ebert wusste, dies war letztlich nur ein Etappensieg. Denn nun brach der interne Machtkampf zwischen SPD und USPD mit voller Härte auf. Insofern suchte er nach Verbündeten. Als der neue Generalstabschef Groener mit ihm am Abend telefonierte, um Ebert zu versichern, ihn als neuem Kanzler anzuerkennen, entschloss sich Ebert zu dem mutigen Schritt, auch er wolle die Oberste Heeresleitung weiter akzeptieren, um die Truppen kurzfristig in die Heimat zurückzuholen. Damit hatte sich nach dem friedlichen Sturz des alten Regimes am Tage zuvor – aus einem für uns Deutsche typischen ‚Anti-Chaos-Reflex' – sowohl die zivile wie die militärische Macht wieder geordnet.

Dramatischer sah es jedoch an diesem Tag in Compiègne aus. Als dort der Gesandte der deutschen Regierung Erzberger vom französischen Marschall Foch in einem Eisenbahnwaggon empfangen wurde, schlug ihm blanker Hass entgegen. Ihm wurde mitgeteilt, es gäbe nichts zu verhandeln. Entweder er unterzeichne oder man werde den Krieg bis zum bitteren Ende fortsetzten. Die alliierten Forderungen waren knallhart. Erstens hatten die Deutschen binnen 15 Tagen sämtliche Truppen nicht nur ins Reich zurückzuführen, sondern auch Elsass-Lothringen und das Rheinland bis zum Rhein zu räumen. Zudem bestanden die Alliierten auf drei rechtsrheinischen Brückenköpfen in

Köln, Koblenz und Mainz. Zweitens hatten die Deutschen sämtliches schweres Kriegsgerät abzuliefern. Und drittens mussten sie nicht nur 50.000 Eisenbahnwaggons samt Loks aushändigen, sondern auch alle Hochseeschiffe an die Alliierten zwangsverchartern. Erzberger versuchte, insbesondere den letzten Punkt aufzuweichen, da er ahnte, dass die Alliierten gedachten, bis auf Weiteres ihre Hungerblockade gegen Deutschland fortzusetzen. Immer wieder biss er auf Granit. Den ganzen Tag über stellte er immer neue Rückfragen, um die Bestimmungen wenigstens durch deren Beantwortung irgendwie einzuschränken. Doch bis Mitternacht konnte er letztlich wenig erreichen. Der amerikanische Präsident Wilson hatte letztlich die Deutschen mit seinem 14-Punkte-Plan getäuscht, weshalb ihn der Historiker Manfred Berg als ‚salbungsvollen, scheinheiligen Heuchler' bezeichnete. Inzwischen setzt sich auch in den USA die Erkenntnis seiner Charakterschwäche durch, da er, obwohl er von vielen Afroafrikanern mit falschen Versprechungen gewählt, ausgerechnet diese mit einer Verschäfung der Rassentrennung vor den Kopf stieß. Jedenfalls sollte sich seine Scheinheiligkeit bei der Friedensvermittlung für uns Deutsche als belastend erweisen, Denn nun, als es an den Verhandlungstisch ging, war von der amerikanischen Politik nichts mehr zu sehen. Eine typisch amerikanische Eigenart an den Tag legend, für die die USA heute noch bekannt sind. Ebenso effizient im militärischen Eingreifen wie hilflos in der Neuordnung politisch stabiler Strukturen.

Damit komme ich zum traurigen 11. November. In den frühen Morgenstunden unterzeichnete Erzberger mit ausdrücklicher Zustimmung des Kanzlers Ebert und des Oberbefehlshabers v. Hindenburg das als Diktat ausgestaltete Waffenstillstandsabkommen, womit der Krieg als vierter Paukenschlag noch an diesem Tag um 11:00 Uhr endete. Ein Krieg, der rund zehn Millionen Soldaten das Leben kostete. Infolge der knapp 4 Millionen deutschen Gefallenen und ebenso großen Schar von Kriegsversehrten wurde nahezu in jedem Haus getrauert.

Damit sind wir am 12. November angelangt. Der Rat der Volksbeauftragten veröffentlichte einen Aufruf, der im Grunde nichts anderes war als ein weitreichendes, die Regierung selbst verpflichtendes Grundsatzprogramm. Denn darin wurden die Aufhebung der Zensur, die Einführung der Meinungs- und Versammlungsfreiheit, die Festlegung eines Acht-Stunden-Tages und das Wahlrecht für Frauen verkündet. Der USPD Politiker Dittmann sprach später von der ‚Magna Charta der Revolution'. Insofern will ich diesen Aufruf als den fünften Paukenschlag bezeichnen, denn diese grundsätzlichen Entscheidungen des Rates erhielten unmittelbare Gesetzeskraft.

Damit fehlt nur noch der Verweis auf den 15. November 1918, an dem sich mit dem ‚Stinnes-Legien-Abkommen' ein sechster Paukenschlag ereignete. Mit diesem erkannten sich nämlich 21 Arbeitgeberverbände und 7 Gewerkschaften gegenseitig an. Sich dabei in die Hand versprechend, zukünftig mit kollektiven Tarifverträgen und der Vereinbarung von Schlichtungsstellen die Arbeit tarifvertraglich zu gestalten. Nicht, dass hiervon die Unternehmer beglückt waren, doch sahen sie die Anerkennung der Gewerkschaften offenbar als das kleinere Übel an als die mögliche Enteignung ihrer Betriebe nach russischem Vorbild.

Unsere Revolutionswoche hatte mit sechs Paukenschlägen am 7., am 9., am 10., am 11., am 12. und am 15. November ausgereicht, um den Föderalismus zu verankern, die Monarchie abzuschaffen, die zivile und militärische Ordnung wieder zu festigen, einen Waffenstillstand zu schließen, Grundrechte zu verkünden und die Tarifautonomie einzuführen. Wen wundert es, dass ich diese Revolutionswoche als wesentlichen Meilenstein des Dienstages ansehe. Zumal sie vollkommen friedlich verlief!" „Ich dachte immer, der 9. November stünde allein für unsere erste friedliche Revolution im Jahre 1989." „Ne, mein Lieber, der 9. November 1918 war ebenfalls friedlich und mindestens genauso bedeutsam wie der 9. November 1989. Erst später verlor dieser Tag unter dem Schatten des Versailler Vertrages seinen Glanz, sodass Tucholsky später sogar bestritt, dass überhaupt eine Revolution stattgefunden habe. Nachdem die Nationalsozialisten die Weimarer Verfassung gar noch gänzlich aushebelten, setzte sich später die Begrifflichkeit der ‚vergessenen Revolution' durch.

Damit folgte die zweite Phase des Dienstagnachmittags. Nämlich der Richtungskampf um den neuen Kurs der ‚prärepublikanischen Übergangszeit', beginnend am 16. November 1918. Man lebte im ‚Traumland der Waffenstillstandsperiode', wie Ernst Troeltsch diese Monate bezeichnete. Allein mit dem Richtungskampf über den neuen Kurs beschäftigt wie auch mit sich selbst, um die leere Psyche durch ausgelassene Feiern wieder aufzutanken. Der amerikanische Präsident hatte die Einführung einer deutschen Republik gefordert, doch damit war natürlich noch längst nicht ausgemacht, wie eine solche aussehen könnte. Immer unversöhnlicher standen sich die Vertreter der USPD und SPD gegenüber. Während die Sozialdemokraten die Einführung einer demokratischen Republik anstrebten, hatten die Sozialisten die Umgestaltung in eine Räterepublik nach dem russischen Vorbild im Sinn, eine ‚Diktatur des Proletariats', geprägt von der Verstaatlichung der Wirtschaft. Das wiederum lehnten die SPD-Anhänger ab, die – wie in Russland – eine erbarmungslose Verfolgung Andersdenkender befürchteten.

Die beiden Flügel suchten und fanden einen Kompromiss, indem der Rat der Volksbeauftragten die Einsetzung einer unabhängigen Kommission beschloss, um die Vergesellschaftung von Industriezweigen und den Aufbau einer republik-loyalen Truppe vorzubereiten. Beide Konzepte wurden jedoch nur halbherzig verfolgt, was die USPD zunehmend erboste. Am 6. Dezember zog ein gewaltiger Demonstrationszug der Linken durch Berlin, der in einem Blutbad endete und 14 Demonstranten das Leben kostete. Während sich die beiden politischen Fraktionen immer mehr beharkten, gelang dem deutschen Generalstab ein von den Alliierten nicht für möglich gehaltener geordneter Rückzug aller Truppen aus den zu entmilitarisierenden Gebieten. Was die Alliierten geradezu erzürnte! Denn sie hatten mit Hunderttausenden Kriegsgefangenen gerechnet.

Alles blickte nun gespannt nach Berlin, wohin für Mitte Dezember ein bundesweiter Rätekongress einberufen wurde, um die Entscheidungen der Berliner Räte zu sanktionieren. Am 16. Dezember 1918 kam der sich aus 490 Delegierten zusammensetzende

‚Allgemeine Rätekongress' zusammen. Schon dessen Zusammensetzung galt als Vorentscheidung. Denn rund 300 der knapp 490 Delegierten gehörtem dem Flügel der SPD an. Liebknecht und Luxemburg erhielten kein eigenes Mandat. So nimmt es kein Wunder, dass alle bisherigen Entscheidungen des Rates der Volksbeauftragten unter der Leitung Eberts mit einer deutlichen Mehrheit abgenickt wurden. Allerdings trafen die Delegierten zwei weitere Entscheidungen. Zum einen entschloss man sich, dem Rat der Volksbeauftragten ein Aufsichtsgremium zur Seite zu stellen, den sogenannten ‚Zentralrat der Arbeiter- und Soldatenräte', um die von Ebert angeführte Regierung fortlaufend zu kontrollieren. Und zum anderen gab man grünes Licht für die von Ebert vorgeschlagene allgemeine Wahl zur ‚verfassungsgebenden Nationalversammlung' im Januar 1919.

Das war das Ende der sozialistischen Träume der USPD. Rosa Luxemburg und Karl Liebknecht beschlossen noch während der Tagung, die neue Zeitung ‚Rote Fahne' herauszugeben, die offen eine sozialistische Gesellschaft nach russischem Vorbild propagierte. Wenige Tage später gründeten Rosa Luxemburg und Karl Liebknecht die Kommunistische Partei Deutschland KPD. Die im Schloss untergebrachte ‚Volksmarine-Division' suchte derweil als Schutztruppe der Regierung ausgerechnet Ebert mit hohen Soldzahlungen zu erpressen. Dazu nahm sie am 23. Dezember den Berliner SPD-Stadtkommandanten Otto Wels fest und drang anschließend in die Reichskanzlei ein, um auch Friedrich Ebert festzusetzen. Nun erschienen konservative Freikorps-Truppen, die das Schloss und die Reichskanzlei beschossen. Worauf die Volksmarine-Division Otto Wels wieder freiließ. Man einigte sich auf einen Truppenabzug aus Berlin, worauf sich am 24. Dezember vereinbarungsgemäß sowohl die Freikorps wie auch die Volksmarine-Division aus Berlin zurückzogen. Damit blieb die Regierung ungeschützt in der Reichskanzlei zurück. Was der USPD ein willkommener Anlass schien, um am folgenden 25. Dezember die Reichskanzlei stürmen zu wollen. Der SPD-Politiker Otto Wels trommelte daraufhin tausende SPD-Anhänger zu einer Protestkundgebung zusammen, um dies noch im letzten

Moment zu verhindern. Das führte zum endgültigen Bruch zwischen Sozialdemokraten und Kommunisten.

Am 5. Januar zettelten die Kommunisten den ‚Spartakus-Aufstand' mit dem Ziel einer gewaltsamen Absetzung der verhassten SDP-Führung an. Fußend auf dem alten Mythos des römischen Sklaven Spartakus, der sich einst gegen Rom erhob. Die SPD-Regierung floh. Am 6. Januar war Berlin weitestgehend in den Händen der Aufständischen. Käthe Kollwitz schrieb treffend, ‚wir haben keinen Krieg mehr, aber es ist auch noch kein Friede'. Ebert war sich über den Ernst der Lage bewusst, ‚Gewalt könne nur mit Gewalt bekämpft werden'. Worauf sich der SPD-Politiker Gustav Noske dazu bereit erklärte, am 11. Januar 1919 als ‚Bluthund' an der Spitze der Freikorps mit diesen Regierungstruppen wieder in Berlin einzurücken. Noske ließ den Freikorps bei der Niederschlagung freie Hand, um sicherzustellen, dass die Wahlen zur Nationalversammlung doch noch stattfinden konnten. Die gingen brutal gegen die Aufständischen vor, bis der letzte Widerstand am Abend zusammenbrach. Nun folgten Säuberungsaktionen, in denen auf Befehl des Offiziers Waldemar Papst die KPD-Köpfe Karl Liebknecht und Rosa Luxemburg kaltblütig ermordet wurden. Damit fanden die Wahlen zur ‚Verfassungsgebenden Nationalversammlung' wie vorgesehen am 19. Januar 1919 statt, mit denen die zweite Phase der ‚präreplikanischen' Übergangszeit endete.

Für die Mehrheit der Jedermanns war dies ein Sieg der Vernunft, für eine Minderheit eine ‚verratene Revolution'. Erst jetzt nahmen die Jedermanns den außenpolitischen Druck wahr, der auf ihnen lastete. Denn nicht nur am 16. Januar 1919, sondern bereits am 13. Dezember unternahm der französische Marschall Foch Eisenbahnreisen quer durch Deutschland, um den Jedermanns zu drohen, die Waffenstillstandsbedingungen der erzwungenen Abrüstung zügig umzusetzen, da zu diesen Terminen jeweils der Waffenstillstand endete. Um den Waffenstillstand dann doch jeweils um vier Wochen zu verlängern. Ein letztes Mal sollte er am 16. Februar eine solche Reise nach Deutschland unternehmen. Doch zu diesem Zeitpunkt hatte das Volk die Nationalversammlung gewählt, die den sich in Vorbereitung befindlichen Friedensvertrag ratifizieren sollte.

Mit der Wahl zur Nationalversammlung am 19. Januar 1919 begann die dritte Phase der ‚prärepublikanischen Übergangszeit' des Dienstagnachmittags, in der die ‚Grundsatzentscheidungen der Nationalversammlung' im Mittelpunkt des politischen Interesses standen. Eine Zeit, in der die Abgeordneten ganze sechs Monate über den Verfassungsentwurf debattierten, der ihnen wenige Tage vor ihrem ersten Zusammenkommen vom Innenstaatssekretär Hugo Preuß vorgelegt wurde.

Die Nationalversammlung kam erstmals am 6. Februar 1919 zusammen, wo die Abgeordneten zum ersten Mal mit ‚meine Herren und Damen' begrüßt wurden. Was bei den einen für Heiterkeit sorgte, während sich andere hierüber lautstark mukierten. Übrigens nicht im politisch aufgeheizten Berlin, sondern in Weimar, von Ebert auch als politisches Signal gedacht, an den von Goethe und Schiller geprägten ‚Geist von Weimar' anknüpfen zu wollen. Nach der Wahl des Parlamentspräsidenten wurde am 11. Februar 1919 Friedrich Ebert zum Reichspräsidenten gewählt, der zwei Tage später seinen SPD-Vize Philipp Scheidemann zum ‚Reichsministerpräsidenten' ernannte. Wie sollte die Demokratie aussehen? Von der damals selbst unser Literat Thomas Mann in seinen ‚Betrachtungen eines Unpolitischen' behauptete, ‚Demokratie funktioniere bei uns nicht – aufgrund unserer anders als in England verlaufenen geschichtlichen Entwicklung'. Am 19. Februar war es dann soweit. Marie Juchacz trat als erste Frau ans Rednerpult, um zu befinden: „Es ist das erste Mal, dass in Deutschland die Frau als Freie und Gleiche im Parlament zum Volke sprechen darf, und ich möchte hier festhalten, und zwar ganz objektiv, dass es die Revolution gewesen ist, die auch in Deutschland die alten Vorurteile überwunden hat. Sie hat den Frauen gegeben, was ihnen bis dahin zu Unrecht vorenthalten worden ist." Damit ging der lange Weg zu Ende, den 1896 Anita Augsperg, ihre spätere Lebensgefährtin Lida Heymann und Minna Cauer mit dem ‚Internationalen Frauen-Kongress' in Berlin beschritten. Schnell gewöhnten sich die Abgeordneten hieran, denn es gab für sie dringlichere Themen. Wie konnte man überhaupt in Ruhe debattieren, wenn die Versorgung der Bevölkerung angesichts der alliierten Blockade immer drückender wurde? Tausende fanden in diesen Tagen den Hungertot.

Am 2. März 1919 kehrte der ‚Löwe von Afrika' nach Deutschland zurück, geradezu frenetisch von den Berlinern beim Einzug durch das Brandenburger Tor als kolonialer Kriegsheld gefeiert. General Paul v. Lettow-Vorbeck hatte bis Ende November 1918 das deutsche Schutzgebiet Deutsch-Ostafrika gegen eine erdrückende feindliche Übermacht in Guerillataktik verteidigt, ohne je besiegt zu werden, was ihm den Respekt seiner Gegner einbrachte.

Nach der Ermordung des linken Bayerischen Ministerpräsidenten Kurt Eisner im Februar 1919 wählte der Bayerische Landtag im März den SPD-Politiker Johannes Hoffmann zum neuen Ministerpräsidenten. Doch im April rief der USPD-Abgeordnete des Bayerischen Landtages und Vorsitzende des Bayerischen Arbeiter- und Soldatenrates Ernst Niekisch eine Räterepublik aus, um den linken Traum einer sozialistischen Bayerischen Republik gewaltsam durchzusetzen. Zudem erklärte er den Abbruch der diplomatischen Beziehungen Bayerns zum Reich. Das ließ Berlin nicht auf sich sitzen. Anfang Mai 1919 besetzte die ‚weiße Armee württembergischer Freikorps' München, um bei Vergeltungsaktionen 400 Menschen zu erschießen. In dieser Zeit entsandte das bayerische Militär den in der Nachrichtenabteilung tätigen Gefreiten Hitler als Beobachter zur rechtsradikalen DAP. Sein demagogisches Geschick brachte ihn schnell an die Parteispitze, um die Partei bald in NSDAP umzubenennen.

Nicht nur innenpolitisch rang man um den richtigen Kurs. Auch außenpolitisch war es eine unruhige Zeit. Denn an der Ostfront flackerten die Kriegshandlungen zwischen den deutschen Freikorps und Polen wieder auf. In Oberschlesien lieferten sich die vom deutschen Generalstab geführten Freikorps Kämpfe mit den vorrückenden polnischen Soldaten. Wo die Grenze verlaufen sollte, blieb strittig, nicht zuletzt, weil die Deutschen mit ihrer Siedlungspolitik seit Generationen dafür gesorgt hatten, dass sich die polnische und deutsche Bevölkerung immer mehr vermischte.

Doch dieser Konflikt fand bald in den Nachrichten keinen Widerhall mehr, nachdem am 7. Mai eine Nachricht aus Frankreich die Jedermanns schlagartig erstarren ließ. In Paris einigten sich die Alliierten – unter Ausschluss deutscher Vertreter – auf den Text eines Friedensvertrages. Schon zu Beginn der Friedensgespräche hatte der französische Ministerpräsident Pointcaré deutlich gemacht, das Recht hierzu stünde allein den Alliierten zu: ‚Was uns die Autorität verleiht, einen Frieden der Gerechtigkeit zu schaffen, ist die Tatsache, dass keines der von uns vertretenen Völker irgendeinen Anteil an diesem Verbrechen hat.' Doch jeder, der den Friedensvertrag las, hielt den Atem an. Denn das war kein Frieden der Gerechtigkeit, sondern des Hasses. Die Wogen über diesen ‚Gewaltfrieden' schlugen hoch. Vor der Nationalversammlung verkündete Reichsministerpräsident Scheidemann, dass ‚die Hand verdorren müsse, die sich und uns in solche Fesseln legt'. Als die Deutschen über den Vertrag zu verhandeln suchten, lehnten dies die Alliierten ab, was dessen Charakter als ‚Diktatfrieden' der ‚Verewigung des Krieges' offenkundig machte.

Die Mehrzahl der Jedermanns hatte sich zwar damit abgefunden, dass Deutschland im Westen auf Elsass-Lothringen, im Osten auf Posen und Westpreußen sowie in Übersee auf alle Kolonien verzichten musste. Sowie auch damit, dass das Saarland bis auf Weiteres von Frankreich verwaltet und für den Verbleib von Nordschleswig und Oberschlesien Volksabstimmungen angesetzt wurden. Auch machten sie sich keine Illusionen darüber, dass die deutsche Wehrhaftigkeit mit dem Diktat eines 100.000 Mann-Heeres ohne die Wiedereinführung einer ‚allgemeinen Wehrpflicht', mit dem Verbot von Flugzeugen, Panzern und Kanonen und mit der dauerhaften Besetzung der linksrheinischen Gebiete dauerhaft untergraben wurde. Doch was den Deutschen unerträglich erschien, war ihre vermeintlich ausschließliche Kriegsschuld. Mit der Folge, dass hohe Offiziere als Kriegsverbrecher auszuliefern und tiefe wirtschaftliche Beschneidungen zu ertragen waren. Angefangen von der Meistbegünstigungsklausel für die Alliierten über eine weitgehende Auslieferung der Handelsflotte und Beschlagnahme des Auslandsvermögens bis hin zu jährlich zu erbringenden Holz- und Kohle-Lieferungen und hohen finanziellen Reparationsleistungen, über deren Höhe die Alliierten noch gesondert beraten wollten. Die Politiker waren sich weitgehend einig, dieses ‚Versailler Diktat' war der dritte, vom Hass erfüllte Paukenschlag der Epoche, der einzige übrigens, den nicht wir Deutschen verursachten. Theodor Wolff machte in einem Leitartikel mit der Überschrift ‚Nein' auf. Reichsministerpräsident Scheidemann trat am 19. Juni zurück. Tucholsky schrieb im ‚Ulk', ‚Brüder, Brüder, schließt die Reihn!/Brüder! Das darf nicht wieder sein!/Geben sie uns den Vernichtungsfrieden,/ist das gleiche Los beschieden/unseren Söhnen und euren Enkeln./Sollen sie blutrot besprenkeln/die Ackergräben, das grüne Gras?/Brüder, pfeift den Burschen was'.

In der Parlamentsdebatte am 22. und 23. Juni verkündete Scheidemanns Nachfolger Bauer, er sei bereit, vorbehaltlich der Bestimmung zur Kriegsschuld zu unterzeichnen. Noch am gleichen Abend ließ ihn der französische Ministerpräsident wissen, der Vertrag könne nur in seiner Gesamtheit angenommen werden. Da in der nächsten Nacht vom 23. zum 24. Juni 2019 die Annahmefrist auslief, folgten in der Nationalversammlung geradezu dramatische Szenen. Außenminister Müller argumentierte, nicht einen Tag länger als nötig ‚durch diese Hand an der Kehle unseres Volkes' zu warten, um zu vermeiden, dass die ‚von der Weltproduktion an Nahrungsmitteln abgeschnittenen Frauen, Kinder und Greise dahinsiechen'. Generalfeldmarschall v. Hindenburg warnte vor einer Wiederaufnahme der Kampfhandlungen. Mit knapper Mehrheit stimmte schließlich die Nationalversammlung der Vertragsunterzeichnung zu. Noch am gleichen Tag ließ Admiral v. Reuter die gesamte Hochseeflotte mit 11 Linienschiffen, 5 Schlachtkreuzern, 8 Kreuzern und 7 Torpedobooten bei den Orkney Inseln versenken. Die deutsche Friedensdelegation trat ein paar Tage später die Reise in den Spiegelsaal des Versailler Schlosses an. Mit der dortigen Unterzeichnung am 28.

Juni endete formal der Krieg und trat v. Hindenburg als Oberbefehlshaber zurück.

Kurt Tucholsky schrieb in der Weltbühne: ‚Wir haben auszufressen, was ein entarteter Militarismus uns eingebrockt hat. Nur durch völlige Abkehr von dieser schrecklichen Epoche kommen wir wieder zur Ordnung.' Andere machten sich Hindenburgs perfide Bemerkung vor dem parlamentarischen Untersuchungsausschuss zu eigen, das deutsche Heer sei von meuternden Soldaten ‚von hinten erdolcht' worden. Schnell verbreitete sich landauf, landab diese ‚Dolchstoßlegende', auch wenn letztlich kaum Zweifel daran bestanden, dass die Oberste Heeresleitung schon seit dem Spätsommer 1914 die Hauptschuld für einen nicht rechtzeitigen Friedensvertrag trug.

Kaum hatten sich die Abgeordneten von diesem Schock erholt, wandten sie sich ohne Zeitverschub der zweiten Lesung des Verfassungsentwurfs zu. Da sich eine Bundesstaaten-Lösung und nicht ein Einheitsstaat abzeichnete, schlugen einige Abgeordnete die Aufteilung Preußens in mehrere Staaten vor. Insbesondere die Abspaltung des Rheinlandes wurde heftig debattiert. Dann entbrannte ein Streit um die Farben der neuen Flagge. Einige präferierten die preußischen Farben Schwarz-Weiß-Rot, unter denen die Soldaten des Ersten Weltkrieges gekämpft hatten. Andere zogen die Farben der 1848-iger Revolution Schwarz-Rot-Gold vor. Auch debattierte man über die Befugnisse des Reichspräsidenten, die Einführung von Volksentscheiden und die Aufnahme von Grundrechten in die Verfassung. Zudem wurde die Abschaffung der Adelstitel wie in Österreich, die Abschaffung der Todesstrafe und die Erweiterung der Religions- zur Weltanschauungsfreiheit diskutiert." „Was ist das denn?" „Die Weltanschauungsfreiheit sollte einen neuen Weg zwischen dem kaiserlichen Staatskirchentum und der französischen Laicité darstellen." „Ach so."

„Bei diesem großen Strauß an grundsätzlichen Themen grenzt es an ein Wunder, dass die Nationalversammlung schließlich am 31. Juli 1919 die neue Verfassung beschloss, womit die ‚prärepublikanische Übergangszeit' unserer grundsätzlichen Neuorientierung endete. ‚Das ist die wahre Geburtsurkunde des freien Staatswesens', rief Reichsministerpräsident Bauer den Abgeordneten zu, ‚eine neue Zeit beginnt, möge sie auch eine bessere sein.' Ein Ereignis, das laut Bundespräsident Steinmeier mehr gewürdigt werden sollte. Denn ‚dass Bonn nicht Weimar wurde, verdankt es erstens der Tatsache, dass es Weimar gab', und zweitens der Erkenntnis, ‚wie wichtig es ist, Bürger zu haben, die bereit sind, Verantwortung zu übernehmen, wozu es auch heute Mut braucht'." „Mensch Claudia, der Dienstagnachmittag war ja wirklich spannender und nachhaltiger als der Dienstagmorgen", räumt Bernd ein, um ihr anerkennend zuzuprosten. „Sag ich doch." Sie strahlt.

Über die ‚Neuen Schönen Künste'

„Nun endlich, mein Lieber, haben wir den Boden bereitet, um uns den kulturellen Fragen des Dienstages widmen zu können. Warum beeindruckt uns ein Bild oder eine unser Herz erwärmende Formulierung? Wir wissen es nicht. Wir können uns nur selbst auf Entdeckungsreise begeben. Dabei will ich dir wieder behilflich sein.

Die Trivialliteratur ging mit den kriegsbedingten seelischen Verletzungen auf zweierlei Weise um. Die einen stürzten sich auf Heimatromane, die den Jedermanns eine heile Welt vorgaukelten. Die anderen erfreuten sich an Heldengeschichten. Insofern hatten Kriegsromane Hochkonjunktur, aber auch plattdeutsche Kriegsgedichte von ‚Gorch Fock' alias Johann Kinaus, dem der große Durchbruch mit seinem Roman ‚Seefahrt ist not' gelang, die Abenteuer eines aus Finkenwerder stammenden Hochseefischers beschreibend. Ein weiteres großes Werk war die kurz vor seinem Tod veröffentlichte ‚Keunigin von Honolulu', bevor er in der Seeschlacht am Skagerrak sein Leben verlor. Ähnlich erfolgreich war Manfred v. Richthofen mit seinen 1917 veröffentlichten

Heldengeschichten ‚der rote Kampfflieger', um seine Luftkämpfe in seinem rot angemalten Dreifachdecker zu beschreiben. Auch die Serienproduktion von Heinz Brandt ‚der Fremdenlegionär' ist in diesem Kontext aufzulisten. Damit will ich es aber auch bewenden lassen.

Zunehmend ließen sich die Jedermanns durch die Unterhaltungsmusik der Gassenhauer aufheitern, deren Texte immer mehr ins Triviale abglitten. Dazu gehörten ‚die Taube', ‚ach Jott, wat sind die Männer dumm' und ‚Schiebermaxe' von Walter Kollo, ‚da kann kein Kaiser und kein König da was machen' von Claire Waldorf, ‚wenn die Liebe nicht wär' von Walter Bromme, ‚machen wir's den Schwalben nach' von Emmerich Kalman, ‚Piefke in Paris' von Ralph Benatzky und ‚Berlin ich kenne dich nicht wieder' von Rudolf Nelson." „Na endlich kannte ich wenigstens ein paar Lieder", stellt Bernd erleichtert fest.

„Bei den Kinofilmen ragten ‚Engelein' von Urban Gad, ‚Schuhpalast Pinkus' von Ernst Lubitsch, ‚Homunculus' von Otto Rippert, ‚es werde Licht' von Richard Oswald und ‚die Augen der Mumie Ma' von Ernst Lubitsch besonders hervor." „Um ganz ehrlich zu sein, die Kinofilme sagen mir erneut rein gar nichts", äußert sich Bernd ein wenig enttäuscht. „Das wird sich sicherlich am Mittwoch ändern." „Hast du mir schon einmal versprochen." Sie sieht ihn aufmunternd an. „Wird schon noch." Er lässt diese Bemerkung unkommentiert.

Über die ‚Klassischen Schöne Künste'

„Die ‚Klassischen Schönen Künste' hatten es im Kriege schwer. Die Vertreter des bisherigen ‚Impressionismus' und ‚Expressionismus' strebten mit symbiotischem Sendungsbewusstsein aufeinander zu, um miteinander im ‚Im-Expressionismus' zu verschmelzen. Sich damit letztlich an der Vergangenheit orientierend. Andere begannen, sich radikal gegen die grausame Welt aufzulehnen, um nach neuen Wegen und Kunstformen zu suchen, die wir heute als ‚Frühavantgarde' bezeichnen. Geprägt vor allem vom ‚Dadaismus', einem Kunstbegriff, der – möglichst banal klingend – die gesellschaftlichen Grenzen bisheriger Normen und Ideale sprengen sollte. Die Architektur kam ganz überwiegend zum Erliegen. Da im Ersten Weltkrieg der Krieg zumeist auf ausländischem Boden stattfand, boten nur die Zerstörungen in Ostpreußen einen Anlass, darüber zu diskutieren, wie man dort die Baulücken wieder füllen wollte. Während die einen an den Wiederaufbau der mittelalterlichen Stilformen dachten, war es Hermann Muthesius, der den Weg zur ‚Frühavantgarde' ebnete, indem er forderte, Menschen des zwanzigsten Jahrhunderts könnten nicht so tun, als ob sie Menschen früherer Epochen seien und sich deshalb in gotischen Gebäuden wohlfühlen. Worauf er vorschlug, ‚alle Gebäude, die kein neuzeitliches Gewand haben, können weg'. Mit anderen Worten, er war bereit, ganz im Sinne der ‚Frühavantgarde' nach vorne zu stürmen.

Auch in der Malerei gab es sowohl Vertreter des ‚Im-Expressionismus' als auch der ‚Frühavantgarde'. Protagonisten des ‚Im-Expressionismus' waren Aereboe, Fuhr, Barlach, Klinger, Pechstein, Griebel, Hölzel, Itten, Müller, Heckel, Campendonk und Albers. Der Lübecker Albert Aereboe überraschte mit seinem ‚Selbstbildnis', nicht nur wegen seiner Malkunst, sondern auch der gewählten Proportionen. Xaver Fuhr malte das ‚Segelboot Jutta', Ernst Barlach fand mit den drei für die Lübecker Katharinenkirche geformten Figuren ‚Frau im Wind', ‚der Sänger' und vor allem ‚der Bettler' seinen ihm eigenen Stil wie auch Max Klinger, der 1917 seinen berühmten Klingerbrunnen vor dem Naumburger Oberlandesgericht schuf. Max Pechstein begeisterte mit seinem Werk ‚Tanz', Otto Griebel mit seiner ‚Verschleierten', Adolf Hölzel mit seinen berühmten Fensterzyklen für Pelikan und Bahlsen in Hannover, Johannes Itten mit seinem soldatisch geprägten ‚Bach-Sänger', Erich Heckel mit seinen provokanten ‚Häusern am Morgen' und Josef Albers mit seinem grellgrünen Stillleben ‚Pagode'.

Die Protagonisten der ‚Frühavantgarde' suchten dagegen in der abstrakten Kunst einen Neuanfang, um mit der Kunst, wie Paul Klee befand, ‚der zunehmend traumatisierenden Welt eine immer abstraktere Kunst als Kontrapunkt gegenüberzustellen'. Zu diesen zählten Klee, Müller, Arp, Leger und Kokoscha. Paul Klee begeisterte mit seinem ‚Föhn im Marc'schen Garten' und Albert Müller mit seiner ‚abstrakte Komposition'. Noch extremer gerierten sich die Dadaisten. 1916 gegründet von dem in die Schweiz emigrierten Schriftsteller Hugo Ball, der in Zürich das ‚Cabaret Voltaire' eröffnete. Einer der Anhänger dieses neuen Stils war Hans Arp, der sich mit diesem ‚sein Deutschtum abgewöhnen' wollte. Während sich Ferdinand Leger und Oskar Kokoschka mit ihren ‚dadaistischen' Kollagen auf die ‚Verrohung der Menschheit' fokussierten.

Die klassische Musik brach sowohl in ‚im-expressionistischen' Werken als auch der ‚Frühavantgarde' hervor. Zur ersten Gruppe gehörten die Komponisten Reger und Pfitzner. Max Reger komponierte seine wohlklingenden Motetten und Orgelwerke und Hans Pfitzner seine 1917 uraufgeführte Oper ‚Palestrina'. Er war mit ihr erfolgreich, weil er sich damals als ein bewusst antimodernistischer Komponist gegen die ‚neue Ästhetik der musikalischen Impotenz' der Unterhaltungsmusik wie Avantgarde auflehnte. Ganz andere Wege beschritt Arnold Schönberg, der das Fragment eines Oratoriums namens ‚die Jakobsleiter' nach einer eigenen Dichtung vertonte, um mit der ‚Früh-Avantgarde' die Grenzen der Tonalität immer weiter zu strapazieren.

Auch in der Literatur erfreuten sich sowohl Werke des ‚Im-Expressionismus' als auch der ‚Frühavantgarde' großer Beliebtheit. Zur ersten Gruppe gehörten Literaten wie Flex, v. Hellingrath und Lichtenstein. Walter Flex dichtete seine ‚Wildgänse'. ‚Wildgänse rauschen durch die Nacht/mit schrillem Schrei nach Norden./Unstäte Fahrt! Habt acht! Habt acht,/die Welt ist voller Morden.' Norbert v. Hellingrath beschrieb, als Soldat vom Dauerbeschuss geprägt, die ‚seltsame Doppelheit, die Wesen und Rätsel der Deutschen ist'. Alfred Lichtenstein verfasste in den ersten Kriegstagen seinen ‚Abschied'. ‚Vorm Sterben mache ich noch mein Gedicht./Still, Kameraden, stört mich nicht./Wir ziehn in den Krieg. Der Tod ist unser Kitt./O, heulte mir doch die Geliebte nit./Am Himmel brennt das brave Abendrot./Vielleicht bin ich in dreizehn Tagen tot.'

Ganz andere Wege gingen die Protagonisten der ‚Frühavantgarde' Stramms, Kraus und Heym, mit denen der von Sprachkollagen gekennzeichnete Dadaismus Einzug in unserer Literatur fand. August Stramms ‚Weltwehe' prägte die regelmäßige Wiederholung des ‚Leben leben'. Karl Kraus analysierte in den ‚letzten Tagen der Menschheit' eine Bewusstseinsspaltung der Deutschen zwischen idealistischen Tagträumen und Todesangst. Und Georg Heym dichtete, ‚wie Aderwerk gehn Straßen durch die Stadt,/unzählig Menschen schwemmen aus und ein,/und ewig stumpfer Ton vom stumpfen Sein/eintönig kommt heraus in Stille matt'. Damit erkläre ich den Dienstag für beendet.

Mittwoch der Weimarer Republik (1919–1932)

Der Mittwoch begann im August 1919 mit dem Inkrafttreten der Weimarer Verfassung. Anders als in der Bundesrepublik sah die Verfassung vor, dass der vom Volk gewählte Reichspräsident und nicht der Reichstag den Kanzler ernannte. Ich habe daher beschlossen, dass du dir nicht die Namen der vielen Kanzler merken musst, sondern lediglich die der beiden Reichspräsidenten. Denn diese setzten nicht nur unsere Kanzler ein, sondern waren zugleich Oberbefehlshaber der Reichswehr und verfügten über das Recht, zum Schutz der Republik notfalls auch gegen das Parlament Notverordnungen zu erlassen. Mit anderen Worten, sie waren die politisch wichtigsten Entscheidungsträger des Reiches. Ich will meine Erzählung über den Mittwoch in drei Teile unterteilen.

Der Mittwochmorgen war wirtschaftlich gesehen gekennzeichnet von einem kontinuierlichen Abwärtsstrudel. Aufgrund der alliierten Belastungen war Finanzminister Matthias Erzberger gezwungen, grundsätzliche Wirtschaftsreformen zu initiieren, um das Bündel der tief einschneidenden Belastungen des Friedensvertrages, der Kriegsschulden, der industriellen Umstrukturierung weg von der Rüstungsindustrie und der Belastungen hoher Witwen- und Invalidenrenten stemmen zu können. Denn neben den 700.000 Kriegsversehrten gab es 500.000 Millionen Kriegswitwen und 1,2 Millionen Kriegswaisen. Erzberger schuf nicht nur eine reichseinheitliche Steuerverwaltung, sondern fusionierte die Staatsbahnen, führte eine Vermögenssteuer für Kriegsgewinnler und die Erbschaftssteuer ein. Besonders erzürnte viele das sogenannte ‚Reichs-Notopfer', mit dem Unternehmen zur Kasse gebeten wurden. Denn diese gaben das Notopfer einfach in Form höherer Preise an ihre Kunden weiter. Worauf eine Inflation einsetzte, die Erzberger als einstigen Unterzeichner des Waffenstillstands nun endgültig in den Augen breiter Bevölkerungskreise untragbar machte. Er wurde beleidigt und verhetzt, um sich in einem vielbeachteten Beleidigungsprozess gegen diese Anfeindungen gerichtlich zur Wehr zu setzen. Um letztlich am Tage der Urteilsverkündung von einem Extremisten ermordet zu werden.

Im September 1919 fand in Dresden der erste Evangelische Kirchentag statt, um eine alle evangelischen Kräfte bündelnde Synode zu schaffen. Doch die evangelischen Landeskirchen waren froh, nicht mehr wie im Kaiserreich dem Staatsoberhaupt zu unterstehen. So wehrten sie sich gegen jede neue Form der Hierarchie und befanden, der Kirchentag sei ein geeigneter synodalen Bund. Im Dezember 1919 war es Marie Juchacz, die unter dem Motto ‚Seit an Seit' die ‚Arbeiterwohlfahrt' gründete. Noch immer wütete die zweite Welle der größten Pandemie seit dem Mittelalter namens ‚Spanische Grippe', die letztlich weltweit 50 Mio. Tote fordern sollte. Der übrigens ein halbes Jahr später auch Max Weber als prominentestes Opfer nach einer zweimonatigen ‚Bronchitis' erlag, nachdem er wochenlang Fieber hatte, bis er zu phantasieren begann, um in verschiedenen Sprachen mit imaginären Feinden zu disputieren und schließlich mit der Feststellung ‚das Wahre ist die Wahrheit' zu verbleichen.

Nicht nur die öffentliche Bildungspolitik wurde neu ausgerichtet. Es gab zudem eine bemerkenswerte private Bildungsinitiative des Zigarettenfabrikanten Emil Nolts, der für seine Arbeiter in der Stuttgarter Waldorf-Astoria-Zigarettenfabrik eine erste Betriebsschule errichtete, die auf Anregung Rudolf Steiners intellektuell-kognitives Denken und handwerklich-praktisches Wollen gleichberechtigt in einem neuen pädagogischen Konzept förderte. Das war der Beginn der inzwischen über 200 Waldorfschulen bei uns.

Auch im Jahr 1920 kam die Republik nicht zur Ruhe. Im März stachelte der Befehlshaber des Gruppenkommandos I General v. Lüttwitz den erzkonservativen Ostpreußen Wolfgang Kapp zu einem Putschversuch an, um zu verhindern, dass die Anzahl der Heeressoldaten – wie im Versailler Vertrag vorgesehen – auf 100.000 Mann abgebaut wurde. Diese Revolte ging als ‚Kapp-Putsch' in die Geschichte ein, auch wenn der Drahtzieher der dienstälteste General der Weimarer Republik war. Die von dem Personalabbau betroffene ‚Marinebrigade Ehrhardt' besetzte die Reichskanzlei. Kanzler und Minister flohen nach Dresden, das Militär auffordernd, gegen die Putschisten vorzugehen. Doch der ‚Chef des Truppenamtes' – wie der Generalstabschef nun bezeichnet wurde – General Hans v. Seeckt, weigerte sich, ‚Reichswehr auf Reichswehr' schießen zu lassen. Was den Soldaten nicht gelang, erreichten die Arbeiter. Dank eines landesweiten Generalstreiks gab die selbst ernannte Regierung Kapp nach wenigen Tagen auf. Dann wurde es im Ruhrgebiet unruhig, wo die ‚Rote Ruhrarmee' die Macht übernahm, bis sie Ende März 1920 von der Reichswehr gestürzt wurde. Kaum hatte sich die Lage wieder beruhigt, wurden die Jedermanns im Juni 1920 von der alliierten Festlegung der zu zahlenden Reparationen über 270 Milliarden Goldmark geschockt. Der Vertreter der englischen Regierung, der spätere Nobelpreisträger John Keynes, trat noch vor der Übergabe der Bedingungen an Deutschland zurück, wohl wissend, was diese bedeutete.

Auch 1921 blieb die politische Stimmung getrübt. Die Regierung lehnte die Reparationsforderungen ab, da die Annahme den Todesstoß der Republik bedeutet hätte. Worauf französische Truppen die rechtsrheinischen Städte Düsseldorf und Duisburg besetzten. Die Regierung trat zurück, die neue unterschrieb den Reparationsvertrag nach Zustimmung des Reichstages. Entgegen der Regelungen des ‚Versailler Vertrages' wurden – trotz anderslautender Wahlergebnisse – nicht nur die mehrheitlich polnischen, sondern alle Gebiete Oberschlesiens Polen zugeschlagen, was zu einem Aufruhr im dortigen Kohlerevier führte.

1922 schritt die Inflation weiter fort. Dies wiederum animierte Radikale zu Putschversuchen. Die KPD-Führung initiierte in Merseburg und Halle Aufstände, um mit ihrer ‚Märzaktion' die parlamentarische Republik zu stürzen. Im April 1922 gelang zwar Außenminister Walther Rathenau der überraschende Abschluss des ‚Rapallo-Vertrages', mit dem Deutschland und Russland auf gegenseitige Reparationen verzichteten, doch dann fiel Rathenau im Juli 1922 einem Attentat zum Opfer. Worauf die Reichsregierung mit einer Republik-Schutzverordnung reagierte, mit der ultrarechte Vereine verboten wurden. Im Oktober 1922 putschte eine aus Zeitfreiwilligen zusammengesetzte ‚Schwarze Reichswehr' in Norddeutschland.

Nun folgte das schwarze Jahr 1923, das sich bis heute in das kollektive Gedächtnis der Jedermanns tief einbrannte. Als die Deutschen im Januar 1923 den im Versailler Vertrag festgelegten Holzlieferungen nicht im vollen Umfang nachkamen, besetzten 100.000 französische Soldaten über Duisburg und Düsseldorf hinaus das gesamte Ruhrgebiet. Worauf die Regierung den ‚Ruhrkampf' ausrief, die Reparationszahlungen einstellte und die Ruhrgebietler zum passiven Widerstand aufrief. Der Staat übernahm für mehr als zwei Millionen Arbeiter die Gehaltszahlungen. Die alliierten Besatzer beschlagnahmten die Kohlegruben, Stahlwerke und Eisenbahnen und verurteilten die Streikenden reihenweise zu hohen Haftstrafen.

Als die Arbeitslosenquote dort knapp 90% erreichte, begriff Reichspräsident Ebert, ohne eine Große Koalition das Land nicht mehr vor einem größeren Schaden bewahren zu können. Also ging er auf den Chef der konservativen DVP-Partei

Gustav Stresemann zu, um ihn zu bedrängen, in dieser schweren Zeit Verantwortung zu übernehmen." „Ich denke, ich soll mir keine Kanzler aus jenen Jahren merken?", wirft Bernd ein. „Da hast du auch grundsätzlich recht. Aber in diesem Falle ist eine Ausnahme wirklich angebracht." „Wenn du meinst." „Na klar, mein Lieber, denn Gustav Stresemann sprang im August 1923 über seinen Schatten und übernahm schweren Herzens als Kanzler einer ‚Großen Koalition' die Regierungsverantwortung. Nach einem Besuch im Ruhrgebiet entschloss er sich zudem mutig, den Ruhrkampf abzubrechen. Das führte zu tumultartigen Diskussionen im Reichstag, der Kanzler habe damit ein ‚zweites Versailles' verursacht. Worauf jener die Abgeordneten kritisierte, ‚es fehlt uns der Mut zur Verantwortlichkeit'. Er machte sich damit zwar in den eigenen Reihen nicht beliebt, erreichte aber mit seiner ‚Erfüllungspolitik', dass ein militärischer Konflikt vermieden werden konnte. Das sahen die radikalen Kräfte ganz anders.

Im August 1923 folgten separatistische Aufstände in der Pfalz und im Rheinland, im September gab es im Wiesbadener Kurhaus eine Versammlung von Separatisten. Diese wurden von der Polizei inhaftiert, mussten aber auf Druck der französischen Besatzer wieder freigelassen werden. Im September 1923 gor es in Bayern, nachdem der erzkonservative Bayerische Ministerpräsident v. Kahr aus Protest gegen den Abbruch des Ruhrstreiks den Ausnahmezustand ausrief. Womit er als ‚Generalstaatskommissar' diktatorische Vollmachten erhielt.

Nun folgten die ‚Deutschen Oktoberrevolutionen' der Linksradikalen in Sachsen, Thüringen und Hamburg. Kommunisten und Sozialdemokraten schlossen in Sachsen und Thüringen Koalitionen, um sozialistische Republiken nach russischem Vorbild auszurufen und ‚revolutionäre Hundertschaften' aufzustellen. Reichspräsident Ebert erklärte den Ausnahmezustand über das Reich, worauf die thüringische und sächsische Polizei der Reichswehr unterstellt wurde. Anschließend kam es zu Kämpfen gegen die Aufständischen. Auch in Hamburg fanden bei einem Aufstand 24 Kommunisten und 17 Polizisten den Tod, nachdem kommunistische Aufständische unter ihrem Anführer Thälmann 17 Polizeistationen gestürmt hatten. Ende Oktober schließlich waren die Aufstände der Linken niedergeschlagen. Umso empörter waren die Linken, dass das Militär nicht mit gleicher Härte gegen die Bayerischen Putschisten vorging. Dort planten rechte ‚Vaterländische Verbände' unter der Schirmherrschaft des pensionierten Generals Ludendorff, der nach dem ‚Kapp-Putsch' vorsorglich nach München gezogen war, einen Marsch auf Berlin. Diesen suchte die Reichsregierung zu verhindern. Doch der Truppenamtschef General v. Seeckt ließ den Kanzler im Hinblick auf dessen Erfüllungspolitik wissen, ‚mit Männern wie Ihnen ist der Kampf nicht zu führen'. Die Reichsregierung ließ den ‚Völkischen Beobachter' der NSDAP verbieten. Doch der Befehlshaber des bayerischen Wehrkreises General v. Lossow weigerte sich, dieser Anordnung mit Gewalt Folge zu leisten. Worauf ihm der Berliner Truppenamtschef General v. Seeckt den Rücktritt nahelegte. Was den Bayerischen ‚Generalstaatskommissar' kurzerhand dazu veranlasste, General v. Lossow von seinen militärischen Bundespflichten zu entbinden und anschließend als Bayerischen Landeskommandanten wieder einzusetzen.

Reichspräsident Ebert forderte daraufhin vom Truppenamtschef v. Seeckt eine ‚Reichsexekution'. Dieser lehnte erneut einen militärischen Konflikt innerhalb der Reichswehr ab, suchte aber fernmündlich, Druck auf General v. Lossow auszuüben. Der Bayerische ‚Generalstaatskommissar' lud derweil am 8. November 1923 zu einer Versammlung in den Münchener Bürgerbräukeller, zu dem auch General v. Lossow erschien. Hier wurde über eine Abtrennung Bayerns diskutiert, bis sich der NSDAP-Vorsitzende Hitler durch einen Pistolenschuss Gehör verschaffte, um die ‚nationale Erhebung' auszurufen und die Berliner Regierung für abgesetzt zu erklären. Es breitete sich zunächst allgemeine Unruhe aus, als Hitler seinen Trumpf aus dem Ärmel zog. Nun jedenfalls erschien der ehemalige Generalstaatschef v. Ludendorff, der sich den Worten Hitlers anschloss. Das zeigte bei dem ‚Generalstaatskommissar' v. Kahr ebenso Wirkung wie bei dem General v. Lossow. Beide stimmten zu, sich Hitlers Putsch nicht zu widersetzen. Als Kanzler Stresemann hiervon erfuhr, ließ er eine Krisensitzung anberaumen, in der neben Reichspräsident Ebert auch der Truppenamtschef General v. Seeckt erschien. Als jener erfuhr, dass nicht etwa er, sondern der von ihm nicht sonderlich geschätzte bayerische General v. Lossow von den Putschisten zum neuen Reichswehrminister auserkoren sei, änderte er seine Meinung. Jedenfalls forderte General v. Seeckt die in Bayern stationierten Truppen nun unmissverständlich auf, diesen Putsch nicht länger zu unterstützen. Als Hitler an der Seite Ludendorffs zusammen mit seinen Anhängern am 9. November zur Feldherrenhalle marschierte, wurde die Versammlung von der Polizei gewaltsam aufgelöst, eine Aktion, bei der 16 Demonstranten erschossen wurden. Die NSDAP wurde verboten und Hitler in Landsberg inhaftiert, wo er ‚Mein Kampf' schrieb. Damit war auch der Aufstand der rechten Radikalen niedergeschlagen.

Inmitten dieser Auseinandersetzungen von rechts und von links war 1923 der Wert der Mark ins Bodenlose gefallen. Stephan Zweig schrieb später, ‚nichts hat das Land so sehr erbittert, so hasswütig, so hitlerreif gemacht wie die Inflation'. Womit ‚die Tugenden des deutschen Bürgertums hinweggeschwemmt wurden', befand Karl Löwith. Wenige Tage nach dem Marsch auf die Feldherrenhalle veranlasste die Reichsregierung unter Kanzler Stresemann eine Währungsreform, mit der sie die ‚Rentenmark' einführte. Eine nicht mehr auf Goldreserven, sondern über Schuldverschreibungen auf den Grund und Boden gestützte neue Währung. Flankiert durch die Ankündigung der Reichsbank, nur noch Rentenmarkscheine im Wert von 2,4 Milliarden Reichsmark zu drucken. Womit im November 1923 die Inflation zwar über Nacht in sich zusammenbrach, jedoch die meisten ihr Vermögen verloren, denn aus einer Billion Mark wurde gerade einmal eine Rentenmark.

Trotz der Erfolge der Beendigung des Ruhrkampfes, der Niederschlagung der NSDAP in München und der Einführung der Rentenmark fiel Kanzler Stresemann Ende November nach nur rund 100 Tagen einem Misstrauensantrag zum Opfer. Von den Rechten wegen seiner Erfüllungspolitik ebenso verhasst wie von den Linken wegen der Niederschlagung der Revolutionen in Deutschlands Osten. Was Reichspräsident Ebert mit Entsetzen zur Kenntnis nahm. Nein, die Parteien waren nicht mehr bereit, sich auf Kompromisse einzulassen. So viel zum Krisenjahr 1923. Aber immerhin, Stresemann erklärte sich bereit, der Regierung weiter als Außenminister zur Verfügung zu stehen. 1924 stabilisierte sich die wirtschaftliche Lage. Auch wegen weiterer einschneidender Kürzungen. Jedenfalls sah sich die neue Regierung zu unpopulären Entscheidungen gezwungen. Erst senkte sie die Beamtengehälter, dann beschloss sie eine Steuernotverordnung. Die im Ergebnis darauf hinauslief, dass diejenigen ihr Vermögen verloren, die es in Geld angelegt hatten. Dies waren vor allem die kleinen Leute. Während diejenigen, die Sachvermögen in Form von Häusern, Großgrundbesitz oder Aktien an Unternehmen besaßen, bevorteilt wurden. Dies führte zum deutlichen Stimmenzuwachs am rechten wie am linken politischen Rand.

Außenpolitisch gelang Stresemann im August 1924 eine wesentliche Vereinbarung mit den Alliierten, benannt nach dem amerikanischen Finanzexperten Dawes. Bei diesem verpflichteten sich die Alliierten, die jährlichen, immer noch 132 Milliarden Mark umfassenden Reparationszahlungen von der wirtschaftlichen Leistungsfähigkeit Deutschlands abhängig zu machen. Für 1924 einigte man sich auf 1 Milliarde Mark. Zusätzlich stellten amerikanische Gläubiger der deutschen Industrie eine Milliarde Mark als Darlehen zur Verfügung. Im Gegenzug wurde die Reichsbank unter internationale Kontrolle gestellt, um sicherzustellen, dass kein neues Geld gedruckt wurde. Sowie die Reichsbahn als größter Staatsbetrieb, der seine Dividenden zukünftig direkt an die Alliierten abführen musste. Schon bald zeichnete sich eine einsetzende wirtschaftliche Erholung ab. Nur das Parlament war sich oft uneins, sodass Reichspräsident Ebert immer häufiger Notverordnungen verfügte. Das verstärkte bei den Jedermanns leider auch den Eindruck eines ‚Debattierclubs', worauf sich ‚Weimar' zu einer ‚Republik ohne Republikaner' entwickelte. So viel zum Mittwochmorgen.

Mit dem Jahr 1925 begann der Mittwochmittag. Eine Phase eines wirtschaftlichen Aufschwungs, für den sich bald der Begriff ‚Goldene Zwanziger' durchsetzte. Ausgelöst durch keinen anderen als unseren Außenminister Stresemann. Mit seinem auf Entspannung ausgerichteten Memorandum an seinen französischen Kollegen schlug er jenem einen ‚Sicherheitspakt unter Vorherrschaft der USA' vor. Auf diesen Vorschlag ging der französische Außenminister ein. Man verständigte sich auf ein Treffen im Schweizer Locarno. Doch zunächst wandte sich die öffentliche Aufmerksamkeit einem anderen Ereignis zu. Im Frühjahr 1925 verstarb nämlich Reichspräsident Ebert an den Folgen einer Blinddarmentzündung. Die Jedermanns wollten wieder einen starken Präsidenten und wählten ihren ‚Ersatzkaiser', den ehemaligen Generalfeldmarschall Paul v. Hindenburg.

Nach der Außenpolitik entschied sich die Regierung auch zu einem innenpolitischen Kurswechsel, um die NSDAP nach Hitlers Versprechungen wieder zuzulassen, der akzeptierte, fortan nur noch mit legalen Mitteln um die Macht kämpfen zu wollen. Keiner traute Hitler zu, es in nur acht Jahren bis zur Ernennung als Kanzler zu bringen. Zu dessen Erfolg trug sicher auch der Fotograf Heinrich Hoffmann bei, der Hitler in Rednerposen fotografierte und ihm half, sich wirkmächtig in Szene zu setzen. Worauf der bisher medienscheue Hitler mit immer häufigeren Auftritten zum ‚medialen Führer' mutierte.

Im Herbst 1925 gelang Außenminister Stresemann in Locarno wie erhofft eine ‚Verständigung' mit Frankreich, mit der er zwar die Grenzen des Ersten Weltkrieges anerkannte, Frankreich aber im Gegenzug eine friedliche Streitschlichtung akzeptierte und das Ende der Rheinlandbesetzung ins Auge fasste. Ein Ereignis, dass ich als zweiten Meilenstein der Epoche ansehe. Auch wenn darüber die Regierung wieder einmal stürzte. Doch war damit der Weg frei für Deutschlands Aufnahme in den ‚Völkerbund', der Vorläuferorganisation der heutigen UNO. Und schöpften die Jedermanns wieder Zuversicht, was sich konjunkturell positiv auswirkte.

1926 gelang es Stresemann, mit Russland das Abkommen von Rapallo zu schließen, gedacht als Freundschaftsvertrag beider Nationen. Längst eilte Stresemann auch international der Ruf eines auf Verständigung bedachten Politikers voraus. So nimmt es kein Wunder, dass er für die Leistungen der Locarno-Konferenz zusammen mit seinem französischen Amtskollegen den Friedensnobelpreis erhielt. Ein Jahr später wurde der Preis übrigens Ludwig Quidde zugesprochen, der ihn für die Organisation von Friedenskonferenzen bekam. Wirtschaftlich setzte eine breite Erholung ein. Auch getrieben von steigenden Absatzzahlen für Motorräder, dieselbetriebene LKWs und benzinbetriebene PKWs. Nun tauchte in vielen Straßenecken die berühmte ‚Eiserne Jungfrau' auf." „Was ist denn die ‚Eiserne Jungfrau'?" „Eine Flügelpumpe für Benzin, die per Hand bedient werden musste. In den kommenden fünf Jahren wurden landauf, landab mehr als 50.000 Flügelpumpen installiert, die letztlich nichts anderes waren als die Vorgänger der heutigen Zapfsäulen für Elektroautos.

In den ‚Goldenen Zwanzigern' verliebte sich die boomende internationale Filmindustrie in Potsdam. Viele international bekannte Schauspieler verweilten in und um Berlin, sodass sich Potsdam nicht zuletzt wegen seiner billigen Löhne zur Weltmetropole des Films mauserte. Zudem startete der Rundfunk durch. Zunächst geprägt durch Detektor-Geräte. Dann setzten sich Kofferradios als Röhrenempfänger durch. Nachdem bereits zwei Jahre zuvor die Deutsche Welle als staatlicher Sender regelmäßig auf Sendung ging, gab es 1926 bereits neun Radio-Sendeanstalten. Die Menschen fingen an, sich regelmäßig nachts zu vergnügen. Die Jedermanns suchten nach Verdrängung, nach einem Berauschen der Lust. ‚Je höher die Preise stiegen', so George Grosz, ‚umso höher stieg die Lebenslust.' Stefan Zweig beobachtete, überall sah man ‚geschmückte Jungen mit kindlichen Taillen, jeder Gymnasiast wollte sich etwas dazuverdienen'. Die Piloten Ernst Udet und Gerhard Fieseler faszinierten die Menschen auf Luftsportveranstaltungen mit tollkühnen Flügen. Cabarets schossen wie Pilze aus dem Boden, die ‚wilde Bühne', das ‚Schall und Rauch' und das ‚Cabaret Größenwahn' in Berlin sowie die ‚Katakombe' in München. Der Skisport wurde nach Bergfilmen so populär wie das Autorennen auf der Avus oder dem Nürburgring. Sportstadien luden zu Großveranstaltungen ein, die ‚Reichs-Jugendspiele' erblicken das Licht der Welt und Boxen wurde gesellschaftsfähig. Der ‚Daviscup', selbst Polo und Pferderennen lockten Tausende an. Die Reformpädagogik des Jungborns Sonnenland in der Lüneburger Heide wurde gegründet. Nudisten-Zeitschriften schossen aus dem Boden. Therese Vogler schrieb, ‚wir ließen das Dorf hinter uns und schritten (nackt) in den Morgen, mit unbeschwertem Herzen, sonnenselig, wanderfroh'. Neben der als befreiend geltenden Freikörperkultur erfuhr wenig später die aufgeklärte Sexualmoral Magnus Hirschfelds eine Blüte, der die ‚Weltliga für eine Sexualreform' ins Leben rief.

Mitten in diese Aufbruchsstimmung fiel der Volksentscheid zur Fürstenenteignung, die mit 4,5 Mio. Stimmen das nötige mehrheitliche Quorum verfehlte. Nein, die Jedermanns hatten ihren Groll gegenüber dem Hochadel verloren. Sie wollten leben und leben lassen und vom Aufschwung profitieren. Allerdings gab es Mahner, die nicht an eine nachhaltige wirtschaftliche Erholung glaubten. Hans Grimm etwa wollte den Jedermanns in seinem Buch ‚Volk ohne Raum' weismachen, die ‚ewige Armut der Deutschen' sei nur dann zu durchbrechen, wenn es gelänge, den steigenden Lebensmittelbedarf durch zusätzlichen Lebensraum zu erkämpfen. Für Hitler war es zudem eine ausgemachte Sache, dass Deutschland so lange nicht auf die Beine komme, bis das von Juden dominierte internationale Kapital enteignet war.

1927 wurden die Beamtengehälter um 17 % angehoben und beschloss der Reichstag eine Aufstockung der gesetzlichen Leistungen zur Arbeitslosenversicherung. Bei den Reichstagswahlen 1928 erhielt keine Partei eine regierungsfähige Mehrheit, doch nahmen die politischen Ränder nicht weiter zu. Da sich die Parteien nicht auf eine Koalition verständigen konnten, verfiel Reichspräsident v. Hindenburg auf die originelle Idee des ‚Kabinetts der Persönlichkeiten'. Unter Führung des SPD-Politikers

Müller ‚entsandten' die Parteien ‚Beobachter in das Kabinett', die sich schnell zusammenrauften und wesentlich erfolgreicher als erwartet regierten. Vor allem war es erneut unser Außenminister Stresemann, dem es gelang, zum Zustandekommen des Briand-Kellogg-Pakts beizutragen, indem er zwischen dem französischen und dem amerikanischen Außenminister vermittelte. Mit diesem Vertrag sollte fortan der Krieg geächtet werden, mit nicht unerheblichen Folgen für die späteren Nürnberger Kriegsverbrecherprozesse. 1929 verständigten sich die Alliierten in Paris auf eine deutliche Reduzierung der Reparationszahlungen auf 112 Milliarden Mark. Auch begannen sie im August mit der vorzeitigen Räumung des Rheinlandes. Alles Erfolge, die die Jedermanns Stresemann zu verdanken hatten. Der sich nun zu einer Vortragsreihe gegen die borniere NSDAP entschloss. Doch dazu kam es nicht mehr. Denn kurz darauf erlag er, der für seinen Anzug mit den gestreiften Hosen landauf, landab bekannt war, im Oktober 1929 einem Schlaganfall. Die ganze Nation trauerte um den Tod des großen Staatsmannes.

1929 setzte sich der Tonfilm flächendeckend durch, nachdem sich die ‚Küchenmeister-Tobis-Klangfilm-Gruppe' mit ihrer amerikanischen Konkurrentin auf den ‚Pariser Tonfrieden' für ihre Tonbildgeräte verständigte. Damit löste Hollywood Babelsberg als globale Filmmetropole ab. Man ‚lebte fortan in den Kinos'. Doch dann geschah das nicht für möglich Gehaltene. Im Oktober 1929 kam es am sogenannten ‚Schwarzen Freitag' zu Kursstürzen an der New Yorker Börse. Um liquide zu bleiben, zogen die amerikanischen Gläubiger ihre Mittel aus Deutschland ab, sodass es dem Reich nahezu unmöglich wurde, sich am internationalen Markt zu refinanzieren. Womit die fünf ‚goldenen Zwanzigerjahre' endeten." „Kaum zu fassen, dass sie genauso abrupt verschwanden, wie sie zuvor begannen", befindet Bernd erstaunt. „Stimmt.

Der 1930 beginnende Mittwochabend begann mit Massenentlassungen. Bald folgten Hungermärsche und Straßenkämpfe. Mit anderen Worten, von nun an ging es wieder bergab. Im Frühsommer 1930 lag die Arbeitslosenzahl bereits bei drei Mio.

Menschen. Die Montanindustrie verlor knapp die Hälfte ihrer Wirtschaftskraft. Als sich am Jahresende die Zahlungsunfähigkeit des Reiches abzeichnete, erzwang Reichsbankpräsident Hjalmar Schacht Beitragserhöhungen für die Arbeitslosenversicherung. Carl von Ossietzky versteifte sich in der ‚Weltbühne' – ebenso wie Kurt Tucholsky und Karl Kraus in der von ihnen herausgegebenen ‚Fackel' – darauf, die offensichtliche ‚Dummheit, Bosheit, Rohheit und Gewissenlosigkeit der Politik' anzuprangern. Was das Regieren nicht einfacher machte, denn die Politik war für diese Talfahrt letztlich nicht verantwortlich. ‚Wohltaten, Mensch, sind nichts als Dampf,/hol dir dein Recht im Klassenkampf', ließ Tucholsky die Jedermanns wissen. Immer mehr Wirtschaftszweige wurden vom knappen Geld erfasst, während sich die Parteien weigerten, sich auf unpopuläre Kompromisszwänge einzulassen. Nun erst scheiterte das ‚Kabinett der Persönlichkeiten'.

Am 27 März 1930, dem laut Frankfurter Zeitung ‚Schwarzen Tag der Demokratie', setzte Reichspräsident v. Hindenburg daraufhin ein von Heinrich Brüning geleitetes ‚Präsidialkabinett' ein. Nicht mehr gestützt auf das Parlament, sondern ausschließlich auf präsidiale Kompetenzen. Anschließend löste v. Hindenburg das Parlament auf, um Neuwahlen zu verfügen. Doch das Wahlergebnis blieb ernüchternd. Alle Parteien verloren, mit Ausnahme der Nationalsozialisten, die gut 18% der Stimmen auf sich vereinigten und im Oktober 1930 mit ihren braunen Hemden im Reichstag erschienen. Ein ähnliches Bild bot sich auch im Bundesland Preußen, worauf der preußische Ministerpräsident und SPD-Politiker Otto Braun eine ‚Große Koalition aller Vernünftigen' forderte. Doch die Stimmung blieb infolge der Weltwirtschaftskrise getrübt. Nicht zuletzt, nachdem sich die Regierung zu einem rigiden Sparkurs gezwungen sah, gekennzeichnet von einer 6 %igen Senkung der Beamtengehälter, von höheren Steuern und einer Aufstockung der Arbeitslosenversicherungsbeiträge. Dieser Maßnahmenkatalog löste eine Deflation aus, in der die Wirtschaftsnot zur Staatskrise mutierte. Der Reichstag tagte immer seltener. Nach dem 26. März 1931 erst wieder am 13. Oktober. Als im Sommer 1931 das zweitgrößte deutsche

Kreditinstitut, die Danatbank, Konkurs anmeldete, waren massive staatliche Stützungen von einer Milliarde Mark zur Verhinderung der nächsten Staatskrise erforderlich. Tagelang blieben alle Banken geschlossen.

1932 wurde v. Hindenburg als Reichspräsident wiedergewählt, der für die Jedermanns wie ein Fels in der Brandung wirkte. Viele Branchen litten unter der Krise. So die Presse. Nur einer glaubte an deren Zukunft, nämlich Hugenberg, dem es gelang, für wenig Geld nahezu alle Provinzialzeitungen aufzukaufen. Um sich anschließend mit seiner DVP für eine Koalition ausgerechnet mit der NSDAP stark zu machen. Doch die schreckte viele ab. So veröffentlichte Lion Feuchtwanger mit seinem Buch ‚Erfolg' eine bissige Satire auf die NSDAP, während Paul Renner in dem Buch ‚Kulturbolschewismus' kritisch mit der nationalsozialistischen Kunstauffassung abrechnete. Der Zeitgeist hatte sich aber letztlich von der Linken abgewendet.

Parallelgesellschaften entstanden, eine ungeahnte Sprengkraft entfachend. Immer häufiger kam es zu Straßenschlachten zwischen nationalsozialistischen und kommunistischen Demonstranten. Worauf Kanzler Brüning im April 1932 die SA (Sturmabteilung der NSDAP) und SS (Schutzstaffel der NSDAP) verbot. Sein Reichswehrminister v. Schleicher, der seit den Zeiten der Obersten Heeresleitung des Ersten Weltkrieges ein vertrauensvolles Verhältnis zu Reichspräsident v. Hindenburg pflegte, hielt diesen Kurs für falsch und schlug vor, die Nationalsozialisten in die Regierung einzubinden. Hindenburg schwankte und befand, zunächst abzuwarten. Kanzler Brüning weckte mit seiner Teilnahme an den ‚Lausanner Nachfolgeverhandlungen' öffentliche Hoffnungen auf ein Einlenken der Alliierten bei den Reparationsforderungen. Man biss sich in Lausanne jedoch fest. Als er daraufhin im Mai 1932 mit leeren Händen nach Hause kam, löste ihn v. Hindenburg ab. Was sich als tragische Fehlentscheidung entpuppen sollte. Denn Brüning hatte nicht nur in Lausanne einen Umdenkprozess angestoßen, der die Alliierten bald zu einer weitgehenden Aufgabe ihrer Reparationsansprüche veranlasste, sondern zudem auch innenpolitisch ein Konjunktur- und

Arbeitsbeschaffungsprogramm über 800 Mio. Mark geschnürt, um die Wirtschaft wieder in Fahrt zu bringen. Was v. Hindenburg dazu bewog, den schwachen Franz v. Papen zum neuen Kanzler zu ernennen, blieb den Jedermanns unklar. Die Politik v. Papens erwies sich von Anfang an als wenig erfolgreich, zumal er keine Anstalten unternahm, die Wirtschaft anzukurbeln. Ihm spielte allerdings in die Hände, dass die Alliierten ihre Reparationsforderungen auf 3 Milliarden Mark reduzierten. Anstatt diesen finanziellen Spielraum für Konjunkturprogramme zu nutzen, begnügte sich Kanzler v. Papen damit, die SA- und SS-Verbote als vertrauensbildende Maßnahme wieder aufzuheben. Wieder einmal sollte es sich erweisen, dass das Gegenteil von ‚gut' nichts anderes als ‚gut gemeint' ist. Denn nun trieb es die radikalen Nationalsozialisten wieder auf die Straße. Worauf beim ‚Altonaer-Blutsonntag' 19 Demonstranten zu Tode kamen. Vor allem wurde es in Berlin unruhig. Immer wieder kam es zu Polizistenmorden wie im August 1932, als zwei Kommunisten einen Ordnungshüter auf offener Straße erschossen. Einer der Täter war kein anderer als der spätere Stasi-Chef Erich Mielke, der hierfür erst nach der Wiedervereinigung zu einer sechsjährigen Gefängnisstrafe verurteilt wurde, um zwei Drittel der Strafe abzusitzen. Kanzler v. Papen erließ ein allgemeines Versammlungsverbot und entmachtete die preußische, SPD-geführte Landesregierung. Mit diesem verfassungswidrigen ‚Preußenschlag' wurde die öffentliche Kritik am Kanzler immer lauter.

In diesen Tagen legte ein Streik der BVG die Hauptstadt lahm, der gemeinsam von dem NSDAP-Gauleiter Joseph Goebbels und dem KPD-Berzirksvorstand Walter Ulbricht initiiert wurde. Worauf Goebbels bemerkte, er könne es ‚den Kommunisten nicht verdenken, genauso zu denken wie wir'. Präsident v. Hindenburg verfügte im November 1932 Neuwahlen, die jedoch an den Machtverhältnissen im Parlament nichts änderten. Kanzler v. Papen dachte über einen Staatsnotstand nach. Doch Reichswehrminister v. Schleicher hielt diesen für militärisch riskant. Reichspräsident v. Hindenburg befand, ‚er sei zu alt, um am Ende seines Lebens noch die Verantwortung für einen Bürgerkrieg zu übernehmen'. Worauf Reichspräsident v. Hindenburg den Ex-General v. Schleicher zum Kanzler ernannte, der einen Konsens aller Parteien mit Ausnahme der Nationalsozialisten vorschlug. Doch sein Vorgänger im Amt v. Papen dachte nicht daran, sang- und klanglos von der politischen Bühne abzutreten, sondern traf sich mit Hitler hinter dem Rücken des Präsidenten wie des Kanzlers zu Sondierungsgesprächen. In diesen verständigte er sich auf eine Regierung mit nur drei NSDAP-Kabinettsmitgliedern, nämlich Adolf Hitler als Kanzler, Wilhelm Frick als Innenminister und Hermann Göring als Minister ohne Geschäftsbereich, um als Reichskommissar für das preußische Innenministerium de facto die Führung der Polizei im größten Bundesland zu übernehmen. Als v. Papen diesen Verhandlungserfolg Reichspräsident v. Hindenburg präsentierte, versprach er jenem, ‚er halte als Vizekanzler mit seiner Stimmenmehrheit im Kabinett schon jene drei im Zaum'. Worauf sich v. Hindenburg dazu durchrang, Hitler als dem Chef der größten Reichstagspartei am 30. Januar 1933 zum Kanzler zu ernennen. Nur wenigen dämmerte es, dass mit diesem Tag die Weimarer Republik de facto endete. So viel zur Politik.

Über die ‚Neuen Schönen Künste'

Lass mich damit zu den ‚Neuen Schönen Künsten' der Weimarer Zeit überleiten." „Gerne, darauf freue ich mich schon die ganze Zeit. Denn die ‚Goldenen Zwanziger' waren doch kulturell besonders wirkmächtig, oder?" „Kann man so sagen, mein Lieber." Bernd nickt zufrieden. „Lass mich mit der Trivialliteratur beginnen. Sie wurde weiter von Hedwig Cours Maler dominiert, etwa mit ihrem ‚der Scheingemahl'. Felix Graf Luckner veröffentlichte den ‚Seeteufel', seine Abenteuer des Aufbringens feindlicher Schiffe beschreibend, bis er schließlich nach einer dramatischen Flucht mit seinem Seeadler auf einem südpazifischen Riff des Mopelia Atolls zerschellt und auf Wakaya in Gefangenschaft gerät. Reicht das?" „Auf alle Fälle."

Die Unterhaltungsmusik erlebte dank des Radios einen Durchbruch. Denn nun konnten die Jedermanns an ihren Volksempfängern nicht nur aktuelle Nachrichten hören, sondern sich an der abwechslungsreichen Musik ergötzen. Geprägt von der internationalen Musik des Swing, Foxtrott, Shimmy, Charlston und Tango, wie aber auch von deutschen Gassenhauern und Schlagern, die nun das Licht der Welt erblickten." „Meinst du, dass sich die Gassenhauer und Schlager unterscheiden?" „Irgendwie schon, denn als Gassenhauer bezeichneten die Jedermanns Lieder wie den ‚Sportpalast-Walzer' von Reinhold Habisch, ‚die kleine Bank am Großen Stern' von Walter Kollo, ‚in Halensee nicht weit vom Lunapark' von Willy Rosen, ‚über den Dächern von Berlin' von Paul Graetz und ‚durch Berlin fließt immer noch die Spree' von Paul Godwin. Robert Steidl trällerte ‚wir versaufen unsrer Oma kleines Häuschen' und Willi Rose ‚ausgerechnet Bananen'. Zu diesem Genre gehörten für mich auch die im Berliner Sportpalast während der Sechstagerennen gespielten Lieder des Orchesters von Otto ‚Lärmbach' Kermbach.

Die Schlager klangen irgendwie anders. Irgendwie mitfühlender, weicher, persönlicher. Ihr Erfolg fußte zunächst noch auf Filmen, doch dann immer mehr auch auf Ausstrahlungen der Deutschen Welle GmbH. Robert Stolz sang ‚hallo, du schöne Klingelfee', Paul Hörbinger ‚das muss ein Stück vom Himmel sein', Hans Albers ‚hoppla jetzt komm ich' und Marlene Dietrich ‚ich bin von Kopf bis Fuß auf Liebe eingestellt'. Lillian Harvay trällerte ‚das gibts nur einmal, das kommt nicht wieder', und ‚wir zahlen keine Miete mehr', während Franz Ressel ‚was machst du mit dem Knie, lieber Hans' und Erwin Bolt ‚meine Oma fährt Motorrad' sangen. Das sind für mich Schlager. Zunehmend fokussierte sich die Deutsche Welle auf Schlager mit bewusst albernen Texten. Als wohl typischste Vertreter der ‚Deutschen Welle' galten die ‚Comedian Harmonists', die sich mit ihren, a capella vorgetragenen Liedern ‚ein kleiner grüner Kaktus' oder ‚Veronika der Lenz ist da' geradezu unsterblich machten." „Ich finde besonders das Lied originell ‚ich wollt, ich wär ein Huhn,/ich hätt nicht viel zu tun,/ich legte jeden Tag ein Ei/und sonntags legt ich zwei'." „Ich verstehe zwar nicht, was du mir damit sagen willst, mein Lieber, aber auch ich finde dieses Lied echt klasse. Genauso wie übrigens ihr Lied ‚Wochenend und Sonnenschein'.

Es gab neben den Comedian Harmonists aber auch andere, die mit ihren albernen Texten die Jedermanns ebenso nachhaltig zu überzeugen wussten. Siegried Arno sang, ‚wenn die Elisabeth,/ nicht so schöne Beine hätt' und Fritz Berger ‚mein Papagei frisst keine harten Eier' sowie ‚was macht der Maier am Himalaja'. Während Max Kuttner sang ‚ich hab das Fräulein Helen baden sehn', komponierte Siegwart Ehrlich den Badehit ‚Amalie geht mit dem Gummikavalier ins Bad'." „Ist echt erstaunlich, diese Lieder sind fast einhundert Jahre alt und mir allesamt vertraut." „Siehst du, mein Lieber, deswegen kommt man bei der Beschreibung unserer Kultur an ihnen nicht vorbei." „Ist ja schon gut." „Schließlich erfreuten Operetten die Jedermanns wie Walter Kollos ‚Frau ohne Kuss', Walter Goetzes ‚ihre Hoheit, die Tänzerin' sowie Paul Abrahams ‚die Blume von Hawaii', exotische Effekte in Melodien und Rhythmus zu immer neuen Klangvariationen entwickelnd.

„Das Kino etablierte sich. Auch hier bin ich mir sicher, dass du nun einige Kinofilme kennst, zumindest ab 1929, als die bewegten Bilder sprechen lernten. Beginnen will ich aber mit den Stummfilmen ‚anders als die anderen' von Richard Oswald, ‚das Kabinett des Doktor Caligari' von Robert Wiene, ‚der müde Tod' von Fritz Lang, ‚Nosferatu' von Friedrich Murnau, ‚die Straße' von Carl Grune, ‚die Nibelungen' von Fritz Lang und ‚Wege zur Kraft' von Wilhelm Prager, ein Film, der im gleichen Jahr erschien wie das Meisterwerk des Russen Eisenstein ‚Panzerkreuzer Potemkin'. Dann folgten Wilhelm Pabsts ‚Geheimnis einer Seele', Karl Dreyers ‚die Passion der heiligen Johanna', Arnold Franks ‚die weiße Hölle Piz Palü' und Fritz Langs ‚die Frau im Mond'." „Halt mal, die Frau im Mond sagt mir was. Wie ging noch einmal die Geschichte?" „Sechs Goldsucher fliegen zum Mond, um dort beglückt fündig zu werden. Bis sie ein Verteilungskampf mit einem tödlichen Schusswechsel entzweit. Worauf sich ein Forscher bereit erklärt, zusammen mit einer Astronomiestudentin auf dem Mond zu verbleiben. In diesem Film erblickte der uns heute bei Raketenstarts so vertraute ‚Countdown' das

Licht der Welt. Eine brillante Idee Fritz Langs, um den Raketenstart spannender zu gestalten.

Wenige Regisseure versuchten sich mit, vom Main Stream abweichenden advantgardistischen Werken wie Fritz Lang mit seinem zweieinhalbstündigen Stummfilm ‚Metropolis'. In diesem stellt er schonungslos die zunehmende Entfremdung des Menschen von sich selbst dar. Robert Slodmak konfrontierte die Jedermanns mit seinem Film ‚Berlin – Sinfonie einer Großstadt' mit dem Alltagsleben der in der Metropole lebenden Städter." „Den Film habe ich sogar einmal untermalt von einem Pianisten gesehen. War wirklich nicht schlecht." „Na siehst du. Zu diesen Filmen der Avantgarde zählte schließlich auch Pragers Stummfilm ‚Wege zu Kraft und Schönheit', um die Jedermanns – mit ästhetischen Bildern nackter Körper beim Tanz und Sport – zu einer unverkrampften, auf Gesundheit bedachten Körperlichkeit anzuregen.

Dann endlich brach 1929 die Zeit der Tonfilme an." „Da bin ich ja beruhigt, denn von den bisher von dir aufgezählten Filmen kannte ich nur einen." „Ich verstehe, mein Lieber, dass die Stummfilme heute kaum gesehen werden, aber wenn man bereit ist, sich auf den theatralisch überzeichneten Stil der stummen Akteure einzustellen, sind sie teilweise echt sehenswert." „Hm", brummt Bernd. „Ist schon gut, mein Lieber, die Tonfilmzeit änderte vieles. Vor allem der 1930 erschienene Film Josef von Sternbergs ‚der Blaue Engel' begeisterte die Jedermanns. Mit diesem avancierte Marlene Dietrich zum Weltstar." „Na endlich, jetzt bin ich mit dabei." „ Ebenso wie übrigens Wilhelm Thieles ‚die drei von der Tankstelle', Fritz Langs ‚M – eine Stadt sucht einen Mörder', Luis Trenkers ‚Berge in Flammen', Georg Pabsts ‚Dreigroschenoper' und Gerhard Lamprechts ‚Emil und die Detektive'." „Von denen kenne ich wahrhaftig jeden Film", antwortet Bernd erleichtert. „Beenden will ich diese Aufzählung mit dem Film ‚der heilige Berg' mit Louis Trenker und Leni Riefenstahl." „Es ist schon erstaunlich", wirft Bernd ein, „selbst diese frühen Tonfilme sind ehrlich gesagt gar nicht soo schlecht." „Finde ich auch, jedenfalls waren die Regisseure damals nicht wirklich hinter dem Mond." „Hätte ich auch nie behauptet, auch wenn die Zeit doch verdammt lange zurückliegt."

Über die ‚Klassischen Schönen Künste'

„Dann kann ich ja, mein Lieber, beruhigt mit den ‚Klassischen Schönen Künsten' weitermachen. Man stürmte nach vorne, selbst wenn man sich im ‚Wohin' stilpluralistisch immer mehr verheddderte. Ganz im Sinne des französischen Wortsinns der ‚Avantgarde'. Auch in der ‚Avantgarde' entfaltete sich ein Spannungsfeld zweier entgegenlaufender Stilrichtungen. Während sich die einen von der ‚Neuen Sachlichkeit' mitreißen ließen, entdeckten die anderen den ‚Magischen Realismus'." „Das klingt ja wirklich ganz überschaubar." „Ist jedenfalls der Versuch, sich gegen den Trend einer zu großen Detailliebe zu stemmen, die sich an den kleinsten Unterschieden festbeißt und dabei das Große und Ganze aus den Augen verliert." „Danke, Claudia. Ich wusste doch, du kannst auch anders, wenn du nur willst." „Die Vertreter der ‚Neuen Sachlichkeit' besannen sich auf ein deduktives nacktes Sehen ihres Umfeldes. Um dieses nüchtern wie kritisch in den Variationen des ‚Surrealismus', ‚Dadaismus' oder der ‚abstrakten Kunst' darzustellen. Während sich die Protagonisten des ‚Magischen Realismus' am ‚Konstruktivismus', an der ‚Art Déco', dem ‚Post-Impressionismus' oder dem ‚Post-Expressionismus' erfreuten.

„Die Architekten der ‚Neuen Sachlichkeit' beschränkten sich beim ‚Neuen Bauen' auf schlichte kubische Formen. Besonders dominiert von der Weimarer ‚Bauhaus-Universität', mit dem sich die Künstler einem ganzheitlichen Konzept verschrieben, das schon mittelalterliche Bauhäuser prägte. Initiiert insbesondere von Walter Gropius, der 1919 zum Direktor der Bauhaus-Universität ernannt wurde. Ihm gelang es, eine ganze Generation prägender Meister nach Weimar zu holen wie 1919 Lyonel Feininger, Johannes Itten und Gerhard Marcks. 1921 stießen Paul Klee und Oskar Schlemmer als Meister hinzu sowie 1922 Wassily Kandinsky. Wilhelm Wagenfeld entwarf seine Tischlampe, Hedwig Bollhagen eine elegante Teekanne, Marcel Breuer den Stahlrohrsessel und Julia Feininger eine revolutionäre Innenausstattung. Alles Meisterwerke von einer, auf Form und Funktion deduzierten schnörkellosen Ästhetik und freundlichen Farbigkeit. Auch Paul Klee war einer der prägenden Lehrer wie Marianne Brandt, die als erste Frau eine Metallwerkstatt leitete. Gunta Stolzl entwickelte sich zur Meisterin im Textildesign und Alam Buscher machte sich mit ihren Holzklötzen in Primärfarben und Kinderzimmermöbeln unsterblich. Oskar Schlemmer führte sein ‚Triadisches Ballett' auf, das Eberhard Schrammen zu seinen Handpuppen inspirierte. 1923 folgte die berühmte Bauhausausstellung. Alles fotografisch festgehalten von Lucie Moholy. Auch wenn es aus Geldmangel an der Uni keine systematische Architekturausbildung gab, hatte der Initiator der De-Stijl-Bewegung Theo van Duesberg mit seinen gut frequentierten Privatvorlesungen ebenfalls einen prägenden Einfluss auf die Lernenden. Wie auch der Architekt Hannes Meyer. Das Weimarer ‚Musterhaus am Horn' sollte sich architektonisch wie innenarchitektonisch als Trendsetter erweisen.

1925 wechselte die Bauhaus-Universität aufgrund politischen Drucks nach Dessau, wo Gropius die Dessauer Bauhaus-Universität erschuf. Nach seinem Rücktritt 1928 wurde ihr neuer Leiter Hannes Meyer. Ihm folgte 1930 folgte als dritter und letzter Bauhausdirektor Mies van de Rohe, unter dem die Universität – erneut aufgrund politischen Drucks – als private Universität nach Berlin umzog. Mies hatte sich längst mit dem Entwurf des berühmten Freischwingers einen Namen gemacht, früh das Konzept vom ‚weniger ist mehr' predigend. Um auf der Weltausstellung in Barcelona 1929 mit seinem Deutschen Pavillon mit Stahskelett und riesigen Glasflächen architektonisch neue Maßstäbe zu setzen. Erste im Bauhausstil gehaltene Großsiedlungen wie Bruno Tauts Berliner ‚Hufeisensiedlung' und ‚Siemensstadt' sowie die Stuttgarter ‚Weißenhofsiedlung' entstanden. Fußend auf dem modernen Stahlskelett, das den Gebäuden zu einer neuen optischen Leichtigkeit verhalf, aber auch auf großen Fensterflächen. Die Dessauer Meisterhäuser sind typische Bauten dieses Stils wie auch die Bauhaus-Siedlung in Törten, gekennzeichnet von einer weißen Würfelarchitektur mit Flachdach und einer besonderen Kombination handwerklicher Praxis und Materialkunde.

Neben dem ‚Bauhaus' gab es natürlich andere Schulen. Werner Hegemann und Erich Mendelsohn kopierten ‚englische Wohnformen' in Form von Reihenhäusern. Auch wurde die Hallenser ‚Burg Giebichenstein' wirkmächtig, an der Marguerite Friedlaender ihr KPM-Porzellandesign entwickelte, sowie die ‚Frankfurter Kunstschule', an der Anna Wever ihre buntfarbigen Stoffmuster webte. Die Architekten des ‚Magischen Realismus' suchten dagegen nach neuen, variantenreicheren Ausdrucksformen. Dazu gehörte das Revival des Jugendstils in Form der Art Déco. Die Art Déco unterschied sich vom Jugendstil vor allem durch ausgeprägt eckige Formen und die Verwendung des neuen Metalls Aluminium. Auch hier will ich nur ein paar Werke erwähnen, was mir verdammt schwerfällt. Die Architektur des Berliner Renaissance-Theaters mit seiner Piscator-Bühne gehört ebenso hierzu wie das Bonner Metropol-Kino. Will man sich mit der Art Déco beschäftigen, sollte man zum Leipziger Grassi-Museum oder Berliner Bröhan-Museum reisen. Bei den Innenarchitektur-Objekten dominierten Materialien Aluminium, Chromstahl und Kunststoff. Etwa beim ‚Spiegel mit Kopf' von Franz Hagenauer oder den Möbelentwürfen von Else Wenz-Viëtor und Gertrud Kleinhempel aus den ‚Deutschen Werkstätten Hellerau'.

Weiter zähle zum ‚Magischen Realismus' die post-impressionistisch anmutende ‚organische Architektur', geprägt vor allem von Erich Mendelsohns Einsteinturm in Babelsberg oder seiner Hutfabrik Friedrich Steinberg in Luckenwalde. Auch der weiche Stil des gebogenen Behördengangs des Dessauer Arbeitsamtes und das Löbauer Schminkehaus Hans Sharouns zählten hierzu. Womit ich zur post-expressionistischen Architektur überleiten möchte, für die sich der Ausdruck ‚Backsteinexpressionismus' eingebürgert hat. Hier sind Bernhard Hoetgers Worpsweder Museumsbauten und das Bremer Paula-Modersohn-Haus zu erwähnen. Auch die gezackten, sich mit runden Formen abwechselnden Strukturen des von Fritz Höger erbauten Hamburger Chilehauses und Hannoveraner Anzeiger-Hochhauses sowie das in Berlin erbaute ‚Haus Sommerfeld', das Oberhausener Rathaus, das

Gelsenkirchener Hans-Sachs-Haus, das Chemnitzer Cammann-Hochhaus, das Berliner Ulsteinhaus und Erich Teschemachers Entwurf für die Berliner Union-Festspiele. Das Esszimmer von Wenzel Habliks Itzehoer Haus ist ein innenarchitektonisch expressionistisches Meisterwerk eines neuen Raumkonzeptes. Das soll's aber wirklich mit der Architektur gewesen sein.

Auch in der avantgardistischen Malerei prallten die ‚Neue Sachlichkeit' und der ‚Magische Realismus' prägnant aufeinander. Die Protagonisten der Neuen Sachlichkeit versuchten, die Gegenwart mit ‚kritischer Sachlichkeit' widerzuspiegeln. Lass mich auf einige herausragende Vertreter wie Dix, Kanoldt, Wever, Hannah Höch, Ury, Schad, Zille, Weber, Ziegler und Schlichter eingehen. Otto Dix schuf seine Meisterwerke wie ‚der Schützengraben' oder ‚Kriegskrüppel', Alexander Kanoldt neben seinem ‚Selbstbildnis' sein berühmtes ‚Olevano' und Heinz Wever seinen viel beachteten ‚Parasitenzug', das Schmarotzertum der Goldenen Zwanziger ebenso anprangernd wie die nicht enden wollenden Märsche der NSDAP. Lesser Ury beeindruckte mit seinen Berliner Bildern bei Nacht wie ‚Hochbahnhof Bülowstraße', ein rasiermesserscharf mit dem Pinselstrich gezogenes Meisterwerk, in dem die Kakophonie der verregneten Großstadt zum Leben erweckt wird. Christian Schad malte seinen ‚Halbakt in quadratischen Formen' und Heinz Hajek-Halke seine ‚üble Nachrede', drei in Zylinder gekleidete, auf der Straße stehende Herren, deren Körper sich in einem nackten Frauenkörper widerspiegeln. Richard Ziegler erfreute die Jedermanns mit seiner berühmten Kreidezeichnung ‚Straßenmädchen' und Rudolf Schlichter mit dem ungeschminkten ‚Porträt Helene Weigel'. Zur ‚neuen Sachlichkeit' gehörten auch die Karikaturisten Weber und Zille. Paul Webers Karikatur ‚deutsches Verhängnis' erlangte traurige Berühmtheit, eine dumpfe Menschenmasse zeigend, die auf einen mit einer Hakenkreuzflagge bedeckten Sarg zuschreitet, um in ihm zu verschwinden. Und der Karikaturist Heinrich Zille veröffentlichte 1921 seine beeindruckenden ‚Hurenerzählungen'.

Dagegen stand der ‚Magische Realismus' für eine andere Facette neuer Form- und Gestaltungsfreude." „Welche Bereiche zählst du noch einmal zum ‚Magischen Realismus'?" „Dazu gehören für mich ‚Konstruktismus', ‚Art Déco', ‚Post-Impressionismus' und ‚Post-Expressionismus'." „Hm", brummt Bernd. „Anfangen will ich, mein Lieber, mit einigen Protagonisten des ‚Kunstruktismus'. Die vier herausragendsten Protagonisten sind für mich Baumeister, Schlemmer, Hofer und Feininger. Willi Baumeister malte seinen ‚Apoll' und glänzte mit seinem abstrakten ‚Bild T21'. Karl Hofer schuf sein ‚Selbstbildnis mit Dämonen', sich bei den von maskenhaften Gesichtern geprägten Zerrbildern als Seismograph der sich abzeichnenden gesellschaftlichen Veränderungen erweisend. Oskar Schlemmer konstruierte seine berühmten Bauhaus-Treppenhäuser. Als die vielleicht reinste Form des ‚Konstruktismus' erwies sich Lyonel Feiningers kubistisches Meisterwerk ‚Dom in Halle'. Wie bereits erwähnt, benutze ich den ‚Konstruktismus' als Oberbegriff des ‚Dadaismus', ‚Surrealismus' und der ‚abstrakten Malerei'." „Stimmt, ich erinnere mich, dass du mich zuletzt doch noch verklapsen wolltest." „Überhaupt nicht. Dies ist vielmehr ein Versuch, die Komplexität zu reduzieren. Denn auch der Dadaismus war darum bemüht, wie Otto Dix es formulierte, ‚die Dinge ganz nackt zu sehen, um unverblümt Wahrheiten durch neue Blickwinkel zutage zu fördern'. Sich dabei insbesondere auf die sozialkritische Anklage der nackten Wirklichkeit fokussierend, zumeist zum klaren Bildkonzept zurückkehrend. Das Gleiche gilt auch für die ‚surreale' oder ‚abstrakte' Kunst.

Beim ‚Surrealismus' sind Klee, Ernst, Kandinsky, Dexel, Moholy-Nagy und El Lissitzky zu nennen. Paul Klee versuchte mit seinen ‚polyphonen Strömungen', Töne mit geometrisch konstruierten Bildern in Farben abzubilden. Um die Jedermanns zu belehren, Kunst gäbe ‚nicht das Sichtbare sichtbar wieder, sondern mache sichtbar'. Max Ernst schuf sein abstraktes Werk ‚zu träumen die Tore des Meeres zu öffnen'. Wassily Kandinsky erfreute die Jedermanns mit seiner ‚Diagonale'. Walter Dexel malte seine ‚gelbe Halbscheibe mit Weiß und Grau', Laszlo Moholy-Nagy seine ‚konstruktivistische Komposition' und El Lissitzky erschuf im Hannoverschen Provinzial-Museum das einmalige ‚Kabinett der Abstrakten'.

Schließlich gehörten auch die Dadaisten Schwitters, Arp, Baargeld, Grosz, Hartfield und Höch zum ‚Magischen Mystizismus'. Der Dadaist Kurt Schwitters brachte deren Stimmung auf den Punkt, ‚das Selbstbestimmungsrecht des Künstlers wertet Werte gegen Werte. Das ergibt keinen Sinn, aber erzeugt Weltgefühl – und darauf kommt es an'. Um seine dadaistische Kunstrichtung als ‚Revonnah' zu bezeichnen, was nichts anderes war als – von hinten aus gelesenen – die Buchstaben seiner Heimatstadt Hannover. Um in seinen avantgardistischen Merzbildern und seinem berühmten Merzbau breite Aufmerksamkeit auf sich zu ziehen. Hans Arp verblüffte die Jedermanns mit seinem ‚Schnurrhut'. Der Stettiner Johannes Baargeld malte ‚das menschliche Auge und ein Fisch', sich auf wenige Strichzeichen beschränkend, und George Grosz sein Meisterwerk ‚Opfer der Gesellschaft'. Auch Collagen waren typisch für den Dadaismus. John Hartfield – alias Hellmuth Herzfeld – schockte die Jedermanns mit der vom Bajonett aufgespießten Friedenstaube und mit seiner Fotomontage ‚ich kenne nur Paragraph', um Paragraphen zu menschlichen Formen zu verdichten. In Form von Hals und Kopf ebenso wie bei an Fleischerhaken erinnernden Händen. Beenden will ich diese Aufzählung mit dem von Hannah Höch gemalten Stillleben ‚Gläser', in dem die auf einem Tablett stehenden gläsernen Gegenstände wie Reagenzgläser wirken. So viel zur ‚Neuen Sachlichkeit'.

Der ‚Magische Realismus' beschritt andere Wege. Die ‚Art Déco' baute auf den Jugendstil auf. Doch während der sich im Traum vom Guten und Schönen der Natur verlor, mutierte die ‚Art Déco' zur Vergötterung der Maschinen. Anstatt sich gegen die Technik aufzulehnen, darauf bedacht, sie zu verschönern. Werner Graul schuf seine Lithografie des Metropolis-Werbeplakats, Johannes v. Stein ein Plakat für den Rotterdamer Lloyd, Otto Baumeister für das Flugmeeting in Zürich und Dörte Clara Wolf – genannt Dodo – ihr ‚Porträt zweier Theaterbesucher'.

Doch nicht nur in der ‚Art Déco' entfaltete sich der ‚Magische Realismus', sondern auch im ‚Post-Impressionismus', mit dem seine Protagonisten zu Landschaftsdarstellungen mit naturgetreueren Farben und Motiven zurückkehrten. Um – wie

Slevogt – zu dozieren, ‚zwei unergründliche Quellen scheinen der Kunst zu entspringen. Die Einbildungskraft, die das nie Gesehene heraufbeschwört, und die Gestaltungskraft'. Hier will ich zumindest Liebermann, Corinth, Slevogt und Moderssohn anführen. Max Liebermann erfreute die Jedermanns mit seinen vielen Blumenbildern vor seiner Wannsee-Villa, Lovis Corinth mit seinem ‚Landschaftsbild am Walchensee', Max Slevogt mit der Natur rund um Landau und Otto Modersohn mit seinen zauberhaften Landschaftsbildern zunächst des Worpsweder Teufelsmoors und später seinen brauntönigen Gailenberger Alpenbildern.

Auch die Post-Expressionisten Kollwitz, Barlach, Heckel, Gabriele Münter, Hannah Höch, Grosz, Schlemmer, Lesser-Ury, Itten, Pechstein, Ernst, Schlicht, Greta Overbeck, Schad und Nolde gehören zum ‚Magischen Realismus'. Um die Jedermanns mit holzschnittartigen, markanteren Formelementen zu konfrontierten, dabei traditionelle Perspektiven auflösend. Käthe Kollwitz verblüffte die Jedermanns etwa mit ihrem genial schlichten Werk ‚trauerndes Ehepaar', die menschliche Trauer durch eine Deduktion auf runde Körper herausarbeitend. Ernst Barlach schuf seine ‚Mutter Erde', seine ‚Tanzende Alte' und vor allem sein Meisterwerk ‚die Schwebende'." „Stimmt, an die kann ich mich erinnern. Ist wirklich bemerkenswert." „Ernst Heckel malte im Erfurter Angermuseum ‚die Wand des Mannes', Gabriele Münter ihre ‚Frühlingsstudie mit Kirche', Greta Overbeck ihre ‚Dünenlandschaft' und Emil Nolde die ‚Blaue Iris', eine geradezu dominante Form des Blautons entwickelnd." „Du, darf ich ehrlich sein. Was willst du mir mit dieser Aufzählung sagen?" „Tut mir Leid, mein Lieber. Mein Herz quillt über vor Begeisterung und doch bin ich nicht in der Lage, mit Worten allein meine Begeisterung auf dich zu übertragen. Ich weiß sehr wohl, wenn man die von mir aufgeführten Bilder nicht kennt, dann ist es verdammt schwer, sich an dem Kaleidoskop der vielfältigen Malerei der Zwanzigerjahre zu erfreuen." „Na, ganz so schlimm ist es nun auch wieder nicht", befindet Bernd.

„Auch in der Musik entfaltete sich das Spannungsfeld von ‚Neuer Sachlichkeit' und ‚Magischem Realismus'. Erstere wurde von immer dissonanteren Tönen erfasst, auch auf die Gefahr hin, sich selbst immer mehr ins Abseits zu manövrieren. Arnold Schönberg steht für diese neue Tonalität jener fremden Klänge. Auch zähle ich hierzu Franz Schrekers Oper ‚die Gezeichneten', um seinen Zuhörer mit einer schonungslose Musikalität zu konfrontieren. Dagegen führte die Musik des ‚Magischen Realismus' in weniger dissonanter Weise in sozialkritische Themen ein, wie etwa die ‚Dreigroschenoper' Bert Brechts und Kurt Weils. Heinrich Kaminski überraschte die Jedermanns mit seinem ‚Concerto grosso für Doppelorchester', Otto Gerter mit seiner ‚Möwenoper', gekennzeichnet vom wiederkehrenden Motiv schreiender Möwen. Der ‚Magische Realismus' entfaltete sich aber auch in der ‚Sphärenmusik', mit der die Musik letztlich – zu einer wenn auch ungewohnten – Tonalität zurückkehrte. Dank des vom russischen Physiker Theremin entwickelten neuartigen Musikinstruments Theremin, das man allein durch die elektrische Kapazität des menschlichen Körpers zum Erklingen bringen musste. Ab 1929 wurde das Theremin als ‚Aetherophon' in Leipzig produziert, bis es dem NS-Kulturdiktat zum Opfer fiel. Um erst von Led Zeppelin in ‚Whole lotta love' oder von Barbara Buchholz in unserer Zeit wiederentdeckt zu werden. Und Friedrich Trautwein erfand das elektronische Musikinstrument ‚Trautonium', das uns – dank seines stufenlosen obertonischem Tongenerators – eine mehrklängige Musik bescherte, deren Klänge uns aus Alfred Hitchcocks ‚die Vögel' bis heute unvergesslich sind.

Auch die Literatur wurde vom Spannungsfeld der ‚Neuen Sachlichkeit' und des ‚Magischen Realismus' erfasst. In der ‚Neuen Sachlichkeit' bemühten sich unsere Literaten Remarque, Jünger, Fallada, Schnitzler, Frenssen, Keyserling, Hesse, Ringelnatz, Mann, Kafka und Kästner darum, das Publikum schonungslos, illusionslos und nüchtern mit grausamen Kriegserfahrungen, mit blanker Erotik oder mit großer Technikverliebtheit zu konfrontieren. Gepaart zumeist mit sozialkritischen Themen." „Ach du großer Gott, das sind aber verdammt viele." „Geht aber schnell", beruhigt sie ihn. Er blickt skeptisch drein. „Reiner Maria Remarque veröffentlichte 1928 sein ‚im Westen nichts Neues', die

Schrecken des Weltkrieges aus Sicht eines jungen Soldaten schildernd, der zusammen mit anderen Kameraden sinnlos in brutalen Grabenkämpfen verheizt wurde, um dank der täglichen Heeresberichte ‚im Westen nichts Neues' vergast und verkrüppelt in den Wahnsinn getrieben zu werden. Ernst Jünger 1920 schrieb seinen Roman ‚In Stahlgewittern', in denen er die grausamen Kriegserlebnisse beschrieb. 1925 folgte sein Werk ‚Feuer und Blut'. Hans Fallada beschrieb in seinem Roman ‚Kleiner Mann, was nun' schonungslos den sozialen Abstieg seines Protagonisten Pinneberg, einem vom Ersten Weltkrieg gezeichneten, von der Weltwirtschaftskrise betroffenen Angestellten, um verstört in der Zuwendung der Familie Halt zu finden.

Die Sexualität wurde nun von den Literaten immer mehr thematisiert. Ausgelöst durch die kriegsbedingte Verrohung der Psyche und harte Nachkriegszeit, aber auch durch die mitten im Krieg gelungene Erfindung der Markenkondome des Berliners Julius Fromm, die dank ihrer hohen Qualität ganz allgemein ‚Fromms' hießen. Eine wahre Meisterleistung an Präzisionstechnik, bei der zunächst zylindrische Glaskörper in eine Kautschuklösung getaucht wurden, um die so entstandenen Gummis anschließend zu vulkanisieren und mit Gleitmitteln zu bestreichen. Ein Produkt, das sich schnell wegen seiner Stabilität wie einfachen Handhabung allgemeiner Beliebtheit erfreute. Mit der Folge eines stark ansteigenden Geschlechtsverkehrs, mit dem die Liebe inmitten einer immer unsicheren Welt zum Sex mutierte." „Wenn du meinst." „Genau, das tute ich." Bernd zuckt mit den Schultern. „Jedenfalls fand dieser Sprung in die Advantgarde auch in der Literatur seinen Widerhall. Mit einer sehr direkten Sprache konfrontierte Arthur Schnitzler seine Leser mit seinem Werk ‚Fräulein Else', in dem es um ihre erotischen Wahrnemungen und Gefühle sowie ihr sexuelles Verlangen ging.

In seiner ‚Traumnovelle' ging er dann noch einen Schritt weiter, um sehr ausführlich einen Gruppensex zu beschreiben, ausgelöst durch die erotischen, hinter der bürgerlichen Fassade seines Protagonisten Friedolin und seiner Ehefrau brodelnden Träume. Gustav Frenssen, mehrfach für den Nobelpreis vorgeschlagen, setzte sich in seinem vielbeachteten Roman ‚Der Pastor vom Poggsee' für eine Neuausrichtung der deutschen Politik ein, um in der ‚Republik ohne Republikaner' für einen Verfassungspatriotismus zu werben. Denn ‚wir haben nichts, was uns einig macht, als allein ein Stück Papier, an der heiligsten Stätte Deutschlands geschrieben'. Hermann Keyserling feierte mit seinem ‚Reisetagebuch' unglaubliche Erfolge, seine Eindrücke einer einjährigen Weltumrundung insbesondere aus Indien schildernd, das es ihm ähnlich angetan hatte wie später Hermann Hesse. Das ‚Atmosphärische' der Stadt Benares beschreibend, sowohl ihre Helligkeit im Sommerlicht als auch der Betenden am Gangesufer mit ihrem ‚wunderbar durchgeistigten Gesichtsausdruck'. Die Jedermanns zu einer neuen metaphysischen Denkweise anregend, um bald seine Darmstädter ‚Schule der Weisheit' zu gründen.

Hermann Hesse beschrieb in seinem ‚Steppenwolf' den metaphysischen Konflikt von Geistigkeit und Triebhaftigkeit. Allmählich versinkt sein Protagonist in eine tiefe Melancholie, die er auf eine liebevolle wie strenge Erziehung zurückführt, die ihm den Willen brach. Worauf er sich fortan damit begnügt, ‚jenen Willen hassen zu lernen'. In seinem 1930 erschienenen Buch ‚Narziß und Goldmund' konfrontierte uns Hermann Hesse mit einer Freundschaft des Novizen Narziß zu einem in der Klosterschule Mariabronn lebenden Schüler Goldmund. Goldmund verstrickt sich nach dem Verlassen des Klosters in mehrere Liebesbeziehungen, bis er nach einer tragischen Liaison ein Verbrechen begeht und zum Tode verurteilt wird. Um überraschend bei seiner letzten Beichte Narziß gegenüberzustehen, der sich dafür stark macht, Goldmund zu begnadigen. Als Goldmund ins Kloster zurückfindet, wird er von Narziß mit dessen Liebesgeständnis konfrontiert. Worauf Goldmund beglückt feststellt, von seiner Mutter aufgenommen zu werden, denn ‚ohne Mutter kann man nicht sterben'.

Joachim Ringelnatz dichtete, ‚in Hamburg lebten zwei Ameisen,/die wollten nach Australien reisen./Bei Altona auf der Chaussee,/da taten ihnen die Beine weh/und da verzichteten sie weise/dann auf den letzten Teil der Reise'. Auch will ich dir sein kritisches Gedicht über versnobte Skifahrer nicht vorenthalten: ‚Im Kursalon in Kitzbühel/ist der Sekt so kühel.' Thomas Mann verfasste neben seinem ‚Zauberberg' leider auch seine ‚Betrachtungen eines Unpolitischen', sich kritisch zur Demokratie äußernd. Doch es gebietet die Ehrlichkeit, dass es kein anderer war als er als Demokratiekritiker, der 1932 klarer als andere zum Ausdruck brachte, ‚darum verabscheue ich das trübe Amalgam, das sich Nationalsozialismus nennt'. Denn dieses ‚Falsifikat der Erneuerung und die hirn- und ziellose Verwirrung in sich selber' könne nie etwas anderes als eben Verwirrung und Unglück stiften. Franz Kafka erfreute seine Zeitgenossen 1925 mit seinem ‚Prozess', in dem er seinen Protagonisten mit einem, unter Ausschluss der Öffentlichkeit stattfindenden Prozess konfrontiert, um sich nach verzweifelnden Versuchen, in das gerichtliche Geschehen einzugreifen, schließlich dem Schicksal der eigenen Hinrichtung zu fügen.

Für die literarische ‚Neue Sachlichkeit' stand auch die beißende Gesellschaftskritik, die ich mit unseren Literaten Tucholsky, Kraus und Brecht verbinde. Kurt Tucholsky schrieb schon 1930, ‚dass der Nazi dir den Totenkranz flicht,/– Deutschland, siehst du das nicht'? Um 1932 darauf aufmerksam zu machen, ‚Carl v. Ossietzky geht für 18 Monate ins Gefängnis, weil sich die Regierung an der Weltbühne rächen will. Rächen für alles, was hier seit Jahren gestanden hat'. Auch empörte er sich über seine unkritischen Zeitgenossen, vor allem die obrigkeitshörigen Laienrichter der Geschworenen. ‚Bürger! Dummkopf! Steuerzahler!/Apotheker, Stubenmaler/setz dich auf dein Bänkchen, du,/ und hör zu./Höre, was der Richter spricht,/frag und unterbrich ihn nicht./Fühl des Schwurgerichtes Weihe,/blutiger Laie, blutiger Laie!' Karl Kraus dichtete, die Jedermann gerne überfordernd, ‚abwärts, fest geschritten, Zeitgenossen,/im Lauf nur lesend, weil der schwarze Fluch/sie antrieb, auf dem Laufenden zu sein./Wer soll's denn fassen, dass an Seitenlängen/Periodenbau ein Atemzug durchweht,/wenn er an Asthma leidet?/Dieses kommt/vom vielen Laufen'. Immer wieder überraschte er mit seinem provokanten Sprachstil ‚ist dein Land, Immanuel Kant,/

von den Skyten überrannt?/Mit Gestank und mit Gelärme/stapfen stumpfe Steppenschwärme./Hunde drangen in das Haus./ Peitscht sie raus! Peitscht sie raus./Dürfen uns nicht unterkriegen./Peitscht sie, dass die Lappen fliegen,/Zarendreck, Barbarendreck,/peitscht sie weg, peitscht sie weg'. Und Bert Brecht dichtete ‚Deutschland, du Blondes, Bleiches,/Wildwolliges mit sanfter Stirn. Geier über dir!/Tiere zerfleischen deinen guten Leib'. Später folgte sein ‚Aufstieg und Fall der Stadt Mahagony'.

Nun endlich will ich zu Erich Kästner überleiten, beginnend mit seinem Gedicht ‚was immer auch geschieht,/nie dürft ihr so tief sinken,/von dem Kakao, durch den man euch zieht,/auch noch zu trinken'. Zitieren muss ich auch seine ‚Elegie nach allen Seiten'. ‚Die Blätter an den Bäumen kann man zählen./An manchen Zweigen schaukeln nur noch drei./Der Wind wird kommen und auch diese stehlen,/er stiehlt und findet nichts dabei./ Im Pflaster zittern Pfützen aus der Frühe./Das Himmelblau ist wieder repariert./Die Sonne scheint, sie gibt sich große Mühe./ Man merkt die Absicht und man friert./Vom andern Straßenufer wehen Lieder./Das ist die Heilsarmee,/man singt zu sechst./Die Blätter wachsen eines Tages wieder./Doch ob auch die Vernunft von Neuem wächst?' Sein wohl bekanntestes Werk ist sicher sein Abenteuerroman ‚Emil und die Detektive', um sich dem Thema der zunehmenden Kriminalisierung der Gesellschaft zu widmen. Die Geschichte eines zwölfjährigen Protagonisten erzählend, der auf einer Zugfahrt nach Berlin bestohlen wird, sich mit seinen Freunden selbst aufmacht, um den Täter zu verfolgen und ihn schließlich beim Geldtausch zu stellen.

Doch für mich ist Kästners wirkmächtigstes Gedicht ‚Entwicklung der Menschheitsgeschichte'." „Worum geht es denn da?", will Bernd wissen. Worauf sie antwortet: „Lass mich mal versuchen, ob ich es noch zusammenkriege. ‚Einst haben die Kerls auf den Bäumen gehockt,/behaart und mit böser Visage./ Dann hat man sie aus dem Urwald gelockt/und die Welt asphaltiert und aufgestockt,/bis zur dreißigsten Etage./Da saßen sie nun, den Flöhen entflohn,/in zentralgeheizten Räumen./Da sitzen sie nun am Telefon/und es herrscht noch genau derselbe

Ton,/wie seinerzeit auf den Bäumen./Was ihre Verdauung übrig lässt,/das verarbeiten sie zu Watte./Sie spalten Atome. Sie heilen Inzest/und sie stellen durch Stiluntersuchungen fest,/dass Cäsar Plattfüße hatte./So haben sie mit dem Kopf und dem Mund/den Fortschritt der Menschheit geschaffen./Doch davon mal abgesehen und/bei Lichte betrachtet sind sie im Grund/noch immer die alten Affen.'

Beim literarischen ‚Magischen Realismus' will ich auf unsere Literaten Döblin, Benn, George und Schwitters nur kurz eingehen, die versuchten, auch in ihren Ausdrucksformen vom Zeitgeist abzuheben. Während Döblin den Collage-Stil des Dadaismus kopierte, versuchten sich die anderen in noch radikaleren Ausdrucksformen. Alfred Döblin setzte mit seiner Montagetechnik in ‚Berlin Alexanderplatz' neue Akzente, das Schicksal eines aus dem Gefängnis entlassenen Zementarbeiters beschreibend, der sich vornimmt, ‚anständig zu werden', um daran von seiner Umwelt gehindert in einer Irrenanstalt zu landen, in der er ‚verändert, ramponiert und zurechtgebogen' wird.

Auch die verletzte Seele wurde oft thematisiert. Gottfried Benn schrieb, ‚was dann nach jener Stunde/sein wird, wenn dies geschah,/weiß niemand! Keine Kunde/kam je von da,/von den erstickten Schlünden,/von dem gebroch'nen Licht./Wird es sich neu entzünden?/Ich meine nicht'. Stefan George war mit seiner innovativ charismatischen Lyrik um eine intensive magische Anziehungskraft bemüht, der zahlreiche Jünger scharenhaft erlagen. Etwa durch sein Gedicht ‚der Gehängte', mit dem er einen poetischen Rollenspiel-Wechsel vornimmt, ‚als sieger dring ich einst in euer hirn,/wirk ich als held, auf den man lieder singt'. Enden will ich mit Kurt Schwitters berühmtem Liebesgedicht ‚Anna Blume': ‚O du Geliebte meiner siebenundzwanzig Sinne, ich liebe/dir. Du deiner, dich dir, ich dir, du mir. Wir?/Das gehört (beiläufig) nicht hierher./Rindertalg träufelt, Streicheln über meinem Rücken,/Anna Blume, du tropfloses Tier, ich liebe dir.' Das soll's gewesen sein."

Halbzeitpause

„Juhu, ich glaub es kaum, endlich Halbzeitpause!", ruft Bernd vergnügt. „Du tust ja so, als wären wir schon mit der ganzen Epoche durch." „Ich muss ehrlich zugeben, auch wenn ich dachte, die neueste Geschichte gut zu kennen, hast du mich echt in neue Gefilde verführt. Hätte ich, Claudia, nicht gedacht", befindet Bernd anerkennend. „Danke. Ich musste das tun, denn je mehr wir uns der Jetztzeit nähern, umso komplexer wird unsere Geschichte und damit auch unsere Kulturgeschichte. Da kann man nur mit Neuem aufzuwarten. Weshalb ich sicher bin, dass die Geschichte für uns auch weiter einen unendlichen Fundus neuer Überraschungen bereithält." „Hast vielleicht recht, jedenfalls habe ich echt Freude an deiner Mittwoch-Beschreibung der ‚Goldenen Zwanziger'. Aber dass sie gerade einmal fünf Jahre andauerten, verblüfft mich schon."
„Im Grunde genommen war die Generation echt arm dran. Erst erlebte sie den Ersten Weltkrieg, dann verlor sie in der Hyperinflation ihr Vermögen, um schließlich im NS-Staat zu landen." „Ja, die Generation war echt betrogen. Das ist sicher auch der Grund dafür, dass sie die wenigen Jahre der konjunkturellen Erholung später gleich als ‚Goldene Zwanziger' bezeichnete." Bernd nickt.
„Interessant ist, dass sich diese Zeit selbst für die Adeligen als eine gute Zeit erwies, zumindest für die ehemaligen Bundesfürsten. Denn die hatten ja das große Glück, dass der Volksentscheid zu ihrer Enteignung nicht die erforderliche Mehrheit erhielt." „Lag das nun daran, dass so viele Jedermanns der Kaiserzeit nachtrauerten?" „Vermutlich auch. Vielleicht wussten sie aber auch gar nicht, wie viel Vermögen der Hochadel noch besaß. Denn die Situation war ja in der ‚präpublikanischen Zeit' verworren." „Warum?" „Weil der Hochadel ja sein privates Vermögen behalten durfte, während er nur denjenigen Teil abzugeben hatte, der dem Staat gehörte. Doch nach tausend Herrschaftsjahren erwies sich diese Grenzziehung natürlich als verdammt problematisch."
„Warum gaben eigentlich mit dem Exil des Kaisers gleich alle königlichen und großherzoglichen Monarchen auf? Die hätten

doch als Bundesfürsten weitermachen können, selbst wenn wir uns auf Bundesebene auf eine Republik verständigt hätten." Sie sieht ihn prüfend an. „Bestand nicht das Reich letztlich aus selbstständigen, wenn auch seit 1871 mit der kaiserlichen Klammer verbundenen Ländern?", setzt Bernd zur Sicherheit noch einmal nach. Claudia seufzt. „Wenn du ernsthaft an der Frage interessiert bist, musst du mir ein klein wenig Zeit geben, um dich mit einigen Details aus dieser eigentlich schon abgeschlossenen Epoche zu konfrontieren." „Na klar tue ich das, sonst hätte ich dich ja nicht gefragt." „Entschuldige. Genau genommen bestand das Kaiserreich aus 25 Bundesstaaten, die einflussreicher und mächtiger waren als die heutigen 16 Länder der Bundesrepublik. So gesehen hätte die Geschichte in der Tat auch anders verlaufen können. Genau genommen gab es bis zum Ende des Ersten Weltkrieges bei uns neben den vier Königreichen Preußen, Bayern, Württemberg und Sachsen immerhin die sechs Großherzogtümer Baden, Mecklenburg-Schwerin, Hessen-Darmstadt, Oldenburg, Sachsen-Weimar und Mecklenburg-Strelitz, die auch noch in der ersten Liga mitmischten.

Dann folgten die fünf Herzogtümer Braunschweig, Sachsen-Meiningen, Anhalt, Sachsen-Coburg und Sachsen-Altenburg." „Mit den Sachsen wird mir dies ein wenig zu viel." „Passt schon. Schließlich gab es die sechs Fürstentümer Lippe, Schaumburg-Lippe, Waldeck, Schwarzburg-Sondershausen sowie Reuß jüngere Linie und Reuß ältere Linie. Einmal abgesehen von dem vom Bund verwalteten Elsass-Lothringen sowie den bürgerlich geprägten drei Hansestädten Hamburg, Lübeck und Bremen. Wie fange ich mal am besten an? Da Elsass-Lothringen und die drei Stadtstaaten für den Untergang der Bundesfürsten keine Rolle spielten, können wir diese getrost schon einmal ausklammern. Und da ich das Thema zudem nicht zu sehr zu überfrachten will, sollte ich auch nicht auf die von mir gerne als ‚Duodez-Fürstentümer' bezeichneten kleinen Herzog- und Fürstentümer weiter eingehen. Womit wir die Analyse auf vier Königreiche und sechs Großherzogtümer beschränken können." „Das klingt doch schon mal gut."

„Ganz generell ist festzuhalten, die Bundesfürsten hatten es sich seit Beginn des Kaiserreiches bequem gemacht, kein wirkliches Interesse an bundespolitischen Zusammenhängen entfaltend. Am deutlichsten lässt sich das am Bundesratsausschuss für auswärtige Angelegenheiten festmachen, in dem Bayern laut der Reichsverfassung bis 1918 den ständigen Vorsitz innehatte. Doch anstatt von dieser Möglichkeit lebhaften Gebrauch zu machen, verzichtete der bayerische König auf jegliche Einflussnahme. Unser Hochadel starb letztlich sang- und klanglos ohne Blutvergießen ‚eines natürlichen Todes', wie der Historiker Machtan treffend befand.

Lass mich zunächst auf die Königreiche eingehen. Als Erstes ging es dem bayerischen König an den Kragen, nachdem Eisner am 7. November den ‚Freistaat Bayern' ausrief. Noch in der Nacht floh die königliche Familie auf ihr Schloss Anif im österreichischen Salzburg. Schnell stellte sich die Frage, ob der König damit de facto abgedankt hatte. Die Politiker waren sich nicht sicher. Also reisten einige Vertreter der neuen Regierung zum König Ludwig III, um ihm eine Thronverzichtserklärung vorzulegen. Und wahrhaftig, er unterschrieb am 14. November, um alle Militärs und Beamten von ihrem auf ihn geleisteten Treueeid zu entbinden." „Ganz freiwillig?" „Ja, denn im Gegenzug erhielt er die Erlaubnis, nach Bayern zurückkehren und sein Privatschloss Wildenwarth behalten zu dürfen. Und eine jährliche Pension zur Aufrechterhaltung seines standesgemäßen Unterhalts. Diese wird übrigens bis heute gezahlt." „Wie hoch ist die denn?" „Soviel ich weiß, erhalten die Wittelsbacher immer noch jährlich rund zehn Mio. € aus dem ‚Wittelsbacherfonds'.

Nur einen Tag nach dem bayerischen Ansturm wurde am 8. November auch die Lage für den sächsischen König Friedrich August III im Dresdner Schloss brenzlig. Der Wettiner war unglücklich, ‚er habe doch nichts Rechtes, wohin er fliehen könne. Im Jagdschloss Rehefeld pfiffe der Wind durch die Wände, in dem Barockschloss Hubertusburg gäbe es kein elektrisches Licht und in dem Wasserschloss Moritzburg stehe ihm das Wasser bis zum Hals'. Insofern entschwand die königliche Familie am 8. November in das schlesische Schloss Gutehorn. Auch ihm reisten Landespolitiker hinterher, denn wir Deutschen lieben es nun mal, korrekt zu sein. Worauf der genervte König am 13. November auf einen Zettel kritzelte, ‚ich verzichte auf den Thron'. Anschließend rief er den angereisten Delegierten noch hinterher, ‚so, so – na da macht euren Dreck alleene'.

Wieder einen Tag später entschloss sich auch der Württemberger König Wilhelm II zur Flucht auf sein Schloss Bebenhausen bei Tübingen. Auch ihm eilten Vertreter der neuen Machthaber nach, die ihn am 16. November dazu veranlassten, die Württemberger Beamten von ihrem Treueeid zu entbinden. Im Gegenzug erhielt er eine jährliche Rente von 200.000 Goldmark sowie die kostenfreie Überlassung des Schlosses Bebenhausen.

In Preußen war ja der Kaiser und preußische König Wilhelm II am Morgen des 10. Novembers ins holländische Exil geflohen. Seine in Potsdam weilende Ehefrau wurde zunächst im Potsdamer Neuen Palais unter den Schutz des Arbeiter- und Soldatenrats gestellt. Nach einem regen diplomatischen Austausch bestätigte auch Wilhelm II schließlich die Abdankung als ‚zu Recht bestehend', worauf seine Frau ihrem Mann am 27. November in einem Sonderzug nachreisen durfte, übrigens vollgestopft mit dem Mobiliar ihres bisherigen Haushalts. Zudem ließ ihm Ebert 650.000 Goldmark auszahlen. Im Januar folgten weitere zehn Millionen. So viel zu den vier Königen, die letztlich gegen satte Abfindungen freiwillig auf ihre Kronen verzichteten.

Ähnlich verlief übrigens die Geschichte der fünf Großherzöge. Großherzog Friedrich Franz IV von Mecklenburg-Schwerin erklärte am 8. November vor rund 2.000 revoltierenden Soldaten, seinen ‚Thronverzicht sorgfältig zu erwägen'. Das reichte denen natürlich nicht. Eine Woche später sah er sich dazu genötigt, eine Abdankungsurkunde zu unterzeichnen, um sich auf das Schloss Sorgenfrei bei Kopenhagen zurückzuziehen.

Am 9. November unterschrieb auch der in Weimar überaus unbeliebte Großherzog Wilhelm Ernst von Sachsen-Weimar eine Abdankungsurkunde, um sich am 12. November zunächst auf das thüringische Schloss Allstedt und zum Weihnachtsfest ins schlesische Heinrichau zurückzuziehen, wo er ein Schloss mit riesigem Grundbesitz besaß.

Am 11. November floh die großherzogliche Familie von Baden zunächst auf ihr Schloss Zwingenberg, um sich später im Schloss Langenstein am Bodensee niederzulassen, wo der Großherzog am 22. November seine Abdankungsurkunde gegen das Versprechen unterzeichnete, weiterhin in der Badischen Republik leben zu dürfen.

Ebenfalls am 11. November erschienen vor dem Schloss des Großherzogs Friedrich August II von Oldenburg einige Arbeiter- und Soldatenräte, worauf der Großherzog seine Abdankung unterzeichnete, um ‚Unheil von den oldenburgischen Landen fernzuhalten'. Anschließend zog er sich auf sein Schloss Rastede im Ammerland zurück, das ihm ebenso als persönliches Eigentum verblieb wie seine Güter in Schleswig-Holstein.

Somit kommen wir zuletzt zu der geringfügig anders verlaufenden Geschichte in Darmstadt. Bereits am Abend des 9. Novembers erklärte der Arbeiter- und Soldatenrat die Absetzung des Großherzogs Ernst Ludwig zu Hessen-Darmstadt. Am darauffolgenden Vormittag traf sich Ernst Ludwig mit seinem Staatsrat, um jenem mitzuteilen, keine Absetzungsurkunde zu unterzeichnen. Darauf trat das sozialdemokratische Staatsratsmitglied Carl Ulrich vor den Arbeiter- und Soldatenrat, um jenen mit den Worten zu beruhigen ‚ihr habt ihn ja in der vorigen Nacht abgesetzt! Dabei bleibt's'. Insofern war Ernst Ludwig der einzige Fürst, der nicht formal abdankte. Im Mai 1919 fühlte sich gleichwohl die sozialdemokratische Regierung dazu veranlasst, ihm das Schloss Wolfsgarten und seine Besitzungen im Engadin zuzuschreiben.

Gut dran waren übrigens die Welfen, die ja bereits 1866 einen Teil ihrer Schlösser als Privateigentum zugesprochen und kurz vor der Jahrhundertwende ihren Welfenfonds zurückbekommen hatten. Da gab es 1918 nichts mehr zu regeln. Dass sie gleichwohl einen Großteil ihres Vermögens später verloren, lag an der späteren Hyperinflation.

Auf die restlichen neun kleinen Monarchien der Herzog- und Fürstentümer einzugehen, möchte ich dir ersparen. Diese

,Duodez-Fürsten' verhielten sich letztlich alle ähnlich wie die Könige und Großherzöge. Stellvertretend möchte ich nur auf Fürst Adolf II von Schaumburg eingehen, der als Einziger proaktiv eine Aufspaltung des Staats- und Privateigentum anging, um noch vor der Novemberrevolution dem Landtag eine hälftige Vermögensteilung vorzuschlagen. Ein Vorschlag, dem der Landtag drei Tage vor seinem Thronverzicht zustimmte. Als das Land Schaumburg-Lippe im Folgejahr in die roten Zahlen rutschte, unterstützte der Fürst den Staatshaushalt mit 1 Mio. Mark. Das sollten ihm die Abgeordneten danken, indem sie 1920 erneut die 1918 getroffene Parlamentsentscheidung bestätigten. Nur das Landgerichtsgebäude in Bückeburg und das Schloss in Stadthagen musste der Fürst abgeben. Willst du noch mehr wissen?"

„Danke nein, das war erhellend genug. Ist doch irgendwie komisch, in Sachen Revolution unterscheiden wir uns ganz substanziell von den Franzosen. Immer legen wir großen Wert darauf, dass alles formal korrekt abläuft." „Das ist wohl so", reagiert Claudia verschmitzt lachend, um fortzusetzen, „selbst bei einer Liebesbeziehung machen wir einen sauberen Schlussstrich." „Ist doch besser als ein unfaires Gewürge", befindet er. Claudia strahlt, beugt sich über den Tisch und gibt ihm ein Wangenkuss. Bernd genießt diesen Moment der Versöhnung. Es ist ihm ohnehin klar, mehr ist für den Moment nicht drin.

Bernd hebt sein Glas. „Ist wieder einmal verdammt schön mit dir. Irgendwie scheinst du innerlich zu strahlen. Und das mitten im Sommer, wo man bekanntlich kein Skifahren kann." „Blödmann." „Ne, ganz im Ernst." „Das liegt vielleicht daran, dass ich in der kommenden Woche nun endlich mal aus München hinauskomme." „Wo soll es denn hingehen?" „Nach Mallorca, mein Lieber. Dort besitzen Josefs Eltern eine Finca." „Nicht schlecht. Und was macht ihr da den ganzen Tag?" „Ich glaube, Josef will einfach nur ausspannen." „Klingt aber ziemlich spießig." „Warum?" „Ich dachte, du würdest dir Land und Leute ansehen wollen?" „Mit Josef, das kannst du vergessen, wenn man einmal von guten Restaurants absieht. Denn an Kultur hat der jedenfalls kein Interesse." „So lernst du die Welt aber sicher nie kennen." Sie schweigt, um dann zu befinden: „Dann will ich mal meinen Vortrag fortsetzen." „Ja gerne", antwortet Bernd.

Donnerstag der NS-Zeit (1933 – 1939)

„Über den Donnerstag der NS-Zeit zu berichten, fällt mir echt nicht leicht. Über jene gut sechs Jahre eines rassistisch geprägten nationalsozialistischen Wahns, der das Bild Deutschlands bis weit in unsere heutige Zeit hinein vergiftete. Ausgelöst durch die ‚Machtübergabe' des Präsidenten v. Hindenburg, die Hitler innerhalb von nur 18 Monaten zur ‚Machtübernahme' missbrauchte. Ich weiß gar nicht, ob man die Ernennung Hitlers – als dem damaligen Führer der stärksten Reichstagsfraktion – zum Kanzler sonderlich kritisieren sollte, denn sie entsprach an und für sich den demokratischen Usancen. Eine Entscheidung, die am 30. Januar 1933 die Nationalsozialisten mit einem Fackelzug durch das Brandenburger Tor feierten, worauf unser Maler Liebermann vom Fenster seiner Wohnung am Pariser Platz aus bemerkte, ‚ich kann gar nicht so viel fressen, wie ich kotzen möchte'.

Was uns bis heute fassungslos macht, ist, wie arglos die Jedermanns wie Lemminge hinter Hitler herrannten. Auch wenn der darum bemüht war, die Verfassung zum Schein formal zu wahren, war doch unübersehbar, wie er sie Schritt für Schritt aushöhlte. Bis es zu spät war, ihn zu stoppen. Den Donnerstag will ich in zwei Teile unterteilen, in den Vormittag der ‚Machtergreifung' und den Nachmittag der ‚Nationalsozialisierung' der Gesellschaft.

Schon im Februar 1933 war Hitler darauf bedacht, die Weimarer Republik aus den Angeln zu heben. Einen Prozess einleitend, dessen Dramatik nur ‚stakkatohaft' erzählt werden kann. Begleitet vom neuen Medium des Radios, mit dem Hitler, nachdem er den Rundfunk unter seine Kontrolle gebracht hatte, mehr als 4 Millionen Haushalte direkt über die sich gut verkaufenden ‚Volksempfänger' zu Hause ansprach. Wie übrigens der amerikanische Präsident Roosevelt, der nahezu zeitgleich zu Hitler in den USA regierte. Der sich letztlich dank der ‚Chattering Box' bis heute als einziger Präsident drei Amtszeiten lang im Amt hielt. Mach dich nun auf ein monatliches Feuerwerk gefasst." „Bin schon angeschnallt."

„Am 1. Februar wurde der Reichstag aufgelöst, um für den kommenden Monat Neuwahlen anzusetzen. Hitler schimpfte auf seinen Wahlkampfreden über die ‚14 Jahre Kommunismus', während der Reichspräsident eine ‚Verordnung zum Schutz des Deutschen Volkes' verfügte, mit der Versammlungen der Linken verboten und kommunistische wie sozialdemokratische Zeitungen massiv behindert wurden. In der Nacht zum 28. Februar brannte der Reichstag. Was den Nationalsozialisten sehr zupasse kam, wenn man einmal unterstellt, sie hatten ihn nicht selbst angezündet. Denn schon einen Tag später erließ der Reichspräsident – angesichts des Verdachts, bei dem Täter handele es sich um einen Parteigänger der KPD – die ‚Reichstagsbrandverordnung', mit der er die KPD verbot. Worauf die Kommunisten polizeilich verfolgt und interniert wurden. Noch lag die Arbeitslosigkeit bei 6 Millionen.

Zum März 1933. Am Monatsanfang fand die Reichstagswahl statt. Beginnend mit sich zuspitzenden Straßenkämpfen, bei denen die Kommunisten dank der geschlossenen Reihen von SA, SS und der Polizei einem blutigen Terror ausgesetzt wurden. Um in frisch gegründete Konzentrationslager verbracht zu werden, in denen gefoltert und gemordet wurde. Allein 150 in Berlin, die Kurt Hiller als ‚Blut- und Kothölle' bezeichnete. Die Nationalsozialisten wollten die KPD und SPD vor der – wie sich im Nachhinein herausstellen sollte – letzten freien Wahl massiv behindern. Und doch endete sie für Hitler mit einer Enttäuschung. Seine Partei legte zwar um gut 10%-Punkte zu, verfehlte aber mit 44% die angestrebte Mehrheit. Hitler nutzte Münchener Tumulte, um Franz v. Epp zum ‚Reichskommissar Bayern' zu ernennen. Dann brachte er am 23. März ein ‚Ermächtigungsgesetz' in den Reichstag ein. Göring ließ als Parlamentspräsident zunächst die Geschäftsordnung des Reichstages in Bezug auf unentschuldigt fehlende Abgeordnete ändern. Danach galten diese als anwesend, selbst wenn sie in Schutzhaft saßen oder wie einige Kommunisten und Sozialdemokraten geflohen waren. Anschließend folgte die Abstimmung über das ‚Gesetz zur Behebung der Not von Volk und Reich'. Nachdem Hitler den Abgeordneten zurief, ‚gebt mir vier Jahre Zeit!', geschah das Unfassbare. Außer der SPD stimmten alle Parteien zu, sodass Hitler erstaunlicherweise die erforderliche Zweidrittel-Mehrheit der Abgeordneten erhielt. Mit dieser parlamentarischen Ermächtigung wurden die Gewaltenteilung durchbrochen, die Grundrechte eingeschränkt und dem Kanzler die Verabschiedung von Verordnungen wie Gesetzen gestattet, selbst wenn diese von der Verfassung abwichen. Anders als bei den bislang vom Reichspräsidenten verfügten Notverordnungen hatte sich damit das Parlament selbst entmachtet. Die Nationalsozialisten triumphierten.

Hitler bemühte sich nun um eine Integration der Militäreliten, sich bei der Neueröffnung des Reichstages der Symbolik des alten Preußens bedienend. Am ‚Tag von Potsdam' schlug er eine Brücke zwischen der ‚jungen Kraft' Deutschlands und der alten preußischen Größe. Dazu diente als ‚kollektiver Erinnerungsort' ein Foto des Händedrucks zwischen dem in devoter Haltung erstarrten Kanzler und dem ihn von oben herab kritisch musternden Reichspräsidenten. Eine inszenierte Rührkomödie, auf die viele hereinfielen. Zumal sich Hitler mit Hakenkreuzfahnen zurückhielt, um stattdessen mit der ‚Ikonographie' von Gottesdienst und Militärparaden aufzuwarten. Das machte Eindruck. Hitler verkündete noch im März konjunkturfördernde Beschäftigungsprogramme. Vor allem half ihm der noch von der Regierung Brüning verabschiedete Autobahnbau, der nun konsequent angegangen wurde. Die Arbeitslosigkeit sank.

Zum April 1933. Hitler ließ ein neues ‚Ministerium für Volksaufklärung und Propaganda' unter Joseph Goebbels errichten und die ‚Geheime Staatspolizei' (Gestapo) gründen. Gleichzeitig wurden alle bisherigen Landesregierungen abberufen, um linientreue ‚Reichsstatthalter' einzusetzen. Hitler ließ das Gesetz zur Wiederherstellung des Berufsbeamtentums verabschieden, in dem erstmals ein ‚Arierparagraph' enthalten war, der Juden aus dem Staatsdienst drängen sollte. Litfaßsäulen forderten zum Boykott jüdischer Geschäfte auf. Auch wurden Gesetze zur Gleichschaltung der Länder verabschiedet und ließ Hitler die KFZ-Steuer abschaffen, um zusätzliche Konjunkturanreize für die Autoindustrie zu schaffen. Die Arbeitslosigkeit sank.

Zum Mai 1933. Hitler ließ den 1. Mai zum Feiertag ‚der nationalen Arbeit' erklären. Um bereits einen Tag später die Gewerkschaften gegen deren Willen auf die ‚Deutsche Arbeitsfront' zu verschmelzen. Bücherverbrennungen fanden landauf, landab statt, um die ‚Schund-und-Schmutz-Bücher' Andersdenkender wie Brecht, Kästner und Mann aus den Bücherregalen zu verbannen. Hatte nicht unser Literat Heinrich Heine schon einhundert Jahre zuvor prognostiziert, ‚dort wo man Bücher verbrennt, verbrennt man am Ende auch Menschen'? Das Gesetz zum Schutz nationaler Symbole trat in Kraft, womit Hakenkreuze als offizielle Staatssymbole überall sichtbar wurden. Am 17. Mai hielt Hitler im Reichstag eine friedliebende Rede zur Genfer Abrüstungskonferenz, in der er Verständnis für die Sicherheitsbedürfnisse unserer Nachbarn zeigte, um auf der Genfer Abrüstungskonferenz das gleiche Recht für Deutschland einzufordern. Die Arbeitslosigkeit fiel weiter.

Zum Juni 1933. Hitler ließ die SPD verbieten und eröffnete mit der ‚Köpenicker Blutwoche' den staatlichen Terror gegen links. Erstmals wurden ‚Presseanweisungen über erwünschte und unerwünschte Veröffentlichungen' herausgegeben. Die Deutsche Evangelische Kirche wurde gleichgeschaltet. Am Monatsende löste sich die liberale Deutsche Staatspartei auf, um einem staatlichen Verbot zuvorzukommen. Hitler ließ Wohnungsbauprogramme ins Leben rufen. Die Arbeitslosigkeit fiel weiter.

Zum Juli 1933. Die Reichstagsparteien lösten sich freiwillig auf. Mit der Verordnung über die Aufgaben des ‚Reichsministeriums für Volksaufklärung und Propaganda' wurden die Presse gleichgeschaltet wie die Landwirte im ‚Reichsnährstand'. Mittlerweile saßen rund 27.000 politische Schutzhäftlinge in Konzentrationslagern. Sprich, nach nur einem halben Jahr war die

Republik kaum noch wiederzuerkennen. Nur noch 4,5 Millionen waren arbeitslos, 1,5 Millionen weniger als zu Beginn der Machtübergabe. Hitler fühlte sich so fest im Sattel, dass er die ‚nationale Revolution' für beendet erklärte. ‚Teil eins der Machtergreifung' war damit abgeschlossen.

Es folgte im August 1933 ‚Teil zwei'. Staatliche Ehestands-Darlehen wurden verabschiedet, mit denen Anreize für Ehefrauen geschaffen wurden, um nach der Heirat ihre Tätigkeit aufzugeben und als Hausfrauen zu Hause zu bleiben. Diese subventionierten Darlehen reichten nicht nur für die Anschaffung eines gemeinsamen Hausrats frisch Vermählter, sondern führten auch dazu, dass die frei werdenden Stellen von bisher arbeitslosen Familienvätern besetzt werden konnten. Am Monatsende fand der seit Jahren stattfindende alljährliche Nürnberger NSDAP-Reichsparteitag statt, über den die Medien als ‚Kongress des Sieges' ausführlich berichteten.

Zum September 1933. Mit dem Reichskulturkammergesetz wurden Schriftsteller, Presse, Rundfunk, Theater, Musik und Bildende Künste in Kammern gleichgeschaltet und damit die ‚entartete Kunst' aus dem öffentlichen Leben verbannt. Die Fünfzehn- bis Siebzehnjährigen mussten der ‚Hitlerjugend' oder dem ‚Bund Deutscher Mädchen' beitreten. Zudem wurden Achtzehnjährige für sechs Monate zum Reichsarbeitsdienst eingezogen. Auf der Deutschen Nationalsynode wählte die Evangelische Kirche Müller zum Reichsbischof der Evangelischen Kirche. Auch sie übernahm den Arierparagraphen, worauf sich Martin Niemöller und Dietrich Bonhoeffer zum ‚Pfarrernotbund' zusammenschlossen. Hitler ließ Land- und Erntehelfer-Einsätze subventionieren. Die Arbeitslosigkeit fiel weiter.

Zum Oktober 1933. Deutschland trat öffentlichkeitswirksam aus dem Völkerbund aus, nachdem sich auf der Genfer Abrüstungskonferenz abzeichnete, dass die von Hitler geforderte Angleichung der Truppenstärken aller unserer Nachbarstaaten an das niedrige deutsche Niveau von der Weltgemeinschaft ignoriert wurde. Die Luftwaffe wurde getarnt gegründet. Hitler ließ Reichstagsneuwahlen verfügen. Allmählich kam die Konjunktur wieder in Fahrt. Die Arbeitslosigkeit fiel weiter.

Zum November 1933. Die sich in Berlin versammelnden Deutschen Christen unterschieden sich in ihren Reden kaum noch von den NSDAP-Parteivertretern, die ‚Befreiung des Alten Testaments von der jüdischen Lohnmoral einfordernd'. Hitler ließ das Volk über den Austritt aus dem Völkerbund abstimmen. Er erhielt für den Abbruch der Abrüstungsgespräche und den Austritt aus dem Völkerbund bei der Volksbefragung vermeintlich eine 92 %ige Zustimmung. Die gleichzeitige Reichstagswahl sah nur noch die NSDAP-Einheitsliste vor. Die Arbeitslosigkeit fiel weiter.

Zum Dezember 1933. Hitler verfügte die Verschmelzung von Partei und Staat. Die Partei war fortan die alleinige staatstragende Säule. Der Generalstabschef des Heeres General v. Hammerstein trat zurück, um auf diese Weise seine Missbilligung zu dokumentieren. Zu seinem Nachfolger wurde General Beck berufen. Die Arbeitslosigkeit hatte sich innerhalb eines Jahres von 6,0 auf 3,8 Millionen um knapp 40% verringert. Hitler wurde als der Macher bewundert, während die Kirchen ihre Anziehungskraft verloren. Fritz v. Rabenau dichtete das Weihnachtslied: ‚Stille Nacht, heilige Nacht,/Alles schläft, einsam wacht/Adolf Hitler für Deutschlands Geschick,/führt uns zur Größe, zum Ruhm und zum Glück,/gibt uns Deutschen die Macht.'

Zum Januar 1934. Mit dem Gesetz zur Ordnung der Nationalen Arbeit wurde nicht nur die betriebliche, sondern auch die politische Mitbestimmung industrieller Betriebe durch Vertrauensleute sichergestellt. Die Landesparlamente wurden aufgelöst. Die Autoindustrie erlebte einen Aufschwung, die Arbeitslosigkeit fiel weiter. Widerspruch war de facto nicht mehr möglich. Damit war nach nur zwölf Monaten ‚Teil zwei der Machtergreifung' abgeschlossen und begann der dritte und letzte Teil.

Zum Februar 1934. Röhm setzte sich als Führer der SA dafür ein, die Reichswehr zu einem Ausbildungsheer zu degradieren und die kämpfende Truppe in die SA zu überführen. Dies löste unter den führenden Militärs eine große Unruhe aus. Der Karneval wurde gleichgeschaltet. Bei den Karnevalsumzügen wurden nicht mehr Politiker, sondern die Juden aufs Korn genommen.

Auf Anordnung des Führers wurde die Verfassung der Deutschen Studentenschaft verabschiedet sowie der Reichsrat aufgelöst. Zudem verfügte das Regime das Lichtspielgesetz, womit sich jeder Regisseur sein Drehbuch und seinen Filmentwurf vor Drehbeginn freigeben lassen musste. Die Arbeitslosigkeit fiel weiter.

Zum März 1934. Die Bespitzelung der Gestapo wurde intensiviert, auch wenn Göring diesbezüglichen Gerüchten öffentlich entgegentrat. Das Regime verfügte für jeden Wirtschaftszweig die Gründung eines nationalsozialistisch geprägten Wirtschaftsverbandes. Die Arbeitslosigkeit fiel weiter.

Zum April 1934. Sämtliche Rundfunkanstalten wurden auf den ‚Reichssender' verschmolzen, womit differenzierte Berichterstattungen endeten. Gleichzeitig verkündete das Regime die Errichtung eines ‚Reichsministeriums für Wissenschaft, Erziehung und Volksbildung'. Die Arbeitslosigkeit sank weiter.

Zum Mai 1934. Röhm forderte nach der ‚nationalen' eine ‚nationalsozialistische Revolution', aufgrund derer nur noch Parteimitglieder den Staat führen sollten. Hitler ahnte, damit hatte Röhm den Bogen endgültig überspannt. Denn erstmals begann sich, wieder eine Opposition innerhalb des Militärs und der Kirche zu formieren. Die einen hinter verschlossenen Türen, die anderen wie die evangelischen Theologen der ‚Barmer Bekennenden Kirche' Martin Niemöller und Dietrich Bonhoeffer mit ihrem Aufruf zur Gehorsamsverweigerung. Die Arbeitslosigkeit sank abermals.

Zum Juni 1934. Hitler behauptete, dass Röhm einen Putsch plante, und ließ daraufhin seinen einstigen Weggefährten Röhm am 30. Juni eiskalt ermorden, der sich nicht von seinem Plan abbringen ließ, das Heer zu entmachten. Was bei den Militärs allgemeine Erleichterung hervorrief, denn damit blieb es bei ihrer staatstragenden Rolle. Doch nicht nur Röhm, sondern auch zahlreiche Politiker wie Hitlers Vorgänger Ex-Kanzler v. Schleicher wurden ermordet. Unbehelligt ließ Hitler dagegen den harmlosen Vizekanzler v. Papen, selbst wenn der in seiner Marburger Rede ‚die Primitivität der Propaganda' und den ‚Byzantismus um Hitler' öffentlich geißelte. Die Arbeitslosigkeit sank weiter.

Zum Juli 1934. Die Bluttaten des 30. Junis wurden von Hitler rückwirkend als ‚Staatsnotwehr' gerechtfertigt. Laut öffentlicher Informationen war die Arbeitslosigkeit Ende Juni bei 2,5 Millionen angelangt. Das war ein Rückgang von fast 60%.

Am 1. August ließ Hitler das ‚Gesetz über das Staatsoberhaupt' vom Kabinett verabschieden, das eine Vereinigung der beiden Funktionen des Reichspräsidenten und Kanzlers vorsah. Nur einen Tag später starb Reichspräsident v. Hindenburg, worauf Hitler die beiden Funktionen des Reichspräsidenten und Kanzlers auf sich vereinigte, womit er zum verfassungsrechtlich nicht zulässigen ‚Führer' mutierte. Mit dem Wandel Hitlers vom Kanzler zum ‚Führer' war ‚Teil drei der Machtergreifung' abgeschlossen. Auch dieser Schritt wurde in einer Volksabstimmung am 19. August 1934 sanktioniert. Die Weimarer Republik hatte sich auch ohne formale Verfassungsänderung de facto zum ‚Führerstaat' gewandelt.

Warum die Deutschen nicht traurig waren, dass ihre ‚Republik ohne Republikaner' scheiterte, ist heute kaum nachvollziehbar. Nun gut, es gab keine Straßenkämpfe mehr und es ging auch wirtschaftlich aufwärts. Doch um welchen Preis? Erst allmählich ahnten die Jedermanns, dass sie ihre Freiheit verkauft hatten. Bei der Ausgrenzung der Juden, Kranken und Andersdenkenden blieb ihnen fortan nichts anderes mehr übrig, als ihre Augen zu verschließen. Sich fortan gerne darauf berufend, ‚wenn der Führer das nur wüsste'. Er wusste es. Und sie wussten, dass er es wusste. Nun konnten Hitler letztlich nur noch die Militärs stoppen. Doch das war nicht so einfach, da mehr als die Hälfte der Bevölkerung angesichts der außerordentlichen wirtschaftlichen Erfolge hinter dem Führer stand.

Damit begann im September 1934 der Donnerstagnachmittag, sprich, unsere Phase der ‚Nationalisierung'. Der nationalsozialistische Alltag wurde zunächst vom wirtschaftlichen Aufschwung geprägt, finanziert über sogenannte ‚Mefowechsel' der staatlichen ‚Metallurgischen Forschungsgesellschaft'. Diese Wechsel waren ein wesentlicher Garant für die Finanzierung neuer unternehmerischer Projekte. Erdacht vom Reichsbank-Präsidenten

Hjalmar Schacht, ohne auf das internationale Kapital zurückgreifen zu müssen. Insofern ist dieser für mich der Meilenstein des Donnerstages. Mit deren Hilfe konnten sich Unternehmen finanzieren, womit die Wirtschaft wieder auf die Beine kam. Dass ein nicht unerheblicher Teil des Finanzierungsvolumens von 12 Milliarden Mark auch in die Aufrüstung floss, sollte allerdings dabei nicht unerwähnt bleiben.

Zum nationalsozialistischem Alltag gehörte die im März 1935 verkündete Wiedereinführung der allgemeinen Wehrpflicht, um sich von den ‚Fesseln des Versailler Diktats' zu befreien. Damit stieg die Truppenstärke der Wehrmacht von 100.000 auf 550.000 Soldaten und wurde die Luftwaffe als eine dritte Teilstreitkraft unter Minister Hermann Göring enttarnt. Nur wenige kritisierten den erneut aufkeimenden Militarismus wie der Chefredakteur der Weltbühne Carl v. Ossietzky, der für seine kritischen Kommentare den Friedensnobelpreis erhielt, um fortan von den Nationalsozialisten schikaniert zu werden.

Den nationalsozialistischen Alltag prägten die omnipräsenten Hakenkreuz-Symbole. Nicht nur auf Fahnen, sondern auch auf Tischkarten bei Hochzeiten und Wimpeln bei Beerdigungsfeiern, ja selbst auf Grabsteinen prangten die Symbole der Volksgemeinschaft, was der Historiker Bernd Sösemann eindrucksvoll belegte. Keiner konnte sich dem entziehen. Viele jüdische Mitbewohner ahnten, wohin die Reise gehen könnte. Zumindest wanderten sie, so sie es noch konnten, aus. 130.000 Juden emigrierten in die USA, 100.000 nach Frankreich, 80.000 nach Portugal, 65.000 nach England und 55.000 nach Jugoslawien, um nur die großen Aufnahmeländer zu benennen.

Zum nationalsozialistischen Alltag gehörten Sport und Paraden. Die Jedermanns gingen der Körperertüchtigung nicht nur privat nach, sondern auch in den Betrieben. Vor allem wurde der Expander populär, nicht zuletzt, um den ausgestreckten Arm zum ‚Hitlergruß' möglichst lange oben halten zu können. Reichsjugend- und Fußballspiele lockten viele in Stadien, das Segelfliegen wurde modern und der Boxer Max Schmeling zum Volksheld. Man ging gerne ins Kino und erfreute sich im Radio an Liedern

Zara Leandras wie ‚Davon kann die Welt nicht untergehen' oder Hans Albers ‚Das kann doch einen Seemann nicht erschüttern'. Folge des nationalsozialistischen Alltags war eine ‚Flucht ins Private', um nicht ständig von der Partei vereinnahmt zu werden. Mit dem zunehmenden Wohlstand entstanden neue Träume vom eigenen Auto und Urlaubsreisen. So begannen die Jedermanns, auf einen eigenen, von Ferdinand Porsche entwickelten Volkswagen zu sparen. Oder in der Zwischenzeit mit dem Motorrad Vorlieb zu nehmen. Schnell nahm die Auto- und Motorradindustrie an Fahrt auf und steigerte binnen Kurzem die jährliche Produktion der Motorräder von 0,9 Mio. auf 1,3 Mio., der PKWs von 0,5 Mio. auf 1,1 Mio. und der LKWs von 0,1 Mio. LKW auf 0,3 Mio. Stück. Auch planten die Jedermanns Urlaubsreisen. Besonders begehrt waren die von der ‚Kraft-durch-Freude-Bewegung' angebotenen Kreuzfahrten auf einem der insgesamt 45 Kreuzfahrtschiffe. Immerhin leisteten sich dieses Vergnügen bis zum Kriegsbeginn 750.000 Passagiere. Als im Mai 1937 die Gustloff als größtes Kreuzfahrtschiff vom Stapel lief, wunderte sich keiner über die breiten Aufzugsschächte an Bord. Erst nach Kriegsausbruch wurde ihr Charakter als Lazarettschiff offenbar.

Das Regime verstand es geschickt, negative Signale, von denen es sicher war, kritische Reaktionen der Jedermanns hervorzurufen, mit positiven zu verbinden. Im Februar 1936 präsentierte sich Deutschland in Garmisch bei den Olympischen Winterspielen als friedliebendes Land. Vor allem die Skibegeisterung brach nun aus. Um ein paar Tage später im März 1936 die Reichswehr in das von den Alliierten entmilitarisierte Rheinland einrücken zu lassen. Nur wenige Soldaten realisierten, worauf Hitlers Kurs hinauslaufen würde. Wie sollten sie hierauf reagieren? Der Generalstab der Luftwaffe ließ im Juni 1936 kurzerhand die fertigen Pläne für den Bau eines geplanten Angriffsflugzeuges in den Schubladen verschwinden, um die Luftwaffe anstelle eines viermotorigen Bombers auf defensive Jäger zu fokussieren. Im August 1936 fanden in Berlin die olympischen Sommerspiele statt. Zum ersten Mal in Form eines medialen Spektakels, geprägt vom Fackellauf der olympischen Flamme, der Entzündung

des olympischen Feuers bei der Eröffnungsfeier und dem domartigen Gewölbe über dem nächtlichen Stadion sich überkreuzender Scheinwerfer. ‚Wenn Hitler in dieser Zeit einem Attentat zum Opfer gefallen wäre', so schrieb später einmal der Hitler-Biograf Joachim Fest, ‚würden nur wenige zögern, ihn als einen der größten deutschen Staatsmänner zu nennen.'
Die heitere Stimmung der Jedermanns trübte sich im Verlaufe des Jahres 1937 ein. Als Hitler im Herbst vor führenden Militärs erklärte, die deutsche ‚Raumfrage' innerhalb der nächsten zehn Jahre lösen zu wollen, da begriffen diese den Ernst der Lage. Hatten die Militärausgaben 1933 noch bei zwei Milliarden Mark gelegen, so näherten sie sich inzwischen 30 Milliarden an. Angesichts der reservierten Haltung der führenden Militärs zum Krieg zwang Hitler 1938 den Reichswehrminister v. Blomberg zum Rücktritt, weil der eine ehemalige Prostituierte heiratete. Wenige Tage später musste auch der Oberbefehlshaber des Heeresgenerals v. Fritsch wegen einer vermeintlich homosexuellen Liaison abtreten. Hitler vereinigte beide Positionen, um sich selbst zum Reichskriegsminister und Walther v. Brauchitsch zum ihm direkt unterstellten Oberbefehlshaber des Heeres zu ernennen. Damit schied de facto auch die Wehrmacht als Widersacher aus, da Hitler auch den Generalstab unmittelbar seiner Kommandogewalt unterstellte. Die Jedermanns waren endgültig in einer Diktatur angekommen.

Im März 1938 ließ Hitler die Wehrmacht in Österreich einmarschieren. In den anschließenden nicht geheimen Wahlen, mit denen die Österreicher die deutsche Annexion abnicken sollten, wurden Nein-Stimmen unverblümt in ein ‚Ja' umgedeutet. Als Hitler dann den Wehrmachtsgenerälen unverhohlen seine Angriffspläne gegenüber der Tschechoslowakei präsentierte, trat im August 1938 der Generalstabschef des Heeres General Ludwig Beck zurück. Sein Nachfolger Halder plante, die Einmarschpläne Hitlers zur Besetzung ‚Sudetendeutschlands' zum Anlass zu nehmen, um Hitler kurzerhand zu entmachten. Die Pläne waren schon weit fortgeschritten, als das Ausland einlenkte und sich der italienische Duce Mussolini, der englische Premier Chamberlain und der französische Regierungschef Daladier mit Hitler in München trafen, um einen bewaffneten Konflikt zu vermeiden. Das Ergebnis der alliierten ‚Beschwichtigungspolitik' war eine Verständigung darauf, dass die tschechischen Soldaten innerhalb von 10 Tagen ‚Sudetendeutschland' räumen mussten und Generalstabschef Halder in letzter Minute seine Umsturzpläne begrub.

Hitler beschloss, nun auch innenpolitisch seine Grenzen auszutesten. Als ein Jude den Pariser Legationsrat v. Rath Anfang November 1938 ermordete, nutzte der Reichspropagandaminister Joseph Goebbels diese Gelegenheit, um einen ‚Volkszorn' gegenüber den jüdischen Mitbewohnern zu entfachen. Öffentlich fordernd, ‚dass dieses Attentat die schwersten Folgen für die deutschen Juden haben muss'. Darauf brannten am 9. November 1938 jüdische Synagogen und gingen die Fensterscheiben jüdischer Geschäfte zu Bruch. Ein Ereignis, dass die Nationalsozialisten zynisch verharmlosend als ‚Reichskristallnacht' bezeichneten. Kein Wort darüber verlierend, dass in dieser Nacht 400 Juden ermordet und am nächsten Tag 30.000 Juden in Konzentrationslager deportiert wurden. Diese kollektive Unmenschlichkeit möchte ich als die vierte ‚kollektive Entgleisung' bezeichnen. Die ‚Reichskristallnacht' fand übrigens just am 9. November statt, an dem Hitler den ‚Weihetag' der 16 Blutopfer des Marsches auf die Feldherrnhalle hochstilisierte. Um anschließend der Presse zu verkünden, ‚die Zeit der aus taktischen Gründen betriebenen Friedenspropaganda ist nun vorbei'.

Im März 1939 wurde Hitler den Alliierten gegenüber wortbrüchig, indem er nach der von ihm betriebenen Abspaltung der Slowakei den tschechischen Staatspräsidenten nach Berlin einlud, um von ihm die bedingungslose Übergabe der ‚Rest-Tschechei' zu erpressen. Der fügte sich mit seiner Vertragsunterzeichnung dem Druck Hitlers, um sein Land ‚vertrauensvoll in die Hände des Führers' zu legen. Damit verspielte Hitler den letzten Rest des internationalen Vertrauensvorschusses. Als er sich im August 1939 mit dem russischen Diktator Stalin auf einen Nichtangriffspakt verständigte, war es Paris und London klar, dies könne nur Krieg bedeuten, selbst man dort das geheime Zusatzprotokoll der

Teilung Polens in eine deutsche und russische Interessensphäre nicht kannte. Hitler war jedoch weiterhin davon überzeugt davon, dass die Engländer ein weiteres Mal einlenkten. Jedenfalls kamen aus London unterschiedliche Signale. Es ist zu vermuten, dass diese Signale auch Auslöser für die Reaktion des Generalstabschefs des Heeres Halder waren, nicht – wie von seinem Vorgänger Beck gefordert – erneut eine gewaltsame Absetzung Hitlers vorzubereiten. Hitler verschob den Angriffstermin, um die diplomatische Reaktion aus London abzuwarten. Als diese ausblieb, gab Hitler den Befehl, am 1. September in den Freistaat Danzig und in Polen einzumarschieren.

Über die ‚Neuen Schönen Künste'

Lass mich damit auf die ‚Neuen Schönen Künste' eingehen, die sich vor allem dank des Rundfunks und des Kinofilms weiter prächtig entwickelten. Die Trivialliteratur der ‚Blut- und Bodenliteratur' war geprägt von Heldengeschichten, kriegsverherrlichenden Romanen und rassistischen Dreistigkeiten. Erwähnen möchte ich Heimito v. Doderers ‚ein Mord den jeder begeht' und Joachim Maass' ‚Testament'. Ganz andere Töne schlugen Alfred Rosenberg mit ‚Mythos des 20. Jahrhunderts', Karl Schenzinger mit ‚Anilin', Kuni Tremel-Eggert mit ‚Freund Sansibar' und Heinrich Spoerl mit ‚Feuerzangenbowle' an.

Nun zur Unterhaltungsmusik. Arno Vetterling ließ sich für seine Operette ‚Liebe in der Kirchengasse' feiern, die den Zuschauern einen bunten Reigen von Walzern, Tango und Schlagern bot. Auch erfreuten sich die Operetten Dostals ‚Clivia' und Fred Raymonds ‚Maske in Blau' allgemeiner Beliebtheit. Nun wurden Soldatenlieder en vogue wie ‚die Fahne hoch' und ‚eine Seefahrt, die ist lustig'. Vor allem aber wurden dank des Rundfunks Schlager landauf, landab mitgesungen. Zu den bekanntesten zählten Joseph Schmidts ‚ein Lied geht um die Welt', Renate

Müllers ‚an einem Tag im Frühling', Hans Albers' ‚auf der Reeperbahn nachts um halb eins', Erwin Hartungs ‚Ali Baba', Hans Albers' und Heinz Rühmanns ‚jawoll, meine Herrn', Zarah Leanders ‚ich steh im Regen', Michael Jarys ‚das kann doch einen Seemann nicht erschüttern', Peter Keuders ‚Musik, Musik, Musik', Hermann Niels ‚Erika' und Norbert Schulzes ‚Lili Marleen'."

„Ich wusste gar nicht, dass die alle aus der NS-Zeit stammten."

„Da siehst du mal, man kann auch im fortgeschrittenen Mannesalter noch etwas dazulernen, mein Lieber.

Lass mich zu den Kinofilmen überleiten, die zunehmend vom ‚völkischen Gedankengut' heiterer Sujets geprägt waren. 1933 erschien Gustav Ucickys Film ‚Morgenrot'. In diesem wird das deutsche U-Boot U 21 versenkt, um in 60 m Tiefe auf Grund zu laufen. Da jedoch nur acht Tauchretter der zehnköpfigen Besatzung zur Verfügung stehen, müssen sich zwei opfern. Der Film Hans Steinhoffs ‚Hitlerjunge Quax' heroisierte die Geschichte von Herbert Norkus, der von Jungkommunisten niedergestochen wurde, um kurz vor seinem Tod ein letztes Mal als Märtyrer die von Balder v. Schirach verfassten Zeilen ‚unsere Fahne flattert voran' zu hören. 1935 folgte Leni Riefenstahls ‚Triumph des Willens', eine beeindruckende Dokumentation über den Reichsparteitag von 1934, und Gustav Ucickys Film ‚ein Mädchen Johanna', in dem die Protagonistin gegen die englische Okkupation kämpft, um ihr gedemütigtes Volk allein aus der Kraft ihrer Siegeshoffnung zu erlösen. 1936 brachte Karl Fröhlich ‚wenn wir alle Engel wären' und Paul Martin ‚Glückskinder' heraus. 1937 folgten Detlef Siercks ‚La Habanera' und Karl Hartls ‚Der Mann, der Sherlock Holmes war'. Ersterer war der Durchbruch für Sara Leander, der zweite für Hans Albers. 1938 verzückte Zara Leander in dem Film ‚Heimat' die Jedermanns.

Über die ‚Klassischen Schönen Künste'

Die ‚Klassischen Schönen Künste' waren von einem neuen Spannungsfeld gekennzeichnet. Auf der einen Seite verfielen sie dem ‚völkischen Neoklassizismus'. Letztlich einer Verknüpfung vom ‚Neoklassizismus', der sich an der einstigen klassischen Größe Roms orientierte, mit der ‚völkischen Kunst' von ‚Blut- und Bodenthemen'. Goebbels sprach bei diesen von der neuen Form einer ‚stählernen Romantik'. Die sich nicht vor den Härten des Daseins versteckte oder ihr in der blauen Ferne zu entrinnen trachtete, sondern den Mut aufbrachte, den Problemen entgegenzutreten und ihnen fest und ohne Zucken ins Auge zu sehen. Nach seiner Ansicht habe es damit der Nationalsozialismus verstanden, der Technik ihr seelenloses Gepräge zu nehmen und mit dem Rhythmus und heißen Impuls in eine neue völkisch geprägte Zeit überzuleiten. Was darunter letztlich zu verstehen war, brachte Alfred Rosenberg auf den Punkt, ‚Kunst ist immer die Schöpfung eines bestimmten Blutes, womit das formgebende Wesen der Kunst nur von Geschöpfen des gleichen Blutes' zu verstehen sei." „Was meinte er denn damit?" „Keine Ahnung. Gott sei Dank löst heute dieser Satz nur noch allgemeines Kopfschütteln aus. Wie auch jener Unsinn, von der ‚Schönheit, Reinheit und Anmut des nordischen Menschen' zu schwärmen. Wer sich als Künstler nicht in dieses Schema pressen ließ, galt als ‚entartet', erhielt Berufsverbot oder wurde ins Exil gedrängt. Aufgrund dieses inneren oder äußeren Exils bildete sich damit als Kontrapunkt zum ‚Neoklassizismus' die als entartet diffamierte ‚Exilkunst' heraus.

Lass mich mit der völkischen Architektur des ‚Neoklassizismus' beginnen. Mit den überdimensionierten Gebäuden des Architekten Albrecht Speer, der es sich zur Aufgabe machte, die Größe des Führers durch Monumentalbauwerke zu unterstreichen. Etwa in Form der wenn auch unvollendeten, für 40.000 Besucher ausgelegten Veranstaltungshalle für die Nürnberger Reichsparteitage. Oder den Plänen der ‚Großen Halle', in der sage und schreibe

180.000 Menschen Platz finden sollten. Dagegen ist die heutige Münchener Allianz-Arena geradezu lächerlich klein. Jedenfalls sollte die ‚Große Halle' das daneben geradezu ‚zierliche Reichstagsgebäude' um mehr als das Doppelte übertrumpfen. Gedacht als städteplanerischer Dreh- und Angelpunkt Berlins, der Stadt, die anschließend in ‚Germania' umbenannt werden sollte. Hierzu plante Speer zwei gewaltige Sichtachsen quer durch die dicht besiedelte Stadt. Auch in der ‚Hauptstadt der Bewegung', sprich in München, begann man nicht nur mit der Neugestaltung des Münchener Königsplatzes, sondern plante von dort aus eine breite Sichtachse bis hinunter zum Bahnhof. Vergleichsweise kleinere Gebäude waren dagegen das in München von Paul Ludwig Troost gestaltete ‚Haus der Kunst', der ‚Führerbau' und die Hauptverwaltung der NSDAP. In Berlin entwarf Ernst Sagebiel Bürogebäude für das Propaganda- und das Reichsluftfahrtministerium und Heinrich Wolff das neue Reichsbankgebäude, in dem heute das Auswärtige Amt untergebracht ist. Das Berliner Olympiastadion Werner Marchs wurde in die riesige Freifläche des ‚Maifeldes' eingebettet. Die omnipräsenten Hakenkreuzfahnen wurden in die Architekturpläne ebenso eingebunden wie Lichtdome vor Gebäuden. In Prora entstand das damals größte Gebäude der Welt mit einer Länge von über einem Kilometer. Doch auch das Berliner Flughafengebäude in Tempelhof sprengte mit seiner bogenförmigen, rund 1,2 Kilometer langen Form alle bisherigen Dimensionen.

1939 bezog Hitler die Neue Reichskanzlei, geprägt von seinem 400 m^2 großen Arbeitsraum, 10 Meter hoch voller nüchterner Sachlichkeit. Seinen riesigen Schreibtisch kann man heute im Historischen Museum bestaunen. Interessant ist die Ähnlichkeit der völkischen wie kommunistischen neoklassischen Architektur. Nirgendwo ließ sich dies so eindrucksvoll festmachen wie 1937 bei der Pariser Weltausstellung. Dort standen sich der deutsche und der russische Pavillon unmittelbar gegenüber, beide in Form von Hochhäusern als Repräsentationsgebäude des ‚Kampfes der Systeme' konzipiert. Nur am Dach unterschieden sie sich fundamental. Während auf dem deutschen Pavillon ein riesiger, ein

Hakenkreuz in seinen Klauen haltender Adler thronte, erhoben sich über dem russischen Pavillon zwei überlebensgroße Figuren, ein Mann und eine Frau, die Hammer und Sichel als Symbol ihrer Siegesgewissheit gen Himmel streckten.

Bei der sich fundamental vom ‚Neoklassizismus' unterscheidenden ‚Exilarchitektur' liegt es nahe, auf einen weiteren Pavillon des Pariser Messegeländes zu verweisen. Nämlich auf den Pavillon der Stadt Köln, ein nur zweigeschossiger, von riesigen Glasflächen gekennzeichneter kubischer Holzbau, der im Inneren nur aus einem Treppenhaus bestand und wegen seiner lichtdurchfluteten Helligkeit die rheinische Lebensfreude auf ganz besondere Weise widerspiegelte.

Natürlich spiegelte sich dieses Spannungsfeld von ‚Neoklassizismus' und ‚Exilkunst' auch in der Malerei wider. Hitler erklärte München zur ‚Kulturhauptstadt', um den erstaunten Jedermanns 1936 eine ‚antibolschewistische Schau' und 1937 eine Ausstellung des ‚ewigen Juden' zu präsentieren. Mit beiden Ausstellungen sollte die Volksgemeinschaft selbst bei der Malerei auf den ‚völkischen NS-Geschmack' eingeschworen werden. Um die nicht völkische Kunst als ‚entartete Kunst' bloßzustellen. Zunächst fanden diese Ausstellungen im Galeriegebäude des Münchener Hofgartens statt, um sodann landauf, landab auf Reisen zu gehen. Sie entwickelten sich zu wahren Publikumsmagneten, was nur als Indiz gewertet werden kann, wie beliebt die Maler der ‚Exilkunst' waren. Trotz der überlebensgroßen plakativen Hinweise auf sie als ‚geisteskranke Nichtskönner' oder Künstler, ‚die so tun, als ob sie Maler sind'.

Zurück zum völkisch geprägten ‚Neoklassizismus'. Otto Hamel malte seine ‚Heimatbilder', Arthus Bock die ‚Gustloff' und Hans Ziegler ‚die vier Elemente' im Kaminzimmer des Führerbaus. Doch im Grunde dominierten im ‚Völkischen Neoklassizismus' Themen von hart arbeitenden Industriearbeitern, Soldaten, Bauern und Müttern, geprägt von kräftigen Körpern. Zu jenen völkischen Künstlern zählten auch Leopold Schmutzer, Thomas Baumgartner, Hans Wissel, Sepp Hilz und Paul Junghans, die in ihren Gemälden die unvergänglichen Werte des heimatlichen Kleinbauerntums mystifizierten. Dass sich Hitler für die Reichskanzlei ausgerechnet mit der ‚Toteninsel' für ein Bild Arnold Böcklins entschied, war ungewöhnlich. Denn dieser war kein Repräsentant der völkischen Kunst. Und doch sollte sich die Auswahl für dieses Werk tiefenpsychologisch als hellseherisch erweisen, denn am Ende wandelte Hitler ja dank seiner menschenverachtenden Politik unser Land in eine nicht mehr lebenswerte Toteninsel.

Der ‚Neoklassizismus' erwies sich als eine Hochphase der Bildhauerei. So schuf Arno Breker einen überdimensionalen Adlerkopf auf dem Platz der Luftbrücke, Rudolf Belling eine Büste ‚Max Schmelings', Hermann Hahn eine vom ‚Führer', Hermann Scheuernstuhl seinen berühmten ‚Fackelträger', Erich Haberland den ‚Schwimmer' und Georg Kolbe ‚das Menschenpaar'.

Wie anders war die als entartet diffamierte ‚Exil-Kunst', die sich diesem Trend widersetzte. Geprägt von ihren herausragenden, sich ins innere Exil begebenden Protagonisten Barlach und Kollwitz. Ernst Barlach schuf sein berühmtes Fries ‚der Lauschenden', um ein Jahr später seinen ‚Buchleser' fertigzustellen. Und Käthe Kollwitz gelang ihre geradezu einmalige ‚Pieta', eine Bronzeplastik einer am Boden kauernden Frau mit ihrem toten Sohn in ihrem Schoß. Franz Radziwill malte seinen ‚Glockenturm in Bockhorn', ein Werk, in dem die Sonne die sie umgebenden, leicht schiefen Grabsteine vor dem schwarzen nächtlichen Hintergrund eindrucksvoll beleuchtet. Ernst Wilhelm Nay fand in seiner ‚Ausfahrt der Fischer' eine surrealistisch anmutende abstrakte Bildsprache. Wols schuf sein surreales Werk ‚o.T. das Bikini-Klavier'.

Und Emil Nolde, als Antisemit dem Nationalsozialismus nahe stehend, entführte die Jedermanns mit seinem Bild ‚Herrin und Fremdling' in die nordische Heldenwelt. Womit es ihm nicht gelang, sich vom Makel der entarteten Kunst zu befreien. Um gleichwohl vor und während des Krieges zu einem der finanziell erfolgreichsten Künstler zu zählen. Immer wieder mit seinen Blautönen und wundersamen Tiefenwirkungen die Jedermanns erfreuend. Sein 1936 gemalter ‚Brecher' hing mehr als ein Jahrzehnt im Büro der Kanzlerin, bevor sie sich kürzlich dazu entschied, dieses großartige Werk ins Museum zurückzugeben. Da zwar sein Malstil, nicht jedoch die Gesinnung des Künstlers zur staatlichen Repräsentation tauge. Wir Deutsche sind schon ein merkwürdig grundsätzliches Volk. Max Beckmann schuf sein Werk ‚Nächtlicher Park in Baden-Baden' und Paul Klee kehrte in seiner, von unglaublicher Schaffenskraft gekennzeichneten Spätphase zu den Ursprüngen der Malerei zurück, zu einfachen Zeichen einer geheimen Sprache. Seine Werke ‚Welthafen' mit einer grauweißen, von schwarzen Linien durchzogenen Bildfläche und ‚Zeichen in Gelb' sind dafür beredte Beispiele, das einem gewebten Teppich gleichend von unregelmäßig geformten Rechtecken und schwarzen Symbolen geprägt ist.

In der neoklassischen Musik dominierten heitere Melodien. Werner Egk komponierte die Oper ‚Peer Gynt', eine besondere Farbenpalette unterschiedlicher melodischer Bilder zu Tango- und Bolero-Rhythmen. Mark Lothar schrieb den ‚Schneider Wibbel' und Joseph Haas ‚Tobias Wunderlich', eine eigenwillige Mischung aus Ernst und Humor, Glaubensinnigkeit und Lebensfreude. Vor allem aber avancierte Karl Orff zum Publikumsliebling, der 1936 für die Olympischen Spiele das Stück ‚Einzug und Reigen der Kinder' und ein Jahr später seine berühmte ‚Carmina Burana' komponierte. Ein Meisterwerk neuer melodischer Verklärungen vor dem Hintergrund einer mittelalterlichen Scheinwelt. Jenes ‚In taberna quando sumus/non curamus quid sit humus/sed ad ludum properamus'. Was so viel heißt wie ‚wenn wir sitzen in der Schenke/fragen wir nicht nach dem Grabe,/sondern machen uns ans Spiel'. Was für eine, von einem tiefen Verständnis der Mittelalterlichkeit geprägtes Monumentalwerk voller einprägsamer Melodien, rhythmischer Differenzierungen und – dank Xylophon und Schlagzeug – neuartiger klanglicher Schattierungen.

Wie anders klang da die als entartet diffamierte ‚Exilmusik' Arnold Schönbergs, der 1933 über Paris in die USA emigrierte und dort seine Oper ‚Moses und Aron' komponierte.

Die völkisch geprägte Literatur des ‚Neo-Klassizismus' suchte die Jedermanns in verharmlosenden, leichten Texten oder in gezielter Agitation der ‚Blut- und Bodendichtung' mitzureißen. Mit der die ‚schollenverhaftete Blutsgemeinschaft' verherrlicht wurde, getragen zumeist von einer altertümelnden, geradezu pathetischen Sprache. Hier will ich mich auf Billinger, Stehr, Huchel, Miegel, Krenn und Bergengruen beschränken. Richard Billinger thematisierte in seinen mystisch-religiösen Darstellungen ‚der Gigant' dämonische Naturkräfte wie Hermann Stehr 1939 in seinem ‚Himmelsschlüssel' eine Geschichte zwischen Himmel und Erde. In seiner Naturlyrik ‚Sternenreuse' schrieb Peter Huchel, ‚dass du noch schwebst, uralter Mond./Als jung noch deine Scheibe schwebte,/hab ich an einem Fluss gewohnt,/wo nur das Wasser mit mir lebte./O Schlucht der Welt, des Wassers Schwall/kam wie Gesang: war es mein Leben?/Damals sah ich im dunklen All/ganz nah die Sternenreuse schweben'. Agnes Miegel verfasste ‚und die geduldige Demut der treuesten Freunde', Irmgard Krenn ‚das kunstseidene Mädchen' und der Literat Werner Bergengruen seinen ‚der Großtyrann vor Gericht', der sich bald einer breiten Beliebtheit erfreute.

Wie dramatisch unterschied sich diese Literatur von der als entartet diffamierten ‚Exilliteratur' der Literaten Fallada, Borchardt, Kolmars, Klaus und Thomas Mann, Brecht und Lasker-Schüler. Hans Fallada schrieb 1937 sein berühmtes Buch ‚Wolf unter Wölfen', eine lange Irrfahrt seines Protagonisten in der inflationsgeschüttelten Weimarer Zeit beschreibend. Rudolf Borchardt provozierte mit seinem Roman ‚Weltpuff Berlin', um in diesem eskapistischen Werk die Jedermanns mit ekstatischen sexuellen Phantasien, besinnungsloser Triebverfallenheit und Schlüpfrigkeiten zu konfrontieren. Sowie mit geradezu dadaistisch anmutenden Wortspielen, die sich immer nur ‚um das Eine' drehen. Auch provozierte Rudolf Borchardt die Herrschenden mit seinem Gedicht, ‚Dreck, trockener, angemachter,/aufgeweichter Dreck,/zerfallener Dreck, gepresster Dreck,/gedruckter Scheißdreck, Drecksgesinnung, dreckige Visage'. Die ins KZ geschleppte Gertrud Kolmars verfasste die Zeilen ‚die hier umhergehen, sind nur Leiber/und haben keine Seele mehr,/sind Namen nur im Buch der Schreiber/Gefangene: Männer, Knaben, Weiber/ und ihre Augen starren leer'.

Die antivölkische, im Ausland geschriebene Exilliteratur war geprägt von der beißenden Kritik über den völkischen Zeitgeist. In Amsterdam entstand Klaus Manns 1936 erschienener Roman ‚Mephisto', dessen Protagonist – die Kunst von der Politik zu trennen versuchend – zum Spielball der Herrschenden degradierte. Thomas Mann veröffentlichte in den USA seine ‚Lotte in Weimar', die Reise der – um 44 Jahre gealterten, inzwischen verwitweten – Charlotte Kestner, geborene Buff, zu Goethe nach Weimar beschreibend, um ihren einstigen Werther noch einmal wiederzusehen, der dereinst so unter seinem Liebeskummer litt. Um nun ihrerseits von ihm verschmäht zu werden. Bert Brecht veröffentlichte 1939 im schwedischen Exil seine ‚Mutter Courage und ihre Kinder'. Ein Werk, in dem die Protagonistin versucht, als Marketenderin vom Dreißigjährigen Krieg zu profitieren, bis es ihr allmählich nach dem Tod ihrer drei Kinder dämmert, dass dies nicht gelingen kann. Geschrieben als Warnung, man könne durch geschicktes Handeln einen Krieg unbeschadet überstehen. Und Else Lasker-Schüler dichtete in ihrem Schweizer Exil ‚ich habe zu Hause ein blaues Klavier/und kenne doch keine Note./Es steht im Dunkel der Kellertür,/seitdem die Welt verrohte./Es spielten Sternenhände vier,/die Mondfrau sang im Boote./Nun tanzen die Ratten im Geklirr,/zerbrochen ist die Klaviatür,/ich beweine die blaue Tote'.

Freitag des Zweiten Weltkrieges (1939-1945)

Der Freitag begann am 1. September 1939 mit der wahrheitswidrigen Behauptung des NS-Regimes, polnische Truppen hätten einen Radiosender in Gleiwitz als Symbol der Medienfreiheit überfallen. Hitler, der den Marschbefehl deutscher Truppen auf Polen auf 4:45 Uhr festgelegt hatte, verplapperte sich im Radio, ‚seit 5:45 Uhr wird jetzt zurückgeschossen'! Ernsthaft glaubte ohnehin keiner an dieses Zurückschießen. Gleich zu Kriegsbeginn zerstörten Sturzkampfbomber willkürlich die polnische Kleinstadt Wielon. Diesmal waren die Jedermanns beim Einzug in den Krieg nicht euphorisch gestimmt, sondern fügten sich dem Zwang der Gesetzmäßigkeit des Krieges, in der der Wille des Einzelnen nichts mehr zählte. Auch den Freitag will ich in zwei Phasen unterteilen, die der ersten dreieinhalb Jahre anhaltender Kriegserfolge bis Ende 1942 und die der nächsten zweieinhalb Jahre des Nieder- und Untergangs des Dritten Reiches.

Die Ära der militärischen Erfolge fußte dank moderner Waffen auf dem ‚Blitzkrieg-Konzept'. Womit nach einem Monat Polen – aufgeteilt zwischen Russland und Deutschland – erneut aufhörte, als selbstständiges Land zu existieren. Basierend auf der Schnelligkeit deutscher Panzer und Sturzkampfflugzeuge, sogenannter ‚Stukas', deren Angriffe militärische wie zivile Panik auslösten. Worauf die bald verstopften Straßen eine geordnete polnische Gegenwehr nicht mehr ermöglichten. Auch half den deutschen Soldaten das von ihnen eingenommene Methamphetamin der Marke ‚Pervitin', das jede Müdigkeit verdrängte. Bald vom Heer als ‚Panzerschokolade' oder der Luftwaffe als ‚Göring-Pille' bejubelt. Wie von Hitler vorhergesagt, unterblieb ein massiver Vorstoß der Alliierten im Westen. Am 7. September 1939 griffen zwar französische Soldaten Saarbrücken an, doch stellte sich dieser Vormarsch eher als militärische Feigenblatt-Aktion heraus, um Polen gegenüber Bündnistreue zu demonstrieren. Sehr weit kamen die auf die Verteidigung gedrillten französischen Soldaten in den Minenfeldern nicht. Damit hatte es der Widerstand gegen Hitler schwer. Dass sich gleichwohl Georg Elsner am 9. November 1939 traute, ein Attentat auf den Führer zu versuchen, ist aller Ehren wert. Jedenfalls platzierte er an diesem Tag eine Bombe im Münchener Bürgerbräukeller, wo Hitler wie in jedem Jahr eine Rede hielt. Nur musste sich der wegen des Nebels kurz fassen, da er anstelle des Flugzeuges gezwungen war, den Nachtzug nach Berlin zu nehmen. Also beendete Hitler seine

Rede bereits um 21:00 Uhr. Als die Bombe eine halbe Stunde später explodierte, bestieg Hitler gerade den Nachtzug.

Der ‚zweite Blitzkrieg' folgte im April 1940 mit der ‚Operation Weserübung', um Dänemark und Norwegen zur Sicherung der Erzvorkommen zu besetzen. Die deutschen Truppen kamen dabei den Alliierten im Erzhafen Narvik um wenige Stunden zuvor. Der ‚dritte Blitzkrieg' war im Mai 1940 die ‚Operation gelb', eröffnet mit dem Überfall auf die Benelux-Staaten. Als sich die Holländer nicht schnell genug ergaben, ließ Hitler völlig sinnlos Rotterdam zerstören. Die Franzosen erwarteten, die deutschen Truppen würden sie von dort aus angreifen und rückten zusammen mit den britischen Truppen gen Norden vor. Doch die Deutschen verfolgten einen anderen Plan. Sie griffen die rund 12 Kilometer hinter der französischen Grenze verlaufende ‚Maginotlinie' an – ein als uneinnehmbar geltendes Mauer- und Tunnelsystem. Um mit Fallschirmjägern und 9 Lastenseglern das Panzerforts ‚Eben-Emael' zu erstürmen. Kaum hatten sie dieses eingenommen, gelang es den deutschen Panzerverbänden General Guderians, das dünn besiedelte, kaum geschützte Ardennengebiet zu durchqueren. Die französischen Armeen teilten sich auf. Die eine Hälfte folgte den Engländern nach Dünkirchen, die andere grub sich in Lille ein, was die deutschen Truppen bald umkreisten, um sie eine Woche lang unter Dauerbeschuss zu nehmen.

Als Göring bat, die in Dünkirchen auf die Verschiffung wartenden britischen und französischen Armeen allein durch die Luftwaffe vernichten zu dürfen, verfügte der Führer einen zweitägigen Stopp des Vormarsches deutscher Bodentruppen. Nun erwies sich, was heute als Binsenweisheit gilt. Dass sich nämlich verschanzende Truppen nicht aus der Luft besiegen lassen. Dank dieser Fehlentscheidung gelang es Churchill, auf privaten Kuttern und Sportbooten 340.000 britische und französische Soldaten über den Ärmelkanal nach England zurückzuholen. Die restliche französische Nordarmee löste sich auf. Worauf sich die nach Vichy ausgewichene französische Regierung zu einem Waffenstillstand gezwungen sah, um Paris zu verschonen. So zogen am 14. Juni 1940 deutsche Truppen kampflos in die Stadt ein und unterzeichneten französische Regierungsvertreter im Wald der Compiègne drei Tage später den Waffenstillstand. Just in dem Eisenbahnwaggon, in dem sich die Deutschen nach Ende des Ersten Weltkrieges den Waffenstillstandsbedingungen der Franzosen zu fügen hatten. Hitlers Bestreben war es auch sonst, den Franzosen das heimzuzahlen, was den Deutschen 1918 widerfuhr. Also beharrte er auf einer ‚linksrheinischen' Besetzung Frankreichs, sodass nur Südfrankreich französisch blieb. Auch mussten die Franzosen ihr Heer auf 100.000 Mann reduzieren. Das bald damit beschäftigt war, sich des Einmarsches italienischer Truppen in Nizza zu erwehren, die kurz zuvor eine Allianz mit Deutschland eingingen.

Mit diesen militärischen Erfolgen galt Hitler in den Augen General Keidels als ‚der größte Feldherr aller Zeiten', weshalb sich bald im Volksmund die spöttische Bezeichnung ‚Gröfaz' verfestigte. Nach den ablehnenden englischen Reaktionen auf sein Friedensangebot sah sich Hitler dann herausgefordert, England in seiner ‚Operation Seelöwe' in einer Luftschlacht anzugreifen. Doch das gerade erfundene Radarsystem warnte die Engländer rechtzeitig vor deutschen Bombenangriffen auf die ‚Kraftquellen' Englands, sprich Verteidigungsanlagen, Rüstungsbetriebe in den Londoner Docklands und Elektrizitätswerke. Außerdem erwiesen sich die wendigen Spitfire als erfolgreiche Jäger, um die deutschen Me 110-Mittelstreckenbomber in Schach zu halten. Denn die Entwicklung der Fernbomber hatte ja die Luftwaffe schon 1936 eingestellt. Angesichts der für Mittelstreckenbomber zu weiten Distanzen schafften es diese kaum bis zu ihren Abwurfzielen und zurück. Einen Monat später änderte Göring in der ‚Luftschlacht um England' seine Strategie, um sich in Nachtflügen auf die Demoralisierung der Londoner Zivilbevölkerung zu konzentrieren. Doch als die Verluste der Luftwaffe auch bei diesen Angriffen immer größer wurden, konzentrierte sie sich in einer dritten Phase auf die Bombardierung der Flugzeugwerke von Coventry. In einem Großangriff zerstörte man gleich die ganze Stadt einschließlich der alten Kathedrale. ‚Conventrieren' hieß fortan das widerliche Propagandawort, bis der Luftkrieg gegen England im Mai 1941 wegen zu hoher eigener Verluste ganz eingestellt wurde. Die Engländer beließen es nicht bei Verteidigungsaktionen, sondern griffen ihrerseits deutsche Ziele an. So erfuhren erstmals auch die Berliner und Hamburger die Grauen flächendeckender Bombardierungen ziviler Ziele.

Hitler beobachtete mit Sorge die militärischen Niederlagen Italiens in Ägypten und Griechenland, sodass er sich schließlich genötigt sah, in einem ‚vierten Blitzkrieg' den Italienern zur Hilfe zu eilen. Zunächst mit der Eroberung von Serbien und Griechenland und sodann mit einem Afrika-Feldzug. In Serbien überschritten deutsche Truppen erstmals eine rote Linie, indem sie sich – nach Partisanenüberfällen auf vereinzelte Soldaten – zu Vergeltungsaktionen in Form standrechtlicher Erschießungen Unschuldiger hinreißen ließen. In Griechenland zogen sich die britischen Truppen nach Kreta zurück. Worauf die Luftwaffe Kreta bombardierte und dank der ersten kollektiven Aktion von Bombern mit Fallschirmjägern die dorthin geflohenen alliierten Kräfte weiter in die Flucht schlugen. Der nach Libyen entsandte General Rommel erwehrte sich an der Seite italienischer Soldaten der aus Ägypten einmarschierenden englischen Truppen und drängte sie zurück. Er war zwar formal dem italienischen Oberkommando unterstellt, doch agierte er zunehmend autonom, um sich schnell zum Kriegshelden zu entwickeln.

Im Frühling 1941 spitzte sich die Stimmung an der Ostfront zu. Russland verlegte 180 Divisionen an die deutsche Grenze. Auch Hitler ließ einen Großteil der deutschen Truppen im dortigen Grenzgebiet stationieren. Hitler und Stalin ahnten beide um die Expansionspläne des jeweils anderen. Hitler entschied sich zum Erstschlag, um im Juni 1941 von der Ostsee bis hinunter zum Schwarzen Meer die ‚Operation Barbarossa' anlaufen zu lassen, mit der knapp 7 Millionen Soldaten in Russland einfielen. Mir ist es bis heute noch ein Rätsel, warum Hitler diese Operation ausgerechnet ‚Barbarossa' nannte. Hatte er nicht im Geschichtsunterricht aufgepasst? Vermutlich fühlte er sich auf einem Kreuzzug wie dereinst der deutsche Kaiser. Doch hatte er je erfahren, dass jener bei diesem in der Türkei sein Leben ließ? Im

Norden fraß sich die Front in den Außenbezirken St. Petersburgs (Leningrads) fest. Im Süden dagegen verlief der deutsche Vormarsch erfolgreicher. Auch in der Mitte rückten die deutschen Armeen über Polen und Weißrussland immer tiefer vor, um im Oktober 1941 vor den Toren Moskaus zu stehen. Letztlich aufgrund der mangelnden Winterausrüstung deutscher Soldaten endete der Angriff bei eisigen Temperaturen von -50 Grad in den Außenbezirken Moskaus. Gegen den Willen Hitlers stoppte der Oberbefehlshaber des Heeres v. Brauchitsch den sinnlosen Angriff, worauf ihn Hitler ablöste, um sich selbst zum Oberbefehlshaber zu ernennen. Darauf verweisend, ‚die Pflicht der OHL besteht darin, eine nationalsozialistische Armee zu schaffen'. Er kenne aber keinen General, der dazu befähigt sei.

Der Kampf wurde barbarisch, rücksichtslos und menschenverachtend. Der Stabschef des Heeres General Keitel erließ den ‚Kommissar-Befehl', wonach entgegen des Völkerrechts politische Verantwortliche in Russland zu liquidieren seien. Russische Kinder wurden zur Zwangsarbeit nach Deutschland transportiert. Hunger und Tyrannei gehörten zum Alltag der russischen Zivilbevölkerung. Hitler vergrub sich in der ostpreußischen ‚Wolfsschanze', einem Bunkersystem, von dem aus er den Krieg steuerte, um nur noch selten das Licht des Tages zu suchen. Noch war man in Berlin siegessicher, ja, herrschte in ganz Deutschland eine geradezu trotzig heitere Stimmung, denn noch fand ja der Krieg nur in den Wochenschauen und nicht an der Heimatfront statt.

Inmitten dieser Gemengelage hielt Hitler den Januar 1942 für den geeigneten Moment, im Inneren eine zweite Front zu eröffnen, nämlich die der Judenvernichtung. Noch lebten allein in Berlin rund 60.000 Juden. Hitler war verwegen genug, um diese Progrome nicht selbst anzuordnen, sondern deren Regelung der eingespielten Bürokratie zu überlassen. Ein Vorgehen, das der Chef des Wehrmachtsführungsstabes General Alfred Jodl später als ein Meisterstück der Geheimhaltung bezeichnen sollte. Hierzu lud der ranghöchste SS-Offizier Reinhard Heydrich im Januar 1942 nicht nur den ihm unterstellten Referatsleiter für Judenangelegenheiten Hans Eichmann in die Wannsee-Villa ein, sondern insgesamt dreizehn hohe Verwaltungsbeamte, um sie mit der ‚Endlösung der Judenfrage' zu konfrontieren. Zunächst in großer Sorge, dass die Situation dank des kaltblütigen Plans zum Massenmord eskalieren könnte. Dann aber entspannt feststellend, dass sich die Beamten – die ethische Frage verdrängend – in Verwaltungsdetails verloren. Allein darauf fokussiert, bürokratische Hemmnisse beiseitezuschieben. Worauf sich nach Ende der Sitzung die SS-Schergen betranken, um auf die Tische springend sich in ausgelassener Heiterkeit an dem geplanten Massentodesurteil zu ergötzen. Ein Ereignis, was der Literat Peter Wyden später eindrucksvoll in ‚Stella' beschrieb und uns auch heute noch erschaudern lässt. Ein Verbrechen gegen die Menschlichkeit, das ich als die ‚fünfte kollektive Entgleisung' bezeichne. Zumal es einherging mit der unerträglichen Wortwahl der ‚Ungeziefervertilgung' und ‚Beseitigung unnützer Esser'.

Ein ähnlicher unfassbarer Korpsgeist menschenverachtender Selbstvergewisserung herrschte auch in der westfälischen Wewelsburg, wo sich die SS-Gruppenführer regelmäßig versammelten, um sich den Unterschied von Herren- und Untermenschen einzureden. Die Juden wurden nicht nur systematisch ermordet, sondern deren erbeutetes Vermögen zudem zur Aufrüstung genutzt. Schätzungen zufolge waren dies 120 Milliarden Mark. Auch ‚Zigeuner', ‚Geisteskranke' und ‚politisch Entartete' wurden Opfer jener Verbrechen. Eine Maschinerie deutscher Pedanterie anwerfend, in der sich Zehntausende schwerster Verbrechen schuldig machten, sei es als Wachen, als Ärzte bei grausamen medizinischen Experimenten, bei den Fließbandexekutionen oder an den Schreibtischen zur logistischen Abwicklung dieses kollektiven Hasses. Uns bis heute mit der fassungslosen Frage beschwerend, welche menschenverachtende Perversität in unserer kollektiven Seele schlummert. Jedenfalls waren es zu viele, um behaupten zu können, die Jedermanns hätten hiervon nichts gewusst.

Hitler befahl bereits im Januar 1942 trotz fehlender Winterausrüstung die Fortsetzung der russischen Offensive. Eine Million Soldaten fielen auf deutscher Seite, die nur zur Hälfte durch junge Soldaten wieder aufgefüllt werden konnten. Nur der ‚Wüstenfuchs' General Rommel blieb in Libyen erfolgreich, um die englischen Truppen tief nach Ägypten zurückzuschlagen. Erst als es in Russland wärmer wurde, stellten sich auch dort wieder militärische Erfolge ein. Im Mai 1942 gelang die Einkesselung der russischen Stadt Sewastopol, mit der 170.000 Soldaten gefangen genommen wurden, und wenig später ein Zangenangriff im Donezbecken, mit dem die deutschen Truppen weitere 240.000 russische Kriegsgefangene machten.

Im Westen dagegen brannten nach englischen Luftangriffen Lübeck, Köln und Essen. Göring, der einst ‚Meier heißen' wollte, ‚wenn auch nur ein feindlicher Bomber über Deutschland auftauchen würde', hatte sich erneut als Großmaul desavouiert, um sich nun öffentlich über die mangelnde Treffsicherheit amerikanischer Piloten lustig zu machen. Dann geriet auch noch der in Nordafrika stationierte General Rommel in die Defensive, womit sich Hitler dazu gezwungen sah, die französische Regierung in Vichy davon zu informieren, deutsche Truppen zur Sicherung der Südflanke in Südfrankreich einmarschieren zu lassen. In buchstäblich letzter Minute versenkten die Franzosen in Toulon ihre komplette Flotte. Hitler versuchte es mit ‚Operation Blau' wieder einmal im Osten mit einem Vorstoß in Richtung Stalingrad. Da die Stadt wegen des Zugangs zum Kaukasus für beide Seiten von strategischer Bedeutung war, eröffneten die Deutschen im November 1942 die sich im Nachhinein als Kriegswende erweisende ‚Schlacht um Stalingrad'.

Womit der Donnerstagnachmittag des Nieder- und Untergangs des Dritten Reiches begann. Die deutschen Truppen eroberten zwar Stalingrad, doch dann gelang es den russischen Panzerverbänden, die Stadt in einem Zangengriff weiträumig einzuschließen. Hitler verbot den Rückzug aus der ‚Festung Stalingrad'. Doch ein Vorstoß deutscher Panzerverbände scheiterte an den technisch zwar nicht hochwertigen, aber zahlenmäßig deutlich überlegenen russischen Panzerverbänden. Auch erwies sich die Prahlerei Görings, er würde die Armee aus der Luft versorgen, als realitätsfremd. Nach Weihnachten mussten die Brot-Rationen

für die eingeschlossenen Soldaten von 200 auf 100 Gramm gekürzt werden, bis sich im Februar 1943 die ganze 6. Armee ergab. Goebbels verkündete darauf im Berliner Sportpalast vor ausgewählten Claqueuren sein Konzept des ‚Totalen Krieges'. Womit jeder Anstand und Respekt gegenüber Kriegsgefangenen, Zivilpersonen und Verwundeten fallen gelassen wurde. Abscheuliche deutsche ‚Verbrechen gegen die Menschlichkeit' waren die Folge. Wolfgang Borchert beschrieb in seinem ‚Brief aus Russland' seine Gefühle: ‚Man wird tierisch./Das macht die eisenhaltige/ Luft. Aber das faltige/Herz fühlt sich manchmal noch lyrisch.'
Zu Hause kippte die Stimmung. Als im Februar 1943 die Gestapo mit einer groß angelegten Razzia knapp 10.000 Juden in der Berliner Rosenstraße unweit des Alexanderplatzes festsetzte, versammelten sich deren arische Frauen vor den Toren des Gefängnisses, um für die Freilassung ihrer Männer zu demonstrieren. Sie standen dort Stunde um Stunde, Tag um Tag, Nacht um Nacht, immer wieder nach ihren Männern rufend. Bis die SS vor den protestierenden Frauen einknickte und die Gefangenen entließ. Auch gab es immer mehr, die über einen militärischen Widerstand nachdachten. Im März 1943 scheiterte aufgrund eines defekten Zünders ein Bombenattentat des Generals Henning v. Treskow auf Hitler. Und wenige Tage später ein weiterer Anschlag, nachdem Hitler das Berliner Zeughaus entgegen des Protokolls vorzeitig verließ.

Auch die unterdrückten Warschauer Juden erhoben sich im April 1943, um mit fast 60.000 Opfern blutig niedergeschlagen zu werden. In München protestierten Studenten des Freundeskreises der ‚Weißen Rose' um die Geschwister Scholl gegen das Vorgehen der Machthaber. Um wenig später hingerichtet zu werden. Bonhoeffer wurde im April 1943 verhaftet, um seinen Eltern Trost zuzusprechen, ‚von guten Mächten treu und still umgeben,/behütet und getröstet wunderbar,/so will ich diese Tage mit euch leben/und mit euch gehen in ein neues Jahr'. Leider konnte er bis zu seiner Hinrichtung nur bruchstückhafte Überlegungen seines Glaubens festhalten, wie seine Erkenntnis, dass man die Vermeidung individueller Schuld nicht zum höchsten ethischen Kriterium erklären könne, wenn eine höhere Verantwortung für das Ganze ein schuldhaftes Handeln – etwa eines Tyrannenmordes – erfordere.

Georg Duckwitz gelang im Herbst 1943 als Schifffahrtsattaché in Kopenhagen das Unglaubliche. Als er dort von einer geplanten Judendeportation erfuhr, reiste er nach Schweden, um sich für deren Aufnahme dort einzusetzen. Anschließend informierte er alle jüdischen Gemeinden. Als am 2. Oktober die NS-Ausrottungsmaschinerie anlief, waren 8.000 Juden untergetaucht, um auf Fischereibooten das sichere Schweden zu erreichen. Unter ihnen befand sich auch Fritz Bauer, der im Nachkriegsdeutschland als Hessischer Generalstaatsanwalt eine wichtige Rolle spielen sollte.

In der protestantischen Kirche führte eine dreijährige Grundsatzdiskussion schließlich doch noch dazu, dass sich bei der Abwägung des normativen Bezugs der Heiligen Schrift und des situativen Gegenwartsbezuges der Berliner Bischof Kurt Schaf dazu durchrang, zwei Frauen als Vikarinnen zu ordinieren. Ein Anfang war damit gemacht.

Die Kriegsmaschinerie war nicht zu stoppen. Die deutschen U-Boote wurden ineffektiver, nachdem sich alliierte Schiffe in Konvois von Kriegsschiffen begleiten ließen. Im Sommer 1943 landeten alliierte Truppen in Sizilien, worauf die Italiener kapitulierten und die weiter im Norden stationierten italienischen von den deutschen Truppen entwaffnet wurden. Währenddessen trafen sich die ‚Großen Drei', sprich die Regierungschefs von England, USA und Russland in Teheran, um sich auf eine konzertierte Aktion zu verständigen. Stalin gab Roosevelt und Churchill zu verstehen, er werde das Baltikum besetzen und erwarte im Gegenzug eine britisch-amerikanische Landung in Nordfrankreich. Die russische Front rückte fortan Tag für Tag rund 30 Kilometer gen Westen vor.

Im Juni 1943 landeten mehr als einhunderttausend Engländer und Amerikaner an ihrem ‚D-Day' auf den Stränden der Normandie. Hitler ließ London mit V1-Raketen bombardieren. Zunächst noch ineffektiv, denn fünf explodierten beim Start, sechs stürzten in den Kanal, doch nur vier erreichten England und nur eine London. Doch im Juni fanden bereits 73 ihr Ziel. Nach flächendeckenden alliierten Bombenangriffen auf das Ruhrgebiet, Hamburg, Leipzig und München begann im November 1943 auch die Bombardierung der Reichshauptstadt. Bis zum März 1945 sollten die Alliierten dort 30.000 Tonnen Bomben abwerfen. Der militärische Widerstand diskutierte immer lebhafter, ob es eine moralische Verpflichtung gäbe, den Krieg aktiv zu beenden. Allmählich formte sich der ‚Kreisauer Kreis' um James v. Moltke, zu dessen Kern General v. Treskow und Oberstleutnant Graf Stauffenberg gehörten, denen es am ehesten möglich war, aus dienstlichen Gründen nahe genug an Hitler heranzukommen. Nun gelang es dem Kreis, auch den ehemaligen Generalstabschef des Heeres Generaloberst Ludwig Beck für den Widerstand zu gewinnen. Stauffenberg deponierte anlässlich einer Lagerbesprechung am 20. Juli 1944 im Führerbunker eine Bombe. Auch wenn dies aus formaler Sicht ‚Verrat' war, so erwies sich dieser mutige Schritt für mich als fünfter Meilenstein jener Epoche. Denn damit machten die Widerständler unmissverständlich klar, dass es jenseits des formalen Rechts ein Naturrecht der Menschen gab, Verbrechen gegen die Menschlichkeit begehende Tyrannen zu stürzen. Was wir hoffentlich nicht mehr aus unserem kollektiven Gedächtnis verdrängen werden! Doch da die Besprechung wegen der Hitze nicht im Bunker, sondern in einer Holzbaracke stattfand, überlebte Hitler. Denn deren Wände hielten der Druckwelle nicht stand. Auch stand Hitler über den massiven Kartentisch gebeugt, unter dem die Bombe explodierte. Graf Stauffenberg wurde noch am gleichen Tage standrechtlich erschossen und General v. Beck zum Selbstmord gezwungen. Wenig später wurde der restliche Kreis der engen Widerständler vom Präsidenten des Volksgerichtshofes Freisler erst niedergeschrien und dann zum Tode verurteilt.

Im Juli 1944 erhoben sich polnische Soldaten im Warschauer Aufstand, worauf deutsche Truppen im August unter der Zivilbevölkerung ein grausames Massaker anrichteten, dem mehr als 30.000 Männer, Frauen und Kinder zum Opfer fielen. Doch die Schlinge zog sich unnachgiebig rings um Deutschland zu. Im August 1944 befreiten die Alliierten Frankreich und Italien.

Ausgerechnet nun machten die amerikanischen ‚Morgenthau-Pläne' landauf, landab die Runde – benannt nach dem amerikanischen Außenminister. Diese sahen vor, Deutschland nach Kriegsende in ein reines Agrarland umzuwandeln. Dank dieses Alptraums mobilisierte Hitler die letzten Reserven, alle wehrfähigen Männer zwischen 16 und 60 zum ‚Volkssturm' einberufend. Womit der ‚Geistertanz des Grauens' begann. Als amerikanische Truppen im September 1944 versuchten, Arnheim zu erobern, scheiterte der Angriff in den moorigen Wiesen, womit die Amerikaner bis auf Weiteres ihren Vormarsch zum Rhein einstellten. Erst Ende November eroberten die Alliierten Antwerpen. Worauf Hitler den Hafen zerstören und mehr als tausend V1 und V2 Raketen auf die Stadt niederregnen ließ. Hierdurch ermutigt, befahl er Mitte Dezember 1944 die Ardennenoffensive, die misslang, mehr als 100.000 Soldaten das Leben kostend.

Im Februar 1945 wurde das von Flüchtlingen überfüllte Dresden von alliierten Bombern zur ‚Zersetzung des deutschen Wehrwillens' zerstört. Im März versank Köln in Schutt und Asche. Kurz darauf entdeckten amerikanische Soldaten in Remagen eine noch nicht zerstörte Rheinbrücke, die von deutschen Kindersoldaten verteidigt wurde. Dies nutzten 8.000 amerikanische Soldaten zum Überschreiten des Rheins, bevor die baufällige Brücke einbrach. Doch damit war der Rhein genommen. Die Alliierten befreiten 15 Millionen halb verhungerte Kriegsgefangene, Zwangsarbeiter und Deportierte, auch wenn Hitler am 18. März 1945 befahl, die Lagerbewohner der noch nicht befreiten KZs ohne Verpflegung zu Todesmärschen zu zwingen.

Am 19. März 1945 unterzeichnete Hitler schließlich seinen ‚Nero-Befehl', wonach ganz Deutschland zu zerstören sei. Denn ‚wenn der Krieg verloren geht, wird auch das Volk verloren sein. Denn das Volk hat sich als das schwächere erwiesen. Was nach diesem Kampf noch übrig bleibt, sind ohnehin nur die Minderwertigen, denn die Guten sind gefallen'. Berlin mutierte zum ‚Reichsscheiterhaufen'.

Die Jedermanns wurden Opfer des ‚Untergangs, des Infernos und der Götterdämmerung', sprich eines kollektiven Grauens, das sich nur schwer in Worte fassen lässt. Mehr als 130.000 Frauen wurden von Rotarmisten vergewaltigt. Kurt Riess schrieb, ‚die Frauen Berlins versuchten, sich zu verbergen und sich durch Asche, die sie in ihr Gesicht schmierten, hässlich und alt zu machen. Manchen gelang es, sich als Männer zu verkleiden'. Im April 1945 trafen sich die vom Westen vorrückenden amerikanischen und die vom Osten anmarschierenden russischen Truppen an der Elbe. Dann zog sich auch um Berlin die russische Schlinge zu. Hitler war inzwischen stark pervitingeschädigt, krumm gebeugt und mit zittrigen Händen. Am 29. April heiratete er im Führerbunker seine jahrelange Geliebte Eva Braun. Dann verfasste er sein Testament, um sich und seiner frisch Vermählten das Leben zu nehmen. Kurz darauf hissten russische Soldaten ihre Flagge auf dem Reichstag, ausgerechnet auf dem Parlamentsgebäude, das für die Nationalsozialisten bedeutungslos war. Hitlers Nachfolger Admiral Dönitz unterzeichnete zusammen mit General Jodl am 7. Mai in der Reimser Berufsschule die bedingungslose Kapitulation. Auf Bitte Stalins sollte die Kapitulationszeremonie am 8. Mai in Berlin wiederholt werden. Worauf die Generäle Keitel und Stumpff sowie Admiral v. Friedeburg in Karlshorst zum zweiten Mal, wenn auch erst kurz nach Mitternacht, ihre Unterschrift unter eine Kapitulationsurkunde setzten. Diese Terminverzögerung störte Stalin jedoch nicht. Worauf bis heute der 8. Mai 1945 als das Ende des Weltkrieges in Europa gilt.

Über die ‚Neuen Schönen Künste'

Wie soll ich bloß bei weltweit 55 Millionen Toten zur Kulturgeschichte überleiten? Bei oberflächlicher Betrachtung erscheint dies als ein unmögliches Unterfangen, denn so viel Grauen macht auch heute noch sprachlos. Doch beschäftigt man sich etwas tiefer mit der damaligen Kultur, so war sie bis zum Kriegsende stark von der Durchhalte-Propaganda geprägt. Und die hatte vor allem eines im Blick, eine heitere Stimmung zu verbreiten, um den Wehrwillen aufrechtzuerhalten. In der völkischen Trivialliteratur dominierten die Kriegsromane Werner Beumelbergs oder die Heftreihe ‚Unsere Jagdflieger'. Friedrich Griese schrieb 1940 ‚unsere Arbeit ist Glaube'. Auch Liebesgeschichten hatten Hochkonjunktur.

Bei der Beschreibung der völkischen Unterhaltungsmusik muss ich mit dem bekanntesten Lied Lale Andersens ‚Lili Marleen' beginnen, dem die Soldaten an der Front allabendlich lauschten, so es ihnen möglich war. Doch gab es auch viele andere Schlager. Ernst Groh sang ‚hörst du mein heimliches Rufen', Hans Albers ‚La Paloma' sowie ‚beim ersten Mal da tut's noch weh', Evelyn Künneke ‚in Tirol steht ein Berg', Hans Rühmann ‚das kann doch einen Seemann nicht erschüttern', Johannes Heesters ‚man müsste Klavier spielen können', Ilse Werner ‚wir machen Musik', Marika Rökk ‚in der Nacht ist der Mensch nicht gern alleine' und Zarah Leanders ‚ich weiß, es wird einmal ein Wunder geschehn'. Vor allem aber fielen die Jedermann gerne in den Refrain ihres zweiten Liedes ein, ‚davon geht die Welt nicht unter,/sieht man sie manchmal auch grau,/einmal wird sie wieder bunter,/einmal wird sie wieder himmelblau'.

Die völkischen Kinofilme propagierten auf geschickte Weise den sinnlos aufopferungsvollen Durchhaltewillen oder entglitten in eine unverfängliche Heiterkeit. Zu den Heldengeschichten gehörten Karl Ritters ‚Stukas', Roger v. Normans ‚Himmelhunde', Günther Rittaus ‚U-Boote westwärts', Wolfgang Liebeneiners ‚Bismarck', Veit Harlans ‚Der große König' sowie der wohl berühmteste Durchhaltefilm ‚Kolberg'. Nicht mehr fertig wurde der Film ‚das Leben geht weiter', in dem Goebbels selbst Regie führte. In diesem entwickelt ein Ehepaar – gespielt von Gustav Knuth und Hilde Krahl – ein Gerät, um Bomber schon in weiter Entfernung orten zu können. Aus der Reihe fiel der Film insofern, als sich Goebbels dazu entschloss, auch zerbombte Städte zu zeigen, ‚denn wenn Propaganda noch Wirkung haben soll, dann darf sie vor der Realität nicht die Augen verschließen'. Zu den heiteren Filmen zähle ich die beiden Produktionen, die sich heute noch allgemeiner Beliebtheit erfreuen. Nämlich Helmut Käutners ‚Große Freiheit Nr.7' und Helmut Weiss' ‚die Feuerzangenbowle', die beide die Jedermanns für rund 100 Minuten in eine heile Welt entführten. Es ist eigentlich gar nicht zu glauben, dass ausgerechnet diese beiden Kultfilme vor der düsteren Stimmung des Untergangs gedreht wurden.

Über die ‚Klassischen Schönen Künste'

Die ‚Klassischen Schönen Künste' waren weiter von dem Spannungsfeld zwischen ‚Völkischem Neoklassizismus' und der als entartet diffamierten ‚Exilkunst' geprägt. Die Architektur kam in der Kriegszeit zum Erliegen. Als eines der letzten Gebäude des völkischen ‚Neoklassizismus' wurde das Berliner Ernst-Reuter-Haus an der Ost-Westachse zur ‚Großen Halle' eingeweiht. Fortan fokussierte sich das Regime auf den Bau von Hochbunkern, die in unsere Städte gepflanzt wurden, von deren betongeschwängerter Schwere keine Großstadt verschont blieb.

In der völkischen Bildhauerei will ich mich auf Hans Uhlmann beschränken, der seinen luftig wirkenden ‚männlichen Kopf' schuf. In der völkischen Malerei des ‚Neo-Klassizismus' dominierten ‚Blut-und-Boden-Motive', die sich mit Kriegsmotiven mischten. Wie etwa mit Otto Jahns nach vorne stürmenden ‚Wehrmachtssoldaten im Gefecht'.

In der als entartet diffamierten ‚Exilmalerei' versuchte Emil Nolde, im Verborgenen seinen ‚künstlerischen Träumen' nachzugehen. Sich dabei überwiegend auf Aquarelle beschränkend, da ihm keine Ölfarbe mehr zur Verfügung stand. Eduard Bargheer malte ‚Trommeluniform und Trommel' und Bernd Hartung sein, von hellen Tönen gekennzeichnetes Werk ‚sans titre'. Angesichts des Horrors der Zeit bedurfte es wirklich keines Titels, um bei den Jedermanns die Phantasien einer düsteren Stimmung anzuregen.

Bei der völkischen Musik will ich mich auf Carl Orffs neoklassisches Konzertwerk ‚Entrada' beschränken, dem es wieder einmal gelang, durch seine besondere Melodik und Rhythmik die Jedermanns zu begeistern.

Natürlich stand auch die Literatur weiter im Spannungsfeld von ‚Neoklassizismus' und ‚Exilkunst'. In der neoklassizistischen, völkisch geprägten ‚Blut- und Bodenliteratur' dichtete Lulu von Strauss und Torney, ‚und wenn ich selber längst gestorben bin,/ wird meine Erde wieder blühend stehen./Und Saat und Sichel, Schnee und Sommerpracht/und weißer Tag und blaue Mitternacht/wird über die geliebte Scholle gehen'.

In der als entartet geltenden ‚Exil-Literatur' will ich mit dem Literaten Wilhelm Uhmann beginnen, der für mich in besonderer Weise für die innere Emigration steht. So dichtete er ‚Sirene heult, Geschützmaul bellt,/sie morden sich, so ist die Welt./ Komm nicht! Kann nicht! Lass mich allein!/Der Erdentag lädt nicht mehr ein!/Ins Qualenlose flohest du!/O Grab, halt deine Tür fest zu'.

Die ins Exil vertriebenen Literaten Seghers, Hesse, Brecht, Zweig, Thomas und Klaus Mann, Fahrner, Benn und Sachs durften bei uns nach wie vor nicht gelesen werden. Doch das hielt sie nicht davon ab, großartige Werke zu verfassen. Anna Seeghers schrieb ‚das siebte Kreuz', den Alltag des antifaschistischen Widerstands ab 1939 beschreibend, wobei die sieben Kreuze für sieben geflohene KZ-Häftlinge und ihre traurigen Geschichten stehen. Hermann Hesse veröffentlichte 1943 sein ‚Glasperlenspiel', in dem er das Schicksal mit dem zufälligen Verlauf von Glaskugeln vergleicht, in dem die beiden Protagonisten des Lehrers wie des Schülers auf ewig gefangen sind.

In Bert Brechts 1943 im Exil uraufgeführten Werk ‚der gute Mensch von Sezuan' erwirbt eine ehemalige Prostituierte einen Tabakladen, um dank zahlreicher Schmarotzer in eine finanzielle Schieflage zu geraten. Nur gut zu sein, gelingt – laut Brecht – nur, wenn man seine Persönlichkeit in eine moralisch gute und überlebensfähig harte Persönlichkeit aufspaltet. Stefan Zweig verfasste 1941 im brasilianischen Exil seine ‚Schachnovelle', in der ein österreichischer Emigrant auf einem Passagierdampfer nach Buenos Aires aus Langeweile gegen einen Schachweltmeister spielt und siegt. Weil er in NS-Einzelhaft ein Schachbuch auswendig lernte. Der Weltmeister fordert ihn zu einer Rückrunde heraus. Um seinen Sieg mit Einschüchterungsversuchen zu erzwingen, die sein Gegenüber an seine Einzelhaft erinnern. Ein Verhalten, was ihn dazu veranlasst, die Partie rechtzeitig abzubrechen. Thomas Mann avancierte zum ‚Goethe Hollywoods‘, während sich sein Bruder Heinrich in seiner Einsamkeit vergrub. Rudolf Fahrner schrieb, ‚uns zu verderben, wenn dieses leben endet,/ die fassungslosen kommt ein fangen an:/hob schon ein andrer kreis des lebens an‘? Gottfried Benn dichtete seinen Monolog, ‚der Darm ist Rotz geleert, das Hirn mit Lügen,/erwählte Völker, Narren eines Clowns, in Straßen sterneloser Vogelzug,/den eignen Unrat deutend‘. Und Nelly Sachs schrieb ihren Marionettenspieler, ‚die Schwalbe baute in Elias Haaren/ihr Nest, bis er in Sehnsucht eingefahren./Der Totengräber nach dem Rätsel grabend/fand eine Jungfrau in dem Rosenabend./Das Zwillingspaar aus Lächeln und aus Weinen/versuchte sich in Liebe zu vereinen‘." „Das Gedicht verstehe ich nicht", wirft Bernd ein. „Ich glaube, sie will damit ihre Leser mit drei ganz unterschiedlichen Bildern des Marionettenspielers konfrontieren. Mit der Welt des Alten Testaments um den Propheten Elias, mit der Begegnung mit einem Totengräber zwischen Leben und Tod und mit einer, von Gefühlsschwankungen gekennzeichneten Liebesbeziehung." Bernd atmet tief durch.

Samstag vom Wetterleuchten der Nachkriegszeit (1945–1950)

„Mit unserer Kapitulation am 8. Mai 1945 begann endlich der Samstag. Für die meisten Soldaten endeten die Kampfhandlungen mit einem Aufenthalt in einem der landauf, landab eingerichteten Kriegsgefangenenlager. Doch wenigstens hatten sie überlebt! Erst allmählich begannen sie wieder die Alltagssorgen zu drücken. Auch die Nachkriegszeit will ich in zwei Phasen unterteilen. Der Samstagvormittag – von vielen als ‚Wolfszeit' bezeichnet – dauerte bis zum Sommer 1948, geprägt von unseren Besatzungsmächten, denen die Jedermanns in Ost und West ausgeliefert waren. Und der Samstagnachmittag drehte sich um das ‚Werden zweier deutscher Staaten' bis Ende 1949.

Zunächst zur ‚Wolfszeit'. Schon im Juni 1945 verständigten sich die britischen und amerikanischen Alliierten darauf, im Südwesten eine dritte französische Besatzungszone einzurichten. Im Juli 1945 fokussierte sich die öffentliche Aufmerksamkeit auf Potsdam. Denn dort kamen im Cecilienhof die ‚Großen Drei' zusammen, um sich auf die für das Nachkriegsdeutschland geltenden Rahmenbedingungen zu verständigen. Auf der ‚Potsdamer Konferenz' einigte man sich auf dreierlei: erstens auf einen Alliierten Kontrollrat für die Koordinierung der vier Besatzungszonen, zweitens auf die Vertreibung der Deutschen jenseits der Oder-Neiße-Grenze und drittens auf die ‚vier D's'. Sprich auf unsere ‚Demilitarisierung', ‚Denazifizierung', politische ‚Dezentralisierung' und ‚Deindustrialisierung'." „Was meinst du mit Deindustrialisierung?" „Die Zerschlagung der Großindustrie, einhergehend mit einer Demontage und Deportation vorhandener Industriebetriebe in die Heimat der Besatzungsmächte. Die schwerwiegendste Entscheidung hatte jedoch Präsident Truman zu treffen, der zur Beschleunigung des Kriegsendes in Japan vom Cecilienhof aus den Einsatz zweier Atombomben auf Hiroshima und Nagasaki verfügte, nachdem den Amerikanern nun erst geglückt war, in der Wüste Neu-Mexikos die erste Atombombe erfolgreich zu zünden.

Derweil erreichten ‚Rumpfdeutschland' 12 Millionen deutsche Flüchtlinge und Vertriebene aus Russland, Polen, Rumänien und der Tschechoslowakei, ihr Hab und Gut auf einem Leiterwagen hinter sich herziehend. Fast zwei Millionen verloren bei der Flucht ihr Leben. Auch standen Vergewaltigungen insbesondere in der französischen und russischen Zone auf der Tagesordnung.

Diejenigen Deutschen, die noch intakte Häuser besaßen, mussten diese mit den Obdachlosen teilen. Auf den Schwarzmärkten blühte der Tauschhandel. Zudem konnten Lebensmittel nur über Lebensmittelkarten erworben werden, um die knappen landwirtschaftlichen Produkte zu verteilen.

Während 11 Millionen ehemalige deutsche Soldaten als Kriegsgefangene interniert saßen, räumten ihre Frauen die Trümmer auf. Im Osten schnell zu ‚Heldinnen' der Schuttberge hochstilisiert, um neun Jahre später in Berlin ein Denkmal gesetzt zu bekommen, auf dem sie mit dem nach vorn geknoteten Tuch Hammer und Eimer in den Händen hielten. Doch dieses Bild entsprach zumindest im Westen nicht ganz der Realität, denn dort wurden die Trümmer vornehmlich durch Bagger und Lastwagen der Trümmerverwertungsgesellschaften aufgeräumt. Was allerdings richtig ist, hüben wie drüben befreiten Frauen die Ziegel für den Wiederaufbau vom Lehm.

Ausgerechnet der Winter 1946 sollte sich als kältester seit Menschengedenken erweisen. Wer sich beklagte, dem wurde in Berlin erwidert, ‚wer heute noch lebt, ist selber schuld. Bomben sind genug gefallen'. Der Kohlenklau, bald als ‚Fringsen' bezeichnet, wurde vom Kölner Kardinal Frings von der Kanzel aus sanktioniert. Tausende demonstrierten in Hungermärschen gegen die Politik der Besatzungsmächte. Das blieb nicht ohne Wirkung. 1946 erreichten die ersten amerikanischen CARE-Pakete Deutschland. Bis 1950 sollten es zehn Mio. werden. CARE stand für ‚Cooperative for American Remittances to Europe'." „Was war denn in denen drin?", will Bernd wissen. „Diese ‚ten-in-one-Pakete' enthielten 10 kg eingemachtes Fleisch plus Speck, Honig, Margarine, Mehl, Reis, Zucker, Trockenmilch, Kaffee, Schokolade und ein Stück Seife.

Bald drehte sich das öffentliche Interesse um die Kriegsschuldfrage. Auf die von den Alliierten erhobene ‚Kollektivschuld-These' reagierten die Deutschen unterschiedlich. Bernd Asmussen lud zu einer Großkundgebung in Form eines Himmelfahrtsgottesdienstes nach Stuttgart ein. Dort arbeiteten führende Protestanten wie der ehemalige KZ-Häftling und Berliner Pastor

Niemöller am ‚Stuttgarter Schuldbekenntnis'. Dieses sollte zwar keine ‚Kollektivschuld' perpetuieren, doch fußte es gleichwohl auf dem christlichen Eingeständnis jedes Menschen in die eigene Schuld, Verbrechen nicht verhindert zu haben. Die Meinungen hierüber waren geteilt. Während die einen diesen Ansatz berechtigt fanden, ging er vielen zu weit, eine öffentliche Empörung auslösend. Niemöller wurde als Handlanger der alliierten Siegerjustiz bezichtigt. Besonders allergisch reagierten die Jedermanns auf die klugen Ratschläge der aus dem Exil Zurückkehrenden. Nicht so sehr, weil sie sich gedrückt hatten, sondern vor allem dann, wenn sie sich nun zudem auch noch als Moralisten aufspielten. Zu diesen gehörte Thomas Mann, der nun dozierte, ‚wo der Hochmut des Intellekts sich mit seelischer Altertümlichkeit gattet, da ist der Teufel'. Mann entschloss sich angesichts einer Welle der Kritik zu einem Wohnungswechsel in die Schweiz. Dieser Prozess der Anschuldigungen führte früh dazu, dass die Jedermanns immer weniger bereit waren, über ihr Mitschuld zu sprechen."

„Die Grenzen sind doch auch fließend", wirft Bernd ein, „denn machten sich denn deiner Meinung nach wirklich alle schuldig?" „Natürlich nicht, mein Lieber, aber das war noch lange kein Grund für die übrigen, sich kollektiv hinter diesen zu verstecken. Daher steht für mich persönlich, mein Lieber, dieses Stuttgarter Bekenntnis für den Mut, sich zu der eigenen Verantwortung zu bekennen. Eine innere Einstellung offenbarend, die sich gegen die kollektive Verdrängung auflehnte und die ich insofern als sechsten und letzten Meilenstein der Epoche bezeichne.

Mit dem Frieden begann ein neuer Lebenshunger. Berlin war – wie Stalingrad und Warschau – weitgehend zerstört und entfaltete als Trümmermetropole schon im Sommer 1945 ein postapokalyptisches Leben. Schnell wurde die Stadt zu einem der wichtigsten Reiseziele alliierter Politiker. Selbst die rund 500.000 ehemaligen Zwangsarbeiter dachten zunächst nicht daran, in ihre Heimat zurückzukehren. Sondern sich zusammen mit den Einwohnern der Stadt in umfunktionierten Tanzsälen und notdürftig reparierten Ausflugslokalen Nacht für Nacht zu

vergnügen. Die ersten Berliner Varietés, Nachtklubs, Kabaretts und Kinos öffneten schon im Juni zumeist in Lagerhallen oder in mit Teerpappe abgedeckten Holzbaracken. Es setzte eine regelrechte Tanzwut ein. Der Schwarzmarkt blühte. Alfred Döblin schrieb ‚der Himmel in Berlin, rot und wütend grau. Die Sonne wirft einzelne helle Strahlen auf Ruinen, großartige Schatten überall. Es ist so bewegend schön – keine Worte können es beschreiben'.
Etwas später erwachte das föderale politische Leben. Die Alliierten begannen, politische Strukturen in ihren jeweiligen Besatzungszonen aufzubauen. Die Amerikaner legten hierzu die beiden Länder Hessen zu einem Bundesland zusammen. Zu ihrer Zone gehörten zudem Bayern, Nordbaden und Bremen, dem Bremerhaven wegen des dortigen Überseehafens zugeschlagen wurde. Die Briten führten die vier Länder Braunschweig, Hannover, Oldenburg und Schaumburg-Lippe zu dem Land Niedersachsen zusammen. Auch schufen sie aus den Provinzen Westfalen, Rhein und Lippe das Land Nordrhein-Westfalen. Um nicht etwa Köln, sondern das weitgehend unzerstörte Düsseldorf zur neuen Landeshauptstadt zu küren, was die Kölner erzürnte. Die beiden übrigen von den Briten verwalteten Länder Schleswig-Holstein und Hamburg ließen sie unangetastet. Die Franzosen schließlich beließen es bei den Strukturen der drei Länder Rheinland-Pfalz, Südbaden und Württemberg. Lediglich im Saarland richteten sie eine Sonderverwaltungszone ein. Auch die Länder der russischen ‚Ostzone' Mark-Brandenburg, Sachsen-Anhalt, Thüringen und Sachsen blieben zunächst unangetastet. Lediglich Vorpommern wurde Mecklenburg zugeschlagen. Berlin wurde aus Prestigegründen in vier Besatzungszonen unterteilt. In der Ostzone übernahm die von Moskau eingeflogene Gruppe um Walter Ulbricht den zentralen Staatsaufbau, stalinistische Reformen vorbereitend, um im September 1945 unter dem Motto ‚Junkerhand in Bauernhand' 7000 Großbetriebe entschädigungslos zu enteignen.
Die von den Westalliierten vorgenommene ‚Entnazifizierung' erwies sich nicht zuletzt aufgrund der mangelnden Beweislage als

eine Farce. So machte bald das Gedicht die Runde, ‚komme aus dem Osten,/suche einen Posten,/die Papiere sind verbrannt,/den Führer hab ich nie gekannt'. Die Politik versuchte, die Vergangenheit auszuradieren, oder, wie es nun bald hieß, zu ‚verdrängen'. So forderte der Berliner Magistrat den Abriss der Berliner Siegessäule, weil sie aus erbeuteten Kanonen der drei Einigungskriege gegen Dänemark, Österreich und Frankreich gegossen wurde. Was Briten wie Amerikaner zu verhindern wussten, sicher auch befürchtend, andernfalls ginge hiermit eine allgemeine Geschichtsklitterung einher.

Kurt Schumacher gründete in Wennigsen die SPD, die im Waldstadion von Barsinghausen am Abschluss ihres Gründungsparteitages 10.000 Teilnehmer zusammenführte. Während die CDU im Juni 1945 in mehreren Städten gegründet wurde, um erst allmählich zu einer christlich demokratischen Union zusammenzuwachsen. Die westlichen Alliierten setzten in ihren Ländern Ministerpräsidenten ein, die mit dem Aufbau der Verwaltung begannen.

Im November 1945 begannen als mediales Großereignis die ‚Nürnberger Prozesse' gegen die Hauptkriegsverbrecher. Die Deutschen kritisierten zu Recht die Rechtsstaatlichkeit einiger Anklagepunkte wie die rückwirkende Strafbarkeit der ‚Vorbereitung eines Angriffskrieges'. Doch wenn man auf das Ergebnis abstellt, dann wurden lediglich zwölf der 24 Angeklagten zum Tode verurteilt. Unfassbar peinlich, denn jeder wusste, es gab wirklich verdammt viel mehr als jene zwölf Schwerverbrecher. Göring gelang es gar, kurz vor der Vollstreckung seines Todesurteils mittels einer ihm zugesteckten Zyankali-Kapsel Selbstmord zu begehen. Mit der Siegerjustiz wurde die Chance der Verurteilung durch die deutsche Justiz zwar verspielt, doch hatte sich in der frühen Weimarer Zeit die Erfolglosigkeit dieses Weges der eigenen Verurteilung der Kriegsverbrecher gezeigt. Letztlich endeten im Westen auch nach 1945 nur wenige Strafverfahren mit langen Freiheitsstrafen. Nur im Osten kam es zu einer Welle harter Urteile, weil hier kein Wert auf den richterlichen Nachweis individueller Schuld gelegt wurde. So empörte viele der berühmte Prozess gegen Stella Goldschlag, die als Jüdin, von den Nationalsozialisten dazu gezwungen, hunderte Juden an die Gestapo verriet und dafür zu zehn Jahren Haft verurteilt wurde. In Berlin fanden 1946 inmitten der Trümmer erste Modeschauen statt. Lange geblümte Kleider waren nun der Schlager. Es war auch das Jahr, in dem der Historiker und spätere Gründungsrektor der Berliner FU sein bemerkenswertes Werk ‚die deutsche Urkatastrophe' verfasste, das bald weltweite Beachtung fand. Doch das die Politik beherrschende Thema war die Wohnungsnot, die Grundversorgung mit Lebensmitteln, die Befreiung der 10 Mio. Kriegsgefangenen und der Kampf gegen die von den Alliierten begonnenen Demontage industrieller Anlagen. Eine Praxis, die die Amerikaner 1946 und später auch Briten und Franzosen einstellten. In der Ostzone dagegen propagierte der aus Moskau zurückgekehrte Vasall Stalins Walter Ulbricht, ‚es muss demokratisch aussehen, wir müssen alles in der Hand haben'. Hier wurden noch lange die abgebauten Maschinen nach Russland geschleppt. Auch nahm Russland direkten Einfluss auf die Politik, um zu veranlassen, dass im April 1946 die KPD und SPD im Berliner Admiralspalast auf ihrem Vereinigungsparteitag zur ‚Sozialistischen Einheitspartei Deutschlands' (SED) fusionierten.

Bis auf wenige Ausnahmen wurden die Kriegsgefangenen in der amerikanischen Zone 1946 entlassen, während sie noch bei den Engländern und Franzosen länger inhaftiert blieben. Insbesondere hatten sie es in Frankreich schwer, wo sie zur Minenbeseitigung und zum Aufbau der zerstörten Städte eingesetzt wurden. Wofür ich, ehrlich gesagt, durchaus Verständnis habe. Am schlechtesten waren die Gefangenen in der Ostzone dran, die sich bald in Sibirien wiederfanden, wo in den nächsten Jahren mehr als eine Mio. Zwangsarbeiter verhungerten. Da im Osten immer mehr Bürger als politische Gefangene inhaftiert wurden, hielt der Strom der Flüchtenden vor allem in die britische Zone an. Damit stellte sich hier besonders dringend die Frage der Integration der Ostflüchtlinge. Denn diese waren hier nicht gerade willkommen. 1946 brachte Adenauer sorgenvoll zum Ausdruck, dass die meisten Flüchtlinge aus dem Osten Protestanten seien, die nun das katholische Rheinland überschwemmten. Um zu fordern, die ‚Vertriebenen dürfen nicht den preußischen Geist in unsere rheinische Jugend pflanzen'.

Anfang 1947 wurden die britische und die amerikanische Zone zur ‚Bizone' fusioniert, der sich ein Jahr später auch die französische anschloss. Erst jetzt verlor Berlin als Frontstadt des Kalten Krieges seine unbedarfte Heiterkeit als ‚Berlin Babylon'. Im März 1947 verkündete der US-Präsident unter dem Eindruck der Ausbreitung des Kommunismus seine ‚Truman Doktrin', wonach die USA jeden nach Freiheit strebenden Staat zu unterstützen gedachten. Das war die Geburtsstunde des ‚Marshall-Plans', mit dem in den nächsten Jahren Waren und Kapital von rund 4 Milliarden Dollar in die Westzonen flossen, was sich als wichtige Voraussetzung für den wirtschaftlichen Neuanfang erwies.

Im Sommer 1947 begannen die ‚Nürnberger Nachfolgeprozesse' als rein amerikanische Kriegsverbrecherprozesse. Denn die Russen hatten kein Interesse, von den Verteidigern mit dem Vorwurf konfrontiert zu werden, Zwangsarbeit in Nürnberg anzuprangern, wo sie doch selbst in Sibirien von schuftenden Zwangsarbeitern profitieren. Auch wollten sie nicht die Plünderung der Industriebetriebe anklagen, die sie selbst praktizierten. Die Amerikaner jedoch verfolgten ein anderes Interesse. Es mussten mehr als nur zwölf zum Tode verurteilte Verbrecher ihrer gerechten Strafe zugeführt werden. Vor allem richtete sich der amerikanische Zorn gegen die Waffenschmiede der Familie Krupp. Insofern kamen Flick und die Bosse von IG-Farben mit milden Urteilen relativ glimpflich davon. Doch dann begann der Medienrummel um den Angeklagten Alfried Krupp. Der Prozess dauerte ein Jahr und endete in einem Desaster. Den Verteidigern gelang es zwar, die Punkte des erst 1944 in die Leitungsfunktionen bei Krupp eingetretenen Alfried Krupp der ‚Vorbereitung eines Angriffskrieges' und ‚Aufrüstung' zu Fall zu bringen. Doch hielt man die Tatbestände der ‚Plünderung' und ‚Zwangsarbeit' für begründet, um gegen ihn eine Strafe von zwölf Jahren Haft zu verhängen und ihn völkerrechtswidrig zu enteignen. Was die deutsche Öffentlichkeit zusammenschweißte und damit in tragischer

Weise zu einem kollektiven Verhalten des ‚Totschweigens früherer Unrechtshandlungen' führte. Was die Amerikaner schnell begriffen, um wenige Jahre später mit einem Staatsvertrag mit der Bundesregierung zu vereinbaren, Krupp vorzeitig zu entlassen und ihm sein Eigentum zurückzugeben. Mit diesem Prozess endete die ‚Wolfszeit'.

Der Samstagnachmittag des Werdens der zwei deutschen Staaten begann im Jahr 1948 mit einer innenpolitischen Sensation. Längst hatte die Freiburger Schule von Walter Eucken und Franz Böhm eine Wirkmächtigkeit entfaltet, um ‚das Prinzip freier Märkte' – gekennzeichnet vom Wettbewerb als Ordnungsprinzip und Privatrecht als Regelsystem – ‚mit der Regel eines sozialen Ausgleichs zu verbinden', wie sich Alfred Müller-Armak ausdrückte. Um auch die Thesen Friedrich v. Hayeks des Erfordernisses einer evolutionären Entwicklung der Zivilisation zu beherzigen. Im krassen Gegensatz zum bewusst entworfenen sozialistischen Gesellschaftssystem, das seiner Meinung nach ‚auf der verhängnisvollen Selbstüberschätzung der Anmaßung des Wissens beruht'. Diese Konzepte nahmen mit der nicht mit den Alliierten abgestimmten historischen Entscheidung des Frankfurter Direktors der ‚Verwaltung für die Wirtschaft' Ludwig Erhard Gestalt an, der das Ende der Zwangsbewirtschaftung ausrief, um in den drei Westzonen die DM einzuführen. Mit dieser Währungsreform erhielt jeder, geduldig in langen Schlangen an den Bankschaltern wartend, 40 DM ausgezahlt. Über Nacht füllten sich die Schaufenster der Geschäfte, stiegen aber auch die Preise um fast ein Viertel.

Damit wuchs die Bedeutung der Kreditinstitute. Die Raiffeisenbanken fusionierten mit den Genossenschaftsbanken, die Sparkassen erholten sich. Die einzelnen Ländern errichteten Landesbanken wie die HSH Nord, die NordLB, die WestLB, die Südwestdeutsche Landesbank, die Badische Kommunale Landesbank, die Bayern LB, die Landesbank Berlin und Bremer Landesbank, um teilweise als Institute der Bundesländer und teilweise als gemischte Institute unter der Trägerschaft der Länder sowie der regionalen Sparkassenverbände die Länderfinanzierung zu übernehmen. Auch die großen Privatbanken – Deutsche Bank, Dresdner Bank und Commerzbank – legten wieder los, wenn auch in vier Institute in den jeweiligen Besatzungszonen unterteilt.

Die russische Reaktion auf die Einführung der DM ließ nicht lange auf sich warten. Für Westberlin wurde eine Blockade aller Zufahrtswege und die Kappung der Strom- und Gasversorgung der verfügt. Womit zwei Millionen Westberliner von der Außenwelt abgeschnitten waren. Gedacht als politisches Druckmittel für die drei russischen Forderungen, erstens die Währungsreform rückgängig zu machen, zweitens die weiteren Pläne der Gründung des Weststaates aufzugeben und drittens West-Berlin zu räumen. Am 4. Juli 1948 kam die erlösende Antwort der West-Alliierten, fortan die Bevölkerung aus der Luft zu versorgen. In dieser, von dem amerikanischen Militärgouverneur Lucius Clay initiierten ‚Luftbrücke' flogen alliierte Bomber in täglich 900 Flügen Kohle, Konserven und Medikamente nach Westberlin, um diese über den drei Westberliner Flugplätzen abzuwerfen. Auch Süßigkeiten wie Rosinen waren mit dabei, weshalb die Flugzeuge bald ihren Spitznamen als ‚Rosinenbomber' weghatten. Bis zum 30. September 1949 sollte sich die Zahl der Flüge von und nach Berlin auf rund 280.000 aufsummieren. Auch halfen viele Ostberliner Verwandte, Lebensmittel über die damals noch nicht stachelverdrahtete Grenze zu schmuggeln. Doch nicht nur Lebensmittel, sondern auch Maschinenteile wurden in die geteilte Stadt geflogen, um schnell ein Westberliner Kraftwerk zur Stromversorgung zu errichten.

Die Westberliner waren sich über den Ernst der Lage bewusst. Am 9. September 1948 versammelten sich 350.000 Demonstranten vor dem zerstörten Reichstagsgebäude, um für Berlin die Stimme zu erheben. Noch heute gehen einem die Worte des damaligen Oberbürgermeisters Ernst Reuter unter die Haut, ‚heute ist der Tag, wo das Volk von Berlin seine Stimme erhebt. Dieses Volk von Berlin ruft heute die ganze Welt. Völker der Welt, schaut auf Berlin. Wer diese Stadt preisgibt, der würde auch eine Welt preisgeben. Noch mehr, er würde sich selbst preisgeben'. Als russische Truppen, die sich ja auch im Westen Berlins frei bewegen durften, mit Steinen beworfen wurden, drohte die Stimmung zu kippen. Einige erklommen das Brandenburger Tor, um dort die russische Fahne herunterzureißen. Doch die Alliierten verhielten sich auf beiden Seiten ruhig.

Die Deutschen waren in dieser Zeit so mit sich selbst beschäftigt, dass sie nur am Rande die 1948 in Paris verkündete ‚Allgemeine Erklärung der Menschenrechte' registrierten. Doch auch wenn sie nicht als Delegation anwesend waren, so waren sie doch in den Pariser Diskussionen allgegenwärtig. Denn für die UNO stand fest, die Missachtung der Menschenrechte der Nationalsozialisten dürfe sich nicht wiederholen. Auf die Menschenrechtskonvention folgten ab 1949 die Vorbereitungen für die Gründung des Europarates und ein paar Jahre später für den Europäischen Gerichtshof für Menschenrechte.

1948 begannen die staatlichen Sendungen von SWF, Radio Bremen und NWDR, der sich später in den NDR und den WDR aufspaltete. Das Gleiche geschah im Süden. Im Fernsehen wurden ‚Familie Hasselbach' und Werner Höfers ‚Internationaler Frühschoppen' gezeigt. Langsam erwachte das gesellschaftliche Leben etwa der Cabarets, mit Kästners Münchener ‚Schaubude', mit Werner Finks Stuttgarter ‚Mausefalle', mit Rolf Ulrichs Westberliner ‚Stachelschweinen' und mit Kay und Lore Lorenz' Düsseldorfer ‚Kom(m)ödchen'.

Dann erteilten die Westalliierten im Sommer 1948 allen elf Ministerpräsidenten den Auftrag zur Gründung eines westdeutschen Staates. Dieser Vorschlag wurde zunächst unisono von denen abgelehnt, doch dann setzte sich doch die Vernunft durch. Das Expertengremium des Parlamentarischen Rates der Westzonen traf sich im August 1948 auf der Insel Herrenchiemsee, um sich zunächst auf wichtige Eckfragen des Grundgesetzes zu verständigen. Einen Monat später saß man im Bonner Museum Ludwig zusammen, einem Naturkundemuseum, um sich zwischen ausgestopften Tieren auf die neue Verfassung zu verständigen, die im Hinblick auf die nur vorläufig erwartete Trennung von Ost und West nicht ‚Verfassung', sondern lediglich ‚Grundgesetz' hieß.

Man einigte sich auf fünf wesentliche Änderungen gegenüber der Weimarer Verfassung. Erstens auf die Einklagbarkeit der Grundrechte, zweitens auf eine 5% Klausel als Hürde für den Einzug zu vieler kleiner politischer Parteien in den Bundestag, drittens auf ein konstruktives Misstrauensvotum, mit dem ein Kanzler nur gestürzt werden konnte, wenn ein neuer gewählt wurde. Viertens wurde die Position des Präsidenten geschwächt, der nicht mehr vom Volk gewählt wurde. Und fünftens erhielten die Länder weitreichendere Kompetenzen als in Weimar. Die Mehrheit verständigte sich zudem auf den – von Alfred Müller-Armack und Walter Eucken vertretenen – Ordoliberalismus eines regelbasierten Ausgleichs gesellschaftlicher Interessen. Wie von Adenauer gewünscht, wurde genau vier Jahre nach der bedingungslosen Kapitulation am 8. Mai 1949 das Grundgesetz mehrheitlich angenommen. Nun stand dieser Tag für beides, für die Kapitulation wie für den Neuanfang. Für mich war dieser Akt der sechste und letzte Meilenstein der Epoche.

Im August 1949 fanden in Westdeutschland die ersten Wahlen statt, die mit einer faustdicken Überraschung endeten. Die CDU erhielt entgegen der Prognosen mit 30% mehr Stimmen als die SPD, sodass der 73-jährige Konrad Adenauer (CDU) zum ersten Bundeskanzler gewählt wurde. Am 21. September 1949 wurde Adenauer von den drei alliierten Kommissaren auf dem Bonner Petersberg empfangen, wo er rein vorsorglich noch einmal das Besatzungsstatut der Alliierten überreicht bekam. Denn souverän waren wir ja in militärischen wie außenpolitischen Fragen nicht. Eigentlich sollte Adenauer vor dem roten Teppich haltmachen, doch der dachte gar nicht daran, sondern stellte sich selbstbewusst mitten drauf, ‚überhebliche Politik ebenso wie sklavische Unterwürfigkeit' ablehnend. Die Alliierten verstanden diese Symbolik. Dann ging es um die Hauptstadtfrage. Frankfurt, Kassel und Stuttgart standen zur Diskussion. Frankfurt hatte gute Chancen, weil hier das erste deutsche Parlament in der Paulskirche getagt hatte. Doch brachte Adenauer auch Bonn ins Spiel, in dessen Nähe er lebte. Im November 1949 entschieden sich die Abgeordneten des Bundestages in einer geheimen

Abstimmung für Bonn. Im Dezember 1949 sagte Adenauer den Beitritt zur Internationalen Ruhrbehörde zu, in der seit einem Jahr die Westmächte und Beneluxstaaten die Kontrolle über die Kohle- und Stahlindustrie bündelten. Womit ihn der SPD-Vorsitzende Kurt Schumacher als ‚Kanzler der Alliierten' verhöhnte. So ging der Samstag im Westen im politischen Streit zu Ende. Im Osten nahm die politische Entwicklung einen anderen Verlauf. In der Ostzone tagte im März 1948 ein zweiter Volkskongress der SED, um die Bildung des ‚Deutschen Volksrats' unter Führung der SED in enger Abstimmung mit Moskau zu beschließen. Beseelt von dem Wunsch des Aufbaus eines menschenfreundlichen Sozialismus. Hierzu wurde 1948 die Enteignung der größten 10.000 Unternehmen der Ostzone verfügt. Im Mai 1949 billigte der dritte Volkskongress der SED die neue sozialistische Verfassung der ‚Deutschen Demokratischen Republik' (DDR). Auf dieser Grundlage wurde ein ‚Deutscher Volksrat' gewählt, der sich am 7. Oktober 1949 zur ‚Provisorischen Volkskammer' als Parlament der Deutschen Demokratischen Republik erklärte. Dass die DDR trotz ihres Namens nicht wirklich demokratisch war, verwirrte international viele. Aber genau darauf stellte die kommunistische Namensgebung ab. Denn bereits vor der Wahl Ende 1949 stand die Sitzverteilung der Volkskammer gesetzlich fest. 25% sollten laut Verfassung auf die SED entfallen und weitere 30% je auf die beiden kommunistischen Massenorganisationen des Freien Deutschen Gewerkschaftsbundes FDGB und der Freien Deutschen Jugend FDJ. Die SED sorgte natürlich dafür, dass sie bei diesen beiden Organisationen das Sagen hatte.

Der Samstag endete im Osten erst im April 1950, dem Monat, in dem linientreue Kommunisten in Kurzlehrgängen zu Richtern und Staatsanwälten ausgebildet wurden, um als Volksrichter in der kleinen sächsischen Stadt Waldheim unter der Federführung der Vizepräsidentin des Obersten Gerichts der DDR unfassbare Schauprozesse abzuhalten. Innerhalb kürzester Zeit wurden in diesen ‚Waldheimer Prozessen' rund 3.300 Andersdenkende zu langjährigen Haftstrafen verurteilt. Da die Richter frei vom Zwang der gerichtlichen Aufklärung individueller Schuld urteilten

und allein auf die Ausrottung der regime-kritischen Gesinnung abstellten, erachte ich diese Prozesse als den sechsten ‚hasserfüllten Paukenschlag' der zur Neige gehenden Epoche.
‚Wir haben das falsche Schwein geschlachtet', äußerte sich Churchill verärgert. Bald hellseherisch zwei Begriffe prägend, nämlich den des ‚Kalten Krieges' eines zunehmenden Wettstreits der Systeme und des ‚Eisernen Vorhangs' als unüberwindbare Grenze zwischen Ost und West. In der Silvesternacht 1949/50 überwog bei den Jedermanns hüben wie drüben jedoch zweierlei. Nämlich die Zuversicht auf die Rückkehr in die Normalität wie die Grundüberzeugung vom ‚Nie-wieder-Krieg'. Doch wie dieses Ziel dauerhaft zu erreichen war, darüber gab es ganz unterschiedliche Auffassungen. So viel zur Politik.

Über die ‚Neuen Schönen Künste'

Damit will ich letztmalig zu den ‚Neuen Schönen Künsten' überleiten, geprägt von einer gedrückten Stimmung. Viele sprachen von der ‚Stunde Null', aus der sich die ‚Neuen Schönen Künste' schneller zu befreien wussten als die ‚klassischen'. In der Trivialliteratur begann wie ein Wetterleuchten zur nächsten Epoche der unaufhaltsame Aufstieg eines Duos, das der ganzen nächsten Epoche seinen Stempel aufdrücken sollte. Zu diesem gehörte auf der einen Seite Heinz Günther, der unter dem Pseudonym Heinz G. Konsalik sein erstes Werk ‚Liebesspiel mit Jubilias' veröffentlichte. Und auf der anderen Johannes Mario Simmel, der mit seinem Werk ‚mich wundert, dass ich so fröhlich bin' schnell die Aufmerksamkeit der Jedermanns auf sich lenkte.

Die Unterhaltungsmusik war weiter beliebt. Zunächst sangen die Jedermanns anstelle ihrer Nationalhymne ‚Deutschland, Deutschland, ohne alles/ohne Butter, ohne Speck!/Und das bisschen Marmelade,/frisst uns die Besatzung weg'. Doch bald überwogen heitere Töne. Hans Schazar traf mit seinem ‚Lied der

Fatme' aus seiner Operette ‚die Nachtigall' den Zeitgeist, ‚ich weiß nicht, warum ich traurig und wieder fröhlich bin'. Zudem erfasste die lebenshungrigen Jedermanns eine Begeisterung über den aus den USA zu uns hinüberschwappenden ‚Bebop-Jazz' kleiner Jazz-Formationen. Erfunden übrigens von dem ins Exil geflüchteten Berliner Alfred Löw, der sich nun ‚Alfred Lions' nannte, um gemeinsam mit Albert Ammons mit dem Blue-Note-Plattenlabel eine neue Jazz-Ära einzuleiten. Aber auch die amerikanischen Big Bands hatten ebenso Hochkonjunktur wie Duke Ellington, Miles Davis und Frank Sinatra. Auch deutsche Schlagersänger trumpften auf wie Danielle Mac mit ‚Maria aus Bahla', Bully Buhlan mit ‚die Räuberballade', Jupp Schmitz mit ‚wer soll das bezahlen', Theo Lingen mit ‚der Theodor im Fußballtor' sowie ‚allerdings sprach die Sphinx' und das Comedian Quartett mit ‚Skandal im Harem'.

Das Kino erfreute sich allgemeiner Beliebtheit. Aufmerksamkeit erweckte Helmut Kräutners ‚unter den Brücken', in dem die Protagonistin nach Kriegsende Selbstmord begehen will, doch von zwei Binnenschiffern gerettet wird. Worauf sich zwischen diesen ein Wettbewerb um ihr Herz entfacht, um sich schließlich einig zu werden, zu dritt weiterzureisen. Wolfgang Staudte produzierte ‚die Mörder sind unter uns', in dem der Protagonist traumatisiert nach Berlin zurückkehrt, um an den inneren Bildern der Massenerschießungen zu zerbrechen. Gerhard Lamprecht zeigte den Trümmerfilm ‚irgendwo in Berlin', in dem die Kinder nur eines tun, nämlich Krieg zu spielen. 1947 gelang es Rudolf Jagert mit seinem ‚Film ohne Titel', den Alltag der Nachkriegszeit beeindruckend zu beschreiben, und Helmut Kräutner mit ‚in jenen Tagen' sieben Schicksale aus der NS-Zeit dem Publikum ans Herz zu legen. 1948 folgte Erich Engels ‚die Affäre Blum', in der er sich kritisch mit der politischen Justiz der Weimarer Zeit auseinandersetzte. Doch es gab auch heitere Filme mit anderen Farbtönen. Heinz Hilperts verfilmte ‚der Herr vom anderen Stern' und Robert Stemmie gelang mit der ‚Berliner Ballade' ein Kassenschlager, mit dem Gerd Fröbe als ‚Otto Normalverbraucher' glänzte. In der Ostzone begeisterten die Jedermanns vor allem die Filme Maetzigs ‚Ehe im Schatten', Klingers Kriminalfilm ‚Razzia', Pewas Drama ‚Straßenbekanntschaft' sowie Artur Brauners ‚Morituri', der als erster Film die Existenz der ehemaligen Konzentrationslager thematisierte.

Über die ‚Klassischen Schönen Künste'

Die ‚Klassischen Schönen Künste' entwickelten ein neues Spannungsfeld, wie ein Wetterleuchten auf die nächste Epoche hinweisend. Endlich konnten die Jedermanns die ‚Exilkunst' lesen, die sie geradezu verschlangen. Um dann doch festzustellen, dass diese merkwürdig real war. Nicht Rücksicht nehmend auf ihre eigene geschundene Seele, die an der Front ebenso Schaden genommen hatte wie im Bombenhagel zu Hause. Die sie zwang, sich mit sich selbst zu beschäftigen, den Ängsten, Nöten und Zukunftssorgen. Worauf sich ein ganz grundsätzlicher ‚Existenzialismus' entfaltete, der die Jedermanns mit Macht erfasste. Um sich im emotionalen Tal der kosmischen Verlorenheit verfangend nur schwer mit der Absurdität des Lebens abzufinden. Immer wieder damit hadernd, auf diese gottverdammte Welt verbannt zu sein, in der niemand auf uns wartete. Eine Denkweise, geprägt von Paul Sartres ‚Sein und Nichts'. Einem Werk, in dem er uns davon überzeugte, das menschliche Sein sei – anders als bei anderen Lebewesen – durch seinen doppelten Bezug auf das Nichts bestimmt. Auf das Nichts als ‚Noch-Nicht' wie ‚Nicht-Mehr'. Angesichts dieses doppelten Nichts laufe er Gefahr, trotz der seit der Steinzeit praktizierten Überlebensstrategien in einen stumpfen Nihilismus abzugleiten.

Nur wenige erkannten die Notwendigkeit, die Jedermanns aus diesem Tal des ‚Existenzialismus' wieder herauszuführen. Noch nicht mit Zukunftsvisionen, aber wenigstens dem Versuch, die Vergangenheit rational und sachlich abzuarbeiten. Sie einem neuen Realitätssinn zuzuwenden, für den sich bald der

Begriff ‚Neo-Realismus' herauskristallisieren sollte. Die Jedermanns lebten damit, dass ihnen zunächst bewusst war, wieder in einem heilsamen Spannungsfeld der ‚Klassischen Schönen Künste' gefangen zu sein. Diesmal also geprägt vom ‚Existenzialismus' und ‚Neo-Realismus'.

In der Architektur des ‚Existenzialismus' ging es allein um die schnelle Überwindung des ‚Noch-Nicht'. ‚Masse statt Klasse' beherrschte als dominierendes Motto den Wohnungsbau, Hauptsache, man hatte wieder ein Dach über dem Kopf, um der beschädigten Seele Ruhe zu vergönnen. Aus Trümmern Baracken zu bauen, erwies sich als eine geradezu fundamentale Notwendigkeit der architektonische Ästhetik.

Doch schon in diesen frühen Tagen gab es auch Protagonisten des ‚Neo-Realismus', die an übermorgen dachten und anfingen, sich mutig für den Wiederaufbau der historischen Bausubstanz zu engagieren. Zunächst um zu retten, was noch zu retten war. Dann, die wenigen Reste alter Gebäude wie in Hannover zumindest an einen Ort zu transportieren, um sie dort als kreatives Ensemble zu ihrer ‚neuen Altstadt' zusammenzufügen. Tief davon überzeugt, mit diesem Vorgehen eine realistische Chance für eine Rückkehr zur einstigen Normalität zu nutzen.

In der ‚existenziellen' Malerei beschlossen deren Protagonisten eine gänzliche Abkehr vom Figürlichen. Um einen radikalen Neuanfang in absoluter Abstraktheit zu wagen, für die Hermann Glöckners ‚räumliche Drehung des Rechtecks' ein erstes Wetterleuchten sein sollte. Wie auch im Osten Alfred Schulze – alias Wols, der sein abstraktes Werk ‚Vert Stré Noir' den verblüfften Jedermanns präsentierte, geprägt von einer in Schwarz gehaltenen unruhigen Mitte, umgeben vom zarten Grün und Gelb. Worauf Sartre befand, ‚Klee ist ein Engel und Wols ein armer Teufel. Der eine wiedererschafft das Wunder der Welt, während der andere an diesem das wunderbare Entsetzen erfährt'. Jedenfalls wechselten in Wols Werken dichte Farblagen mit filigranen Farb-Rinnsalen und tiefe Kratzspuren mit feinen Liniengeräten ab.

Dagegen verfolgten die Protagonisten des ‚Neo-Realismus' ein anderes malerisches Konzept. Wieder an den Post-Expressionismus und anderen Vorkriegsformen anknüpfend, um der geschundenen Seele zu einer Rückkehr zu sich selbst zu verhelfen. George Grosz schuf sein Meisterwerk ‚entwurzelt', einen Maler von abgebrannten Löchern umgeben darstellend, und Gerhardt Altenbourg sein bewegendes Bild ‚Ecce homo – sterbender Krieger'. Max Beckmanns ‚Abtransport der Sphinxe', Wilhelm Rudolphs ‚Bombardierung', Hermann Bruses ‚Hungermarsch', Otto Dix' ‚Hiob', Otto Nagels ‚Blick auf Berlin' und Karl Hofers ‚Ruinennacht' prägten diese Stilrichtung. Im Osten vermischte sich der ‚Neo-Realismus' aber auch mit ‚sozialistischen Zukunftsvisionen' einer klassenlosen Gesellschaft, geprägt von heroisierenden Abbildungen kräftiger Arbeiter, Bauern und Soldaten sowie anpackender Arbeiterinnen.

In der klassischen Musik kam der ‚Existenzialismus' besonders in Hans Werner Henzes 1. Sinfonie zum Ausdruck. Einem Werk auf der Suche nach einem neuen atonalen Weg. Während Carl Orff ganz im Sinne des ‚Neorealismus' mit seiner in Salzburg erstmals uraufgeführten Oper ‚Antigonae' an die Vorkriegsjahre anknüpfte. Ein Meisterwerk, das die Jedermanns an die vertraute musikalische Klangfülle erinnerte und dank der Tempobeschleunigungen, großen Chöre und des unglaublichen Aufgebots von sechs Klavieren und acht Pauken elektrisierte. Und Ottmer Gerster schrieb 1948 für die SED zu Ehren der 1848-iger Revolution seine ‚Festouvertüre', in die er musikalische Zitate aus sozialistischen Kampfliedern einfließen ließ. Er vollzog damit – politisch gesehen – eine erstaunliche Wende, hatte er doch 1933 zu dem Gedicht des NS-Politikers Balduin v. Schirach ‚Ihr sollt brennen' schon einmal einen Kampfchoral komponiert.

Auch wurde die Literatur vom Spannungsfeld des ‚Existenzialismus' und ‚Neo-Realismus' geprägt. Bei den ‚existenzialistischen Literaten' dominierte die Ohnmacht der Orientierungslosigkeit, um sich von depressiver Auswegslosigkeit der ‚Stunde Null' leiten zu lassen. Heinrich Böll brachte es auf den Punkt, ‚es war so unglaublich schwer, nach 1945 auch nur eine halbe Seite Prosa zu schreiben'. Zu tief waren die Kriegserlebnisse traumatisch in den Köpfen der Jedermanns eingebrannt, die viele Literaten an der Existenz objektiv geltender, moralischer Gesetze ebenso zweifeln ließ wie an Gott. Alfred Weber befand in seinem ‚Abschied von der bisherigen Geschichte', dass die NS-Zeit nichts anderes war als das Ende eines jahrhundertelangen Irrweges. Zu tief säßen noch die Eindrücke des von Goebbels propagierten ‚Totalen Krieges', geprägt von hautnahen Eindrücken über eingeäscherte Städte, Massenvertreibungen und Massenmorde. Der philosophische Ansatz Scharnhorsts habe sich als falsch erwiesen, dass der Krieg ein Mittel der Politik wäre. Richtig sei vielmehr, dass Krieg allein das Ergebnis eines totalen Politikversagens sei. Was zur Folge habe, dass man sich nach dem nuklearen Armageddon fest das ‚nie-wieder-Krieg' vornahm.

Zu Protagonisten der ‚Existenziellen Literatur' zählten Kasack, Holthusen, Eich, Böll, Weinenbars, Sachs und Benn. Herman Kasack verfasste 1947 sein Meisterwerk ‚die Stadt hinter dem Strom', in der sein Protagonist in traumatischer Beklemmung inmitten jener Stadt ‚irgendwo' zwischen der unsrigen und der geisterhaften Unterwelt feststeckt, erst allmählich die Sinnlosigkeit seines Seins erfassend. Hans Holthusen dichtete seine ‚Klage um den Bruder'. ‚Was bleibt uns in den Trümmern unsrer Welt/für Zuflucht aus dem Labyrinth der Trauer?/Was ist noch da, daran der Mensch sich hält,/als der Gestirne unberührte Dauer?' Günter Eich dichtete, ‚im Brotbeutel sind/ein paar wollene Socken/und einiges, was ich/niemals verrate'. Unser späterer Nobelpreisträger Heinrich Böll schrieb seine Meisterwerke ‚Der Zug war pünktlich' und ‚Wanderer kommst du nach Spa', die Sinnlosigkeit über die in den Krieg geschickten Jugendschicksale anprangernd.

Günther Weinenbars dichtete bei seiner Heimkehr nach Berlin, ‚und die Häuser hatten alle einen Knicks gemacht,/wie ein Kochtopf war sie abgedeckt, die Stadt./Die Etagen waren damals flink hinab gehüpft,/sodass die Stadt heut nur noch Erdgeschosse hat'. Günter Eich befand, ‚über stinkenden Gruben,/Papier voll Blut und Urin,/umschwirrt von funkelnden Fliegen,/hocke ich in den Knien'. Doch keine wie die nach Schweden geflüchtete, spätere Nobelpreisträgerin Nelly Sachs brachte den ‚Existenzialismus' so bedrückend klar mit ihren 1947 verfassten Gedichten ‚in den Wohnungen des Todes' und ‚Sternverdunklung' auf den

Punkt. ‚Wir Geretteten,/aus deren hohlem Gebein, der Tod schon seine Flöten schnitt,/an deren Sehnen der Tod schon seinen Bogen strich –/unsere Leiber klagen noch nach/mit ihrer verstümmelten Musik./Wir Geretteten,/immer noch hängen die Schlingen für unsere Hälse gedreht/vor uns in der blauen Luft –/immer noch füllen sich die Stundenuhren mit unserem tropfenden Blut.‘ Wen berührt es nicht, ihr Gedicht, ‚immer da, wo Kinder sterben/werden Stein und Stern und so viele Träume heimatlos‘. Abschließen will ich mit einem Gedicht Gottfried Benns, ‚durch so viel Formen geschritten,/durch Ich und Wir und Du./Doch alles blieb erlitten/durch die ewige Frage: wozu?/Das ist eine Kinderfrage,/dir wurde erst spät bewusst,/es gibt nur eines: ertrage/– ob Sinn, ob Sucht, ob Sage –/dein fernbestimmtes: du musst!/Ob Rosen, ob Schnee, ob Meere,/was alles erblühte verblich!/Es gibt nur zwei Dinge: die Leere/und das gezeichnete Ich‘.

Mit diesen bemerkenswerten Zeilen will ich zum ‚Neo-Realismus‘ überleiten. Geprägt von einer anderen Form des Aufarbeitens der Vergangenheit, bei dem es vordergründig nicht um die geschundene Seele, sondern die realitätsgetreue Schilderung der Anfänge der Abwege ging. Zu den Literaten des ‚Neo-Realismus‘ zählten Borchert, Zuckmeyer, Schmidt, Fallada, Becher, Brecht und Richter. Wolfgang Borcherts 1947 erschienenes Werk ‚Draußen vor der Tür‘ erweckte große Aufmerksamkeit, einen Kriegsheimkehrer beschreibend, dem es nach dreijähriger Kriegsgefangenschaft nicht gelingt, sich wieder in dem Zivilleben zurechtzufinden, Fragen formulierend, auf die die Gesellschaft keine Antworten mehr parat hat. Carl Zuckmayer erzählte in ‚des Teufels General‘ die Geschichte eines Luftwaffengenerals, der sich trotz seiner Verachtung für den Nationalsozialismus nicht zum Widerstand entschloss, bis ihn die Machthaber – seiner großen Popularität zum Trotz – aufgrund der offenkundigen Verstrickung in Sabotageakte zum Selbstmord zwangen. Alice Schmidt schrieb ihre Tagebücher der Jahre 1948/1949, ‚Schwarzmarkthandel‘, ‚Hunger‘ und ‚Armut der Zeit‘. Hans Fallada veröffentlichte 1947 sein Buch ‚Jeder stirbt für sich allein‘, die Geschichte des erfolglosen Widerstandes einer kleinbürgerlichen Familie beschreibend.

Johannes Becher forderte, ‚zerschlagt eure Lieder/verbrennt eure Verse/sagt nackt/was ihr müsst'. Bert Brecht schrieb sein Stück ‚das Leben des Galilei' in diesen Tagen um, das Leben Galileo Galileis beschreibend, der aus Angst vor körperlicher Folter seine wissenschaftlichen Erkenntnisse gegenüber den kirchlichen Inquisitoren widerruft, um sich – in seine Privatheit zurückziehend – selbst des Verrats an der Wissenschaft zu bezichtigen. Und Hans Werner Richter veröffentlichte 1949 seinen Roman ‚die Geschlagenen', die Geschichte eines, die italienische Feste ‚Monte Cassino' verteidigenden regime-kritischen Gefreiten beschreibend, der von den Amerikanern gefangen genommen wird. Um als NS-Regimekritiker nun innerhalb des Gefangenenlagers unter den mit ihm inhaftierten, überzeugten Nationalsozialisten zu leiden, was die amerikanischen Bewacher geflissentlich übersehen. Um seinem Protagonisten die Worte in den Mund zu legen, ‚sie bewachen mit ihren MGs den Terror, den Terror der Nazis'. Um nach Kriegsende infolge der alliierten Kollektivschuld-These resignierend festzustellen, ‚es kann doch nicht immer so weitergehen, einmal müssen wir doch aus dieser dreckigen Maschinerie herauskommen'. Das soll's gewesen sein."

Sonntägliche Diskussion

„Meine Güte, Claudia, diese ganze Epoche unseres ‚Nationalismus' war ja ein nicht enden wollender Albtraum." „Das sehe ich auch so, mein Lieber." „Jedenfalls endete damit unwiderruflich die Hoffnung auf einen sich immer fortentwickelnden Weltgeist im Hegel'schen Sinne. Nun hatten die Jedermanns die Gewissheit, sie müssten wieder ganz von vorne anfangen." „Auf jeden Fall wissen wir seither, mein Lieber, dass die Geschichte der Menschheit durch tiefe Brüche gekennzeichnet ist, die nur schwer zu einem Narrativ zusammengeschnürt werden können."

„Warum ist das wohl so? Meinst du, das hat etwas mit dem Kapitalismus zu tun?" Claudia sieht ihn prüfend an. „Erklärungsversuche, mein Lieber, gab es viele, doch nur wenige überzeugten. Interessant finde ich den Ansatz des Historikers Friedrich Meinecke, der die arbeitsteilige Welt des Kapitalismus 2.0 mit dafür verantwortlich machte, die ‚gewaltige Ausdehnung der Technik auf alle Gebiete des praktischen Lebens, worauf sich der homo sapiens zum homo faber, sprich zum schaffenden Menschen, entwickelte'. Geprägt vom ‚neuen Dreibund' des berechnenden Intellekts, zupackender Energie und hybrider Metaphysik. Wie dem auch sei, jedenfalls hatten wir uns offenkundig verlaufen und brauchten die Erfahrung des kompletten Scheiterns unserer Kultur, um uns auf ihre Stärken zu besinnen." „Glaubst du ehrlich, dass heute unsere Kultur fest in uns verwurzelt ist?" „Weiß nicht", erwidert sie, „ich glaube es nicht, auch wenn Meinecke die Hoffnung hegte, aufgrund der Rückbesinnung auf unsere Kultur dem Kapitalismus-Labyrinth zu entkommen." „Träfe diese Ansicht zu, dann wären wir ja gegenwärtig wieder verdammt gefährdet, vom Kapitalismus vereinnahmt zu werden", befindet Bernd.

„Vielleicht kann ich dir, mein Lieber, auch eine ganz andere Erklärung für die Entgleisungen der Epoche des Nationalismus anbieten." „Na, da bin ich aber mal sehr gespannt." „Ich glaube, es war einfach die Entzauberung der Welt durch Einsteins Relativitätstheorie, durch die Weber'sche Erkenntnis des in Massen unkontrollierbaren Menschen und durch die nüchterne Analyse Freuds über die Wurzeln unseres Bewusstseins, mit der die Jedermanns nicht fertig wurden." „Wie meinst du das?" „Stell dir mal vor, wir kämen heute zu der Einsicht, dass die Gleichung unseres Lebens insbesondere von den Variablen des unkontrollierbaren Über-Ichs, dem in Massen abschaltbaren Gewissen und dem Wegfall eines gütigen Gottes bestimmt ist, dann bräuchten wir nicht Meineckes Kapitalismus-Kritik." Sie blickt auf die Uhr. „Merde, es ist ja schon 21:15 Uhr. Ich habe doch zu lange doziert." „Von mir aus kannst du gerne bleiben", befindet Bernd, „hat sich für mich echt gelohnt." Sie sieht ihn kritisch an. „Mal ehrlich, du hast doch sicher schon längst gemerkt, dass es schon spät ist, oder?" „Und wenn es so wäre?" „Und natürlich nichts gesagt, in der albernen Hoffnung, ich wäre gezwungen, hier mit dir zu übernachten, stimmt's?" „Was wäre daran denn so schlimm?" „Ne, mein Lieber, das ist nicht fair. Habe ich denn noch eine Chance, den Zug zu bekommen?" „Wenn wir jetzt sofort aufbrechen, glaube ich schon. Denn da vorne ist ja gleich ein Taxistand." „Danke", erwidert sie erleichtert. Während Bernd aufspringt, um der Kellnerin Bescheid zu geben, später zahlen zu wollen, begibt sie sich zum Taxistand. Kurz darauf sitzen beide im Taxi. „Jetzt muss wohl unsere weitere sonntägliche Diskussion ausfallen", entschuldigt sie sich. „Warum, wir haben doch noch im Taxi fünf Minuten für unsere Suche nach den kulturellen Spurenelementen jener nationalistischen Epoche."

„Nun gut, dann fang ich mal an, mein Lieber. Wir wurden nach dieser Epoche vor allem eines: sparsam. Sparsam in Religiosität, sparsam im Wunsch nach militärischer Stärke, sparsam im Verlangen, unsere Nachbarn bevormunden zu wollen und sparsam bei Geldausgaben. Wir wissen, wohin die Hyperinflation führt. Wir leben ungern auf Pump, daher ziehen wir Immobilien und Sicherheitsreserven vor. Wir sind jedenfalls vorsichtiger als unsere Nachbarn. Auch scheuen wir, Aktien zu kaufen. Selbst die von großen Gesellschaften mit ihren ‚Made in Germany' Produkten. Auch wurden wir sparsam beim nationalen Stolz. Der machte uns jedenfalls für lange Zeit keine große Freude mehr. Vor den meisten öffentlichen Gebäuden wird nur bei Trauerfällen Halbmast geflaggt, sonst sind wir sparsam beim Hissen unserer Nationalfahne."

Bernd unterbricht sie: „Jedenfalls schämen wir uns auch für die entsetzlichen Entgleisungen und Verbrechen gegen die Menschlichkeit. Zudem sind wir uns in dem Postulat des ‚Nie wieder Krieg' und der kollektiven Erkenntnis des ‚Wehret den Anfängen' einig. Und sind besonders sensibel, wenn es um Straßennamen oder Kasernen-Benennungen von Personen geht, die in der NS-Zeit lebten." „Na klar, mein Lieber, es ist halt heute verdammt schwierig zu prüfen, wer sich schuldig machte und wer nicht." „Weil wir meist zu faul sind, den Dingen auf den Grund zu gehen, begnügen wir uns mit dem Grundkonzept der politischen Korrektheit, auch wenn dabei viel Geschichtliches verloren geht." „Ich finde, das machst du dir zu einfach, mein Lieber. Dies ist nicht der Ausfluss unserer Faulheit, sondern der kollektiven Verstrickung einer ganzen Generation in den nationalsozialistischen Wahn von Sexismus, Sozialdarwinismus, Antisemitismus, Rassismus, Antipluralismus, Antitoleranz, Militarismus, Antidemokratismus und vor allem von Anti-Kulturismus!" „Meine Güte, Claudia, du kommst ja mit der Kollektivabrechnung ganz schön in Wallung." „Das jedenfalls, mein Lieber, ist für mich die Quintessenz jener Epoche." Bernd antwortet: „Jedenfalls beneide ich irgendwie schon die Angelsachsen mit ihrem ‚right or wrong my country' oder die Franzosen, die sich wie Präsident Macron voller Überzeugung auf ihren weltoffenen Patriotismus berufen, den sie scharfsinnig vom borniertem Nationalismus abgrenzen.

Komm, Claudia, lass mich noch kurz die sechs Meilensteine der Epoche zusammenfassen. Dies waren die Abschlüsse von Tarifverträgen am Montag, die revolutionären Entscheidungen des Rates der Volksbeauftragten am Dienstag, die Aussöhnung mit Frankreich am Mittwoch, die Mefowechsel zum Abbau der Arbeitslosigkeit am Donnerstag, das Stauffenberg-Attentat auf Hitler am Freitag und die Verabschiedung des Grundgesetzes am Samstag." „Mensch, da bin ich aber glücklich, mein Lieber, dich letztlich doch nicht überfordert zu haben. Gelingt dir denn auch eine Auflistung der ‚hasserfüllten Paukenschläge'?" „Warte mal." „Wäre zumindest nicht schlecht, mein Lieber, denn im Grunde genommen lernt man ja aus Fehlern besonders gut. Und wenn dir das ‚Wehret-den-Anfängen' wirklich wichtig ist, solltest du gerade hier zur Höchstform auflaufen." „O. k., warte mal, am Montag waren dies die ‚Hunnenrede' des Kaisers, am Dienstag die fahrlässige Unterlassung der Beendigung des Weltkrieges der

Obersten Heeresleitung, am Mittwoch der fanatische Hass der Putschisten v. Lüttwitz, Kapp und Hitler, am Donnerstag die Reichsprogromnacht, am Freitag die Wannseekonferenz, mit der die Judenvernichtung begann, und am Samstag die Massenverurteilungen der Waldheimer Volksgerichte im Osten." „Bravo."

In diesem Moment hält das Taxi vor dem Erfurter Bahnhof. „Siehst du, nun verbleiben dir noch sage und schreibe fünf Minuten bis zur Abfahrt deines Zuges." „Da hast du noch einmal Glück gehabt, mein Lieber." „Sieh mal, die Zeit reicht sogar für die Frage, für welches bauliche Wahrzeichen des Nationalismus du dich entschiedest?" „Wie wäre es, mein Lieber, mit dem von Walter Gropius konzipierten Bauhausgebäude in Dessau, um mal vom NS-Staat wegzukommen?" „Einverstanden." „Schade nur, mein Lieber, dass wir uns nun keine Gedanken mehr darüber machen können, ob wir den Anspruch auf unsere Leitkultur nicht im Dritten Reich verwirkten."

Bernd sieht sie kritisch an. Sie küsst ihn flüchtig auf die Wange. Er beugt sich zu ihr hinüber, um es seinerseits noch mit einem Kuss zu versuchen. Doch sie weicht, die Autotür öffnend, aus, um ihm noch zuzurufen: „Ich freu mich auf das nächste Treffen!" „Ich auch." „Wo soll das denn sein?" „Natürlich in meiner Heimatstadt Berlin", gibt Bernd zum Besten. „Das passt mir gut", antwortet sie strahlend. „Warum?" „Weil wir dann unsere Vortragsreihe in meiner Geburtsstadt Dresden enden können." „Was, du bist in Dresden geboren?" „Ja, warum?" „Ich hätte nicht gedacht, dass du eine echte Ossi-Frau bist." „Echt ist vielleicht etwas übertrieben, denn meine Eltern flohen drei Tage nach meiner Geburt nach Bayern. Dann also tschau." Bernd beobachtet sie noch, wie sie mit einem Lächeln auf den Lippen zügig in Richtung Bahnhofshalle eilt, um dort in der Menschenmenge zu entschwinden.

Bernd zahlt für das Taxi und schlendert in aller Ruhe zurück zum Faustos-Café, um auch hier die Zeche zu begleichen. Anschließend begibt er sich zu seinem Hotel, um sich an der Bar noch ein Glas Rotwein zu bestellen.

In der Hotelbar

Bernd verspürt kein Bedürfnis, von den dort sitzenden Geschäftsleuten in ein Gespräch verwickelt zu werden. Er braucht Momente der Besinnung, um über ihr Treffen nachzudenken. Von wegen, die Jedermanns verfielen ausnahmslos dem kollektiven Wahn. Wäre es nicht unfair, eine ganze Generation zu verurteilen? Täte man dies, erläge man damit nicht der plumpen Propaganda der Nachkriegszeit? Allerdings hat er es auch satt, einfach nur hinzunehmen, dass nur wenige für die Entgleisungen dieser Epoche verantwortlich waren. Denn Hitler hätte ohne Zutun der Jedermanns nichts erreicht, kein Jude wäre ohne Kollaborateure ausgegrenzt, in die KZs gebracht oder erst recht nicht dort ermordet worden. Nein, wir waren mitverantwortlich. Beileibe nicht jeder Einzelne, aber das Kollektiv, dessen Kultur wir gerade ergründen. Doch wenn das so ist, hat dann Claudia mit ihrem traurigen Eingeständnis nicht recht, dass sich damit eigentlich die ganze Leitkultur-Debatte schon im Ansatz erledigt hat? Bernd stöhnt.

Wenn wir solche bestialischen Eigenschaften in uns nicht ausschließen können, wie steht es dann um die dahinter liegende Kultur? Was nützt eine Leitkultur, wenn das Kollektiv sie einfach so abstreifen kann? Denn dann laufen wir mit unserer Kulturbeflissenheit doch nur einem Phantom hinterher. Oder viel schlimmer noch. Wir versuchen damit, unseren wahren Charakter zu verbergen. Wenn ein Jedermann-Arzt Goethe zitiert und dabei Experimente an Mitmenschen macht, wenn ein Jedermann-Lehrer Lessings Ringparabel bespricht und dabei eine ganze Jugend zum Antisemitismus verführt und wenn ein Jedermann-Wachmann Schiller fehlerfrei aufsagt und dabei Menschen in die Gaskammern geleitet, dann ist die Kultur doch für die Katz. Irgendwas fehlt in meiner Gleichung!

Bernd bestellt einen zweiten Drink und rauft sich die Haare. Er lächelt einer jungen Frau zu, die neben ihm und seinem Nachbarn Platz nimmt. Geistesabwesend starrt er in ihren tiefen

Ausschnitt, während sie versucht, mit ihm einen Blickkontakt aufzubauen. Doch daran ist er im Moment nun wirklich nicht interessiert. Gerade jetzt, wo die Existenz der Kultur für ihn auf der Kippe steht. Erleichtert stellt er fest, dass sie sich nun ihrem anderen Nachbarn zuwendet und ihn schnell in ein Gespräch verwickelt.

Bernd nippt an seinem Glas, um sich erneut zu konzentrieren. Aber wären dann nicht alle Opfer umsonst gestorben? Es muss doch eine Lehre aus dieser Epoche geben. Bernd nimmt erneut einen Schluck zu sich, sich zunehmend darüber ärgernd, wie laut sich sein Nachbar derweil mit der jungen Dame über Borussia Dortmund unterhält. Doch er reißt sich zusammen, um bloß nicht den Faden zu verlieren. Auf einmal schießt ihm ein Gedankenblitz durch den Kopf: Na klar, die Antwort kann nur sein, nie wieder ‚Kollektivismus' und ‚Militarismus'. Bernd nickt zufrieden.

Doch lässt ihn auch diese Quintessenz nach wenigen Sekunden nicht zur Ruhe kommen. Sind wir wirklich gefeit vor einem ‚Militarismus'? Haben wir nicht seit Jahren den Amerikanern in die Hand versprochen, zukünftig 2 % des Bruttoinlandsproduktes in Militärausgaben zu investieren? Zugegeben, die Beantwortung dieser Frage hängt von unserem Umfeld ab. Leider haben sich die Russen dazu entschieden, sich nicht länger an die Regelungen des geschlossenen Atomwaffensperrvertrags zu halten. Worauf ihn die USA aufkündigten. Keine guten Voraussetzungen, nichts zu tun. Doch führt der Weg nicht automatisch zum klassischen Sicherheitsdilemma? Sind nicht die zwangsläufigen Folgen mehr Misstrauen, mehr Rüstung und weniger Sicherheit? Ihm schießt ein Gedicht Wilhelm Buschs durch den Kopf: ‚Ganz unverhofft an einem Hügel/sind sich begegnet Fuchs und Igel./»Halt«, rief der Fuchs,»du Bösewicht,/kennst du des Königs Order nicht?/Ist nicht der Friede längst verkündet,/und weißt du nicht, dass jeder sündigt,/der immer noch gerüstet geht?/Im Namen seiner Majestät,/geh her und übergib dein Fell.«/Der Igel sprach: »Nur nicht so schnell,/lass dir erst deine Zähne brechen,/dann wollen wir uns weiter sprechen.«/Und all sogleich macht er sich rund,/schließt seinen dichten Stachelbund/und trotzt getrost der ganzen Welt/bewaffnet, doch als Friedensheld.' Geht es Busch wirklich nur um Verteidigungsanstrengungen? Oder nicht gerade zudem um den Dialog mit potentiellen Gegnern? Gepaart mit dem Vorsatz, sich selbst in Gelassenheit ‚einrollen' zu können, wenn die Redlichkeit des Gegenübers bezweifelt werden muss? Er nimmt wieder einen Schluck zu sich.

Und wie sieht es mit der Gefahr des ‚Kollektivismus' aus? Er muss lachen, ne, wir sind längst ein Volk von Individualisten geworden. Kaum ein Land beherzigt den Ausspruch Rosa Luxemburgs so sehr wie wir, dass ‚die Freiheit des Einzelnen immer auch die Freiheit des Andersdenkenden ist'. Aber berücksichtigen wir diese Weisheit auch international? Was macht eigentlich den Kollektivismus so gefährlich? Er gefährdet die Grundidee der individuellen Verantwortung! Lässt er damit nicht auch die Grenze verschwimmen, laut derer jeder für sein Tun zur Rechenschaft gezogen werden kann? Um sich hinter dem Vorwurf einer generationsbezogenen Unschuld ‚der Gnade der späten Geburt' zu verstecken, ohne die generationsüberschreitende Verantwortung – nicht Schuld – zu akzeptieren. Denn eine Erbsünde gibt es sicher nicht. Wieder nimmt Bernd einen Schluck zu sich.

Als sein Nachbar offenbar in Richtung Toilette verschwindet, rutscht die Blondine näher an Bernd heran. „Du hast wohl Kummer?", erkundigt sie sich. „Ne, nicht wirklich." „Das glaub ich dir nicht, Süßer", bemerkt diese resolut. „Aber wenn du nicht sprechen willst, ist das o. k. für mich." „Danke." „Kaufst du mir einen Drink?" „Von mir aus, was willst du denn haben?", erkundigt er sich. „Ein Glas Champagner", erwidert sie, „ich heiße übrigens Friederike." „Und ich Bernd." Sie schmiegt sich an seiner Schulter an, während ihr der Barkeeper das gefüllte Champagnerglas zuschiebt. „Manche Abende laufen nicht so, wie man es sich erhofft. War sicher bei dir auch der Fall, oder?" „Stimmt", brummt Bernd. „Ich denke über Angriff und Verteidigung und Schuld und Unschuld nach." „Au weia. Gibt es Unschuld überhaupt? Ich habe noch nie einen unschuldigen Man kennengelernt." Er muss schmunzeln. „Und du, Süßer, du stehst sicher auf

Verteidigung, oder?" „Wie kommst du darauf?" „Nur so, ich kenne euch Männer. Typen wie du sind mir lieber als solche, die einem gleich an die Wäsche wollen." Bernd sieht sie prüfend an. In diesem Moment kommt der Nachbar von der Toilette zurück. „Weggegangen, Platz vergangen!", ruft sie jenem zu. Worauf der erwidert: „Schade, hätte ein so schöner Abend werden können. Überleg's dir noch mal." Als sie sich wieder zu Bernd umdreht, befindet er: „Du, ich will nicht unhöflich sein, aber gib mir noch Zeit." Worauf sie ihn kritisch ansieht. „Das klingt nicht nach Verteidigung, sondern nach Flucht." Um sich dann urplötzlich mit den Worten wieder ihrem anderen Nachbarn zuzuwenden: „War nur ein Witz, Süßer. Und wer wird denn deiner Meinung nach Deutscher Meister?"

Bernd versinkt wieder in seine eigene Welt. Das ist es, die Vermeidung eines nationalistischen Kollektivismus schließt eine generationsübergreifende Verantwortung ein! Unsere Pflicht besteht darin, das Geschehene nie mehr zu vergessen, wenn wir unsere Kultur nicht infrage stellen wollen. Nur wenn wir die Erinnerung an jene dunklen Tage wachhalten, können wir uns frei fühlen. Nur wenn wir uns davon leiten lassen, diese Zeit nicht verdrängen zu wollen, steht uns das Recht zu, weiter unsere Kultur über jene dunkle Zeit hinaus bis zu Goethe und Schiller zu preisen. Wie sagte nicht Jesus in einer seiner Seligpreisungen? Selig sind die um der Gerechtigkeit willen Verfolgten. Sich für Gerechtigkeit einzusetzen, heißt, bewusst seine Freiheit für etwas einzusetzen. Das gilt im übertragenen Sinne auch für unsere Generationen überschreitende Schicksalsgemeinschaft. Aber nicht aus Schuldbewusstsein, sondern aus der freiwillig gewonnenen Erkenntnis, ein verantwortungsvolles Bindeglied einer langen Kette von Generationen zu sein.

Bernd nippt zufrieden an seinem Glas und stellt erleichtert fest, dass sich sein Nachbar von ihm mit den Worten verabschiedet: „Na, dann mal weiter viel Erfolg beim Grübeln. Servus." Worauf er mit der Blondine im Arm vergnügt in Richtung Aufzug verschwindet. Bernd bemerkt zum Barkeeper: „Da hab ich wohl gerade noch einmal Glück gehabt." Der schmunzelt. „Stimmt, die ist echt gut. Gar nicht so einfach, sich bei der seine Freiheit zu bewahren. Ich habe jedenfalls schon einige ihr restlos Verfallene hier sitzen sehen." Während Bernd sein Rotweinglas in einem Zug leert, antwortet er leicht gedankenversunken: „Zu viel Angriff tut nicht gut." Der Barkeeper stutzt. „Meinst du das politisch oder sexuell?" Bernd muss lachen: „Das ist normalerweise eine von mir gestellte Frage." Worauf jener antwortet: „Bin leider auch schon so alt!" Bernd erläutert ihm: „Zumindest scheint die kein wirklich glückliches Leben zu führen." „Stimmt." „Übrigens grübele ich normalerweise nicht so viel vor mich hin. Bereite gerade eine Quintessenz über die kulturellen Folgen des Dritten Reiches vor." „Au Mann, das wäre nichts für mich." „Für mich eigentlich auch nicht. Bin aber mit meinem Lösungsansatz ganz zufrieden." „Trotz der vielen Toten?" „Auch dann, solange man frei im Kopf bleibt und zu seiner Verantwortung steht und sie nicht einfach nur verdrängt." „Was habe ich schon mit dem Dritten Reich zu tun?", wundert sich dieser. „Verdammt viel, denn auch du wirst in der Welt als Teil unseres deutschen Kollektivs wahrgenommen", erwidert Bernd. Er legt drei 10-Euro-Scheine auf den Tresen und verabschiedet sich mit den Worten: „Ich glaube übrigens, unabhängig davon, wie wir wahrgenommen werden, ist nur der frei, der von sich aus versucht, nichts zu verdrängen, sondern im Bewahren der Erinnerung trotzig weiterzumachen. Marius Müller-Westernhagen hatte recht, ‚alle die von Freiheit träumen, sollten's Tanzen nicht versäumen, sollten tanzen auch auf Gräbern. Freiheit, Freiheit, ist das Einzige, was zählt'.

15

Treffen in Berlin zur Epoche unserer Europäisierung (1950-2000)

‚Heute hier, morgen dort,/bin kaum da, muss ich fort,/hab mich niemals deswegen beschwert', summt Bernd vor sich hin. Auf dem Fahrrad kreuz und quer durch Berlin radelnd, um eine optimale Strecke für eine gemeinsame Fahrradtour mit ihr herauszufinden. Denn es ist ihm eine Herzensangelegenheit, ihr seine Heimatstadt in den unterschiedlichsten Fassetten zu zeigen. Das großstädtische Flair des Kudamms und den proletarischeren Charakter der Kastanienallee, das monarchische Schloss Charlottenburg und das republikanische Reichstagsgebäude, den internationalen Charakter der Sonnenallee und die ländlichen Strukturen des Langen Sees, und wenn möglich auch noch des Grunewalds. An dem Klingelton seines Handys bemerkt er eine eingehende WhatsApp-Nachricht. Normalerweise lässt er sich von diesem Ton nicht ablenken, doch beschleicht ihn in diesem Moment das ungute Gefühl, die Nachricht stamme von Claudia. Er hält an und steigt vom Fahrrad ab. In der Tat, sie hat ihm geschrieben. ‚Freu mich auf unser Treffen. Bin pünktlich da. Habe leider nur Freitagabend Zeit, da Josef darauf insistiert, mir Berlin am Wochenende selbst zu zeigen. Sei bitte nicht böse. Habe eine Überraschung für dich. LG. Claudia.'

Bernd lässt den Kopf hängen. „Schade, ich hätte ihr soo gerne die Stadt von ihrer schönsten wie schrillsten Seite gezeigt", schimpft er leise vor sich hin, nun keine Freude mehr an der Fortsetzung seiner Entdeckungstour empfindend. Da er einen kleinen ‚Späti' auf der gegenüberliegenden Seite entdeckt, schiebt er sein Fahrrad über die Straße, um sich einen Kaffee zu bestellen, den er in der herbstlichen Mittagssonne Schluck für Schluck genießt. Um ihr erst dann zurückzuschreiben: ‚Alles gut!! Kein Stress!! Wie wäre es am Freitag dafür etwas früher um 18:00 Uhr am Brandenburger Tor? Freu mich!!! LG.' Kurz darauf gibt sie ihr ‚O. k.' Am kommenden Freitag bekommt er, was in Berlin nicht gerade oft vorkommt, auf Anhieb alle Nahverkehrsanschlüsse. „Ist mal wieder typisch, wenn man es nicht eilig hat, dann läuft natürlich alles reibungslos." Um vor dem Pariser Platz zu befinden: „Dann trinke ich halt noch einen." Worauf er zielstrebig auf das Café des Hotels Adlon zustrebt.

Vor dem Brandenburger Tor

„Da bist du ja endlich!", ruft Claudia Bernd entgegen, als sie seiner um 18:10 Uhr gewahr wird. Bernd lässt sich erkennbar Zeit, auch wenn sein Herz zu rasen beginnt. Darum bemüht, tiefenentspannt dreinzuschauen. „Diesmal bist du aber zehn Minuten zu spät", bemerkt sie mit Blick auf ihre Uhr. „Stimmt, du siehst, ich lerne dazu. Habe im Adlon noch einen Espresso getrunken." „Du riechst aber eher nach Alkohol." „Erwischt! War genauer gesagt erst ein Espresso und sodann eine Weißweinschorle." „Und ich Doofe habe mich deinetwegen extra so beeilt." „Sorry, das konnte ich bei deinem sonstigen Gehabe nun wirklich nicht ahnen." Bernd nimmt sie in den Arm. „Wie geht's?" „Wirklich toll, ich habe eine Überraschung für dich." „Sag bloß, du wechselst beruflich nach Berlin?" „So ein Schmarrn." „Dann bist du sicher schwanger?" „Nicht, dass ich wüsste." „Dann geht mir die Fantasie aus." Sie strahlt ihn an, um ruckartige ihre Hand anzuheben, ihm strahlend ihren Ring zeigend, den er bisher nicht bemerkte. „Josef und ich haben uns vor zwei Wochen verlobt. Ist das nicht irre?"

Bernd weiß nicht, wie er seine Enttäuschung verbergen soll. Ihm stockt der Atem. Alles um ihn herum beginnt, sich zu drehen.

Es dauert gut und gerne drei Sekunden, bis er sich wieder fängt, „ist ja toll" murmelnd. „Das klingt aber nicht gerade beglückt", befindet sie. „Sollte ich das sein? Das geht mir ein wenig zu schnell." „Was heißt hier schnell, mein Lieber? Der wirkliche Hammer kommt noch. Wir werden in vier Monaten heiraten." „Das glaub ich jetzt nicht." „Doch, mein Lieber, ich hatte dir sicher schon einmal davon erzählt, einen guten Kontakt zu einem Dresdner Hotel zu haben. Als ich letzte Woche im Schloss Eckberg anrief, um mich nach einem Hochzeitstermin fürs nächste Jahr zu erkundigen, war wenige Minuten zuvor eine Firma mit einem Groß-Event abgesprungen. Da habe ich nicht lange gefackelt, sondern sofort zugegriffen. Ist zwar ein schräger Termin, doch ich fand gestern sogar einen Pastor, der uns da traut." „Na bitte, dann ist ja alles in Butter", erwidert Bernd, sich zur Seite abwendend, sichtlich mit den Tränen kämpfend. „Du, ich bin wirklich glücklich", tröstet sie ihn. „Kannst du dich nicht wenigstens ein bisschen für mich freuen?" „Das schon, schließlich war ich ja so bescheuert mit meinem Freiheitsdrang. Ist denn bei eurer Hochzeit wirklich schon das letzte Wort gesprochen?" „Ne", erwidert sie. Um dann trocken hinzuzufügen: „Das gebe ich erst im Dresdener Standesamt."

Bernd schluckt. Sie strahlt ihn an: „Außerdem brauche ich doch deine Hilfe." „Meine was?", will er erstaunt wissen. „Ja, ich habe mich dazu entschieden, dich wirklich zu fragen, ob du mein Trauzeuge sein willst." „Muss das denn sein?" „Das hattest du mir doch angeboten", erwidert sie verblüfft. „Stimmt", stöhnt Bernd, „na, dann stehe ich natürlich zu meinem Wort. Aber du musst dich nicht wundern, wenn ich in der Kirche anfange zu heulen." „Dann heulen wir halt beide, mein Lieber", beschwichtigt sie ihn, sich bei ihm einhakend.

Sie wandern unter dem Brandenburger Tor hindurch, das in der späten Nachmittagssonne noch konturenreicher wirkt als sonst. „Ist ja echt krass, mein Lieber. Wir haben uns wirklich schon verdammt viele unterschiedliche Wahrzeichen angesehen. Ist wieder einmal ein ganz anderes Bauwerk, auch wenn ich mir dieses viel größer vorstellte." „Kriegst du sie überhaupt noch zusammen?", will Bernd wissen. „Ich glaube, ja. In München war es eine Kneipe, genauer gesagt, das Hofbräuhaus. In Saarbrücken eine Kirche, in Mainz der Kirschgarten mit Fachwerk-Ensemble, in Düsseldorf die zauberhafte Rheinterrasse, in Hamburg die Oper Elphi, in Schwerin das Schloss und in Magdeburg das bemerkenswerte Hundertwasser-Haus, in dem wir gar übernachteten. In Wiesbaden war es ein Spielkasino. Und – warte mal – in Kiel die HDW-Werft an der zauberhaften Förde, in Stuttgart das Mercedes-Benz-Museum und in Potsdam der riesige Schlosspark, den wir illegal mit dem Fahrrad durchquerten. In Hannover war es das beeindruckende Rathaus, in Bremen die kleine Statue der Bremer Stadtmusikanten, in Erfurt die Krämerbrücke und hier in Berlin ist es das Tor hier. Da bin ich mal gespannt, was dir bei unserem letzten Treffen in Dresden noch einfällt."

„Da hinten in der Ferne siehst du unsere ‚Else'." „Die was?" „Unser Siegesdenkmal, das zunächst nach den Befreiungskriegen hier vor dem Reichstag stand. Da links hinter der amerikanischen Botschaft ist das Holocaust-Denkmal, dann folgt der Potsdamer Platz. Und hier rechts ist – wie gesagt – der Bundestag." „Der wiederum ist viel größer, als ich erwartete", befindet sie. Er erzählt ihr, wie er zu Zeiten des Kalten Krieges so manches Mal von einem hier positionierten kleinen Holzturm aus über die Mauer sah. Dann führt er sie zum Gedenkort ‚Weiße Kreuze'. „Diese sieben Kreuze hier sollen an die Mauertoten erinnern", erläutert er ihr. „Die Gebäude hier sind ja echt beeindruckend, vor allem die kleine Brücke da hoch oben über die Spree." Er lässt diese Bemerkung unkommentiert, um zu befinden: „Komm, lass uns noch zum Bundeskanzleramt latschen. Dann ist der erste Teil der Sightseeing Tour beendet. Den Rest muss dir Josef zeigen." „Ich weiß, dass du dich soo darauf gefreut hast, mir dein Berlin zu präsentieren. Ich kann aber wirklich nichts dafür."

„Wann war dein Hochzeitstermin noch einmal?", will er wissen. „Na ja, unser Polterabend soll am 18. März nächsten Jahres gefeiert werden, damit wir am 19. März heiraten können. Ist das

o. k. für dich?" „Was ist das für ein Wochentag?" „Der 19. ist ein Donnerstag." „Ja klar, ich werde da sein. Polterabend klingt allerdings ein bisschen antiquiert. Macht ihr denn gar keinen Junggesellenabschied?" „Doch, doch, ich meine natürlich den Begrüßungsabend, denn unsere Freunde müssen aus der ganzen Republik aus anreisen." Bernd nickt verständnisvoll. „Gibt es hier irgendwo einen Ort zum Tanzen?", will sie unvermittelt wissen. „Viele, aber du meinst doch hoffentlich nicht jetzt um halb sieben?" „Doch, genau jetzt." Bernd grübelt einen Moment. „Die Einzigen, die ich kenne, die bereits um diese Zeit tanzen, sind alte Leute." „Egal." „Clärchens Ballhaus ist um diese Zeit noch zu. Da müssten wir in die Bismarckstraße zum Café Keese fahren. Doch wundere dich da bitte nicht über das Publikum." „Das interessiert mich nicht, will ja mit dir tanzen." „Warum?" „Ich will es heute wissen. Lass dich überraschen." „O. k., da vorne ist ein Taxi."

Im Café Keese

Sie betreten wenig später das Café Keese. Auf der Tanzfläche tanzen mehrere sehr viel ältere Paare Foxtrott. An den meisten Tischen sitzt nur eine ältere Person, vor sich auf ein Telefon starrend, das offensichtlich hier das probate Medium ist, um zum Tanz aufgefordert zu werden. Sie setzen sich in dem leicht verstaubt wirkenden Raum an einen kleinen runden Tisch. Als der Ober erscheint, bestellt sie zwei Glas Tee. „Wie wäre es mit einem Bier?", erkundigt sich Bernd. „Später", erwidert sie. „Warum denn? Schon Wilhelm Busch befand, ‚die erste Pflicht der Musensöhne,/ist dass man sich ans Bier gewöhne'." „Du und dein ‚leider viel zu früh verstorbener Freund'. Du kannst es echt nicht lassen, oder?" „Ne."

„Kannst aber beruhigt sein, du bekommst deine Dröhnung noch rechtzeitig." Bernd sieht sie mit kritischem Blick an. Kaum

wird ihnen der Tee serviert, zaubert sie aus ihrer Handtasche zwei kleine weiße Tütchen heraus, eines prall gefüllt und eines offenbar mit deutlich weniger Inhalt. Sie schüttet den Inhalt der beiden Tüten in jeweils eine Tasse. Dann schiebt sie ihm eine zu. „Die hier ist für dich." „Was ist denn das?" „Eine Überraschung. Keine Angst, ich will dich nicht vergiften, ich trinke das genauso wie du. Ist eine Mischung aus geriebenem Mutterkorn, Baumrinde und weiteren Ingredienzien." „Echt, von dir gemixt?" „Na klar." „Ist nicht Mutterkorn ein Pilz, der im Getreide zu finden ist und Alkaloide enthält?" „Genau, mein Lieber, wirkt wie LSD, ist es aber nicht."
„O. k.?" „Habe mir, mein Lieber, Rat bei deinem chaotischen Freund geholt, dessen Nummer du mir beim letzten Mal gabst. Der hat mir diese Mischung aus Samthäubchen, Mutterkorn und einem Schuss Fliegenpilz empfohlen. Das sei die beste Methode für eine ungefährliche wie wirksame drogeninduzierte Bewusstseinsschärfung auf Grundlage des mystischen Getränks Keykeon." „Meinst du, ich kann danach noch meinen Vortrag halten?" „Weiß nicht, müssen wir ausprobieren. Jeder reagiert halt anders auf das Zeug. Es kommt übrigens sehr auf die Relation von Menge und Körpergewicht an." Bernd befindet, die geringere Menge ist für ihn durchaus ausreichend. Zumindest angesichts seiner leichten Gewichtsabnahme der letzten Monate. Er erkundigt sich bei ihr: „Meinst du, dass wir bei dem DJ da hinten wirklich die uns erfreuende Musik bestellen können?" Während sie sich zu dem DJ umdreht, vertauscht er beide Tassen, ohne dass sie dies bemerkt. Während sie sich wieder ihm zuwendet, befindet sie: „Das wird schon klappen, lass mich mal machen. Ich freue mich, unseren Tanz wie auch später die Details deines Vortrages bewusster erleben zu können. Das Zeug soll übrigens erst nach zwei bis drei Stunden so richtig wirken. Da habe ich mir gedacht, solange können wir ein bisschen tanzen. So wie die alten Griechen." „Was soll das denn schon wieder?"
Sie beginnt, ihm von den Eleusischen Mysterien vorzuschwärmen. Jenem Staatskult der antiken Athener, in dessen Mittelpunkt die Prozession nach Eleusis stand, um nach einem Tag des

Fastens psychotrope Substanzen zu sich zu nehmen und die ganze Nacht durchzutanzen. „Und was war der Erkenntnisgewinn jener Drogennächte?", will er wissen. „So wie Marx ohne den Moselwein nie und nimmer den Kommunismus propagiert hätte, wären die Athener sicher im Leben nicht auf die Idee der Demokratie gekommen. Erst als sie sich vollgedröhnt in den Armen lagen, muss ihnen die Erleuchtung zur Verbrüderung gekommen sein." Bernd sieht sie mit kritischem Blick an. „Dann mal Prost", befindet er. Beide trinken das nur lauwarme Getränk in mehr oder weniger einem Zug aus. Denn wirklich wohlschmeckend ist es nicht. Sie entschuldigt sich, um sich zur Toilette zu begeben. Bernd denkt über ihre These des Zusammenhangs von Drogen und Demokratie nach.

Kurz darauf klingelt das Telefon auf Bernds Tisch. Er zögert zunächst, um dann doch noch den Hörer abzunehmen. Ein wenig in Sorge, nun von einer alten Schachtel zum Tanz aufgefordert zu werden. „Ob du es glaubst oder nicht, ich habe jetzt unglaublich Bock, mit dir zu tanzen", vernimmt er die wohlvertraute Stimme Claudias. „Gerne", erwidert Bernd, „wo bist du?" „Hinter dir am nächsten Tisch." Beide amüsieren sich über den gesetzten Tanz ihrer Nachbarn. Bernd befindet, es mit dem ein wenig flotteren Knotentanz zu versuchen, indem er sie bald durch den Tanzsaal wirbelt. Bis sie ihn schließlich bittet: „Du, ich brauche mal eine Pause." „Die kannst du auch hier haben", ist seine trockene Antwort, um sich eng umschlungen bei langsamen Drehungen am Aneinander-Reiben ihrer Körper zu erfreuen. „Merkst du schon was?", will sie wissen. „Ne noch nicht so richtig. Und du?" „Ich genieße gerade den mich umgebenden Duft." „Riecht nach Bohnerwachs, oder?" „Ne."

Sie machen eine Pause, um sich zwei Berliner Weiße zu bestellten. „Das gehört hier einfach dazu", befindet Bernd. Claudia fängt an zu lachen. Erst leise, dann immer lauter. Er drückt seinen Zeigefinger sachte auf ihre Lippen. Was sie zum Anlass nimmt, urplötzlich zuzubeißen. „Autsch." „Tut mir leid, mein Lieber, komm, lass uns noch einmal drehen." Wieder begeben sie sich auf die Tanzfläche, bald nicht mehr gemeinsam, sondern nebeneinander tanzend. Immer extatischer ihren Gefühlen freien Raum lassend, gar nicht bemerkend, wie sie zunehmend vom übrigen Publikum kritisch beäugt werden. „Du, ich glaube, bei mir wirkt der Stoff langsam." „Ne, Claudia, ich merke noch gar nichts", antwortet er. Nachdem sie völlig außer Puste sind, befindet Bernd: „Geht es dir auch so? Ich habe jetzt echt Hunger." „Ne, überhaupt nicht." Er blickt auf die Uhr. „Mensch, ist ja schon kurz vor acht. Ich habe doch einen Tisch in der Weinstube Lutter und Wegener bestellt. Dort sollten wir nicht zu spät erscheinen. Sonst belegen sie unseren Tisch womöglich noch." „Ist das Lokal denn so originell?" „Irgendwie schon", antwortet Bernd. Sie nickt, er zahlt. Bald sitzen sie beide im Taxi.

Im Taxi

„Na, willst du mich nun wieder mit deinen Plattitüden über Heimat und Brauchtum von uns Deutschen aufheitern?", will sie wissen. „Na klar. Nicht etwa, um dich zu ärgern, sondern nur, um dir erneut zu demonstrieren, wie wenig die Begrifflichkeiten zur Herleitung unserer Kultur geeignet sind." „Von mir aus", erwidert sie gelassen. „Wir sind bekannt für unsere ausgelassenen Feiern. Laut grölend, wild tanzend und maßlos trinkend. Um besonders gerne in der Gemeinschaft fetzige Lieder zu singen. Sich auf eine Aufzählung von sechzehn Liedern beschränken zu müssen, ist eigentlich schon ein Ding der Unmöglichkeit." „Komm, mach hinne, was also sind deiner Meinung nach unsere bekanntesten Stimmungslieder?" „Wie wäre es mit Andreas Gaballiers ‚Halupalu', Matthias Reims ‚verdammt ich lieb dich', Axel Fischers ‚Amsterdam', Udo Jürgens ‚aber bitte mit Sahne', Purs ‚Lena', Vicky Leondros' ‚ich liebe das Leben', Höhners ‚Viva Colonia', Andreas Bouranis ‚auf uns', Drafi Deutschers ‚Marmor, Stein und Eisen bricht' und Jürgen Drews' ‚ein Bett im Kornfeld'?" „Das sind alles Knaller, die fast jeder kennt", gibt Claudia zu, „Jung wie Alt." „Wie wäre es dann noch mit den Liedern der Toten Hosen ‚Tage wie diese'? Wolfgang Petris ‚Wahnsinn', Wolfgang Ambros ‚Schifoan', DJ Ötzis ‚Stern', Hubert von Goiserns ‚Brenna tuats guat' und Helene Fischers ‚Atemlos'? Wie viele haben wir jetzt?" „Sechzehn." „Schade." „Stimmt, mein Lieber, hier könnte ich ausnahmsweise noch weitere Anregungen für die Liederauswahl meines Polterabends vertragen." „Tut mir Leid, zu viel ist Gift." „Spinner." „Vielleicht sind deshalb auch das Münchener ‚Oktoberfest', die ‚Düsseldorfer Rheinkirmes', die ‚Cannstatter Wasen' und das ‚Hannoversche Schützenfest' so beliebt. Ganz zu schweigen von dem ‚Kölner, Düsseldorfer und Mainzer Karneval' sowie der ‚Alemannischen Fasnacht'." „O. k., doch meinst du, sie spiegeln wirklich unserer So-sein wider?" „Ja, das finde ich. Genauso wie unsere Weihnachtsmarktfeste im Winter, die Osterfeuer im Frühling, die Feuerwehr- und Schützenfeste im Sommer und die Wein- und Stadtfeste im Herbst. Mit anderen Worten, wir feiern halt gern." „Ich habe echt das Gefühl, seit Jahren nimmt unsere Feierfreude überhand." „Das kann gut sein. Wir sind jedenfalls auf dem besten Wege, kollektiv vergnügungssüchtig zu werden."

„Und damit nimmt unsere Kulturbeflissenheit ab, oder?", erkundigt sich Claudia. „Zumindest, wenn du damit unsere abnehmende Begeisterung für die ‚Klassischen Schönen Künste' meinst." „Das geht mir genauso, mein Lieber. Denn ich fühle mich immer mehr zur Subkultur der ‚Neuen Schönen Künste' hingezogen." Bernd sieht sie erstaunt an. „Die Subkultur ist doch Teil der Kultur." „Das sehe ich auch so." In diesem Moment stoppt das Taxi vor dem Gendarmenmarkt. Natürlich kann es sich Bernd nicht verkneifen, zunächst ein paar Worte über dessen Geschichte zu verlieren. „Hier in Friedrichstadt siedelten übrigens die ins Land strömenden Hugenotten, wenn du dich an den Absolutismus-Vortrag noch erinnerst. Links befinden sich der französische und rechts der deutsche Dom. Die beiden Kuppeln wurden von Carl v. Gontard und Georg Unger gebaut. Übrigens ist die Kuppel des Deutschen Doms ein klein wenig höher, versteht sich." Sie muss schmunzeln. „In der Mitte da steht das klassizistische Schauspielhaus, eines der berühmten Schinkel-Bauwerke. Und gleich dahinter befindet sich die gemütliche Weinstube Lutter und Wegener, in die wir uns jetzt besser zügig begeben sollten."

In der Weinstube

Sie werden in der Weinstube per Handschlag empfangen. „Schön, dass du uns mal wieder mit deiner Anwesenheit die Ehre erweist", wird Bernd vom Restaurantchef begrüßt. „Und jedes Mal mit einer noch schöneren Frau, das muss man dir schon lassen." Claudia wundert sich über diese Worte. „Ich wusste gar nicht, dass du einen so hohen Frauenverschleiß hast." Bernd bekommt einen roten Kopf. „Das sagt der Wirt halt nur so." „Alles klar." Sie hakt sich bei ihm unter. „Na, dann muss ich mich ja heute geehrt fühlen, oder?" Inmitten des von Weinregalen umgebenen Raums ist nur noch ein Tisch frei, an den sie geführt werden. Bald steht eine Flasche Wein auf dem Tisch, worauf Bernd das Glas erhebt, um mit Claudia anzustoßen. „Herzlich willkommen im Herzen meiner Heimat."

„Ist ja echt schön hier", stellt sie anerkennend fest. „Ist ja fast beschämend, dass ich es bisher noch nie bis nach Berlin geschafft habe. Hatte ich mir zwar nach unserem Potsdam-Besuch fest vorgenommen, aber du weißt ja, wie es trotz der schnellen Zugverbindung nach München so geht. Man muss sich erst einmal einen Ruck geben, sonst kommt man aus seinen eigenen vier Wänden nicht heraus." „Siehst du, da bin ich reisefreudiger", erwidert er. „Kein Kunststück, du arbeitest ja auch nicht mehr, mein Lieber." „Von wegen, plage mich seit Tagen mit einem Märchen rum." Sie prostet ihm zu. Bernd sieht ihr tief in die Augen. „Bevor du gleich mitten in meinem Märchen aufspringst, um mir mitzuteilen, dein geliebter Josef stehe nun doch etwas früher vor der Tür, fange ich wohl besser jetzt schon mal an." „Tu, was du nicht lassen kannst. Klingt ja so, als ob du einen längeren Vortrag halten möchtest." "Natürlich nicht, allerdings ist meine Einleitung ein wenig zu lang geraten." "Dann kürze sie doch einfach, mein Lieber." "Ne, dazu fand ich einfach nicht die Zeit." "Dann leg besser mal los, bevor ich echt angedröhnt bin. Jedenfalls merke ich echt schon was. Ist alles so schön bunt hier."

‚Kapitalakkumulat-ion 3.0'

"Ich beginne mit der ‚Kapitalakkumulat-ion 3.0' als dem ersten ‚Ion' des Zeitgeistes der Moderne. Das Kapital wuchs weiter. Wie auch das Gold. Denn 1952 traten wir dem festen Wechselkurssystem von Bretton Woods bei, womit wir aufgrund unserer Leistungsbilanz-Überschüsse Jahr für Jahr erhebliche Goldreserven auftürmten. 1953 half uns zudem das Londoner Schuldenabkommen der insgesamt siebzig Gläubigerstaaten, unsere Weltkriegsschulden auf ein erträgliches Maß zu limitieren. Insgesamt gut 7 Milliarden DM Vorkriegs- und 7 Milliarden DM Nachkriegsschulden sollten wir innerhalb der nächsten 50 Jahre vorwiegend an die Siegermächte zahlen. So floss 1988 die letzte Rate für den Zweiten Weltkrieg und 2010 die für den Ersten. 1967 wurde die Zinsverordnung abgeschafft, mit der bis dato der Zinssatz auf 4½ % festgeschrieben war.

1973 wurden die festen Wechselkurse aufgehoben. Damit erweiterte sich der geldpolitische Gestaltungsspielraum der Bundesbank, die in das Dilemma geriet, sobald sie über Zinserhöhungen die inländische Kreditnachfrage drosselte, Auslandsgelder anzulocken. Von 1975 bis 1978 und dann noch einmal von 1987 bis 1988 sorgte sie mit ihrer aktiven Zinspolitik für eine gezielte Konjunkturförderung, indem sie die DM gegenüber dem Dollar abwertete. Was eigentlich nicht ihre Aufgabe war. Und 1975 kaufte die Bundesbank erstmals – bald als Sündenfall der Zentralbankgeschichte bezeichnet – Schulden vom Bund und

Bundesunternehmen für knapp 8 Mrd. DM auf, sprich, begann sie als Emissionsbank des Bundes mit der Kurspflege der Staatsanleihen. Die Banken erlebten einen Aufschwung, geprägt zugleich von einem starken Konzentrationsprozess. Aufgrund der Ankündigung einer großzügigen Handhabung der Grunderwerbssteuer in Hessen gelang es dem Hessischen Finanzminister, dass sich die drei Großbanken – Deutsche Bank AG, Dresdner Bank AG und Commerzbank AG – allesamt in Frankfurt ansiedelten, um dort ihre bisher dezentralen Institute wieder zu machtvollen Bankkonzernen zu fusionieren. Nun waren sie in der Lage, die Internationalisierung der Industrie zu begleiten. Gleichzeitig fand die ‚Deutschland AG' zu ihrer einstigen Stärke zurück, bis sie zum Ende der Epoche infolge der gesetzlichen Beschränkung auf wenige Aufsichtsratsmandate ihr Ende fand. Bei den Genossenschaftsbanken und Sparkassen setzte zu Beginn der Siebzigerjahre eine Fusionswelle ein, sodass von den knapp 6.000 Volksbanken ein Drittel und auch von den Sparkassen rund 500 Institute übrig blieben, um den Mittelstand auch bei dessen Gang ins Ausland zu begleiten.

Zur Vermehrung des Kapitals trugen Investmentfonds bei, beginnend 1950 mit dem ADIG-Fonds. Spätestens als 30 Jahre später die Sozialversicherungsträger in Fondsgesellschaften investieren durften, nahm deren Bedeutung schlagartig zu. Die Banken stellten derweil auf den elektronischen Handel von Termingeschäften um. Pfiffige junge Banker wurden von den Privatbanken eingestellt, um – bald als ‚Goldjungen' bezeichnet – mit Puts, Calls und Swaps in großem Stil zu spekulieren. Beschränkt lediglich durch bankinterne Regelungen, in der Regel nur täglich bis zu 10 Mio. DM ‚short' oder ‚long' gehen zu dürfen. Doch da die Geschäfte gut liefen, begannen sie bald selbstherrlich, diese Regeln aufzuweichen. 1973 platzte das System ausgerechnet bei der kleinen Kölner Herstatt-Bank, bei der sich offene Devisenpositionen auf 2 Milliarden Mark aufaddiert hatten, was zu einem Verlust von 500 Mio. DM führte. Darauf entzog die Bundesbank der Herstatt-Bank die Bankerlaubnis. Als Folge dieser neuen Risiken gründeten die Zentralbanken 1974 den Baseler Ausschuss zur Bankenaufsicht, der 1987 ‚Basel I' verabschiedete. Auch für die Bankkunden änderte sich seit den Achtzigerjahren einiges. Erst wurden flächendeckend Bankautomaten aufgestellt, nachdem 1978 ein erster bei der Kreissparkasse Köln errichtet wurde. Womit die Jedermanns nicht mehr an Bankschaltern Schlange stehen mussten. Dann erblickte 1990 im Westen ein neues Zahlungsmittel das Licht der Welt. Die EC-Karten wurden erfunden, die anders als amerikanische Kreditkarten zur sofortigen Abbuchung führten und sich bald flächendeckend durchsetzten.

Auch im Osten gab es eine Kapitalvermehrung, nachdem die ‚Deutsche Emissions- und Girobank' 1963 ein zweistufiges Banksystem einer Zentral- und Geschäftsbank etablierte. Die ansteigenden DDR-Schulden führten dazu, dass dort die Devisenbeschaffung eine immer größere Rolle spielte. So wurden 1966 die Deutsche Außenhandelsbank, die Bank für Landwirtschaft und die Industrie-und Handelsbank gegründet. Dann wurde die DDR von der BRD mit Milliardenkrediten finanziell unterstützt. Im wiedervereinigten Deutschland stieg der Kapitalbedarf des Staates in gigantischem Umfang, um den Aufbau Ost zu finanzieren. Gepaart mit dem Entschluss der Einführung des Euro als europäische Währung. Hierzu wurden 1999 kurz vor dem Jahrtausendwechsel die Relationen der an ihm beteiligten Währungen festgeschrieben, woraus aus knapp 2 DM 1€ wurde. Nun gingen Handelsbilanzüberschüsse nicht mehr mit einer Übertragung von Goldbeständen einher, sondern landeten innerhalb des Euro-Verbundes auf dem EZB-Verrechnungskonto. Worauf diese ‚Targetsalden' zu einer rechnerischen Größe mutierten, die uns fortan vorgaukelte, wir hätten in diesen Forderungen gegenüber den anderen Europäern einen soliden Gegenwert.

Dass diese ‚Kapitalakkumulat-ion 3.0' auch das Verhalten der Konsumenten, Landwirte, Banker und Unternehmer beeinflusste, ist offensichtlich.

Beginnen will ich mit den Konsumenten. In dieser Epoche wandelten wir uns zu einem Volk von Autofahrern. Gab es noch zu Beginn rund 1 Mio. Autos, so schnellte deren Zahl bis 2000 auf 42 Mio. empor. Auch stiegen die Passagierzahlen bei der Bahn, die von Dampfloks auf Dieselloks umstellten, um nach und nach ihre Strecken zu elektrifizieren und seit 1991 mit im Stundentakt verkehrenden Hochgeschwindigkeitszügen die Fahrtzeiten deutlich zu drücken. Beim Güterverkehr dagegen reduzierte sich der Anteil der von der Bahn transportierten Güter zugunsten der LKWs dramatisch. Auch nahmen die Passagierzahlen bei Inlandsflügen dramatisch zu. Sie stiegen von nahezu Null im Jahr 1950 auf nunmehr 140 Mio. Insofern kann man durchaus behaupten, aus ‚Stubenhockern' waren wir zu ‚Reisekönigen' mutiert.

In der Mode lockten die junge Generation zunächst Röhrenhosen und Miniröcke, bis lange Haare und Schlaghosen für die neue Zeit standen. Um schließlich aufgrund der Leggings, Trainingsanzüge und Turnschuhe in eine immer größere Lässigkeit zu entgleiten. Natürlich sollte ich auch die ‚Hot Pants', die sogenannten ‚heißen Höschen', nicht vergessen, die Anfang der Siebziger Furore machten, als deren Trägerinnen – eine weitgehende Sicht auf Hüfte, Beine und den Po preisgebend – sie zum Symbol ihrer emanzipierten Gesinnung machten.

In der Freizeit erlangte die ‚Glotze' eine unglaubliche Dominanz, zunächst geprägt von den beiden öffentlich-rechtlichen Anstalten ARD und ZDF, bis unser Verfassungsgericht 1986 auch ‚Privatsender' wie SAT3 und RTL zuließ. Das Kino hingegen verlor an Bedeutung. Sportvereine hatten Hochkonjunktur. Nach dem Fußball und Handball wurde auch Tennis zum Volkssport. Man war beim Jogging, auf Trimm-Dich-Pfaden oder bei Aerobics aktiv. Seit 1959 begann allabendlich die Club-Kultur zunächst in Aachen und Osnabrück mit Lichtorgeln und lauter Musik. Schnell breitete sich die Diskokultur aus, die sich seit den Achtzigerjahren dank ‚Pitchbending, Scratching und elektronischen Klangkollagen' allgemeiner Beliebtheit erfreute. Mit dem von jedem finanzierbaren Auto eroberten wir bald nationale Urlaubsziele oder reisten zunächst nach Österreich, Holland und Dänemark, bald aber auch nach Italien und Spanien. Zudem erblickten preisgünstige Charterflüge das Licht der Welt, um in die Mittelmeeranrainerstaaten oder gar nach Teneriffa zu fliegen.

Lass mich damit zu den Landwirten überleiten. Innerhalb der Epoche steigerte sich die Leistungsfähigkeit der Landwirte im Westen erheblich, sodass zuletzt ein jeder nicht mehr nur 10, sondern über 100 Personen versorgen konnte. Mähdrescher kamen auf, die Rindermast und Geflügelfabriken entstanden. Die Mechanisierung und leistungsfähigen Schlepper kennzeichneten die Epoche ebenso wie die seit den Siebzigerjahren einsetzende Überdüngung der Felder. Der Weizen-Ernteertrag stieg von 2.580 kg auf 4.890 kg je Hektar, die Milchleistung je Kuh verdoppelte sich. Gleichzeitig reduzierte sich der Anteil der in der Landwirtschaft Beschäftigten von 18 % auf 2 %.

Im Osten sah sich ‚die Partei' dazu veranlasst, neben der VEG (Volkseigenen Genossenschaft) auch die sogenannte LPG (Landwirtschaftliche Produktionsgenossenschaft) einzuführen. Genauer gesagt in Form der LPG I zur gemeinsamen Feldbewirtschaftung, der LPG II mit Teilung der Traktoren und anderen Gerätschaften sowie der LPG III, in der auch das Vieh gemeinsam versorgt wurde. Auch wenn sich hier die Leistungen verbesserten, blieben sie deutlich hinter denen des Westens zurück. Nach der Wende 1989 wurde die Treuhandanstalt zum größten landwirtschaftlichen Betrieb. Noch heute bewirtschaftet die Nachfolgeorganisation BVVG 860.000 Hektar Land- und 81.000 Hektar Forstflächen, obwohl sie bereits stolze 240.000 Hektar verkaufte. Da gesetzlich vorgeschrieben war, bis Ende 1991 alle LPGs in westliche Rechtsformen umzuwandeln, stand die Privatisierung der Landwirtschaft unter besonderem Druck. Diejenigen, die früher ihre Flächen in die LPGs eingebracht hatten, erhielten das Recht, ihr einstiges Eigentum zurückfordern zu dürfen. Das löste bei den rund 3.800 LPGs eine besondere Kreativität aus, um zu vermeiden, dass sie selbst am Ende der Rückgabe nicht mehr überlebensfähig waren. Insofern wurden die Flächen und Werte der Gerätschaften der Alteigentümer niedrig angesetzt. Zudem erhielten die ‚Wiedereinrichter' vorzugsweise alte Gerätschaften, was sie an den Rand des finanziellen Ruins brachte. ‚Unsere Traktoren sind älter als die Fahrer', hieß es landauf, landab. Mit dem Ergebnis, dass viele aufgaben und verkauften. Doch auch die LPGs hatten zu kämpfen, denn sie mussten rund ein Drittel der 1 Mio. Mitarbeiter entlassen, um wettbewerbsfähig zu bleiben. So viel zur Landwirtschaft.

Nach den Konsumenten und Landwirten will ich nun zu den Bankern überleiten und hier beispielhaft auf – wenn auch verunglückte –, Internationalisierungs-Vision' der Deutsche Bank AG eingehen. 1957 schlossen sich die von den Alliierten abgespaltenen drei Nachfolgerorganisationen Norddeutsche Bank AG, Süddeutsche Bank AG und Rheinisch-Westfälische Bank AG in Frankfurt wieder zur ‚Deutsche Bank AG' zusammen, um mit ‚Persönlichen Kleinkrediten' ein breites Publikumsgeschäft aufzubauen. Dieses Konzept wurde 1962 mit dem ‚Persönlichen Anschaffungsdarlehen' und 1968 mit dem ‚Persönlichen Hypothekendarlehen' verbunden. Zudem begleitete die Bank die Industrie bei ihrer Internationalisierung und legte wie keine andere Bank ihr Vermögen in Aktiengesellschaften an. Hierzu zählte ein 46 %iges Paket an der Deutsche-Beteiligungs-AG für Mittelstandsbeteiligungen sowie rund 30 % an der Daimler-Benz AG, Phillip-Holzmann AG und der Karstadt AG und rund 10 % an der Metallgesellschaft AG, der Horten AG, der Linde AG, der Krauss-Maffei AG, der Continental AG, der Hapag-Lloyd AG, der Südzucker AG, der Allianz AG und der Münchener Rück AG. Mit diesem Beteiligungsgeschäft erhielt die Deutsche Bank einen nicht unwesentlichen Einfluss auf die deutsche Industrie. Dann begann die Bank 1970 mit Alfred Herrhausen, eine nachhaltige internationale Präsenz zu zeigen. Fußend auf der Erkenntnis Herrhausens, ‚wir müssen das, was wir denken, sagen. Wir müssen das, was wir sagen, auch tun'. So erwarb sie die Banca d'America d'Italia, dann folgten die holländische Albert Bary Bank, die australische Investmentbank Bain, die österreichische Privatbank Antoni & Hacker, der kanadische Investmentbrokers McLean & McCarthy und die britische Investmentbank Morgan Grenfell. Nach Herrhausens Tod setzte die Bank zwar den Internationalisierungskurs fort, um vor allem 1998 die amerikanische Investmentbank Bankers Trust zu erwerben, verlor aber gleichzeitig das nationalen Privatkundengeschäft aus den Augen, das sie als zu margenschwach ansah, um es schließlich in die ‚Bank 24' auszugliedern. Mehr will auf die Banker nicht eingehen.

Nun fehlen bei meiner Beschreibung nur noch die Unternehmer. Wie du sicher ahnst, hatte die globale Kapitalzunahme wie -verflechtung wesentliche Auswirkungen auf die ‚Industrie 3.0'. Die Autoindustrie wurde zum Barometer unserer Wohlstandsgewinne, um die jährliche Produktion von 0,2 Mio. Fahrzeugen auf 5,3 Mio. zu steigern. Auch begaben wir uns in die Hand internationaler Lieferketten. Hatte der Steinkohlebergbau 1950 noch mehr als 110 Mio. Tonnen jährlich zutage gefördert, so wurde er zum Jahrtausendwechsel nahezu eingestellt. Nun mussten wir Öl, Gas und Uran importieren, lediglich die Braunkohle trug noch aus heimischer Förderung zur Energiegewinnung bei. Wie groß unser Energiehunger wurde, kannst du an unserem Stromverbrauch ablesen, der sich von 44 Milliarden KWh auf 560 Milliarden KWh mehr als verzehnfachte. Noch steiler war der Anstiegswinkel unseres Energiehungers nach Öl, sodass viele Wissenschaftler vom Zeitalter des ‚Erdölrausches' sprachen.

Wir entwickelten uns zum Exportweltmeister. Geprägt vom Wirtschaftswunder-Doppelpack der sozialen Marktwirtschaft und des strengen Wettbewerbsrechts, das fortan Kartelle und Monopole untersagte. Sowie der sich immer mehr durchsetzenden Erkenntnis, den ‚Return on Investment' zu optimieren, also die Rendite auf das eingesetzte Kapital. Mit dem Fokus auf den Kapitaleinsatz kamen Just-in-time-Logistikkonzepte auf, um die Lagerbestände abzubauen und teilweise auf die Autobahnen zu verlegen, die von immer mehr LKWs geflutet wurden. Die Internationalisierung der Großkonzerne führte bald zu dem Schlagwort der ‚Triade', die für die drei globalen Wirtschaftsregionen USA, Europa und Japan stand. Während deutsche Unternehmen von den großen Märkten Europa und USA profitierten, kopierten sie von der japanischen Industrie das fertigungsbezogene Qualitätsstreben Kaysen, das sich bald flächendeckend durchsetzte.

Die ‚Arbeit 3.0' änderte sich fundamental. Sie stand nicht nur für die Mitbestimmung, sondern zunehmend für die Büroarbeit. Erst wurde die Samstagsarbeit in den Siebzigerjahren abgeschafft, dann auch noch die Arbeitszahl auf 40 Stunden pro Woche reduziert. In manchen Branchen dann sogar auf 35 Wochenstunden. Gerne saß man mit Kollegen zum Kaffeetrinken zusammen, aber auch nach Feierabend bei Zigarre und Cognac. Geschäftsessen wurden en vogue, bei denen man bereits mittags reichlich Wein konsumierte. Auch wurden Betriebsfeiern modern, zu denen man sich auch gerne mal einen einschenkte. Anstelle des Handschlags wurden nun schriftliche Verträge geschlossen. Vor allem aber wurde es nun Usus, dass die Jedermanns innerhalb der Betriebe immer wieder an unterschiedliche Standorte versetzt wurden, wenn sie Karriere machen wollten. War es zu Beginn der Epoche nur die Ausnahme, versetzt zu werden, so wurde dies innerhalb weniger Jahre zur Regel.

Auch im Handel vollzog sich ein grundlegender Wandel. Bis 1960 kauften die Jedermanns in ‚Tante Emma Läden'. Also in kleinen Geschäften, in denen sich Bedienungstheken befanden, an denen man seine Kaufwünsche zumeist einer Verkäuferin mitteilte, die dann die Ware abwog, einpackte und mit einem dicken Bleistift den zu zahlenden Betrag auf einem kleinen Zettel aufaddierte. Dann stürzte innerhalb weniger Jahre die Anzahl der bisherigen 140.000 Bedienungsläden auf unter 10.000 ab. Verursacht durch neue Vertriebsformen wie Discounter, Verbrauchermärkte und Fachmärkte. Auch wurde 1964 in Sulzbad bei Frankfurt das erste Einkaufszentrum eröffnet. Bald verbreiteten sich die neuen ‚Shopping Center' landesweit. Die Brüder Albrecht gehörten ab 1962 mit ihren Aldi-Filialen zu den Vorreitern der Discounter, bald gefolgt von Lidl, Penny und Netto. Aber auch Ketten jenseits der Lebensmittelbranche wie Rossmann, Kik, NKD, Takko, Ernstings family, Kodi, Euroshop und Tedi erblickten das Licht der Welt. Und natürlich Verbrauchermärkte wie Edeka, Real und Kaufland, sich zunächst durch eine Verkaufsfläche von 1.000 m² auszeichnend, um später immer größer zu werden. Bald folgten auch Fachmärkte von der Elektronik- bis zur Baubranche. Hier will ich nur die Namen Adler, Media Markt, Saturn, Decathlon, Fressnapf, Futterhaus, Bauhaus, Obi und Roller nennen. Der wesentliche Erfolgsfaktor dieses neuen Handels bestand in seiner, mit der Konzentration einhergehenden Verhandlungsmacht gegenüber den kleinen Lebensmittellieferanten. Sprich, in dieser Epoche verschoben sich die Gewichte weg von der Industrie hin zum Handel, auch wenn man auf die Beschäftigtenzahlen abstellt. Denn erstmals reduzierte sich der Anteil der in der Industrie Beschäftigten von 41 % auf 31 %, während die Dienstleistungsbranche nach 41 % nun 67 % beschäftigte. Gab es in der ‚Industrie 1.0' mit der ‚Gründerkrise' nur eine Krise und in der ‚Industrie 2.0' die beiden großen Krisen der Währungsreform 1923 und der Weltwirtschaftskrise 1929, so wurden die Jedermanns in der Epoche der ‚Industrie 3.0' – in wenn auch anderem Maßstab – mit gleich drei Wirtschaftskrisen konfrontiert. Die erste ereignete sich 1966, als das BIP nach +6 % im Vorjahr auf -0,3 % fiel, ein Ereignis, mit dem die Ära des ‚Wirtschaftswunders' zu Ende ging. Eine zweite Krise folgte 1973 mit dem Ölembargo der ölproduzierenden OPEC-Staaten, die als ‚Erste Ölkrise' in unsere Geschichtsbücher einging. Drittens erlebten die Jedermanns dann 1979 die ‚Zweite Ölkrise', ausgelöst durch drastische Ölpreissteigerungen infolge des Iran-Irak-Krieges.

Anstelle der ‚Start-Up-Träume' der Direktoren der ‚Industrie 1.0' und der ‚Oligarchenstrategien' der Generaldirektoren der ‚Industrie 2.0' entwickelten unsere Vorstandsvorsitzenden neue Visionen. Neben dem Traum nach Internationalisierung auch den der Diversifizierung, um Konjunkturzyklen konzernintern abfedern zu können. Zudem erhofften sich auch die Führer staatlicher Betriebe, sich mit der Privatisierung aus der ministeriellen Gängelung zu befreien. Die Visionen dieser neuen ‚Unternehmenskultur 3.0' will ich dir anhand einiger Beispiele näherbringen. Beginnend mit den ‚Internationalisierungs-Visionen', die sich bei genauerer Betrachtung nicht nur auf den Ausbau eigener internationaler Strukturen, sondern auch auf internationale Kooperationen, internationale Lieferanten oder internationale Aktionäre stützten.

Zu den Managern, die die internationale Verbreitung konzerneigener Strukturen im Blick hatten, zählten die Vorstandsvorsitzenden von Preussag, Bertelsmann, Würth, Bayer, SAP und der Neuen Heimat. Bei Letzterer stellte sich dieses Konzept allerdings

als nicht erfolgreich heraus." „Das ist aber mal ein bunter Strauß, mein Lieber." „Ich dachte, du liebtest Potpourris?" „Schon gut."
„Die Preussag AG wurde 1959 vom Bund privatisiert, um als erste ‚Volksaktie' an der Börse platziert zu werden. Ausgerechnet diejenige Firma also, die schon in der Vorkriegszeit nur durch Bilanzmanipulationen überlebte und sich mit einer Vielzahl von Problemsparten herumplagen musste. Belastet durch den sterbenden Harzer Erzbergbau und die immer weniger profitablen Steinkohlebergwerke, von denen man die meisten bereits vor der Privatisierung schloss. Und zudem belastet durch den Beschluss der Bundesregierung, auch noch die problematische Zink- und Bleihütte Nordenham übernehmen zu müssen sowie die VTG – eine bisher staatliche Vermieterin von Spezial-Kesselwagen – zu einem, laut Wirtschaftsprüfern ‚an der oberen Grenze des Vertretbaren' liegendem Preis. Als sich die optimistischen Planergebnisse nicht erzielen ließen, war die ‚Volksschwindel-Aktie' bald in aller Munde. Was das Management veranlasste, zunächst mit dem Erwerb von Minimax, Dr. Best und Odol in neue Branchen zu diversifizieren. Kurz vor der Insolvenz übernahm Dr. Günther Saßmannshausen den Vorstandsvorsitz, um die neuen Beteiligungen wieder abzustoßen und stattdessen in den angestammten Geschäftsfeldern auf den internationalen Geschäftsausbau zu setzen. Dazu zählten für die profitable Ölsparte neue Auslandsinvestitionen und der Aufbau der Reederei OSA mit über 100 Versorgungsschiffen zur Belieferung weltweit betriebener Offshore-Ölplattformen sowie der Erwerb der Londoner AMC, um nicht nur als Harzer Produzent, sondern auch als Händler international mitmischen zu können. Eine Strategie, die sich bald als erfolgreich erwies.

Reinhard Mohn wurde zu Beginn der Epoche zum Geschäftsführer des mittelständischen Verlagshauses Bertelsmann bestellt, um das Unternehmen dank seiner Internationalisierungs-Vision in einen global agierenden Konzern umzuwandeln. Zunächst fußend auf dem Konzept der finanziellen Mitarbeitereinbindung über Darlehensbeteiligungen und sodann auch über eine Unternehmensbeteiligung. Als sich der Verlag dazu entschied, über das Fachbücher-Konzept hinaus mit dem Schallplattenring Ariola in den Musikmarkt einzusteigen, begann er sich breiter aufzustellen. 1964 erwarb Bertelsmann zudem Anteile an der am Boden liegenden UfA, um sie 1971 in eine AG umzuwandeln. 1973 folgte der mehrheitliche Erwerb am Hamburger Verlagshaus Gruner und Jahr mit den bekannten Zeitschriften ‚Capital', ‚Geo' und ‚Stern'. Dann setzte Mohn auf eine Internationalisierungs-Vision. Ende der Siebzigerjahre übernahm Bertelsmann ‚Bantam Books' und wenig später ‚Doubleday', womit Mohn die Bertelsmann-Gruppe zum größten amerikanischen Publikumsverlag ausbaute. Zudem beteiligte sich Bertelsmann am privaten Fernsehsender RTL plus und kaufte RCA Records. 1994 folgte der Erwerb der ‚New York Times' und wenig später der amerikanischen Verlagsgruppe ‚Random House'. Und 1997 brachte der Konzern die UFA in das neu entstehende Luxemburger Gemeinschaftsunternehmen CLT-UFA ein, das seit 2000 unter ‚RTL-Group' firmiert, womit die Bertelsmann-Gruppe zu einem der größten internationalen Medienkonzerne avancierte.

Eine ähnliche Erfolgsgeschichte ist mit dem Namen Reinhold Würth verbunden, dessen Vater 1945 in Künzelsau einen Großhandel mit Schrauben gründete. Als Reinhold Würth 1954 nach dem Tod seines Vaters den Großhandel übernahm, war er von der Idee besessen, diesen in einen internationalen Konzern auszubauen. Zunächst war Basis für seinen Erfolg ein differenziertes Prämiensystem für seine Außendienstmitarbeiter, um sie gleichermaßen zu motivieren und der in der Branche üblichen Mitarbeiterfluktuation entgegenzuwirken. Dann begann er mit dem Ankauf von mehr als 260 Unternehmen, die er als ‚allied companies' größtenteils unter ihrem angestammten Namen weiter produzieren ließ. Als Würth 1994 aus der Geschäftsführung ausschied, beschäftigte der Konzern rund 80.000 Mitarbeiter und förderte über die von ihm gegründete Stiftung nicht nur Künstler, sondern baute in Künzelsau einen Konzertsaal und im benachbarten Schwäbisch-Hall eine Kunsthalle.

Die nächste ‚Internationalisierungs-Vision' ist mit dem Namen des seit 1992 agierenden Vorstandsvorsitzenden der Bayer AG

Manfred Schneider verbunden. Nach dem Kriege erholte sich die Bayer AG schnell, um früh den Pharmabereich mit neuen Medikamenten wie Penicillin auszubauen. Als 1992 Martin Schneider zum Vorstandsvorsitzenden avancierte, entschloss er sich zur gezielten Internationalisierung des operativen Geschäfts. Hierzu übertrug er den vier Geschäftsbereichen Gesundheit, Pflanzenschutz, Polymere und Chemie die operative Verantwortung, um die Konzernzentrale in eine reine Firmenholding umzuwandeln. Schneider gelang es dann auch noch, 1994 die Bayer-Markenrechte in den USA zurückzukaufen.

Die sicher erfolgreichste ‚Internationalisierungs-Vision' ist mit dem Namen Dietmar Hopp verbunden, der 1972 zusammen mit Hasso Plattner und weiteren Programmierern in Weinheim die SAP gründete, um ab dem Folgejahr ein standardisiertes Finanzbuchhaltungs-Modul anzubieten. Schnell erkannte SAP die Bedeutung der internationalen Expansion, sodass die Gesellschaft ihre Software ab 1981 nicht nur in Deutsch, sondern auch in weiteren Sprachen anbot. 1982 folgte die zweite standardisierte Software-Generation SAP R/2, die weit über die Buchhaltung hinausging. Um – in eine AG umgewandelt – das Unternehmen an die Börse zu bringen. Dietmar Hopp brachte schließlich als Vorstandsvorsitzender 1992 auch noch die Software SAP R3 für den Mittelstand heraus, um basierend auf dem Client-Server-Prinzip unter Benutzung der Oracle-Datenbank einen internationalen Siegeszug anzutreten. Mit der Folge, dass sich der Umsatz – nahezu von den Wettbewerbern unbemerkt – innerhalb der nächsten fünf Jahre verfünffachte.

Eine dramatisch fehlgeschlagene ‚Internationalisierungs-Vision' ist mit dem Namen Albert Vietors verbunden, dem Vorstandsvorsitzenden der ‚Neuen Heimat' als dem einst größten Betreiber von Sozialwohnungen. Denn nach dem Zweiten Weltkrieg wurden vor allem die Hamburger Sozialwohnungen auf den Deutschen Gewerkschaftsbund übertragen, der sich bald bundesweit in großem Stil im Sozialen Wohnungsbau engagierte. 1963 verfügte die Neue Heimat bereits über mehr als 200.000 Wohnungen, um in Kiel, Osterholz, Regensburg und Hamburg Großsiedlungen zu errichten. Dann kamen Großbauprojekte wie das Elbe-Einkaufszentrum und das Hamburger CCH hinzu, ein Konzept, das man bald in vielen Städten kopierte. Zu den Olympischen Spielen in München eröffnete die ‚Neue Heimat' zudem pünktlich 4.000 Wohnungen für Journalisten aus aller Welt, die als ‚Olympia-Pressestadt' in die Geschichte einging. Dann expandierte die ‚Neue Heimat' aufgrund der Visionen Vietors auch international, dabei schnell die Geschäftsleitung überfordernd. Womit die ‚Neue Heimat' in eine finanzielle Schieflage geriet, bis sich bei den anschließenden Prüfungen zu allem Überfluss auch noch herausstellte, dass ihr Vorsitzender Vietor Firmengelder von 100 Mio. DM für Privatgeschäfte eingesetzt hatte. Beim Kassensturz ergab sich ein Verlust von 800 Mio. DM, der den Deutschen Gewerkschaftsbund DGB veranlasste, die ‚Neue Heimat' mit ihrem riesigen Wohnungsbestand für eine (symbolische) DM an einen Berliner Bäcker zu verkaufen. Aufgrund massenhafter Proteste nahm der DGB jedoch von diesem Vertrag wieder Abstand, um den Konzern in mehrere regionale gemeinnützige Wohnungsbaugesellschaften aufzuteilen.

Nach diesen Beispielen zur Internationalisierung des Geschäfts will ich nun Unternehmen anführen, die sich zu der Variante internationaler Kooperationen entschieden. Hier zählen Lufthansa, Playmobil, Beate Uhse, KPMG und Roland Berger." „Was ist das denn schon wieder für eine lustige Mischung?" „Will halt ein bisschen Abwechslung in unsere Vorträge bringen.

Beginnend mit der ‚Internationalisierungs-Vision' Jürgen Webers als Vorstandsvorsitzender der 1953 wieder gegründeten Lufthansa AG. Dank der Internationalisierung der Industrie erwies sich die Lufthansa von Anfang an – anders als ihre Vorgängerin – als profitabel. Denn sie flog weltweite Ziele an, wohin auch immer die Manager reisen wollten. Mit der Wiedervereinigung erwarb die Lufthansa zudem die DDR-Fluggesellschaft Interflug und sodann die German Cargo, um beide in den Konzern zu integrieren. 1997 gründete die Lufthansa zudem zusammen mit der KarstadtQuelle AG die Billigfluglinie Condor Flugdienst, um auch bei Charterflügen mitzumischen. Im gleichen

Jahr folgte der wesentliche Internationalisierungsschub. Denn Weber entschloss sich zum Bündnis der ‚Star Alliance' mit Air Canada, Thai Airways, United Airlines und SAS, um sich durch Verständigung der Anschlüsse zu einem international erfolgreichen Verbund zusammenzuschließen.

Damit zu Playmobil." „Was, du hast auch eine Geschichte der Spielwarenbranche?" „Na klar, die der Geobra-Brandstätter-Gruppe. Als Brandstätter 1954 in das Fürther Familienunternehmen seines Onkels eintrat, dachte er zunächst an den nationalen Markt, um 1958 mit den berühmten ‚Hula-Hoop-Reifen' zu reüssieren." „Mit so einem habe ich früher auch oft gespielt", wirft Claudia begeistert ein. „Als wir von der ‚Ersten Ölkrise' betroffen wurden, entschied sich Brandstätter, ein Systemspielzeug entwickeln zu lassen, das aufgrund seines geringen Rohstoffverbrauchs billig herzustellen war. Das Ergebnis war das 1974 auf der internationalen Spielwarenmesse vorgestellte ‚Playmobil-Männchen'. Bis zum Jahresende waren bereits 300.000 ‚Klickys' verkauft, 1976 folgten weibliche Figuren. Dann entschloss sich Brandstätter zu seiner Internationalisierungs-Vision'. Und zwar in Gestalt einer Kooperation zunächst mit einem griechischen Produzenten, der seine Figuren in Lizenz fertigte. Dann kopierte er das System in anderen Ländern.

Auch Beate Uhse steht für eine besondere ‚Internationalisierungs-Vision'. Die einstige Sportfliegerin, die im Zweiten Weltkrieg als Pilotin im Rang eines Hauptmanns Flugzeuge an die Front überführte, sattelte im Nachkriegsdeutschland um. Hierzu brachte sie eine Broschüre über die Knaus-Ogino-Verhütungsmethode heraus, mit der die Frauen ihre fruchtbaren Tage ungefähr berechnen konnten. Um 1951 das Versandhaus Beate Uhse zum Vertrieb von Kondomen und Büchern zur Ehehygiene zu gründen. Nach zehn Jahren hatte sie bereits mehr als fünf Mio. Kunden, um 1962 kurz vor Weihnachten ihren ersten Sexshop zu eröffnen. Diesen Zeitpunkt hatte sie bewusst gewählt, um darauf zu vertrauen, dass allzu laute öffentliche Proteste in den Weihnachtstagen unterblieben. Dennoch wurde sie in den Folgejahren immer wieder mit zahlreichen Strafanzeigen konfrontiert, da sie ‚gegen die Zucht und Sitte durch Aufpeitschung und Befriedigung sexueller Reize' verstieße. 1970 war sie Sponsorin des auf Fehmarn stattfindenden ‚Love-and-Peace-Festivals', bei dem Jimi Hendrix ein letztes Mal vor seinem Tod öffentlich auftrat. Lange hatte sie sich auf den deutschen Markt konzentriert. Doch 1990 war es endlich so weit. Sie schloss einen Vertrag mit einem Schweizer Lizenznehmer, der in dem Alpenstaat bald 34 Läden unter der Beate-Uhse-Marke betrieb. Dann erwarb die Beate-Uhse AG eine niederländische Versandhandelsmarke. Als sie das Unternehmen 1999 an die Börse brachte, zeigte sich der wahre Erfolg ihrer Internationalisierungs-Vision durch die 60-fache Überzeichnung der Aktie.

Fortfahren will ich mit der Partnerschaft der KPMG, basierend auf der Internationalisierungs-Vision Reinhard Goerdelers. Der war der Sohn des ehemaligen Widerstandkämpfers und Leipziger Oberbürgermeisters Carl Friedrich Goerdeler. Reinhard Goerdeler wurde 1953 in den Vorstand der damals größten deutschen Wirtschaftsprüfungsgesellschaft DTG ‚Deutsche-Treuhand-Gesellschaft' berufen, um bald zu erkennen, dass mit der Internationalisierung der deutschen Konzerne auch der Bedarf nach der Internationalisierung der Wirtschaftsprüfungsgesellschaften einherging. Goerdeler begann als Vorstandsvorsitzender, sich für die DTG nach Partnern umzusehen, was letztlich 1979 zu dem Zusammenschluss der DTG mit der niederländischen Gruppe Klynfeld und der US-amerikanischen Gruppe Main zur ‚KMG' führte, wobei das ‚K' für K̲lynfeld, das ‚M' für M̲ain und das ‚G' für G̲oerdeler standen. Goerdeler wurde zum ersten Vorstandsvorsitzenden des KMG-Netzwerkes ernannt. 1986 folgte zudem die Aufnahme von Peat Marwick, womit KPMG in den Kreis der weltweiten ‚big five' vorrückte. Als Goerdeler 1996 verstarb, ging laut FAZ der ‚Meister der leisen Töne' von uns, bei allem Selbstbewusstsein bescheiden und unprätentiös.

Schließen will ich mit Roland Bergers kooperationsbezogener ‚Internationalisierungs-Vision'. Der gründete 1967 als Diplom-Kaufmann eine eigene Unternehmensberatung, um als eines seiner ersten Mandate den Reiseveranstaltern Touropa, Scharnow,

Hummel und Dr. Tigges zu empfehlen, dank der zunehmenden Charterflüge TUI als eine gemeinsame Plattform zu gründen. 1969 begann Bergers internationale Beratertätigkeit. Bald war er so erfolgreich, dass sich die Deutsche Bank AG 1988 dazu entschloss, 75 % der Anteile seines Beratungskonzerns für 100 Mio. DM zu erwerben. 1997 erhöhte sie ihren Anteil sogar auf 95 %. Bis sich Berger zusammen mit seinen Partnern ein Jahr später dazu durchrang, die Firma zurückzukaufen. Nicht nur war er der Berater des Kanzlers Gerhard Schröder, sondern sorgte dafür, dass sich das Unternehmen – als das einzige weltweit in Beratungspartnerschaft agierende mit deutschen Wurzeln – in 35 Ländern etablierte.

Damit will ich drittens auf die beiden Konzerne VW und die Schwarz-Gruppe eingehen, die besonders von der von ihnen erzwungenen Internationalisierung ihrer Lieferanten profitierten. Zu Beginn der Epoche war VW noch ein Bundesunternehmen, das erst ein Jahrzehnt später vom Bund zu großen Teilen an die Börse gebracht wurde. Lediglich das Land Niedersachsen behielt 20 % der VW-Anteile. Auch dank amerikanischer Kunden liefen und liefen nicht nur der Käfer, sondern insbesondere auch der bei Hippies beliebte VW-Bus. 1968 entschloss sich die Volkswagen AG zu einer Mehr-Marken-Politik, indem sie von der Daimler-Benz AG die Ingolstädter NSU-Werke erwarb, um ihnen mit der Marke Audi zum Durchbruch zu verhelfen. Erst 1974 setzte VW ‚fünf vor zwölf' auf ein kostenoptimierendes Plattformkonzept für die Kompakt-Klasse des Golf und des Audi. Zu Beginn der Achtzigerjahre setzte der Konzern dann auf internationale Marken, beginnend mit dem Erwerb der spanischen SEAT. 1984 folgte die Eröffnung einer chinesischen Fertigungsstraße für den Santana in einem Joint Venture mit der SAIC-Gruppe. 1989 gelang zudem mit der Grenzöffnung der Einstieg bei Skoda, 1990 folgte die Übernahme der Zwickauer Sachsenwerke und wenig später der britischen Marke Rolls-Royce. Dann geriet der Konzern aufgrund hoher Kosten erneut in eine wirtschaftliche Schieflage. 1993 wurde Ferdinand Piech Vorstandsvorsitzender, der noch im gleichen Jahr den knallharten Einkaufschef José López an Bord holte, um gemeinsam die Just-in-time Produktion einzuführen, die Fertigungstiefe zu reduzieren und vor allem die Zulieferer preislich zu knebeln. Mit der knallharten Preispolitik zwang VW damit seine Zulieferer, internationale Fertigungskapazitäten vor allem in Osteuropa aufzubauen, um von deren dortigen komparativen Kostenvorteilen zu profitieren.

Damit komme ich zu einer ähnlichen ‚Internationalisierungs-Vision' von Dieter Schwarz. Der überezugte seinen Vater, 1973 in Ludwigshafen den ersten Lebensmitteldiscounter ‚Lidl' zu eröffnen. Als er schließlich nach dem Tod seines Vaters das Unternehmen erbte, umfasste die Lidl & Schwarz Gruppe dank seiner Vision bereits 30 Filialen. 1984 folgte die Eröffnung des ersten ‚Kaufland'-Marktes. Das Erfolgsrezept von Schwarz basierte darauf, mit der Konzentration des Handels die zumeist kleinen Lebensmittelproduzenten zu erheblichen Preiszugeständnissen zu zwingen. Auch, indem er sie nötigte, sich international aufzustellen, um an den damit verbundenen komparativen Kostenvorteilen zu partizipieren. Das erwies sich schließlich als Sprungbrett der eigenen Internationalisierung, sodass sich heute von den rund 9.000 Lidl-Filialen zwei Drittel im Ausland befinden sowie von den rund 1.000 Kaufland-Filialen die Hälfte.

Nun will ich zuletzt noch auf eine ganz andere Variante einer ‚Internationalisierungs-Vision' eingehen. Die darin bestand, sich nicht etwa selbst dem Internationalisierungsstress zu unterwerfen, sondern vom Kapital internationaler Aktionäre zu profitieren, die offenbar ein größeres Risiko einzugehen bereit waren als die heimischen. Als Beispiele hierfür will ich Krupp und Adidas anführen.

Der Name Krupp ist seit Beginn der Epoche eng mit dem Namen Berthold Beitz verbunden, den Alfried Krupp 1953 zum Krupp-Generalbevollmächtigten ernannte. So öffentlichkeitswirksam Beitz auch auftrat, gelang es ihm nicht, den angeschlagenen Konzern dauerhaft zu sanieren. Nicht zuletzt wegen der Überkapazitäten im Stahlgeschäft und der abnehmenden Nachfrage des Maschinenbaus und der Rüstungsindustrie. Doch anstatt zu diversifizieren oder kontinuierlich zu rationalisieren, dominierte im Vorstand die Arroganz vergangener Zeiten. Mit der Folge, dass Krupp von Krise zu Krise schlidderte. 1966 geriet der Konzern im Zusammenhang mit der Finanzierung eines polnischen Anlagengeschäftes in Zahlungsschwierigkeiten. Wirtschaftsminister Schiller stellte eine Bundesfinanzierung nur unter der Bedingung zur Verfügung, dass Beitz der Gründung eines Aufsichtsgremiums zustimmte. Beiz gelang es, Arndt Krupp dazu zu bewegen, auf sein Erbe zu verzichten, das in eine Stiftung überführt wurde. Worauf Beitz zu deren Vorsitzendem avancierte und Krupp wieder in eine AG umgewandelt wurde. Knapp zehn Jahre später folgte die nächste Krise. Wieder gingen Krupp die finanziellen Mittel aus. Diesmal gelang es Beitz, 25% der Krupp-Aktien zu überhöhten Preisen an den iranischen Schah zu verkaufen. Womit die Krupp AG über die nun sanierte Stiftung wieder liquide wurde. Diese Beteiligung sollte sich jedoch nach der iranischen Revolution von 1979 als problematisch erweisen. Denn nun erwirkte die US-amerikanische Citibank 1979 einen gerichtlichen Pfändungsbeschluss für die vom Schah gehaltenen Aktien. Um weiteren Schaden von Krupp abzuwenden, löste sich der Iran von der Krupp-Beteiligung. Nachdem die Finanzpolster aufgebraucht waren, stellte sich zu Beginn der Neunzigerjahre die Finanzfrage erneut. Nun suchte Beitz – begleitet von internationalen Fonds – sein Heil in Fusionen, um auf diese Weise Überkapazitäten aus dem Markt zu nehmen und Standorte zusammenzulegen. So übernahm die Krupp AG 1991 die Hoesch AG und fusionierte wenige Jahre darauf mit der eigenkapitalstarken Thyssen AG zur ThyssenKrupp AG. Doch auch nach diesem Befreiungsversuch stand die bange Frage im Raum, ob sich mit der ‚Fusion dreier Kranker' das Blatt wenden ließ.

Eine weitere ‚Internationalisierungs-Vision' einer transnationalen Aktionärsstruktur verbinde ich mit Adidas und seinem Vorstandsvorsitzenden Robert Louis-Dreyfus. Gleich zu Beginn der Epoche hatte Adolf Dassler die besondere Bedeutung des Marketings für Sportschuhe erkannt, um sie, mit drei Streifen versehend, unter der Marke Adidas zu vertreiben. Dabei half ihm auch, dass er 1954 als erster Produzent Stollenschuhe produzierte, dank derer die deutsche Mannschaft im Regen Berns die

Fußball-WM gewinnen konnte. 1967 setzte Adidas den international bekannten Fußballstar Franz Beckenbauer als Markenbotschafter für seine Schuhe und lizensierte Sportbekleidung ein. Als Adolf Dassler 1978 starb, hatte er einen bedeutenden internationalen Konzern aufgebaut. Trotz der Produktionsverlagerung in Billiglohnländer geriet Adidas Ende der Achtzigerjahre in eine Schieflage, worauf die vier Enkelinnen des Firmengründers beschlossen, sich von ihren Anteilen zu trennen. 1990 erwarb sie zunächst der Franzose Bernard Tapie, der kurz darauf die halbstaatliche Bank Crédit Lyonais mit dem Verkauf beauftragte. Worauf sie ihm die Anteile abkaufte, um sie für den doppelten Preis an Robert Louis-Dreyfus zu verkaufen. Weshalb später Tapie erfolgreich die Bank auf 400 Mio. € verklagte. Louis Louis-Dreyfus gelang es als operativ erfolgreicher Vorstandsvorsitzender, die Adidas AG zu sanieren und 1995 an die Börse zu bringen, sich dabei auf eine große internationale Aktionärsstruktur stützend.

Nach diesen Internationalisierungsvisionen will ich über einige ‚Diversifizierungs-Visionen' berichten, die uns aus heutiger Sicht fremd vorkommen, bis zur Jahrtausendwende allerdings gang und gäbe waren. Als Beispiele will ich auf die Diversifizierung von RWE, VARTA, Daimler-Benz und Mannesmann eingehen. Die erste ‚Diversifizierungs-Vision' verbinde ich mit Friedhelm Gieske, dem Vorstandsvorsitzenden der RWE AG. Die RWE AG war der größte westdeutsche Energieversorger, fußend auf dem Verbundsystem von Steinkohle, Braunkohle und Wasser. RWE stieg 1974 mit dem Kernkraftwerk Biblis in die Atomenergie ein. Dann stellte sich RWE unter Gieske breiter auf, um in der Mineralölbranche, die Entsorgung und den Anlagenbau einzusteigen. So erwarb RWE 1988 von Texaco die DEA AG, die Texaco Jahre zuvor von Gelsenberg erworben hatte. Nach der Wiedervereinigung baute die RWE-DEA AG im Osten ein Tankstellennetz aus, während die Tochtergesellschaft RWE-Umwelt AG zum zweitgrößten deutschen Umweltentsorgungsunternehmen avancierte. Zudem investierte die Tochtergesellschaft RWE Telliance AG ins Telekomgeschäft, indem sie Talkline und E-Plus sowie im Ausland diAx, Aliatel und Novacom übernahm. Von diesem Abenteuer trennte sich allerdings die RWE AG in zwei Schritten, um zunächst den Telekombereich mit dem ihrer Konkurrentin VEBA AG zur o.tel.o zu bündeln und 1999 an Arcor zu verkaufen. Doch auch ohne den Mobilfunkbereich war die RWE AG damit breit aufgestellt.

Sodann will ich auf die ‚Diversifizierungs-Vision' Günther Quandts eingehen. Zunächst konzentrierte sich die VARTA AG auf das Batteriegeschäft für Industrie-, Auto-, Geräte- und Microbatterien. Dann begann Günther Quandt, die VARTA mit den neuen Sparten Diätetik und Chemie breiter aufzustellen. Um sich schließlich zu einer großen Rochade zu entschließen. Nämlich durch Verpfändung der VARTA-Aktien, den Verkauf seines Daimler-Benz Aktienpakets und die Einführung einer Vermögensbildung für Mitarbeiter so viel Mittel einzusammeln, um die Mehrheit am angeschlagenen BMW-Konzern zu erwerben. Anschließend sorgte Quandt dafür, dass BMW sich mit seiner, auf ‚Freude am Fahren' getrimmten Modellpalette zu einem der renommiertesten deutschen Autokonzerne entwickelte, dem es zudem 1994 erfolgreich gelang, den britischen Hersteller Mini zu erwerben. Erst zu Quandts Lebensende begann er, sein Erbe aufzuteilen. Er entschloss sich, seinen Kindern aus dritter Ehe die Aktienmehrheit an der BWM AG zu übertragen sowie die Anteile an der, von der VARTA AG abgespalteten Altana AG, die sich fortan auf die Sparten Diätetik und Chemie fokussierte. Während die Kinder aus seiner zweiten Ehe die auf die Batteriesparten zurechtgestutzte VARTA AG übertragen bekamen.

Insbesondere die Siemens AG war auf eine breite Diversifizierung bedacht, der es gelang, jedes ihrer Geschäftsbereiche zu internationalisieren, auch wenn damit nicht immer eine 100 %ige Kontrolle einherging. Zu dieser Strategie gehörte zunächst der 1969 getroffene Entschluss, die Elektrogeräte-Sparte mit der von Bosch zur BSHG zu fusionieren, an der Siemens 50% hielt. Im Kraftwerksbau baute Siemens über ihre Tochtergesellschaft KWU den nuklearen Kraftwerksbau konsequent aus. Auch die Sparte Medizintechnik profitierte international von vielen innovativen Produkten wie die Lokomotivbau-Sparte, die 1989 mit der ICE-Fertigung begann. Gleich erfolgreich wie die Leuchtmittelsparte Osram AG. Auch das eigentliche Kerngeschäft begann die Siemens AG zu internationalisieren, vor allem dank des Angebots großer Hicom-Anlagen. Nachdem der Vorstandsvorsitzende Karlheinz Kaske 1981 das Ruder übernahm, beschleunigte er die Diversifizierung mit dem Fokus auf Handys und Personalcomputer. Siemens platzierte 1992 das ‚S1' als erstes GSM-Telefon am Markt, 1997 folgte die Einführung des ‚S10' mit dem weltweit ersten Farbbildschirm und des ‚SL10' als erstem Telefon im Slider-Format. Auch übernahm Siemens zum Jahrtausendwechsel die Bosch-Handysparte. Neben dem Telefongeschäft setzte Siemens auf die Produktion von Personalcomputern. 1990 erwarb man 51 % der Anteile der damals im deutschen Computerbau führenden Nixdorf AG und fusionierte sie zur Siemens-Nixdorf AG, um fortan insbesondere von dem Aufbau der Geldautomaten in Bankfilialen zu profitieren. 1999 folgte der Schritt zur Internationalisierung, indem Siemens die PC-Sparte mit Fujitso fusionierte. An dieser Fujitsu-Siemens-Computers GmbH hielt Siemens 50 %. Nur aus dem volatilen Halbleitergeschäft zog sich Siemens zurück, um die Halbleitersparte 1999 als Infineon AG auszugründen und deren Aktien wenig später an der Börse zu platzieren.

Die nächste Diversifizierungs-Vision verbinde ich mit Edzard Reuter, dem Vorstandsvorsitzenden der Daimler-Benz AG. Der Autokonzern stellte sich früh international auf und reüssierte dank vieler Innovationen – von der Sicherheits-Fahrgastzelle über den Airbag und den Gurtstraffer bis hin zum ABS-System. Früh entschied sich der Vorstand, in weitere Marken zu investieren, um 1957 den erfolgreichen Ingolstädter Motorrad- und Automobilhersteller Auto-Union GmbH mit den Marken DKW und NSU zu erwerben. Als dann Anfang der Sechzigerjahre der Motorradabsatz zurückging, planten die Daimler-Ingenieure ein Nachfolgemodell für den NSU Prinz. Doch die Techniker aus Ingolstadt ließen die Stuttgarter immer wieder abblitzen, sodass Daimler-Benz schließlich 1963 genervt das Handtuch warf, um die Auto-Union an VW zu verkaufen. Fortan setzte der Vorstand lieber auf Diversifizierung. 1970 erwarb Daimler-Benz die fusionierte Messerschmitt-Bölkow-Blohm AG, um in den Flugzeugbau einzusteigen. Edzard Reuter verkündete, die Daimler-Benz AG zu einem ‚integrierten Technologiekonzern' fortzuentwickeln. Hierzu erwarb die Daimler-Benz AG 1985 MTU und Dornier, um sie zur Messerschmitt-Bölkow-Blohm AG zu fusionieren und nach dem Erwerb von Junkers in DASA AG umzufirmieren. Damit hatte sich die Daimler-Benz AG zu einem der größten globalen Flugzeugproduzenten entwickelt. Dann erwarb Reuter die insolvente AEG-Telefunken. Doch dies erwies sich als unglücklicher Schachzug. Die Schienenfahrzeug-Sparte fusionierte man 1995 mit der ABB und verkaufte die Elektrowerkzeug-Sparte 1994 an Electrolux, um letztendlich die verlustreiche AEG AG aus steuerlichen Gründen auf die Daimler-Benz AG zu fusionieren. Insgesamt musste der Konzern für sie bis zu Reuters Rücktritt Betriebsverluste und Wertberichtigungen von insgesamt 36 Milliarden DM verbuchen. Nun wurde Reuter öffentlich angeprangert, ‚die größte Kapitalvernichtung betrieben zu haben, die es jemals in Deutschland zu Friedenszeiten gab'. Womit die Daimler-Benz AG unter ihrem Vorstandsvorsitzenden Jürgen Schrempp einen erstaunlichen Kurswechsel vollzog, um 1998 mit der angeschlagenen amerikanischen Chrysler Corporation eine Fusion zur DaimlerChrysler AG einzugehen. Und wenig später die Tochtergesellschaft DASA AG mit der französischen Aérospatiale Matra und der spanischen CASA zur ‚Airbus SE' zu fusionieren, an der DaimlerChrysler einen Anteil von 30 % hielt.

Die wohl eigentümlichste Diversifizierungs-Strategie ist mit dem Namen des Vorstandsvorsitzenden der Mannesmann AG Werner Dieter verbunden. Schon lange bemühte sich die Mannesmann AG, sich aus der Abhängigkeit des Röhrengeschäfts zu befreien. Hierzu erwarb die Mannesmann AG bedeutende Firmen wie Rexroth, Demag, Krauss Maffei, Fichtel und Sachs, VDO und Boge. Damit war der Konzern zu seinem 100-jährigen Bestehen 1990 nicht nur international, sondern auch breit aufgestellt. Um zudem in den privaten Mobilfunk zu investieren.

Auf Werner Dieter folgte jedoch 1999 Klaus Esser, der sich daran machte, den Konzern zu entdiversifizieren. Hierzu wurden die in den letzten Jahren erworbenen Gesellschaften in der Atecs-Mannesmann AG gebündelt, während nur das Röhrengeschäft und die Mobilfunksparte bei der Mannesmann AG verblieben. Dann wurde Esser mit einer feindlichen Übernahme der Mannesmann AG durch die britische Vodafone Group für 190 Milliarden DM konfrontiert. Nachdem knapp 60 Mio. DM an den Aufsichtsrat und Vorstand flossen, wandelte sich – Wunder o Wunder – das Angebot im Jahr 2000 von einer feindlichen in eine freundliche Übernahme. Womit Vodafone die Mannesmann AG übernahm, um nur die Mobilfunksparte zu behalten, während die Röhrensparte an die Salzgitter AG und die Atecs-Mannesmann AG an ein Konsortium von Siemens und Bosch verkauft wurden. Mit anderen Worten, der gesamte Konzern wurde letztlich Opfer der an und für sich großartigen Diversifizierungsstrategie.

Zuletzt möchte ich auf wenige ‚Privatisierungs-Visionen' dreier Staatsbetriebe eingehen, die die Gemüter der Jedermanns erhitzten. Bereits zu Beginn der Epoche gab der Staat mit der Preussag AG, der Volkswagen AG und mit der Veba AG erste Volksaktien aus, auf deren Geschichte ich teilweise einging. Dann wurde es um Privatisierungen lange still, bis sie wieder im letzten Jahrzehnt bei der Bahn, Post und der Treuhandanstalt en vogue wurden. Die erste ‚Privatisierungs-Vision' betraf Heinz Dürr bei der Deutschen Bahn. Die Bahn war als Staatsbetrieb lange auf das nationale Geschäft fokussiert. Nur bei den Gesellschaften DB AutoZug und Ameropa Reisen profitierte er vom internationalen Geschäft. Doch ihr Präsident Heinz Dürr wollte mehr, nachdem er – infolge der Wiedervereinigung – auch zum Generaldirektor der ‚Deutschen Reichsbahn der DDR' bestellt wurde. Nicht nur fusionierte er beide Gesellschaften, sondern setzte sich mit Neubaustrecken für Hochgeschwindigkeitszüge und 1991 mit der Inbetriebnahme der ersten ICEs für ihre Modernisierung ein. Hierzu zählten auch die für das 21. Jahrhundert ausgelegten ‚Bahnhof-21-Projekte', um den neuen Hauptbahnhof Berlins als zentralen Kreuzbahnhof zu erbauen sowie die Kopfbahnhöfe Frankfurt, Leipzig, Stuttgart und München in Durchgangsbahnhöfe umzugestalten. Mit dem Ziel, nicht nur Kosten im Bahnbetrieb einzusparen, sondern auch die Reisezeit weiter zu verkürzen. Dann offenbarte sich, dass Dürr noch mehr wollte, nämlich die Privatisierung der Bahn, die die Bundesregierung unterstützte. Worauf Dürr 1994 zum ersten Vorstandsvorsitzenden der Deutsche Bahn AG avancierte. Letztlich scheiterte aber ein Börsengang an den anhaltenden Verlusten. Lange stritt man darum, den Fahrweg-Betrieb wieder zu verstaatlichen. Doch bei den anderen Sparten war man sich sicher, die Privatisierung weiter vorantreiben zu wollen. So wurden 1999 die Sparten in eigenständige Tochtergesellschaften übergeführt, womit die Fernverkehr AG, Nahverkehr AG, Güterverkehr AG, Fahrweg AG und Personenbahnhöfe AG das Licht der Welt erblickten.

Bei der zweiten ‚Privatisierungs-Vision' geht es um die Klaus Zumwinkels bei der Bundespost. Die Bundespost wurde zwar erst 1995 privatisiert, doch dafür sehr viel erfolgreicher." „Kaum zu glauben, das ist ja noch gar nicht so lange her", wirft Claudia ein. „Sie wurde in drei Unternehmen aufgespalten, in die ‚Gelbe Post' der Deutsche Post AG, in die ‚graue Post' der Deutsche Telekom AG, die nicht nur die 38 Mio. Festnetzanschlüsse betrieb, sondern auch Funknetze für Handys aufbaute, und in die ‚Blaue Post' der Deutsche Postbank AG. Nur ein kleiner Teil der alten Bundespost blieb in Form der Bundesnetz-Agentur beim Staat, um hoheitliche Aufgaben wahrzunehmen. Klaus Zumwinkel gelang es, trotz der Konzerntrennung auf alle drei Gesellschaften Einfluss zu nehmen. In seiner Rolle als Aufsichtsratsvorsitzender der Deutsche Telekom AG, die 1996 – ihr Logo von Grau in Magenta abwandelnd – als Erstes an die Börse gebracht wurde. Die Aktie war mehrfach überzeichnet, doch dann folgte die Ernüchterung. Denn in der Folgezeit blieb der Aktienkurs lange unter dem Ausgabepreis. Wieder einmal hatte sich der Staat an der Privatisierung bereichert und zur Aktienverdrossenheit der Jedermanns beigetragen. Klaus Zumwinkel war gleichzeitig aber auch der Vorstandsvorsitzende der Deutsche Post AG, die er mit dem Erwerb von Danzas und der Global Mail zu einem internationalen Konzern ausbaute. Und schließlich sorgte Zumwinkel dafür, dass die Deutsche Post AG 1999 die vorher verselbstständigte Postbank AG wieder erwarb.

Ganz zuletzt will ich auf die ‚Internationalisierungsvision von Birgit Breuel als Chefin der ‚Treuhandanstalt' eingehen, die den im April 1991 von RAF-Terroristen ermordeten Treuhandchef Detlev Rohwedder ablöste. Der bekam im Juni 1990 die Mammut-Aufgabe zugewiesen, auf Basis der Entscheidung der Volkskammer die Ostbetriebe nicht ‚zu bewahren', sondern ‚zu verwerten'. Womit ein gigantischer Ausverkauf noch vor der Wiedervereinigung begann. Erschwerend kam hinzu, dass die ostdeutschen Betriebe hohe liquide Mittel zur Verlustabdeckung wie Modernisierung ihrer Produktion einforderten."
„Warum erwirtschafteten die denn Verluste?", will Claudia erstaunt wissen. „Mit der Währungsumstellung zum 1. Juni 1990 erwiesen sich die Produkte der Ostbetriebe allesamt als Ladenhüter. Denn mit diesem Tag füllten sich die Regale mit Westwaren, die die Ostdeutschen insbesondere in den ersten Monaten bevorzugten. Was man ihnen nach mehr als vierzig Jahren Konsumentzug auch nicht verdenken konnte. Zudem rächte sich nun der Investitionsstau der Ostbetriebe. Bei den meisten ostdeutschen Betrieben ermittelte die ‚Treuhand' einen Personalüberhang von 15%. Zunächst ging die Treuhand noch von einem großen Überschuss aus. Doch schnell erwiesen sich die Schätzungen des Gesamtvermögens der ostdeutschen Betriebe von 250 Milliarden DM als Traumtänzerei. Die rückwirkend zum 1. Juli 1990 aufgestellte Eröffnungsbilanz wies ein Defizit von 210 Milliarden DM aus. Was dazu führte, dass die Sanierung immer mehr in den Hintergrund rückte und der Verkauf der Ostbetriebe beschleunigt wurde.

Birgit Breuel verkündete öffentlich, ‚das erste Motto ist, wir wollen schnell privatisieren, weil wir der Auffassung sind, dass Privatisieren die beste Form der Sanierung ist. Das zweite Motto heißt, entschlossen zu sanieren und das dritte, behutsam stillzulegen'. Bald waren die Jenoptik in Jena, die Ostseewerften und die EKO in Eisenhüttenstadt privatisiert. Doch musste der Treuhandvorstand täglich auch viele unpopuläre Entscheidungen treffen, begleitet von wütenden Protesten demonstrierender Belegschaften vor dem Gebäude des ‚Hauses der Ministerien'. Schnell entwickelte sich die ‚Treuhand' zur ‚bestgehassten' Organisation, auch wenn es gelang, für die meisten der 45.000 Betriebsstätten innerhalb kürzester Zeit eine überlebensfähige Zukunft zu finden. Manche Betriebe wurden von seriösen Käufern erworben und modernisiert. Die Lausitzer Braunkohle AG wurde an ein Konsortium verkauft, das Kalikombinat an die Wintershall AG, die Mitteldeutsche Braunkohlengesellschaft an ein britisch-amerikanisches Konsortium, die Energiekombinate an die Badenwerke, Bewag, EVS, HEW und VEW, die Buna-Werke in Schkopau an Elf Aquitaine und Total sowie Robotron in Dresden an IBM, SAP und Siemens-Nixdorf.

Zahlreiche Betriebe landeten aber auch in den Händen dubioser Geschäftemacher, die oft nur an den Immobilien der übernommenen Betriebe interessiert waren. Begünstigt durch das Umweltrahmengesetz, das die Osteigner von der Haftung für eine Altlastensanierung weitgehend freistellte. Diejenigen Ostmanager, die sich selbst mutig für ein ‚Management-Buy-Out' entschieden, kämpften wegen der geringen Kapitalausstattung ums Überleben. Insbesondere litt dieser Transformationsprozess daran, dass sich die Entscheidungswege der ‚Treuhand' als zu langsam erwiesen, da sie personell schwach aufgestellt war, womit die Mitarbeiter bei der Vielzahl der Anträge hoffnungslos überfordert waren. Erst in der Spätphase der ‚Treuhand' trat allmählich die Sanierung in den Fokus. Aber da war im Grunde genommen der Drops bereits gelutscht.

Eine besonders erstaunliche Treuhandgeschichte betrifft ein kleines Kühlschrankkombinat aus dem Erzgebirge namens ‚VEB dkk Scharfenstein', das sich in ‚Foron' umbenannte. Die Treuhand verweigerte der ‚Foron' liquide Mittel, sodass sie im Juni 1992 vor dem Aus stand. Dem umtriebigen Geschäftsführer des kleinen Kühlschrankherstellers gelang es jedoch, mit seinem neuen FCKW-freien Kühlschrank Greenpeace auf sich aufmerksam zu machen. Greenpeace pumpte daraufhin 26.000 DM in das Unternehmen, das mit diesen geringen Mitteln mit der Produktion umweltfreundlicher Kühlschränke begann. Leider verbunden mit einer von Greenpeace erzwungenen Vertragsklausel, diese Technologie nicht als Patent anmelden zu dürfen. Dank einer von Greenpeace initiierten Werbekampagne gingen bald 65.000 Vorbestellungen ein. Gleichwohl musste Foron bereits drei Jahre später Insolvenz anmelden, denn infolge des mangelnden Patentschutzes konnte sich ‚die Zauberkiste aus dem Osten' nicht gegen die großen Westkonzerne durchsetzen, die schnell die neue Technik kopierten.

Natürlich gab es auch Betrugsfälle innerhalb der ‚Treuhand', die erst nach und nach aufgedeckt wurden. Teilweise bereicherten sich die Treuhandmitarbeiter selbst. Teilweise betrogen windige Geschäftemacher die ‚Treuhand', um sie zu entreichern. Insbesondere wenn ihnen mit dem Kauf der Betriebe von der ‚Treuhand' noch Subventionen versprochen wurden. So etwa der Bremer Vulkan, der Subventionen von mehr als 800 Mio. DM nicht in die Ostwerften, sondern in seine westdeutschen Stammbetriebe umlenkte. In der ‚Leuna-Affäre' flossen Schmiergelder in zweistelliger Millionenhöhe an zwei Elf-Manager. Als besonders kreativ erwies sich auch die SED, die über große Vermögenswerte verfügte, um mit dem ‚Putnik-Deal' in großem Stil das ehemalige SED-Vermögen nach Russland zu transformieren.

Pünktlich zum 31. Dezember 1994 wurde die Treuhandanstalt aufgelöst und trat Frau Breuel wie geplant zurück. Bei fairer Betrachtung über die zur Verfügung stehende Zeit, die knappen finanziellen Ressourcen und die geringe Mitarbeiterzahl der ‚Treuhand' ist zu konstatieren, dass sich die Internationalisierungsvision von Birgit Breuel als tragfähiges Konzept erwies. Auch wenn dadurch industrielle Kerne im Osten verloren gingen und die meisten Ostbetriebe zu ‚verlängerten Werkbanken' internationaler Konzerne mutierten. Soweit die landwirtschaftlichen Betriebe der insgesamt 2,4 Mio. Hektar land- und forstwirtschaftlicher Flächen noch nicht abgewickelt waren, wurden diese Aufgaben auf die neu gegründete ‚Bundesanstalt für vereinigungsbedingte Sonderaufgaben' (BvS) übertragen." „Ich finde, das machst du dir zu einfach. Bis heute diskutieren wir darüber, ob es andere, bessere Wege gegeben hätte, mehr wirtschaftliche Substanz im Osten zu bewahren. Denn für viele folgte auf die Verheißung der Einführung der DM mit ihrer Entlassung in die Arbeitslosigkeit eine tiefgreifende Lebenskrise." „Ich will nur zum Ausdruck bringen, wie gigantisch die Aufgabe war, bei der die Treuhand von der Politik allein gelassen wurde. Stell dir nur einmal vor, heute wären 133 Treuhandmitarbeiter damit konfrontiert, innerhalb kürzester Zeit über die Zukunft von 45.000 Betriebsteilen und den Verkauf von 2,4 Mio. Hektar entscheiden zu müssen. Dann gestündest du mir sicher zu, das wäre unmöglich." „Genau, das geht ja gar nicht bei einer solch kleinen Schar an Mitarbeitern." „Wenn dem so ist, müsste man doch der Fairness halber einräumen, den schwarzen Peter nicht bei der Treuhandanstalt, sondern bei der Politik zu suchen. Denn es war doch Helmut Kohl, der die ‚Treuhand' kaltblütig im Stich ließ. Aber wenn es dich tröstet, die Ostdeutschen waren dank der Wiedervereinigung gleichwohl besser dran als zuvor. Denn trotz des massiven Strukturwandels stieg das Brutto-Inlandsprodukt im Osten bis zum Jahrtausendwechsel mit 8 % fast dreimal so stark wie im Westen." „Vielleicht ist es dieses Missverständnis, das die Jedermanns hüben wie drüben verbitterte, die einen, weil sie unter dem Strukturwandel litten, und die anderen, die ihre finanzielle Beteiligung von Ersteren nicht honoriert sahen." Bernd nickt. „Irgendwie wurde die Situation unter der Oberfläche immer verfahrener.

Damit will ich meine Schilderung zur ‚Kapitalakkumulation 3.0' abschließen. Zum Ende der Epoche hatte sich die Anzahl der Aktiengesellschaften auf rund 5.500 verdoppelt und der Mittelstand prächtig entwickelt. Das reale Bruttoinlandsprodukt (in Preisen von 2005) als Gradmesser unseres Wohlstands war von 314 Milliarden € auf 2.160 Milliarden € geradezu explodiert. Dagegen nahm die Bevölkerung ausschließlich wiedervereinigungsbedingt von 66 Mio. auf 82 Mio. Einwohner zu." „Meine

Güte, das war ja eine umfangreiche Einleitung, mein Lieber. Aber natürlich räume ich gerne ein, die Wirkmächtigkeit des ‚Kapitalismus 3.0' verdrängt zu haben. Ist schon erstaunlich, was da alles auf uns einstürzte." „Sag ich ja", befindet Bernd. „Dann lass uns, mein Lieber, auf die Zeit unserer Jugend mal anstoßen." „Gerne", zeigt sich Bernd erfreut über ihre Reaktion. „Womit ich kurz auf die beiden übrigen Ionen des Zeitgeistes eingehen will.

‚Glücksvis-ion'

Fortsetzen will ich mit der ‚Glücksvis-ion', denn immer mehr verlor die Religion als Ion vergangener Zeiten an Wirkmächtigkeit. Der Protestant Karl Barth fand zwar mit seiner ‚Versöhnungslehre' den Weg zurück zu den Worten Jesu. Nicht mehr wie zu Schleiermachers oder Harnacks Zeiten auf die Innerlichkeit des Glaubens abstellend, sondern wieder mehr auf die wortwörtliche biblische Gotteserkenntnis Wert legend. Womit es zu einer Annäherung der Protestanten mit den Katholiken kam. Dank unserer berufsbedingten Mobilität verwischten unsere Konfessionsgrenzen. Doch taten sich beide Kirchen damit schwer, die Gläubigen wieder an sich zu binden. Erst mit der ‚Friedensbewegung' der Sechzigerjahre im Westen und ‚der Wende' im Osten wurden sie wieder mehr wahrgenommen. Doch beide Bewegungen betrafen nicht mehr die bisher kirchentragenden Konservativen, sondern alternative Gruppen, sodass die innere Entfremdung von der Kirche mit vielen Kirchenaustritten anhielt. Im vorwiegend protestantischen Osten war das noch extremer. Zumal der Staat die Gläubigen systematisch ausgrenzte, um anstelle der Konfirmation die Jugendweihe feierlich zu begehen. Womit den Betroffenen der Eindruck vermittelt werden sollte, neben den Rechten als Heranwachsende auch ihre sozialistischen Pflichten ernst zu nehmen. Bei den Katholiken fußte dieser Trend zudem auf der im Juli 1968 verkündeten Entscheidung Papst Pauls VI, mit der ‚Humanae vitae' jegliche Form künstlicher Empfängnisverhütung zu verbieten. Von vielen als ‚der zweite klerikale Fall Galilei' bezeichnet. Worauf es auf dem Essener Katholikentag zu wütenden Protesten und zu einer inneren Aufkündigung des Gehorsams der jüngeren Generation kam.

Infolge der sich abschwächenden Relig-ion nahm die ‚Ikonisierung' der Welt weiter zu. Nun waren es Schauspieler und Popstars, die angehimmelt wurden. Und natürlich Sportler wie Boris Becker und Franz Beckenbauer, der bald den Spitznamen ‚der Kaiser' weghatte. Auch Che Guevara oder Mao Zedong galten als Idole der rebellierenden Jugend. Zudem begann die ikonisierende Aura der Marken. Als Beispiel sei hier auf das Statussymbol des Mercedes 300 SL Coupé verwiesen, der wegen der hochliegenden Seitenstreben konstruktionsbedingt mit Flügeltüren versehen wurde.

Mit der ‚Ikonisierung' ging die ‚Glücksvis-ion 3.0' einher. Nun ging es nicht mehr wie beim ‚Glück 1.0' um Geldgier oder beim ‚Glück 2.0' um eine übersteigerte Form des Gemeinschaftsgefühls, sondern um den verbissenen geführten Wettbewerb in Bezug auf die Lebenslust, von kulinarischen Genüssen über das Reisen bis hin zum Feiern. Wie auch dem systemübergreifenden Wettbewerb von Kapitalismus und Sozialismus, bis der Kommunismus 1989 kollabierte. Was im Osten mit einer Sinnkrise einherging, die bleischwer auf der kollektiven Glücksentfaltung lastete. Doch auch im Westen, nachdem der vermeintlich ‚undankbare' Osten die Hilfe nicht täglich würdigte. Was die Jedermanns kollektiv unzufriedener machte. Dagegen einte die Jedermanns hüben wie drüben zuletzt der Kampf gegen jegliche Umweltverschmutzung als neue kollektive Sinnsuche.

‚Innovat-ion 3.0'

Was mir nur noch bleibt, ist ein kurzer Einblick in das letzte Ion der ‚Innovat-ion', erneut unterteilt in ‚Konfrontat-ion', ‚Kommunikat-ion', ‚wissenschaftliche ‚Inspirat-ion' und technische ‚Perfekt-ion'. Beginnen will ich mit der ‚Konfrontat-ion'. Mit der Erfindung der Atomwaffe hatte nun endlich die Menschheit ein Mittel in der Hand, um sich selbst zu vernichten. Da wir im Epi-Zentrum einer möglichen Konfrontation von Ost und West saßen, entwickelten wir ein besonderes Feingefühl für das Arsenal der beiden Supermächte, weshalb bei uns anstelle der Begeisterung über neue Waffensysteme immer mehr die Friedensbewegung den Zeitgeist bestimmte." „Ist doch mal was", wirft Claudia ein.

„Damit wechsle ich zur ‚Kommunikat-ion'. Schon zu Beginn der Epoche tauchten neue überregionale ‚Tageszeitungen für Deutschland' auf wie die ‚FAZ', die ‚Welt' und die ‚Süddeutsche Zeitung'. Auch prägten die öffentliche Meinungsbildung Wochenzeitungen wie der ‚Spiegel', ‚die Zeit' und später ‚der Fokus'. Die Presse mutierte zur ‚Vierten Gewalt', die sich dem selbst gebildeten Ethikrat unterwarf, um den Missbrauch von Informationen zu minimieren. Zur schnelleren Kommunikation untereinander erfreuten sich die Jedermanns erst an dem Telegramm und dann am Telefax. Zum Telefonieren nutzte man die grau-, orange- oder grünfarbigen Wählscheibentelefone, bis sich schnurlose Haustelefone mit Tasten durchsetzten. 1985 führte die Post das C-Netz ein, mit dem erstmals Telefone ohne Tragetaschen für die Batterie verwendet werden konnten. 1992 folgte das D-Netz, einen Handyboom auslösend, sodass es zum Epochenende schon 23 Mio. Mobilfunknutzer gab. Auch setzte der Siegeszug des Computers ein. Zunächst mit der Markteinführung des Altair 8800, dessen Selbstbausatz gut 1000 DM kostete. Nachdem Bill Gates 1975 die Programmiersprache BASIC entwickelte, baute Steve Jobs 1976 in einer Garage den ersten Apple-Computer. 1981 erblickte der erste PC das Licht der Welt. Zehn Jahre später erfand

der britische Informatiker Tim Berners-Lee – unter Verzicht auf jegliche Patentrechte – das World-Wide-Web. Lag die Zahl der Commodore, Apple, IBM und HP-Computer Ende 1983 noch bei unter 40.000, so schnellte sie bis zur Jahrtausendwende so in die Höhe, dass sie knapp 50% der Haushalte erreichte."
Claudia knöpft sich unvermittelt den obersten Knopf ihrer Bluse auf. „Du, ist dir auch so heiß?" „Ist gut warm hier, aber vielleicht liegt deine Hitzewallung einfach auch nur an dem von dir selbst verabreichten Kraut." „Ne, ich kann dich klar sehen, kann dich deutlich riechen und vermutlich auch schmecken." Mit diesem Satz ergreift sie seine Hand, um seinen Zeigefinger abzulecken. Was für ihn ein untrügliches Zeichen für die Wirkung der Psychopharmaka ist. „Kein Wunder, dass du an den Ionen kein Interesse mehr hast." Sie starrt ihn an, als ob sie durch ihn durchsehen könnte. Erst jetzt nimmt er wahr, dass er durch ihr leichtes, nur von zwei dünnen Trägern gehaltenes Sommerkleid die Konturen ihres BHs erkennen kann. „Was glotzt du so?", erkundigt sie sich, aus seiner Sicht ein wenig scheinheilig. „Ich habe einfach nur dein Kleid bewundert." Er blickt ihr tief in die Augen, um zu prüfen, ob sich ihre Pupillen weiteten. In der Tat. So weit sogar, als könne er noch tiefer in das dunkle, von Funken nur so sprühende Unbekannte ihres Bewusstseins hinabtauchen.

Dann gibt er sich einen Ruck. „Die wissenschaftliche ‚Inspirat-ion' wurde immer wirkmächtiger. Lass mich mit unseren vierzehn mit einem Nobelpreis ausgezeichneten Physikern beginnen. Rudolf Mößbaur erforschte die rückstoßfreie ‚Kernresonanz-Absorption', Hans Jensen und Maria Göppert-Mayer das ‚Schalenmodell der Atomkerne', Klaus v. Kintzing den quantisierten Hall-Effekt, Georg Binnig das Rastertunnelmikroskop, Ernst Ruska das Elektronenmikroskop, Johannes Bednorz erforschte die ‚Supraleitung in Keramiken', Wolfgang Paul die ‚Paul-Falle', Bernd Dehmelt die ‚Ionenfalle', Horst Störmer die ‚Quantenflüssigkeit mit frei geladenen Anregungen', Herbert Kroemer die ‚Halbleiter-Heterostrukturen', Wolfgang Ketterle das ‚Bose-Einstein-Kondensat', Theodor Hänsch die ‚Entwicklung des Frequenzkamms' und Peter Grünberg den

‚Riesenmagnetwiderstand'." „Du meinst doch nicht im Ernst, dass ich mir diese Namen merken werde, oder?" „Ne, ich wollte sie nur nicht weglassen, weil unsere Wissenschaftler auch mit diesen Entdeckungen unseren Zeitgeist beeinflussten." „Schon gut, mein Lieber, dann mach halt weiter."
„Neun Chemiker gewannen Nobelpreise. Karl Ziegler vertiefte unsere Erkenntnis über Polymere, Manfred Eigen erfand eine Geschwindigkeitsmessung für schnelle chemische Reaktionen, Ernst Fischer entdeckte ‚metallorganische Sandwichkomplexe', Georg Wittig die ‚Wittig-Reaktion', Johann Deisenhofer, Robert Huber und Hartmut Michel die dreidimensionale Struktur der Photosynthese des Purpurbakteriums, Gerhard Ertl die Prozesse auf Festkörper-Oberflächen, Stefan Hall die ‚superauflösende Fluoreszenzmikroskopie' sowie Joachim Frank die ‚Kryo-Elektronenmikroskopie'." „Ich verkneife mir jetzt echt die Frage nach deren Nutzen, sonst sind wir morgen früh noch damit beschäftigt, diesen zu analysieren." „Schade, hätte dir gerne manche Frage beantwortet." „Ne, mein Lieber, das hast du dir so gedacht. Doch darauf falle ich nicht rein."

„Womit ich zu den sieben deutschen Nobelpreisträgern der Medizin überleiten kann. Fedor Lynen entdeckte die ‚Regulierung des Cholesterinstoffwechsels', Karl v. Frisch das Immunsystem, George Köhler ‚monoklonale Antikörper', Erwin Neher die Funktion der Ionenkanäle in den Zellen und Bert Sakmann die Technik zu deren Messung, Christiane Nüsslein-Vollard die genetische Kontrolle in der Embryonalentwicklung und Harald zur Hausen den humanen ‚Papillomvirus'. Unser wirtschaftswissenschaftlicher Nobelpreisträger Reinhard Selten erfand das ‚teilspiel-perfekte Gleichgewicht' für die zunehmend in der Volkswirtschaftslehre an Bedeutung gewinnende Spieltheorie.

Natürlich gab es auch viele andere kreativ herausragende Köpfe. Der Herzchirurg Ernst Derra wagte die erste Herzoperation am offenen Herzen, kurz darauf begann Rudolf Pichlmayr seine Transplantationsmedizin. Paul Crutzen fand das Ozonloch, Manfred Eigen ein Messverfahren für Reaktionszeiten, Alfred Butenandt die Isolierung von Insektenhormonen, Günther Wilke

entwickelte das glasfaserverstärkte Vestamid, Hans Herbert Brintziger und Herbert Wild die Polyofintechnologie für CVDs und CDs und Robert Huber photosynthetische Reaktionszentren. Unser erster Kosmonaut hieß Sigmund Jähn, um zunächst 1978 und dann noch einmal 1983 mit russischen Trägerraketen ins All zu fliegen. Ab 1992 folgten ihm im Westen unsere Astronauten Ulf Merbold, Reinhard Furrer, Ernst Messerschmid, Klaus Flade, Hans Schleger, Ulrich Walter, Reinhold Ewald und Thomas Reiter ins All, die letzten dort gleich ein halbes Jahr verbringend, um wissenschaftliche Experimente durchzuführen.
Beenden will ich die Innovationsgeschichte mit der technischen ‚Perfekt-ion'. Artur Fischer erfand den Dübel, der seither aus unserer Werkstatt nicht mehr wegzudenken ist, und Jürgen Dethloff die Mikroprozessorkarte sowie später zusammen mit Helmut Gröttrap die Chipkarte. Rudolf Hell war der Erfinder des digital erzeugten Fotosatzes und damit des Scanners. Der Formel 1 Rennsport inspirierte Tüftler wie ABT Tuning, ihn auf getunten Serienfahrzeugen auf die Straße zu verlagern. Marga Faulstich erfand 1973 optische Gläser, womit die Brillengläser selbst für extrem Kurzsichtige sehr dünn wurden." „Stopp. Mir reicht es." „O. k., war ohnehin am Ende meiner Aufzählung angelangt."
„Hatten denn wenigstens die Ionen, was ich beim letzten Mal herausarbeitete, auch Auswirkungen auf unsere Sprache?", will sie wissen. „Hier setzte sich der Trend zu einer immer schlichteren, von Anglizismen durchsetzten Sprache fort. Denn wir gewöhnten uns an ein noch schnelleres schriftliches Kommunizieren, geprägt zunächst vom Fax. Um dann bei der E-Mail jegliche Formulierungskünste zugunsten der Schnelligkeit aufzugeben." „Meinst du, das geht noch weiter so?" „Diese Frage kannst du das nächste Mal selbst beantworten. Aber ich fürchte, ja." Claudia verzieht ihr Gesicht. „Zudem änderten die Innovationen unser Sexualverhalten. Denn mit der Erfindung der Pille, die sich nun jeder leisten konnte, änderte sich beginnend mit den Achtundsechzigern auch der ungehemmte Sex. Warte mal, hierzu muss ich unbedingt das Gedicht von Ingo Insterburg zitieren: ‚Winter will es werden, die Winterszeit ist nett./Besonders

ist man glücklich dann, wenn auch ein Weib im Bett./Das Weib, das hält das Bettchen warm und zeigt mit gutem Willen,/dass es sich auch zur Winterzeit hat eingedeckt mit Pillen./So liegen wir im Daunenbett und lassen den Winter walten,/der Papst und die Enzyklika, die schlafen jetzt im Kalten.‘" „Haa, haa, haa", ist ihre trockene Antwort. „Erst als 1983 die Jedermanns vom schrecklichen HIV-Virus erfuhren, nahm der ungehemmte Sexualverkehr wieder deutlich ab." „Schade eigentlich", befindet sie. Bernd bemerkt links und rechts neben ihren Trägern kleine Schweißperlen.

Kann es sein, dass auch er sie nun intensiver wahrnimmt? Scheint sich nicht sogar der Raum zu krümmen, so wie Einstein vorhergesagt hatte? Selbst das Weinglas erscheint ihm nun plastischer als sonst, eine ungeheure Tiefenwirkung entfaltend. Sie sitzt ihm schweigend gegenüber, ihn fokussiert beobachtend. Ganz offensichtlich ebenso damit beschäftigt, ihre Umgebung vor dem Hintergrund der Bewusstseinsverschiebungen neu zu ergründen. Sie berührt seinen Arm, was in ihm eine wahre Euphorik auslöst. Sie sind eine ganze Weile mit sich selbst beschäftigt, jeder darauf konzentriert, sich keinen der neuen Eindrücke entgehen lassen zu wollen.

Dann erscheint der Kellner mit der Vorspeise. Womit urplötzlich das Geheimnisvolle des Moments wie eine Seifenblase zerplatzt. Nach der ausgezeichneten Suppe befindet er: „Na, dann kann ich ja mal loslegen." „Wollen wir das heute wirklich noch durchziehen?" „Na klar."

Bernds Vortrag zur Epoche unserer Europäisierung (1950–2000)

Ich entschied mich, die vor uns liegende Zeit als die ‚Epoche unserer Europäisierung' zu bezeichnen, die wir von 1950 bis 2000 schrittweise durchlebten, unterbrochen durch die merkwürdige Zäsur der achtundsechziger Zeit nach rund 2/5 der Epoche.

Beginnen will ich mit einem Zitat Adenauers kurz vor Jahresbeginn 1950, ‚ehe es nicht gelingt, den Treibsand der Millionen Flüchtlinge durch ausreichenden Wohnungsbau und Schaffung entsprechender Arbeitsmöglichkeiten in festen Grund zu verwandeln, ist eine stabile innere Ordnung in Deutschland nicht gewährleistet'." „Guter Spruch", befindet Claudia. „Warte mal. Der geht noch mit den Worten weiter, ‚ich glaube aber schon heute zu der Auffassung berechtigt zu sein, dass das Vertriebenenproblem nicht allein ein nationales, sondern ein internationales Problem ist. Wenn wir zurückfinden zu den Quellen unserer europäischen Kultur, muss es uns gelingen, die Einheit des europäischen Lebens auf allen Gebieten wiederherzustellen'." „Das hat Adenauer wirklich gesagt?", will Claudia erstaunt wissen. „Genau. Exakt fünfzig Jahre später verblüffte übrigens unser grüner Außenminister Joschka Fischer in der Berliner Humboldt-Universität seine Zuhörer mit seiner Vision der ‚vollen Parlamentarisierung' der Europäischen Föderation. Diese beiden Zitate stehen für mich für den Anfangs- und Endpunkt unserer immer voranschreitenden ‚Europäisierung'." „Kann ich nachvollziehen."

Montag der ‚Ära des Frühmoderne' (1950-1963)

„Der westliche Montagmorgen der Frühmoderne steht für die von 1950 bis 1955 andauernde Periode unserer ‚politischen Emanzipation', um sodann von 1956 bis 1963 von unserer ‚Wirtschaftswunderzeit' abgelöst zu werden. Im Westen schaffte 1950 Adenauer die letzten Lebensmittelkarten ab, während die Ehefrau des Bundespräsidenten Elly Heuss-Knopp den Müttergenesungs-Verein gründete. Der Politik ging es um die Umsetzung des Experiments der ‚Sozialen Marktwirtschaft', mit der der Kanzler hoffte, soziale Verwerfungen wie in der Weimarer Republik zu vermeiden. Adenauer forderte zudem ein starkes Europa. Die Antwort aus Paris ließ nicht lange auf sich warten. Im Mai 1950 kündigte der französische Außenminister Schumann die Gründung einer europäischen Behörde für die Kohle- und Stahlproduktion an, um beide Schlüsselindustrien gemeinschaftlich von einer ‚Hohen Behörde' verwalten zu lassen. Was nichts anderes bedeutete als die langfristige Koordinierung deutsch-französischer Wirtschaftsinteressen. Diese Idee entpuppte sich als Nukleus der ‚Europäischen Union'. Ein Vorschlag übrigens, dem sich die Benelux-Staaten ebenso wie Italien gerne anschlossen. 1951 wurde die ‚Europäische Gemeinschaft für Kohle und Stahl' ins Leben gerufen. Allmählich kam die Wirtschaft in Fahrt. Das veranlasste eine halbe Million Ostdeutsche, von 1951 bis 1953 die rund 400 km lange ‚Demarkationslinie' der von Niedersachsen über Hessen bis nach Bayern verlaufenden innerdeutschen Grenze zu passieren, um der DDR als Wirtschaftsflüchtlinge den Rücken zu kehren. Einen kontinuierlichen Strom auslösend, der bis zum Ende der DDR auf 4 Mio. Menschen anschwoll. Die flüchtenden Ostdeutschen verbrachten übrigens ihre ersten Tage in westdeutschen Notaufnahmelagern wie Marienfelde, Uelzen oder Friedland. 1951 fand die erste Bundesgartenschau in Hannover und die erste ‚Berlinale' in der Frontstadt Berlin statt, organisiert von den amerikanischen Verantwortlichen, um den amerikanischen ‚Glamour' in die geteilte Stadt zu exportieren. Worauf im Osten als Gegenveranstaltung das ‚Festival des volksdemokratischen Films' ins Leben gerufen wurde.

Unser Kanzler Adenauer wagte im September 1952 mit dem ‚Luxemburger Abkommen' die Annäherung mit Israel, mit dem er als Zeichen unserer Wiedergutmachungsabsicht eine finanzielle Unterstützung von 0,5 Milliarden DM an die ‚Jewish-Claims-Conference' und weiteren 3,5 Milliarden DM an Israel versprach. Baden-Württemberg wurde zum neuen Südweststaat fusioniert. Wenig später trat das Saarland nach einer Volksabstimmung der Bundesrepublik bei.

Doch im Mittelpunkt der öffentlichen Diskussionen stand jene, die Jedermanns spaltende Frage der deutschen Wiederaufrüstung. Stalin ließ Adenauer mit seiner ‚Stalin-Note' im März 1952 wissen, mit einer Wiedervereinigung Deutschlands gegen die Zusage einer dauerhaften deutschen Neutralität einverstanden zu sein. Der Kanzler sah in dieser Note ‚nichts als einen Fetzen Papier', von der Täuschungsabsicht Stalins zutiefst überzeugt. Immer lauter forderte der in den Korea-Krieg verwickelte amerikanische Präsident Truman wie auch der englische Premierminister Churchill eine deutsche Beteiligung an der Verteidigung Westeuropas. Kanzler Adenauer ließ anklingen, er sei hierzu bereit, wenn Deutschland wieder die volle Souveränität zugestanden bekäme. Das behagte insbesondere der französischen Regierung nicht, die als Antwort hierauf die Gründung einer gemeinsamen ‚Europäischen Verteidigungsgemeinschaft' vorschlug. Diese beschloss der Bundestag im März 1953 nach einer hitzigen Debatte denkbar knapp. Um dann erstaunt festzustellen, dass ausgerechnet die französische Nationalversammlung ein Jahr später deren Ratifizierung ablehnte. Daraufhin boten die USA Westdeutschland an, der NATO beizutreten, was heftige Proteste des Deutschen Gewerkschaftsbundes (DGB), der Kirchen und vieler Intellektueller auslöste, die eine Aufrüstung nur zehn Jahre nach Kriegsende kategorisch ablehnten. Adenauer versuchte, mit dem Konzept des ‚Staatsbürgers in Uniform' deren Argumente zu entkräften.

Im Oktober 1954 unterzeichnete Adenauer mit den drei Westalliierten, Italien und Benelux die ‚Pariser Verträge', mit denen unsere westlichen Nachbarn die Wiedereinführung der Streitkräfte besiegelten und uns wieder – abgesehen von einigen alliierten Vorbehaltsrechten für Berlin und der die ganz Deutschland betreffenden Friedensfrage – unsere Souveränität zugestanden. Die Diskussionen um die Ratifizierung der ‚Pariser Verträge' sollte zu einer der hitzigsten Debatten des Bundestags führen, nachdem Adenauer die Stationierung alliierter atomarer Waffen auf deutschem Boden ankündigte. Emotional aufgeheizt, unterbrochen von zahlreichen ‚Pfui-Rufen' und ‚Pult-Geklapper' diskutierten die Abgeordneten bis kurz nach Mitternacht. Bis der SPD-Politiker Heinemann ruhigere Töne anschlug, es sei ‚die historische Schuld der CDU', infolge des konsequenten Westkurses gleich mehrere Chancen der Wiedervereinigung verpasst zu haben. Es gälte die Erkenntnis, ‚dass Christus nicht gegen Karl Marx gestorben sei, sondern für uns alle'. Man hätte eine Stecknadel fallen hören können, als Heinemann Adenauers Rücktritt forderte. Die Verträge wurden gleichwohl mit knapper Mehrheit ratifiziert. Worauf sie im Mai 1955 in Kraft traten und die Wehrverwaltung im gleichen Monat eingeführt wurde. Adenauer hatte es damit geschafft, dass wir infolge seiner konsequenten Westorientierung wieder in den Kreis der Völker aufgenommen wurden.

Es war die Zeit, in der das Ruhrgebiet dank der Maloche der Stahlarbeiter und Bergleute aufblühte, die keiner so beeindruckend mit seinen Schwarzweißbildern fotografierte wie Herbert List. Es war auch die Zeit des politischen Kabaretts. Werner Finks Stuttgarter ‚Mausefalle', Rolf Ulrichs Westberliner ‚Stachelschweine' und mit Kay und Lore Lorenz' Düsseldorfer ‚Kom(m)ödchen' waren ständig ausverkauft. Die Eiskunstläufer Marika Kilius und Hans-Jürgen Bäumler feierten große Erfolge. Auch wurde der Fußball zur ‚wichtigsten Nebensache der Welt'. 1954 schrieb der Fußballreporter Herbert Zimmermann mit seiner dramatischen Reportage des Berner Endspiels Deutschland-Ungarn während der Fußballweltmeisterschaft Radiogeschichte. Am gleichen Tag gewannen im Autorennsport erstmals die beiden Mercedes Silberpfeile. Mit beiden Ereignissen wich erstmals die Scham der Jedermanns, deutsch zu sein.

Schon seit 1950 durften die Jedermanns wieder ins Ausland reisen, was sie fortan gerne taten. Ja, sie mutierten geradezu zu ‚Reiseweltmeistern', um jenseits der Nord- und Ostseeküste und den deutschen Alpen die Mittelmeerregion für sich zu entdecken, getreu des von Catharina Valente gesungenen Liedes ‚Komm ein bisschen mit nach Italien'. ‚Dr. Tigges' und ‚Hapag' priesen vorwiegend italienische Ziele an, während sich ‚Scharnow-Reisen' und ‚Touropa' auf Mallorca fokussierten. Die Jedermanns entwickelten sich zunächst zu begeisterten Motorrad- und sodann Autofahrern, um sich über fehlende Parkplätze in den Innenstädten zu ärgern. Bis 1954 die erste Kienzle-Parkuhr aufgestellt wurde, der bald viele folgten. Um als ‚Groschengrab' verflucht zu werden. Es war auch die Zeit, in der die Autofahrer erstmals mit der von Telefunken entwickelten Radarfalle bei Geschwindigkeitsüberschreitungen konfrontiert wurden.

Der östliche Montagmorgen war anders als im Westen weiter von Lebensmittelkarten geprägt. Die DDR-Regierung war davon überzeugt, mit dem ‚Staatsmonopol-Kapitalismus' von Industrie, Landwirtschaft und Handel einen für die Jedermanns überzeugenderen Weg zum Glück gefunden zu haben. Als starker Mann der DDR prägte der Generalsekretär des SED-Zentralkomitees Walter Ulbrich das politische Geschehen, der zugleich den Vorsitz im Staatsrat innehatte. Er befand, die Kommunisten seien ebenso wie die Juden von den Nationalsozialisten verfolgt worden, worauf er keinen Grund zur Aussöhnungspolitik mit Israel sah. Auch die DDR war weit davon entfernt, ein souveräner Staat zu sein, von den Entscheidungen Moskaus abhängend. Im Juni 1950 kündigte Walter Ulbricht an, jeder habe die russische Sprache und die politischen Grundlagen des Marxismus-Leninismus zu erlernen, der vor allem eines lehre, ‚die Partei hat immer recht'. Auch im Osten blühten die Kabaretts wie die Ostberliner ‚Distel', Conrad Reinholds ‚Leipziger Pfeffermühle' und Manfred Schuberts Dresdner ‚Herkuleskeule', um behutsam wie pointiert das DDR-Regime auf die Schippe zu nehmen. Die DDR-Spitze gründete 1950 das Ministerium für Staatssicherheit mit dem traurigen Ziel, fortan ihre Staatsbürger bespitzeln zu wollen. Im Oktober 1950 fanden die ersten Wahlen zur Volkskammer statt, begleitet vom staatlich gelenkten Presseorgan ‚Neues Deutschland'.

Die ostdeutsche Politik entschloss sich zum Bau des ‚antisozialistischen Schutzwalls', nachdem immer mehr über die deutsch-deutsche Demarkationslinie flohen. So begann man, mit Stacheldraht, Grenzstreifen und abgesperrtem Hinterland die Grenze unpassierbar zu machen. 1952 folgte der Beschluss, die bisherigen fünf Länder in 14 Bezirke umzuwandeln und gleichzeitig die Selbstverwaltung der Gemeinden abzuschaffen. Die wirtschaftliche Leistung stieg nur langsam. Als der Staatsratsvorsitzende Walter Ulbricht zur Sanierung des Staatshaushaltes höhere Lebensmittelpreise und ‚Arbeitsnormen' in Form längerer

Arbeitszeiten verkündete, brodelte die Volksseele. Worauf sich Ulbricht zwar zur Senkung der Lebensmittelpreise, nicht aber zur Rücknahme der Arbeitsnormen veranlasst sah. Was am 17. Juni 1953 einen Protestzug vor das Haus der Ministerien auslöste. Erst skandierten die Demonstranten, ‚es hat keinen Zweck,/ der Spitzbart muss weg' und ‚Spitzbart, Bauch und Brille/sind nicht des Volkes Wille', dann wurden die Scheiben des ‚Hauses der Ministerien' eingeworfen.

Aus Angst vor den versammelten 500.000 Demonstranten rief die SED-Spitze die russischen Besatzer um Hilfe. Worauf russische Panzer Seite an Seite mit der Volkspolizei die Demonstration gewaltsam auflösten. 50 Menschen starben, 15.000 wurden verhaftet. Zudem wurden 20 Volkspolizisten und 40 russische Soldaten wegen Befehlsverweigerung standrechtlich erschossen. Ein Ereignis, das selbst den sozialistischen Intellektuellen Bert Brecht desillusionierte. Um zu Papier zu bringen, ‚nach dem Aufstand des 17. Juni/ließ der Sekretär des Schriftstellerverbands/in der Stalinallee Flugblätter verteilen./Auf denen zu lesen war, dass das Volk/das Vertrauen der Regierung verscherzt habe/und es nur durch doppelte Arbeit/zurückerobern könne. Wäre es da/nicht doch einfacher, die Regierung/löste das Volk auf und/wählte ein anderes'? Um solche Demonstrationen fortan bereits im Ansatz zu unterbinden, entschloss sich die DDR-Regierung, ‚inoffizielle Stasi-Mitarbeiter' (IM) anzuwerben, die die Hauptamtlichen unterstützen sollten. Während die westdeutsche Regierung beschloss, den 17. Juni als Tag der deutschen Einheit zum Feiertag zu erklären.

Die Wiederbewaffnung wurde auch im Osten thematisiert. Die kasernierte Volkspolizei (Vopo) wurde in die neu gegründete Nationale Volksarmee überführt, die im Mai 1955 dem ‚Warschauer Pakt' als Widerpart der NATO beitrat. Wir lagen damit im Epizentrum des ‚Kalten Krieges', der von einer allgemeinen Aufrüstungsspirale gekennzeichnet war.

Nun wurden Massenchor-Singfeste und Arbeiterfestspiele modern, während in Schulen und Kindergärten ‚der kleine Trompeter' gesungen wurde, ‚von allen Kameraden war keiner so frohgemut,/wie unser kleiner Trompeter, ein lustiges Rotgardistenblut'. Um nicht von der Partei vereinnahmt zu werden, zogen sich immer mehr Jedermanns ins Private zurück. Sich an ihren ‚Datschen' am Wochenende erfreuend. Nur in der Emanzipation war man fortschrittlicher als im Westen. Bereits im September 1950 verabschiedete die Volkskammer ein Gesetz zur weitgehenden gleichberechtigten Stellung der Frauen.

Der Montagnachmittag begann im Westen im Mai 1955 mit dem Inkrafttreten der ‚Pariser Verträge'. Unser Kanzler verfügte nicht nur die Einführung der Bundeswehr, sondern sorgte zudem mit dem ‚Truppenstationierungsvertrag' dafür, dass die Westalliierten als befreundete Truppen weiter in unserem Land blieben. Die Verkündung des Bundestagspräsidenten, dass damit ‚die Bundesrepublik souverän' werde, veranlasste die Opposition nicht dazu, ihren Vorbehalt zur Wiederaufrüstung aufzugeben. Sie sah weiter mit gemischten Gefühlen, wie im November 1955 die ersten Freiwilligen vereidigt und im Jahr 1956 die allgemeine Wehrpflicht eingeführt wurden.

Derweil erlebte das Land einen rasanten Wirtschaftsaufschwung, den die Jedermanns bald als ‚Wirtschaftswunder' bezeichneten. Längst herrschte Vollbeschäftigung. Die Beschäftigten konnten gar nicht so viel produzieren, wie gekauft wurde. Motorroller, Kühlschränke, Geschirrspüler, Fernsehgeräte, Musiktruhen und der VW-Käfer liefen und liefen und liefen vom Band. Um mit der Nachfrage Schritt halten zu können, schloss die Bundesregierung 1955 auf Drängen der Industrie mit Rom ein erstes ‚Anwerbeabkommen für Gastarbeiter', dem 1960 weitere Abkommen mit Spanien und Griechenland und 1961 mit der Türkei folgten. Unser Bruttoinlandsprodukt stieg binnen weniger Jahre um das Vierfache.

Kanzler Adenauer entschloss sich 1957, angesichts des wirtschaftlichen Aufschwungs eine dynamische Rente für jedermann einzuführen. Diese wurde über Umlagen finanziert, um die Rentner kontinuierlich von der Lohnentwicklung profitieren zu lassen. Was für die meisten im ersten Jahr mit einem Einkommenszuwachs von 50 % verbunden war. Man erfreute sich zudem am sozialen Wohnungsbau mit jährlich 500.000 Wohnungen, ausgestattet nicht mehr mit Kohle-, sondern mit einfach zu handhabenden Öl- oder Gasheizungen. Die Heimatvertriebenen erhielten einen gesetzlichen ‚Lastenausgleich' für die Last des Heimatverlustes im Osten, der über Zwangsabgaben westlicher Immobilienbesitzer finanziert wurde. Damit ging es für alle bergauf, auch wenn manche befanden, dass mit dem Aufschwung ein immer größerer ‚Kaufzwang' einherging. Den seither bekannten Automatismus des ‚immer mehr, immer weiter, immer schneller' anheizend.

Der Staat nahm so viele Steuergelder ein, dass er kräftige Überschüsse erwirtschaftete und Finanzminister Fritz Schaeffer Milliarden als Finanzreserve aufbauen konnte. Diese bezeichnete man bald als ‚Juliusturm', benannt nach dem früheren Aufbewahrungsort der reparationsbedingten Goldbestände, die von den Franzosen nach den Einigungskriegen bezahlt wurden. Doch diese Idee erwies sich als nicht nachhaltig. Schnell entwickelte die Politik Begehrlichkeiten, so dass der ‚Juliusturm' bereits 1959 von einem ‚Kuchenausschuss' für allen möglichen Krimskrams verfrühstückt wurde.

Kanzler Adenauer trat außenpolitisch selbstbewusst mit der von seinem Staatssekretär im Auswärtigen Amt entwickelten ‚Hallstein-Doktrin' auf. Mit ihr beanspruchte Westdeutschland den alleinigen diplomatischen Vertretungsanspruch für ganz Deutschland. Jede Aufnahme diplomatischer Beziehungen eines Drittstaates mit der DDR wurde von der BRD als ein politisch ‚unfreundlicher Akt' erachtet, was dazu führte, dass die BRD bei diesen Ländern ihrerseits auf eine diplomatische Vertretung verzichtete. Adenauer reiste im September 1955 nach Moskau, um sich für die Freilassung der immer noch internierten Deutschen in Russland einzusetzen. Er bot Russland eine Ausnahmeregelung zur ‚Hallstein-Doktrin' an, wenn Russland im Gegenzug die in Sibirien dahinvegetierenden 10.000 Kriegsgefangenen und 20.000 Zivilinternierten freiließe. Der russische Staatsratsvorsitzende verweigerte zwar eine Verschriftlichung dieses Junktims, sicherte aber Adenauer mündlich zu, auf diesen Vorschlag einzugehen. Die russische Regierung hielt Wort, worauf die Heimkehrer bei uns frenetisch begrüßt wurden.

1957 folgte in Rom die Unterzeichnung der ‚Europäischen Wirtschaftsgemeinschaft'. Ein Vertrag, mit dem sich die sechs europäischen Staaten innerhalb ihrer Staatsgebiete, die sich nahezu mit dem einstigen Reich Karls des Großen deckten, auf den Abbau der Zollschranken, die Freizügigkeit für Arbeitnehmer, die Niederlassungsfreiheit für Unternehmer und eine Harmonisierung der Landwirtschafts-, Wirtschafts- und Kartellpolitik verständigten.

Innenpolitisch folgte 1958 das Gesetz zur Gleichberechtigung. Mit diesem wurde erst der ‚Gehorsamsparagraph' des bisherigen Letztentscheidungsrechts des Ehemanns gestrichen. Auch löste die ‚Zugewinngemeinschaft' die bisherige Nutzverwaltung als gesetzlicher Güterstand ab. Zudem wurde das Recht des Ehemanns abgeschafft, jedes Dienstverhältnis seiner Frau selbst ohne deren Zustimmung kündigen zu dürfen. In Folge dieser Neuerungen gelang es in Lübeck Elisabeth Haseloff, zur ersten protestantischen Pastorin berufen zu werden. 1959 löste der CDU-Politiker Heinrich Lübke den bisherigen Bundespräsidenten Theodor Heuß ab. Immer deutlicher wurde, dass das westliche dem östlichen System wirtschaftlich überlegen war. Dies ging an der SPD nicht spurlos vorüber, die sich im November 1959 auf ihrem ‚Godesberger Parteitag' zu einer dramatischen Abkehr ihres bisherigen sozialistischen Kurses entschloss, um sich fortan auch zur ‚Sozialen Marktwirtschaft' zu bekennen. Damit gewann sie neue Wählerschichten, sodass sie bei der Bundestagswahl 1961 um mehr als 4%-Punkte zulegte, während die CDU viele Wählerstimmen verlor. Kanzler Adenauer musste in den Koalitionsverhandlungen der FDP zusichern, rechtzeitig vor der nächsten Wahl als Kanzler zurückzutreten.

In 1961 ereignete sich ein ganz besonderes Wirtschaftsdrama. Der mehr als 20.000 Mitarbeiter beschäftigende Bremer Autohersteller Borgward geriet in eine finanzielle Schieflage, ausgelöst durch die mangelnde Regenfestigkeit des neuen Modells ‚Lloyd Arabella'. Der Bremer Senat zog daraufhin seine Kredite zurück und stellte Carl Borgward vor die Alternative, entweder sein Unternehmen auf das Land Bremen zu übereignen oder Konkurs anzumelden. Nach 13-stündigen Verhandlungen gab Borgward nach, der den Konzern der Hansestadt übertrug, die sich als unfähig erweisen sollte, indem sie zunächst den BMW-Aufsichtsratsvorsitzenden Semler zum Borgward-Aufsichtsratsvorsitzenden berief. Was sich als verhängnisvoller Fehler erwies, denn der zog die Bremer Ingenieure zu BMW nach München ab und kümmerte sich nicht um die Verbesserung der qualitativen Mängel des Arabella. Worauf noch im gleichen Jahr Borgward Konkurs anmeldete. So musste Carl Borgward zusehen, wie sein Unternehmen abgewickelt wurde und sich dabei herausstellte, dass nicht nur jeder Gläubiger vollumfänglich seine Forderungen ausgezahlt bekam, sondern zudem noch Geld übrig blieb. Was nützte die nachträgliche Genugtuung, denn die Arbeitsplätze waren damit ebenso unwiderruflich verloren wie auch Borgward enteignet.

Das Jahr 1962 stand im Rampenlicht des ‚deutsch-französischen Freundschaftsabkommens'. Der französische Präsident de Gaulles verkündete bei seinem Staatsbesuch in fließendem Deutsch, ‚übervoll ist mein Herz und dankbar ist mein Gemüt'. ‚Dem habe ich nichts hinzuzufügen', war die karge Antwort unseres verdutzten Kanzlers Adenauer. Aus ‚Erbfeinden' waren Freunde geworden, was sich nach unserer so langen leidvollen und konfliktreichen Geschichte als eine zivilisatorische Leistung der beiden Politiker de Gaulles und Adenauer erwies. Man vereinbarte Städtepartnerschaften und einen regelmäßigen Schüleraustausch. 1962 wurde der Deutschlandfunk gegründet. Dann blickten die Augen der Jedermanns hoffnungsvoll nach Paris, wo sich die beiden führenden Nationen USA und Russland zu einem Gipfeltreffen vereinbarten, um insbesondere die Berlinfrage erörtern zu wollen. Doch dieses wurde in letzter Minute von Russland abgesagt, nachdem das amerikanische Spionageflugzeug ‚U2' tief in den russischen Luftraum eingedrungen und dort abgeschossen wurde.

Innenpolitisch beschäftigte die Jedermanns die Spiegelaffäre. Auslöser war die Schlagzeile des Nachrichtenmagazins ‚bedingt wehrbereit', um über aufbrechende Meinungsdifferenzen amerikanischer wie deutscher Generäle bezüglich des Einsatzes atomarer Waffen während eines gemeinsamen NATO-Manövers zu berichten. Denn infolge der amerikanischen Strategie wäre Deutschland unbewohnbar geworden. Die Redaktionsräume des Spiegels wurden auf Veranlassung des Verteidigungsministers Franz-Joseph Strauß ohne Kenntnis des FDP-Justizministers durchsucht und der Spiegel-Herausgeber Augstein wegen Verrats von Staatsgeheimnissen verhaftet. Dieser Vorwurf erwies sich gerichtlich als nicht haltbar. Auch fühlte sich die FDP wegen des Übergehens des Justizministers düpiert. Alle fünf FDP-Minister traten aus Protest über das Verhalten des Verteidigungsministers Strauß zurück, worauf der seinen Hut nehmen musste, um sich bald als Bayerischer Ministerpräsident bei der Industrialisierung des Agrarlandes einen guten Ruf zu erarbeiten.

1963 kam es vor dem Landgericht Frankfurt auf Initiative des Hessischen Generalstaatsanwalts Fritz Bauer zum ‚Auschwitz-Prozess' gegen achtzehn ehemalige Auschwitz-Wachmänner, die bisher unbehelligt lebten. Erstmalig erfuhr die breite Öffentlichkeit über die Gräueltaten des Holocausts. Dann beschäftigte sich die öffentliche Meinung mit der ‚Fischer-Kontroverse', die die bequeme Kausalität durchbrach, Deutschland habe den Ersten Weltkrieg nicht verschuldet, sondern sei vielmehr Opfer der Fesseln des ‚Versailler Diktats' geworden, aus denen man sich mit der Wahl der NSDAP habe befreien müssen. Doch nun stellte der renommierte Historiker Fischer in seinem Buch ‚Griff nach der Weltmacht' die begründete These auf, das Deutsche Reich trage sehr wohl eine spezielle Schuld am Ersten Weltkrieg. Was eine heftige öffentliche Kontroverse um die ‚Kriegsschuldfrage' zum Ersten Weltkrieg auslöste, die die Jedermanns fortan spaltete.

Einig waren sich die Jedermanns hingegen, dem jungen amerikanischen Präsidenten Kennedy im Juni 1963 in Berlin zuzujubeln. Der ihnen vor laufender Kamera zurief, ‚alle freien Menschen, wo immer sie leben mögen, sind Bürger Berlins und deshalb bin ich als freier Mann stolz darauf, sagen zu dürfen, ich bin ein Berliner'! Die Begeisterung schien nicht abebben zu wollen. Im Herbst 1963 trat der inzwischen 87-jährige Kanzler Konrad Adenauer als Kanzler zurück, mit einer ‚Standing Ovation' der Abgeordneten aller Parteien für seine Lebensleistung geehrt, mit der er während seiner Amtszeit, die länger dauerte als die gesamte Weimarer Republik, den Westdeutschen zu Wohlstand und Freiheit verholfen hatte.

Der östliche Montagnachmittag stand im Zeichen wirtschaftlicher Erfolge. Nun erst wurden die Lebensmittelkarten abgeschafft. Die Jedermanns profitierten von russischen Finanzhilfen in Form des Verzichts auf weitere Reparationen und der Rückübertragung der sowjetischen Aktiengesellschaften, die in ‚Volkseigene Betriebe' (VEBs) umgewandelt wurden. Wo immer es an Produkten mangelte, entwickelten die Jedermanns die besondere Fähigkeit des ‚Organisierens'. Eine Art Volkssport, um sich in der Findigkeit der Materialbeschaffung zu messen. Dazu trug sicher auch eine entspanntere Arbeitswelt als im – auf Akkord ausgerichteten – Westen bei. Insofern hatten die Jedermanns mehr Muße für das tägliche Schlange-Stehen, um sich in dieser schaufensterlosen Zeit von den immer wieder wechselnden Angeboten der nur begrenzten Produktauswahl überraschen zu lassen.

Nur in der Hauptstadt gab es für die DDR-Bewohner noch die Möglichkeit, mit der U-Bahn in das ‚Schaufenster des Westens' nach Westberlin zu fahren. Da viele dieses Schlupfloch ausnutzten, um über die Westberliner Flughäfen Tempelhof und Tegel in den Westen zu fliehen, und Oppositionelle immer mehr schikaniert wurden, verschärfte sich der Wunsch vieler, es ihnen gleichzutun. Vor allem diejenigen planten die Flucht in den Westen, die von der Polizei gezwungen wurden, sich zur ‚Sozialisierung ihres Privatlebens' nicht weiter als 100 Kilometer von ihrem Wohnort zu entfernen. Auch setzte die SED-Führung alles daran, dass die von westdeutschen Verwandten versandten Westpakete nicht ihre ostdeutschen Adressaten erreichten. Mehr als 65.000 Postpakete wurden zurückgehalten, was den Drang zur Flucht in den Westen weiter anheizte. So sah sich die DDR-Führung schließlich im Sommer 1961 zum Handeln veranlasst. Zunächst täuschte Ulbricht am 15. Juni 1961 noch die Öffentlichkeit, ‚niemand hat die Absicht, eine Mauer zu bauen'. Doch schon acht Wochen später war es am 13. August 1961 so weit. Rund um Westberlin ließ die DDR eine Mauer erbauen. Das sicher berühmteste Foto dieses Tages zeigt den 19-jährigen Conrad Schumann, der als Grenzsoldat – seine Waffe zur Seite fallen lassend – mit einem beherzten Satz über den ausgerollten Stacheldraht in den Westen sprang. Er sollte der Erste der mehr als 2.400 Grenzpolizisten sein, die bis zum Mauerabriss in den Westen flohen. Doch es gab leider auch verdammt viele traurige Bilder von an der Mauer verblutenden Flüchtigen. Etwa von Bernd Lünser, der vom Dach eines Hauses an der Bernauer Straße einigen versammelten Westberlinern zurief, ‚Helft mir!'. Um dann, als die Grenzsoldaten hinter ihm auftauchten, in den Westen zu springen und – nur um wenige Meter – das ausbreitete Sprungtuch zu verfehlen. Oder ein paar Tage später ein Flüchtling, der die Spree durchschwamm, um beglückt im Westen an der dortigen Kaimauer die Leiter der Spundwand hinaufzuklettern, bis er völkerrechtswidrig von einem gezielten Schuss eines ostdeutschen Grenzsoldaten tödlich getroffen.

Über die ‚Neuen Schönen Künste'

Damit kommen wir zu den ‚Neuen Schönen Künsten'. Mit der neuen Epoche entfalteten sich nicht nur wie im ‚Kapitalismus 1.0' die Trivialliteratur und Unterhaltungsmusik oder wie im ‚Kapitalismus 2.0' zusätzlich der Film, sondern entwickelte sich im ‚Kapitalismus 3.0' mit dem Fernseher eine weitere Form der ‚Neuen Schönen Künste'." „Hört das denn nie auf?", will Claudia wissen. „Die Frage kannst du mir beim nächsten Mal selbst beantworten." „Stimmt." „In der Trivialliteratur will ich mit Mario Simmels ‚ich gestehe alles' beginnen. Wie auch mit der Abenteuerliteratur ‚der Landser' und Marie-Louise Fischers Buch ‚zerfetze Segel'. Schließlich ist Heinz G. Konsaliks Werk ‚sie fielen vom Himmel' wie sein ‚der Arzt von Stalingrad' erwähnenswert.

In der Unterhaltungsmusik wurde der Jazz etwas altbackener. Bert Kempfert komponierte ein Evergreen nach dem anderen, mit dem er die Orchestermusik populär machte. Zu den Evergreens zählten ‚African Beat' und ‚King of Listening'. Immer mehr wurden die Jedermanns vom ‚Rock and Roll' mitgerissen, zu Bill Halleys ‚Rock around the clock' hottend oder zu Frank Sinatras Soft-Rock ‚New York, New York' inniglich schwofend. Auch die deutschen Schlager erfreuten sich eines breiten Publikums. So sangen Vico Torriani ‚Granada', Cornelia Froboess ‚Pack die Badehose ein', Bully Buhlan ‚ich hab noch einen Koffer in Berlin', Catharina Valentina ‚ganz Paris träumt von der Liebe', Freddy Quinn ‚die Gitarre und das Meer', Peter Kraus ‚Sugar Baby', Dalida ‚am Tag, als der Regen kam', Peter Alexander ‚Bambina', Heidi Brühl ‚wir wollen niemals auseinandergehen', Lale Anderson ‚ein Schiff wird kommen', Nana Mouskouri ‚Weiße Rose aus Athen', Rex Gildo ‚kleiner Gonzales', Billy Mo ‚ich kauf mir lieber ein Tirolerhut', Cliff Richard ‚rote Lippen soll man küssen' und Gitte ‚ich will 'nen Cowboy als Mann'. Zudem löste in der Unterhaltungsmusik das neue Genre des ‚Musicals' die bisherige Operette ab. Ausgelöst durch Leonard Bernsteins ‚West-Side-Story' und Frederic Loewes ‚My Fail Lady'. Das Musical erwies sich als wirkmächtiger als die Operette, denn es vermengte publikumswirksam nicht nur Musik und Lustspiel, sondern nutzte auch die Instrumente der Revue, des Kabaretts und des Balletts, um die Jedermanns mitzureißen.

Über Nacht entwickelte sich das neue Medium des Fernsehens zu ‚der' bevorzugten allabendlichen Unterhaltungsplattform. Gekennzeichnet von der leichten Unterhaltung wie dem politischen Informationsaustausch. Robert Lemkes ‚Heiteres Berufe-Raten', Bernhard Grzimeks ‚ein Platz für Tiere', Joachim Kuhlenkampffs ‚Heiß oder Kalt' und Peter Frankenfelds ‚Wer zuletzt lacht' waren bald landesweit bekannt. Auch erfreuen sich die Jedermanns an den ersten anlaufenden Serien wie ‚die Familie Hasselbach' und ‚die Augsburger Puppenkiste'.

Das Kino konnte sich noch erfolgreich gegen das Fernsehen behaupten, eine breite Palette heiterer Unterhaltungsfilme wie zeitkritische Verfilmungen den Jedermanns anbietend. Bei den Unterhaltungsfilmen gilt es, ‚Schwarzwaldmädel' und ‚Grün ist die Heide', die ‚Sissy-Historienfilme' sowie die Schlagerfilme ‚Freddy, die Gitarre und das Meer' und ‚wenn die Conny mit dem Peter' zu erwähnen. Auch Josef v. Bakys ‚das Doppelte Lottchen' und Wolfgang Staudtes ‚Der Untertan'. Rudolf Jürgens ‚nachts auf den Straßen' erwies sich als ein wahrer Straßenfeger, in dem Hans Albers einen großen Geldbetrag findet, um bald den Verlockungen einer jungen Frau zu erliegen. Es folgten Harald Brauns ‚königliche Hochzeit', Kurt Hoffmanns ‚das fliegende Klassenzimmer', Helmut Käutners ‚der Hauptmann von Köpenick', Bernd Quests ‚wenn der Vater mit dem Sohn', Georg Tresslers ‚die Halbstarken', Kurt Hoffmanns ‚die Bekenntnisse des Hochstaplers Felix Kohl', Frank Wismars ‚Haie und kleine Fische', Peter Gorskis ‚Faust', Herbert Veselys ‚das Brot der frühen Jahre' und Harald Reinis ‚der Schatz im Silbersee' sowie ‚Winnetou'. Auch erfreute der Komödiant Heinz Ehrhardt die Jedermanns mit zahlreichen Filmen wie ‚immer der Radfahrer', ‚Witwer von fünf Töchtern' und ‚drei Mann in einem Boot'. Vielleicht entwickelte sich Billy Wilders ‚Eins, Zwei, Drei' zu dem typischsten Film jener Jahre. Eine Komödie um einen amerikanischen Coca-Cola-Vertreter in Berlin, dessen Tochter ein Kind von einem Jungkommunisten erwartet, worauf jener gezwungen wird, eine wundersame Verwandlung zum westdeutschen Adeligen über sich ergehen zu lassen.

Auch die zeitkritischen Filmemacher verstanden es, die Jedermanns in die Kinos zu locken. Hierzu zähle ich Willi Frosts ‚Sünderin', Hildegard Knef in der Hauptrolle zeigend. Auch wenn es sich hier aus heutiger Sicht um eine nicht gerade dramatische Geschichte einer Prostituierten handelt, die sich in einen todkranken Mann verliebt. Nicht zuletzt aufgrund einer kurzen Nacktszene heftige Diskussionen über die Grenzen filmischer Freiheit auslösend. Zu den großartigen zeitkritischen Filmen gehörten Paul Mays ‚08/15 – Erlebnisse des Gefreiten Asch', Helmut Kräutlers ‚des Teufels General', Gerhard Kleins ‚Berlin-Ecke Schönhauser', Gesa von Radvanis ‚in Uniform' und Bernhard Wickys ‚die Brücke', die Geschichte der von Kindersoldaten verteidigten Brücke von Remagen aufarbeitend. Auch konfrontierte Frank Wisbars die Jedermanns in ‚Hunde, wollt ihr ewig leben' mit der Geschichte Stalingrads. Im Osten etablierten sich heitere Filme wie Verhoevens ‚das kalte Herz', Staudtes ‚die Geschichte vom kleinen Muck', Niklaus' Revuefilm ‚meine Frau macht Musik' und Kolditz' ‚Schneewittchen'. Aber natürlich wurden auch in den Ostkinos herausragende kritische Filme gezeigt. Hier ragte besonders Bruno Apitz mit ‚nackt unter Wölfen' und ‚der Fall Gleiwitz' heraus.

Über die ‚Klassischen Schönen Künste'

Damit leite ich zu den ‚Klassischen Schönen Künsten' über. Die ‚Frühmoderne' befreite sich von der Weimarer Avantgarde. Eine frühe ‚Modernität' an den Tag legend, um sich dabei nicht mehr an dem Spannungsfeld von gegenständlicher oder abstrakter Kunst zu reiben, die sie beide wertneutral als ‚Formelle Kunst' akzeptierten. Sondern sich vielmehr an der Motivation und Zielrichtung der Kunstschaffenden festmachend. Was zu einer neuen Begrifflichkeit der ‚Informellen Kunst' führte. Einer holprigen Übersetzung der französischen ‚Art Informel', die auf eine neue Dimension abzustellen gedachte. Dabei klassische Kompositionen ebenso wie schlichte Abstraktheit ablehnend, um sich stattdessen auf den Prozess der Formauflösung und -findung auszurichten. Womit sich die Kunst nicht mehr auf das Kunstwerk selbst fokussierte, sondern auf die Dynamik seines Entstehungsprozesses. Ganz im Sinne dieser ‚Informellen Kunst' befand Joseph Beuys später, ‚allein auf die künstlerische Intention abzustellen, ist bereits Kunst, selbst wenn es sich um alltägliche Gegenstände handelt, solange sie nicht mehr ihrer ursprünglichen Zweckbestimmung zugeführt werden'.

In der Architektur entfaltete sich der ‚Formelle Stil' in abstraktschlichten geometrischen Formen. So im Berliner Hansaviertel, um Wohnen, Freizeit und Arbeit voneinander durch Parks und breite Straßen zu trennen. Konrad Proll entschied sich mit seinem

Kasseler AOK-Gebäude für klare geometrische Strukturen wie auch Gerhard Graubner mit der Hannoverschen Hauptverwaltung der Preussag AG. Zwei schlichte Beton-Skelett-Rasterbauten mit Leichtmetall-Fensterrahmen in schwarz-goldener Eloxierung, während im Innern geschwungene Treppen den Stil auflockerten. Auch Graubners Bochumer Schauspielhaus, das Düsseldorfer Dreischeiben-Mannesmann-Hochhaus wie das Frankfurter Neckermann-Hochhaus gehören zu diesem ‚Formellen Stil'.

Im Osten entfaltete sich der ‚Formelle Stil' in den nüchternen Quadern der Plattenbauten, getreu der neuen Nationalhymne ‚auferstanden aus Ruinen'. Auch hier gab es einige aus dem Rahmen fallende Gebäude. Hierzu zählte das Ostberliner ‚Kino International' von Werner Dutschke und Josef Kaiser. Eingebettet in das zehngeschossige Hotel Berolina und das Café Moskau sowie die Mokka-Milch Eisbar. Während bei diesem Kinobau außen das Beton-Fassadenrelief ‚Liebespaar' neue formelle Akzente setzte, waren dies im Innern die Bar unter bunten Glasscheiben und im Saal selbst die hölzerne Wellendecke mit Eschenstab-Wandverkleidungen. Zum ‚Formellen Stil' zählten auch die von Hermann Henselmann im sozialistischen ‚Zuckerbäckerstil' erbauten Gebäude rund um den Berliner Strausberger Platz.

Als Antipode zu diesen Bauten entwickelte sich das ‚Informelle Bauen', beseelt von der künstlerischen Idee der harmonischen Einbindung neuer, jenseits klassischer geometrischer Formen gestalteter Gebäude in die sie umgebenden, von den Jahreszeiten sich immer wieder anders geprägten Landschaften. Erwähnen will ich zunächst die von Düttmanns und Mochens erbaute ‚Schwangere Auster' ebenso wie die von Bernd Sharoun geplante ‚Zuffenhausener Siedlung' und Berliner Philharmonie, die mit ihren goldeloxierten Aluminiumplatten als zirkusartiges Gebäude mit unverwechselbaren Formen jenseits der abstrakten Geometrie Aufmerksamkeit erweckte. Worauf sie von den Berlinern – dank des Chefdirigenten der Philharmoniker Herbert v. Karajan nicht zuletzt dank des revolutionierenden Konzeptes von Zuschauertribünen rund um das Orchester – bald als ‚Zirkus Karajani' bezeichnet wurde.

Auch die Maler der ‚Frühmoderne' entfalteten sich im Spannungsfeld der ‚Formellen' wie ‚Informellen Malerei'. Die ‚Formelle Malerei' ließ die ‚abstrakte Malerei' allmählich hinter sich. Zwar malte Joseph Alberts noch seine ‚Huldigung an das Quadrat' und Hans Hartung seine ‚schwarzen Linien vor hellem Grund'. Doch Otto Piene ging mit der ‚Gruppe Zero' einen Schritt weiter, um mit der Sensibilisierung gegenüber den Naturelementen eine Reharmonisierung des Verhältnisses von Mensch und Natur anzustreben. Dafür stand ‚Zero' als Synonym für das Ende des Countdowns vor dem Raketenstart, um mit Rasterbildern und phosphorisierenden Farben eine neue Ära einzuleiten. Die ‚Gruppe Zero' umfasste die Maler Mack, Piene und Uecker. Heinz Mack malte seine ‚Rotoren' und ‚rotes Bild', Otto Piene seinen ‚abstrakten Ismus' von Luft, Licht, Wasser und Feuer und Uecker seine bekannten Struktursäulen aus Holz und Nägeln. Allmählich entwickelte sich hieraus auch wieder die Freude an der gegenständlichen Kunst. Colberg, Klemm, Gies und Ligner sind hier zu nennen. Willi Colberg verewigte sich mit dem Werk ‚Thälmann im Hamburger Aufstand'. Fritz Klemm provozierte 1954 mit seinem berühmten ‚Maltisch mit Selbstbildnis', auf schwarzem Grund eine weiß angedeutete Silhouette mit Kugelkopf und Kegelkörper andeutend. Und Ludwig Gies schuf seine ‚fette Henne', den Bundesadler im Plenarsaal des Bonner Bundestages. Im Osten hingegen war es die Zeit riesiger Wandbilder wie etwa der in der Pfeiler-Vorhalle des Hauses der Ministerien. Dieses von Max Lingner aus den Fliesen des Meißener Porzellans geschaffene Werk stellte den ‚Aufbau der Republik' geradezu euphorisch dar.

Ganz andere Wege suchten dagegen die Protagonisten der ‚Informellen Malerei', die ihren Fokus auf den Entstehungsprozess ihrer Werke oder die sich wandelnde Dynamik des Betrachters legten. Zu diesen zählte die Frankfurter ‚Quadriga' um Goetz und Greis, die Münchener ‚Gruppe Zen 49' um Baumeister und Winter und die ‚Düsseldorfer Gruppe 53' um Dahmen und Brüning, die sich dem ‚Tachismus' verschrieben." „Was ist das denn? Das wird mir langsam etwas viel." „Macht nichts, ist nicht so kompliziert, wie es sich zunächst anhört. Letztlich befanden die Vertreter des ‚Tachismus', die Kunst stamme aus dem Unterbewusstsein und müsse daher aus sich selbst entstehen. Karl Otto Goetz schuf seine großen Farbflächen, die er mit Kleister bestrich und übermalte, um sie anschließend mit Gummistiefeln zu ihren typischen farblichen Aufbäumungen zu vervollkommnen. Otto Greis malte 1952 seine berühmte ‚Claude'. Willi Baumeister schuf seine ‚Afrikanische Legende' und Fritz Winter begann mit dem Siebdruck. Karl Fred Dahmen erfreute als Vertreter des ‚Tachismus' die Jedermanns mit seinen Materialbildern und Peter Brüning erfand einen neuen Typus der Landschaftsmalerei, um sich später auf Piktogramme zu spezialisieren.

Neben den drei aufgeführten Gruppen möchte ich schließlich die weiteren Protagonisten der ‚Informellen Malerei' Wols, Nay, Colani und Beuys nicht vergessen. Wols alias Wolfgang Schulze war ein Anhänger des Tachismus, indem er verdünnte Farben in mehreren Lagen über die schräge Leinwand laufen ließ. So entstand sein berühmtes ‚Blaues Phantom'. Ernst Wilhelm Nay suchte in seinen frugalen Bildern eine neue Form abstrakter Blumenarrangements, getragen von warmen Farben einer zauberhaften Purpurmelodie. Aber auch mit seinem Werk ‚Spuren und Perlen', mit dem er runde Kreise und gezackte Linien zu einem Werk verband. Lutz Colani, der sich den Künstlernamen Luigi Colani zulegte, war Autodesigner, um nicht nur den Alfa Romeo, sondern auch futuristische Fahrzeuge jenseits der bis dahin klassischen Autoformen in einer fließenden Art zu modellieren. Und Joseph Beuys, der einst als Pilot über der Krim vom Himmel geholt und mit eingefettetem Filz gegen drohende Erfrierungen behandelt wurde, verarbeitete seine traumatischen Erlebnisse in immer neuen, aus Filz und Fett geformten Gegenständen.

„Die klassische Musik erlebte das gleiche Spannungsfeld von ‚formellen' und ‚informellen Kompositionen'. Die formelle Musik knüpfte unmittelbar an die vorherige Epoche an, etwa mit der abstrakten Musik der Zwölftonmusik. Henze ließ 1954 in Hannover seine ‚4. Sinfonie' uraufführen. Dann komponierte er seine Oper ‚das Ende der Welt', um die gleichnamige Kurzgeschichte Wolfgang Hildesheimers in die Musik zu übertragen. Bernd Zimmermann schrieb die Oper ‚die Soldaten', Giselherr Klebe ‚Jacobowsky und der Oberst' und Paul Hindemith ‚Cadillac', geprägt von der Dominanz solistischer Instrumente und machtvollen Chorszenen.

Dagegen war der ‚Informelle Stil' der frühmodernen Musik weicher. Hier will ich die großartige Filmmusik des DDR-Musikers Gerd Natschinski aus ‚Klotz am Bein' ebenso erwähnen wie Werner Egks etwas wohlklingendere Tonalität seiner Oper ‚die Verlobung in San Domingo', fußend auf der gleichnamigen Novelle des Romantikers Heinrich v. Kleist. Damit bin ich endlich zuletzt bei der frühmodernen Literatur angelangt. Auch hier brach ein Stilpluralismus zwischen der ‚Formellen' und ‚Informellen Literatur' hervor. Während sich die Werke der ‚Formellen Literatur' durch nüchterne Beschreibungen auszeichneten, kehrte die ‚Informelle Literatur' in die romantisierende innere Gefühlswelt zurück. Lass mich mit den Literaten der ‚Formellen Literatur' beginnen, denen es um die Aufarbeitung des Vergangenen, des nackten Elends und der verzweifelten Seele ging. Für diesen Stil stehen Pförtner, Bamm, Grass, Böll, Seghers, Hochhut, Lenz, Leonhard, Brecht, Johnson, Wolff, Dürrenmatt, Enzensberger, Schmidt und Walser. Zunächst hatte Historisches Konjunktur. Ganz Altes wie Rudolf Pförtners ‚Mit dem Fahrstuhl in die Römerzeit' oder – nicht ganz so weit zurückliegend – mit Peter Bamms ‚unsichtbare Flagge'. 1959 veröffentlichte Günter Grass seine ‚Blechtrommel', mit der er seinen kleinwüchsigen Protagonisten sagen ließ, ‚man kann die Geschichte in der Mitte beginnen und vorwärts wie rückwärts kühn ausschreitend Verwirrung anstiften. Man kann sich modern geben, alle Zeiten, Entfernungen wegstreichen und hinterher verkünden oder verkünden lassen, man habe endlich in letzter Stunde das Raum-Zeit-Problem gelöst'. Der Kölner Heinrich Böll veröffentlichte 1959 seinen Roman ‚Billard um halb zehn', die Ereignisse des 6. Septembers 1958 einer Architektenfamilie schildernd, an dem Tag, an dem zuerst sein Protagonist die Kreidezeichnungen seines Vaters über die Sprengung einer von seinem Großvater erbauten Abtei entdeckt. Um dann den Freund seines Vaters – einen alten Nazigegner – zu treffen, nach dem gefahndet wird, während längst die alten Nazis als Repräsentanten der Republik wieder fest im Sattel sitzen.

Im Osten beschäftigte Anna Seghers Werk ‚Nackt unter Wölfen' die Jedermanns, in dem sie die Geschichte eines dreijährigen jüdischen Kindes erzählt, das von einem Polen nach der Evakuierung von Auschwitz in einem alten Koffer in Buchenwald überlebt. 1963 erschien Rolf Hochhuths ‚Der Stellvertreter', ein Werk, mit dem er mit Papst Pius XII. im Dritten Reich abrechnet. Siegfried Lenz löste mit seinem Werk ‚Zeit der Schuldlosen' große Empörung aus, in dem die Schuldlosen in einer Situation existenzieller Gefährdung dem Kalkül des Diktators erliegend schuldig wurden.

Neben vergangenheitsbezogenen Themen ließen sich unsere Literaten hüben wie drüben in den Kampf der Systeme des Ost-West-Konfliktes einspannen. Um hieraus pointiert zu provozieren, wachzurütteln, aber auch zu spalten. Wolfgang Leonhard verfasste sein Werk ‚Die Revolution entlässt ihre Kinder'. Bert Brecht stellte in Ostberlin resigniert fest, ‚die Kunst ist nicht dazu befähigt, die Kunstvorstellungen von Büros in Kunstwerke umzusetzen. Nur Stiefel kann man nach Maß anfertigen'. Uwe Johnson veröffentlichte seinen Roman ‚Mutmaßungen über Jakob', in dem sein Protagonist von einem Stasi-Mitarbeiter verhört wird und sich doch darum bemüht, seine Geliebte von den Vorzügen des Sozialismus zu überzeugen. Die begibt sich dann gleichwohl in den Westen, um bald enttäuscht vom Kapitalismus in den Osten zurückzukehren. 1963 fokussierte sich auch Christa Wolff in ihrem Werk ‚der geteilte Himmel' auf das Thema der Republikflucht. Eine Liebesgeschichte einer vom Lande stammenden 19-Jährigen beschreibend, die ihrem Freund in die Großstadt folgend Pädagogik studiert, um mit ihm nach Westberlin zu ziehen. Bis sie schließlich allein in den Osten zurückkehrt, sich dabei vor allem immer wieder fragend, warum Menschen auseinandergehen.

Sozialkritische Themen waren zudem hoch im Kurs. Friedrich Dürrenmatt brachte den Jedermanns mit seiner systemkritischen Tragödie ‚Der Besuch der alten Dame' die Korruptions- und Schuldanfälligkeit des Menschen näher. 1961 folgte Friedrich Dürrenmatts ‚die Physiker', den Jedermanns die ganze Ausweglosigkeit der Moderne vor Augen führend. Dessen Protagonist begibt sich nach seiner Erfindung der Atombombe freiwillig in eine Irrenanstalt, um die Welt vor seiner eigenen Erfindung zu schützen. Um dort doch von der Anstaltsleiterin ausgehorcht zu werden, worauf der Physiker in seiner Not einen Mord begeht. Sich somit selbst der Chance beraubend, jemals die Anstalt wieder verlassen zu können, um die Welt vor seiner Erfindung zu schützen. Bernd Magnus Enzensberger veröffentlichte ‚die Verteidigung der Wölfe', Arne Schmidt ‚die Gelehrtenrepublik' und Martin Walser ‚Ehen in Philippsburg', den Prozess der Einwohner einer fiktiven Stadt beschreibend, die infolge einer vom Wirtschaftswunder geprägten Karriere, eines wachsenden Wohlstands und zunehmender Seitensprünge allmählich ihre Moral verlieren. Wolfgang Hildesheimer veröffentlichte seine ‚lieblosen Legenden'. Vor allem seine berühmte Kurzgeschichte ‚vom Ende der Welt', die bald von Henze vertont wurde. In ihr beschrieb er die letzte Abendgesellschaft der Marchesa Montetristo, die sich zu einem Kammerkonzert in ihrem, auf Stelzen im Meer errichteten Palast einfindet. Dieser beginnt ausgerechnet während des Konzertes im Meer zu versinken. Was die musikverzückte Runde ignoriert, um inmitten des Musikgenusses in die Tiefe gezogen zu werden. Und Peter Hartling schrieb, ‚immerher und immerhin/blinzeln aus dem Widersinn,/der auf dünnen Beinen geht/ und der keine Hilfe fleht'. Um die Jedermanns mit seiner These zu konfrontieren, dass Wiederholung und Erinnerung dieselben Bewegungen in entgegengesetzter Richtung seien."

Ganz andere Wege ging die ‚Informelle Literatur' der ‚romantisierenden Lyrik' etwa des Heinz Piontek, der seine ‚Furt' dichtete. ‚Schlinggewächs legt sich um Wade und Knie,/dort ist die seichteste Stelle./Wolken im Wasser, wie nahe sind sie!/Zögernder lispelt die Welle./Endlose Furt durch die Fährnis gelegt./Werd ich das Ufer gewinnen?/Strauchelnd und zaudernd, vom Springfisch erregt,/such ich der Angst zu entrinnen.' Das war's."

„Ich kann schon gut nachvollziehen, dass der Zweite Weltkrieg bei den Schönen Künsten tiefe Spuren hinterließ. Vor allem beobachte ich seit zehn Minuten deine Augen. Die sind so verdammt hellblau. Sie sehen so gütig aus, um dann von der einen auf die andere Sekunde aufzublitzen. So geil, ej. Weiß auch nicht." „Danke, dann gib dir Mühe, diese nie wieder zu vergessen." „Warum sollte ich?" „Vielleicht, weil du demnächst einen anderen heiratest." „Aber doch nicht heute." Bernd sieht sie mit kritischem Blick an. „Und was hast du heute mit ihnen vor?" „Sie noch mehr zum Leuchten zu bringen." Sie erhebt sich, um ihm je einen Kuss auf das eine und andere Auge aufzudrücken. Dabei fällt ihr Weinglas um, was mit einem lauten Scheppern zu Boden fällt. „Mensch, da haben wir geradezu einmal Glück gehabt, dass wir es fast austranken", befindet Bernd, während sich alle Blicke im Lokal auf sie richten.

Bernds Telefon klingelt, doch er schaltet es auf lautlos, denn nun geht es ihm um die Kultur. Und die hat Vorrang. „Geh doch ruhig dran", bestärkt ihn Claudia, „ist bestimmt eine Verehrerin von dir, die dich hier mit mir sieht." Bernd prüft die Nummer. „Ne, ich fürchte, das ist ein Spinner, der mir irgendetwas andrehen will." „Um diese Uhrzeit. Glaubst du doch selbst nicht." „Lass mich lieber meinen Vortrag hier fortsetzen." „O. k., von mir aus. Wenn du mir noch einen Schluck einschenkst, mein Lieber, bin ich wieder ganz Ohr." „Auge wäre mir lieber." Sie lacht.

Dienstag der ‚Moderne' (1964 bis 1969)

„Der Dienstag ist der Ära der ‚Moderne' gewidmet, die vor allem darauf ausgerichtet war, die Jedermanns sehr viel provozierender als bisher wachzurütteln. Der Dienstagmorgen sollte sich als die ‚Zeit erster politischen Krisen' von 1964 bis 1966 entpuppen, um dann am Dienstagnachmittag in der demonstrationsschwangeren ‚Zeit der Achtundsechziger' zu münden.

Der westliche Dienstagmorgen begann zwei Monate vor dem Jahresbeginn 1964 mit der Wahl des langjährigen CDU-Wirtschaftsministers Ludwig Erhardt zum neuen Bundeskanzler. Dessen erste politische Aktion war, noch kurz vor Silvester mit Ulbricht ein Passierschein-Abkommen zu unterzeichnen, mit dem die Westberliner erstmals nach dem Mauerbau wieder ihre

Ostberliner Verwandten besuchen konnten. Wenn auch mit dem kleinen Schönheitsfehler des täglichen ‚Eintrittsgeldes' in Form eines Zwangsumtausches von drei DM in Ostmark.

Mit dem Jahresbeginn 1964 setzte sich die allgemeine Zuversicht der Jedermanns fort, was sich an der Zahl der Neugeborenen zeigte. 1964 erreichte jedenfalls der ‚Baby-Boom' mit 1,3 Mio. Neugeburten seinen Höhepunkt. Es war das Jahr, in dem Fußgänger dank der neuen Straßenverkehrsordnung auf Zebrastreifen Vorrang vor den Autos erhielten. Und unser Wirtschaftsminister beglückte den überraschten Portugiesen Armando Rodrigues als einmillionsten Gastarbeiter mit dem Geschenk eines Mopeds.

1965 folgte eine erste europäische Krise mit Frankreichs ‚Politik des leeren Stuhles', mit der es seine Vertreter aus dem Ministerrat und aus der europäischen Kommission als Reaktion auf den Vorschlag des deutschen Kommissionspräsidenten Walter Hallstein abzog, der nicht nur eine eigene Finanzierung Europas sowie ein europäisches Parlament forderte, sondern zudem auch das Einstimmigkeitsprinzip der Ministerratsentscheidungen in der Agrarpolitik aufweichen wollte. Damit war der Ministerrat handlungsunfähig, um sich erst nach sieben Monaten mit dem Luxemburger Kompromiss wieder auf die Einstimmigkeit zu verständigen. Der amerikanische Seelsorger Martin Luther King besuchte nicht nur West-Berlin, sondern hielt auch zwei Predigten in Kirchen des Ostteils der geteilten Stadt, die große Aufmerksamkeit auf sich zogen. 1965 wurde Kanzler Ludwig Erhard dank voller Staatskasse, einer boomenden Industrie mit erstmals über eine Millionen Gastarbeitern und einer Arbeitslosenzahl von unter 1% wiedergewählt.

1965 wurden wir von einer bislang unbekannten Internationalisierung der Kultur erfasst, die bei vielen Älteren Ratlosigkeit auslöste. Sichtbarstes Zeichen der neuen Zeit war die Ausstrahlung des Beat-Clubs von Radio Bremen, der ersten Musiksendung mit englischsprachigen Interpreten. Uschi Nerke und die Go-Go-Girls wurden über Nacht berühmt. Die Beat-Musik machten letztlich bei uns die Beatles bekannt, die im August 1960 nach Hamburg zogen, um fortan im Hamburger Rotlichtviertel allabendlich im Stripclub ‚Indra' zu spielen. Bald bekannt durch die von Spontanität geprägte Show sowie ihre Pilzköpfe, die für sie der Hamburger Fotograf Jürgen Vollmar entwickelte. Dann mussten die Beatles wegen Lärmstörung vom ‚Indra' in den ‚Kaiserkeller' wechseln, bis Paul McCartney und George Harrison Ende November wegen einer vermeintlichen Brandstiftung aus Deutschland ausgewiesen wurden. Um bald in Liverpool mit ihrem Lied ‚I want to hold your hand' international zu reüssieren. Deutsche Bands kopierten bald den Beat wie ‚the Lords', ‚the Rattles' und ‚Cisco and his Dynamites'. Eingeleitet wurde übrigens 1965 die erste Ausstrahlung des Beat-Clubs mit den Worten des späteren Tagesschausprechers Wilhelm Wieben, ‚Sie, meine Damen und Herren, die sie Beat-Musik nicht mögen, bitten wir um Verständnis'. Zurück zur Politik.

Kurz nach der Bundestagswahl kühlte sich die Konjunktur merklich ab. Ausgelöst durch billiges Öl, mit dem ein Zechensterben einsetzte. Als die Arbeitslosenzahlen anzogen, lehnte Kanzler Erhard staatliche Konjunkturprogramme ab und legte der öffentlichen Hand einen drastischen Sparkurs auf. Zudem plante er Steuererhöhungen und appellierte an seine Landsleute, unentgeltliche Mehrarbeit zu leisten. Mit diesem Konzept brachte er das Fass zum Überlaufen, womit es um seinen politischen Rückhalt geschehen war. Jedenfalls traten die vier FDP-Minister seiner Koalition von ihren Ämtern zurück und zwangen ihn zum Rücktritt. Worauf der bisherige Baden-Württemberger Ministerpräsident Kurt Georg Kiesinger im Dezember 1966 als neuer Kanzler eine ‚Große Koalition' mit der oppositionellen SPD einging.

Der östliche Dienstagvormittag stand 1964 für das dritte ‚Deutschlandtreffen der Jugend', an dem 500.000 Ostdeutsche und 25.000 Westdeutsche teilnahmen, wobei Letztere laut SED die ostdeutsche Jugend mit Jeans und die Ohren bedeckenden Haaren infizierten. Worauf das für die Sicherheit zuständige Politbüromitglied Erich Honecker mit seiner Forderung Erstaunen auslöste, die DDR müsse die Jugend ‚zu sozialistischen Persönlichkeiten' erziehen. Zudem attackierte er den Regimekritiker Wolf Biermann mit seiner Rede ‚Erscheinungen der Unmoral und einer dem Sozialismus fernen Lebensweise'. Manuskripte ostdeutscher Literaten durften fortan nicht mehr in der DDR gedruckt werden. Womit die DDR-Literaten gezwungen waren, ‚im eigenem Land zu schreiben, um in einem anderen das Geschriebene zu veröffentlichen'. Walter Ulbricht ließ Robert Havemann aus der Partei ausschließen und als Ordinarius der Humboldt-Universität entlassen. Auch schob er den Widerstandskämpfer Heinz Brandt als ein ‚Zeichen sozialistischer Großzügigkeit' in den Westen ab. Da die DDR zudem nur ungern für die Renten aufkommen wollte, gestattete sie ostdeutschen Rentnern Reisen in den Westen. Von diesem Angebot machten bald viele Gebrauch, doch nur wenige taten dem Regime den Gefallen, fortan im Westen zu bleiben. Nicht nur die Rentner, sondern auch die Jugendlichen entfremdeten sich immer mehr von den Herrschenden. Als es im Oktober 1965 in Leipzig zu Jugendkrawallen kam, sah sich das Politbüro veranlasst, diese gewaltsam aufzulösen, um das ‚Rowdytum' und die ‚Gammler' öffentlich zu kritisieren.

Die Jedermanns verreisten über ihre Betriebe ans Schwarze Meer, nach Ungarn, in die Tschechoslowakei oder nach Polen. Beim Camping an der Ostsee wurde das FKK-Baden beliebt und entwickelte sich die freie sexuelle Entfaltung der Jugend geradezu zum Synonym persönlicher Freiheit. Worauf die Abtreibung zugelassen wurde und Walter Ulbricht entspannt feststellte, der DDR sei nicht nur wie im Westen ein ‚Wirtschaftswunder' gelungen, sondern zudem die ‚Wandlung des Menschen' zur ‚sozialistischen Menschengemeinschaft'. Doch den Gefallen taten ihm die DDR-Bürger letztlich nicht. So kam es 1965 zum ‚Leipziger Beat-Aufstand'. Von in Leipzig angekündigten 58 Beatgruppen erhielten 54 – wie die beliebten ‚Butler' und ‚Klaus Renft' – ein Auftrittsverbot. Worauf zwei Jugendliche zum Protest aufriefen, um die Wiederzulassung dieser Bands zu erreichen und sich rund 2.000 Demonstranten vor dem Neuen Rathaus einfanden. Mit der Folge, dass die beiden Aufrührer zu sechs Wochen Arbeitseinsatz im Braunkohlebergbau verdonnert wurden. Immerhin fand am 29. Oktober im Leipziger Haus Amensee ein Gedenkkonzert unter Beteiligung der ‚Klaus-Renft-Combo',

,Cäsar Glaser', ,Bernd-Jürgen Beyer', ,Jürgen Kerth' und ,Christiane Ufholz' statt.

Der 1967 beginnende westdeutsche Dienstagnachmittag steht bis heute für den Wandel des kollektiven Zeitgeistes. Eine ähnliche Wirkmächtigkeit entfaltend wie 1918/19. Denn es war das Jahr 1967, mit dem die ersten Vorboten ,der Zeit der 68iger' bei uns spürbar wurden. Erneut wie schon 1918 nicht von den Mächtigen der Politik ausgelöst, sondern den Jedermanns selbst. Letztlich angeheizt durch die Erkenntnis, nun endlich müsste ein Ruck durch die verkrusteten Strukturen des Systems gehen. Nur bei oberflächlicher Betrachtung blieb alles beim Alten. Die Jedermanns reisten immer mehr. Die Bundesbahn nahm den TEE in Betrieb, einen 140 km/h schnellen Dieseltriebzug. Campingreisen nach Italien und Spanien wurden modern. Joggen entwickelte sich zum Volkssport wie Windsurfen, Squash und die Trimm-Dich-Bewegung. Doch letztlich ,polarisierte' sich die Gesellschaft. Kanzler Kiesinger legte zwar zur Beruhigung der Gemüter ein antizyklisches Konjunkturprogramm auf und überraschte mit einer Strafrechtsreform, mit der nicht nur die Zuchthäuser abgeschafft wurden, sondern der Strafvollzug nicht mehr auf der ,Buße der Täter', sondern auf deren ,Resozialisierung' fußte. Doch das reichte den Jedermanns längst nicht mehr.

Wie vor einem Erdbeben nahm die Spannung an der Grenze der tektonischen Platten politischer Extreme zu. Immer unversöhnlicher standen sich die aufbegehrende Jugend und das überalterte Establishment gegenüber. Die opponierende Jugend bezichtigte die Älteren der Scheinheiligkeit, offen das ,Verdrängen' kritisierend. Wie auch die Verstrickung der USA in den Vietnamkrieg und die Förderung von Despoten wie des Persischen (Iraner) Schah. Angesichts der SPD-Mitverantwortung in der Regierung fühlten sich viele nicht mehr durch das Parlament repräsentiert, um zur ,Außerparlamentarischen Opposition' (APO) aufzurufen. Da konservative Tageszeitungen über die DDR nur in Anführungszeichen berichteten, wurden sie zur Zielscheibe der Linken. ,Die Leugnung der DDR-Existenz wirkt auf die Identität der Bundesrepublik zurück', behauptete der Soziologe Lepsius im

‚Hochland'. Um zu fordern, die Republik brauche ‚kein verstärktes Nationalgefühl', sondern ein ‚konkretes Demokratiebewusstsein'. Während des Staatsbesuches des persischen Schahs im Juni 1967 eskalierten Berliner Demonstrationen, bei denen – wie sich erst sehr viel später herausstellte – ein bei der Stasi tätiger Westberliner Polizist den Studenten Ohnesorg anschoss. Nicht zuletzt, weil sich keine Klinik fand, um Ohnesorg zu behandeln, und sich schließlich erst Ärzte in der dritten angefahrenen Klinik um ihn kümmerten, konnte sein Leben nicht mehr gerettet werden. Worauf der diensthabende Arzt als Schah-Anhänger wahrheitswidrig auf dessen Totenschein ‚eine Schädelverletzung durch stumpfe Gewalteinwirkung' als Todesursache attestierte. Doch dieser Schuss änderte mehr, als es den Regierenden recht sein konnte. Gudrun Ensslin forderte bei antiamerikanischen Demonstrationen, ‚wir müssen Widerstand organisieren, Gewalt kann nur mit Gewalt beantwortet werden. Das ist die Generation von Auschwitz, mit denen kann man nicht diskutieren'. Ein Jahr später wurde der Wortführer der APO Rudi Dutschke von einem aus München angereisten Arbeiter mit den Worten ‚du dreckiges Kommunistenschwein' angeschossen. Während Dutschke notoperiert wurde, skandierten längst aufgebrachte Demonstranten vor dem Springer-Hochhaus ‚Mörder, Mörder'.

Die Studenten begannen, in ‚Wohngemeinschaften' zusammenzuleben, eine freie sexuelle Entfaltung ausprobierend, den Kapitalismus anprangernd und die Einseitigkeit des marxistischen ‚Historizismus' negierend. Dies führte zu einem tiefen ‚Wertewandlungsschub'. War laut Allensbach-Umfragen 1967 nur ein Viertel der jungen Frauen bereit, unverheiratet mit einem Mann zusammenzuleben, so erhöhte sich deren Anteil innerhalb zweier Jahre auf drei Viertel. Die Kommune I war in jedermanns Munde. Aber weder der ‚aggressie Agitator' Kunzelmann noch der ‚anarchische Clown' Teufel standen im Rampenlicht, sondern ausgerechnet der ‚verschlossene Wuschelkopf' und abgebrochene Psychologiestudent Rainer Langhans, der auf die Frauen eine geradezu magische Anziehungskraft hatte. So war bald seine Beziehung mit Uschi Obermeier in Stadt und Land bekannt.

Kannst du dich nicht auch noch an das Foto erinnern, wie beide mit Jeans und nacktem Oberkörper auf dem Boden ihrer Kommune hocken?" „Na klar kann ich das, sie waren ja irgendwie Vorbilder für den natürlichen Umgang mit Sex." „Weißt du auch, dass Langhans als inzwischen Achtzigjähriger das ‚Kuscheln' als gewalttätig' empfindet?" Sie muss prußten: „Ne, das wusste ich nicht, kommt halt dabei raus, wenn man es vorher mit dem ‚Kuscheln' jahrzehntelang übertrieb."

Jedenfalls änderten sich schlagartig die Einstellungen der Jedermanns zu Politik, Moral, Religion und Umgangsformen. Nun redeten die Jedermanns zudem über die ‚antiautoritäre Erziehung', träumten von politischen Utopien allgemeiner Gerechtigkeitsversprechen und der freien Entfaltung der Persönlichkeit. Martin Walser löste mit seinem ‚Einhorn' eine breite öffentliche Diskussion aus. Mit einem Stück, in dem der Versuch seines Protagonisten fehlschlägt, im Bett liegend eine Auftragsarbeit zur Liebe zu schreiben, um infolge des Übermaßes der Impressionen und Reminiszenzen an die erinnerte Liebe infolge der bettlichen Besinnlichkeit wie des nicht existierenden christlichen Sündensacks kläglich zu scheitern.

Adorno entwickelte seine Dialektik zur Aufklärung, gekennzeichnet durch die Verflechtung der in Fabriken disziplinierten Menschen mit irrationaler Gewalt. Um festzuhalten, diese Verflechtung von universaler Mystifikation und vom totalen Verblendungszusammenhang durchdringe unsere gesamte Kultur und Sprache. Sowohl beim Faschismus, als auch bei den radikalen Studenten. Marcuse hingegen inspirierte den studentischen Protest, sich gegen die Bewusstseinsmanipulation der Kulturindustrie auflehnend. Zu lange hatte sich die Kriegsgeneration in einer Art ‚kollektiver Verweigerung' in ein eisernes Schweigen gehüllt. Zu lange die Jugend ignoriert, die nun immer lauter gegen den ‚Muff von 1000 Jahren/unter den Talaren' demonstrierte. Während sich ein Teil der Studenten ins Bett zurückzog, begaben sich andere demonstrierend auf die Straßen. ‚Make love, not war', war eines der Plakate, das besondere Aufmerksamkeit auf sich zog. Doch auch ein anderes blieb unvergesslich, ‚lieber ins Bett als in die Vorlesung', um gegen die universitäre Anwesenheitspflicht aufzubegehren. Es war die Zeit, in der der Aufklärungsfilm ‚Helga' an den Schulen gezeigt wurde. Eine Zeit, in der in Hannover bundesweit der erste Flohmarkt stattfand, der bald landauf, landab Nachahmer fand. Und eine Zeit der Demonstrationen, oft von Wasserwerfern auseinandergetrieben, um anschließend nur noch lauter aufzubegehren. Inmitten dieses sich steigernden Gewaltpotenzials löste Kanzler Kiesinger im Mai 1968 eine Bundestagsdebatte über ‚Notstandsgesetze' aus, um in Fällen eines ‚inneren wie äußeren Notstands' zum Schutz der Republik eine enge Zusammenarbeit von Polizei und Militär vorzuschlagen. Für die APO manifestierte sich mit diesem Vorschlag der ‚autoritäre Staat'. Worauf die Konsensgesellschaft verloren ging, aufgerieben zwischen den sich als missverstanden fühlenden Älteren und den immer radikaleren, ‚versteckte Demokratiedefizite' aufdeckenden Jugendlichen. Die Notstandsregelung scheiterte letztendlich. Nur bei dem Notfall Einzelner gelang eine Verständigung auf die einheitlichen Notrufnummern 110 und 112.

Dem Bonner Referatsleiter im Innenministerium und Mitherausgeber des Strafrechtskommentars Eduard Dreher gelang im Mai 1968 – von der Öffentlichkeit unbemerkt – die gesetzliche Verabschiedung der ‚kalten Amnestie' für NS-Verbrechen rückwirkend zum Mai 1960, mit der auch seine Straftaten verjährten. Ihm glückte dies unter dem Deckmantel der Zusammenführung aller Ordnungswidrigkeiten in einem Gesetz, mit dem – neben der Entkriminalisierung der Bagatelltatbestände und Verkürzung der Verjährungsfristen – fortan auch NS-Verbrechen nicht mehr verfolgt werden konnten. Sofern man bei den Tätern nicht strafbegründende persönliche Motive festmachen konnte, die in der Regel nur bei Mord vorlagen.

Wirtschaftlich lief vieles nicht rund. Vor allem der Strukturwandel der Schwerindustrie bedrückte die Jedermanns. Im Juni 1968 gelang es dem Kanzler Kiesinger, mit dem Kohleanpassungsgesetz die Weichen für eine Sanierung des Ruhrkohlebergbaus zu stellen, indem sämtliche Zechen in die Einheitsgesellschaft der

RAG AG übergeleitet werden sollten, die den staatlichen Auftrag erhielt, die Bergleute bei der Suche nach neuen Arbeitsplätzen zu begleiten. Kurz darauf schwappte die Strukturkrise auf die Stahlindustrie über. Erstmals begriffen die Jedermanns das Erfordernis der Integration der oft arbeitslos gewordenen Gastarbeiter, die nicht zurückwollten. Zwar kehrten von den 14 Mio. knapp 11 Mio. wieder in ihre Heimat zurück. Doch die restlichen drei Mio. blieben und gründeten hier Familien. Italienische wie griechische Restaurants oder – wie der Türke Nurman – türkische Kebab-Läden eröffnend, die bald nicht nur Türken und Boat-People, sondern auch angestammte Berliner begeistert frequentierten. Bei den Türken, die sich nur selten zu einer Rückkehr in ihre Heimat entschlossen, misslang überwiegend die angestrebte Integration, die sich – von der Stütze lebend – in Parallelgesellschaften mit ihrer neuen Heimat arrangierten.

Außenpolitisch bemühte sich der SPD-Politiker und Außenminister Willy Brandt um eine Deeskalation des Ost-West-Konfliktes. Mit dem ‚Signal von Reykjavik' bot der Westen dem Osten Verhandlungen über beidseitig ausgewogene Waffenreduktionen an. Russland blieb skeptisch. Nicht zuletzt, weil es im sozialistischen Osteuropa brodelte. Im August 1968 schockte Russland die Weltöffentlichkeit mit dem Panzereinmarsch in Prag, um unter dem Vorwand des ‚Hilferufes anonymer Persönlichkeiten' die reformfreudige Prager Regierung zu stürzen, deren Politik als ‚Prager Frühling' in die Geschichte eingehen sollte.

Es war die Zeit, in der sich der Zeitgeschmack beim Wohnen wandelte. Dominierte bisher in der Innenausstattung das ‚Gelsenkirchener Barock', so wurden nun schlichtere Möbel mit grellen Farben, Kugelsitze und Sitzsäcke en vogue, die man auf handgewebte Teppiche stellte. Getreu des Mottos ‚alles ist möglich'. Berlin als geteilte Stadt entfaltete ein besonderes Flair, nicht zuletzt dank der großzügigen Berlinhilfe. Worauf Ludwig Ehrhard befand, ‚die Leute verdienen sich an Berlin kaputt'. Letztlich laut Jens Bisky eine politische Zwickmühle offenbarend, ‚ohne Berlinhilfe-Gesetz verarmte die Halbstadt, während sie mit den Fördermaßen verflizte'. Es war die Zeit der Westberliner Küchen,

Kneipen und Clubs, die Peter Schneider in seiner Erzählung ‚Lenz' so einmalig charakterisierte. Während sich junge Westberliner Frauen emanzipierten, um 1968 im Henry-Ford-Bau der Freien Universität erste Küchenläden zur gemeinsamen Kinderbetreuung ins Leben zu rufen, entwickelte sich in den mehr als 4.000 Kneipen, Bars und Clubs der Stadt eine neue ‚Subkultur', an der sich die Alt-Berliner ebenso erfreuten wie die 50.000 in der Stadt lebenden ‚Kriegsdienstverweigerer', um über eine vom Militär befreite bessere Welt zu diskutieren.

1969 endete die zweite Amtsperiode des an Zerebral-Sklerose erkrankten Bundespräsidenten Lübke, der von dem SPD-Politiker Gustav Heinemann abgelöst wurde. Heinemann verstand es sehr geschickt, Linke wie Rechte hinter sich zu bringen. Indem er die einen zur ‚Selbstbeherrschung' aufrief und die anderen zu ‚einem eigenen Beitrag', damit sich ‚die Demonstranten nicht in Gewalttaten verrennen'. Wie sehr sich die Gesellschaft verändert hatte, zeigte sich im Oktober 1969 bei den Bundestagswahlen. Zwar konnte sich die CDU knapp als die stärkste Fraktion behaupten, doch schloss die SPD dicht auf. Während Kanzler Kiesinger von der Fortsetzung der Großen Koalition träumte, gelang dem SPD-Spitzenkandidaten Willy Brandt der Coup, sich mit dem FDP-Vorsitzenden Walter Scheel auf eine SPD-FDP-Koalition zu verständigen. Mit der Wahl Willy Brandts zum Bundeskanzler endete der Dienstag.

Der östliche Dienstagnachmittag brachte auch in der DDR Neuerungen. Auch hier wurde die Zuchthausstrafe abgeschafft, doch gleichzeitig das politische Strafrecht um die Regelung zur ‚staatsfeindlichen Hetze' ausgeweitet. Die DDR gab sich per Volksentscheid eine neue Verfassung, in der die Vision der ‚unteilbaren Republik' aufgegeben wurde. Gleichzeitig zerbarst der ‚Reformsozialismus' mit der Niederschlagung des ‚Prager Frühlings'. Denn für die ostdeutschen Jedermanns war der Panzereinmarsch russischer Truppen nichts anderes als ein militärischer Akt gegen ein sozialistisches Brudervolk, an dem sich zu allem Überfluss beim Nachschub auch die Truppen der Volksarmee beteiligten.

Das Politbüro führte das ‚Neue Ökonomische System Planung und Leitung' mit dem Ziel ein, den Wettbewerbsgedanken in den Prozess der Planwirtschaft zu integrieren. Was zur Folge hatte, dass Kombinate erstmals Gewinne erwirtschaften durften. Doch letztlich scheiterte dieses neue Anreizsystem an einer mangelnden Koordinierung der Pläne, sodass sich Ulbrichts Parole, ‚überholen statt einzuholen', letztendlich als hohle Phrase erwies. So viel zur Politik.

Über die ‚Neuen Schönen Künste'

Lass mich damit zu den ‚Neuen Schönen Künsten' überleiten, gekennzeichnet von der politischen Aufladung der modernen Gesellschaft. Joannes Mario Simmel schrieb ‚lieb Vaterland, magst ruhig sein' und ein Jahr später ‚alle Menschen werden Brüder'. Auch Konsalik nahm sich politischer Themen an. Nachdem er zunächst ‚Liebesnächte in der Taiga' verfasste, überraschte er die Jedermanns mit ‚Manöver im Herbst'.

Es war die große Zeit der Tonbandgeräte, mit denen die Jedermanns aus dem Radio ihre Musik in der von ihnen gewünschten Reihenfolge aufnehmen konnten. Und die Zeit, in der die Jedermanns Schallplatten kauften, um ihre Sammlungen stolz dem anderen Geschlecht zu präsentieren. Die Unterhaltungsmusik war durch eine tiefgreifende Spaltung in Schlager und Protestlieder gekennzeichnet. Lass mich mit den Schlagern beginnen, die nun gegen den immer dominierenderen Einfluss der angelsächsischen Musik zu kämpfen hatten. ‚Die Hitparade' von Dieter Thomas Heck spiegelte den Zeitgeschmack der Schlager wider, um mit der deutschen Antwort gegen die immer populärere Beatmusik aufzubegehren. Hier hörten die Jedermanns bekannte Schlager wie Siw Malmkvists ‚Liebeskummer lohnt sich nicht', Peggy Marchs ‚mit 17 hat man noch Träume', Drafi Deutschers ‚Marmor, Stein und Eisen bricht', Roy Blacks ‚Ganz in Weiß',

Udo Jürgens ‚Merci Chérie', Wenke Myhres ‚beiß nicht gleich in jeden Apfel', Peggy Marchs ‚Memories of Heidelberg', Heintjes ‚Mama' und Michael Holms ‚Mendocino'.

Der Siegeszug der englischen Beatmusik war jedoch nicht mehr aufzuhalten. Erst trugen deren Protagonisten noch Pilzköpfe und Anzüge mit Röhrenhosen. Doch bald wurden die Haare länger und Schlaghosen und Hemden weiter. Die Beatles mutierten mit ihrem Album ‚Sgt. Pepper's lonely Hearts Club Band' zu Ikonen wie auch die provokanter auftretenden Rolling Stones mit ‚I can't get no satisfaction'. Aus den Staaten schwappte zudem die Hippiebewegung und die Surfmusik der Beach Boys zu uns rüber. Der Jazz wurde atonal, auch geprägt von Albert Mangelsdorff, dem es eindrucksvoll gelang, Aufschwung, Atonalität und Harmonie zu einem neuen Klangmix zu vermengen. Zudem war es die Zeit des Easy Listening der Big Bands von Hans – alias James – Last, Hugo Strasser und Max Greger.

Neben diesen Beispielen zur apolitischen Musik entwickelte sich eine neue politisierende Musikrichtung, die bald als ‚Folk' bezeichnet wurde. Es war vor allem der Protestsänger Bob Dylan, dessen von einem unglaublichen literarischen Tiefgang gekennzeichnete Lieder sich mit ‚the times they are a'changing' gegen den Lebensstil der Alten und ‚we shall overcome some day' gegen den von den USA geführten Vietnamkrieg auflehnten. Auch deutsche Liedermacher machten nun mit Protestliedern auf sich aufmerksam. Gekennzeichnet durch eine offene Protesthaltung gegen das ‚Establishment' der ‚wirtschaftswunderdurchtränkten Heile-Welt-Moderne'. Zu den bekannten Balladen zählte Franz-Joseph Degenhardts ‚Spiel nicht mit den Schmuddelkindern, sing nicht ihre Lieder,/geh doch in die Oberstadt, mach's wie deine Brüder'. Aber auch die Protestlieder Reinhard Mays ‚Kaspar Hauser' und Hannes Waders ‚Alte Freunde'. Zudem schwappte die Stilrichtung französischer Chansons zu uns rüber. Auch hier dominiert von gesellschaftskritischen Texten. Erwähnen will ich hier Hildegard Knefs ‚von nun an ging's bergab' oder Gisela Jonas' ‚aber der Nowak lässt mich nicht verkommen'.

Im modernen Fernsehen entwickelten sich die ‚Edgar-Wallace-Filme' zu Straßenfegern, die die ganze Nation vor die Fernseher zogen. Auch liefen die ersten sieben Folgen der Serie ‚Raumschiff Orion' über den Äther, übrigens noch vor dem Anlaufen der amerikanischen Serie ‚Raumschiff Enterprise'. Zu den bekanntesten Unterhaltungsshows zählte Kuhlenkampffs Ratespiel ‚Einer wird gewinnen', die ‚Rudi-Carell-Show', die ‚Catharina-Valente-Show' sowie die Show von Vivi Bach und Dietmar Schönherr ‚Wünsch dir was'. Auch das Fernsehen verpolitisierte. Politiksendungen waren an der Tagesordnung, mit denen die Jedermanns geradezu bombardiert wurden. Erwähnen will ich hier nur die WDR-Politiksendung ‚Monitor' mit Claus Hinrich Casdorff, die sich erstmals mit gesellschaftskritischen Themen beschäftigte, während im Osten der linientreue Karl-Eduard v. Schnitzler den ‚Schwarzen Kanal' moderierte.

Das Kino verlor seine bisherige Anziehungskraft und entwickelte sich zunehmend zu einem Ort, an dem sich diejenigen trafen, die provokante Themen bevorzugten. Erst hatten Filme, die die sexuelle Freiheit thematisierten, Hochkonjunktur wie May Spiels ‚Zur Sache Schätzchen' und ‚Nicht fummeln Liebling', Klaus Lemkes ‚48 Stunden bis Acapulco' und Franz-Josef Spiekers ‚Wilde Reiter GmbH'. Das Gleiche galt für den Osten, wo Konrad Wolfs ‚Und ich war 19' eine breite Aufmerksamkeit erfuhr. Auch sozialkritische Kinofilme versuchten, sich jenseits des Main Streams durchzusetzen wie 1964 ‚der geteilte Himmel' von Konrad Wolf, ‚nicht versöhnt' von Jean-Marie Straub, ‚Es' von Ulrich Schamoni, ‚der junge Törless' von Volker Schlöndorff und insbesondere der erste Film ‚Katzelmacher' von Rainer Werner Fassbinder, in dem uns der junge Regisseur unsere Ausländerfeindlichkeit gegenüber einem griechischen Gastarbeiter vor Augen führte. Ein Film, der Hanna Schygulla berühmt machte. Im Osten ragte ‚Spur der Steine' von Frank Beyer hervor, wegen seiner Kritik am östlichen Wirtschaftssystem schnell verboten, mit dem der Hauptdarsteller Manfred Krug erstmals im Westen bekannt wurde. So viel zu den ‚Neuen Schönen Künsten'.

Über die ‚Klassischen Schönen Künste'

Damit will ich zu den ‚Klassischen Schönen Künsten der Moderne' überleiten, die sich wie die ‚Neuen Schönen Künste' immer mehr politisierten. Nun standen sich nicht mehr die ‚Informelle' und ‚Formelle Kunst' gegenüber, sondern brach ein neues Spannungsfeld hervor. Geprägt auf der einen Seite von einer antibürgerlichen Einstellung, für die sich bald der neue Begriff ‚Bohème' herauskristallisierte, um sich gegen die verbürgerlichte Welt aufzulehnen. Denn ‚Bohème' galt schon zu Marx' Zeiten als ein Synonym für das Proletariat. Und auf der anderen Seite die ‚l'Art pour l'Art', gekennzeichnet von dem Willen, sich allein auf die Kunst zu kaprizieren.

In der Architektur der Moderne entfaltete sich die ‚Bohème' in der betonschwangeren Geometrie des ‚Brutalismus'. Auch dieser Begriff wurde aus dem Französischen entlehnt, wo der ‚béton brut' – sprich rohe Beton – in den ästhetischen Mittelpunkt des architektonischen Interesses rückte. Geprägt vom Sichtbeton als Ausdruck geistiger Befreiung, um dem Kommerz eine neue Sinnlichkeit und der bürgerlichen Behaglichkeit eine ungeschminkte Realität gegenüberzustellen. Um auch mit einer verdichteten Bebauung antibürgerliche Wege zu beschreiten und bewusst mit der spießigen häuslichen Nachbarschaft zu brechen. Die Liste brutalistischer Bauwerke ist landauf, landab lang und reicht von der Berliner Gropius-Stadt über die ‚grünen Slums' des Wittenauer Märkischen Viertels und des Ihme-Zentrums Hannovers bis zum Mainzer Rathaus. Zumeist riesige Projekte, die die Jedermanns von düsteren Hausfluren und tristen Hinterhöfen zu befreien suchten und in einer neuen Sterilität endeten, in der sich die Jedermanns von sich selbst entfremdend in nie gekannter Anonymität begegneten. Auch das Steglitzer Rathaus erblickte das Licht der Welt wie das Berliner Europa-Center. Denn mit den Subventionen entdeckten immer mehr Spekulanten die geteilte Stadt, um sich an den Steuervergünstigungen die Hände zu wärmen. So baute der Radiohändler Pepper jenes

Hochhaus am Ende des ‚Kudamms', auf dem sich seither ein Mercedes-Stern als Symbol des Kapitalismus drehte. Jener Gebäudekomplex blieb für einige Jahre das höchste Hochhaus der Bundesrepublik, geprägt von einer überdachten Kneipenstraße, in der sich das nächtliche Leben Westberlins besonders entfaltete. Auch die Universitätsneubauten in Bochum und Bielefeld und die – von Gommola und Einhardt konzipierten – Maritim-Ferienhotels von Braunlage bis Timmendorf gehörten zu diesem neuen Stil. Sowie die Kirchenbauten des von Gottfried Böhm geplanten Velberter Wallfahrtsdoms in Form einer Stadtkrone und die sehr viel schwungvoller gehaltene, von Rainer Disse erbaute Feldbergkirche im Hochschwarzwald.

Auch im Osten erfreute man sich an der, von der Bohème gekennzeichneten verdichteten brutalistischen Bauweise. Wobei sich die SK65 Plattenbauten bis zu 25 Stockwerken auftürmten. Die von Henselmann erbaute Leipziger Universität als höchster Wolkenkratzer Deutschland setzte ein politisches Zeichen. 1965 entstand mit dem Ostberliner Fernsehturm zudem das höchste Gebäude Deutschlands, auch gedacht als Zeichen der Überlegenheit des Sozialismus gegenüber dem Kapitalismus. Versehen mit dem kleinen Schönheitsfehler, dass dieses sozialistische Vorzeigeobjekt aufgrund konstruktiver Erfordernisse ausgerechnet die Sonnenstrahlen in Form eines Kreuzes reflektierte.

Die ‚l'Art pour l'Art'-Architektur der Moderne suchte dagegen andere Wege. Um auf der einen Seite in schlichten Formen mit neuen Werkstoffen zu experimentieren. Der Stararchitekt Eiermann setzte sich mit seinen ‚Horten-Waben' in nahezu jeder Stadt ein Denkmal. Mies von der Rohe erbaute die Neue Nationalgalerie, eine beindruckend schlichte Glaskonstruktion. Im Osten konstruierte der in Giebichenstein lehrende Rudolf Horn für die Leipziger Möbelmesse sein berühmtes, von bunten Farben und strenger Linienführung gekennzeichnetes Baukastensystem, das sich bald in vielen Wohnzimmern der Plattenbauten wiederfand. Zu dieser ‚Stilrichtung' zählte schließlich auch die ‚Ruinen-Romantik' in Form der ‚Quedlinburger Platte'. Das waren zweigeschossige Betongebäude, der alten Fachwerkarchitektur nachempfunden, geprägt durch wiederverwandte historische Holztüren, die die Gebäude insgesamt sehr viel gefälliger aussehen ließen als die üblichen Plattenbauten. Vor allem sind die beiden großartigen Hyparschalen-Bauten zu nennen. Der DDR-Architekt Erich Kaufmann entwarf das Seerestaurant Teepott in Warnemünde und Ulrich Münther den Seenot-Rettungsturm von Binz.

Die Malerei der Moderne prägte ebenfalls das Gegensatzpaar von ‚Bohème' und ‚l'Art pour l'Art'. Die Bohème entfaltete sich dank ihrer Protagonisten Beuys, Export und Klauke immer provokanter. Joseph Beuys forderte den Siegeszug des Alltäglichen durch die Verklärung des Gewöhnlichen als Utopie einer besseren Gesellschaft infolge der damit verbundenen Kreativität. Er versah sein berühmtes Plakat über die Deutsche Bank mit der Unterschrift, ‚von jetzt an werden Namen und Fakten genannt'. Um die Jedermanns nicht mehr nur mit seinen von Filz und Fett durchtränkten ‚Schlitten' oder ‚Rudeln' zu beglücken, sondern auch mit 24-Stunden-Happenings zu konfrontieren. Womit er die Jedermanns mit einer ganz neuen dynamisierten Kunst überraschte. Valle Export ließ sich mit ihrem ‚Tapp- und Tastkino' ihre Brüste ertasten, um mit diesem erlaubten Akt der sexuellen Nötigung den materialistischen Voyeurismus in den Augen der Ertaster zu enttarnen. Und Jürgen Klauke brachte mit seinen ‚Grüßen aus dem Vatikan' blasphemisch priesterliche Handlungen mit Sexualpraktiken in Verbindung.

Die ‚l'Art pour l'Art' entfaltete sich einerseits im ‚Fraktalismus'. Hier ist das Viergestirn Baselitz, Richter, Tübke und Polke zu nennen. Gerhard Richter machte mit seinen Fotoreproduktionen etwa der ‚Niagarafälle' auf sich aufmerksam und Werner Tübke mit seinen ‚Lebenserinnerungen des Dr. iur. Schulze'. Sigmar Polke schuf sein berühmtes Gemälde ‚Bunnies', dabei mit dem Druckbild grobrastiger Fotografie experimentierend, und Georg Baselitz ‚die großen Freunde'. Andere Stilarten entwickelten dagegen Nay, Stankowski, Hecker, Ernst und Paris. Ernst Wilhelm Nay mit seiner ‚Rotfiguration', Anton Stankowski mit verschiedenfarbigen schlicht geometrischen Quadraten und Dreiecken, zu denen bald auch das neue Firmenlogo der Deutschen

Bank gehörte. Günther Hecker schuf sein von Nägeln übersätes ‚Selbstportrait', deren Schatten das Gesicht des Künstlers zu jeder Tageszeit anders aussehen lassen, und Max Ernst sein spätsurrealistisches ‚L'oiseau rose'. Im Osten begeisterte Helga Paris mit ihren typischen Fotografien von Ostberliner Alltagsszenen. Um die klassische Musik wurde es immer stiller, zumindest was die modernen Komponisten der ‚Bohème' anbetrifft. Als der bedeutendste Vertreter der weiterhin existenten Zwölftonmusik entwickelte sich Karlheinz Stockhausen mit seinen variablen Prozesskompositionen einer intuitiven Musik. Doch im Grunde drohte die klassische Musik zwischen der Publikumsbegeisterung für die klassischen alten Meister und der Vielfalt der neuen Unterhaltungsmusik zerrieben zu werden.

Auch in der Literatur standen sich ‚Bohème' und ‚l'Art pour l'Art' unversöhnlich gegenüber. Zu den Literaten der Bohème zählten Wolf, Kipphardt, Brinkmann, Biermann und Fromm. 1968 veröffentlichte Christa Wolf ihr ‚Nachdenken über Christa T.', in der sie ihre Trauer um den Tod ihrer Freundin verarbeitete, die ungeduldig, wahrheitshungrig eine neue Identität zu entwickeln suchend stufenweise begreift, dass in der Moderne die Gesellschaft auf solche Individuen keinen Wert mehr legt. Denn nun sind angepasste, lebenstüchtige, funktionierende Tatsachenmenschen gefragt. Heinar Kipphardt verfasste seine großartigen Werke ‚in der Sache J. Robert Oppenheimer' und ‚Bruder Eichmann' und Rolf Dieter Brinkmann ‚keiner weiß mehr'. Während der DDR-Literat Wolf Biermann seine ‚Drahtharfe' dichtete, ‚ich soll von Glück euch singen/einer neuen Zeit./Doch eure Ohren sind von Reden taub./Schafft in der Wirklichkeit mehr Glück,/dann braucht ihr nicht so viel Ersatz'. Als vielleicht unser geheimnisvollster Literat entpuppte sich Paul Celan, der 1958 seinen Gedichtband ‚Atemwende' veröffentlichte. Der sein Gedicht ‚keine Sandkunst mehr' mit einer von der Sprache zur melodischen Frequenz überleitenden Dichtkunst enden ließ: ‚Dein Gesang, was weiß er?/Tiefimschnee/iefimnee/I – i – e'.

Erich Fromm verfasste sein Buch ‚die Kunst der Liebe', das schnell zum Bestseller wurde, mit dem er uns die unterschiedlichen

Formen der Liebe von der Nächstenliebe über die Mutterliebe, die erotische Liebe und Selbstliebe bis hin zur Liebe zu Gott näherbrachte. Diese Analyse trug zur kollektiven Abschwächung der Freud'schen Libidotheorie bei, was den Weg zum ‚gesunden Sex' freimachte und die Erkenntnis förderte, dass Affären Fluchtwege aus der Monogamiefalle sind, ‚denn es gibt kaum ein Unterfangen, das mit einer solchen Regelmäßigkeit schiefgeht wie die Monogamie'." „Weil wir sie erst seit 7.000 Jahren praktizieren", wirft Claudia ein. Um zu ergänzen: „Was nichts anderes bedeutet, als die folgende Erkenntnis: Setzt man den Beginn der Menschheitsgeschichte bei dem Jahr 1 Mio. vor Christus an und betrachtet die Zeit seither, so wären wir erst seit sieben Minuten monogam." „Da magst du sicher recht haben", erwidert Bernd. „Wusstest du übrigens, dass die moderne Medizin vier Liebestypen unterscheidet, nämlich die des Diplomaten, des Wegbereiters, des Entdeckers oder des Gründers?" „Was soll das denn schon wieder", erkundigt sich Claudia. Um dann schmunzelnd fortzufahren: „Eines weiß ich jedenfalls. Während Josef ein echter Diplomat ist, bin ich mir bei dir ziemlich sicher, dass du zum Typus des Entdeckers zählst." „Wie kommst du denn auf dieses schmale Brett?" „Mensch Bernd, niemand liebt ausschließlich aus freiem Willen, sondern insbesondere aufgrund hormonaler, tief in uns verwurzelter Sympathien!" Bernd sieht sie fassungslos an. „Wenn ich dich jetzt, mein Lieber, küsse, so liegt das daran, dass ich deine Lippen heute soo schön rot wahrnehme. Mehr nicht." Mit diesen Worten erhebt sie sich, um sich ihm von der Seite aus zu nähern, um mit ihrer Zunge seine Wange abzuschlecken. Bernd lässt dies kommentarlos über sich ergehen, sich still daran erfreuend, wie an den Nachbartischen ein allgemeines Raunen einsetzt. „Du schmeckst echt gut, irgendwie eine tolle Mischung aus Schweiß, Wein und Rasierwasser." Dann küsst sie ihn leidenschaftlich auf den Mund. „Spürst du das auch, jenes Glücksgefühl?" „Na klar." Plötzlich steht der Kellner neben ihr. „Darf ich noch mal nachschenken?" Sie zuckt zusammen, um sich mit dem Bemerken „ja gerne" wieder auf ihren angestammten Platz zu setzen.

Während Bernd übergangslos weitermacht, „zu den Literaten der ‚l'Art pout l'Art'-Literatur zählten für mich vor allem Kunze und Lenz. Der DDR-Literat Reiner Kunze veröffentlichte seinen Gedichtband ‚sensible Wege' und Siegfried Lenz seine ‚Deutschstunde', mit der er die vermeintliche Geschichte des von den Nationalsozialisten verfolgten Emil Nolde romanhaft schildert, um vergeblich den Sohn des ewig gestrigen Dorfpolizisten nicht nur in der NS-Zeit, sondern auch in der Nachkriegszeit vor der Gesinnung seines eigenen Vaters zu schützen."

Wieder summt Bernds Handy. Claudia befindet: „Geh doch endlich dran, wir haben doch gerade den Dienstag abgeschlossen." „Ich denke nicht dran, die Kultur ist mir wichtiger. Außerdem kenne ich die Nummer gar nicht." „Ich weiß gerade gar nicht, ob ich weitermachen will, mein Lieber. Ist gerade alles so schön bunt hier." „Weiß nicht, ich glaube, bei mir wirkt das Zeug nicht so stark." „Du, ich muss mal einen Moment verschwinden", befindet sie, um sich in Richtung Toilette zu begeben. „Kein Problem, ich habe Zeit!", ruft er ihr noch hinterher. Bernd beobachtet die um sie sitzenden Gäste. Es scheinen ausnahmslos Berliner zu sein, was er immer angenehmer empfindet, als inmitten eines Schwarms von Touristen zu hocken. Auf einmal verstummen die Gespräche. Alle blicken in Richtung Küche. Claudia erscheint, ihre Bluse lässig über der Schulter schwingend. Nur noch bekleidet mit einem seidenweißen Unterhemd, das sich an ihre BH-losen Kurven eindrucksvoll anschmiegt. Doch was ihn noch mehr erstaunt, ist, dass sich ihre Haare zu einer wahren Mähne ausdehnten. „Mensch, du traust dich was." „Warum, mir ist nur zu warm. Und der blöde Wasserhahn fing dermaßen an zu spritzen, als ich meinen Kopf darunterhielt, dass meine Locken wieder herauskamen. Denn einen Föhn habe ich leider nicht dabei. Meinst du, ich muss die Bluse wieder anziehen?" „Ne, warum, sieht doch echt stark aus." Erst jetzt setzt allmählich die vertraute Geräuschkulisse wieder ein. Doch bleibt es Bernd nicht unbemerkt, dass die meisten Augen der Nachbarn an Claudia haften. „Au weia, wenn das mal keinen Ärger mit Josef gibt", murmelt er leise vor sich hin. „Meinst du?", erkundigt er sich ein wenig scheinheilig, „lass mich mal weitermachen." „Von mir aus gerne, mein Lieber."

Mittwoch der ‚Ära der Hochmoderne' (1970 bis 1982)

„Auch der Mittwoch unterteilt sich in zwei Phasen. In den Mittwochmorgen der ‚Aussöhnungspolitik' Willy Brandts und den Mittwochnachmittag der ‚Deutschland-im-Herbst-Zeit' der Kanzlerschaft Helmut Schmidts. Der westliche Mittwochmorgen war dank des Kanzlers Willi Brandt eine Zeit der allgemeinen ‚Aufbruchsstimmung'. Bereits im Januar 1970 holte Brandt zum ersten Paukenschlag aus, indem er seinen politischen Weggefährten Egon Bahr zu deutsch-russischen Verhandlungen über eine ‚Aussöhnung mit dem Osten' nach Moskau entsandte. Er selbst begab sich im März 1970 nach Erfurt, um sich dort mit dem Vorsitzenden des DDR-Ministerrates Willi Stoph zu treffen. Tausende brüllten zum Zeichen ihrer Zustimmung ‚Willy, Willy' vor seinem Fenster am Erfurter Bahnhof. Der Durchbruch gelang im Mai 1970 mit der mit Russland vereinbarten Formel, sich zwar nicht auf eine ‚Unveränderbarkeit', aber doch ‚Unverletzlichkeit' der mitteleuropäischen Grenzen verständigen." „Das ist doch Semantik", wirft Claudia ein. „Wo soll denn da, mein Lieber, ein Unterschied sein?" „Vor allem die Vertriebenenverbände protestierten lautstark, wenn es um die ‚Unveränderbarkeit' der Grenzen ging. Denn sie träumten von einer Rückkehr in ihre Heimat. Dagegen half nur eine neue Begrifflichkeit." „Ach so."

„Auch innenpolitisch beschritt Brandt mit seinem ‚mehr Demokratie wagen' neue Wege. Mit dem neuen Betriebsverfassungsgesetz, mit dem die Mitbestimmungsrechte der Arbeitnehmervertreter gestärkt wurden. Mit der Ehereform, in der ‚die Schuldfrage' in Scheidungsfällen für die Bemessung des Unterhaltes keine Rolle mehr spielte. Mit neuen Sozialgesetzen zur Verbesserung wirtschaftlich Benachteiligter. Mit der Reform der Fristenregelung des § 218 StGB beim Schwangerschaftsabbruch, ausgelöst durch Alice Schwarzer, die sich zusammen mit 300 Frauen im ‚Stern' dazu bekannte, ‚wir haben abgetrieben'. Mit der Mitbestimmung der Lernenden an Schulen und Universitäten und der Einführung des BAFÖGs, um allen Studierenden die finanziellen Voraussetzungen für eine akademische Ausbildung zu ermöglichen. Und mit einer ‚Rentenreform', um die Einkommen der Rentner zu steigern. All diese Reformen lösten auch in den Tarifverhandlungen Begehrlichkeiten aus, eine zunehmende Staatsverschuldung wie Inflation auslösend. Finanzminister Helmut Schmidt versuchte, die Gemüter zu beruhigen, ‚lieber fünf Prozent Inflation als fünf Prozent Arbeitslosigkeit'. Worauf Konservative mit dem Slogan antworteten, ‚macht es wie die Preise, lauft der SPD davon'. Die APO versank inmitten dieses Reformprozesses in der politischen Bedeutungslosigkeit. Bis auf einen kleinen radikalen Flügel, der sich fortan ‚Rote-Armee-Fraktion' (RAF) nannte, um eine grundsätzliche Gesellschaftsänderung mit Waffengewalt zu erzwingen. Der verhaftete RAF-Terrorist Andreas Bader wurde von der Journalistin Ulrike Meinhof gewaltsam befreit, worauf beide nach Syrien flüchteten, um sich dort paramilitärisch ausbilden zu lassen.

Außenpolitisch setzte derweil Willy Brandt seinen Aussöhnungskurs mit Polen fort, die Oder-Neiße-Grenze anerkennend und anlässlich der Vertragsunterzeichnung im Dezember 1970 – einer spontanen Eingebung folgend – am ‚Denkmal für die Opfer des Warschauer Ghettoaufstandes' niederkniend. Ein Bild, das um den Globus ging und sicherlich dazu beitrug, dass ihm im Folgejahr der Friedensnobelpreis verliehen wurde. Und das auch den Polen zeigte, er meinte es mit der Aussöhnung ernst. Dann gestanden sich beide deutschen Staaten im deutsch-deutschen ‚Grundlagenvertrag' wechselseitig eine ‚Souveränität eigener Art' zu, sich auf gutnachbarliche Beziehungen verständigend. Fortan hießen die diplomatischen Vertretungen nicht Botschaften, sondern ‚Ständige Vertretungen'. Mit diesem Reformkurs gelang Brandt die ostdeutsche Zusage für weitere Reiseerleichterungen für in die DDR reisende Westdeutsche.

Anschließend war jedoch noch die Hürde der Ratifizierung dieser Verträge zu nehmen. Im Februar 1972 begannen die Bundestagsdebatten zu den Ostverträgen. Da die Regierung jedoch nur über eine knappe Zwei-Stimmen-Mehrheit verfügte und sich zwei FDP-Abgeordnete zudem kritisch zu den Ostverträgen äußerten, erwies sich die Diskussion als ein Straßenfeger. Wer irgendwie konnte, machte frei. Selbst in den Schulen wurden die Bundestagsdebatten vor der ‚Glotze' verfolgt. Die ähnlich scharf wie kontrovers geführt wurden wie zur Westorientierung zu Adenauers Zeiten. Die CDU-Opposition überraschte mit einem konstruktiven Misstrauensantrag, in der Hoffnung, Kanzler Brandt habe nicht mehr die Mehrheit des Bundestages hinter sich. Doch der scheiterte. Darauf gab die CDU ihre Opposition auf und akzeptierte die Ostverträge als ‚Modus vivendi'. Allerdings bestand der CDU-Oppositionsführer darauf, dass Russland noch einmal ausdrücklich bestätigen sollte, die bestehenden Grenzen als ‚nicht endgültig' anzusehen. Worauf das kleine Wunder geschah, dass sich die russische Seite hierauf einließ. Damit war endlich der Weg frei für eine Ratifizierung der Ostverträge, in deren Folge beide deutsche Staaten der UN beitraten und sich Brandt schließlich auch noch mit Prag aussöhnte.

Innenpolitisch beschäftigten sich die Jedermanns erstmals mit der ordnungsgemäßen Beseitigung des Abfalls. Während es bisher überall wilde Deponien gab, regelte nun ein Abfallbeseitigungsgesetz dessen ordnungsgemäße Entsorgung. So tauchten überall Altglascontainer auf. Zudem einigte man sich 1972 auf ein internationales Abkommen, mit dem die Verklappung in der Nordsee verboten wurde, sprich die Reinigung der Tanks auf hoher See. Worauf die Jedermanns an der Nordsee eine ganz neue Erfahrung machten, entspannt an den Stränden schlendern zu können, ohne wie bisher pausenlos in über den Strand verteilte Teerablagerungen zu treten.

Es war die Zeit, in der sich in unseren Innenstädten landauf, landab Fußgängerzonen durchsetzten. Auch wurde der öffentliche Nahverkehr ausgebaut, wozu auch in den Innenstädten U-Bahn-Linien gebaut wurden. Worauf die Ticket-Preise stiegen.

Bis die von Dietrich Kittner initiierte ‚Roter-Punkt-Aktion' in Hannover und Dortmund gegen Fahrpreiserhöhungen eine bundesweite Aufmerksamkeit erweckte und diese wieder gesenkt wurden. Nicht zuletzt, weil das Lied ‚Mensch Meier' der Rockband Ton Steine Scherben landauf, landab gespielt wurde. Dann beherrschte der Radikalenerlass die öffentliche Diskussion, mit dem radikalen Mitgliedern extremistischer Organisationen eine Verbeamtung untersagt wurde. Nach einem Angriff auf eine amerikanische Kaserne in Heidelberg konnten die Terroristen Bader und Meinhoff dingfest gemacht werden.

Im Sommer 1972 fanden in München die Olympischen Sommerspiele statt, die, als heitere Spiele geplant, von der Gefangennahme israelischer Sportler im Münchener Olympischen Dorf durch die palästinensische Gruppe ‚Schwarzer Freitag' überschattet wurden. In der polizeilichen Befreiungsaktion starben alle Geiseln wie auch die fünf Terroristen. Der Übertritt eines SPD-Abgeordneten zur CDU zwang Brandt zu vorgezogenen Bundestagswahlen, die er für sich entscheiden konnte. Dann folgte der ‚Ölpreisschock' infolge stark ansteigender Ölpreise, nachdem die Erdölländer im November 1972 beschlossen, ihre Förderung um 25 % zu drosseln. Die Bundesregierung sah sich nun genötigt, ein Energie-Sicherungsgesetz zu verabschieden, das die Regelung des Verbrauchs von Öl und Gas vorsah. An vier Wochenenden hintereinander gab es Fahrverbote in ganz Deutschland, mit denen sich der ‚Ölpreisschock' in das kollektive Gedächtnis einbrannte.

In Berlin begann die Zeit der Hausbesetzer-Szene, ausgelöst 1971 durch ein ‚Teach-In' im Audimax der Technischen Universität. Erst traten Ton Steine Scherben auf, dann rief Rio Reiser die Anwesenden dazu auf, das in Kreuzberg leer stehende Bethanien-Schwesternwohnheim zu besetzen. Ein Aufruf, dem viele folgten. Der Polizei gelang es nicht, das Gebäude wenig später von den Demonstranten wieder zu befreien, die ‚Frieden den Hütten und Krieg den Palästen' skandierten. Worauf Rio Reiser dichtete, ‚der Mariannenplatz war blau,/so viele Bullen waren da./Und Mensch Meier musste heulen,/das war wohl das Tränengas./Und es fragte irgendeiner,/sag mal, ist das heut ein

Fest?/So was Ähnliches sagt einer,/das Bethanien wird besetzt'. Gleichzeitig entstand in Westberlin eine erste Schwulengemeinde, die sich im Sommer 1971 im ‚Kino Arsenal' traf, um die ‚Homosexuelle Aktion Westberlin' zu gründen.

1973 beherrschten ins Zweistellige ausufernde Lohnforderungen des Öffentlichen Dienstes die Medien und streikten Fluglotsen über Monate, die für chaotische Verhältnisse an deutschen Flughäfen sorgten. Die Bundesregierung hielt sich bedeckt. Wie eine Bombe platzte dann die Mitteilung der Inhaftierung des Kanzlermitarbeiters Günter Guillaume, dem es gelungen war, sich als DDR-Spion Zutritt zu geheimen NATO-Dokumenten zu verschaffen. Als der SPD-Fraktionsvorsitzende Herbert Wehner hierauf den ‚Rücktritt des Kanzlers als die nächstliegende Lösung' bezeichnete, sah sich Brandt nach dieser nüchternen Analyse seines Parteifreundes im Mai 1974 genötigt, zugunsten Helmut Schmidts zurückzutreten. Womit der Mittwochmorgen endete.

Der östliche Mittwochmorgen stand naturgemäß ebenfalls im Zeichen der Aussöhnung, wenn auch eher gezwungenermaßen. Im Januar 1971 fuhr das für die Sicherheit verantwortliche Politbüromitglied Erich Honecker nach Moskau, um den dortigen Staatsratsvorsitzenden Breschnew aufzufordern, den in politischer Bewegungslosigkeit erstarrenden Walter Ulbricht fallen zu lassen. Breschnew gab diesem Wunsch schließlich im Mai 1971 nach, um grünes Licht für Honecker als dessen Nachfolger zu signalisieren. Honecker begann auf der einen Seite, mit Selbstschussanlagen die innerdeutsche Grenze endgültig unpassierbar zu machen. Honecker trumpfte auf der anderen mit Reformen auf, auch wenn die meisten nur optischer Natur waren. Dazu gehörten die Umbenennung des ‚Deutschlandsenders' in ‚Stimme der DDR', die inflationäre Verleihung von Orden- und Ehrenzeichen und die Abschaffung der bisherigen Nationalhymne Bechers ‚Auferstanden aus Ruinen'. Diese durfte nicht mehr gesungen, sondern nur noch gespielt werden, weil sie die Zeile vom ‚Deutschland einig Vaterland' enthielt.

Doch bei zwei weiteren Reformen konnte sich Honecker der Zustimmung aller DDR-Bürger sicher sein. Nämlich bei der

Steigerung des Wohnungsbaus und der Einführung des ‚Konsum-Sozialismus'. Hierzu wurde die Produktion der Staatsbetriebe weg von Exportprodukten hin zu Konsumgütern wie Kühlschränken und Fernsehgeräten ausgerichtet. Bis auf die weiterhin begrenzte PKW-Produktion, weshalb die DDR-Bürger auch weiter mehr als ein Jahrzehnt auf die Auslieferung der von ihnen georderten PKWs warten mussten. Letztlich führten die Maßnahmen Honeckers zu einem sichtbar höheren Lebensstandard wie auch zu einer steigenden Staatsverschuldung. Auch in Ostberlin wurde es bunter. In Friedrichshain entstand die ‚Kommune 1 Ost'. Auch sie pflegte den freien sexuellen Umgang – aus der tief sitzenden Sorge vor dem ‚Eheknast'. Auch sie protestierte gegen den Vietnamkrieg wie gegen das Regime. Worauf die SED-Führung einen Teil der Kommune in den Westen ‚ausbürgerte'.

Der westliche Mittwochnachmittag begann 1974 mit der Kanzlerschaft Helmut Schmidts, für die sich bald wegen des einsetzenden Terrorismus der Begriff ‚Deutschland im Herbst' durchsetzte. Helmut Schmidt, für seine Scharfzüngigkeit in Parlamentsdebatten oft als ‚Schmidt-Schnauze' bezeichnet, entpuppte sich als ein, sich auf Kant berufender pragmatischer Verantwortungsethiker. Er nutzte die in Helsinki tagende Konferenz über Sicherheit und Zusammenarbeit in Europa (KSZE) gleich zu Beginn seiner Kanzlerschaft zu einem Kennenlernen mit Honecker. Beide verständigten sich darauf, zielorientiert die Verabschiedung der in Helsinki zur Diskussion stehenden ‚drei Körbe' mitzugestalten. Während sich die Ostblockstaaten viel vom ‚Korb 2' der engeren Zusammenarbeit in Wirtschaft, Wissenschaft, Technik und Umwelt versprachen, bestand der Westen auf dem ‚Korb 3', in dem sich alle Teilnehmer in West und Ost auf humanitäre Fragen verständigten. Doch vor allem sollte sich der vom Westen geforderte ‚Korb 1' als explosiv entpuppen, mit dem sich alle Europäer in Ost und West auf die Achtung der Menschenrechte sowie auf die Gewissens-, Religions- und Überzeugungsfreiheit verständigten.

Innenpolitisch hatte Kanzler Schmidt mit dem Terrorismus zu kämpfen. Die ‚Rote Armee-Fraktion' (RAF) versuchte, mit terroristischen Aktionen die Freilassung Baders und Meinhoffs zu erzwingen, zunächst den Kammergerichtsrat Günter v. Drenkmann hinrichtend, dann zwei Geiseln in der deutschen Botschaft in Stockholm, gefolgt vom Generalbundesanwalt Buback, dem Vorstandsvorsitzenden der Dresdner Bank Jürgen Ponto und schließlich dem Vorsitzenden der Arbeitgeberverbände Martin Schleyer. In diese Erpressungsversuche um die Freilassung von Bader und Meinhoff reihten sich vier arabische Terroristen ein, die die Lufthansa-Maschine ‚Landshut' kaperten. Der Kanzler blieb hart, sich nicht auf einen Gefangenentausch einlassend. Schließlich wurden die Passagiere der ‚Landshut' von einem neu eingerichteten Sonderkommando des Bundesgrenzschutzes namens GSG9 in Mogadischu befreit. Der Bundestag verabschiedete ein Anti-Terror-Gesetz, mit dem die Haftbedingungen für inhaftierte Terroristen verschärft wurden. Jürgen Habermas veröffentlichte sein Werk ‚Legitimationsprobleme im Spätkapitalismus'. Darin sich an jedes Individuum unserer Gesellschaft wendend, sich aktiv am Entwurf der kollektiven Identität zu beteiligen. Sowie aufgrund der deutschen Geschichte eine ‚Pflicht zum kosmopolitischen Denken' einfordernd.

Es begann eine neue Wohnkultur. 1974 eröffnete in München der erste IKEA-Markt, dem bald fünfzig weitere folgen sollten, um die noch existente, wenn auch reduzierte, mit Raffquasten-Vorhängen, Eiche-rustikal-Wandschränken und Zierborten-Lampenschirmen geprägte gutbürgerliche Wohnkultur hinwegzufegen. Stattdessen erfreuten sich die Jedermanns am skandinavisch einfachen Geschmack. Dieser war preiswert, hatte aber den Nachteil, dass die erworbenen Möbel erst mühselig zusammengebaut werden mussten. Damit mutierten die Jedermanns zu Hobby-Handwerkern.

1974 wurde das Gesetz gegen die schlechte Luft verabschiedet. Mit diesem Bundes-Immissionsschutzgesetz sollte erstmals insbesondere der Smog des Ruhrgebietes bekämpft werden. Gleichzeitige verständigte man sich international für die Nordsee auf ein Verbot der Verklappung umweltgefährdender Stoffe aus Festlandquellen. 1975 wurde die Bundesrepublik mit einer erneuten Öldrosselung der erdölfördernden Länder konfrontiert. Die steigenden Ölpreise führten zu einem Rückgang des Bruttoinlandsprodukts um 2%. Kanzler Schmidt und der französische Staatspräsident einigten sich zur besseren Koordinierung der internationalen Politik auf die Gründung eines Weltwirtschaftsgipfels der Staats- und Regierungschefs der sechs größten Volkswirtschaften namens G6. Der kaum noch wettbewerbsfähige Kohlebergbau und die Abhängigkeit vom Öl veranlassten die Energiekonzerne, auf die Atomkraft zu setzen. Mit dem Bau der Kernkraftwerke in Wyhl, Grohnde und Brokdorf und den Probebohrungen im Wendland – zur Untersuchung einer dort geplanten Endlagerstätte für atomaren Müll – formierten sich Bürgerbewegungen. Mehr als 100.000 Teilnehmer demonstrierten in Bonn auf der bis dato größten Demonstration im Westen. Wer dabei war, verspürte förmlich den Beginn eines neuen Zeitalters in Form einer neuen Vision jenseits des immer mehr lähmenden Ost- und West-Konfliktes.

1978 erklärte der niedersächsische Ministerpräsident Albrecht seine öffentliche Bereitschaft, 1000 ‚Boat People' in Hannover aufzunehmen. Nach dem Ende des Vietnamkrieges, in dem sich der kommunistische Norden gegen den von den Amerikanern kontrollierten Süden durchgesetzt hatte, versuchten viele Südvietnamesen, mit Booten vor den Schikanen der Kommunisten zu fliehen. Albrecht sah es als eine humanitäre Pflicht an, jenen beiseitezustehen.

Es war die Zeit der Clubs, die Tausende zum Tanzen anlockten. Erwähnen will ich den Berliner ‚Dschungel' in der Nürnberger Straße, dem Andrea Humpe mit ihrem Lied ein Denkmal setzte, ‚mal sehn, was im Dschungel läuft, Musik ist heiß, das Neonlicht strahlt. Irgendjemand hat mir 'nen Gin bezahlt, die Tanzfläche kocht, hier trifft sich die Szene, ich fühl mich gut, ich steh auf Berlin'. Ein Lebensgefühl, das von Berlin auf die gesamt Republik ausstrahlte. Neben den ‚Kriegsdienstverweigerern' zog es nun auch viele Ausländer nach Berlin. So den Amerikaner David Bowie, der die Westberliner Zeit später als seine glücklichsten Jahre bezeichnete.

1979 fielen russische Truppen in Afghanistan ein, um kommunistischen Putschisten zur Hilfe zu kommen. Amerika wie Deutschland antworteten mit einem Boykott der in Moskau 1980 stattfindenden Olympischen Spiele. Das vergiftete die Atmosphäre der Abrüstungsverhandlungen beider Großmächte. Inmitten dieser schwierigen Gemengelage informierte der amerikanische Präsident die entsetzte Öffentlichkeit über seine Pläne zur Stationierung nicht nur atomarer Kurz-, sondern nun auch Mittelstreckenraketen. Der englische Premier Callahan hielt es nur für möglich, diese zu verhindern, wenn sich Russland von einer beiderseitigen Abrüstung überzeugen ließe. Helmut Schmidt übernahm diese Forderung. So entstand das Konzept des ‚NATO-Doppelbeschlusses, wonach der Westen auf die Stationierung neuer Raketen im Falle des positiven Ausgangs der Abrüstungsverhandlungen verzichtete. Schmidt gelang aus Anlass eines Moskauer Staatsbesuches, Breschnew dazu zu bringen, hierüber mit den Amerikanern bilateral zu verhandeln, selbst wenn ihm durchaus bewusst war, dass weder die BRD noch die DDR einen direkten Einfluss auf diese weltpolitische Frage hatten.

1979 fand die erste Europawahl statt. Damit verbanden viele die Hoffnung, dass Europa jenseits der Treffen der Rats- und Regierungschefs und der im Verborgenen agierenden Europäischen Kommission etwas transparenter werde. Was sich als zäher Prozess erweisen sollte. Während Europa mit sich rang, verlor es gleichwohl nicht seine Anziehungskraft. Zumindest empfahlen sich weitere Nachbarn als Aufnahmekandidaten.

Man stritt über die vom ‚Club of Rome' provozierte Frage der ‚Grenzen des Wachstums'. Diese Vereinigung prognostizierte ein Anwachsen der Weltbevölkerung, eine exponentielle Industrialisierung, eine globale Umweltverschmutzung sowie ein baldiges Ende fossiler Energiequellen. Was den CDU-Abgeordneten Herbert Gruhl dazu veranlasste, mit seinem Buch ‚Ein Planet wird geplündert' einen Umdenkprozess einzufordern. Worauf der CDU-Fraktionschef Helmut Kohl den ‚lästigen Hinterbänkler' ausgrenzte, der enttäuscht die CDU verließ, um sich nach einer neuen politischen Heimat umzusehen. Die Geburtsstunde der Grünen vereinte dabei ganz unterschiedliche Charaktere, von dem Künstler Joseph Beuys über die Friedensaktivistin Petra Kelly, ihren Lebenspartner Ex-General Gert Bastian bis hin zum konservativen Bundestagsabgeordneten Herbert Gruhl. Der Gründungsparteitag der Grünen fand 1980 in Karlsruhe statt, bei dem sich so manche die Augen rieben. Denn nun wollten langbärtige Pulloverträger, strickende ältere Frauen und junge Mütter mit ihren Kleinkindern im Arm Politik machen. Das mediale Echo der vorzeitig endenden Versammlung war verheerend. Die ‚Süddeutsche Zeitung' sprach vom Ende der grünen Hoffnungen. Doch was viele übersahen, waren hinter den Fassaden die Sorgen und Nöte der Jedermanns, die der kompromisslosen Ablehnung der militärischen wie friedlichen Nutzung der Kernenergie verdammt viel abgewinnen konnten. Die Grünen erhielten jedenfalls bei den im Oktober 1980 stattfindenden Bundestagswahlen 2 % der Stimmen.

Im Westen tauchten erste private Radiosender auf. Da diese illegal waren, nannten sie sich folglich ‚Piratensender'. Der erste hieß ‚Piratensender unfreies Westberlin'. Dann startete auch das ‚Radio freies Wendland' seinen illegalen Sendebetrieb. Alles blickte gespannt nach Karlsruhe, wo 1981 das Bundesverfassungsgericht in seinem Rundfunkurteil das gesetzliche Sende-Monopol für öffentlich-rechtliche Sender aufhob. Worauf die Radio- und Fernsehlandschaft aufgrund des Wettbewerbsdrucks weniger indoktrinierend und musikalisch bunter wurde. Zeitgleich wurden die Jedermanns kulinarisch von der McKultur mitgerissen. Die auf den Verzehr von Hähnchen und Schnitzeln fokussierte Esskultur der Wienerwald-Restaurantkette ablösend, die mit dem Slogan warb, ‚heute bleibt die Küche kalt, wir gehen in den Wienerwald'. Jedenfalls setzten sich schnell landauf, landab McDonald-Schnellrestaurants durch, mit denen die Jedermanns den Hamburger für sich entdeckten.

Derweil geriet Kanzler Schmidt vor den Augen der Öffentlichkeit immer mehr in die Zange widerstreitender Ziele. Auf der einen Seite wegen der weiter steigenden Staatsverschuldung als Folge der wirtschaftlichen Krise infolge der Verfünfzehnfachung des

Ölpreises gegenüber 1971. Was den FDP Wirtschaftsminister Graf Lambsdorff dazu veranlasste, eine ‚Wende im Denken und Handeln' einzufordern. Und auf der anderen Seite wegen der parteiintern scharfen Kritik am Festhalten des NATO-Doppelbeschlusses. Angefeuert durch zwei offene Briefe. Zum einen des DDR-Regimekritikers Robert Havemann, der die Zeit für Friedensverträge und den Abzug der Besatzungstruppen für gekommen hielt. Und den des DDR-Pastors Rainer Eppelmann mit der provokanten Überschrift ‚Frieden schaffen ohne Waffen'. Um auf die zunehmende Gefahr des atomaren Aufmarschgebietes des geteilten Landes hinzuweisen. Kanzler Schmidt suchte beide Seiten im Bundestag durch ein Misstrauensvotum zu disziplinieren, das er für sich entscheiden konnte. Doch damit waren die Themen natürlich nicht vom Tisch.

Es war die Zeit des Höhepunktes der Hausbesetzer-Szene in vielen großen deutschen Städten, um in den leer stehenden Häusern mietfrei zu wohnen. Vor allem Berlin war betroffen, wo die Besetzer gegen die Flächensanierung protestierten. 1981 ließ der Berliner Oberbürgermeister Richard v. Weizsäcker acht Berliner Hochburgen räumen. Dabei kam es zu einem tragischen Todesfall. Was ihn zu einer ‚friedlichen Lösung' zwang, um de facto die Flächensanierung zu beenden.

Innenpolitisch beherrschte weiterhin die Staatsverschuldung die mediale Aufmerksamkeit, sodass der FDP-Vorsitzende und Außenminister Hans-Dietrich Genscher eine wirtschaftspolitische Wende forderte, denn ‚die Anspruchsmentalität müsse durch Eingriffe in das Leistungssystem gebrochen werden'. Kanzler Schmidt provozierte vor dem Hintergrund des erfolgreichen Überstehens des parlamentarischen Misstrauensvotums den FDP-Wirtschaftsminister Graf Lambsdorff, er möge doch endlich seine Vorstellungen einmal konkretisieren. Das ihm bald vorgelegte ‚Lambsdorff-Papier' interpretierte Schmidt zu Recht als ‚Scheidungsbrief' der FDP. Darauf sahen sich die vier FDP-Minister veranlasst, im September 1982 zurückzutreten. Die CDU stellte einen erneuten Misstrauensantrag. Mit Rückendeckung der FDP wurde der CDU-Chef Helmut Kohl vom Bundestag zum neuen Kanzler gewählt. Womit der Mittwoch endete.

Auch am östlichen Mittwochnachmittag begann aus Sicht des Politbüros die ‚Zeit des Herbstes'. Nicht wegen terroristischer Akte, sondern infolge friedlicher Proteste der Nachbarstaaten des Warschauer Paktes. 1977 nutzte die tschechische Opposition die KSZE-Vereinbarungen für ihre Forderungen nach Einhaltung der Menschenrechte. In ihrer ‚Charta 77' prangerten Schriftsteller, Künstler und Intellektuelle auf Initiative des Schriftstellers Vaclav Havel tschechische Menschenrechtsverletzungen an, worauf Havel erst verhaftet und dann ausgewiesen wurde.

1980 verkomplizierte sich die Lage Honeckers infolge der polnischen Entwicklung, als dort Fleischpreiserhöhungen zu landesweiten Protesten führten. Worauf sich in Danzig unter dem Werft-Elektriker Lech Walesa die unabhängige Gewerkschaft ‚Solidarnosc' gründete. Diese Protestbewegung fand bei dem Krakauer Kardinal Wojtyla Unterstützung, der zwei Jahre zuvor zum Papst gewählt worden war. Papst Johannes Paul II stattete seiner Heimat einen Besuch ab, bei dem er frenetisch begrüßt wurde. Um der erstaunten Weltöffentlichkeit zu offenbaren, wie stark der polnische Katholizismus trotz des jahrzehntelangen Sozialismus noch verwurzelt war. Worauf Honecker dem russischen Staatsratsvorsitzenden Breschnew ‚kollektive militärische Hilfsmaßnahmen für die polnischen Freunde' vorschlug. Doch der lehnte ab, sorgte aber dafür, dass die polnische Regierung 1982 ‚Solidarnosc' nach einem unbefristeten Streik verbot. An der west-ostdeutschen Grenze gab es immer noch viele Mauertote. Sorgsam dokumentiert von der westdeutschen, sich in Salzgitter befindenden ‚Zentralen Erfassungsstelle'. Honecker forderte Schmidt öffentlich auf, diese zu schließen. Schmidt entschloss sich zu einem Besuch in der DDR, um auch hierüber mit Honecker zu sprechen. Anders als dereinst Brandt in Erfurt wurde Schmidt jedoch in Güstrin nicht frenetisch bejubelt. Erst nach seiner Rückkehr stellte sich heraus, dass die DDR-Bürger ihre Häuser nicht verlassen durften, während der Marktplatz voller nüchtern dreinschauender, in Zivil gekleideter Soldaten und Polizisten gefüllt war.

Das DDR-Bruttoinlandsprodukt wuchs, wenn auch nicht so rasant wie im Westen. Honeckers ‚Konsum-Sozialismus' war ein wesentlicher Eckpfeiler dieser Entwicklung. Jeder war beschäftigt, denn Arbeitslosigkeit gab es systembedingt nicht. Zudem gab es seit 1976 auch hier 200.000 Gastarbeiter aus Vietnam, Mosambik und Kuba, die die Jedermanns als ‚Vertragsarbeiter' bei der Erfüllung der Normen unterstützten. Wie im Westen gab es auch hier Integrationsprobleme. Doch legte hier, anders als im Westen, die Regierung keinen gesteigerten Wert auf deren Integration. Die Vertragsarbeiter wurden in abgeschotteten Ghettos untergebracht, was die Distanz zu der heimischen Bevölkerung vergrößerte. Selbst Liebesbeziehungen zu DDR-Bürgern waren ihnen strikt untersagt. Wenn eine Vertragsarbeiterin schwanger wurde, musste sie zur Entbindung in ihre Heimat zurückkehren." „Das wusste ich ja gar nicht, dann liegt ja die Ausländerfeindlichkeit gar nicht an der bösen Treuhand."

„Ne. Die DDR-Bürger hatten übrigens längst bemerkt, dass ihr Wohlstand im Vergleich zum Westen immer mehr zurückfiel. Was zu einer Unzufriedenheit der Leistungswilligen führte. Zudem wurden diejenigen DDR-Bürger bevorteilt, die über Westkontakte verfügten." „Warum das denn?", will Claudia erstaunt wissen. „In jeder größeren Stadt gab es sogenannte ‚Intershops', in denen man Westprodukte kaufen konnte. Doch hierzu musste man in DM zahlen, sprich vorher die Ostmark zum offiziellen Umtauschkurs von ‚Zehn-zu-Eins' umtauschen. Womit die Westprodukte unerschwinglich waren. So konnten sich diese nur diejenigen DDR-Bürger leisten, die Geldgeschenke aus dem Westen erhielten. Diese Unzufriedenheit der ‚Menschen zweiter Klasse' bezog sich zudem auf Auslandsreisen. Die Jedermanns durften zwar den Ostblock bereisen, nicht aber den Westen. Die Karten der Schulatlanten hörten einfach an der west-ostdeutschen Grenze auf, so als ob es dahinter nur noch Wasser gäbe. Was natürlich die Neugier entfachte. Neben den Rentnern war nur eine Personengruppe von dem Reiseverbot ausgenommen: die Leistungssportler. Insofern nimmt es kein Wunder, dass der Spitzensport im Osten einen hohen Stellenwert erhielt, selbst wenn er mit einem staatlich geförderten Doping einherging.

Inmitten dieser, von Unzufriedenheit gekennzeichneten Gemengelage verdunkelte sich auch im Osten die Konjunktur, nachdem

Russland der DDR seine Sonderkonditionen für russische Ölimporte aufkündigte. Was zu Preiserhöhungen führte. In ihrer finanziellen Not erhöhte die DDR-Regierung den für DDR-Reisen erforderlichen Zwangsumtausch der Westdeutschen von 13 DM auf 25 DM je Tag und suchte nach neuen Finanzquellen. Damit begann der Häftlingsfreikauf für Oppositionelle. Zudem ließ sich die DDR den Ausbau der Transitautobahnen sowie den Neubau der Transitstrecke Berlin-Hamburg von der BRD bezahlen, insgesamt stolze 7 Milliarden DM.

Um sich über die Stoßrichtung der Unzufriedenen ein realistisches Bild zu machen, verdoppelte die Staatsführung die Zahl der ,Inoffiziellen Stasi-Mitarbeiter' auf 175.000, um Nachbarn, Freunde, Arbeitskollegen und die eigene Familie auszuhorchen. Neben den rund 90.000 Hauptamtlichen waren damit rund 2% der Erwachsenen der DDR für die Stasi tätig. Dies hielt jedoch die Oppositionsbewegung nicht auf. 1977 kam es nach einem Rockkonzert zu einem Konflikt Jugendlicher mit der Polizei, nachdem diese nicht nur ,die NATO gefährdet den Frieden' skandierten, sondern zudem ,der Warschauer Pakt gefährdet den Frieden'. Pastor Rainer Eppelmann akzeptierte im Frühjahr 1979 ein Angebot des Bluessängers Günter Holwas, in der Friedrichshainer Samariterkirche den Gottesdienst mit Blues zu begleiten. Bluesmusik und Bibelverse wechselten sich ab, viele Neugierige in die Kirche lockend. Allmählich gewöhnten sich die wenigen angestammten Gottesdienstbesucher an die langhaarigen wie -bärtigen Neuen und war die Berliner ,Bluesmesse' stadtbekannt, bis gegen Holwas 1981 ein staatliches Auftrittsverbot verhängt wurde.

Die Staatsmacht versuchte es mit einer Doppelstrategie. Einerseits wurde in der Ostberliner Dimitroffstraße das SEZ eröffnet, ein Spaßbad gewaltigen Ausmaßes mit Wellnessbereich, Saunen, Fitnessstudios, Bowling, Eisfläche, Cafés und Restaurants, in dessen Diskothek der Techno-DJ Neugebauer auf sich aufmerksam machte. Andererseits mutierte die Stasi nicht nur zur größten Behörde der DDR, sondern bei relativer Betrachtung auch weltweit zur größten Spitzelorganisation. Die Stasi öffnete täglich illegal mit speziell hierzu entwickelten Maschinen 90.000 Briefe, um nicht nur Westgeld zu beschlagnahmen, sondern auch jegliche abweichende Gesinnung zu erfassen. Mit dem erklärten Ziel, die Betroffenen zu ‚zersetzen', sprich, so lange zu schikanieren, bis deren Persönlichkeit Schaden nahm.

Zudem erwies sich die Stasi als ‚Schild und Schwert der Partei', indem sie selbst die Richtfunkleitungen zwischen Westberlin und Westdeutschland abhörte. Stasi-Hochschulen lehrten die Mitarbeiter in operativer Psychologie, sogar ein vertraulicher Strafrechtskommentar wurde von der Stasi herausgegeben. Da die Stasi ein eigenständiges Untersuchungsorgan war, konnte sie vorbei an den Gerichten Straftaten verfolgen, ja, sogar den Richtern in Strafprozessen das Strafmaß vorschlagen, welches die Richter in der Regel berücksichtigten. Oft wurden für kleine Vergehen hohe Strafen verhängt, um vom anschließenden Freikauf der Gefangenen durch den Westen zu profitieren. Insgesamt 30.000 politische Häftlinge wurden an die BRD verkauft. Besonders harte Strafen wurden aber für abtrünnige Stasi-Mitarbeiter verhängt, die bis 1981 regelmäßig zum Tode verurteilt wurden. So viel zum politischen Teil des Mittwochs.

Über die ‚Neuen Schönen Künste'

Nach der ‚Frühmoderne' des Montags und der ‚Moderne' des Dienstags folgte am Mittwoch die ‚Hochmoderne'. Eine Zeit, in der sich Berlin zum zentralen Anziehungspunkt der jungen Generation entwickelte. Die transsexuelle Holländerin Romy Haag eröffnete dort den bald stadtbekannten Nachtclub ‚Chez Romy Haag', in dem sich die alternative Szene traf. Auch David Bowie war dort ein gern gesehener Gast, mit dem sie sich anfreundete. Der Kreuzberger Bezirk SO36, an drei Seiten von der Mauer umgeben, mutierte zum Sammelpunkt der neuen ‚Subkultur' der Punks, Migranten, Lesben, Schwulen und Alternativen. Clubs wie der ‚Dschungel', das ‚Risiko' und das ‚Kumpelnest' zogen auch viele aus Westdeutschland angereiste Besucher in ihren Bann. Denn in den meisten Bundesländern war es Usus, dass subventionierte Klassenfahrten der gymnasialen Oberstufen nach Berlin gingen. Auch im Osten entwickelte sich vor allem am Prenzlauer Berg eine Schwulenszene, die sich im ‚Burgfrieden', der ‚Schoppenstube' oder den ‚Altberliner Bierstuben' traf. Auch diese besuchten westdeutsche Schüler, die zumeist aus Neugier einen Tag im Osten der Stadt verbrachten. Auch, um in Restaurants mal so richtig zu schlemmen. Denn dank des Zwangsumtausches waren sie ohnehin gezwungen, ihr Geld zu verprassen, das trotz des hohen Wechselkurses zu einem mehrgängigen Abendessen plus Vollrausch reichte. Soviel zum allgemeinen Zeitgeist.

Die Trivialliteratur blühte. Marie-Louise Fischer reüssierte mit ihrer ‚Rivalin'. Vor allem aber erwies sich Rolf Kalmuczak als produktiv, der unter mehr als 100 Pseudonymen seine Bücher veröffentlichte. Insbesondere seine Jugendbücher ‚TKKG' erwiesen sich als Kassenschlager. Werner Giesa veröffentlichte seinen Fantasieroman ‚Professor Zamorra', Heinz G. Konsalik ‚wer stirbt schon gerne unter Palmen' und Johannes Mario Simmel ‚und Jimmy ging zum Regenbogen'.

In der Unterhaltungsmusik lösten Kassettenrecorder die riesigen Tonbandgeräte ab. Die deutsche Unterhaltungsmusik konnte sich dank eingängiger Melodien wieder etwas mehr Gehör verschaffen, auch wenn der Zeitgeist weiter von der angelsächsischen Musik bestimmt wurde. Manche kopierten die englische Sprache wie die Hannoverschen Bands ‚Fury and the Slaughterhouse' und die ‚Scorpions', eine Rockband, die sich international mit ihrem Hard-Rock durchsetzte. Allerdings verschwanden die Schlager nicht völlig. Zu den bekanntesten deutschen Interpreten zählten Michael Holm mit ‚Barfuß im Regen', Peter Maffay mit ‚du', Daliah Lavi mit ‚o wann kommst du', Juliane Werding mit ‚am Tag, als Conny Kramer starb', Christian Anders mit ‚es fährt ein Zug nach nirgendwo', Bata Illic mit ‚Michaela', Jürgen Markus mit ‚eine neue Liebe ist wie ein neues Leben', Bernd Clüver mit

‚der Junge mit der Mundharmonika', Ingo Insterburg mit ‚ich liebte ein Mädchen', Vicky Leandros mit ‚Theo, wir fahr'n nach Lodz' und Rio Reiser mit dem Lied ‚König von Deutschland'."

„Klingt ja so, als ob du diese Aufzählung der Schlager der Siebziger beenden willst." „Nein, ich wollte nur einmal Luft holen. Es folgten Rex Guildo mit ‚Fiesta Mexicana', Udo Jürgens mit ‚Griechischer Wein', Howard Carpendale mit ‚deine Spuren im Sand', Gunter Gabriel mit ‚komm unter meine Decke', Jürgen Drews mit ‚ein Bett im Kornfeld' und Frank Zander mit ‚o Susi'. Zudem gewann 1982 erstmals eine Deutsche den European Song Contest. Nicole hatte mit ihrem Lied ‚ein bisschen Frieden' sicher auch Erfolg angesichts der internationalen Betroffenheit über die Schreckensmeldungen vom Falklandkrieg zwischen England und Argentinien. All diese Lieder verbinden wir jedenfalls noch heute gerne mit den Siebzigern."

„Da fallen mir aber noch mehr ein", befindet Claudia. „Etwa Marianne Rosenberg mit ‚er gehört zu mir', Peter Maffay mit ‚und es war Sommer', Howard Carpendale mit ‚ti amo', Gottlieb Wendehals mit ‚Polonäse Blankenese', Mike Krüger mit ‚Nippel' und Hubert Kah mit ‚Sternenhimmel'." „Einverstanden. Reinhard Mey, zunächst noch gesellschaftskritisch unterwegs, wandelte sich letztlich mit seinem Lied ‚über den Wolken' zu einem unpolitischen Balladensänger.

Die deutsche Unterhaltungsmusik entdeckte den Rock, der fetziger, lauter und provokanter wurde. Die ‚Spider Murphy Gang' trumpfte mit ihrem ‚Skandal im Sperrbezirk' auf. Zu ihrer Bekanntheit trug bei, dass dieses Lied im Bayerischen Rundfunk wegen des anzüglichen Textes nicht gespielt werden durfte. Falco provozierte mit ‚der Kommissar', Kraftwerk mit ‚Autobahn', Konstantin Wecker mit ‚genug ist genug' und Marius Müller-Westernhagen ‚mit Pfefferminz bin ich dein Prinz' wie auch seinem genialen Lied ‚Freiheit'. Während im Westen zudem Nena, Ideal und die Ärzte große Erfolge feierten, gelang dies im Osten vor allem der Band Feeling B, den Pudys mit ‚Lebenszeit' und Karat mit ‚über sieben Brücken musst du gehen'. Die Klaus Renft Combo sang ‚Ketten werden knapper', bis die ‚Rockballade vom kleinen Otto' zum Verbot der Band führte, denn dieses Lied thematisierte Ottos gescheiterte Republikflucht und seinen anschließenden Suizid. Uschi Brüning wechselte – nachdem sie zunächst mit dem ollen Lenz ‚Great American Standards' spielte – zum Quartett Günther Fischers. Zum ‚Zonen-Mozart', wie er liebevoll genannt wurde. Um ab 1975 unter ‚Uschi Brüning und Co.' beim Spreewald-Jazzfestival Furore zu machen, dem ‚Woodstock im Karpfenteich'.

Zudem entwickelte sich neben den Schlagern und dem Rock ein neues Genre, das der ‚Neuen deutschen Welle'. Dabei Bezug auf die albernen Texte der ‚Deutschen Welle' der Goldenen Zwanziger nehmend. Zu deren Protagonisten zählten Mike Krüger mit ‚Mein Gott Walther', Dieter Hallervorden mit ‚die Wanne ist voll', die Gebrüder Blattschuss mit ‚Kreuzberger Nächte', Trio mit ‚da, da, da' und Markus mit ‚ich will Spaß'. Langsam verloren dagegen die Protestlieder an Bedeutung. Wolf Biermann sang ‚das geht sein' sozialistischen Gang', Veronika Fischer ‚in jener Nacht' und Hannes Wader ‚wieder eine Nacht, eine von den viel zu vielen,/in der wieder mal der Schlaf nicht kommen will'.

Im Fernsehen liefen Serien wie ‚ein Herz und eine Seele' mit Ekel Alfred, ‚der Kommissar' mit Erik Ode, ‚Derrick' mit Horst Tappert und ‚der Alte' mit Siegfried Lowitz. Hans Rosenthal wurde mit ‚Dalli-Dalli', Rudi Carell mit ‚am laufenden Band', Peter Frankenfeld mit ‚Musik ist Trumpf', Joachim Fuchsberger mit ‚Auf los geht's los', Wim Toelke mit ‚Dreimal Neun' und Peter Alexander mit seiner ‚Musikshow' berühmt."
„Stopp!", ruft Claudia verzweifelt. „Ich höre ja schon auf", erwidert er. „Auch wenn mein Herz noch voll ist. Lass mich aber bitte wenigstens noch ‚Tegtmeiers Reisen' und Ingrid Steegers Comedy ‚Klimbim' erwähnen, die mit ihrem Lied ‚ich mache mir 'nen Schlitz ins Kleid/und pfeife auf die Sittsamkeit' an die Goldenen Zwanziger anknüpfte." „Das interessiert aber nur diejenigen, mein Lieber, die die Zeit bewusst erlebten." „Ich wollte ja nur sagen, die ‚Hochmoderne' war verdammt vielschichtig und nicht nur geprägt von Politiksendungen wie ‚Monitor' und Gerhard Löwenthals ‚ZDF-Magazin', der sich zum Gegenpol

von SED-Moderator Karl-Eduard v. Schnitzler entwickelte. Die Glücksspirale erblickte das Licht der Welt und erste Talkshows, die billig zu produzieren waren, um die Jedermanns allabendlich über mehr oder weniger spannende Lebensläufe oder politische Reizthemen zu unterhalten. Die ersten bekannten waren übrigens Dietmar Schönherrs ‚je später der Abend', Wolfgang Menges ‚drei nach neun', Joachim Fuchsbergers ‚heut Abend' und Giovanni di Lorenzos ‚NDR Talkshow'.

Die Kinos waren vom großen Kinosterben betroffen. In sie zog es die Jedermanns zumeist nur noch bei provokanten Themen, denen sich das Fernsehen verschloss. Etwa bei Aufklärungsfilmen. Oscar Kolle brach mit seinem ‚das Wunder der Liebe' öffentliche Tabus, dafür propagierend, dass beim Sexualakt ruhig die Frau mal auf dem Mann hocken solle. 1970 erschien Ernst Hofbauers ‚Schulmädchen Report', in dem Laiendarsteller und -innen über ihre sexuellen Erfahrungen berichteten. Andere provozierende Themen waren Wim Wenders ‚die Angst des Tormanns beim Elfmeter', Rainer Fassbinders ‚Händler der vier Jahreszeiten', Frank Beyers ‚Jakob der Lügner', Volker Schlöndorffs ‚die verlorene Ehre der Katharina Blum' und Sam Peckinpaths ‚Steiner – das Eiserne Kreuz'. Letzterer schildert die Konflikte zwischen einem einfach nur überleben wollenden Feldwebel und seinem vom Eisernen Kreuz träumenden Hauptmann. Ingmar Bergmanns Film ‚das Schlangenei' beschrieb die grausamen Morde eines nationalsozialistischen Arztes. Zu erwähnen sind unbedingt aber auch Wim Wenders ‚der amerikanische Freund', Frank Beyers ‚das Versteck', Ingmar Bergmanns ‚Herbstsonate', Rainer Fassbinders ‚die Ehe der Maria Braun' und Adolf Winkelmanns ‚jede Menge Kohle'." „Den kenne ich", muss Claudia laut lachen, „denn aus dem stammt der legendäre Spruch, ‚es kommt der Tag, da muss die Säge sägen'." „Richtig", freut sich Bernd.

Um fortzufahren: „Womit vor allem noch Volker Schlöndorffs ‚die Blechtrommel', Uwe Frießners ‚das Ende des Regenbogens' und Rainer Fassbinders ‚Angst essen Seele auf' zu erwähnen wären, um das Verhältnis zwischen einer Putzfrau und einem 20 Jahre jüngeren marokkanischen Gastarbeiter zu thematisieren.

1981 folgte Margarethe von Trottas ‚bleierne Zeit', die Geschichte der RAF-Terroristen erzählend, Reinhard Hauffs ‚die Verrohung des Franz Blum', der den Alltag in den deutschen Haftanstalten zeigte, und Rosa v. Praunheims ‚die Bettwurst', die befand, ‚nicht der Homosexuelle ist pervers, sondern die Situation, in der er lebt'." „Mensch, ist das schon lange her", kann es sich Claudia nicht verkneifen, „davon erzählte manchmal meine Mutter." „Schließlich wäre noch Istvan Szabos ‚Mephisto' zu erwähnen." „War das nicht der Film mit dem großartigen Schauspieler Klaus Maria Brandauer?" „Genau, so wie Hanna Schygulla in Rainer Fassbinders ‚Lilli Marleen' und Klaus Kinski in Werner Herzogs ungewöhnlichem Film ‚Fitzgeraldo' zu Publikumslieblingen aufstiegen. Im Osten will ich mich auf Ulrich Plenzdorfs ‚Legende von Paul und Paula' beschränken, die Affäre eines Mannes zu einer Alleinerziehenden beschreibend, die er zunächst zu verheimlichen sucht, bis sie ihren Sohn verliert und sich von ihm abwendet. Worauf er sich erst jetzt zu ihr bekennt und mit ihr ein Kind zeugt, bei dessen Geburt sie stirbt.

Über die ‚Klassischen Schönen Künste'

Bei den ‚Klassischen Schönen Künsten' setzte sich das Spannungsfeld der ‚Bohème' und der ‚l'Art pour l'Art' fort. In der Bohème-Architektur mutierte der ‚Brutalismus' zu einem etwas wohlgefälligeren ‚Brutalismus light'. Etwa mit dem von Heinz Graffunder erbauten Berliner Internationalen Congress Centrum ICC, in seiner baulichen Gestaltung sich an eine Schiffsform anlehnend. Zu erwähnen ist auch der von Wilhelm Partz gebaute Sonnenring in Sachsenhausen, denn nun wurde der Beton durch pflanzenbewachsene Balkone aufgelockert. Und wenn im Westen noch Plattenbauten errichtet wurden, versuchte man, sie wenigstens wie in Stuttgart Hannibal in eine Grünlandschaft zu integrieren. Zu dieser Stilrichtung zählten auch die Zwillingstürme der Deutschen Bank. Auch wurde 1988 in Nürnberg die Straße der Menschenrechte fertig gestellt, um dank des Künstlers Dani Karavan in eindrucksvoller, aber nicht mehr übertrieben brutalistischer Weise an die elementaren Menschheitsrechte zu erinnern. Auch im Osten suchte man Anfang der Siebzigerjahre nach dem Abriss des Ostberliner Fischer-Kiez einen neuen Weg zu einem mehr von Grünflächen umgebenen ‚Brutalismus light'. Die Hochhausscheiben in Halle, Berlin Marzahn und Prager Zeilen in Dresden stehen mit ihren WBS-70 Plattenbauten für diesen ‚Brutalismus light', da sie in größere Grünanlagen integriert wurden. 1976 folgte der ‚Palast der Republik', der angesichts seiner vielen Leuchten im Volksmund bald als ‚Honeckers Lampenladen' bezeichnet wurde. Bei dem erstmals von Klaus Wever eine einmalige Senkkonstruktion des Veranstaltungsraumes architektonisch umgesetzt wurde, um den parlamentarischen, nach oben hin ansteigenden Versammlungssaal der ‚Volkskammer' innerhalb weniger Minuten in einen ebenerdigen Ball- oder Konzertsaal zu verwandeln.

Ganz anders entfaltete sich die ‚l'Art pour l'Art'-Architektur. Zu erwähnen wäre zunächst das von dem neuen Material der Acrylplatten geprägte, von Gunter Behmisch in Zeltdachform gestaltete Münchener Olympiastadion. Auch die 1981 von Ulrich Müther erbaute betonschwangere Außenstelle des Binzer Standesamtes, das in Form eines UFOs im Osten Aufmerksamkeit auf sich lenkte.

Unsere Maler der Hochmoderne waren die ‚großen Vier' Baselitz, Richter, Polke und Kiefer, die zunächst vor allem im Ausland bekannt wurden. Auf der einen Seite standen die Vertreter der ‚Bohème' Baselitz und Kiefer. Georg Baselitz fokussierte sich auf Frakturbilder zerrissener, versetzter, geteilter Helden mit kräftigen unproportionierten Körpern und zumeist zur Schau gestellten Gliedern wie in ‚Große Nacht im Eimer'." „Ach ich erinnere mich, das war doch der mit den ‚Stöpselproblemen'." Bernd muss schmunzeln: „Kann man so sehen. Jedenfalls wurde er mit den Darstellungen erigierter Penisse berühmt, bevor er seine Protagonisten einfach nur noch auf den Kopf stellte. Anselm Kiefer schließlich malte sich selbst vor unterschiedlichen

Naturlandschaften mit einem zum Hitlergruß erhobenen Arm, um die Wurzeln des Dritten Reiches offenzulegen. Aber auch religiöse Themen wie sein berühmtes, schon in der besonderen Bildform aus dem Rahmen fallendes ‚resurrexit', die Aussichtslosigkeit zumindest der Schlange hinsichtlich der von ihr angestrebten Wiederauferstehung thematisierend.

Während Richter und Polke mit der vom Pointilismus geprägten Unschärfe als Vertreter der ‚l'Art pour l'Art'-Malerei die Jedermanns in eine neue ästhetische Dimension zu locken suchten. Gerhard Richter schuf seinen ‚Tiger' sowie sein Meisterwerk ‚Helga Matura mit Verlobtem'. Sigmar Polke entwickelte einen, wenn auch gröberen Pointilismus, dabei eine unglaubliche Tiefenwirkung entfaltend. So in seiner ‚Olympia' wie seinen ‚Freundinnen'. Um sich auch über die Zeit des Abstrakten mit einem Bild in Weiß lustig zu machen, dessen Monotonität nur durch eine schwarze Ecke im oberen rechten Bildrand und mit einem quer über die weiße Fläche verlaufenden Text aufgelockert ist, ‚höhere Kunst befahlen: rechts oben eine Ecke malen'.

Neben diesem Vierergespann sind aber auch andere Protagonisten der ‚Bohème' wie der ‚l'Art pout l'Art' zu erwähnen. Bei der Bohème' beginne ich mit der Happening- und Fluxusbewegung von Klauke, Beuys, Klopp und Abramivic. Jürgen Klauke erkannte nicht nur mit seiner ‚Fotografik', sondern auch mit der ‚Body-Art' die Bedeutung des Körpers als Kunstobjekt. Joseph Beuys suchte mit immer neuen aktionistischen Ausdrucksformen einen Neuanfang der Kunst, während seine ‚Fettbadewanne' ein unrühmliches aktionistisches Ende fand, als 1973 zwei SPD-Mitglieder in der in Leverkusen zwischengelagerten Ausstellungshalle der Wanderausstellung diese von Heftpflastern und Mullbinden für eine Feier des SPD-Ortsvereins Leverkusen reinigten, um in ihr die Sektgläser spülen zu können. Womit sie unwiederbringlich jenes großartige Kunstwerk zerstören, was die überwiegende Anzahl der Jedermanns im Hinblick auf den hohen Unterhaltungswert dieser Aktion verschmerzte.

Beuys war ohnehin kreativ genug, kurz darauf den Jedermanns eine neue Attraktion zu bieten, indem er auf der documenta vor dem Fridericianum 7000 Basaltsteine entladen lässt, um die er 7000 Eichen pflanzte, denen er die Rolle zuwies, diesen Steinhaufen als ‚Städteverwaldung' zu überwuchern. Noch provokanter erwies sich die strafrechtlichen Grenzen überschreitende Kunst des Aktionskünstler Klopp, der sich 1976 erdreistete, in der Neuen Nationalgalerie das berühmte Spitzweg Gemälde ‚Der arme Poet' von der Wand zu reißen, um, gefilmt von seiner Freundin Marina Abramivic, zu entkommen. Mit dem Ziel, dieses im Wohnzimmer einer x-beliebigen türkischen Gastarbeiterfamilie aufzuhängen, um auf deren begrenzten Zugang zur High Culture medial aufmerksam zu machen.

Bei der ‚l'Art pour l'Art'-Malerei erfreuten sich de Saint Phalle, Penck, Hampels, Mattheuer, Lang und vor allem Tübke besonderer Aufmerksamkeit. Niki de Saint Phalle entdeckte ihre Liebe zu Hannover. Sie schuf, frei von klassischen Strukturen, mit ihrer neuen Straßenkunst der drei Drallen, Sophie, Charlotte und Caroline, neuartige Kunstwerke, geprägt von bunten, poppig bemalten überdimensionierten Polyesterfiguren mit überbordenden weiblichen Konturen, die sie unbeschwert zur Schau stellte. Auch erweckte sie mit ihrer Ausgestaltung der Herrenhäuser Grotte eine breite Aufmerksamkeit. A. R. Penck war ein zwischen dem Osten und Westen hin und her tingelnder Maler. Auch das gab es, um sich auf einem Plattencover von Gostritzer 92 mit einer steinzeitlich-futuristischen Gesamtkomposition zu verewiglichen. Die DDR-Künstlerin Angela Hampels malte ‚Judith', die den Kopf des alttestamentarischen Holofernes in den Händen hält, und der DDR-Künstler Wolfgang Mattheuer zeigte in seinem Werk ‚seltsamer Zwischenfall' einen Bus des ungarischen Omnibusherstellers Ikarus, der am Absturzort des antiken Helden ins Tal hinunterrast. Nikolaus Lang knüpfte mit seinen Felsbildern an die Jungsteinzeit an und Werner Tübke gestaltete an der Fassade der Leipziger Universität mit ‚Arbeiterklasse und Intelligenz' ein im Geiste des Sozialismus stehendes Wandbild.

In der klassischen Musik der Modere überraschte Stockhausen mit seinen Formelkompositionen, wie er die neue Zwölftontechnik bezeichnete, um Rhythmus und Dynamik in eine, von

Variationen geprägte kompositorische Formel zu pressen." „Ich weiß nicht, mein Lieber, für mich wird die Zwölftontechnik ein Schloss mit sieben Siegern bleiben. Es mag ja sein, dass Stockhausen damit ganz im Sinne der Bohème den bürgerlichen Musikgeschmack an seine Grenzen führte, doch damit wurde seine Musik nur noch von sehr wenigen gehört." „Da hast du sicher recht, insofern will ich es bei diesem einen Beispiel bewenden lassen. Als Vertreter der ‚l'Art pour l'Art'-Musik will ich mich auf Xaver Thoma beschränken, der mit seiner ‚ersten Kammersymphonie' zu einer fast lieblichen, wenn auch von Dissonanzen durchdrungenen Musik zurückkehrte.

Auch die Literaten standen im Spannungsfeld der gesellschaftskritischen ‚Bohème' und ‚l'Art pour l'Art'-Literatur. Die Ersteren kritisierten immer noch offen die bürgerlichen Strukturen der sich wandelnden Gesellschaft, während es den ‚l'Art pour l'Art'-Literaten darauf ankam, die Herzen der Jedermanns mit ihrer lyrischen Abstraktion auf eine andere Weise zu öffnen. Vertreter der antibürgerlichen gesellschaftskritischen ‚Bohème' waren Wallraff, Christiane F., Stefan Heym, Plenzdorf, Maron, Degenhardt und Biermann. Günter Wallraff veröffentlichte 1973 sein Buch ‚Ganz unten', in dem er, sich als Türke ausgebend, unterschiedliche Arbeiten annimmt, um Ausgrenzung, Missachtung und Hass am eigenen Leibe zu erfahren. Dann wurden die Jedermanns mit der sozialkritischen Veröffentlichung der Christiane F. ‚Wir Kinder vom Bahnhof Zoo' in konfrontiert, die Westberliner Drogenszene am Berliner Bahnhof in allen Einzelheiten beschreibend. Stefan Heym verfasste sein Buch ‚König Davids Bericht', das sich als eine grundsätzliche Abrechnung mit den Repressionen des SED-Regimes im Gewand biblischer Erzählungen entpuppte.

Es folgte sein ‚Wachsmuth-Syndrom', eine neue Pandemie beschreibend, in der sich Männer in Frauen verwandeln, bis – aufgrund einer Mutationsresistenz – in der DDR-Kleinstadt ‚Koetschenroda' endlich ein männliches Baby geboren wird, dessen ‚Naturschätze' die auf Devisen fixierte Regierung bereits vor dessen Geschlechtsreife verhökert. Ulrich Plenzdorf schilderte in seinem Werk ‚die neuen Leiden des jungen W.' die Geschichte des in einer Gartenlaube wohnenden kommunistischen Vorzeigeschülers, der, von der Kunstschule abgelehnt, eine Arbeit als Anstreicher annimmt, um an einem Stromstoß eines von ihm entwickelten Farbspritzgerätes zu versterben. Monika Maron schrieb 1981 ihre ‚Flugasche', um auf die Umweltverschmutzung in Bitterfeld hinzuweisen und ihre journalistischen Erfahrungen mit der Zensur zu thematisieren. Franz Josef Degenhardt veröffentlichte seinen Roman ‚Zündschnüre', den NS-Alltag einiger Schwelmer Arbeiterkinder beschreibend. Und Wolf Biermann hielt fest, ‚ich kann nur lieben,/was ich die Freiheit habe,/auch zu verlassen./Dieses Land,/diese Stadt,/diese Frau,/dieses Leben'.

Zu den bekannten Vertretern der ‚l'Art pour l'Art'-Literatur zählten Böll, Walser, Stefan, Buchheim, Bachmann und Becker. Heinrich Böll erzählte in seiner ‚die verlorene Ehre der Katharina Blum' die Geschichte einer unbescholtenen Frau, die durch die Boulevardpresse verunglimpft wird und obszöne Briefe erhält, um schließlich den hierfür verantwortlichen Redakteur zu ermorden. Martin Walser schilderte in seiner Novelle ‚ein fliehendes Pferd' zwei sich im Urlaub kennenlernende Ehepaare, die grundverschieden sind. Auf der einen Seite ein Gymnasiallehrer und seine Frau, die sich aus dem Weltgeschehen in die Einsamkeit zurückziehen. Und auf der anderen ein Journalist mit seiner sehr viel jüngeren Ehefrau, der süchtig nach Anerkennung und Selbstbestätigung ist. Das Thema der eigenen Psyche spielt eine immer größere Bedeutung. Verena Stefan reüssierte mit ihren ‚Häutungen', in denen sie mit der Ablösung vertrauter sozialer Bindungen und tradierter Muster sexueller Beziehungen für sich eine neue weibliche Identität entdeckt, um festzuhalten, ‚der Mensch meines Lebens bin ich'. Im gleichen Jahr erschien Lothar-Günther Buchheims Roman ‚Das Boot', in dem er seine persönlichen Erlebnisse als Kriegsberichterstatter in der Enge eines U-Bootes schilderte. Ingeborg Bachmann beschrieb mit ihrem Werk ‚Malina' die Todesarten des weiblichen Ich infolge männlicher Einwirkungen. Mal in einer nicht erfüllten Liebe, mal in vaterbezogenen Albträumen, um im Verschwinden des

Ichs zu enden. Und Franziska Becker parodierte Mutter Knöbel, die sich neben dem bierseligen Gatten auf dem Fernsehsofa nach einem ‚Total-Makeover' zu einer selbstbewussten Frau mausert.

Auch gilt es noch die Namen der Literaten Dönhoff, Ende, Fühmann, Meckel und Kunze aufzulisten. Die ZEIT-Herausgeberin Gräfin Marion Dönhoff veröffentlichte ihr großartiges Werk ‚Namen, die keiner mehr nennt', bei der Beschreibung der untergegangen Zeit ihrer ostpreußischen Jugend sich vom neuen gedanklichen Ansatz des Heimatgefühls treiben lassend, um das ‚Lieben, ohne zu besitzen' zu propagieren. Ein ganz anderes Sujet verfolgte Michael Ende mit ‚die unendliche Geschichte', mit der er die Jedermanns fantasievoll in parallele Welten fiktiver früher Tage der Erde entführte. Franz Fühmann veröffentlichte 1981 sein Werk ‚Saiäns-Fiktschen', in dem seinem Protagonisten als Wissenschaftler die Erfindung gelingt, einige Minuten in die Zukunft zu sehen. Christoph Meckel dichtete seine ‚Augen'. ‚Die Augen der Gesunden/erkennen die Welt/bis an den Rand des Atlantik./Die Augen der Kranken/durchschauen die Welt/bis zu der Stelle, an der der Glanz/der Nordlichtblitze zu Ende geht./Die Blicke der Toten/übersehen die ganze Erde/und erkennen selbst die alternden Engel,/die hinter den Schlüssellöchern/schweigend sich drängen, um einen Blick/in meine ratlosen Augen zu werfen.' Und Reiner Kunze veröffentlichte seine ‚die wunderbaren Jahre', ein Gedichtband, gespickt mit persönlichen Erkenntnissen. Etwa mit seinem berühmten Gedicht ‚durch die Risse des Glaubens/schimmert das Nichts./Doch schon der Kiesel/nimmt die Wärme an/der Hand'. So viel zum Mittwoch."

Halbzeitpause

„Findest du nicht auch, mein Lieber, dass es hier verdammt heiß ist." „Ich fürchte, wenn du auch noch dein Unterhemd abstreifst, gibt es Ärger." „Ich meine ja bloß." „Versuchs doch mal mit einem Schluck Wein." „Ne, mir wäre lieber, wenn du die Moderne ein wenig schlichter darstelltest." „Mensch, schlichter als die Zweiteilung in ‚Bohème' und ‚l'Art pour l'Art'-Literatur ging es doch nun wirklich nicht mehr." „Hast recht, ich glaube, die Hitze hier steigt mir einfach in den Kopf." Sie schreckt auf, als ihr Blick auf ihre Uhr fällt. „Was ist los?", will er wissen. „Josef ist seit 8:30 Uhr auf seinem Zimmer und erwartet, dass ich ihn um 9:00 Uhr dort abhole." „Das kannst du beruhigt vergessen, wäre nämlich schon vor 30 Minuten gewesen." „Ich weiß. Außerdem will ich auch noch nicht zu ihm. Zumal wir ja längst noch nicht fertig sind." „Danke", erwidert Bernd erleichtert. „Der zwängt dich wohl ganz schön ein?" Sie seufzt.

„Was sagt eigentlich Josef dazu, dass du mich zu deinem Trauzeugen erkorst?" „Der hält dies für keine gute Idee, ist mir aber wurscht. Ich finde seine Freunde auch nicht gerade prickelnd." „Warum?" „Sind mir als stinkreiche Investmentbanker und Fondsmanager einfach zu arrogant. Wenn sie ihre vermeintliche persönliche Wichtigkeit pausenlos mit ihrer Prahlerei über ihre Milliarden-Deals überhöhen, kann einem das ganz schön auf den Geist gehen." „Sag bloß, ihr habt als Trauzeugen nur Männer?" „Na und, stört dich das, mein Lieber?" „Ne, nur so."

„Weiß Josef, wo wir sind?" „Habe ich ihm vom Taxi aus eine WhatsApp-Nachricht geschrieben. Der wollte sogar deine Handy-Nummer wissen." „Hast du sie ihm gegeben?" „Warum nicht?" „Na, dann bin ich mal gespannt, wann der hier auftaucht." „Das traut der sich nicht", befindet Claudia. Ihr Handy klingelt. Er beobachtet, wie sie ärgerlich reagiert. Denn ganz offensichtlich ist Josef an der Strippe. Er hört sie sagen: „Ich denke gar nicht daran, mich jetzt aufs Hotelzimmer zu begeben, um mit dir dort irgend einen doofen Film über Südafrika anzusehen. Außerdem sind wir hier noch lange nicht fertig. Und die Kataloge von der Finca kann ich mir auch morgen noch ansehen." Sie packt ihr Handy wütend wieder in die Tasche.

„Wollt ihr in eurer Hochzeitsreise nach Spanien?", erkundigt sich Bernd. „Na klar, nach Mallorca, da will sich Josef in der Nähe seiner Eltern eine eigene Finca kaufen. Ich will aber nicht schon wieder nach Mallorca, sondern bevorzugte Sri Lanka oder Thailand." „Ist der nicht für Fernreisen zu haben?" „Meistens nicht, der will im Urlaub seine Ruhe genießen." „Dann lässt du ihn dorthin fahren und wir setzen unsere Gespräche mit einem neuen Sechzehnerpack fort." „Hast du einen Knall, das erlaubt Josef doch nie." Sie überlegt einen Moment, um dann fortzufahren: „Würdest du denn ehrlich mit mir nach Thailand fahren?" „Bis ans Ende der Welt, wenn es sein müsste. Auch wenn es dort vermutlich verdammt langweilig wäre. Denn eigentlich …" Claudia unterbricht ihn: „Hab ich's doch gedacht, noch so ein Langweiler, der lieber auf einem Boot abhängt, als sich mit mir in ein Abenteuer zu stürzen." „Nur weil ich ein Boot liebe, bin ich doch kein Langweiler." „Sondern?"

„Na ja, ich wüsste auch Plätze, in denen es genauso warm wäre wie heute Abend hier." „Sie streift sich mit ihrer Hand durch das aufgewühlte Haar." „Du denkst immer nur an das eine, oder?" „Ist das so schlimm?" „Mensch, Bernd, ich bin so gut wie verheiratet." „Ich sehe dich doch einfach nur an." Sie beugt sich zu ihm rüber, um ihm erneut einen Kuss auf die Wange zu geben. Dann ergreift sie seine beiden Hände, um sie auf ihren Teil des Tisches zu ziehen. „Wohin, mein Lieber, entführtest du mich denn, wenn du die freie Wahl hättest?" Bernd sieht ihr tief in die Augen. „Dorthin, wo wir unsere Kulturgespräche fortsetzen könnten." „Dazu fällt mir aber nichts ein, mein Lieber."

„Na, ich führe mit dir in die europäischen Kulturhauptstädte der sechzehn an uns grenzenden Staaten." Sie sieht ihn erstaunt an. „So eine verrückte Idee. Du meinst nur in Europa? Warum eigentlich nicht?" Sie blickt ihn eine ganze Weile an, um dann fortzufahren: „Warte mal, mein Lieber, du schummelst. Wir haben doch gar keine sechzehn Staaten, die an unser Land grenzen." Worauf sie schallend lacht. „Meine magische Zahl Sechzehn hat es dir inzwischen angetan, oder?" Bernd erwidert in bedächtigem Ton: „Ich finde, die Beantwortung der Frage, wie viele Nachbarn wir haben, hängt davon ab, ob du als Landratte nur Landesgrenzen akzeptiertest oder doch etwas flexibler wärst. Denn sonst müsste ich dir zugestehen, haben wir natürlich nur neun." „Ach, du willst mit deinem Boot um die halbe Welt schippern, um mir bei jedem Landgang weiszumachen, wir befänden uns in einem unserer Nachbarstaaten? Das ist doch lächerlich. Vergiss es einfach." „Nein, will ich natürlich nicht." Sie ergreift seinen Arm. „Sondern?" „Ich finde, es lohnte durchaus, unsere Kultur einmal von außen zu betrachten." „Und warum?" „Weil wir dann ganz andere Facetten an unserem Land beobachten könnten." „Meinst du ernsthaft, mein Lieber, die Sicht der Polen unterscheidet sich von der der Franzosen?" „Und wie! Sieh mal, die Schleswig-Holsteiner fühlen sich ebenso wie die Mecklenburger nicht nur zu den Dänen hingezogen, sondern zu allen Ostsee-Anrainern, verbunden durch ihr gemeinsames Meer. Insofern sehen die auch die Schleswig-Holsteiner mit anderen Augen als die Bayern. Ich glaube, das gilt für die anderen Bundesländer genauso. Einen ähnlichen Bezug haben die Hamburger und Niedersachsen zu den Nordseeanrainern, die Westfalen zu den Benelux-Ländern, die Rheinland-Pfälzer, Badener und Saarländer zu den Franzosen, die Bayern und Württemberger zu den Alpenanrainern, die Bayern und Sachsen zu den Tschechen und die Brandenburger, Sachsen und Vorpommern zu den Polen." „Sag bloß, du zögest ernsthaft in Erwägung, unsere Themenreihe mit Erkundungsfahrten zu sechszehn europäischen Kulturhauptstädten fortsetzen?" „Warum nicht?"

Sie überlegt einen Moment, um dann zu befinden: „Wenn ich ehrlich bin, eigentlich zieht es mich mehr in die Ferne. Was ist schon an den sechzehn Kulturhauptstädten so besonders?" „Das kann auch nur eine sagen, die für die nächsten sechzehn Jahre nach Mallorca fliegt." Sie schluckt. „Dann müsstest du mir jene Ziele erst einmal schmackhaft machen, mein Lieber." „Mensch, Claudia." Er greift sein Glas, um einen kräftigen Schluck zu sich zu nehmen. „Weißt du eigentlich, wie schön die sechs Hauptstädte der Ostanrainer sind?" „Ne", befindet sie trotzig, „die sind doch viel zu kalt." „Das musst du als Skifahrerin gerade sagen."

„Ich zeigte dir erstens soo gerne Stockholm im Hochsommer. Bei uns im Norden träumt jeder von einem Urlaub in Schweden.

Vom warmen Wind, tollen Kneipen und Segeltörns zwischen den Scheren. Mit den Schweden verbindet uns eine lange gemeinsame Geschichte, denn unser ganzer Norden war ja jahrhundertelang ein Teil des schwedischen Reiches. Außerdem ist die heutige schwedische Königin bei uns geboren. Das Sprichwort ‚na du alter Schwede' ist bis heute ein Ausdruck höchster Anerkennung, aus einer Zeit stammend, in der uns ausgemusterte schwedische Militärs moderne Kriegstechniken beibrachten." „Nur Kriegs- oder auch Liebestechniken?" „Natürlich beides." „Nee mein Lieber, ganz ehrlich, das Land kenne ich nicht." Bernd sieht sie verdutzt an. „Mensch, Claudia, schwerer Anfängerfehler. Und ich dachte, du kenntest Stockholm zumindest aufgrund der Durchreise zu den schwedischen Wintersportgebieten. Aber glaube mir, vor allem im Sommer ist das Land ein Traum. Genauso wie Stockholm, das Schloss, die Einkaufsmeile oder die kneipendurchsetzte Altstadt. Und wenn du dich einmal mit einem Boot zu einer der vielen menschenleeren Scheren schippern lässt, ließe dich das Land nie wieder los." Claudia sieht ihn prüfend an.

„Wie wäre es zweitens mit Finnland, das wir im Norden dank seiner vielen Seen und seiner noch zahlreicheren Scheren verdammt schätzen." „Da muss ich leider auch passen." „Ist ja unfassbar, du warst noch nie in Finnland? Eine Reise dorthin lohnt sich schon, um deren entspannte wunderbare Lebensart nicht zuletzt dank der liebenswerten Saunakultur zu inhalieren. Auch mit Finnland verbindet uns eine lange Geschichte, denn letztlich zwangen wir die Russen im Ersten Weltkrieg ja dazu, Finnland in die Selbstständigkeit zu entlassen. In Helsinki steht eine der berühmtesten Skischanzen, das solltest du als Wintersportlerin wissen." „Weiß ich auch, war nur noch nie dort." „Ist ja kaum zu glauben, da muss es doch Josefs Ziel sein, dir die Schönheit Helsinkis mit seiner Tempeliaukio-Kirche, den Kneipen, der Kathedrale und vor allem dem Suomenlinna näherzubringen." Sie verzieht das Gesicht, „so schön?" „Hm."

„Dann lass mich dir drittens vorschlagen, Tallin als Hauptstand Estlands zu besuchen." „Was gibt es da denn zu sehen?"

„Die Frage meinst du doch nicht im Ernst, oder?" „Doch, hab mich mit dem Baltikum noch nie beschäftigt." „Estland ist ein Land, das uns in Sachen IT haushoch überlegen ist." „Na und?" „Tallin ist eine sehenswerte Stadt, es sei denn, es legen da gerade Kreuzfahrtschiffe an. Sie hat eine typische europäische Architektur mit vielen kleinen Gassen und traumhaften Lokalen. Ich jedenfalls finde den Rathausplatz ebenso geil wie das Schloss Katherinenthal und natürlich die herrlich gelegene Alexander-Newski-Kathedrale. Und wenn du zudem Urlaub auf der Insel Saaremaa machtest, begriffest du, wie zauberhaft die dortige menschenleere Natur ist. Wir könnten nach Arensburg im Süden der Insel fahren, eine Stadt mit einer großen Burg, die auch irgendwo in Vorpommern liegen könnte." „Ist ja gut, mein Lieber, ich war da noch nie." „Dann wird es aber Zeit, dass du in diese zauberhafte Welt eintauchst. Oder wir führen ins estische Narva. Da gibt es fantastische Strände. Man begreift erst dort, am Rande unserer europäischen Kultur, wie fremdartig nun die Landschaft wird. Nicht nur, weil man dort nur noch Russisch spricht, sondern auch aufgrund der russisch wirkenden Architektur." „Ist ja krass."

„Genauso anregend ist viertens das lettische Riga. Nicht zuletzt, weil deutsche Kaufleute dereinst Riga gründeten und ich persönlich Lettland als besonders reizvoll empfinde. In Riga kann man nicht nur die schönsten Jugendstil-Häuser Europas bewundern, sondern auch die so typischen Holzhäuser auf der vor der Stadt liegenden Insel Jurmala. Da gibt es auch einen riesigen Ostseestrand." Ehrlich?" „Und natürlich kann man zudem andächtig vor dem Schwarzhäupterhaus oder der Petrikirche verharren. Und wenn wir beide durch das Schloss Jelgava der Fürsten Byron mit seinem zauberhaften Barockgarten liefen, wäre es sicher endgültig um dein Herz geschehen. Ganz zu schweigen von dem Gaujas Nationalpark." „Nicht zu fassen, wo du überall schon warst." „Und dass ich bereit bin, dir all dies zu zeigen." Claudia zieht Bernd zu sich heran, um ihn zu küssen. „Bist ja echt süß, mein Lieber."

„Warte mal, natürlich will ich dir fünftens auch Litauen ans Herz legen. Dessen Hauptstadt heißt Vilnius und ist wirklich auch sehr beeindruckend. Nicht nur an der Kathedrale St. Stanislaus, sondern auch bei dem Tor der Morgenröte und vor der St. Anna-Kirche, wenn dort im Sommer viel Trubel ist. Auch zeigte ich dir soo gerne die Wasserburg Trakei, in die du dich sicher verliebtest, wie direkt an der weißrussischen Grenze den geografischen Mittelpunkt Europas." „Was?", stellt sie erstaunt fest. „Ja, du hast richtig gehört. Ich finde, wenn man durch den ostpreußischen Teil Litauens entlang der Memel reist, fühlt man sich an eine typisch norddeutsche Landschaft mit ihrer uralten deutschen Backsteinkultur erinnert. Jedenfalls haben die Menschen dort verdammt viel Ähnlichkeit mit den Norddeutschen. Blickt man auf das Memeltal, dann schmilzt einem das Herz dahin. Ich habe dort beim letzten Mal spontan das ‚begrabt-mein-Herz-an-der-Biegung-des-Flusses-Gefühl' empfunden. Besonders beeindruckend ist die Halbinsel der Kurischen Nehrung. Im litauischen Nidden würdest du nach dem Erklimmen einer der vielen Sanddünen erahnen, warum sich ausgerechnet hier unser Nobelpreisträger Thomas Mann und unsere Balladendichterin Agnes Miegel so verwurzelt fühlten." Sie sieht ihn mit großen Augen an: „Wenn du mir von diesen offenbar zauberhaften Landschaften der drei baltischen Staaten soo vorschwärmst, muss ich da wirklich mal hin. Danke für den Urlaub-Tipp." „Gerne, ist wirklich ein Muss."

„Sechstens fehlt noch ein Land, mit dem wir über die Ostsee ohne direkte Landesgrenzen verbunden sind." Sie sieht ihn erstaunt an. „Das Land, was uns von den Nationalsozialisten befreite, wofür wir seinen Bewohnern zutiefst dankbar sein sollten." „Spinnst du jetzt komplett?" „Ne, ich meine Russland." „Ach so." „Auch wenn der westliche Teil des Landes bis zum Ural geografisch zu Europa gehört, so bin ich mir doch nicht so sicher, ob sich die Russen heute noch als Europäer empfinden. Doch war das einmal so. Sowohl zu Zeiten des Zaren Peter des Großen als auch Gorbatschows, der vom gemeinsamen Bau des europäischen Hauses träumte." „Stimmt."

„Ich finde, die Russen unterscheiden sich in ihrer Mentalität deutlich von uns Europäern. Nicht leise und zurückhaltend wie die Balten, sondern laut und überschwänglich. Sie leben gerne, versuchen einen schamlos, beim Geldverdienen zu übervorteilen, und schmeißen anschließend das so gewonnene Geld mit beiden Händen wieder zum Fenster hinaus. Basierend auf der immer wieder gemachten Erfahrung, dass es ihnen ohnehin regelmäßig weggenommen wurde. Weshalb sie uns irgendwie als neureich erscheinen. Zudem sind sie verdammt draufgängerisch. Es ist keine Seltenheit, dass Luxuslimousinen mit mehr als 100 km/h durch St. Petersburg rasen. Da muss man als Fußgänger echt auf seine Unversehrtheit bedacht sein. Und doch bevorzugte ich, dir bei einer gemeinsamen Reise lieber St. Petersburg als Moskau zu zeigen. Nicht nur wegen der Architektur der von Zar Peter erbauten Stadt. Sondern auch, weil sie so viele Attraktionen bietet, sodass man sich von ihr einfach nur mitreißen lassen kann. Sei es von der Eremitage, der Blutskirche oder dem, vor den Toren der Stadt liegenden Schloss Peterhof als eines der vielen, die Metropole umgebenden Schlösser. Von dieser Metropole aus regierte dereinst auch die aus Deutschland stammende Zarin Katharina die Große. Betrachtet man die Eremitage, so ist man nicht nur von der großartigen Kunst angetan, sondern wundert sich über zahlreiche Einschusslöcher. Diese wurden dem Gebäude nicht etwa während der Oktoberrevolution zugefügt, sondern weitaus später, als der russische Regisseur Sergei Eisenstein seinen berühmten Film ‚Oktober' über die russische Revolution drehte. Denn er befand, echte Kugeln ergäben eine größere filmische Tiefenwirkung als die Verwendung von Knallpatronen." „Ist ja echt krass." „Und wenn du zur Sommersonnenwende einmal an der Newa gestanden hättest, wenn sich des Nachts die Brücken für einige Stunden öffnen, um die großen, wie an einer Schnur aufgereihten Hochseeschiffe passieren zu lassen, dann vergäßest du die Stadt nie mehr. Noch geiler ist allerdings nach einem Opernbesuch gegen Mitternacht eine Bootstour mit einem Glas Champagner in der Hand entlang der nicht enden wollenden Paläste. Einer prachtvoller als der andere." „Hör auf, mein Lieber, ich fürchte, du hast ja recht", schluckt Claudia, ihm an den Lippen hängend, „ist wohl wirklich eine tolle Stadt?"

„Auch sähest du nach dem Besuch dort selbst die Kultur mit anderen Augen." „Warum?" „Denk doch mal an Dmitri Schostakowitschs ‚Leningrader Symphonie', jenes so einmalige Werk, das in beeindruckender Weise den deutschen Angriff und das anschließende lange Leiden seiner Einwohner in der belagerten Stadt in mitfühlbare, mitreißende und mitleidende Sequenzen zwingt." „Dass unsere Gräueltaten auch noch Auslöser zu solcher Musik werden mussten?", wundert sich Claudia. „Genauso übrigens wie Tschaikowskys ‚1812', das ebenfalls zu einer der bedeutendsten Vertonungen der Kriegsszenen zählt." „Daran waren wir doch nicht beteiligt, sondern Napoleon." „Na klar, und seine Bayerischen wie Württemberger Truppen." „Ach stimmt ja, mein Lieber, ich erinnere mich wieder, das selbst vorgetragen zu haben."

„Wir könnten natürlich auch in die ehemalige preußische Krönungsstadt Königsberg reisen, um die dortige Dominsel, das Königstor oder das Kant-Denkmal zu bewundern. Wir fügten den Russen viel Leid zu, doch es gehört natürlich auch zur Wahrheit, dass auch wir durch sie viel Leid erfuhren. Dass nicht alle Wunden verheilt sind, wird besonders in Königsberg offensichtlich, das ja – ähnlich wie Lübeck – über einen schiffbaren Fluss mit der Ostsee verbunden ist. Vielleicht sollten uns diese Wunden mahnen, sie nicht nur geografisch, sondern auch politisch in die europäischen Werte einzubinden. Insofern haben wir alle Gorbatschows Vision vom Ausbau des ‚Europäischen Hauses' akzeptiert.

Wir könnten uns übrigens zudem auf die Frische Nehrung begeben, wo vielleicht auch in dir Marion Dönhoffs Schilderungen über ihre dramatische Flucht am Kriegsende wieder erwachten, oder uns den Bernsteintagebau ansehen. Spätestens, wenn ich dir so eine Bernsteinkette mit einem eingeschlossenen Insekt um den Hals legte, würde dein Herz für immer mit dieser zauberhaften Landschaft verbunden sein. „Mensch, hör auf, ich fühle mich langsam echt dazu motiviert, mich einfach von dir dorthin entführen zu lassen." „Mal sehen, ob du morgen auch noch so fühlst, wenn du weniger zugekokst bist", erwidert Bernd. „Was soll das denn heißen?"

Der Kellner bringt den beiden den Hauptgang. Natürlich typisch Berliner Speisen. Berliner Kalbsleber mit glasiertem Portwein-Zwiebel-Jus, gebratenen Äpfeln und Kartoffelpüree. Sie erfreuen sich an dem ausgesprochen wohlschmeckenden Gericht, als er unvermittelt befindet: „Weißt du eigentlich, dass ich dich verdammt gerne rieche?" „Ne, wie kommst du denn jetzt darauf, mein Lieber? So sehr schwitze ich?" „Weiß nicht, bin nur gerade von dir besonders angetan". „Ist schon komisch, bisher träumte ich immer nur von Fernost." „Da siehst du mal, und nun kommen Schweden, Finnland, Estland, Lettland, Litauen und Russland hinzu." „Wolltest du mir nicht sieben Anrainer nennen?", erkundigt sie sich. „Stimmt. Doch an der Ostsee kann ich dir keinen Staat mehr bieten, der nicht zugleich über eine Landgrenze mit uns verbunden wäre. Insofern müssten wir unseren Blick auf die Landkarte gen Westen richten. Denn da grenzen wir ja an die Nordsee. Während sie nach Norden hin offen ist, gibt es zwei Staaten, die sie sozusagen in westlicher wie östlicher Richtung begrenzen. Da Dänemark auch über das Land an uns grenzt, verbleibt im Westen lediglich ein weiterer Nachbar. Nämlich Großbritannien, das wir gerne verkürzt als England bezeichnen.

Mit den Engländern verbindet uns eine lange gemeinsame Geschichte, beginnend mit jenen aus unserem hohen Norden stammenden Angeln und Sachsen, die dereinst die Insel besiedelten. Sich fortsetzend mit den Hannoverschen Welfen, die im 18. Jahrhundert als englische Könige nach London zogen. Auch stammen so manche andere Mitglieder der Königsfamilie aus Deutschland. Den Engländern verdanken wir, uns wiederholt aus unseren eigenen Abgründen befreit und in den Kreis der zivilisierten Länder zurückgeholt zu haben." „Schade, dass die Briten mit ihrem ‚Brexit' nichts mehr von uns wissen wollen." „Allerdings letztlich nur, weil sie sich seit Jahrzehnten von Europa bevormundet fühlten. Ich finde besonders London als geile Stadt. Warst du da schon mal?" „Leider nein." „Typischer Anfängerfehler." Sie sieht ihn kritisch an. „Mensch, wenn du vor dem Big Ben stehst und auf das Parlament siehst, erwärmt sich dein Herz ebenso wie vor dem Buckingham Palace oder Westminster Abbey, wo immerhin das versteinerte Konterfei Dietrich Bonhoeffers steht. Oder in den zahlreichen Pubs, die London besonders prägen. Ob du mit den Schnellfähren unter der Tower Bridge durchrast oder auf den schmalen langen Booten durch die winzigen Kanäle der Stadt gleitest, ergreift dich ein tiefes Bedürfnis, die Stadt gar nicht mehr verlassen zu wollen. Gingest du mit mir einmal über einige Friedhöfe, so stündest du unvermittelt vor den Gräbern von Sigmund Freud und Karl Marx. Wenn das mal keine Bezugspunkte zu unserer Kultur sind?" „Wusste ich gar nicht." „Ich führe mit dir auch die Themse aufwärts bis nach Windsor, wo der einstige Hannoversche König Georg V begraben ist, oder die Themse abwärts nach Wimbledon, wo 1985 Boris Beckers Karriere begann." „Bitte hör auf, kann ich mir gut vorstellen."

Bernd umschließt ihre Hände, ihr tief in die Augen blickend. Worauf sie befindet: „Du weckst ja echt wieder meine Urinstinkte der Neugier. Ob das mit Josef gut geht?" „Sei nicht so pessimistisch, Claudia, dir wird es sicher mit deinem Charme gelingen, deinen Josef zu diesen sieben Städtetouren zu überreden." „Ist lieb von dir, um dann ausschließlich die dortigen Luxusrestaurants abzuklappern? Ich weiß nicht." „Warts mal ab." „O. k., dann mach bitte mal weiter, mein Lieber."

Donnerstag der Ära der ‚Spätmoderne' (1983–1989)

„Der Donnerstag ist der ‚Spätmoderne' gewidmet, in der sich die Politik grundlegend wandelte. Nicht mehr geprägt von visionären Konzepten, sondern nur noch vom praktikablen ‚Funktionalismus', der sich allein an der politischen ‚Machbarkeit' orientierte. Die Gegenbewegung ließ nicht lange auf sich warten, weshalb ich die Zeit ab dem Jahr 1983 als ‚Zeit der Friedensbewegung' bezeichnen möchte. Während die Zeit des Donnerstagnachmittags ab 1987 von der Vision Gorbatschows des ‚Baus des europäischen Hauses' geprägt war.

Der westliche Donnerstagmorgen begann 1983 mit der Kanzlerschaft des CDU-Politikers Helmut Kohl. Zunächst eine hitzige Diskussion darüber auslösend, ob einem Bundeskanzler das Recht zustünde, Neuwahlen zu initiieren. Denn Kohl wollte einen echten Neuanfang, fußend nicht auf dem Misstrauensvotum im Bundestag, sondern auf der unmittelbaren Legitimation der Bundesbürger. Kohl überzeugte Bundespräsident Karl Carstens, der dem volkstümlichen ‚hoch auf dem gelben Wagen' singendend Präsidenten Walter Scheel gefolgt war. Übrigens mit dem Argument, nach den ersten, von der neuen Koalition angestoßenen Reformen sei ‚der Vertrauensbonus der Wähler' über das zwischen CDU und FDP ausgehandelte Regierungsprogramm aufgebraucht. Aus den dann stattfindenden Bundestagswahlen im März 1983 ging Kohl gestärkt heraus. Mit diesem Mandat setzte er seine Reformpolitik durch, gekennzeichnet von staatlichen Leistungskürzungen, um die Staatsverschuldung wieder in den Griff zu bekommen.

Dann hielt die Jedermanns ein dreister Betrug in Atem. Konrad Kujau gelang der Coup, Hitlers Schrift so gut zu kopieren, dass er 62 Bände als ‚Hitlers Tagebücher' an den Stern verkaufte, der diese wirklich in Auszügen veröffentlichte, bis der Schwindel aufflog. Was die Diskussion um Medienethik neu belebte, während Kujau zu einer vierjährigen Gefängnisstrafe verurteilt wurde. Im Juni 1983 vergab die Bundesregierung auf Vermittlung des bayerischen Ministerpräsidenten Franz-Josef Strauß einen staatlichen Milliardenkredit an die DDR. Im Gegenzug baute die DDR die Selbstschussanlagen an der innerdeutschen Grenze ab, mit denen ein Überqueren der Grenze de facto unmöglich war.

1984 wurde der Berliner Regierende Bürgermeister Richard v. Weizsäcker zum neuen Bundespräsidenten gewählt. Der überraschte den Bundestag mit seiner berühmten Rede zum 8. Mai 1945. Den Jedermanns Mut zusprechend, dieses Datum als den Tag der Befreiung von dem menschenverachtendem System der nationalsozialistischen Gewaltherrschaft anzuerkennen. Also ‚als das Ende des Irrwegs der deutschen Geschichte und nicht mehr wie bisher als den Untergang des Deutschen Reiches'. Eine Rede, die beeindruckte.

Kanzler Kohl wirkte federführend als überzeugter Europäer an der Umwandlung der ‚Europäischen Gemeinschaft' (EG) zur ‚Europäischen Union' (EU) mit. Dies gelang mit dem Ausbau der Rechte des Europäischen Parlaments, der politischen Zusammenarbeit einer koordinierten Außenpolitik und einer teilweise direkten Weiterleitung der Mehrwertsteuer an Brüssel. Es war die Zeit, in der das ‚Schengener Abkommen' unterzeichnet wurde, mit dem schrittweise die europäischen Zollgrenzen verschwanden." „Kannst du dich noch erinnern, wie wir an der deutsch-französischen Grenze kontrolliert wurden?" „Natürlich kann ich das", erwidert Bernd, „vor allem an mein Herzklopfen, wenn wir aus Frankreich Champagner über die Grenze schmuggelten." Sie sieht ihn liebevoll an.

„1984 stand übrigens auch im Zeichen der Kießling-Affäre, in der der deutsche 4-Sterne-General Günter Kießling Opfer einer Rufmord-Affäre wurde. Eingeleitet durch den amerikanischen NATO-Oberbefehlshaber Bernhard Rogers, der dreist behauptete, der nicht verheiratete Kießling sei schwul. Vielleicht erschien ihm jener auch deshalb suspekt, weil Kießling im Fahrrad zum Dienst fuhr. Was den deutschen Verteidigungsminister nicht davon abhielt, Kießling zur NATO abzukommandieren. Es folgten Beschuldigungen in der Boulevardpresse, Kießling sei in Kölner Schwulenkneipen gesichtet worden. Worauf der Militärische Abschirmdienst stümperhaft ermittelte, bis Kießling, als Sicherheitsrisiko eingestuft, sang- und klanglos in den einstweiligen Ruhestand versetzt wurde. Um jedoch dem Minister nicht den Gefallen zu tun, die Sache damit auf sich bewenden zu lassen, sondern sich an die Presse zu wenden. Worauf CDU-Verteidigungsminister Wörner in die Schlagzeilen geriet, um bald von Kohl als NATO-Generalsekretär nach Brüssel abgeschoben zu werden. Womit Kießling doch noch ehrenhaft mit einem ‚Großen Zapfenstreich' aus der Bundeswehr entlassen wurde.

Im April 1986 ereignete sich die Tschernobyl-Katastrophe, nachdem es in dem dortigen Kernkraftwerk zu einer Kernschmelze kam. Was der hiesigen Anti-Atomkraft-Bewegung zu einem ungeheuren Aufschwung verhalf. Um sowohl gegen Atomwaffen als auch gegen die Nutzung der Kernkraft zur Energiegewinnung mobil zu machen. Geprägt mit gelben Stickern, die auf selbst gestrickten Pullovern oder Jute-Taschen ‚Atomkraft, nein danke' forderten. Mit der Folge, dass die beiden geplanten atomaren Endlager in Gorleben im niedersächsischen Wendland und Wackersdorf in der bayerischen Oberpfalz in die Schusslinie der AKW-Gegner gerieten, die dort Hüttendörfer errichteten, die zunächst von Polizisten gewaltsam geräumt wurden, um sie dann erneut aufzubauen. Die Protestanten stießen auf eine große Welle der Sympathie. Mehr als 100.000 Teilnehmer fanden sich in Wackersdorf zum ‚Anti-WAAhnsinnsfestival' ein, unterstützt durch Herbert Grönemeyer, Udo Lindenberg, die Toten Hosen und BAP. Einer der enteigneten Bauern klagte durch alle Instanzen bis zum obersten bayerischen Verwaltungsgericht, das die Baugenehmigung aufhob. Worauf Günter Grass in seinen Werk ‚Mein Jahrhundert' später befand, ‚wir Oberpfälzer, sagt man, mucken selten auf, aber das war zu viel'. Im Juni 1986 kesselte die Polizei knapp 900 gegen das Kernkraftwerk Brokdorf Demonstrierende ein, um sie in diesem Kessel 13 Stunden lang festzuhalten. Was die Proteste nur noch weiter anfachte. Wenig später kam es zu gewaltsamen Protesten vor dem AKW-Grohnde, die als ‚Schlacht um Grohnde' in die Geschichtsbücher eingehen sollte.

1986 hielt die Jedermanns der Historikerstreit in Atem. Ausgelöst durch die in der FAZ veröffentlichte rhetorische Frage des Historikers Ernst Nolte, ob nicht die Schlussstrich-Mentalität – trotz der Ungeheuerlichkeit der fabrikmäßigen Vernichtung der Juden – inzwischen einen wahren Kern enthalte. Denn die ‚Frage der Schuld der Deutschen erinnere zunehmend an die NS-Propaganda der Schuld der Juden'. Der Historiker Michael Stürmer hielt dagegen, ‚Orientierungsverlust und Identitätssuche seien Geschwister'. Er prangerte den Erinnerungsverlust der jungen Generation an und verwies auf die Rolle der Geschichte, ohne die eine Rückkehr in die kulturelle Vergangenheit nicht möglich sei. Habermas mischte sich ein, auf revisionistische Tendenzen hinweisend, wenn man NS-Verbrechen durch aufrechnende Vergleiche mit anderen Massenverbrechen relativiere.

Der östliche Donnerstagmorgen begann mit der 1985 erfolgten Wahl Gorbatschows zum neuen russischen Generalsekretär. Bald stellte Gorbatschow dem KPDSU-Parteitag seinen neuen Kurs vor, geprägt von den beiden Signalwörtern ‚Glasnost' (Politik der Offenheit) und ‚Perestroika' (Politik der Reformen). Im April 1986 ereignete sich die Kernkraftwerkskatastrophe von Tschernobyl, die hüben wie drüben das Leben der Jedermann veränderte, als viele Lebensmittel wie insbesondere auch bei uns wachsende Pilze über Jahre verstrahlt wurden. Nach wenigen Tagen musste das Politbüro aufgrund hoher in Schweden gemessener radioaktiver Strahlen die Kernschmelze zugeben. Nun begann ein verzweifelter Kampf, die Umweltverseuchungen nicht noch weiter ausbreiten zu lassen. Tausende starben bei der Rettungsaktion. Wie dicht wir in ganz Europa an der Katastrophe vorbeikamen, wissen wir erst seit kurzem. Eine große Region in der heutigen Ukraine ist bis heute – zur Sperrzone erklärt – entsiedelt.

Die DDR geriet derweil in eine immer schwerwiegendere finanzielle Schieflage. 1986 verdoppelte sich die in der DDR tätige Zahl der ‚Vertragsarbeiter' auf rund 60.000, um die industrielle Produktion infolge der vielen DDR-Flüchtlinge nicht einbrechen zu lassen. Als DDR-Neonazis erstmals einen Vertragsarbeiter ermordeten, wurde das medial unter den Teppich gekehrt, sodass die hasserfüllte Grundstimmung untergründig weiter gor. Zudem wurde der öffentliche Investitionsstau der DDR vor allem an den vor sich hin rottenden Gebäuden immer offensichtlicher. Dachziegel und Gebäudefarben waren Mangelware, sodass die Städte ergrauten. Dieser Prozess konnte erst aufgehalten werden, als es dem für den Devisenhandel zuständigen Stasi-Offizier Alexander Schalck-Golodkowski gelang, mit dem bayerischen Ministerpräsidenten Strauß den Abschluss eines zweiten Milliardenkredits zu vereinbaren. Womit die DDR zudem einem drohenden Staatsbankrott entrann.

Damit kommen wir zum Donnerstagnachmittag, der es in sich hatte. Aus heutiger Sicht erscheint durchaus ein Vergleich der Jahre 1987/88 mit denen von 1917/18 oder 1967/68 angebracht. In allen drei Zeitabschnitten war es nämlich die lähmende

Politik, die die Jedermanns auf ungeheure Weise mobilisierte, um basisdemokratische Umwälzungen herbeizuführen. Vielleicht bedarf sogar der Wandel des kollektiven Zeitgeistes eine gewisse Politikstarre." „Wenn das so ist, dann ist es ja durchaus möglich, dass wir heute erneut vor einem grundsätzlichen Wandel stehen, oder?" „Durchaus denkbar", erwidert Bernd. Bei der Bundestagswahl im Januar 1987 fuhren die CDU und CSU ihr schlechtestes Ergebnis seit 1949 ein. Doch dank des guten Abschneidens der FDP konnte die Koalition vorgesetzt werden.

Am 1. Mai 1987 löste eine, nach einer jahrelangen gerichtlichen Auseinandersetzung stattfindende Volkszählung vor allem in Berlin große Proteste aus. Der linke Radiosender Radio 100 mobilisierte die linksradikale Szene, die nach Kreuzberg zog. Erstmals fanden dort in SO36, wie der westliche Zipfel der nach drei Seiten von der Mauer eingeschlossene Stadtteil postalisch hieß, Straßenschlachten zwischen Hausbesetzern, Autonomen und der Polizei statt, in deren Verlauf sich die Polizei aus Kreuzberg zurückzog. Bald gingen an vielen Häusern, einem Bahnhof und einem Supermarkt tausende Scheiben zu Bruch. Gewaltbereite Demonstranten warfen Molotow-Cocktails, Plünderer schleppten selbst Schweinehälfte weg, Autos und Telefonzellen gingen in Flammen auf. Erst langsam beruhigte sich wieder die Lage.

Im August 1987 erhöhte die Bundesregierung das Begrüßungsgeld für DDR-Bürger, die die Bundesrepublik bereisten, von 30 auf 100 DM. Der überzeugte Europäer Kohl einigte sich mit dem französischen Staatspräsidenten auf eine deutsch-französischen Brigade. Im Juni 1987 rief der amerikanische Präsident Ronald Reagan anlässlich seines Staatsbesuches in Berlin vor laufenden Kameras Michael Gorbatschow dazu auf, die Mauer niederzureißen. Doch erntete er wegen seiner amerikanischen Stationierungspolitik atomarer Mittelstreckenraketen hierzulande bei seinen öffentlichen Auftritten nur Pfiffe. Zehntausende demonstrierten, während Ton Steine Scherben mit ohrenbetörender Lautstärke ‚keine Macht für niemand' sangen. Dann reiste Gorbatschow nach Bonn, der überall, wo er sich öffentlich zeigte, geradezu frenetisch aufgrund seiner ‚Glasnost-Politik' bejubelt wurde. Um seine Vision vom ‚gemeinsamen europäischen Haus' zu konkretisieren. Während der lauen Sommernacht im Garten des Kanzleramtes mit Blick auf den Rhein erläuterte Kohl dem russischen Staatsratsvorsitzenden, ‚die deutsche Einheit wird kommen, so sicher wie der Rhein ins Meer fließt'. Gorbatschow widersprach nicht. Im September 1987 besuchte auch Honecker auf Einladung Helmut Kohls Bonn. Mit diesem Staatsbesuch anerkannte Kohl letztlich – von vielen kritisiert – de facto die Zweistaatlichkeit Deutschlands.

1988 verkündete der Bundesjustizminister, Sitzblockaden durch Verschärfung des Nötigungsparagraphen zukünftig kriminalisieren zu wollen, was neue Proteste heraufbeschwor. Ein gesetzliches Unterfangen, das einige Jahre später vom Bundesverfassungsgericht als verfassungswidrig beurteilt wurde. Im August 1988 reiste Kohl zu Gorbatschow nach Moskau, um gemeinsam das ‚Ende der Zeit des Eises' zu verkünden. Doch ansonsten geschah politisch wenig. Wieder einmal beherrschten 80.000 Demonstranten der ‚Autonomen Szene' und der Dritte-Welt-Bewegung die öffentliche Berichterstattung, als sich im September 1988 IWF und Weltbank in Berlin trafen. Es kam zu zahlreichen Straftaten und über 1000 Festnahmen.

1989 verdüsterten sich wegen des sterbenden Steinkohlebergbaus für das Ruhrgebiet die Zukunftsaussichten. Was den Essener Bischof Hengsbach, den Vorstandsvorsitzenden der Deutschen Bank Herrhausen, den Vorstandsvorsitzenden der VEBA v. Bennigsen-Foerder und den Gewerkschafter Schmidt zur Gründung des ‚Initiativkreises Ruhr' veranlasste. Erst mit Zeitverzug versprachen auch Kanzler Kohl und SPD-Ministerpräsident Rau eine mehrere hundert Mio. DM umfassende finanzielle Spritze für die sich abzeichnende Umschulung der 200.000 Bergarbeiter.

Boris Becker erlangte nach seinem Wimbledon-Sieg internationale Bekanntheit. Wie wenig später auch Steffi Graf, die sich über sieben Jahre an der Tennis-Weltspitze hielt. Der Schwimmer Michael Groß ragte heraus wie im Osten der Radsportler Täve Schur, die Eiskunstläuferin Katharina Witt und die Läuferin Marika Koch. Die Graffity von Daddy Cool und Stefan

Strumbel wurde zum optischen Begleiter vieler innenstädtischer Gebäudeflächen. In unseren Fußgängerzonen begann die Phase der Kaffeehäuser. Fortan tranken die Jedermanns ihren Cappuccino." „Was, außer der Cappuccino-Freude ereignete sich 1989 nichts?" „Ne, selbst unser Präsident v. Weizsäcker konnte sich sicher sein, im Mai wiedergewählt zu werden.

Damit will ich auf die sehr viel dynamischere Entwicklung des Donnerstagnachmittags im Osten überleiten. 1987 offenbarte Gorbatschow ‚Glasnost' und ‚Perestroika' auch seine Vision des ‚Baus des gemeinsamen europäischen Hauses', bei der ihm zwar nur eine friedliche Koexistenz der europäischen Völker vorschwebte. Die bei vielen einen Wunsch nach weiteren Gemeinsamkeiten entfachte. Mit der Folge einer tiefen Verunsicherung der DDR-Staatsführung. Erstmals erwies sich auch eine DDR-Bürgerinitiative als erfolgreich. Jedenfalls gelang es den ‚Frauen für den Frieden', zu denen Bärbel Bohley, Katja Havemann, Irena Kukutz und Ulrike Poppe gehörten, die SED-Führung dazu zu bewegen, von dem geplanten Straßenausbau quer durch den jüdischen Friedhof in Weißensee Abstand zu nehmen. Als am Pfingstwochenende 1987 in Westberlin dicht an der Mauer neben dem Reichstag David Bowie, Neil Young und Genesis auftraten, versammelten sich rund 2.000 ostdeutsche Jugendliche im Ostteil der Stadt, um von der anderen Seite der Mauer aus wenigstens der Musik zu lauschen. Um im Verlauf des Konzertes mit Sprechchören ‚wir wollen Gorbatschow' und ‚die Mauer muss weg' zu skandieren, bis sie schließlich von Volkspolizisten umzingelt, mit Spezialstöcken aus Metall niedergeschlagen wurden.

1987 gründete sich die Umwelt-Bibliothek unter dem Schutz der Kirche, um sich vor allem auf Umweltthemen in Ostberlin zu fokussieren, bis sie im November nach einer Razzia weitgehend lahmgelegt wurde. Im Januar 1988 ließ die SED Bärbel Bohley und Werner Fischer verhaften, was im Osten wie Westen Proteste auslöste. Worauf beide in den Westen ‚ausgebürgert' wurden. Um in die DDR zurückzukehren, als sich die Krise zur Systemkrise auszuweiten begann.

Im Januar 1988 folgte aufgrund einer Lebensmittelknappheit in Polen eine Streikwelle. Auch in Ungarn begannen Proteste, nachdem Gorbatschow für alle Ostblockstaaten die ‚Politik der freien Hand' ausrief. Er räumte jedem einzelnen Ostblockstaat das ausdrückliche Recht ein, seinen eigenen Reformweg zu finden. Worauf die DDR-Führung den ‚Weg des Sozialismus in den Farben der DDR' verkündete. Die Jedermanns trauten ihren Ohren nicht, als sie erfuhren, dass dieser in einem ‚einfach-weiter-so' bestand. Im Osten wurde die Umweltverschmutzung in Bitterfeld thematisiert, nachdem Carlo Jordans das Ökologische Netzwerk ‚Arde' gründete, das die Sondermülldeponien ebenso anprangerte wie veraltete Müllverbrennungsanlagen. Im Herbst 1988 gelang es, den 30-minütigen Dokumentarfilm ‚Bitteres aus Bitterfeld' in den Westen zu schnuggeln, der im ARD-Magazin gezeigt wurde und im Osten wie Westen große mediale Aufmerksamkeit auf sich zog.

Im Februar 1989 fand Chris Gueffroy als Letzter an der Mauer den Tod. Mit seiner Verweigerung einer großzügigen Ausreisepolitik manövrierte sich Honecker im sozialistischen Lager in eine Außenseiterposition. Worauf der Ostberliner Anwalt Henrich sein Buch ‚vom Versagen des real existierenden Sozialismus' veröffentlichte. Als im September 1988 einige Schüler in Pankow mit nicht genehmigten Transparenten demonstrierten, flogen sie auf Anweisung der Ehefrau Erich Honeckers, der Volksbildungsministerin Margot Honecker, von der Schule. Abermals waren landesweite Proteste die Folge. Im November 1988 fiel zudem die Entscheidung des Regimes, die beliebte alternative Zeitung ‚Sputnik' zu verbieten.

Das Ost-Berliner Regime verfolgte immer sorgenvoller die Warschauer Ereignisse. Denn dort gelang auf Vermittlung der Kirche eine Vereinbarung zur Einrichtung eines ‚Runden Tisches', der seit Februar 1989 tagte und im April 1989 zur Zulassung der ‚Solidarnosc' und zum Zugeständnis freier Wahlen führte. Auch in Ungarn waren Reformer am Werk. Man stritt darüber, ob es nicht günstiger sei, die Grenzanlagen zur österreichischen Grenze anstelle einer rund 20 Mio. € teuren Runderneuerung einfach abzureißen. Als Russland auch noch seine Stacheldrahtlieferungen nach Ungarn einstellte, kündigte die ungarische Regierung am 2. Mai den stufenweisen Abbau der elektronischen Signaleinrichtungen an den Sperranlagen zwischen Ungarn und Österreich ab. Aus Sicht der SED-Führung waren dies keine guten Rahmenbedingungen für einen für sie befriedigenden Ausgang der im Mai 1989 anstehenden Kommunalwahlen. Es lag etwas in der Luft.

Über die ‚Neuen Schönen Künste'

Lass mich damit zu den ‚Neuen Schönen Künsten' kommen, die sich auch in der ‚Spätmoderne' in einem Stilpluralismus entfalteten. Beginnen will ich mit der Trivialliteratur. Immer noch dominierten Heinz G. Konsalik mit ‚Promenadendeck' und Johannes Mario Simmel mit ‚doch mit den Clowns kamen die Tränen'.

In der Unterhaltungsmusik erlebte 1980 der von Sony herausgebrachte ‚Walkman' einen Durchbruch, womit eine ganze Generation nur noch mit Kopfhören beim Jogging unterwegs war. Polygam in Hannover brachte 1982 die weltweit erste CD auf den Markt. Die Schlager verloren wieder an Bedeutung. Erwähnen möchte ich nur zwei Interpreten, nämlich Nino de Angelo mit ‚jenseits von Eden' und Roger Whittaker mit ‚Abschied ist ein schweres Wort'. Anderes gilt für die ‚Neue Deutschen Welle', die sich größerer Beliebtheit erfreute. So sangen die Erste Allgemeine Verunsicherung ‚küss die Hand, schöne Frau', Geier Sturzflug ‚Bruttosozialprodukt', DÖF ‚Codo', Falco ‚Rock me Amadeus' und Klaus und Klaus ‚an der Nordseeküste'. Daneben etablierte sich die neue Musikrichtung des deutschen Punks. Die Toten Hosen begeisterten mit ‚spiel mir das Lied vom Tod', die Ärzte mit ‚Geschwisterliebe' und die Nina-Hagen-Band mit ‚angstlos', nach ihrem berühmten TV-Glotzer, jenen legendären Zeilen,

‚ich glotz von Ost nach West/ich kann mich gar nicht entscheiden,/ist alles so schön bunt hier'.

Vor allem aber setzte sich der ‚deutsche Rock' durch. Herbert Grönemeyer mit ‚Männer', Marius Müller-Westernhagen mit ‚Sexy' und Udo Lindenberg mit dem ‚Sonderzug nach Pankow'. Da Lindenberg die Friedensbewegung unterstützte, lud ihn die SED-Führung zusammen mit dem anderen bekannten Mitglied der Friedensbewegung Harry Belafonte zu einem TV-Konzert in den Ostberliner ‚Palast der Republik' ein. Kurz vor dem Auftritt bekam die DDR-Führung allerdings Zweifel an Udos pro-östlicher Gesinnung, um nun zu mutmaßen, der wolle mit seinem Ost-Berliner Auftritt vornehmlich sein schwindendes Image im Westen aufpolieren. Am 25. Oktober 1983 um 20:00 Uhr sollte die Fernsehübertragung beginnen. Worauf sich viele Osterberliner Udo-Fans gegen 19:00 Uhr am Palast einfanden, um feststellen zu müssen, einem Schwindel auferlegen zu sein. Denn das Konzert begann bereits um 19:00 Uhr, um eine Stunde später lediglich als Aufzeichnung gesendet zu werden. Während die wütenden Udo-Fans laut ‚Udo, Udo' skandierten, sang der bereits vor den wenig begeisterten, ausgewählten FDJ-Gästen. Kurz darauf fanden sich viele Udo-Anhänger, als ihre ‚Udo'-Rufe nicht abrissen, in einer Gefängniszelle wieder.

Im Osten sangen Freudenberg, Ute & Elefant ‚Jugendliebe', Gaby Rückert ‚Berührung', Veronika Fischer ‚Sehnsucht nach Wärme', Karat ‚jede Stunde', Silly ‚die wilde Mathilde', Bettina Wegner ‚sind so kleine Hände', Jessika ‚erste Liebe', Karussell ‚Café Anonym' und Electra ‚Augen der Sehnsucht'. Auch hier wurde der Rock en vogue wie die Rockband Pankow mit ‚nach der Arbeit', deren Zeile die Jedermanns mitgrölten, ‚ach, wenn ich wüsst, wohin es geht,/mein Trip nach nirgendwo,/wenn endlich hier das Glück mir stet,/ja danach sehne ich mich so'.

Das Fernsehen war beliebt wie noch nie. Vielleicht auch wegen der neuen Vielfalt von öffentlichen wie privaten Sendern. Die Jedermanns wurden mit Fernsehserien wie ‚das Traumschiff', ‚die Drombuschs', ‚Liebling Kreuzberg', ‚ein Fall für Zwei', ‚die

Lindenstraße' und ‚die Schwarzwaldklinik' geradezu bombardiert. Auch die Didi-Show war beliebt wie ‚ein Fall für TKKG', ‚das Großstadtrevier', ‚Hals über Kopf', das ‚Komödienstadel', ‚Praxis Bülowbogen', ‚SOKO München' sowie die Kindersendungen ‚Löwenzahn' und ‚die Sendung mit der Maus'. Für das Ostfernsehen will ich ‚das Mädchen Störtebeker', ‚Polizeiruf 110' und ‚das Sandmännchen' erwähnen.

Im Kino nahmen die Regisseure wieder mehr Rücksicht auf den Zuschauergeschmack. Worauf es wieder in der Publikumsgunst an Ansehen gewann. Wolfgang Petersen reüssierte mit ‚die unendliche Geschichte', Robert von Ackeren mit ‚die flambierte Frau', Wim Wenders mit ‚Paris Texas', Margarete von Trotta mit ‚Rosa Luxemburg', Doris Dörrie mit ‚Männer' und Otto Waalkes mit ‚Otto – der Film'. Zu erwähnen sind zudem Peter Timms ‚Meier', Doris Dörries ‚Paradies', Siegfried Kühns ‚die Schauspielerin', Klaus Maria Brandauers ‚Georg Elsner – einer von uns' und Loriots ‚Ödipussi'. Und natürlich Volker Schlöndorff mit seiner Verfimung der ‚Blechtrommel', für die er einen Oskar erhielt. So viel zu den ‚Neuen Schönen Künsten'.

Über die ‚Klassischen Schönen Künste'

Die ‚Klassischen Schönen Künste' entpolitisierten. Worauf sich ein neues Spannungsfeld auftat. Auf der einen Seite stand der ‚Neo-Funktionalismus'." „Was soll das denn schon wieder sein?", erkundigt sie sich ein wenig skeptisch. „Na ja, eine Stilrichtung, in der sich erneut die Form bzw. der Stil der Funktion unterzuordnen hatte." „Und wie bezeichnest du den Gegenpol zum ‚Neo-Funktionalismus'?" „Schlicht und ergreifend als ‚Ästhetizismus', der sich jeder Hintanstellung der Ästhetik widersetzte." „Du weißt schon, dass das erstmals ein wenig gekünstelt klingt, oder?" „Von mir aus. Will dir ja nur helfen, dir mit der Präsentation eines neuen Spannungsfeldes das Leben zu erleichtern." Sie nickt.

„In der Architektur führte der ‚Funktionalismus' zu einer merkwürdigen funktionalen Unterstreichung der Gebäudefunktion. So erhielten die Kultstätten des vom Kapitalismus geprägten Kaufrausches, sprich Supermärkte und Einkaufszentren, Tempelfronten. Und die Universitätsbibliotheken, in denen die Kulturbeflissenen ritterlich ausharrten, Ritterburgfassaden. Dagegen stand der ‚Ästhetizismus' für organisch wirkendende Bauten etwa der Stuttgarter ‚Neuer Staatsgalerie' und dem ‚Frankfurter Museumsufer' des Architektur-, Kunsthandwerk- und Postmuseums. Auch in der Malerei standen sich ‚Neo-Funktionalismus' und ‚Ästhetizismus' unversöhnlich gegenüber. Beginnen möchte ich mit einigen Vertretern des ‚Neo-Funktionalismus', nämlich mit Immendorff, Sitte, Tübke, Heisig, Tadensz, Bergmann, Adler und Mehmet. Jörg Immendorff schuf seine ‚Café-Deutschland-Bilder', Willi Sitte sein bekanntes ‚Selbstbildnis', Bernhard Heisig ‚die Straße der Kommune' und Werner Tübke als Gründer der ‚Leipziger Schule' seine ‚drei Frauen aus Cefalu'. Bernhard Heisig begeisterte mit seinem in grau-braunen Farben gehaltenen Werk ‚der Fensteröffner'. Norbert Tadensz überhöhte mit seinem ‚Gelben Atelier' die Pornographie in Gestalt eines Auftritts nackter Akrobaten, gekennzeichnet von fetischistisch gequälter sexueller Erregung Anna-Eva Bergmann gab mit ihrem Werk ‚20–1987' der Modelliermasse und dem Blattmetall auf der Leinwand eine neue Natürlichkeit. Der Dresdner Karl-Heinz Adler überraschte mit seinen ‚seriellen Lineaturen' wie Mehmet mit seinen großformatigen Werken meist als Kombination von Farbenrausch und vehementem Strich.

Der ‚Ästhetizismus' setzte andere Akzente. Trak Wendisch malte seinen ‚Seiltänzer' und Harald Metzke seinen ‚Januskopf'. Beide offenbarten eine tiefe Symbolik, Ersterer den individuellen Balanceakt des Einzelnen zwischen Sein und Nichts und der Zweite das Menetekel vom offiziellen Kult der Zukunft thematisierend.

Damit komme ich zur klassischen Musik, die immer noch an Bedeutung verlor. Aber immerhin komponierte Xaver Franz Thoma seine zweite Kammersymphonie." „Komm, lass gut sein, mein Lieber, die höre ich mir sowieso nicht an."

„Auch die Literatur war vom Spannungsfeld des ‚Neo-Funktionalismus' und ‚Ästhetizismus' geprägt. Zu den Neo-Funktionalisten zählten Grass und de Bruyn. Günter Grass beschritt mit seiner ‚Rättin' neue Wege, indem er unterschiedliche Genres vom Märchen über den Reisebericht bis hin zum surrealen Roman funktional miteinander verknüpfte. Und der DDR-Literat Günter de Bruyn veröffentlichte seine ‚neue Herrlichkeit', um mit immer neuen Blickwechseln den Konflikt eines jungen Doktoranden zwischen Pflicht und Neigung zu beschreiben. Frei von solcher Funktionalität fokussierten sich die Literaten des ‚Ästhetizismus' Kunert, Kirsch, Mosebach, Walder und Süskind darauf, um die Herzen der Jedermanns auf andere Weise zu gewinnen. Günter Kunert verfasste seinen Gedichtband ‚die befleckte Empfängnis', Sarah Kirsch den ihrigen ‚Luft und Wasser' und Martin Mosebach schrieb ‚das Bett', ein Werk über das spannungsgeladene Verhältnis seines, sich auf Identitätssuche befindlichen Protagonisten zu seiner Kinderfrau, seiner Tante und seiner Mutter. Martin Walder dichtete, ‚Clowns sind wir, der Zirkus heißt Kultur./Uns're Nummer: Watschen mit Gesang!/Streicheln dürfen wir uns nur/draußen in dem dunklen Gang'. In die Welt der Gerüche führte uns der Münchener Patrick Süskind mit seinem großartigen Werk ‚das Parfum' ein, um eine Brücke zwischen den Gerüchen und zwischenmenschlichen Beziehungen zu schlagen. Seinem Protagonisten gelingt es dabei als Parfumeur, seine Opfer so zu betören, dass sie ihn begehren, selbst wenn er sie tötet. Um ganz am Ende zum Ort seiner eigenen Kindheit zurückzukehren, wo er sich selbst, mit seinem Parfum übergießend, von Pennern verspeisen lässt. Das war's."

„Danke, passt mir gut. Denn ob du es glaubst oder nicht, ich muss schon wieder zum Klo." „Hast aber nicht mehr ganz so viele Schweißperlen auf der Stirn." „Mir ist auch nicht mehr so verdammt heiß." Bernds Handy klingelt. Sie blickt erstaunt drein. „Das passt doch." Um sich zur Toilette zu begeben. Bernd entschließt sich, das Gespräch dieses Mal anzunehmen, worauf er von einer fremden Stimme gebeten wird: „Hier ist Josef, kannst du bitte mal vor die Tür kommen?" „Warum?" „Bitte!"

Auf dem Gendarmenmarkt

Bernd begibt sich nach draußen. „Du bist also der Josef", bemerkt Bernd, ihm die Hand ausstreckend. Der lässt seine Hände jedoch demonstrativ in seinen Manteltaschen, um zu antworten: „Ja, und du offensichtlich Bernd." „Na dann herzlich willkommen an der Spree!" „Lass den Unsinn, schick mir jetzt lieber meine Verlobte heraus." „Warum?", erkundigt sich Bernd erstaunt. „Meinst du, ich bin blöd?" „Ne, warum?" „Weil ich euch in den letzten zehn Minuten von hier draußen beobachtete. Und was soll ich dir sagen? Mir ist nicht verborgen geblieben, wie du meine Frau anbaggertest." „Und wenn es umgekehrt gewesen wäre?" „Mach dich doch nicht lächerlich, was wärest du denn für eine Partie? Du spielst doch bestenfalls in der Kreisklasse." „Ist das wichtig?", will Bernd wissen. „Verpiss dich", ist dessen trockene Reaktion.

„Hier in Berlin ist das vielleicht anders als in Hamburg. Hier darf eine Frau eine eigene Meinung haben. Insofern muss ich dir leider mitteilen, dass sie mir soeben bestätigte, sich weiter mit mir unterhalten zu wollen. Aber ich kann dich beruhigen, wir werden in einer Stunde fertig sein." „Das ist mir egal. Du schickst sie jetzt augenblicklich nach draußen oder du wirst dein blaues Wunder erleben." „Was soll der Blödsinn?" Josef dreht sich um und pfeift einmal laut. Wenige Augenblicke später tauchen aus dem Dunkel zwei adrett gekleidete Schränke auf, die sich links und rechts neben Josef positionieren. „So, nun ein letztes Mal, du schickst mir jetzt Claudia raus, oder es wird verdammt ungemütlich für dich." „Und was soll ich ihr bitte schön deiner Meinung nach sagen?" „Das ist doch dein Problem." „Meinst du nicht, dass du es dir mit dieser Masche auf der Ziellinie noch verscherzen könntest? Das sollte doch ein Kerl aus der Champions League auch begreifen, oder?" „Halt die Klappe."

Bernd lacht und dreht sich um. Um sich zu wundern, dass er von einem der beiden Schränke angerempelt wird. „Was wird das denn?", erkundigt sich Bernd. „Wer nicht hören will, muss fühlen", hört er Josef noch rufen, der sich offenbar langsam entfernt. Worauf einer der Begleiter Josefs Bernd mit gebrochenem Deutsch zuruft, „mach dich vom Acker!" Bernd antwortet: „Habe ich ohnehin vor." Als er jedoch im Augenwinkel bemerkt, wie ihn offenbar der von hinten am Nacken packen will, dreht er sich blitzschnell um, dessen Arm zu ergreifen. Um sich erneut umzudrehen und rund zu machen, worauf jener im hohen Bogen über ihn fliegt, um mit dem Rücken auf den harten Asphalt aufprallend laut stöhnend nach Luft zu ringen. Nur den Bruchteil einer Sekunde später wird er von dem zweiten Typen angegriffen, auf den er einen Schritt zugeht, um ihm ein Bein zu stellen, wobei auch jener verdutzt auf den Asphalt knallt. Bernd ruft dem in der Dunkelheit verschwindenden Josef hinterher: „Wo hast du denn diese beiden Clowns aufgeschnappt?" Bernd begibt sich in Richtung Lokal, vor dessen Tür in diesem Moment Claudia auftaucht. „Hi, da bin ich wieder. Alles o. k.?" „Ja", antwortet Bernd, um sich vorsorglich noch den sich Aufrappelnden zuzuwenden: „Seht zu, dass ihr Land gewinnt, oder wollt ihr wirklich den morgigen Tag im Krankenhaus verbringen?"

„Was machst du denn hier für einen Wahnsinn? Du bist ja echt gemeingefährlich", reagiert Claudia entsetzt, während der eine der beiden Schränke befindet: „Komm, lass uns abhauen." Bernd zuckt mit den Schultern. „Ich versuchte nur, mich zu wehren." „Ich wusste gar nicht, dass du Feinde hast", bemerkt Claudia entsetzt. „Habe ich eigentlich auch nicht." „Na, das sieht aber anders aus." „Stimmt." Sie sieht ihn prüfend an. „War das etwa der Anrufer?" „Nicht ganz." „Was wollten die denn?" „Einem eifersüchtigen eingebildeten Pinsel zur Seite stehen." Sie beobachtet ihn mit fragender Miene: „Sag jetzt bloß nicht, es ist wahr, was ich gerade denke?" Bernd schweigt. „Das glaube ich jetzt echt nicht, mein Lieber. Ich muss erst einmal eine rauchen."

Sie stehen schweigend nebeneinander. Nach drei Zügen hat sie sich wieder gefangen. „Der macht gerade eine Transaktion mit einem Sicherheitsunternehmen", erläutert ihm Claudia kleinlaut. „Aber dass er zu so etwas fähig wäre …" „Ist doch nichts passiert." Sie atmet tief ein. „Komm, lass uns den schönen Abend nicht verderben", legt Bernd nach. Sie nickt mit dem Kopf. „Hoffentlich kann ich mich jetzt noch konzentrieren." „Mensch, war doch wirklich nicht schlimm. Allerdings scheint mir der noch eifersüchtiger zu sein als ich." Sie blickt ihm tief in die Augen. „Ihr Kerle seid doch alle gleich." Kaum haben sie drinnen wieder Platz genommen, wird ihnen die Nachspeise serviert. Eine Prinzregenten-Schnitte an weißem Espresso-Mousse. Claudia schluckt. „So richtig Hunger habe ich nicht mehr." Bernd streicht ihr durch das Haar, was sie offensichtlich als sehr wohltuend empfindet. Dann setzt Bernd seinen Vortrag fort.

Freitag der Ära der Wende (1989/1990)

„Vielleicht passt nun meine Wendegeschichte wie die Faust aufs Auge." „Warum?" „Weil es manchmal anders kommt, als man denkt." „Du nun wieder", erwidert sie. Er holt tief Luft: „Was nun folgt, ist jedenfalls eine echte Wende, die die Deutschen ebenso unverhofft wie spontan erfasste. Denn eigentlich hatten sich die Jedermanns in West und Ost gerade mit der Teilung der Republik abgefunden. Mit der Folge, dass eine Rede Martin Walsers im Oktober 1988 mit der provokanten Überschrift ‚über Deutschland reden' hohe Wellen schlug. In jener beschwor er die Jedermanns, sich nicht mit der Trennung abzufinden. Worauf er eine geradezu hasserfüllte Reaktion erlebte, die ‚deutsche Einheit sei nichts als ein geistiger Verrat eines rückwärtsgewandten Illusionismus'. Die Grünen forderten die Aufgabe des ‚Wiedervereinigungsgedankens', weil nur ein solcher Verzicht die Europapolitik handlungsfähig halte. Willy Brandt befand kritisch, ‚als ob Geschichte für uns die Anknüpfung an das Bismarck Reich bereithalte'. Der Historiker Golo Mann bezeichnete den provisorischen Charakter des Grundgesetzes als ‚Lebenslüge' und der führende SPD-Politiker Lafontaine forderte die Überwindung des Nationalstaates, um die Freiheitsspielräume zu erhöhen. Natürlich war auch

Honecker ein Gegner der Wiedervereinigung. Viele im Osten träumten von einem ‚Dritten Weg zwischen Kapitalismus und Sozialismus'. Was alle Kritiker übersahen, dem überwiegenden Teil der Ostdeutschen ging es weder um eine historische Anknüpfung an das alte Reich noch um die Aufrechterhaltung einer Lebenslüge. Weder um die europäische Handlungsfähigkeit noch um diffuse Freiheitsspielräume. Weder um eine Revolution mit Waffengewalt noch um einen dritten sozialistischen Weg, sondern allein um den Wunsch nach selbstbestimmter Freiheit.

Der Freitagvormittag entpuppte sich als die ‚Zeit der Montage', denn gerade dieser Wochentag wartete mit immer neuen Ereignissen auf. Mir erscheint folgerichtig ein stakkatohaftes Narrativ geboten. Beginnend mit den DDR-Kommunalwahlen, die den Ostdeutschen die Augen öffneten.

Montag, 8. Mai 1989: Als die Jedermanns an diesem Tag aufwachten, waren diejenigen desillusioniert, die in der Nacht zuvor von ihrem Anwesenheitsrecht bei den Stimmenauszählungen Gebrauch gemacht hatten. Denn obwohl sie mit eigenen Augen sahen, dass es viele Gegenstimmen gegen die Vertreter des SED-Regimes gab, wurde ihnen das amtliche Endergebnis einer 98,8 %igen Zustimmung präsentiert. Womit sie erkannten, einem massiven Wahlbetrug aufgesessen zu sein.

Montag, 5. Juni 1989: Als die Jedermanns nur vier Wochen später das amtliche Endergebnis der polnischen Wahl erfuhren, rieben sie sich erst recht ihre Augen. Denn dort erhielt das oppositionelle ‚Bürgerkomitee Solidarosc' sämtliche Parlamentssitze im Sejm. Worauf im August 1989 der Katholik Mazowiecki zum ersten, nicht kommunistischen polnischen Nachkriegs-Ministerpräsidenten gewählt wurde. Wäre dies nicht auch das Zukunftsmodell für die DDR? Oder kopierten etwa die DDR-Mächtigen die chinesische Führung, die an diesem Wochenende den von protestierenden Studierenden besetzten Platz des Himmlischen Friedens gewaltsam räumen ließ? Was mehr als eintausend Studenten mit dem Leben bezahlten. Jedenfalls starrten an jenem Montag die Ostdeutschen in ihren Fernseher, der ihnen den Pekinger ‚Panzermann' zeigte, der weltweite Schlagzeilen machte, als er sich mit zwei Plastik-Einkaufstüten in der Hand vor einen Panzerkonvoi stellte, um diesen verzweifelt aufzuhalten. Den Jedermanns wurde bewusst, dass ihre Freiheit auf der Kippe stand. Womit sie begannen, in die Botschaften der Bundesrepublik zu flüchten und dort um Asyl zu bitten.

Montag, 7. August 1989: Nachdem 132 Flüchtlinge vorbei an der Stasi und den Volkspolizisten in die westdeutsche ‚Ständige Vertretung' gelangten, beschloss die Bundesregierung, diese bis zur Klärung des Verbleibs der Flüchtlinge zu schließen. So mussten die dorthin Geflohenen unter katastrophalen hygienischen Bedingungen ausharren. Schließlich konnte im Verhandlungswege erreicht werden, dass sich Honecker angesichts der bevorstehenden Festlichkeiten zum vierzigsten Geburtstag der Republik erweichen ließ, jenen eine Reisegenehmigung in den Westen in Aussicht zu stellen. Nun füllten sich die Botschaften in Warschau und Prag mit Ausreisewilligen.

Montag, 14. August: Wie in den Wochen zuvor veranstaltete die Leipziger Nikolaikirche ihre ‚Montagsgebete'. Bald machte die Nachricht eines Treffens zum ‚paneuropäischen Picknick' an der ungarisch-österreichischen Grenze die Runde. Diesem Aufruf folgten am kommenden Wochenende knapp 700 DDR-Bürger, um anschließend die mit diesem Ansturm überforderten ungarischen Zöllner zu überrumpeln und bei Mörbisch die österreichisch-ungarische Grenze zu durchbrechen. Das ermutigte manche in der DDR Zurückgebliebene, sich auf die Gründung oppositioneller Gruppen zu verständigen. Was eine doppelte Dynamik einleitete. Denn ‚mit der Ausreisebewegung', so Jens Bisky, ‚wuchs die Entschlossenheit und Kraft der Opposition, um sich auf das »wir bleiben hier« zu versteifen'.

Montag, 11. September: Das Leipziger ‚Montagsgebet' mutierte zur ‚Montagsdemonstration'. Tausende skandierten in trotzigen Sprechchören ‚wir bleiben hier'. Nun gründeten sich oppositionelle Sammlungsbewegungen wie das ‚Neue Forum' um Bärbel Bohley, ‚Demokratie Jetzt' um Ulrike Poppe und der ‚Demokratische Aufbruch' um Rainer Eppelmann, die alle eine demokratischere Gestalt des Sozialismus einforderten. In der Nacht zum nächsten

Montag wurden die Grenzanlagen an der österreichisch-ungarischen Grenze abgebaut, nachdem sich der ungarische Ministerpräsident Nemeth und Kanzler Kohl in Bonn auf die Zahlung einer großzügigen Wirtschaftshilfe im Gegenzug für den Abbau der ungarisch-österreichischen Grenzanlagen verständigten. Worauf innerhalb kurzer Zeit über 25.000 Ostdeutsche über diese ‚grüne Grenze' flohen. Während sich die vergangenheitsverliebte SED-Führung aus Anlass des fünfhundertsten Geburtstages des radikalen Priesters Thomas Münzer damit begnügte, das von Werner Tübke geschaffene Post-Renaissance-Panorama des Bauernkriegsmuseums in Bad Frankenhausen medienwirksam zu eröffnen.

Montag, 25. September: Der Leipziger Pfarrer Christian Führer eröffnete vor der mit 2.000 Menschen überfüllten Nikolaikirche die Friedensgebete mit einem Appell an den Rat der Stadt Leipzig, auf Polizeieinsätze mit wahllosen Verhaftungen zu verzichten. An diesem Tag beteiligten sich an dem anschließenden Demonstrationszug fast 10.000 Menschen, um sich trotz harscher Polizeiaktionen singend gegenseitig zum Weitermarsch zu ermutigen. Kurz darauf gelang Außenminister Genscher mit seinem DDR-Amtskollegen eine Einigung über die Ausreise der Prager Botschaftsflüchtlinge, worauf er am 30. September selbst nach Prag flog, um diesen das freudige Ergebnis vor laufenden Kameras zu verkünden, ‚ich bin gekommen, um Ihnen mitzuteilen, dass Ihre Ausreise …' Mehr konnten die Anwesenden in dem ausbrechenden frenetischen Jubel nicht verstehen. Doch sie wussten natürlich, weshalb Genscher nach Prag gereist war. Die Sonderzüge mussten auf Anweisung Honeckers als Demonstration seiner Machtfülle durch die DDR fahren, bevor sie den Westen erreichten. Dieses Konzept sollte sich als Bumerang erweisen, nachdem die Züge überall entlang der Gleise von jubelnden Menschen eskortiert wurden. Kaum war die westdeutsche Botschaft in Prag geräumt, füllte sie sich erneut mit Flüchtlingen. Um den Flüchtlingsstrom einzudämmen, setzte die DDR-Regierung den visafreien Reiseverkehr mit der Tschechoslowakei aus.

Montag, 2. Oktober: An diesem Montag kamen in Leipzig 20.000 Demonstranten zusammen, sich ausgerechnet mit dem

Gesang der ‚Internationale' Mut machend. Jenem kommunistischen Text des ‚Völker hört die Signale/auf zum letzten Gefecht,/die Internationale/erkämpft das Menschenrecht'. Die Stasi hatte einen weitgehenden Einsatzbefehl, doch blieben die Demonstranten wie durch ein Wunder unbehelligt. Allmählich verlagerte sich das Geschehen nach Ostberlin. Die Berliner Gethsemanekirche war die ganze Nacht lang für eine Mahnwache geöffnet. In den Tagen darauf begannen dort tägliche Fastenaktionen. Am Wochenende sollte der vierzigste Jahrestag der DDR groß gefeiert werden. Gorbatschow reiste am 7. Oktober 1989 nach Berlin. Während die kommunistischen Hardliner auf der grotesk wirkenden Militärparade auf den Tribünen ihre Fähnchen schwenkten, protestierten andere vor der Ost-Berliner Gethsemanekirche. Über 500 von ihnen wurden systematisch eingekreist, zusammengeprügelt und verhaftet, um zunächst stundenlang in kalten Garagen und Kellern festgehalten und anschließend wochenlang inhaftiert zu werden. Dem russischen Ehrengast blieb die explosive Stimmung in der Stadt nicht verborgen. Worauf Gorbatschow Honecker den vertraulichen Tipp gab, ‚man dürfe nicht zu spät kommen.. ‚Wer zu spät kommt, den bestraft das Leben' machte als Gorbatschow zugeschriebenes Sprichwort bald die Runde.

Montag, 9. Oktober: Die Mahnwache der Ostberliner Gethsemanekirche forderte lautstark einen ‚Runden Tisch' mit den Machthabern. Der Leipziger Gewandhaus-Dirigent Kurt Masur rief im Rundfunk zum friedlichen Dialog auf. In die Rufe der Demonstranten vor der Leipziger Nikolaikirche des ‚Wir bleiben hier' mischten sich auch Forderungen wie ‚Demokratie jetzt' und ‚wir sind das Volk – keine Gewalt'. Die lokale Stasi-Führung entschloss sich angesichts der Kerzen tragenden, singenden Masse trotz anders lautender Befehle, nicht einzuschreiten. Von dem Kirchturm der Reformierten Kirche filmten die beiden DDR-Bürger Radomski und Schefke den Demonstrationszug der 70.000 Demonstrierenden, auch wenn dies mit bis zu 12 Jahren Haft strafbewährt war. Die Aufnahmen wurden illegal über die Grenze geschmuggelt, um noch am gleichen Abend in der ARD gezeigt zu werden. Eine solche Großdemonstration hätte keiner im Westen für möglich gehalten. Nun sprang der Funke von Leipzig auf andere Städte über. Insgesamt registrierte die Stasi-Hauptabteilung an diesem Tag 1300 Verhaftungen in Ostberlin, Dresden, Prenzlau, Karl-Marx-Stadt, Leipzig, Potsdam, Rostock und Plauen. Als erste oppositionelle Zeitung erschien nun der ‚telegraph', während das SED-Politbüro in eine allgemeine Schockstarre verfiel.

Montag, 16. Oktober: In Leipzig demonstrierten bereits 120.000. Nicht nur in Leipzig, sondern auch anderswo erhöhten die Demonstrationen den Druck auf die DDR-Regierung. Nur zwei Tage später vernahmen die erstaunten DDR-Bürger, dass ausgerechnet der Wahlleiter der Kommunalwahlen Egon Krenz zum Nachfolger des schwer kranken Generalsekretärs Erich Honecker ernannt war.

Montag, 23. Oktober: Wieder fanden große Demonstrationen in DDR-Städten statt. In Leipzig sollten es fast 300.000 sein. Erstmals in der DDR-Geschichte ließ die Berliner DDR-Führung eine Pressekonferenz der Friedlichen Revolution zu. In dieser schilderten einzelne Mitglieder der Opposition ihre erschütternden Erlebnisse zu den Polizeieinsätzen am 7. und 8. Oktober in Berlin, während der Schauspieler Ulrich Mühe im Deutschen Theater aus einem Buch Walter Jankas ‚Schwierigkeiten mit der Wahrheit' vorlas.

Montag, der 30. Oktober: Die Leipziger Demonstranten forderten erstmals die Reisefreiheit. Worauf die Visumpflicht für Reisen in die Tschechoslowakei wieder aufgehoben wurde. Mehr als 10.000 machten sich daraufhin in die Tschechoslowakei und nach Ungarn auf, um in Sonderzügen, Bussen oder PKWs in den Westen zu fliehen. Für das kommende Wochenende entschloss sich die SED-Führung zu einem neuen Weg, um in Berlin eine von den ‚Theaterschaffenden' organisierte Demonstration zu genehmigen. Nachdem sich diese mit einer ‚Sicherheitspartnerschaft' mit der Volkspolizei und den Grenztruppen einverstanden erklärten. Zu den 500.000 auf dem Alexanderplatz versammelten Demonstranten sprachen 26 Redner, darunter Hardliner, aber auch Gregor Gysi, Marianne Birthler, Kurt Demler, Jens Reich,

Stefan Heym, Pastor Schorlemmer und Annekathrin Bürger, um freie Wahlen, Reisefreiheit und ‚Runde Tische' einzufordern. Ulrich Mühe und Jan Josef Liefers forderten wie Steffi Spira ein Land ohne Fahnenappelle, Marianne Birthler ein Nachdenken über die Kontrolle der Macht, Jens Reich die Wiedereinbürgerung Wolf Biermanns, Gregor Gysi ein Reisegesetz und Christa Wolf einen Sozialismus, vor dem die Menschen nicht davonliefen.

Montag, 6. November: Die Berliner Großdemonstration führte nicht, wie von der SED-Führung erhofft, zur Entspannung der Lage. Erneut demonstrierten Zehntausende in Leipzig, um weitergehende Reformen zu fordern. Zwei Tage später versammelte sich die Parteiführung. Am 9. November 1989 entschied das in Berlin tagende Zentralkomitee der SED eine Lockerung der bisher visumpflichtigen Auslandsreisen. Als der Pressesprecher Schabowski um 18:00 Uhr vor die Presse trat, hatte er offensichtlich den für ihn vorbereiteten Pressetext nicht studiert, sondern verlas ihn vor laufenden Kameras. Auf die Rückfrage, ab wann denn diese neue Reiseregeln in Kraft träten, folgte jenes berühmte wie hilflose Gestammel: ‚Das gilt meines Wissens ..., sofort, ... unverzüglich'. Diese Nachricht schlug wie eine Bombe ein. Bereits um 21:00 Uhr standen tausende Ostberliner an den Berliner Grenzübergängen.

Die von Oberstleutnant Harald Jäger kommandierten Grenzsoldaten an der Bornholmer Straße ‚fluteten' gegen 23:30 Uhr, nachdem sie von ihren Vorgesetzten der Stasi-Zentrale im Stich gelassen wurden, als Erste. Sie sahen fassungslos zu, wie die Ostdeutschen gen Westberlin wandernd wildfremden Westdeutschen in die Arme fielen. Laut Stasiangaben reisten in dieser Nacht rund 68.000 DDR-Bürger zu Fuß oder mit ihren Trabbis und Wartburgs nach Westberlin. Jenes Glücksgefühl auslösend, das auf die ganze Nation übersprang, um von dem Berliner Oberbürgermeister Momper auf den Punkt gebracht zu werden, ‚gestern Nacht war das deutsche Volk das glücklichste der Welt'.

Grund genug, wenigstens einmal der unerschrockenen Dissidenten zu gedenken. Ohne Rudolf Bahro, Bärbel Bohley, Jürgen Fuchs, Robert Havemann, Lutz Rathenow und Friedrich

Schorlemmer wäre es vermutlich nie zu dieser friedlichen Revolution gekommen. Insofern haben die in meinen Augen wirklich ein Denkmal mindestens ebenso verdient wie Wilhelm I oder Bismarck. Genauso wie Manfred Krug, Armin Müller-Stahl, Jurek Becker, Sarah Kirsch und Wolf Biermann übrigens, die auf ihre Weise zur friedlichen Wende beitrugen, auch wenn sie dabei bestimmt nicht den Weg im Sinn hatten, der nun vor ihnen lag. Um zu dichten, ‚Heimweh nach früher hab ich keins,/ nach alten Kümmernissen!/Deutschland, Deutschland ist wieder eins,/nur ich bin noch zerrissen'. So viel zum Freitagmorgen.

Mit dem 10. November 1989 begann der Freitagnachmittag und damit die ‚Zeit der großen Diplomatie', mit der das Heft des Handels von den Straßen Ostdeutschlands auf die westdeutsche Bundesregierung übersprang. Davon bekamen die Jedermanns natürlich noch nicht gleich etwas mit, denn sie befanden sich in einer kollektiven Trance. Sobald man aus ihr erwachte, so viel stand fest, wäre nichts mehr so wie bisher. Am kommenden Wochenende reisten Hunderttausende entweder nach Westberlin oder in die westdeutschen Zonenrandgebiete entlang der deutsch-deutschen Grenze, um sich Bahlsen-Kekse und Bananen schenken zu lassen, das Begrüßungsgeld abzuholen, von fremden Menschen einladen zu lassen und mit Champagner den ‚historischen Moment' gemeinsam auszukosten. An dem Grenzübergang Checkpoint Charlie spielte der berühmte russische Cellist Rostropowitch, auf einem einfachen Stuhl sitzend, zum Gedenken an die Mauertoten Werke von Bach, während Tausende begannen, sich als ‚Mauerspechte' ein Stück Mauer als Gedenken an die überwunden geglaubte ‚Zeit des kalten Krieges' zu sichern.

Bundeskanzler Kohl unterbrach am 10. November seinen polnischen Staatsbesuch, um noch am gleichen Tag vor dem Schöneberger Rathaus – dem Amtssitz des Westberliner Bürgermeisters – zu den dort Versammelten zu sprechen. Was er jedoch nicht wusste, war, dass sich dort vornehmlich SPD-Anhänger versammelt hatten. Kohls Rede ging in einem Pfeifkonzert unter, während in der Berliner Morgenpost das Zitat des Ex-Kanzlers Brandt zu lesen war: ‚jetzt wächst zusammen, was zusammengehört'. Anders als Kohl wurde Außenminister Hans-Dietrich Genscher vor dem Schöneberger Rathaus nicht ausgepfiffen, da er bei den Versammelten die bewegenden Bilder vom Prager Botschaftsbalkon ins Gedächtnis rief. Bereits am Montag, den 13. November tauchten bei den anhaltenden Demonstrationen erste selbst genähte Sachsenfahnen auf. Was zeigte, wie tief sich die DDR-Bürger noch mit ihren Ländern identifizierten. Die Ostdeutschen erfreuten sich an den 100 DM Begrüßungsgeld, was sie schnell ausgaben. Denn mit der Verwestlichung setzte schnell ein Konsumzwang ein, sodass bald der Spruch die Runde machte, ‚Pornos, Nutten, Dosenbier/– Helmut Kohl, wir danken dir'.

Ohne sich mit den Alliierten abzustimmen, präsentierte Kanzler Helmut Kohl Ende November 1989 im Bundestag sein ‚Zehn-Punkte-Programm'. In diesem stellte er humanitäre wie wirtschaftliche Hilfen für die DDR ebenso in Aussicht wie den Aufbau einer Zusammenarbeit beider Staaten, eingebettet in den Einigungsprozess Europas. Der zehnte Punkt betraf die ‚Wiedervereinigung', eine Forderung, die den Jedermanns hüben wie drüben den Atem stocken ließ. Was sich schon lange keiner mehr zu sagen traute, sprach Kohl nun offen aus, national wie international sowohl zustimmende wie auch harsch ablehnende Reaktionen auslösend.

Anfang Dezember trat Generalsekretär Krenz nach nur achtwöchiger Regierungszeit als Staatsratsvorsitzender zurück, gefolgt von dem als gemäßigt geltenden bisherigen Dresdner SED-Bezirkssekretär Hans Modrow, der sich – dem polnischem Vorbild folgend – mit Oppositionellen zum zentralen ‚Runden Tisch' traf. Wenig später nannte sich die SED auf Initiative Gregor Gysis in ‚SED-PDS' um. Getragen von dem Ziel, mit dem neuen Kürzel ‚PDS' der ‚Partei des Demokratischen Sozialismus' einen Neuanfang zu wagen. Am 19. Dezember hielt Kohl in Dresden eine Rede, wo er, anders als in Westberlin, geradezu frenetisch bejubelt wurde, nicht zuletzt, weil er befand, ‚wir wollen und werden niemanden bevormunden, aber wir lassen unsere Landsleute nicht im Stich'.

Mitte Januar 1990 stürmten Tausende das Berliner Stasi-Gebäude in der Normannenstraße und versuchten, das Verbrennen und Zerschreddern der Stasi-Aktenbestände zu verhindern. Was sich als erfolgreich erwies, zumal die Schredder der Dauerbelastung dieser Aktenvernichtung schnell ihren Geist aufgaben. Sodass die Stasi-Mitarbeiter gezwungen waren, ihre Akten selbst per Hand zu zerreißen. Es sollte noch bis zu einem Hungerstreik im September 1990 dauern, bis sich allmählich die Erkenntnis durchsetzte, mit dem Stasi-Unterlagen-Gesetz eine Behörde zu schaffen, die den Betroffenen das Recht der Einsichtnahme ermöglichte. Da deren erster Leiter Joachim Gauck hieß, nannte sich die Behörde bald ‚Gauck-Behörde'.

Im Januar 1990 verließen mehr als 200.000 DDR-Bürger den Osten, während die Daheim-Gebliebenen immer lauter forderten, ‚kommt die DM, bleiben wir/kommt sie nicht, gehn wir zu ihr'. Während der Staatsratsvorsitzende Modrow von einer Konföderation beider deutscher Staaten träumte, schlug Kanzler Kohl angesichts der anhaltenden Abwanderungsbewegung gen Westen eine ‚Währungsunion' vor. Modrow akzeptierte. Die SED-PDS-Führung beschloss im März 1990, auf Initiative der Oppositionsgruppe ‚Demokratie Jetzt' eine ‚Treuhandanstalt' zur treuhänderischen Verwaltung volkseigener Betriebe zu gründen. Mit dem Ziel, das Volksvermögen als ‚Coupon-Privatisierung' auf die DDR-Bürger zu verteilen. Der westdeutsche Sanierer Detlev Rohwedder wurde zum ersten Präsidenten der ‚Treuhand' bestellt. Bis zum Sommer wurden erste Betriebe aus den volkseigenen Kombinaten entflochten und in Kapitalgesellschaften umgewandelt, in der festen Überzeugung, dass der industrielle Kern der DDR trotz der jahrelangen Unterfinanzierung wettbewerbsfähig und werthaltig war. Nun erwies sich das im Osten lange hochgehaltene Stereotyp des Politbüros, die DDR gehöre zu den zehn führenden Industrienationen der Welt, als handfestes Problem. Denn ausgerechnet die DDR-Fundamentalkritiker, die bisher als ‚kalte Krieger' und ‚Entspannungsfeinde' galten, sollten mit ihrer These recht behalten, dass der Osten abgewirtschaftet hatte. Was dazu führte, dass die ostdeutschen Jedermanns Zweifel an ihrer eigenen Lebensleistung beschlichen. Zumindest, nachdem das Ergebnis der von Egon Krenz in

Auftrag gegebenen Studie zur wirtschaftlichen Lage durchsickerte, in der der Vorsitzende der Staatlichen Planungskommission Ende Oktober 1989 schonungslos befand, man könne den Konkurs der DDR nur noch vermeiden, wenn man eine Senkung des Lebensstandards von 25% bis 30% schnellstmöglich umsetze.

Im März blickten die Augen gespannt in den Osten. Am 18. März 1990 endeten die ersten freien Wahlen der DDR mit einer faustdicken Überraschung. Denn die Konservativen gewannen mit 48%, womit der Ostberliner CDU-Vorsitzende Lothar de Maiziere von der Volkskammer zum DDR-Ministerpräsident gewählt wurde. Diese löste die Bezirke auf und beschloss eine Länderreform, mit der fünf neue Ländern entstanden, nachdem sich das Konzept von zunächst zwei und dann vier Ländern nicht als mehrheitsfähig erwies. Manche Kreise wurden den Ländern neu zugeordnet, was teilweise böses Blut gab.

Damit war der Weg zu einer Wiedervereinigung vorgezeichnet und stellten die regionalen ‚Runden Tische' ihre Arbeit enttäuscht ein. Denn mit diesem Wahlergebnis platzte der Traum eines ‚dritten Weges zwischen Kapitalismus und Sozialismus'.

Über Nacht verschwand die soldatische Tradition des klingenden Wachwechsels vor Schinkels berühmter ‚Neuer Wache', die ursprünglich für die ‚Gefallenen der Befreiungskriege' errichtet und seit 1931 auf Initiative Otto Brauns zur Gedächtnisstätte der ‚Gefallenen des Ersten Weltkrieges' umgestaltet wurde. Um seit 1960 an die ‚Opfer des Faschismus und Militarismus' zu erinnern, bewacht von der täglich im Stechschritt aufmarschierenden Ehrenwache des Wachregiments Friedrichs Engels. In den Köpfen der Jedermanns entstand eine neue Trauerkultur, die drei Jahre später dazu führte, dass die von Harald Haacke vierfach vergrößerte – ursprünglich von Käthe Kollwitz geschaffene – ‚Mutter mit totem Sohn' als ohne jegliche militärische Bewachung auskommendes Mahnmal sämtlicher ‚Opfer von Krieg und Gewaltherrschaft' gedachte. Eine am Boden kauernde, trauernde Mutter mit ihrem zwischen den Beinen liegenden toten Sohn, der wie ein Kind wirkt, um in ihrem Schoß Schutz zu suchen. Ich finde, dieses Mahnmal wurde zum bewegendsten Beispiel für den nach der Wiedervereinigung ausbrechenden neuen Zeitgeist.

Im Juli 1990 wurde die DM als gemeinsame Währung beider deutscher Staaten eingeführt, eingebettet in eine ‚Währungs-, Wirtschafts- und Sozialunion'. Lange beschäftigte die Ostdeutschen die bange Frage des Umtauschkurses ihrer maroden Währung. Denn der offizielle Schwarzmarktkurs lag bei 20 : 1. Dann beglückte sie die erlösende Nachricht, bis zum Betrag von 6.000 Mark die Ostmark im Verhältnis 1:1 in DM umtauschen zu dürfen. Für darüber hinaussteigende Beträge betrug das Umtauschverhältnis 2:1. Viele Ostdeutsche sangen ‚Ostmark Ade, scheiden tut weh' – und verfielen dem Konsumrausch. Mit dem Tag der Einführung der DM mutierten alle DDR-Produkte zu Ladenhütern. Man kaufte nur noch Westware. Vor allem gebrauchte Autos hatten es den Ostdeutschen angetan. Videoshops mit einem großen Sexfilmangebot schossen im Osten wie Pilze aus dem Boden, auch begann hier die Prostitution. Während sich der Osten am ungewohnten Konsumrausch erfreute, stiegen die westdeutschen Staatsschulden um mehr als 100 Milliarden DM auf die magische Grenze von 1 Billion DM. Die Deutschen ließen sich von diesen wirtschaftlichen Sorgen durch den Fußball ablenken. In Rom wurde die westdeutsche Fußballmannschaft Weltmeister. Zum ersten Mal stellte sich ein zarter Patriotismus ein. Es war zudem die Zeit des Ostberliner ‚kurzen Sommers der Anarchie', in der bis zum Spätherbst so manche leer stehenden Häuser besetzt wurden, um deren Abriss zu verhindern. Als die Polizei diese dann schließlich in Lichtenberg und auf dem Prenzlauer Berg gewaltsam zu räumen begann, folgten auch im Osten Barrikaden-Kämpfe.

Außenpolitisch blieb die Frage der Wiedervereinigung ein heikles Thema. Denn natürlich ließ unsere Nachbarn unsere Orientierungsphase nicht unberührt. Außenminister Genscher gelang es, Amerikaner wie Russen von ‚Zwei-plus-Vier-Verhandlungen' zu überzeugen. Die ‚Zwei' sollte für die beiden deutschen Staaten und die ‚Vier' für die alliierten Siegermächte stehen. Während Gorbatschow und der amerikanische Präsident Bush der Wiedervereinigung positiv gegenüberstanden, blieben der französische Präsident Mitterrand und die britische Premierministerin

Thatcher skeptisch. Manche verwiesen zynisch darauf, ‚man habe Deutschland so lieb, weshalb man froh sei, gleich zwei davon zu haben', oder äußerten mit offenem Visier ihre Sorge vor einem dominanten Deutschland als weitaus größter EU-Volkswirtschaft. Mit anderen Worten, es war noch keineswegs ausgemacht, wohin die Alliierten die Jedermanns driften ließen.

Zwischen beiden deutschen Regierungen kamen die Vertragsverhandlungen schnell voran. Man einigte sich auf den Beitritt der DDR zur BRD. Damit stand fest, es sollten das westdeutsche Recht übernommen und die nachkriegsbedingten Enteignungen nach dem Motto ‚Rückgabe vor Entschädigung' zurückgedreht werden. Nur für die Enteignungen in der Landwirtschaft sollte dies nicht gelten, aufgrund einer vermeintlich von Gorbatschow persönlich geäußerten Bitte. Am 24. August 1990 stimmte die Volkskammer dem Einigungsvertrag zu. Auch der Bundestag gab grünes Licht und entschied sich mehrheitlich für den 3. Oktober als ‚Tag der Einheit'. Innenpolitisch war damit alles unter Dach und Fach.

Doch außenpolitisch stand Kanzler Kohl und seinem Außenminister Dietrich Genscher noch ein langer Weg bevor. In einer wahren Mammut-Diplomatie gelang der Bundesregierung der Kraftakt, sich mit den vier Siegermächten sowie der hinzugezogenen polnischen Regierung auf ein Vertragswerk zu verständigen. Der amerikanische Präsident Bush unterstützte die deutsche Wiedervereinigung unter der Bedingung, dass Deutschland Mitglied der NATO bliebe. Der Russe Gorbatschow forderte einen Verzicht der Deutschen auf atomare, chemische und biologischen Waffen, eine Begrenzung der Bundeswehr auf 370.000 Soldaten und einen finanziellen Ausgleich für den Abzug russischer Soldaten aus der DDR. Kohl bot ihm 12 Milliarden DM. Angesichts der katastrophalen wirtschaftlichen Lage Moskaus waren sich die beiden bald handelseinig. Frankreich legte großen Wert auf eine fortbestehende enge Westanbindung Deutschlands. Kohl zerstreute Frankreichs Sorgen vor einem dominanten Deutschland mit dem Versprechen zur Einführung einer europäischen Währung.

Am schwierigsten erwies sich die englische Premierministerin Thatcher, die sich öffentlich gegen die Wiedervereinigung aussprach. Sie ließ sich jedoch schließlich von ihrem harten Kurs abbringen, um mit dem Vorschlag zu überraschen, sie bestünde auf dem Recht, auf dem gesamten Territorium Deutschlands jederzeit NATO-Manöver abhalten zu dürfen. Offenbar ging sie davon aus, die russische Seite erkläre sich hiermit niemals einverstanden. Kohl rang um einen Kompromissvorschlag. Er sicherte schließlich der russischen Seite zu, ein solches Manöver bedürfe stets der Zustimmung der Bundesregierung, die in dieser sensiblen Frage verantwortungsbewusst die Interessen Russlands wahren wolle. Damit gelang das Unwahrscheinliche, am 1. Oktober 1990 wurden die Verträge unterzeichnet.

Womit zwei Tage später wie geplant die Einigungsfeierlichkeiten vor dem Berliner Reichstagsgebäude stattfinden konnten. Als die Nationalhymne gesungen wurde, gab es großen Jubel wie auch laute Pfiffe, eine Zerrissenheit nicht nur von Ossis und Wessi, sondern auch innerhalb der Gruppen der Ossis und Wessis offenbarend. Denn was uns erwartete, ließ viele in Ost und West sorgenvoll auf die Zukunft blicken. Unser ostdeutscher Literat Heinz Cechovsky dichtete, ‚was hinter uns liegt,/ wissen wir./Was vor uns liegt,/wird uns unbekannt bleiben,/bis wir es/hinter uns haben'.

Bei den im Dezember 1990 stattfinden gesamtdeutschen Wahlen bewarben sich nicht nur die etablierten Westparteien, sondern auch die nun von ‚SED-PDS' in ‚PDS' umbenannte Linke unter Gregor Gysi, der – den real existierenden Sozialismus kritisierend – einen ideellen Sozialismus einforderte. Was zu einer Entschärfung der politischen Auseinandersetzung von Rechts und Links beitrug. So viel zur Wendezeit 1989/90.

Samstags der ‚Postmoderne' des Wetterleuchtens der ‚Jetztzeit' (1991 bis 2000)

Damit sind wir endlich beim Samstag der ‚Postmoderne' angekommen. Denn die Wendezeit war letztlich zu kurz, um eine längere Darstellung über die ‚Schönen Künste' zu rechtfertigen. Beginnend mit der ‚Ära des Zusammenwachsens' von 1991 bis 1997, gefolgt ab 1998 der ‚Aufbruchszeit' der frühen Jahre des Kanzlers Schröder. Am 17. Januar 1991 wurde in der konstituierenden Sitzung des Bonner Bundestags Helmut Kohl zum ersten gesamtdeutschen Kanzler gewählt. Erstaunt setzte eine allgemeine Ernüchterung ein. Denn der Samstagmorgen hatte für die Jedermanns keine, sich überschlagenden ‚historischen Ereignisse' mehr bereit. Diese endeten genauso abrupt, wie sie dereinst begannen. Sodass sich allmählich die bedrückende Erkenntnis durchsetzte, dass der Alltag in den Köpfen der Jedermanns ‚Mauern' zurückgelassen hatte, die es nun einzureißen galt.

Noch immer gab es die RAF, die kurz nach dem Mauerfall den Vorstandsvorsitzenden der Deutsche Bank AG Alfred Herrhausen ermordete, um nun einen Anschlag auf die Bonner US-Botschaft und am 1. April 1990 auf den Präsidenten der ‚Treuhandanstalt' Detlev Rohwedder zu verüben. Zu dessen Nachfolgerin wurde Birgit Breuel ernannt, um die Aufräumarbeit des wirtschaftlichen Kollapses im Osten für die Regierung Kohl zu übernehmen. Sie entschloss sich – angeleitet durch das Bundeskanzleramt – wegen der ungeheuren finanziellen Belastung zu einer Schocktherapie der DDR-Betriebe, die nicht zuletzt dank des Kaufverhaltens der Ossis mit der DM-Einführung nichts mehr verkauften und zudem einen großen Kapitalbedarf zur Modernisierung ihres Maschinenparks anmeldeten. Die einen befanden, die Treuhandanstalt machte den Osten mit der Privatisierung kaputt. Auslöser für diese Auffassung war insbesondere der Schließungsbeschluss der Treuhandanstalt für das Kaliberwerk Bischofferode. Die anderen ärgerten sich über ihren Wohlstandsverlust infolge der massiven Transferzahlungen gen Osten. Die einen fanden, die jahrzehntelang ausgesetzten Infrastrukturmaßnahmen reichten nicht zum Anschluss an das Westniveau aus, die anderen, sie flössen unter Benachteiligung abgehängter Weststädte vorwiegend in den Osten. Die Finanzexperten errechneten, dass sich die Netto-Transferleistungen auf mehr als eine Billion Euro aufsummierten.

Innenpolitisch folgte in endlosen Debatten die Festlegung der neuen Bundeshauptstadt. Während die einen zur Verbesserung der Infrastruktur der bislang geteilten Stadt und zur symbolischen Vollendung der deutschen Einheit Berlin favorisierten, hielten andere schon aus Kostengründen an Bonn fest oder ergriffen für die Stadt am Rhein aufgrund ihrer geographischen Nähe zum europäischen Westen Partei. Dritte schlugen eine Mischform vor, der Bundespräsident solle in die Hauptstadt Berlin ziehen, während Bonn als Regierungssitz erhalten bleiben könnte. Die Jedermanns saßen wieder einmal vor der Glotze, als der Bundestag hierüber emotionsgeladen debattierte. Es ging hin und her, bis sich der CDU-Politiker Wolfgang Schäuble mit einer bemerkenswerten Rede parteiübergreifend Gehör verschaffte, ‚es gehe nicht um einen Wettkampf zwischen zwei Städten, nicht um Umzugskosten oder Strukturpolitik, sondern allein um die Symbolik von Einheit und Freiheit und damit der Überwindung der Teilung Europas'. Worauf ihm der SPD-Vorsitzende Willy Brandt demonstrativ die Hand schüttelte und sich der Bundestag unter Aufhebung des Koalitionszwangs in einer denkbar knappen, namentlichen Abstimmung mit 338 gegen 320 Abgeordnete für Berlin entschied.

Kohl versprach dem Osten innerhalb von zehn Jahren ‚blühende Landschaften'. Doch die Infrastrukturprojekte kosteten wegen der rechtsstaatlichen Anhörungsverfahren sehr viel mehr Zeit als politisch veranschlagt. Auch waren neue Straßen, Schienen und Brücken nur ein Teil des Problems. Denn die Jedermanns brauchten vor allem Beschäftigung, um mit ihrem Lohn besser als bisher zu leben, ihren eigenen Beitrag zu den Sozialsystemen zu leisten wie auch ihre Häuser zu reparieren. Schnell war klar, dass die bisherigen Transferleistungen nicht ausreichten. Doch in der Bundeskasse herrschte Ebbe. Kohl ließ daraufhin einen ‚Solidaritätszuschlag' von 7,5 % auf die Einkommensteuer beschließen.

Ausgerechnet jetzt begann der westdeutsche Arbeitsmarkt zu schwächeln. Die Ursache hierfür war schnell ausgemacht. Denn mit der osteuropäischen Öffnung verlagerten westdeutsche Betriebe ihre Betriebsstätten zur Nutzung komparativer Lohnkostenvorteile nach Polen, Tschechien und Ungarn. Außenpolitisch erwies sich zudem der Weg des wiedervereinten Deutschlands als steinig. Denn noch waren die Zwei-plus-Vier-Verträge von den Parlamenten der Alliierten zu ratifizieren. Als die USA infolge des Einmarsches irakischer Truppen in den Kuwait ein UN-Mandat für dessen militärischen Beistand erhielten, gingen viele Jedermanns in Ost und West auf die Straße, um ‚kein Blut für Öl‘ zu skandieren. Doch die NATO forderte von der Regierung Kohl die Bündnisbeistandspflicht, die Russland nicht zu akzeptieren bereit war. Außenminister Genscher gelang eine Kompromisslinie, den USA finanziell mit 18 Milliarden DM beizustehen, ohne selbst Truppen zu entsenden. Worauf das sowjetische Parlament wahrhaftig den ‚Zwei-plus-Vier-Vertrag' ratifizierte.

Erst Monate später begriffen die Deutschen, wie knapp das Zeitfenster war. Denn kurz darauf traten Litauen, Georgien, Estland, Lettland und die Ukraine aus der ‚Sowjetunion' aus. Denn die Sowjetunion bestand ja – was wir bisher aus Vereinfachungsgründen unterschlugen – nicht nur aus Russland, sondern aus 14 Unionsrepubliken. Als der im Juli 1991 gewählte Präsident der ‚Russischen Sozialistischen Föderativen Sowjetrepublik' Boris Jelzin die Kommunistische Partei in der Teilrepublik Russland verbot, blieb dem sowjetischen Staatschef nicht anderes mehr übrig, als einen Monat später zurückzutreten. Damit endete letztlich die Sowjetunion und können wir seither wieder beruhigt von Russland sprechen. Global gab es nur noch eine Weltmacht: die USA. Doch die verhielten sich außenpolitisch ungeschickt. Schnell zerbarsten die Illusionen, nun sei man in einer gewaltfreien Welt angekommen. Mit der Abspaltung der Länder Slowenien und Kroatien von Jugoslawien begannen die bewaffneten Konflikte der nach Unabhängigkeit strebenden Staaten Ex-Jugoslawiens gegen Serbien.

Außenpolitisch blieb für Kanzler Kohl das Zusammenwachsen Europas eine Herzensangelegenheit. 1991 unterzeichnete er den deutsch-polnischen Nachbarschaftsvertrag, der seither fast drei Millionen junge Deutsche und Polen zusammenbrachte und zu einer Aussöhnung der Polen und Deutschen beitrug. Im Dezember 1991 wurde zudem in Maastricht die ‚Wirtschafts- und Währungsunion' vereinbart. Fußend auf der einzelstaatlichen Verpflichtung von Haushaltsdefiziten bis maximal 3% des Bruttoinlandsproduktes und einer öffentlichen Schuldenlimitierung auf maximal 60% des Bruttoinlandsproduktes. Mit der in Frankfurt geplanten Gründung der EZB sollten ab Januar 1999 die Wechselkurse der europäischen Währungen zueinander festgeschrieben und ab 2002 zur Gemeinschaftswährung des Euro verschmolzen werden.

Innenpolitisch zeichnete sich – wie ein Wetterleuchten der Gegenwart – eine schon lange nicht mehr gekannte Ausländerfeindlichkeit rechter Jugendlicher ab, die sich, im Osten ausgegrenzt fühlend, am Tragen von Springerstiefeln, Bomberjacken und kurzen Frisuren erfreuten. Was keiner ahnte, wurde nun zur Gewissheit. Sie begannen, ihrem Unmut auch durch gewaltgeschwängerte Aktionen gegen ausländische Mitbürger Luft zu verschaffen. Jedenfalls flimmerten im Sommer 1992 aus Rostock-Lichtenhagen stammende erschreckende Bilder über die Fernsehschirme, als der Mob Brandsätze in das dortige, von Ausländern bewohnte Sonnenblumenhaus warf. Worauf öffentlich die ‚Mauern in den Köpfen' thematisiert wurden.

Filmisch dagegen gelang mit den beiden Kinofilmen ‚Go Trabbi Go' und ‚Manta' eine emotionale Annäherung, humorvoll die typische Vorliebe der Deutschen in West und Ost auf die Schippe nehmend. Die Ostdeutsche Kathrin Krabbe wurde zur Weltsportlerin des Jahres gewählt, bis sie ein Jahr später des Dopings überführt wurde. In die Fußstapfen von Krabbe trat die ostdeutsche Schwimmerin Franziska v. Almsiek, die sich ebenso wie Kati Witt zum Sportidol entwickelte. Auch erwiesen sich für das Zusammenwachsen der Jedermanns die Pläne des Architekten Norman Foster als gemeinschaftsfördernd. Ihm gelang es, die Ausschreibung für die Erneuerung des Reichstagsgebäudes zu gewinnen, indem er eine frei begehbare lichte Glaskuppel auf das Gebäude pflanzte, die mit ihren riesigen Spiegeln genug Sonne in den Plenarsaal leitet. Vor dem Beginn der Arbeiten wurde das symbolträchtige Gebäude zudem von dem Verpackungskünstler Christo eingehüllt, dem es mit seinem Konzept des ‚Verpackens, Verhüllens und Verkleidens' gelang, das Gebäude von dem Muff der Vergangenheit zu befreien. Auch nahm das neue Bundeskanzleramt, das die Berliner bald als ‚Waschmaschine' bezeichneten, der Berliner Architekten Axel Schulte und Charlotte Frank langsam Gestalt an.

1992 geriet die Regierung Kohl aufgrund des Unabhängigkeitskampfes in Ex-Jugoslawien zwischen die Stühle, als sich Bosnien-Herzegowina von Serbien abspaltete. Obwohl die serbische Armee Sarajevo einschloss und dann bombardierte, um ein Abfallen Bosnien-Herzegowinas zu verhindern, verhielt sich Deutschland neutral. Selbst als serbische Truppen nicht vor ethnischen Säuberungen haltmachten, hielt die Bundesregierung mit Rücksicht auf die Interessen Russlands an ihrer Neutralität fest. Mehr als 440.000 beantragten politisches Asyl. Dies erwies sich als problematisch, weil gleichzeitig rund 1 Mio. osteuropäische Spätaussiedler zu uns kamen. Was zur Folge hatte, dass sich nun auch viele Ankömmlinge aus Osteuropa in Parallelgesellschaften zusammenschlossen. Nur wenigen wie Wladimir Kaminer gelang es, mit seiner ‚Russendisko' zu einer Annäherung beizutragen.

1993 stand die Überarbeitung des Asylrechts im Zentrum des öffentlichen Interesses, da die Zahl der Asylsuchenden kaum zurückging. Nach hitzigen Debatten verständigte sich der Bundestag auf eine Grundgesetzänderung. Um erstens mit dem ‚Prinzip sicherer Rechtsstaaten' festzuschreiben, dass Flüchtlinge dort ihren Asylantrag zu stellen hatten, wo sie die EU-Grenze überschritten. Um zweitens mit dem ‚Prinzip sicherer Herkunftsstaaten' die gesetzliche Vermutung zu unterstellen, dass die aus diesen Ländern zu uns Flüchtenden nicht einer persönlichen Verfolgung unterlägen, es sei denn, ihnen gelänge ein persönlicher Nachweis politischer Willkür. Und um drittens mit dem ‚Prinzip der Kriegsflüchtlinge' einen eigenständigen Flüchtlingsstatus einzuführen, der einfacher zu widerrufen war als der der Ayslberechtigten.

1994 flogen die kriminellen Machenschaften des Baulöwen Jürgen Schneider auf, der mit seiner Firma eine Pleite hinlegte.

Mehr als 2 Milliarden mussten die Banken abschreiben, die der Sprecher der Deutschen Bank Kopper als ‚Peanuts' bezeichnete. Auch wurde in diesem Jahr die Genfer Welthandelsorganisation WTO in der Hoffnung gegründet, alle Staaten in den freien Welthandel einzubinden. Verbunden mit einer transnationalen Streitschlichtung, die sich leider infolge der Anlehnung an das amerikanische Rechtssystem für viele als unerschwinglich erwies. 1994 hielt Moskau Wort, um nach einer Militärparade die letzten Truppen aus Deutschland abzuziehen. Ein Ereignis, bei dem in vielen Häusern der Jedermanns die Sektkorken knallten.

1995 beschloss die Regierung Kohl die Einführung der sozialen Pflegeversicherung als ‚fünfte Säule des Sozialstaates' – nach den drei ersten Bismarck'schen Säulen der Kranken-, Unfall- und Arbeitslosenversicherung und der vierten Adenauer'schen Säule der Rentenversicherung. Damit konnten die Kosten für die häusliche Pflege ebenso abgesichert werden wie ein Großteil der Unterbringungskosten in den Pflegeheimen.

1996 zeichnete sich eine finanzielle Schieflage der Sozialkassen ab, nachdem ein Viertel aller Sozialbeiträge der Renten- und Arbeitslosenversicherung in den Osten floss und die Arbeitslosigkeit im Westen auf 12% sowie im Osten auf knapp 20% kletterte. Die Staatsschulden hatten sich seit der Wiedervereinigung auf eine Billionen DM verdoppelt. Um sie zu reduzieren, verfiel die Regierung Kohl der Idee der Privatisierung der von der Bundespost abgespaltenen Telekom AG. Doch schnell wurde klar, dass dies nicht reichte. Kohl fuhr die Sozialleistungen zurück. So setzte er in der gesetzlichen Krankenversicherung einen ‚Selbstbehalt' für die ärztliche Behandlung und für Medikamente durch und reduzierte in der gesetzlichen Rente das mittelfristige Eckrenten-Niveau von 70% auf 64% der Durchschnittslöhne. Das beunruhigte viele. Worauf Arbeitsminister Norbert Blüm den besorgten Jedermanns ‚nur noch zum Mitschreiben' zurief, ‚die Renten sind sicher'. Ein Satz, der große mediale Aufmerksamkeit vielleicht auch deshalb erfuhr, weil sich die Jedermanns da nicht mehr so sicher waren.

1996 wurde nach mehr als dreißig Jahren wieder eine Fußballeuropameisterschaft in Deutschland ausgetragen. Die Jedermanns kauften zunehmend Personal-Computer, PCs genannt. Dann begannen die ersten Handys ihren weltweiten Siegeszug. Im Sport wurden neben den Fußballern die Leichtathletinnen Katrin Krabbe und Heike Drechsler, der Springer Jens Weißflog, der Boxer Henry Maske und der Rennfahrer Michael Schumacher Publikumslieblinge. ‚Inline-Skating' und ‚Nordic Walking' avancierten zu bevorzugten Sportarten. Die Jedermanns reisten mit dem neu aufkommenden ‚Last-Minute-Tourismus' preiswert nach Spanien, aber auch in die Dominikanische Republik und nach Fernost. Es war auch die Zeit, in der der Mediziner Gunther Liebchen – alias Gunther von Hagens – plastinierte Leichen ausstellte. Die Jedermanns stritten lange darüber, ob diese Leichenpräsentation der ‚Körperwelten' ethisch zu rechtfertigen sei. Sie ließen sich letztlich mit den Erkenntnisgewinnen der Ausstellung etwa der pathologischen Veränderungen beim Lungenkrebs überzeugen. Erst als von Hagens gut zehn Jahre später in Augsburg mit der Plastination eines Liebesaktes aufwartete, wurde ihm dies gerichtlich untersagt.

Die letzten Jahre Kohl waren durch dessen ‚Politik des Aussitzens' gekennzeichnet. Die Arbeitslosigkeit stieg innerhalb von fünf Jahren von 2,6 Mio. auf 4,4 Mio., ohne dass Kohl hierauf eine Antwort fand. Sicher auch gefördert durch das weitgehende Zustimmungserfordernis des Bundesrates bei seinen Gesetzesinitiativen, in dem die SPD über die Mehrheit der Stimmen verfügte. Dafür begann der Bundesrat, sich mit einer Vielzahl kleinerer Gesetzesänderungen im detailverliebten Klein-Klein zu verrennen. Wieder einmal entwickelte sich die Zivilgesellschaft weiter, während die Politik an alten Besitzständen festhielt. Wie schon 1967 war erneut 1997 eine Zeit, in der sich bei allen nicht von der Politik bestimmten Themen eine unglaubliche Aufbruchstimmung breit machte. Das Technofieber erfasste uns. Nun erst erreichte der Christopher-Street-Day, der zum ersten Mal 1979 in Bremen gefeiert wurde, besonders in Berlin und Köln Hunderttausende. Auch tanzten gleich große Gruppen zu der Technoparade. Gegründet von dem Techno-DJ Matthias Roeingh, alias Dr. Motte, der diese erstmals 1989 initiierte, um bei der Love-Parade zur Technomusik durch die Straßen Berlins zu tanzen. Es schien den Jedermanns, es sei alles möglich. Moses Pelham, Sabrina Setlur und vor allem Tic, Tac, Toe begeisterten die Jugend mit neuen Themen wie ‚ich find dich scheiße'. Elton John traf auch die Herzen bei uns, als er sein berühmtes ‚candle in the wind' aus Anlass des Todes der englischen Königin der Herzen Lady Diana sang. Tamagotschis wurden millionenfach verkauft, Claudia Schiffer weltberühmt und der Musiksender Viva mit der rothaarigen Moderatorin Enie van den Meiklokjes prägte eine neue Generation Jugendlicher. Tattoos mit Arschgeweihen und Piercing verwandelten die Körper der Jedermanns in Kulturobjekte, um gegen die bisherigen Wertvorstellungen des bürgerlichen Anstandes aufzubegehren. Die Potenzpille Viagra wurde bei uns zugelassen, eine breite Diskussion auslösend, ob wir wirklich jederzeit als ‚Machos auf Rezept' funktionieren müssten. Stephan Raab avancierte zum ‚Klassenclown der Spaßgesellschaft'.

Die Politik wirkte hilflos. Selbst die vom Verfassungsgericht freigegebene Rechtschreibreform, die später dreimal nachgebessert wurde, endete im heillosen Chaos. Bundespräsident Roman Herzog machte mit einer bemerkenswerten Rede aus Anlass der Eröffnung des neuen Berliner Luxushotels ‚Adlon' am Pariser Platz auf sich aufmerksam, ‚wir drohen, unter dem Wulst wohlmeinender Vorschriften zu ersticken'. Er vermisse bei den Eliten die Fähigkeit und den Willen, das richtig Erkannte durchzusetzen, um einzufordern, ‚durch unser Land muss ein Ruck gehen'. Es wurde immer offensichtlicher, dass Deutschland politisch wie wirtschaftlich den Anschluss verlor. Vielleicht als typisches Beispiel für die sich wandelnde Gesellschaft war das Scheitern der A-Klasse beim Elch-Test. Und zwar ausgerechnet der Nobelmarke Mercedes-Benz als dem bisherigen Synonym von Zuverlässigkeit und Qualität. Die Jedermanns wussten, so konnte es nicht weitergehen. In den Bundestagswahlen im Herbst 1998 führte diese Wechselstimmung dazu, dass die SPD wieder zur stärksten politischen Kraft erstarkte und Gerhard Schröder zum neuen Bundeskanzler gewählt wurde. Womit der Samstagmorgen endete.

Der Samstagnachmittag begann im Oktober 1998 mit der Koalition Schröders mit den Grünen, die erstmals Regierungsverantwortung übernahmen, um in der ‚Zeit des politischen Aufbruchs' eine ‚ökologische Steuerreform' einzuführen. Mit dieser wurde die Mineralölsteuer erhöht und mit dem ‚Erneuerbare Energien Gesetz' eine ‚Ökosteuer' eingeführt, um den Ausbau alternativer Energien zu fördern. Zudem beschloss die Regierung den langfristigen Ausstieg aus der Atomenergie. Es war auch die ‚Zeit des börslichen Aufbuchs'. Zumindest schienen die Börsen nur noch eine Richtung zu kennen: einen nachhaltigen Trend nach oben. Vor allem dank der ‚New Economy', ausgelöst durch die ‚Informationsökonomie' an der New Yorker Börse, die auch auf die heimische Technologiebranche abfärbte. Worauf sich die Jungend zu ‚Zockern' entwickelte, um am Aktienboom zu partizipieren, indem sie sich oft Geld von ihren Großeltern liehen. Neben SAP erlebten viele kleine Start-ups wie Haffa, Gigabell, Windhorst, Kimvestor und Mobilcom wahre Höhenflüge.

Auch erwies sich die Zeit als ein Neuanfang der Vergangenheitsbewältigung. Ausgelöst durch die ‚Bubis-Walser-Debatte'. Walser kritisierte bei seiner Frankfurter Friedenspreisrede die ‚Verewigung unserer Schande', um in öffentlichen Auseinandersetzungen ein Ende der ‚Ritualisierung unserer Schuld' einzufordern, denn er ‚verschließe sich Übeln, an deren Behebung er nicht mitwirken könne'. Der Zentralrat der Juden Bubis wehrte sich gegen die ‚Schlussstrich-Mentalität' zur NS-Vergangenheit. Sie sei ‚nichts als eine geistige Brandstiftung'. Frank Schirrmacher lud zu einem Streitgespräch ein, das jedoch lediglich die Zerrissenheit des öffentlichen Gedächtnisses offenbarte. Zudem erregten sich die Gemüter über die ‚Wehrmachtsausstellung' Jan Reemtsmas, der einer breiten Öffentlichkeit zeigte, dass nicht nur NS-Schergen, sondern auch Wehrmachtssoldaten Kriegsverbrechen im Zweiten Weltkrieg begingen. Zunächst wegen vermeintlich deutscher Kriegsverbrechen heftig angefeindet, die von anderen Soldaten begangen wurden. Dann brach die Kritik jedoch in sich zusammen, nachdem die Wanderausstellung die offenkundigen Fehler bereinigte. Salomon Korn brachte die Wirkung des nun einsetzenden Prozesses in der Frankfurter Westend-Synagoge auf den Punkt, ‚je näher und unverbrüchlicher man zu den Gedanken der eigenen Gemeinschaft steht, desto eher wird man die Erinnerung an deren Geschichte, die dann auch als eigene empfunden wird, zu bewahren suchen'. Außenpolitisch wurde es 1998 in Serbien erneut unruhig, als sich nun auch der Kosovo von Serbien unabhängig erklärte. Auf die Gräueltaten serbischer Soldaten gegen die Zivilbevölkerung folgten amerikanische Luftangriffen – trotz eines fehlenden UNO-Mandats. Kanzler Schröder veranlasste die Beteiligung deutscher Flugzeuge hieran, nachdem es Außenminister Joschka Fischer gelang, auf dem Grünen-Parteitag seiner Partei die Zustimmung für ein militärisches Einschreiten abzunötigen. Zunächst schlug ihm dort eine breite Ablehnung entgegen. Doch er argumentierte überzeugend, man müsse eine Lehre aus der Geschichte ziehen, die angesichts des dortigen Völkermordes nicht ‚nie wieder Krieg', sondern auch ‚nie wieder Auschwitz' heiße. Als er dann von einem Farbbeutel getroffen wurde, kippte die Stimmung zu seinen Gunsten. Erst später sollte dieser Einsatz von der Fortentwicklung des völkerrechtlichen ‚Prinzips der Schutzverantwortung' gedeckt werden, wonach ein internationaler Eingriff immer dann gerechtfertigt ist, wenn ein Staat die eigene Bevölkerung nicht mehr vor Massenmorden schützt.

Die Zeit des politischen Aufbruchs betraf auch die Rechte ausländischer Mitbürger. Die Regierung Schröder verabschiedete ein ausländischen Mitbürgern entgegenkommendes Einbürgerungsrecht, mit dem Deutschsein nicht mehr ausschließlich auf ‚deutscher Abstammung' beruhte, sondern auch auf dem ‚Ort der Geburt'. Damit erhielten die in Deutschland geborenen Ausländer-Kinder bis zu ihrem 23. Lebensjahr die Chance, sich entweder für die Staatsbürgerschaft ihrer Eltern oder für die deutsche zu entscheiden.

Nachdem Johannes Rau zum neuen Bundespräsidenten gewählt wurde, bezogen die Bundestagsabgeordneten das Reichstagsgebäude sowie Bundeskanzler Schröder seinen provisorischen Dienstsitz im ehemaligen DDR-Staatsratsgebäude. Helmut Kohl musste öffentlich einräumen, in einer CDU-Spendenaffäre illegale Parteispenden von rund 2 Mio. DM angenommen zu haben. Doch aufgrund eines von ihm gegebenen Ehrenwortes weigerte er sich, die Namen der Spender preiszugeben. Worauf die CDU-Generalsekretärin Angela Merkel einen kritischen Gastbeitrag in der FAZ veröffentlichte, was zu einem Stimmungswechsel gegen den bis dahin hochgelobten ‚Kanzler der Einheit' in der CDU führte.

1999 wurde die NATO-Osterweiterung beschlossen, die zwar auf den Anträgen der ehemaligen Ostblockstaaten fußte und doch den Interessen Russlands zuwiderlief. Womit die guten Beziehungen zu Russland abkühlten. Auch tagte der Europäische Rat in Helsinki, um drei Grundsatzbeschlüsse zu fassen. Nämlich erstens einer EU-Erweiterung zuzustimmen, zweitens der Türkei den Status eines Beitrittskandidaten einzuräumen und drittens eine Kommission einzuberufen, um eine praktikable Alternative zur bisherigen Einstimmigkeit bei Ratsentscheidungen zu finden. Außenminister Joschka Fischer dachte sogar noch weiter, von einer ‚Europäischen Föderation' träumend. Doch dieser Traum zerplatzte schnell an den anderen europäischen Staaten.

Viele blickten dem bevorstehenden Jahrtausendwechsel mit gemischten Gefühlen entgegen. Nicht etwa, weil sie, wie beim letzten Jahrtausendwechsel, das ‚Jüngste Gericht' erwarteten, sondern sorgenvoll auf das ‚Millenium-Bug' blickten. Viele Computerfachleute prophezeiten nämlich den globalen Zusammensturz der Computer, verursacht von der bis dato weltweiten, nur zweistelligen Behandlung der Jahreszahlen. Diese Sorge sollte sich unter den gigantischen Feuerwerken in Luft auflösen.

Was allerdings offensichtlich blieb, war eine innere Zerrissenheit der Jedermanns. Man sprach selbst nach zehn Jahren immer noch von den ‚Grenzen in den Köpfen'. Es war unübersehbar, dass sich Ost- wie Westdeutsche innerhalb der letzten fünfzig Jahre in ihrer Sprache, Dienstleistungsmentalität und in ihrem Denken auseinanderentwickelt hatten. Was bei den einen ‚Brathähnchen' hieß, war bei den anderen ein ‚Broiler'. Solche Beispiele gibt es zuhauf. Während die Wessis vom ‚Overheadprojektor',

‚Supermarkt', ‚Arbeitseinsatz', ‚T-Shirt', ‚Plastik' und der ‚Feinstrumpfhose' sprachen, bezeichneten die Ossis diese als ‚Polylux', ‚Konsum', ‚Subbotnik', ‚Nicki', ‚Plaste' und ‚Dederon'. Im Westen ‚malochte' man, während man im Osten ‚rabottete'. Hüben gab es Pizza und Hamburger, die sich drüben Krusta und Grillette nannten. Als sehr viel problematischer erwiesen sich zudem die stigmatisierten Vornamen. Denn jenseits von Ali als typisch türkischem Namen galten Alexander und Constantin als Vornamen der Wessis, während Chantalle und Mandy im Osten dominierten. Auch die fehlende Dienstleistungsmentalität unterschied Ossis von Wessis. Während im Westen die Besucher der Gaststätten als ‚Könige' behandelt wurden, nicht zuletzt in der Erwartung eines guten Trinkgeldes, hatten sich die Ossis in Ermangelung des Trinkgeldes an einen sehr viel ruppigeren Stil gewöhnt, bei dem die sozialen Rechte der Bedienenden im Vordergrund standen. Wofür die Bedienenden nun zu allem Überfluss von ihren Wessi-Chefs auch noch gescholten wurden. Vor allem aber fehlte den Ossis in der Regel eine schulische oder elterliche Heranführung an unternehmerisches Handeln. Mit der Folge vergleichsweise sehr viel weniger unternehmerischer Initiativen. Da rund 20% der Ossis dauerhaft arbeitslos waren und die Arbeitenden oft von ihren westdeutschen Chefs als Menschen zweiter Klasse behandelt wurden, mutierten die ostdeutschen Träume über ‚blühende Landschaften' zu ‚existenzbedrohenden Albträumen'. Während etwa der vor Selbstbewusstsein nur so strotzende Dr. Motte in Westberlin seine erste ‚Love Parade' organisierte, verlor die durch ihr wegbrechendes Publikum und großspurig auftretende ‚Besser-Wessis' eingeschüchterte ostdeutsche Sängerin Uschi Brüning nach eigenem Bekunden immer mehr von ihrer Selbstsicherheit.

Über die ‚Neuen Schönen Künste'

Womit ich zu den ‚Neuen Schönen Künsten' der ‚Post-Moderne' überleite. Beginnen will ich mit der Trivialliteratur. Nun waren nicht mehr Heimat-, sondern Liebes- und Kriminalromane en vogue. Sowie Jugendromane von Rolf Kalmuczak, der diese unter ganz unterschiedlichen Pseudonymen verfasste. Ein letztes Mal bäumten sich die ‚großen Zwei der Trivialliteratur' auf. Heinz G. Konsalik brachte sein ‚Dschungelgold' heraus und Johannes Mario Simmel sein Buch ‚Liebe ist die letzte Brücke'.

Für die Unterhaltungsmusik wurde von Karlheinz Brandenburg der mp3-Player erfunden, mit dem Musik über kleine Kopfhörer überall abgespielt werden konnte. Die Schlager gewannen wieder an Schwung. Matthias Reim sang ‚verdammt ich lieb dich', Torfrock ‚Beinhart', Udo Lindenberg ‚ein Herz kann man nicht repariern', Kraftwerk ‚die Roboter 91', die Toten Hosen ‚wünsch dir was' und Pur ‚hör gut zu'. „Entschuldige, dass ich dich unterbreche, aber dieses Lied fand ich damals besonders stark. Wie auch das Lied ‚Lena'." „Die A-Capella-Gruppe der Prinzen erfreute die Jedermanns mit ‚küssen verboten' und ‚alles nur geklaut'. Guildo Horn sang ‚Guildo hat euch lieb', Oli. P ‚Flugzeuge im Bauch', Xavier Naidoo ‚sie sieht mich nicht'. Auch Karnevalslieder schafften es in unsere Charts, wie das von Höhner ‚die Karawane zieht weiter, dä Sultan hätt Dursch'.

Der Rock war weiterhin wirkmächtig. Herbert Grönemeyer war mit ‚deine Liebe klebt' ebenso zur Rock-Ikone aufgestiegen wie Marius Müller-Westernhagen mit ‚es geht mir gut' oder ‚sexy'. Der Metall-Rock riss die Jedermanns mehr und mehr mit. Die Hannoverschen Scorpions brachten den Zeitgeist mit ihrem berühmten Lied ‚winds of change' auf den Punkt. Die Doofen sangen ‚Mief', Fettes Brot ‚Jein', Tic Tac Toe ‚verpiss dich' und Rammstein ‚Engel'. Der Rap, bei uns Hip-Hop genannt, eroberte unsere Charts. Die Fantastischen Vier sangen ‚die da', Marius ‚No. 1', Cora E. ‚nur ein Teil der Kultur' und Advanced

Chemistry ‚Fremd im eigenen Land'." „Stimmt, die Stilrichtungen wurden immer vielfältiger. Echt krass, oder?" „Auch das Fernsehen wurde dank der nun immer wirkmächtigeren Privaten Sender bunter. So gab es neben den öffentlich-rechtlichen Serien ‚der Alte', ‚der Bergdoktor', ‚Kommissar Rex', ‚Gute Zeiten schlechte Zeiten' und ‚Liebling Kreuzberg' die privatrechtlichen ‚Alarm für Cobra 11', ‚die Camper', ‚der Clown', ‚Nikola' und ‚Ritas Welt'. Frank Elsner moderierte ‚Wetten dass', später gefolgt von Thomas Gottschalk, und Günther Jauch begeisterte Millionen mit seiner Quiz-Sendung ‚wer wird Millionär'. Es war die Zeit von Günther Jauchs ‚Stern TV', von Harald Schmidts ‚Late-Night-Show' und von Maybrit Illners gleichnamiger Talkshow. Vor allem aber auch die des großartigen Komödianten Hans Peter, alias Hape Kerkeling, der mit ‚Kein Pardon' und ‚Willi und die Windzors' Furore machte.

Lass mich noch kurz auf einige damals besonders Aufsehen erregende Kinofilme eingehen. Auf Michael Verhoevens ‚das schreckliche Mädchen' und auf Niki Lists ‚Werner – Beinhart', ein Film, der den Vorstand der Gilde Brauerei dazu inspirierte, die Biersorte ‚Bölkstoff' mit einer Bügelverschlussflasche auf den Markt zu bringen, die sich bald in ganz Norddeutschland allgemeiner Beliebtheit erfreute. Zurück zu den Filmen, bei denen ich Volker Schlöndorffs ‚Homo Faber' ebenso erwähnen muss wie Peter Timms ‚Go Trabbi Go', Helmut Dietls ‚Schtonk', Wolfgang Beckers ‚Kinderspiele', Detlev Bucks ‚wir können auch anders', Bernd Geißendorfers ‚Justiz' und Sönke Wortmanns ‚der bewegte Mann'." „Stopp." „Bin ja gleich fertig." „Ehrlich?" „Ja. Erwähnen will ich nur noch Joseph Vilsmaiers ‚Schlafes Bruder', Rosmoald Kermakars ‚der Totenmacher', Caroline Links ‚jenseits der Stille', Detlev Bucks ‚Männerpension', Thomas Jahns ‚Knockin on Heaven's Door', Fatih Akins ‚kurz und schmerzlos', Leander Haußmanns ‚Sonnenallee', Istvas Szabos ‚ein Hauch von Sonnenschein' und Artur Brauners ‚Hitlerjunge Salomon'. Und schon bin ich mit den ‚Neuen Schönen Künsten' fertig." „Na ja, das will ich gerade noch einmal gelten lassen." Was?" „Das ‚schon' natürlich." „Ach so.

Über die ‚Klassischen Schönen Künste'

Damit will ich nur noch kurz auf die ‚Klassischen Schönen Künste' eingehen, in denen sich ein neues Spannungsfeld auftat. Auf der einen Seite entdeckte der ‚Dekonstruktismus' das Licht der Welt. Mit dem ‚Dekonstruktismus' zerteilten die Kunstschaffenden bekannte Strukturen und Prozesse, um sie zu neuen form- oder zeitversetzten Kompositionen zusammenzufügen." „Und wie lautete der Gegenpol?" „Für den gab es keine Bezeichnung. Also musste ich ran. Ich finde, hier wäre die Begrifflichkeit des ‚Spontanismus' angebracht." Sie sieht ihn prüfend an: „Sorry, dass ich unterbreche, mir wird übrigens auf einmal ganz schön kalt." „Dann zieh doch erst einmal dein Hemd wieder an." „Stimmt, fühle mich irgendwie antriebslos." „Auch das noch." Sie streift sich ihr Hemd über und nimmt einen kräftigen Schluck zu sich. „Ja ehrlich, mein Lieber, ich fürchte, gerade verdampft meine restliche Energie und lässt eine unerfreuliche Leere in mir zurück." „Mensch, Claudia, halt wenigstens noch fünf Minuten durch." „So lange?"

In der Architektur setzte sich Glas bei Hochhausbauten auf breiter Front durch. Beim ‚Dekonstruktismus' wurden die Baukörper zerteilt und anschließend asymmetrisch wieder zusammengesetzt. Zu diesem Stil zählten die Bonner Bundeskunsthalle, der Frankfurter Main Tower, Helmut Jahns Berliner Sony-Center und Gehrys Weiler Vitra Design Museum sowie die Gehry-Häuser im Düsseldorfer Medienhafen. Aber auch Stephan Braunfels' Münchener Pinakothek der Moderne und Daniel Liebeskinds Berliner Jüdisches Museum.

Auch die ‚Architektur des Spontanismus' erfreute die Jedermanns mit dem Frankfurter Messeturm, dem Commerzbank Tower, dem Trianon sowie Oswald Ungers Kölner Wallraf-Richartz-Museum und Trierer Thermemuseum. Sowie in Berlin die von Axel Schulte und Charlotte Frank gebaute ‚Waschmaschine' des Bundeskanzleramtes und das von Helmut Jahn konstruierte glasdominierte Bauensemble des Berliner Sony-Centers.

Bei der postmodernen Malerei setzte sich jenes Spannungsfeld von ‚Dekonstruktismus' und ‚Spontanismus' fort. Es war die große Zeit der ‚dekonstruktivistischen Maler' Rauch und Mattheuer. Als Vertreter der ‚Neuen Leipziger Schule' schuf Neo Rauch seine figurative, magisch realistische Bildsprache und Wolfgang Mattheuer seine Werke ‚Unschärfe' und ‚Abendnebel-Landschaften'. KO Götz begann seine Serien ‚Giverny-Ex', geprägt von Kleister und Wasserfarbe. Und Cornelia Schleime gelang mit ‚bis auf weitere gute Zusammenarbeit' eine großartige Collage von sich selbst, die sie auf einem Bett liegend zeigt, um lässig mit dem Zeh die Tasten des Telefons zu drücken, während sie sich in den Text ihrer eigenen Stasi-Akte vertieft.

Anders entfalteten sich die Protagonisten des ‚Spontanismus' Penck, Richter, Immendorff, Antes und Freud. Der Dresdner A. R. Penck mit seinen ‚Strichmännchen', Gerhard Richter mit seinem ‚kapitalistischen Realismus', Jörg Immendorff mit seiner ‚Affenplastik', Horst Antes mit seinem ‚Kopffüßler' und Lusian Freud mit seinen ‚Aktdarstellungen'. So viel zu Kunst." „Halt, mein Lieber, jetzt bist du ausnahmsweise einmal zu schnell vorgeprescht. Denn ich finde, es fehlt zumindest noch der Name eines Künstlers." „Wenn du meinst. Da muss ich mal meinen Zettel rausholen, um dir zu beweisen, dass ich noch mehr Künstler aufzählen könnte." Sie schmunzelt. „Stimmt, erwähnenswert wären noch der Bremer Maler Nobert Schwontkowski mit ‚am Meer', Johannes Grützke mit seinem ‚Selbstportrait' und Sigmar Polke mit seinen Fotos von Autobahnkreuzen. Sowie Andreas Grusky und Thomas Ruff mit ihren großformatigen Portraitfotos." Er sieht sie prüfend an. Offenbar ist es ihm immer noch nicht gelungen, den Namen des von ihr favorisierten Malers zu benennen. Worauf er fortsetzt: „Rebecca Horn provozierte mit ihrer ‚Pelztasse'. Dann fiele mir nur noch der Architekt Yadeger Asisi ein, der die Jedermanns mit seinen neuartigen 360 Grad Panoramen erfreute." „Genau auf den wollte ich hinaus. Da hast du ja gerade noch einmal Glück gehabt. Denn ich zumindest finde seine Werke immer wieder toll, wenn man sich die Zeit nimmt, sich von mehreren Stockwerken aus in sie hinein zu vertiefen." „Na, da bin ich aber froh, dass ich ihn nicht vergaß.

Auch die klassische Musik wurde ‚dekonstruktivistisch'. Dem Komponisten Hans-Jürgen v. Bose gelang mit der Oper ‚Schlachthof V' eine neue zeitliche Komplexität, das lineare Zeitverständnis durch eine ‚Simultanität der Ereignisse und Töne' auflösend. Doch die Mehrzahl der Werke blieb dem ‚Sponanismus' verhaftet. Detlev Müller-Siemens komponierte seine Oper ‚die Menschen', Juliane Klein ihr Orchesterstück ‚Aufriss', Wolfgang Graf sein Requiem ‚Metarmophosen' und Mario-Ratko Delorko seine für Computer, Synthesizer und Klavier geschriebene Oper ‚Ey'. Vielleicht sollte ich noch Franz Martin Olbrischs ‚Nachtstück' erwähnen." „Damit hast du für meinen Geschmack wieder einmal überzogen."

„Auch unsere Literaten verewigten sich im dargestellten Spannungsfeld von ‚Dekonstruktivismus' und ‚Spontanismus'. Beginnen will ich mit drei Autoren, die mit ihrem, vom ‚Dekonstruktivismus' geprägten Stil auf sich aufmerksam machten. Magnus Enzensberger verfasste seine ‚Aufbruchsstimmung'. Kurt Drawert erzählte im ‚Spiegelland' eine Vater-Sohn-Beziehung, um sich mittels episodischer Erinnerungen aus dem System der Ost-West-Ideologien herauszuschreiben. Günter Grass verfasste sein ‚Treffen in Telgte', indem er dem Autor Hans Werner Richter als Begründer der Gruppe 47 in Form eines fiktiven Gespräches aus dem Kriegsjahr 1647 ein Denkmal setzte, ‚gestern wird sein, was morgen gewesen ist. Unsere Geschichten von heute müssen sich nicht jetzt zugetragen haben'.

Es war eine Zeit verdammt guter Protagonisten des ‚Spontanismus', die sich zunächst mit unserer Wiedervereinigung befassten. Uwe Sägers beschrieb in seinem 1991 erschienenen Buch ‚die Nacht danach und der Morgen' seine Dienstzeit bei den Grenztruppen der DDR, um sich dabei schonungslos selbst anzuklagen. Erich Loest verfasste seinen Roman ‚Nikolaikirche', um anhand einer Familiengeschichte die Entwicklung der Leipziger Montagsdemonstrationen nachzuerzählen. Und Thomas Brussig veröffentlichte seine Wendesatire ‚Helden wie wir', in der sein Protagonist für sich in Anspruch nimmt, die Mauer allein zu Fall gebracht zu haben.

Es gab aber auch viele andere Themen, mit denen sich unsere Literaten Kracht, Schwanitz, Reich-Ranicki, Schlink, Dikmens und Strauß auseinandersetzten." „Ich hab's befürchtet." „Komm, hab dich nicht so. Christian Kracht beschrieb im ‚Faserland' die Reise eines wohlhabenden Endzwanzigers von Sylt nach Meersburg, sich in dekadenter Hoffnungslosigkeit an jedem Stopp einem exzessiven Alkohol-, Drogen und Sex-Party-Konsum hingebend. Der Germanist Dietrich Schwanitz verblüffte mit ‚der Campus', einer bissigen Abrechnung mit der Selbstverwaltung der Universität wie Verlogenheit seines Protagonisten, der als Professor die Affäre mit einer jungen Studentin zu vertuschen sucht. Der Literaturkritiker Marcel Reich-Ranicki verfasste seine Biografie mit der treffenden Überschrift ‚Mein Leben'. Bernhard Schlink schrieb ‚der Vorleser', eine Trilogie, in der ein Schüler von einer 36-jährigen Analphabetin verführt wird, um sich bald regelmäßig mit ihr zu treffen. Bald wird das Ritual des gemeinsamen Liebesaktes und seines anschließenden Vorlesens zu einem festen Bestandteil ihrer Beziehung. Im zweiten Teil wird sie als Auschwitz-Wärterin – aufgrund eines angeblich von ihr verfassten Berichtes – überführt. Dabei verschweigt sie aus Scham ihr Analphabetentum. Im dritten Teil bringt sie sich im Knast das Lesen und Schreiben bei, um ihm Liebesbriefe zu senden, auf die er nicht antwortet. Worauf sie sich kurz vor ihrer Entlassung das Leben nimmt. Der türkischstämmige Autor Sinasi Dikmens begeisterte mit seinem Werk ‚Hurra, ich lebe in Deutschland', während Botho Strauß die Jedermanns mit seiner Kritik der Orientierungslosigkeit der westlichen Zivilisation konfrontierte, um den Ökonomismus anzuprangern, der ‚nach dem Triumph des Kapitalismus über den Kommunismus seine kulturlose Fratze zeigt'.

Lass mich schließlich noch auf einige Lyriker eingehen, denn Gedichte wurden wieder häufiger geschrieben." „Aber bitte nicht mehr als fünf." „Beginnen will ich mit den Destruktivisten Wondratschek, Kunert und Grünbein. Wolf Wondratschek schrieb die Zeilen, ‚sie schwören Treue, sie üben Verzeihen,/getrieben in Ehen, die prächtig gedeihen./Denn Liebe ist teilbar.

Ein Messer, das tänzelnde Herz,/das glücklose Kunststück, zu schneiden den Schmerz/in gleiche einander ergänzende Hälften'. Günter Kunert veröffentlichte den ‚Sturz vom Sockel', sich gegen die Sorge einer bedrohten Identität des Ostens auflehnend. ‚Schön? Ich kann keine schönen Gedichte schreiben./Tote,/unschön vertrieben aus ihrem Leben,/legen ein Gewicht/auf meine Hand'. Durs Grünbein dichtete ‚keine Bunker, Mauern mehr./ Frisch gepellt, wie aus dem Ei,/lockt der Strand ins Häusermeer./ Wo stand noch die Reichskanzlei'?
Dann will ich nur noch die Lyriker Gernhardt, Bernsteins und Rühmkopf. erwähnen." „Das sind doch damit insgesamt sechs, willst du mich eigentlich für blöd verkaufen?" „Ne. Du hast es aber gleich geschafft. Ich bin mir sicher, wenn du deren Zeilen nun auf dich einwirken lässt, wirst du mir gleich verzeihen. Robert Gernhardt dichtete, ‚kommst du mit rein?/auf'n Schluck Wein./Setzt du dich hin/auf'n Schluck Gin?/Bleibst du noch hier/auf'n Schluck Bier?/Gehn wir zur Ruh/auf'n Schluck du'? F.W. Bernsteins verfasste die Zeilen, ‚auch die Hühner werfen Schatten,/wenn sie in der Sonne stehn./Sinnvorräte, die wir hatten,/schwinden, schmelzen und vergehn./Vergeuden wir den Restsinn dann,/fängt sinnfreies Leben an./Der letzte Sinn – da geht dahin,/Sinnverlust ist Lustgewinn'. Enden will ich mit Peter Rühmkopfs Gedicht, ‚was ist der Mensch'. ‚Sein Wesen schwer zu fassen,/lauter so Sprenkel, die nicht zueinander passen./Von wo entsprungen, woraufhin vermengte?/Vielleicht, dass die mal jemand logisch aneinanderhängte'." „Mensch, das klingt ja so, als ob wir es nun geschafft hätten", freut sich Claudia. „So ist es", erwidert er grinsend.

Sonntägliches Innehalten

„Damit haben wir – kaum zu glauben – wahrhaftig den ‚Kapitalismus 3.0' abgearbeitet." „Geht es dir auch so, selbst wenn diese Zeit erst knapp zwei Jahrzehnte hinter uns liegt, wirkt sie irgendwie wie ein ferner Spiegel des sich kontinuierlich von sich entfernenden Ichs." „Stimmt. Liegt vielleicht auch daran, dass unsere damaligen Probleme einfacher waren." „Glaub ich nicht, wir waren nur jünger und unbekümmerter." „Kann auch sein, jedenfalls war es eine verdammt geile Zeit." Sie setzt fort: „Irgendwie erlebte ich damals offenbar immer nur einige Teilaspekte der von dir erzählten Geschichte." „Stimmt, liegt aber sicher auch daran, dass wir zumeist nur in der Retrospektive einen kompletten Überblick über das Schachbrett der Mächtigen erhalten." „Mag sein", erwidert sie, „wir nehmen offenbar die eigene Zeitgeschichte in der Tat nicht als kollektiven Handlungsstrang, sondern eher als eine Aneinanderreihung subjektiver Erlebnisse und Erfahrungen wahr." „Stimmt, geht mir genauso", brummt Bernd.

„Und was soll ich deiner Meinung nach aus jener Epoche ganz grundsätzlich abspeichern?" „Wir wurden umweltbewusst und steckten mit unserem Umweltbewusstsein die meisten Europäer an." „Na ja, hatte nicht der Club of Rome seinen Sitz in Italien?", will sie wissen „Schon. Doch, so meine ich das nicht. Ich dachte vielmehr an die tiefe kollektive Erfahrung der 68iger Generation, aus der die ‚Friedensbewegung' und später die ‚Atomkraft-neindanke-Bewegung' entsprangen, um schließlich in der Volkspartei der Grünen zu münden. Die eine besondere Wirkmächtigkeit zu Zeiten des allgemeinen ‚Waldsterbens' erfuhr. Wenn ich bedenke, wie unsere schwerindustrielle Umwelt noch zur Mitte der Epoche aussah, dann muss man schon konstatieren, dass wir verdammt weit kamen, was die These eines grundsätzlichen Bewusstseinswandels stützt." „Na ja, von mir aus."

Bernd trinkt einen Schluck, um dann fortzusetzen: „Ich finde, wir wandelten uns auch zu liberaleren Menschen. Sicher auch infolge unserer zunehmend antiautoritären Erziehung. Diese neue Einstellung prägte uns genauso wie unser wiedererwachtes Umweltbewusstsein." „Schwer zu beantworten, mein Lieber." Mir fällt jedenfalls dabei der türkischstämmige Literat Zafer Senocak ein, der behauptete, ‚mein Vater war Preuße in seiner Seele, der sich sein ganzes Leben lang in der Türkei fremd gefühlt

hatte. Es kam mir vor, als würde mein Vater den Deutschen ihr Deutschsein vorleben'." „Nicht schlecht", grinst sie.
„Und was ist das typische Gebäude der Zeit?" „Ich finde, das Münchener Olympiastadion." „Von mir aus." Sie sieht auf die Uhr. „Wenn ich jetzt nicht so antriebslos wäre, bräche ich glatt auf." „Dann wäre es wohl besser, ich brächte dich ins Hotel." Sie antwortet nicht. Er streichelt ihren Unterarm. Sie scheint es zu genießen. „Wie wäre es, wenn du jetzt Josef einfach mal anriefest, um uns auf einen Versöhnungsdrink zu treffen? Dann könnte er dich anschließend nach Hause begleiten." „Meinst du das im Ernst?" „Warum denn nicht, bin ihm wirklich nicht böse. Wir können uns doch in der Newton Bar gleich hier um die Ecke treffen, um eine Friedenspfeife zu rauchen." „Kann ich gerne versuchen, halte ich aber für verdammt unwahrscheinlich." Claudia greift zum Handy, um Josef diesen Vorschlag zu unterbreiten. Auf einmal geht ein breites Grinsen durch ihr Gesicht. Kaum hat sie aufgelegt, stellt sie erstaunt fest: „Der scheint ja wirklich ein verdammt schlechtes Gewissen zu haben, um sich wahrhaftig vom Sofa noch einmal aufzuraffen. Ich muss dich aber vorwarnen, der ist so ein Typ, der abends nur teure Rotweine konsumiert." „Na und?" „Ich glaube, unter 100 € pro Flasche ist da bei ihm nichts drin. Behauptet er jedenfalls immer. Hat denn deine Bar so gute Weine?" „Da kannst du ganz beruhigt sein. Bin mal gespannt, was das für ein Typ ist, der dir das Herz stahl", befindet Bernd. „Dann wart es ab." Sie starrt energielos auf das Weinregal.

Bernd macht sich um ihren Zustand ein wenig Sorgen. „Wie wäre es, wenn ich dich bis zu Josefs Ankunft noch mit meinen Schwärmereien über zukünftige gemeinsame Reisen in benachbarte europäische Hauptstädte aufheiterte?" „Gerne, gute Idee." „Fangen wir also erstens mit Kopenhagen an, einer Stadt, die als Urlaubsziel bei uns sehr beliebt ist. Wenn wir von Hygge, also vom persönlichen Lebensglück träumen, dann denken wir unweigerlich an die Dänen, die dieses Gefühl sehr viel entspannter verfolgen als wir." „Von Hygge habe ich noch nie etwas gehört. Nur etwas über die grandiosen Strände gelesen, mein Lieber."

„Die sind nicht schlecht, doch interessanter ist das pulsierende Nachtleben am Kopenhagener Nyhavn, der Spaziergang an der Bucht vom Kastell bis zum Schloss, um kurz vor der Meerjungfrau zu verharren, oder ein Opernbesuch." „Klingt nicht schlecht." „Zweitens grenzt im Osten Polen an uns. Da gibt es echt zauberhaft abwechselnde Landschaften von wunderbaren Seenlandschaften bis zum sagenumwobenen Riesengebirge. Von den zauberhaften Städten wie Breslau, Danzig oder Krakau will ich gar nicht erst sprechen. Mit den Polen verbindet uns eine verdammt wechselvolle Geschichte, worauf vor allem die Sachsen stolz sind. Aber die Erinnerungen zahlreicher aus Pommern und Ostpreußen stammender Vorfahren hängen auch an Polen, die diese Landstriche kulturgeschichtlich prägen. Gott sei Dank hat sich die Grenzfrage inzwischen erledigt. Denn muttersprachliche Deutschsprachige gibt es dort kaum noch. Nein, es gibt wirklich keinen Grund, auch nur eine Sekunde darauf zu verschwenden, wieder gen Osten zu expandieren. Ganz im Gegenteil. Inzwischen gibt es viel mehr Polen bei uns als Deutsche in Polen. Sie halfen mit, das Ruhrgebiet zu dem zu machen, was es zumindest in der ersten Hälfte der heute erörterten Epoche war. Und denkt man an Fußballspieler, so fallen uns besonders viele Polen ein. Wir können mit Stolz sagen, dass sie sich bei uns wohlfühlen. Und das trotz der Tatsache, dass wir es den Polen in den vergangenen Jahrhunderten schwer machten. Nicht zuletzt, weil wir es waren, die ihren Ruf mit dem Ort Auschwitz vergifteten. Insofern finde ich, sollte man ihnen, wie Willi Brandt, demütig die Hand reichen, selbst wenn sie sich dagegen wehren, seit 1989 endlich von fremder Bevormundung befreit, sich nicht auf ein neues Abenteuer in Gestalt eines breiten Zustroms von Immigranten einlassen zu wollen. Warst du schon einmal in Warschau?" „Nein, natürlich nicht, mein Lieber." Lohnt sich aber." „Wenn du mir weiter so von Polen vorschwärmst, bekomme ich ja noch ein echtes Fernweh dorthin."

„Warst du denn wenigstens schon mal in Tschechien, dem Land, dem wir ebenfalls im Verlaufe der Zeit viel Leid zufügten?" „Hör auf, mein Lieber. Stimmt es, dass Prag zu den schönsten europäischen Städten zählt?" „Ja, jedenfalls wenn du Prag außerhalb der Hochsaison besuchst, in der Millionen die Stadt überschwemmen. Nicht nur oben auf dem Hradschin und am Altstädter Markt, sondern auch vor der ältesten deutschsprachigen Universität und dem jüdischen Friedhof bekommst du die tschechische Seele zu spüren. Vor allem aber, wenn du in einer lauen Nacht eine Bootstour auf der Moldau machtest, begleitet von den lauten Klängen Smetanas, dann schlössest du die Stadt für immer in dein Herz." „Klingt echt gut", strahlt Claudia.

„Österreich brauche ich dir als Skifahrerin nicht schmackhaft zu machen, oder?" „Ne, zumindest nicht, was die Alpen anbetrifft." „Und wie sieht es mit Wien aus?" „Da hatte ich einmal einen Freund. In der Szene dort ging wirklich die Post ab." „O. k., dann brauche ich dir ja nicht weiter von Wien vorzuschwärmen." „Ne, wirklich nicht, mein Lieber."

„Das Gleiche gilt für die Schweiz, oder?" „Na klar, mein Lieber, die Schweizer Berge und Seen sind echt super. Da bekommt man den Kopf frei, auch von der Kulturgeschichte. Außerdem sind Basel, Lausanne, Genf, Lugano und Bern zauberhafte Städte." „Großartig, dann könntest du mir ja zur Abwechslung die Schweiz mal näherbringen. Denn ich kenne eigentlich nur Zürich und Bern." „Gerne, mein Lieber. Bern ist zwar schön gelegen, aber im Grunde genommen zöge ich es vor, dir das Matterhorn zu zeigen." „Womöglich noch im Winter?" „Ist ja schon gut, von mir aus auch im Sommer. Noch lieber zeigte ich dir das Tessin. Fährt man dort über den Luganer See oder pilgert zum Hermann Hesse-Haus, dann ergreift einen eine tiefe Entspanntheit." Bernd befindet: „Klingt ja echt geil."

Um fortzusetzen: „Dann kann ich sechstens im Westen mit Frankreich fortfahren, mit jenem Volk, das uns mit seinem ‚Savoir Vivre' immer noch Lichtjahre voraus ist. Wenn da bloß nicht deren so kompliziert zu erlernende Sprache wäre. Aber zeigte ich dir die Ile, bräuchte ich dir nichts mehr über Paris zu erzählen. Selbst wenn Notre Dame leider ausbrannte, erschiene mir der Besuch der Sainte-Chapelle ohnehin lohnender. Noch nie habe ich ein so beeindruckendes, gen Himmel strebendes gotisches

Gotteshaus gesehen wie dieses." Und besuchten wir nachmittags das Musée d'Orsay oder säßen abends in der Nähe von Sacré-Coeur, dann bekäme ich dich danach ohnehin nicht mehr von Paris weg." „Kann ich leider nicht mitreden, war nur einmal in Trois Valleys und da war es längst nicht so schön wie in Tirol. Zumindest was die Après-Ski-Hüttenkultur anbetrifft." „Typischer Anfängerfehler. Wenn du einmal bei Nizza die blühenden, duftenden Felder all jener Pflanzen sähest und inhaliertest, die als Substanzen in deinem Parfum schlummern, dann vergäßest du auch diese Landschaft nie mehr. Und glaube mir, Paris ist der Hammer." „Ist ja schon gut, mein Lieber."

„Und wie steht es siebtens mit Luxemburg, das wie die Schweiz lange zum Deutschen Reich zählte und sich auch heute noch als eine gelungene Symbiose von Frankreich und Deutschland präsentiert? Uns zeigend, wie genial die europäische Kultur sein kann." „Auch bei Luxemburg muss ich leider, mein Lieber, passen." „Ich zeigte dir dort so gerne den Großherzoglichen Palast, die Kathedrale, das Museum für Moderne Kunst oder die kleine Altstadt, die mit ihren vielen ausgezeichneten Restaurants sicher auch was für Josef wäre." „Das klingt doch gut."

„Und wie steht es achtens um deine Kenntnisse über Belgien, das sich mit seiner Sprachgrenze schwertut? Aber doch dank seiner zauberhaften Hauptstadt Brüssel zum Herzen Europas mutierte." „Ich weiß, mein Lieber, auch da muss ich passen." „Brüssel ist jedenfalls gerade am Grand Place eine tolle Stadt. Ich tränke gerne mit dir im Café Mort Subite das super leckere Geuze oder erfreute mich mit dir in den kleinen, nicht weit davon entfernten Gassen an einem halben Hummer. Allein beim Gedanken hieran läuft mir das Wasser im Mund zusammen." „War mir gar nicht so klar, dass dort kulinarisch die Post abgeht."

In diesem Moment weiten sich die Pupillen Claudias. Denn Josef tritt durch die Tür, um zielstrebig auf die beiden loszugehen. „Tut mir leid mit eben." „Ist schon gut, ich heiße Bernd und stehe dir gerne als Trauzeuge zur Verfügung." Josef ist sichtlich erleichtert und gibt Claudia einen Willkommenskuss. „Du siehst ja aus, als wärest du durch den Wind." „Ich weiß, irgendwie ging es mir heute nicht so gut, ist aber schon wieder besser." „Wollen wir gleich nach Hause?" „Ne, ne, geht schon, mein Schatz." „Gib uns noch eine Minute", bittet Bernd. „Wir schwärmen uns gerade gegenseitig von den Schönheiten unserer Nachbarstaaten vor. Ich will Claudia nur noch kurz den Charme der Niederlande näherbringen, die wir ja gerne verkürzt als Holland bezeichnen." „Und was soll an Holland so besonders sein?", erkundigt sich Josef erstaunt. „Na ja, hinter dem zauberhaften Ijsselmeer liegt das wirklich sehenswerte Amsterdam." „Du und dein Hausboot. Sag bloß mein Lieber, dahin hat es dich auch schon mal verschlagen?", erkundigt sich Claudia. „Nicht nur einmal, aber zumeist nicht im eigenen Boot. Gerade die Plattschiffe haben etwas Besonders. Mit einem solchen sind wir mal ins Wattenmeer gesegelt, um uns dort bei Ebbe trockenfallen zu lassen. Um in Gummistiefeln durchs Schlick rund um unser Boot zu laufen und Krabben zu sammeln. Echt toll." „Mir gefällt da Rotterdam besser", unterbricht ihn Josef. „Da gibt es nicht nur den größten europäischen Hafen, sondern auch einige ausgezeichnete Restaurants, bei denen man nicht erst seine Krabben selbst pulen muss." „Ne, da ziehe ich lieber auf den Straßen Amsterdams den jungen Matjes vor." „Sag bloß mit Zwiebeln?" „Na klar, warum nicht?" „Weil dann erstens dein Anzug einen Tag lang nach Fisch stinkt und man zweitens den auch noch am Schwanz mit den bloßen Händen ergreifen muss." „Ist doch toll. Außerdem sind die eine gute Grundlage für den anschließenden Kneipenbummel." „Auch das noch, da nehme ich mir lieber zum Essen mehr Zeit, um eine gute Flasche Wein zu genießen." „Ich vermute, du kennst nicht die vielen kleinen gemütlichen Bierlokale der Stadt?" „Ne, dafür aber die großartigen Herrenausstatter." „Komisch", wirft Claudia ein, „und ich dachte, Josef, wir beide wollten nach Amsterdam, um dort eine verrückte Nacht zu verbringen!" „So ein Quatsch", befindet Josef.

Claudia versucht, das Thema zu wechseln. „Warum ist Europa eigentlich so vielschichtig?" „So verschieden sind wir gar nicht. Zumindest, was unsere Werte anbetrifft. Im Grunde genommen zeichnet sich Europa nicht dadurch aus, sich gegenseitig

fertig machen zu wollen", erläutert ihr Bernd. „Warum?" „Sieh dir doch das Ergebnis an, wir haben uns seit Jahrhunderten dazu entschieden, viele kleine Nationen zu bilden, die ihre eigene Sprache und Kultur pflegen. Und die sich deshalb erfolgreich entwickelten, weil wir mit unseren Nachbarn schon seit dem Mittelalter in einem uns gegenseitig befruchtendem Wettbewerb stehen, um mit wirtschaftlichen Mitteln um die besten Ideen zu kämpfen." „Du meinst, mein Lieber, dieser Wettbewerb zeichnet uns in Europa mehr aus als unsere Schlachten?" „Genau."
Als der Wirt erscheint, bittet ihn Claudia um die Rechnung. Während Bernd befindet: „Danke. Du siehst jedenfalls, ich fände sechzehn überzeugende Gründe, um mich mit dir über die Grundzüge unserer europäischen Kultur zu beschäftigen." „Seid ihr denn mit der deutschen Geschichte durch?", will Josef erstaunt wissen. „So gut wie", erwidert Claudia, „es fehlen nur noch zwanzig Jahre plus Zukunft." „Gott sei Dank, dann hat dieser Unsinn ja bald ein Ende." „Genau, deshalb will ich ihn ja noch vor unserer Hochzeit beenden." Bernd wirft ein: „Um dann hoffentlich mit Europa weiterzumachen!" „Nein, nein, das war nur eine Idee von Bernd. Ich zöge es vor, diese Europatour mit meinem eigenen Mann zu machen." Josef grinst erleichtert, während Bernd unweigerlich an Herbert Grönemeyer denken muss.

Derweil erscheint der Wirt mit der Rechnung, die Claudia begleicht. „Bist du also immer noch ein armer Schlucker?", erkundigt sich Josef. „Leider", erwidert Bernd kurz angebunden. „Warum?" „Dumm gelaufen, musste meine Frau aus einem echten Schlamassel ziehen." Um fortzusetzen: „Hast du schon einmal davon gehört, dass Glück nicht das Synonym für Geld ist?" Worauf Josef trocken antwortet: „aber Geld für Glück." Um sich, schallend lachend, an seinem eigenen Bonmot zu erfreuen: „Mal ganz ehrlich. Kultur ist doch nur was für Verlierer, um sich mit deren albernem Glanz zu brüsten, als sich einfach nur einzugestehen, sich letztlich damit der Lächerlichkeit preiszugeben." „Kommt, Jungs", fällt ihm Claudia ins Wort, „lasst uns bloß nicht streiten." Bernd bemerkt, wie ihm der Kamm schwillt. Bloß cool bleiben, befindet er. Denn das erscheint ihm heute als seine letzte Chance, um bei Claudia noch Boden gutzumachen. Zudem erfreut er sich daran, ihr mit seiner Idee einer europäischen Städtetour möglicherweise doch noch einen neuen Floh ins Ohr gesetzt zu haben. „Wie wäre es jetzt mit einem Stellungswechsel?", erkundigt sich Claudia. Beide nicken, um kurz darauf das Lokal zu verlassen.

In der Newton-Bar

Sie schlendern schweigend nebeneinander die wenigen Schritte bis zur Newton-Bar her, die bereits gut gefüllt ist. Bernd gelingt es, zwei Barhocker zu ergattern, die er den beiden anbietet, um sich selbst hinter sie zu stellen. „Ist ohnehin besser für die Unterhaltung." „Tu dir keinen Zwang an", erwidert Josef, das Angebot gerne annehmend. Claudia wirkt entspannt, während sich Josef bei ihr erkundigt: „Na, wie wäre es mit einem ‚Sex on the Beach' oder trinkst du nicht doch lieber ein gutes Glas Rotwein?" „Gerne den Sex." Derweil dreht sich Josef zu Bernd um. „Hat dir Claudia auch von ihrer Liebe zum Sex on the Beach erzählt?" „Klar." „Leider verträgt sie den nur nicht", kann es sich Josef offenbar nicht verkneifen. Claudia sieht ihn mit funkelnden Augen an. Derweil erkundigt sich Josef beim Barkeeper: „Habt ihr den Chateau Lafite Rothschild 2017?"

„Ne, der läuft hier nicht. Da müsste eine Flasche 1000 € kosten. Aber ich kann dir den Fürst Rudolf Spätburgunder anbieten." „Aus welchem Jahr?", will Josef wissen. „Aus 2014." „O. k., davon nehme ich ein Glas." „Kostet aber 70 €." „Ihr nehmt es aber von den Lebendigen." „In so einer Flasche sind nur drei Viertele drin. Und die kostet im Großhandel um die 140 €. Und was meinst du, was ich machen muss, wenn keiner das zweite und dritte Glas trinkt?" „Dann probierst du den edlen Tropfen halt selbst", lacht Josef. Um dann doch einzulenken: „Passt schon, schenk mir ein Glas davon ein." Bernd ruft dem

Barkeeper noch von hinten zu: „Ich hätte gerne auch so ein Glas Rotwein!" „Kannst du dir doch gar nicht leisten", ist die prompte Reaktion von Josef. „Ich dachte, du lüdest mich als Akt deiner ernst gemeinten Versöhnung zu diesem ein." „Von mir aus, will mal nicht so sein."
Bernd ist nach einem Themenwechsel zumute. „Was steht denn bei euch morgen auf dem Programm?" „Ich glaube, nicht viel, denn ehrlich gesagt hatte ich eine anstrengende Woche", erwidert Josef. „Schade, gerne hätte ich euch zu einer Fahrradtour kreuz und quer durch meine Stadt geführt." „Ne, bloß nicht auch noch Sport", erwidert Josef, „dann lieber eine entspanntere Alternative mit einer Riksha zu den kulinarischen Highlights der Stadt." „Könntest deine Muskeln aber auch selbst trainieren, damit du nicht auf Body Guards angewiesen bist", kann es sich Bernd nicht verkneifen. „Quatsch, ich täte damit doch ein gutes Werk, um die Fahrrad-Spinner am Leben teilhaben zu lassen." Bernd schluckt.
„Könnte natürlich auch eine Tour mit einer Stretch-Limousine machen. Wäre auch echt geil." „Aber umweltschädlich", unterbricht ihn Bernd. „Was ist das denn schon wieder für ein Quatsch?", lacht Josef. Um fortzusetzen: „Wir verursachen nicht einmal drei Prozent der globalen CO_2-Belastungen. Selbst wenn wir alle nicht mehr existierten, spielte dies letztlich für das Weltklima keine Rolle. Außerdem ist die Moral keine gute Werteinheit." „Warum nicht?" „Weil sie nur für Kinder und Dummköpfe ist, ,denn die Moral von der Geschicht', für sie nur gilt, besehn bei Licht'." Josef amüsiert sich erneut über seinen eigenen Witz.
„Du meinst also, du könntest dich über die Moral stellen." „Ne, aber die Welt mit realistischeren Augen betrachten. Wir Deutsche allein können die Welt nicht retten." „Aber wenigstens mit gutem Beispiel vorangehen", wirft Bernd ein. „Tue ich doch. Ich unterstütze allein mit dem Erwerb meiner teuren Klamotten die Weltwirtschaft. Denn ich lasse mir meine Anzüge und Hemden in Hongkong maßschneidern und kaufe nicht wie du meine, von Kindern gefertigten Klamotten von der Stange. Ich will ja nichts sagen, aber sieh dir bloß einmal dein eintönig

schwares Outfit an. Deine Klamotten sind erstens out und sehen zweitens ziemlich runtergekommen aus." Bernd sieht Josef kritisch an, soll er oder soll er nicht? Als Josef daraufhin hämisch zu grinsen anfängt, entschließt er sich doch, jenem mit einem seiner Lieblingsgedichte zu erwidern:

„Solang so leidet die Natur,
ich lange noch erwart's
dank CO_2, wird's heißer nur,
solang von Bess'rung kaum 'ne Spur,
ich öffentlich will tragen schwarz!

Solang wir zieh'n ne blutig Spur,
ich lange noch erwart's,
Exporte haben Konjunktur
der deutschen Waffen, gilt mein Schwur,
ich öffentlich muss tragen schwarz!

Solang zudem es blüht die Gier,
ich lange noch erwart's,
solang nur jeder denkt, kassier,
das ‚Ich' ist wichtiger als ‚Wir',
ich öffentlich werd' tragen schwarz'!

Josef sieht ihn verblüfft an. „Das klingt ja ein bisschen nach Johnny Cash." „Ne, der hatte ganz andere Themen. Aber mal ganz ehrlich, irgendwie muss man doch seinen Protest zur Schau tragen." „Du scheinst ja ein unverbesserlicher, unkontrollierbarer und kulturverliebter Tagträumer zu sein." „Und du ein versnobtes Arschloch." „Muss ich mir das gefallen lassen?", erkundigt sich Josef bei Claudia. „Ihr mit euren albernen Hahnenkämpfen", reagiert sie sichtlich verärgert.

Derweil werden ihre Getränke gebracht. „Ich stelle fest, du bist schon ein schräger Vogel", befindet Josef. „Warum?" „Weil du an der falschen Stelle lachst." „Da stimme ich dir ausnahmsweise mal zu. Zumindest an einer anderen als du." Worauf Josef fortfährt: „Weil Gewinner und Verlierer beim gleichen Spiel auf unterschiedlichen Seiten stehen. Liegt vielleicht auch daran, dass von oben aus gesehen sich manche Probleme nicht so dramatisch anfühlen." „Mag sein, Josef. Aber mir ist der Blickwinkel eines, von Bodenhaftung gekennzeichneten Hundes lieber als der eines Jungadlers, der nur deshalb fliegen kann, weil er von seinen Eltern ständig aufgepäppelt wird." „He, was soll das denn schon wieder?", erwidert Josef. Doch Bernd setzt fort: „Anstatt sich im Grunde als Affenforscher mit den Flöhen zu beschäftigen." Mit diesen Worten ergreift Bernd sein Glas, um sichtlich erleichtert einen kräftigen Schluck zu sich zu nehmen „Ein Affenforscher? Was meinst du denn mit Affenforscher?", erkundigt sich Josef erstaunt. Als Bernd hierauf nicht antwortet, wendet sich Josef Claudia zu: „Sag bloß, du hast dem erzählt, ich sei ein Affenforscher?" „Ne, die Idee kam genau genommen von ihm selbst. Aber bleib einfach mal cool, du alte Heuschrecke." „Ich fasse es nicht, was man sich als Investmentbanker von seiner eigenen Verlobten so alles anhören muss?" Claudia errötet, Bernd schweigt.

Sie setzt die Konversation mit den Worten fort: „Irgendwie seid ihr ganz schön gleich. Mal schockt mich der eine und mal der andere. Blöde Machos, die kein Benehmen haben." „Sorry, wenn ich das gewusst hätte, hätte ich beim letzten Mal doch nicht so blöd reagiert", wirft Bernd ein. „Warum, passt schon." Josef ärgert sich offenkundig, an seinem Glas nippend. „Jedenfalls hätte ich Ägyptologie studieren müssen, um die hier ausgetauschten Hieroglyphen zu verstehen." „Die kann man nicht austauschen", erwidert Bernd. „Schnauze, du weißt sehr wohl, was ich meine."

Josef scheint nun in Fahrt zu kommen. „Wo waren wir stehen geblieben? Ach ja. Denkst du wirklich, die Ideen Bert Brechts wären gefragter als neue IT-Produkte? Während ich bei einem Deal locker fünf Mio. mache, kommst du finanziell nicht vom Fleck. Nicht ein Gedicht, sondern Geld regiert die Welt." „Findest du das gerechtfertigt?", wirft Bernd ein. „Alberne Frage, darum geht es doch gar nicht. Mein Lohn wird allein von Angebot und Nachfrage bestimmt und nicht von Moral und Kultur. Insofern kann ich dir versichern, bist du als Märchendichter auf dem Holzweg. Denn erstens musst du dein Märchen mühsam konstruieren und dich dann zweitens damit abfinden, dass es keiner kauft, weil du dich in der Vergangenheit verheddert hast. Oder war es dein Plan, dich unsterblich zu machen? Aber doch nicht mit einer Kulturgeschichte, da hättest du besser einen Sexroman geschrieben." „Du hältst dich wohl für sehr schlau?", kann es sich Bernd nicht verkneifen. Claudia ist besorgt, dass die weitere Diskussion wieder entgleisen könnte. Derweil setzt Josef fort: „Schau dich hier doch einmal um. Glaubst du, dass all die Frauen hier darauf erpicht sind, einen armen Poeten durchzufüttern? Ne, mein Lieber, die wollen ausgehalten werden. Sie träumen alle vom großen Glück, das ihnen offenbar bisher nicht vergönnt war, vom Sechser im Lotto oder einem reichen Gönner wie mir."

„Arschloch", ist Bernds trockene Antwort. Worauf Josef grinsend erwidert: „Schlappschwanz. Nur weil du nicht in der Lage bist, zu reüssieren, muss ich mich von einem Neider wie dir doch nicht beleidigen lassen." „Denken denn alle Investmentbanker so?", will Bernd ungläubig wissen. „Zumindest die erfolgreichen." Worauf Bernd spontan laut in die Runde brüll', „Wer von euch ist reicher als mein Freund Josef, der im Jahr fünf Millionen macht? Bitte bei mir melden!" Für einen Moment wird es ruhig in der Bar. Die Augen der Anwesenden richten sich auf das Trio. „So, das reicht", befindet Josef, „habe morgen früh ohnehin eine von acht bis zwölf angesetzte Telefonkonferenz. Außerdem muss ich mir von so einem Rohrkrepierer wie dir nicht den Abend versauen lassen." Während Claudia mit den Schultern zuckt, setzt Josef fort: „Komm, Claudia, wir gehen." Sie wirkt apathisch. Er legt zwei 100 € Scheine auf den Thekentisch, um mit den Worten, „der Rest ist Trinkgeld", zum Ausgang der Bar zu streben, sie im Schlepptau hinter sich herziehend. Bernd ruft ihr noch nach: „Also dann tschau, Bella. Bis in vier Monaten in Dresden!" Sie winkt ihm leicht verstohlen zu, dann entschwinden beide im Dunkel der Nacht.

Bernd ist entsetzt, dass sie ausgerechnet an so einen Lackaffen ihr Herz verschleuderte. Um resignierend festzustellen, ‚und die Moral von der Geschicht',/verlieb dich in 'nen Dichter nicht'. In diesem Moment wird er von seiner Nachbarin an der Theke angesprochen. „Ärger?" „Nicht wirklich." „Kannst du mir ein Glas Champagner ausgeben?" „Ne, bin leider ein armer Poet." Worauf sie kommentarlos aufsteht, um sich zum anderen Ende der Theke zu begeben und dort einen Gast anzusprechen. Bernd schießt es durch den Kopf, Hannes Wader hatte recht, ‚heute hier, morgen dort/bin kaum da, muss ich fort,/hab mich niemals deswegen beschwert./Denn was neu ist wird alt,/und was gestern noch galt,/gilt schon heut oder morgen nichts mehr./Manchmal träume ich schwer/und dann denk ich, es wär/Zeit zu bleiben, um was ganz andres zu tun./So vergeht Jahr um Jahr/und es ist mir längst klar,/dass nichts bleibt, dass nichts bleibt, wie es war'.

16
Treffen in Dresden zur Epoche des ‚Regularismus'
(2000 bis 2050)

‚Und immer, wenn es Zeit wär' zu gehn,/vergess ich, was mal war, und bleibe stehn./Das Herz sagt bleib, der Kopf sagt gehn?/Kopf über Herz', murmelt Bernd vor sich hin. Und hämmert sich ein, „und vermeide bloß jede erneute emotionale Entgleisung", sich dabei entspannt an der Musik Beethovens erfreuend. Schwungvoll fährt er mit seinem BMW-Cabriolet vor Schloss Eckberg vor. Just in dem Moment, in dem Claudia aus der Eingangstür des Hotels tritt. „Herzlich willkommen in meinem alten Zuhause!", ruft sie ihm strahlend entgegen, während er direkt neben ihr ein wenig zu abrupt anhält. „Na, das ist aber mal ein erfreulicher Empfang einer Zweiheimischen", strahlt er, während er das vierte Klavierkonzert ausschaltet, das ihn vor allem wegen seines virtuosen Beginns immer wieder begeistert. Anschließend versucht er, aus dem Wagen so lässig als möglich auszusteigen. Dabei unweigerlich in die Falle tappend, die bei allen Männern im fortgeschrittenen Mannesalter gnadenlos zuschlägt, sobald sie ihren schneidigen Fahrstil krampfhaft auf das schwungvolle Verlassen ihres Sportwagens zu übertragen gedenken.

Sie schmunzelt, doch lässt sich nichts weiter anmerken. Während er befindet: „Echt schön hier. Warum ist das eigentlich deine alte Heimat?" „Ich bin eine Verwandte des besten Freundes des einstigen Eigners des benachbarten Lingner-Schlösschens", erläutert sie, „hier hat meine Mutter schon als Kind gespielt. Daher war es für mich ein Muss, eben in jenem neo-klassizistischen Schloss da hinten meine Hochzeit zu feiern." „Das glaube ich jetzt nicht. Ist schon komisch, du und der Neo-Klassizismus." „Na und?" „Aber

das Schloss Eckberg hier sieht anders aus." „Stimmt, mein Lieber, das ist eine andere Variante des Historismus." „Ich sehe schon, inzwischen kann ich dir nichts mehr vormachen. Das war in München noch ganz anders." „Entspann dich, mein Lieber. Ich finde das Ensemble eine gelungene Mischung aus Neo-Klassizismus und dem dereinst aus England zu uns schwappenden Tudorstil." „Da gebe ich dir ausnahmsweise mal recht."
„Wie wäre es mit einem kurzen Gang durch das Wäldchen zum Lingner-Schlösschen?", erkundigt sie sich. „Gerne." „Ich bin nämlich auf dem Weg dorthin, um zu prüfen, ob alles für den Polterabend fertig vorbereitet ist", erläutert sie. Bald trottet er auf dem schmalen Pfad durch das kleine Wäldchen hinter ihr her. „Und wer war der Schloss-Erbauer?", will Bernd wissen. „Mensch, das war der berühmte Herr Lingner." Sie erreichen derweil die Schlossterrasse. Als Bernd sie verständnislos ansieht, erläutert sie ihm: „Der erfand das Odol-Mundwasser und machte mit der von ihm propagierten Zahnpflege ein Vermögen." Er schaut sich um. „Erstaunlich, wie wenig verbaut dieser Stadtteil hier ist." „Weil die Dresdner schlau waren und hier in den Loschwitzer Elbbergen oberhalb der Elbauen nur drei Elbschlösser zuließen. Vielleicht liegt es aber auch daran, dass die Berge reine Sandberge sind." „Na, dann hoffe ich für uns, dass du nicht deinen Traum wie die Baumeister hier auf Sand baust." „Hält doch", grinst Claudia. Um fortzufahren, „ich brauche dir sicher nicht zu sagen, dass ich von dem preußischen Schloss Albrechtsberg, dem englischen Schloss Eckberg und dem deutschen Lingner-Schlösschen Letzteres am Schönsten finde?" „Ne." „Kaum hatte Lingner das Schloss gekauft, vermietete er das Anwesen an den Süßwarenfabrikanten Josef Weiser, dessen 18-jährige Frau Grete später Berühmtheit erlangte." „Jene Grete Weiser, die in dem Film ‚Wir machen Musik' die Hauptrolle spielt?" „Genau jene ‚Grete Weiser am Synthesizer', die Udo Lindenberg in seinem ‚Nostalgie Club' besang." „Du und Grete, ihr passt schon gut zusammen", schmunzelt er.

Sie genießen von der Elbterrasse aus den fantastischen Blick über die Stadt. „Na, was sagst du?" „Bin einfach sprachlos. Ich wusste gar nicht, wie schön Dresden von hier oben ist." "Sieh mal da hinten, mein Lieber, die Silhouette der Frauenkirche, die ich dir unbedingt zeigen wollte", strahlt sie. "Die kenne ich, war vor Jahren schon mal hier, als sie ganz frisch eingeweiht wurde. War nämlich einer der damaligen Sponsoren." "Echt? Wie geil. Dahinter liegt der berühmte Zwinger und rechts daneben die Semperoper, die man allerdings von hier aus nicht so gut ausmachen kann." Sie strahlt. Dann überrascht Bernd sie mit dem Bemerken: "Sieh mal, da hinten auf der anderen Seite gibt es in der Ferne noch etwas Besonderes." Sie sieht ihn verständnislos an. "Mensch, sieh doch mal genauer hin!" "Ach so", bemerkt Claudia, "da liegt das ‚Blaue Wunder'." "Genau. Ich finde, dies ist – zumindest dem Namen nach – eure berühmteste Brücke. Sodass ich eben dieses ‚blaue Wunder' zum letzten Wahrzeichen erkläre. Sozusagen als Synonym für eine ganz besondere Frau, mit der ich sechzehn tolle Abende verbringen durfte." "Ich bin also für dich ein blaues Wunder?" "Warum denn nicht?" "Mensch, du", erwidert Claudia ein wenig verlegen.

Bernd setzt fort: "Und damit darf ich festhalten, bei den sechzehn von mir auserwählten Wahrzeichen gab es nicht eine einzige bauliche Dublette, keine zweite Kirche, kein zweites Rathaus und kein zweites Schloss." "Aber eine zweite Brücke", erwidert sie schmunzelnd. "Quatsch, die Erfurter Krämerbrücke ist als Wohn- und Geschäftshaus-Ensemble ausschließlich Fußgängern vorbehalten, während die Stahlkonstruktion des ‚blauen Wunders' vornehmlich eine Autobrücke ist. Beide sind in ihrer Bauweise so verschieden wie ein gotischer Kirchturm und ein Bauhausgebäude. Sowohl konstruktiv wie auch funktional." "Von mir aus", erwidert Claudia, offensichtlich über seine heftige Reaktion erstaunt. "Jedenfalls nicht schlecht, mein Lieber, bin echt beeindruckt. Hätte ich dir – ehrlich gesagt – nicht zugetraut." "Da siehst du mal", stellt er befriedigt fest. "Kriegst du die sechzehn Wahrzeichen denn noch zusammen?" "Willst du mich examinieren? Aber wenn es dich beruhigt, natürlich mein Lieber. Auch wenn ich bei der Zahl sechzehn, wie du weißt, kapazitiv an meine Grenzen komme."

„Ist kaum zu glauben, dass wir uns heute zum sechzehnten Male mit unserer Kulturgeschichte befassen. Immer noch zu keinem zufriedenstellenden Resümee kommend", befindet Bernd, das Thema wechselnd. „Liegt vielleicht daran, dass den Jedermanns mit der Neuzeit das ‚Streben nach Glück' wichtiger wurde als ihre einstige Kulturbeflissenheit?" „Nie im Leben", erwidert er trotzig. „Findest du denn nicht, dass uns inzwischen eine notorische Glückssucht befallen hat, um anhand des alljährlich erscheinenden ‚Glücksatlasses' nachzuprüfen, ob wir statistisch gesehen wirklich glücklicher werden?" „Da muss ich dir recht geben". Bernd hält einen Moment inne, „machen wir eigentlich laut des Glücksatlasses Fortschritte?" „Kaum." „Wie wenig?"

„Na ja, unsere Ökonomen verfeinern immer weiter den methodischen Ansatz, um unser Glück zu messen, zu bewerten und zu gewichten. Vor allem der Freiburger Professor Bernd Raffelhüschen, der sich, glaube ich, ansonsten mit dem schwermütigen Thema der Unterfinanzierung unseres Rentensystems akademisch beschäftigt. Aber immerhin, selbst er als Wirtschaftswissenschaftler erkannte, dass Geld nicht automatisch das Synonym für Glück ist. Um dann – wie bei Professoren so üblich – gleich mehrere Glücksfaktoren zu identifizieren, die er als die vier ‚Gs' bezeichnet." „Als da wären?" „Die sind seiner Meinung nach ‚Geld', ‚Gemeinschaft', ‚Gesundheit' und ‚genetische Disposition'." „Klingt mir ein wenig zu kompliziert", befindet er. Um sich dann zu erkundigen: „Mich interessierte vielmehr die letzte Allensbach-Umfrage zum Glück." „Das Glücksgefühl konnte im letzten Jahr leicht gesteigert werden, wobei die Schleswig-Holsteiner glücklicher sein sollen als wir Bayern. Was ich nicht ganz glaube." „Doch, das kann ich nachvollziehen", erwidert er mit bedächtigem Unterton, „denn wir im Norden sind im echten ‚Hygge-Hype'." „Was ist das denn schon wieder? Damit hast du mich doch schon letztes Mal genervt." „Der Begriff kommt aus Dänemark und bezeichnet eine entspanntere Lebensart als beim süddeutschen Dauerstress des ‚Schaffe, Schaffe, Häusle baue' in Württemberg und ‚Berge rauf und Berge runter' in Bayern. Da die Dänen europaweit beim Glücksatlas besonders gut abschneiden, färbt deren Lebensart offenbar dank der Entschleunigung des Lebens auf die Schleswig-Holsteiner ab.

Apropos Glück. Wie laufen eigentlich deine Hochzeitsvorbereitungen?", will Bernd wissen. „Hör mir auf, ist echt Stress. Und was ich besonders nervig finde, Josef sagt zu jedem meiner Vorschläge einfach nur ‚Ja und Amen'." „Ist doch schön für dich, denn bei so einem Dickkopf wie mir hättest du dich sicher ständig mit Grundsatzdisputen herumschlagen müssen." „Wohl wahr, komm, lass uns ins Restaurant gehen."

Im Restaurant des Lingner-Schlösschens

„Was, mein Lieber, fällt dir hier auf?" „Dass wir hier die einzigen Gäste sind?" „Genau, dank Corona ist es nämlich längst geschlossen. Hat mich einige Überredungskraft gekostet, anstatt eines Lieferservices hier einen Platz zu reservieren, denn in meinem Hotelzimmer wollte ich dir meinen Vortrag, ehrlich gesagt, nicht halten. Hier nebenan wird heute Abend auch mein dezimierter Polterabend stattfinden. Ich hoffe, die wenigen, die trotz des Corona-Virus noch kommen wollen, sagen heute nicht auch noch ab." „Der wichtigste Mann ist ja da", befindet Bernd. „Danke, dass du mich als mein Trauzeuge nicht im Stich lässt." Er strahlt.

„Jedenfalls kann ich dir hier ungestört meine Gedanken zur ‚Jetztzeit' präsentieren. Und hast du das Privileg, falls du sie langweilig finden solltest, einfach nur den fantastischen Blick auf die Elbauen zu genießen. Vielleicht auch, um dir auszumalen, wie schön es hätte sein können, wenn du mit deinem Boot dort unten festgemacht hättest." Bernd sieht sie verblüfft an. „Stimmt, wäre eine tolle Idee gewesen, auf die ich leider nicht gekommen bin." „Da siehst du mal wieder, mein Lieber, du verlierst echt an Schwung." „Ne, liegt einfach nur daran, dass mein Boot zurzeit im Wismarer Hafen liegt und ich den Liegeplatz nicht aufgeben will. Habe dort, trotz Corona, viel Spaß, auch wenn ich fürchte, dass diesen die Behörden nicht mehr lange dulden werden. Meine Nachbarn leben dort jahrein, jahraus auf ihren Booten, echt interessante Typen. Wir halten sogar den 2 Meter Sicherheitsabstand ein. Mein Deck ist zwar ein klein wenig höher als das meines Nachbarn, doch der hat sich inzwischen eine Euro-Palette besorgt, um seinen Stuhl zum Niveauausgleich daraufzustellen." „Mensch, dann hattest du aber heute eine weite Anreise", befindet sie verblüfft. „Das kannst du wohl sagen. Ich konnte erst heute Morgen den Leihwagen abholen, weil ich natürlich unbedingt ein Cabrio mieten wollte. Sodass ich anschließend ungefrühstückt aufbrach, um ja nicht dein engmaschiges Zeitfenster zu versäumen." „Na, das passt doch gut, mein Lieber, ich habe nämlich mit dem Wirt verabredet, uns ein Drei-Gänge-Menu zu servieren." „Mensch, Claudia, ich sehe, Josef färbt langsam auf dich ab. Jedenfalls bin ich besorgt, wie du wohl in fünf Jahren aussehen wirst." „Blödmann."

„Ne", setzt Bernd fort, „ich werde nichts Schlechtes mehr über Josef sagen, sondern verspreche dir, ihn nur mit dem fulminanten Mittagessen noch finanziell zu schädigen." Claudia lacht: „Na dann mal los. Ich fürchte nur, der merkt das noch nicht einmal." Bernd holt tief Luft: „Mensch, Claudia, ist schon Wahnsinn, morgen bist du eine verheiratete Frau und ich darf wahrhaftig als dein Trauzeuge bei eurer Hochzeit dabei sein." Sie sieht ihn prüfend an. „Warst ja bisher nicht so mitfühlend." Worauf es sich Bernd nicht verkneifen kann, ihr einzugestehen: „Ich freu mich halt für dich, weil du eine verdammt liebenswerte Frau bist." „Findest du? Josef käme nie auf die Idee, mir solch ein Kompliment zu machen." „Dabei muss man dir nur einfach in die Augen schauen. Denn dann rutscht einem so was wie von Geisterhand raus."

Urplötzlich wechselt sie das Thema. „Ich habe es übrigens in den letzten Wochen mindestens dreimal pro Tag bereut, heute diesen schwachsinnigen Vortrag halten zu wollen." „Sag ich ja, du hast dich mit dem Doppelereignis Polterabend plus Vortrag einfach übernommen." „Spinnst du, ich meine die bescheuerte Idee, den Vortrag nicht in Form eines einfachen Nachwortes zu beenden, sondern unbedingt einen gehaltvollen Schlussakkord setzen zu müssen. Dafür war einfach die Vorbereitungszeit viel zu knapp. Schon das Narrativ der ‚Jetztzeit' einigermaßen zu verdichten, erwies sich als schwer genug. Doch mir dann auch noch auszumalen, wie die Nach-Corona-Zeit aussieht, um sie mit den Visionen zur ‚Nahen Zukunft' zu verknüpfen, war einfach zu viel. Hätte mir fast die Zähne hieran ausgebissen." „Dein Gebiss wirkt aber noch tadellos." „Blödmann. Wie wär's mit einem Glas Champagner?", erkundigt sie sich, um – ohne seine Reaktion abzuwarten – bei der Kellnerin eine Flache zu bestellen.

„Bis das Zeug da ist", setzt Bernd fort, „werde ich versuchen, dich ein letztes Mal mit meinen provokanten Thesen zu Heimat und Brauchtum aufzuheitern." „Ich werde diesen Blödsinn, mein Lieber, zukünftig echt vermissen!" „Ich finde, wir verbinden unsere Heimat mit dem Weintrinken. Insofern will ich nun mit der Auflistung unserer Weinregionen auftrumpfen." „Na klar, du bist schon wieder beim Alkohol", amüsiert sich Claudia. „Ich hätte auch eine anti-alkoholische Version parat, vorausgesetzt, dein Geschmacksinn ist so fein ausgeprägt, dass du die Herkunft der Rosinen zuordnen könntest." Sie lacht. „Ne, dann mach lieber mal weiter. Gibt es überhaupt sechzehn Weinregionen?" „Na ja, offiziell nur dreizehn gesetzlich festgeschriebene, doch bei objektiver Betrachtung müssten es natürlich sechzehn sein." „Du hast sie doch nicht mehr alle", erwidert Claudia sichtlich aufgeheitert.

„Beginnen will ich erstens mit dem Weinanbaugebiet Ahr, unserem größten geschlossenen Anbaugebiet für Rotwein. Dass ich dieses als Erstes erwähne, ist natürlich Josefs Rotweinliebe geschuldet." „Wäre nicht nötig gewesen." „Doch, doch. Dann käme die Weinregion Baden an die Reihe. Doch eigentlich ist diese weder geografisch noch geschmacklich nur ein Weinanbaugebiet. Im Grunde genommen müsste man sie – meiner Meinung nach – dreiteilen. In die Region des Badener Bodenseeweins, des Badener Rheinweins und schließlich des Badener Main- und Tauberweins." „Liegt die Tauber denn nicht in Bayern?", will sie wissen. „Stimmt, dort oben gibt es aber auch noch

einen kleinen Fleck der Region Baden, in welcher der Wein halt anders schmeckt als der aus der Baden-Badener oder Freiburger Region stammende oder der rund um Meersburg angebaute. Weshalb ich halt finde, man müsste die Weinregion dreiteilen." „Von mir aus."
„Somit hätten wir schon vier Gebiete abgehakt. Die nächsten vier wären das Weinanbaugebiet Franken, das Weinanbaugebiet Bergstraße, das Weinanbaugebiet Mittelrhein vom Siebengebirge bis hinunter nach Koblenz und schließlich das Weinanbaugebiet Mosel, Saar, Ruwer. Die nächsten vier Weinanbaugebiete sind die Nahe rund um Bad Kreuznach, die Pfalz westlich des Rheins, der Rheingau entlang des Taunus und schließlich Rheinhessen. Damit fehlen nur noch vier, die alle sehr viel kleiner sind als die bisher aufgezählten. Nämlich das Weinanbaugebiet von Württemberg nördlich von Stuttgart, das der Saale-Unstrut rund um Naumburg und das von Sachsen rund um Dresden. Sowie ein letztes, von dem wir wissen, dass es unser ältestes Weinanbaugebiet ist. Kannst du dich erinnern?" „Au Mann?" „Denk mal an meinen ersten Vortrag", setzt Bernd nach. „Ach warte mal, du bist bestimmt wieder bei den Kelten?" „Bingo! Ich meine die Weinbauregion Donau rund um Regensburg. Ich finde, die Weine dort sind wirklich ausgezeichnet, auch wenn sie nicht staatlich subventioniert werden." „Stimmt, die Weine habe ich wiederholt gerne getrunken."

„Welches ist eigentlich Josefs Lieblingswein?", erkundigt er sich. „Das letzte Mal bestellte er einen Rotwein vom Weingut Rudolf Fürst." „Na ja, einen guten Geschmack hat er ja, das muss ich ihm schon lassen", befindet Bernd. „Kennst du das Weingut?" „Ne, mein Lieber." „Solltest du aber. Das liegt am Main bei Bürgstadt, einer niedlichen kleinen Stadt, und gehört zum Frankenwein, ist aber nur ein paar Kilometer entfernt vom Anbaugebiet des Badener Tauberweins." „Von mir aus", zuckt sie mit den Schultern, um dann fortzusetzen, „ich hätte allerdings erwartet, dass du mir sechzehn typisch deutsche Weinsorten aufgezählt hättest, anstatt mich mit geografischen Details zu langweilen." „Das kannst du haben", schmunzelt Bernd. „Ich will mal mit sieben roten Sorten beginnen, mit dem Spätburgunder, Dornfelder, Portugieser, Trollinger, Schwarzriesling, Blauen Lemberger und Regent." „Ist ja schon gut, mein Lieber, war nur ein Scherz." Doch Bernd denkt nicht daran, nun klein beizugeben.

„Bei den weißen Trauben will ich mich auf den Riesling, Müller-Thurgau, Silvaner, Kerner, Weißburgunder, Grauburgunder, Bacchus, die Scheurebe und den Gutedel beschränken. Ich könnte aber gerne noch weitermachen, denn es gibt mehr als hundert Rebsorten", strahlt Bernd. Sie sieht ihn verblüfft an. „Alkoholiker." „Ne, Weinkenner." Sie verzieht ihr Gesicht.

„Ganz ehrlich, mein Lieber, ich hätte gedacht, du verbändest unser Brauchtum eher mit unseren Volksliedern, deren Melodien wir bereits in früher Jugend sangen. ‚Amsel, Drossel, Fink und Star', ‚am Brunnen vor dem Tore', ‚auf der schwäb'schen Eisenbahne', ‚das Wandern ist des Müllers Lust', ‚der Mai ist gekommen', ‚der Mond ist aufgegangen', ‚die Gedanken sind frei', ‚ein Jäger aus Kurpfalz', ‚alle die mit uns auf Kaperfahrt fahren', ‚kein schöner Land in dieser Zeit', ‚muss i denn, muss i denn', ‚wem Gott will rechte Gunst erweisen', ‚so pünktlich zur Sekunde' und ‚hoch auf dem gelben Wagen'. Wie viel haben wir?" „Vierzehn."

„Danke, dann will ich noch zwei modernere Volkslieder auflisten, als da wären ‚Bolle reiste jüngst zu Pfingsten' und ‚die alten Rittersleut'." „Ich glaube, du bist da genauso auf dem Holzweg wie ich mit meinen Weinen. Meinst du wirklich, die heutigen Kinder sängen noch diese Volkslieder?" „Na klar, auch wenn sie sicher inzwischen nicht mehr so textsicher sind wie noch unsere Eltern." „Wenn du meinst."

Unvermittelt fängt sie zu singen an, ‚deutsch,/natürlich hat ein Deutscher ‚Wetten dass' erfunden./Vielen Dank für die schönen Stunden./Wir sind die freundlichsten Kunden auf dieser Welt./Wir sind bescheiden, wir haben Geld./Die Allerbesten in jedem Sport./Die Steuern hier sind Weltrekord./Bereisen sie Deutschland und bleiben sie hier,/auf diese Art von Besuchern warten wir./Es kann jeder hier wohnen, dem es gefällt,/wir sind das freundlichste Volk auf dieser Welt./Nur eine Kleinigkeit ist hier verkehrt,/und zwar, dass Schumacher keinen Mercedes fährt./Das alles ist Deutschland, das alles sind wir./Das gibt es nirgendwo anders./Nur hier, nur hier'." „Das Lied ist doch von den Prinzen, oder?" „Na klar, mein Lieber, ich dachte, du kennst das Lied." „Tu ich auch, wird das nicht in der zweiten Strophe sehr viel ordinärer?" „Na klar. Willst du sie noch hören?" „Wenn du sie wieder so schön vorsingst, freue ich mich drauf." „Von mir aus. ‚Es bilden sich viele auf Deutschland was ein/und mancher findet es geil, ein Arschloch zu sein./Es gibt manchen, der sich gern über Kanaken beschwert/und zum Ficken jedes Jahr nach Thailand fährt./Wir lieben uns're Autos mehr als uns're Frauen,/denn deutschen Autos können wir vertrauen./Gott hat die Erde nur einmal geküsst,/genau an diese Stelle, wo Deutschland ist./Wir sind überall die Besten, natürlich auch im Bett/und zu Hunden und Katzen sind wir besonders nett'." „Ich wusste doch, dass dieses Lied irgendwie ins Banale entgleitet." Worauf sie befindet: „Vielleicht ist das ja der Grund, weshalb ich es so treffend finde." Bernd sieht sie entgeistert an.

Die Kellnerin bringt eine Flasche Champagner, um das wohlschmeckende Nass in ihre Gläser zu füllen. „Salute, auf euch", befindet Bernd, mit ihr anstoßend. Sie nippen beide an ihren Gläsern. Dann setzt er fort: „Ich hoffe, dass die Party heute Abend geil wird. Freu mich jedenfalls echt drauf. Dabei ist es sicher nicht von Nachteil, wenn die Tanzfläche coronabedingt nicht ganz so voll sein wird. Denn dann kann man besser tanzen. Hoffentlich sieht das Josef genauso." „Weiß nicht, der tanzt nicht gerne." „Das auch noch", stellt Bernd besorgt fest. „Geärgert habe ich mich über ihn, dass er mich mit den Vorbereitungen für die Hochzeit und unseren Polterabend hängen ließ. Dabei war eigentlich abgemacht, er kümmert sich um den Polterabend und ich um das Hochzeitsfest." „Und?" „Er machte bisher keinen Finger krumm. Kümmerte sich noch nicht einmal um die Musik, obwohl sie für die Stimmung kriegsentscheidend ist."

„Wo steckt Josef eigentlich?", will Bernd erstaunt wissen. „Der ist noch nicht wieder aufgetaucht. Die Jungs mussten ihn ja unbedingt auf ihrem Junggesellenabschied in so ein dämliches Luxushotel nach Bora Bora entführen, um sich nun zu wundern, mit Beginn der Corona-Krise nicht mehr pünktlich ausgeflogen zu werden." „Das konnte doch keiner ahnen." „Bin wenigstens froh, dass sie inzwischen doch noch einen Carrier fanden, der sie in diesen Minuten nach Frankfurt bringt. Nun müssen sie sich nur noch irgendwie nach Dresden durchschlagen." Bernd betrachtet die Elbauen. Als sie bemerkt, dass ihn dieses Thema nicht sonderlich zu interessieren scheint, befindet sie: „Schön hier, oder?" „Ja", erwidert er.

„Na dann will ich dich, mein Lieber, mal mit meiner Geschichte zur ‚Jetztzeit' aufheitern." „Gerne." „Oder, genauer genommen, mit der Geschichte zur ‚Gegenwart', die bekanntlich am heutigen 18. März 2020 endet, um nach einer, sich nun abzeichnednen Phase 2020/21 des allgemeinen Stillstands bis zum Jahr 2050 in der ‚Nahen Zukunft' zu münden." „Bin gespannt." „Übrigens fand im Jahr 2000 erneut ein signifikanter Epochenwechsel statt. Insofern bleibt es dir nicht erspart, zunächst mit den Wendepunkten jenes Epochenwechsels zugetextet zu werden." „Epochenwechsel? Wenn ich an das Jahr 2000 zurückdenke, kam mir das gar nicht so anders vor als die Zeit davor".

Wendepunkte zur Jetztzeit

„Wir befinden uns inmitten eines schwindelerregenden Wandels, der unserer Kultur verdammt zusetzt. Vielleicht noch dramatischer als am Ende des Mittelalters." „Wenn du meinst. Geht das noch etwas genauer?" „Wir haben den Beginn der ‚Frühneuzeit' im Jahre 1500 – wenn du dich daran noch erinnerst – an zehn und den Anfang der ‚Neuzeit' 1850 an fünf Wesensmerkmalen festgemacht. Was läge da nicht näher, um auch für das Jahr 2000 die zehn bedeutsamsten Wendepunkte zu beleuchten?" Er sieht sie erwartungsvoll an, um dann resignierend zu antworten: „einverstanden."

„Das Jahr 2000 beginnt mit einer ersten Auktion der Bundesnetzagentur, der sich als erster Wendepunkt der ‚Digitalen

Kommunikation' entpuppt. Mit der sage und schreibe 50 Milliarden DM in die Staatskasse gespült werden. Leider nicht, um damit eine digitale Infrastruktur zu finanzieren, sondern viele andere Projekte." „Ich erinnere mich", unterbricht Bernd, „mich damals über diese Entwicklung amüsiert zu haben. So viele Milliarden für ein blödes Netz, dachte ich zunächst. Doch da sollte ich komplett schiefliegen." „Siehst du, ein untrügliches Zeichen, mein Lieber, dass du alt wirst. 1996 gibt es den ersten globalen Webb-Anbieter, mit dem die Jedermanns eine eigene E-Mail-Adresse anlegen können, kurz vor der Gezeitenwende wird die erste SMS versendet und die WhatsApp ist heute gerade erst einmal zehn Jahre alt." „Ist ja echt krass. Habe glatt vergessen, wie wir vorher überhaupt kommunizieren konnten", stellt Bernd erstaunt fest.

„Im Jahr 2000 gibt es nur schlichte ‚Handys'. Erst 2007 tauchen die ersten Smartphones mit ‚Touch Screens' auf, die unser Leben seither nachhaltig verändern. Zumindest nachdem 2010 die siebenmal schnellere LTE-Technologie zum Einsatz kommt. Wir schießen mit ihnen heute Fotos, drehen Filmsequenzen oder hören dank der 2005/2006 auftauchenden neuen Plattformen YouTube und Spotify Musik. Wir kommunizieren mit ihnen per E-Mails, WhatsApp-Nachrichten, Facebook oder Twitter. Auch nutzen wir Smartphones, um ins Internet zu gehen. Etwa zu der 1997 gegründeten Suchmaschine Google oder dem 2001 ins Leben gerufenen Lexikon Wikipedia. Wir sehen mit Smartphones fern oder erfreuen uns an Online-Spielen. Wir kaufen mit ihnen bei Amazon, Zalando und Otto-online ein, vergleichen mit idealo Preise und bezahlen per Paypal oder anderen WhatsApp-Zahlungssystemen. Wir managen mit ihnen die gesamte Hauselektrik, nutzen sie als medizinischen Begleiter, als Positionsermittler und Echtzeit-Stauwarner, Kompass, Waage, Lupe oder Taschenlampe." „Ist schon gut", unterbricht sie Bernd. „Ich habe verstanden." „Bald startet ‚5G', um 10 Gigabit je Sekunde bei 90 % geringerem Energieverbrauch versenden zu können. Mit dieser Technologie gehen tiefgreifende Änderungen einher, denn anstelle der bisherigen Hardware von Routern und Firewalls wird die zukünftige Software auch diese überflüssig machen! Womit wir uns darüber im Klaren werden müssen, wie systemrelevant die Software zukünftig ist und ob wir neben Ericsson oder Nokia wirklich auch eine chinesische Huawei-Software einsetzen wollen.

Infolge dieser neuen Technologie kommunizieren wir anders und sind selbst in Freundesrunden immer mit einem Auge und Ohr im Netz. Um uns in virtuellen Runden auch mit all denjenigen zu verständigen, die nicht anwesend sind. Wir mutieren zu ‚Followern', um Bilder bei Instagram zu ‚liken'. Ausgelöst übrigens im Jahr 2000 durch nichts anderes als das Kleid der Sängerin Jennifer Lopez während der Grammy-Award-Verleihung, bei der einige Google-Manager schlagartig erkennen, wie sehr sich die Jedermanns für Bilder interessieren. Infolge neuer Kommunikationsformen erblickt der ‚Flashmob' das Licht der Welt." „Das ist doch ein durch Handys veranlasster Menschenauflauf auf öffentlichen Plätzen, oder?" „Genau, mein Lieber. Inzwischen sind 84% der Arbeitnehmer auch außerhalb des Büros erreichbar. Wir schalten immer weniger ab, zumal sich die Unsitte großer Verteiler von E-Mails und digitaler Kollaborationsplattformen einbürgert." „Irgendwie erinnert mich das an die These vom ‚trojanischen Einfluss' der Digitalisierung auf unser Denken, mit der uns der inzwischen verstorbene FAZ-Herausgeber Frank Schirrmacher kurz nach dem Jahrtausendwechsel konfrontiert. Um uns in seinem Werk ‚Payback' klarzumachen, ‚warum wir im Informationszeitalter gezwungen sind zu tun, was wir nicht tun wollen, und wie wir die Kontrolle über unser Denken zurückgewinnen'." „Mag sein, Claudia. Ist aber doch längst Schnee von gestern."

„Weiß nicht. Das Mobbing erfährt in unseren Schulen eine neue Wirkmächtigkeit, denn nun wird es recht einfach, andere gleich in einer größeren Community fertig zu machen. Shitstorms erblicken das Licht der Welt. Auch vor Universitäten nicht haltmachend, was der Politikwissenschaftler Herfried Münkler erfährt, nachdem einige seiner Studierenden seine Vorlesungen in ‚watchblocks' geschickt zusammenschneiden, um ihn als Rassisten und Sexisten zu beschuldigen. Eine Debatte auslösend, ab wann die bewusste Deduktion auf einzelne Halbsätze eine ‚Denunziation' darstellt. Unsere permanente Aufmerksamkeit im Netz führt zum Phänomen der ‚erschöpften Psyche'. Die Hälfte der heutigen Jedermanns klagt regelmäßig über Schlafstörungen. Auch nehmen psychische Erkrankungen sprunghaft zu, für die sich die Begrifflichkeit des ‚Burn-Outs' herausbildet." „Stimmt, vor dem Jahr 2000 haben wir das Wort ‚Burn-Out' nicht gekannt. Insofern akzeptiere ich deinen ersten Wendepunkt."

„Mit der Jahrtausendwende beginnt als ‚zweiter Wendepunkt' der ‚Dataismus'." „Was soll der denn sein?" „Algorithmen bestimmen unsere Kommunikation. Sie wählen aus, was uns interessieren könnte, zunehmend nicht nur unser Konsumverhalten bestimmend, sondern auch unsere politische Einstellung. So mischt sich etwa Cambridge Analytics unerlaubt in den US-Wahlkampf 2016 ein, um algorithmenbasiert Meinungen zu polarisieren. Natürlich wurde schon früher um die Wahrheit gekämpft. Doch im Zeitalter des algorithmen-verursachten, sich verstärkenden Meinungsbildungsprozesses unterbleibt eine kollektive Wahrheitssuche. ‚Alternative Fakten' bürgern sich in Form plakativer Kurzbotschaften ein." „Ich ahne, was das bedeutet", bemerkt Bernd, ein wenig besorgt dreinblickend.

„Jedenfalls gehen mit dem ‚Dataismus' tiefgreifende Verhaltensänderungen einher. Während etwa bisher in den Vorstadtbahnen die Pendler ihre Zeitung studieren, daddeln sie nun auf den Smartphones herum, um sich in algorithmengesteuerten Schlagzeilen in ihrem Weltbild bestätigen zu lassen. Sie scheren sich nicht mehr um das kollektive Abwägen des Für und Wider, um sich gemeinsam – im Habermas'schen Sinne – um die Entwicklung gesellschaftlich anerkannter Wahrheiten zu bemühen. Sondern erfreuen sich an dem sich selbst verstärkenden Prozess der permanenten Bestätigung eigener Thesen. Nun bewahrheitet sich Gustave le Bons ‚Ansteckungstheorie', der scharfsinnig die hypnotische Wirkung einer sich aufheizenden Masse auf das Individuum beobachtete. Dank der gefühlten Anonymität des Netzes kommt es zu massenpsychotisch begründbaren Hass-Mails, in denen jegliche Skrupel zwischenmenschlicher Höflichkeit fallen gelassen werden. So viel zum zweiten Wendepunkt." „Ist ja echt krass", unterbricht sie Bernd, „du hast völlig recht, solche Phänomene gab es vor dem Jahr 2000 gar nicht."

„Als ob wir, mein Lieber, nicht schon genug mit der ‚digitalen Kommunikation' und dem ‚Dataismus' zu tun gehabt hätten, beginnt im Jahr 2000 zudem ein dritter Wendepunkt. Der des schleichenden Prozesses der ‚künstlichen Intelligenz'. Welche Fähigkeit diese inzwischen besitzt, kann man an schachspielenden Computern festmachen. 2008 taucht das schachspielende Computerprogramm Stockfish auf, basiert auf dem programmierten Fachwissen der Vergangenheit. Um fortan mühelos jeden Schachweltmeister zu schlagen. Doch schon wenige Jahre später erfahren wir von der Existenz der auf ‚künstlicher Intelligenz' fußenden AlphaZero-Software. Das ist ein selbstlernender Algorithmus, der sich nicht nur selbst im ‚learning by doing' das Schachspielen beibringt, sondern bald auch Stockfish schlägt. Ich bin mir sicher, ‚künstliche Intelligenz' wird immer wirkmächtiger. Maschinelles Lernen wird inzwischen nicht nur bei der Aufdeckung von Steuerstraftaten, sondern auch bei der Anamnese von Krankheiten, bei der Kalkulation von Versicherungsrisiken, bei der Erkennung von Schadsoftware oder beim rechtzeitigen Ein- und Aussteigen an der Börse eingesetzt. Damit führt die ‚künstliche Intelligenz' zu einer Gezeitenwende unseres Berufslebens. Nicht nur, weil die Maschinen schneller und zuversichtlicher Daten berücksichtigen als Menschen. Sondern auch objektiver, frei von – im Unterbewusstsein schlummernden – Vorurteilen von Rasse, Geschlecht und Nationalität. Womit wir geneigt sind, uns immer resignativer den maschinellen Entscheidungen zu fügen. Wir werden auch nachlässiger bei dem Überschlagen der Richtigkeit, genauso wie ein Kassierer im Supermarkt, dessen Fähigkeiten zum Kopfrechnen mit dem stumpfen Scannen an der Supermarktkasse kontinuierlich abnehmen." Bernd nickt, sein Glas erhebend. „Mensch, du machst mir richtig Angst." „Das ist nicht meine Absicht. Nur fürchte ich um die vielen Jedermanns, die sich einfach nur noch abgehängt fühlen.

Damit will ich zum vierten Wendepunkt überleiten. Ich weiß, nun wirst du schmunzeln. Den verbinde ich nämlich mit der rasanten Verbreitung von Videospielen." Bernd muss prusten. „So ein Quatsch, was haben denn Spiele mit einer epochalen Gezeitenwende zu tun?" „Jedenfalls bringt Sony im Jahr 2000 die Spielkonsole ‚Play Station 2' heraus, die sich binnen kürzester Zeit zur global meistverkauften Spielkonsole entwickelt. Dank eines neuen Grafikchips realistische Bilder erzeugend, die der realen Welt immer mehr ähneln. Sich damit fundamental von den ersten Videospielen ‚Pong' des Jahres 1972 und ‚Pac-Man' des Jahres 1980 unterscheidend. Ich denke, dass Spiele einen nicht zu unterschätzenden Einfluss auf unsere Jugend haben." „Na und?", erwidert er. „2001 erscheint mit der ‚vierten Offenbarung' erstmals ein deutsches Rollenspiel. Für Survival-, Horror-, Gesellschafts-, Spaß- und Rennspiele etabliert sich ein mehr als 2 Milliarden € umfassender Markt, sodass die Kölner Messe ‚Gamescom' in diesem Jahr schon zwölf Jahre alt wird.

Welche dramatische Wirkung diesem Wendepunkt innewohnt, lässt sich vordergründig an dem übertriebenen Spielverhalten der Jugend festmachen. Unsere Ärzte attestieren ihnen immer mehr Schlafstörungen, Halluzinationen und Konzentrationsschwächen. Infolge des Bewegungsmangels der Spielenden kommt es immer häufiger zu Haltungsschäden, Leistungsversagen und Nervosität. Manche hocken mehr als 24 Stunden vor dem Bildschirm, um sich mit ‚Gaming-Boostern' kokainhaltiger Getränkepulver wachzuhalten. In Extremfällen führt dies zur Epilepsie und – wie wir leider wissen – zum Tod. Etwas hintergründiger verbinden wir mit der Plattform der Videospiele die sich immer mehr durchsetzende Erkenntnis, dass unsere Psyche keinen gesunden Körper benötigt. Kinder spielen lieber mit ihrer Computerkonsole vor riesigen Bildschirmen als in der realen Natur. Unsere Gehirne eignen sich nämlich großartig dazu, die Grenzen zwischen realem und virtuellem Leben verschwimmen zu lassen. Filme wie ‚Avatar' lassen neue Phantasien aufkeimen, in denen selbst Gelähmte wieder Freude am Sport und an der virtuellen Bewegung erfahren. Denn unsere Gehirne schütten bei

Computerspielen die gleichen Endorphine aus wie beim Sport in der realen Welt." „Nun bleibt mir wohl nichts anderes übrig, als dir auch in diesem Punkt zuzustimmen", befindet Bernd.

„Ein fünfter Wendepunkt betrifft die ‚Cobotisierung' unserer Welt. 1996 entwickeln zwei amerikanische Forscher einen ersten Cobot, der als Manipulator direkt mit einer Person interagiert." „Na, nun übertreibst du aber mit dieser Erfindung." „Ne, mein Lieber. Auch die Cobots verändern unser Leben dramatisch. Spätestens seit 2004 die Augsburger Firma Kuka die ersten deutschen Cobots verkauft, die sie zusammen mit dem Deutschen Zentrum für Luft- und Raumfahrt entwickelt. Dann überrascht die Münchener Firma Franka Emika mit dem Bau kollaborierender Cobots. Auch wird die ‚Munich School of Robotics and Machine Intelligence' gegründet." „Wie muss ich mir die Schule denn vorstellen?" „Erst lehrt ein Münchener Wissenschaftler einen Cobot, mit einem Schlüssel ein Türschloss zu öffnen. Kaum gelingt dies, bringt der kleine Cobot diese Fähigkeit zwei weit davon entfernt aufgestellten Cobots in München und Düsseldorf per WLAN bei. Auch entwickeln pfiffige Start-Ups eine Standardsoftware zur einfachen Umprogrammierung inflexibler Industrieroboter." „Davon habe ich ja noch nie was gehört." „Da siehst du mal, was dabei rumkommt, wenn man immer nur auf einem Boot abhängt. Immer mehr Jedermanns akzeptieren diese Cobots. Sei es als Hilfen im Haushalt, sei es als Dienstleister in der Pflege oder als Kollaborateure am Arbeitsplatz. Während sie Jüngere als Spielkameraden nutzen, erleben einsame Ältere die Freude an einem vertrauten Ansprechpartner, mit dem sie nicht nur ihre Sorgen und Nöte teilen, sondern ihn auch für häusliche Dienste hemmungslos herumkommandieren können." „Ist ja echt krass", befindet Bernd.

„Wir erleben sechstens mit der Einführung des ‚digitalen Kapitals' eine weitere Gezeitenwende. Die Schweden wechseln als Erste von herkömmlichen Geldzahlungen selbst bei Kleinbeträgen zur Zahlung per Kreditkarte oder Handy. Getrieben von dem Ziel, ‚Hawala-Transaktionen' zu unterbinden, mit denen bisher illegale Händler mit ihrem nicht dokumentierten Geldtausch eine immer dreistere Geldwäsche betreiben. Dann tauchen 2009 erste ‚Kryptowährungen' in Form der Bitcoins auf, allein basierend auf Blockchains ohne jegliche staatliche Kontrolle. Schließlich richtet die EZB selbst Bitcoin-Konten ein. Damit wird das Ende der positiven wie negativen Zinsen eingeläutet und verlieren die Staatsbanken die Kontrolle über das Geld. Erst allmählich beschleicht uns ein ungutes Gefühl, angesichts der viralen Verwundbarkeit der virtuellen Welt damit in eine noch unsicherere Welt abzugleiten. Nicht zuletzt, weil sich ausgerechnet globale Konzerne als die größten Nutznießer dieses neuen Megatrends erweisen." „O. k., auch dieser Wendepunkt überzeugt mich."

„Der siebte Wendepunkt betrifft den Einsatz von ‚Cyber-Waffen'. Sowohl jener, die auf einer weitgehenden Computersteuerung beruhen, als auch solcher, die auf die virtuelle Welt abzielen. 1999 setzen erstmals hochfrequente Mikrowellenstrahlen der NATO serbische Flugabwehrsysteme außer Kraft. 2003 folgt im Irak-Krieg der erste europäische Einsatz der Airbus Marschflugkörper ‚Storm Shadow' seitens der britischen Air Force. Natürlich gibt es vorher schon Marschflugkörper, im Grunde genommen sogar seit 1915, als Siemens erstmals Heeresluftschiffe herstellt, aus denen ferngesteuerte ‚Torpedogleiter' starten. Doch letztlich setzt die Wende erst mit vorprogrammierten, elektronisch gesteuerten Systemen ein. Zudem tauchen Drohnen auf, die nicht nur im Bodenkampf die Lage ausspähen, sondern aktiv – allein auf Basis künstlicher Intelligenz – als kleine Hubschrauber in Bodenkämpfe eingreifen. Nur langsam dämmert uns, die Atombombe ist nicht der traurige Endpunkt kreativer Zerstörungsszenarien. Seit 2007 beobachten wir zudem ‚Cyber-Attacken' auf unsere Netze. Jedenfalls legen 2007 erstmals russische ‚Hacker-Angriffe' estische Behörden und Banken lahm, nachdem Estland beschließt, ein russisches Soldatendenkmal zu verlegen. Der Österreicher Marc Elsberg veröffentlicht wenig später seinen Bestseller ‚Blackout – Morgen ist es zu spät'. In diesem Technik-Thriller beschreibt er die Folgen eines europäischen Blackouts. Schon nach fünf Tagen kommt es infolge Läden plündernder, hungernder Menschen zu apokalyptischen Zuständen. Längst gehören Hacker-Angriffe zu unserem Alltag, sei es auf den Bundestag, auf die wochenlang lahmgelegte Uni Gießen, Krankenhäuser, Kraftwerke oder Trinkwasserversorger. So viel zu sieben, elektronisch bedingten Wendepunkten." „Auch hier stimme ich dir zu", räumt Bernd ein.

„Abschließen möchte ich mit drei Wendepunkten, die nicht in direktem Zusammenhang mit der elektronischen Revolution stehen. Sondern vornehmlich auf unserem eigenen Sosein beruhen." „Das klingt kompliziert." „Ist es aber nicht. Der achte Wendepunkt betrifft die globale ‚Überbevölkerung'." „Was geschieht denn da im Jahr 2000?", will Bernd erstaunt wissen. „Leider nichts, mein Lieber. Denn schon 1999 leben auf unserem Planeten sechs Milliarden Menschen. 2012 sind es bereits sieben Milliarden und nächstes Jahr voraussichtlich acht. Manche Prognosen gehen von einem sich nun abflachenden Wachstum aus. Andere hingegen sind davon überzeugt, dass hier der Wunsch Vater des Gedankens ist. Zumindest gibt es bis heute keine Anzeichen für eine Trendwende. Sieht man einmal nur auf die Entwicklung 1964, 2000 und 2020 in China, Indien und Afrika, da wird einem schlecht. Die chinesische Bevölkerung steigt von 0,7 Milliarden auf zunächst 1,2 Milliarden und inzwischen 1,4 Milliarden Menschen an." „Ich dachte, da gibt es eine ‚Ein-Kind-Politik'?" Seit 2004 wird diese Regel Stück für Stück aufgeweicht, inzwischen gilt eine ‚Zwei-Kind-Politik'. In Indien leben zunächst 0,4 Milliarden Menschen, um auf 1,0 Milliarden und inzwischen 1,4 Milliarden Menschen anzuwachsen. Und in Afrika springt die Bevölkerungsanzahl von 0,3 Milliarden über 0,8 Milliarden auf inzwischen 1,3 Milliarden Menschen.

Seit Gründung des Weltklima-Rates in den Achtzigerjahren macht die Weltgemeinschaft einen großen Bogen um ausgerechnet diese Schlüsselproblematik, darauf hinweisend, dass die medizinisch bedingte ‚Revolution der rückläufigen Sterblichkeitsrate' von der bildungsbezogenen ‚Revolution der abnehmenden Fertilität der Frauen' zu einem ausgleichenden Effekt führt. Doch seit 2004 wissen wir, dass selbst China diesen Trend nicht mehr politisch stoppen kann. Gleichwohl gilt bereits die Thematisierung der steigenden Weltbevölkerung als Tabubruch. Während die UNO bis 2050 von 11 Milliarden Menschen ausgeht, was bedeutet, in den nächsten 30 Jahren kämen noch einmal so viele Menschen dazu, wie 1975 auf unserem Globus siedelten, gibt es sehr viel pessimistischere Einschätzungen. Aber selbst bei nur dem derzeitigen Wachstum der Weltbevölkerung wären wir – in knapp 800 Jahren – bei 10 Menschen je Quadratmeter Landfläche angelangt." „Das geht doch nicht." „Ach was. Da gleichzeitig die Wüsten klimabedingt wachsen und der Meeresspiegel ansteigt, reduziert sich zu allem Überfluss die bewohnbare Fläche. Als Folge nehmen nicht nur Pandemien zu, sondern werden wir immer mehr von globalen Migrantenströmen heimgesucht. Nicht nur zieht es Kriegsflüchtende aus Syrien zu uns, sondern auch Wirtschaftsflüchtlinge aus Zentralafrika, Pakistan und Afghanistan. Und vermutlich kommen demnächst vor Pandemien Flüchtende aus Indien dazu." „Stimmt, mit einem Einknicken der Chinesen ausgerechnet bei der heiklen Ein-Kind-Politik setzt ein Wendepunkt ein, der uns politisch beunruhigen sollte", befindet Bernd kleinlaut.

„Der neunte Wendepunkt betrifft den immer deutlicher erkennbaren ‚Klimawandel'. Mit geradezu dramatischen Auswirkungen, die ich an zwei Beispielen festmachen will. Schon kurz vor der Jahrtausendwende zeichnet sich mit dem Auftauchen von Ozonlöchern eine erste globale Herausforderung ab. Es gelingt der Weltgemeinschaft, sich mit dem Montrealer Protokoll 1998 auf geeignete Maßnahmen zum globalen FCKW-Verbot zu verständigen. Mit der erfreulichen Folge, dass wir erstmals 2012 einen Rückgang der Ozon-Löcher erleben. Gleichzeitig wird das CO2-Thema immer drängender. Wirbelstürme, Hitzewellen, ausgedörrte Felder, gigantische Waldbrände und Überschwemmungen rütteln die Jedermanns wach, egal, ob sie letztlich menschen- oder naturveranlasst sind. Anstatt entgegenzusteuern, fokussiert sich die Weltgemeinschaft allein auf den Streit um die Ursachen, was das Kyoto-Protokoll 1997 widerspiegelt. Erst 2015 taucht beim Pariser Klimaschutzabkommen ein Hoffnungsschimmer auf, wenn auch fußend auf einer freiwilligen Selbstverpflichtung der Mitgliedsstaaten. Doch dann geschieht das Unfassbare.

Während sich die meisten Staaten wie die Europäische Union dazu verpflichten, ihre Treibhausgase zu senken, gibt es andere wie ausgerechnet die USA, Brasilien und Australien, die diese Selbstverpflichtung ostentativ über Bord schmeißen. Womit der sich selbst verstärkende Aufwärmprozess dank des abtauenden Permafrostes und Rückgangs des arktischen wie antarktischen Eises beschleunigt. Während wir zudem tatenlos zusehen, wie immer mehr Regenwaldflächen von Menschenhand abgefackelt werden. Zugegeben, in den letzten 100 Jahren stieg der Meeresspiegel ‚nur' um 15 Zentimeter. Doch nun besteht die Gefahr, dass er um weitere 90 Zentimeter anschwillt. Während der amerikanische Präsident den menschengemachten Klimawandel negiert, stellt sich ausgerechnet die amerikanische Navy auf ihn ein, indem sie weltweit ihre Hafenkaimauern um 60 Zentimeter erhöht." „Ist ja krass, dann haben die sich längst auch damit abgefunden?" „Ich fürchte schon." „Das erscheint mir auch ein Wendepunkt der neuen Epoche zu sein."

„Als zehnten Wendepunkt möchte ich den Beginn der Gentechnik als Gezeitenwende anführen. Pünktlich zum Jahr 2000 wird das menschliche Genom entziffert. Bis nur zwölf Jahre später die Crisp-Technik die Tore zu einer neuen Welt aufstößt, die es uns als ‚homo deus' sozusagen gottgleich ermöglicht, in unser Erbgut einzugreifen. Damit geht die Individualisierung medizinischer Behandlungsmethoden etwa mit genmanipuliertem Blut einher, um unsere Abwehrsysteme zu steigern. Du erinnerst dich vermutlich nur noch schwach an die – zur Jahrhundertwende stattfindende, aus heutiger Sicht geradezu lächerliche – Diskussion der beiden Philosophen Peter Sloterdijk und Jürgen Habermas über die ethische Grenzen der Gentechnik vor dem Hintergrund des Klonens des Schafes Dolly. Sloterdijk verdammt damals den Menschen ‚als Züchter des Menschen', Habermas hält dagegen. Inzwischen erkennen wir die Chancen und Risiken jener Technologie sehr viel klarer. Wir verurteilen scharf die Ethik des brasilianischen Künstlers, der ein grün fluorzierendes Kaninchen ‚Kac' vor Kurzem der Weltöffentlichkeit präsentiert, ein in einem französischen Labor – dank der Gene einer

521

grün fluoreszierenden Qualle – nur aus künstlerischem Interesse geschaffenes Lebewesen. Wir begrüßen dagegen die Aussetzung genmanipulierter Moskitos in Burkina Faso, damit diese nicht mehr die Malaria-Parasiten übertragen. Wir akzeptieren auch genmanipulierte Pharmaka gegen Alzheimer-, Schlaf-, Aufmerksamkeits- und Konzentrationsstörungen.

Wir sind gerade dabei, menschliche Hautzellen gentechnisch in ihren Embryonal-Zustand zurückzuversetzen, um gezielt Nervenzellen zu entwickeln. Der Weg zur Heilung der Querschnittslähmung ist längst beschritten. Doch wohin führt er? Hoffentlich nicht zu Kopftransplantationen oder gentechnischen Eingriffen ins menschliche Erbgutes, der allerdings längst einem chinesischen Mediziner inzwischen gelingt. Was wir sicher unterschätzen, sind unbeabsichtigte Kollateralschäden, die uns irgendwann in Form neuer – von uns erschaffener – unsere Gesundheit bedrohenden Lebewesen überrollen werden. Vielleicht gehört ja bereits der Corona-Virus dazu." „O. k., langsam begreife ich auch hier den epochalen Charakter des Jahrtausendwechsels", räumt Bernd ein.

„Ich glaube, die Geologen sind diejenigen Wissenschaftler, die sich am besten mit der Beobachtung der Veränderungen großer Zeiträume auskennen. Und die befinden, dass wir Menschen mit dem Jahrtausendwechsel erstmals beginnen, auf unserer Erde einen geologischen Fußabdruck zu hinterlassen, der noch in Millionen Jahren auf unsere Existenz hindeuten wird. Jedenfalls behauptet das der am Mainzer Max-Planck-Institut arbeitende, holländische Nobelpreisträger Paul Crutzen und ruft auf einer Klimakonferenz in der mexikanischen Stadt Guernavaca das ‚Zeitalter des Anthropozäns' aus. Wir haben es jedenfalls geschafft, mit dem Bevölkerungswachstum, der Zunahme von Staudämmen, dem CO_2-Anstieg in der Atmosphäre, dem Plastikmüll, dem dramatischen Rückgang des Regenwaldes und dem Schmelzen der eisbedeckten Pole der Erde einen dauerhaft nachweisbaren Stempel aufzudrücken, mit dem seit Beginn des Erdzeitalters ein sechstes Artensterben einhergeht.

Genauso wie übrigens eine ‚Raum-Zeit-Entgrenzung'." „Was meinst du denn damit schon wieder?" „Während im bisherigen

Erdzeitalter Holozän der Mensch nur ein Akteur einer sich konstant entwickelnden Naturkulisse ist, greift er inzwischen so sehr in natürliche Prozesse ein, dass hiermit sich selbst verstärkende Dynamiken entstehen. Womit wir letztlich die Zeit auf die fragile Jetztzeit komprimieren, indem wir in der Vergangenheit entstandene Naturschätze heute verbrauchen, die infolge des massiven Bodenschatz-Abbaus morgen nicht mehr zu Verfügung stehen. Sprich, wir verbauen uns mit unserer Gier selbst die Zukunft. Während Atmosphäre und Biosphäre leiden, konzentrieren wir eindimensional unsere Aufmerksamkeit auf die ‚Technokratie' unseres kurzfristigen Energiehungers."

„Nachdem du diese Wendepunkte zum ‚Anthropozän' so dramatisch schilderst, bleibt mir wohl nichts anderes mehr übrig, als mir die zehn Wendepunkte in mein Gedächtnis zu hämmern. Warte mal, ich versuche, diese noch einmal zu rekapitulieren."

„Meinst du, mein Lieber, du bekommst sie noch zusammen?"

„Ich bin doch nicht deppert." Sie lehnt sich zurück, während er – sich krampfhaft konzentrierend – sie langsam aufzählt. Das sind die ‚digitale Kommunikation', der Dataismus', die ‚künstliche Intelligenz', die ‚Videospiele', die ‚Cobotisierung', das ‚digitale Kapital' und die ‚Cyber-Waffen'. Sowie die ‚Überbevölkerung', der ‚Klimawandel' und die ‚Gentechnik', die infolge der Kombination mit unseren gewohnten, sorglosen Verhaltensweisen als geologischer Fußabdruck das neue Erdzeitalter ‚Anthropozän' einleiten. Das klingt ja echt gruselig." „Ne, mein Lieber, nur neu."

Die Kellnerin erscheint am Tisch, um ihnen aus der Flasche Champagner nachzuschenken. Doch Bernd wimmelt sie ab. „Ich hätte lieber ein Glas Weißwein." „Typischer Anfängerfehler, mein Lieber." „Ne, ich mag im Zeitalter der Dekarbonisierung lieber ein Glas Wein, denn da ist nicht so viel Kohlensäure drin." „Du hast sie doch nicht alle, mein Lieber." „Haben sie einen Wein vom Weingut Pawis?" „Natürlich, auch wenn ich Ihnen hier besonders einen Wein von Vincenz Richter empfehlen würde." „Na gut, man muss ja immer bereit sein, was Neues auszuprobieren. Danke." Als die Kellnerin mit einer Weißweinflasche am Tisch erscheint und sein Glas vollgeschenkt hat,

prostet Bernd Claudia mit den Worten zu: „Es ist wieder echt anregend mit dir. Ich weiß gar nicht, wie du das hinbekommst? Aber es gibt echt nur wenige, denen ich so an den Lippen hänge wie dir." „Danke", erwidert sie, „und ich gebe dir gerne das Kompliment zurück, dass du verdammt gut zuhören kannst. Das ist heute leider nicht mehr selbstverständlich."
„Hoffentlich gehört dein Josef auch zu dieser Kategorie Mensch." „Ich weiß nicht", stöhnt sie. „Aber man kann wohl nicht alles im Leben haben. Der eine will seine Freiheit und der andere hört schlecht zu." „War nicht so gemeint, ich will doch nicht einer so liebenswerten Frau ausgerechnet den heutigen Tag verderben." „Danke." Sie sieht ihm tief in die Augen. „Was machtest du denn an meiner Stelle, wenn dich an deinem Partner etwas massiv störte?", erkundigt sie sich. „Das kann ich dir nicht sagen. Allerdings vermute ich, dass sich Menschen nicht ändern. Wenn dich also wirklich etwas Grundsätzliches an Josef stört, dann müsstest du vor der Hochzeit ..." „Du spinnst doch", erwidert sie. „Es muss doch einen Königsweg geben, ohne gleich das Handtuch zu werfen." „Ich kann dir nur sagen, wie es nicht funktioniert." „Das ist doch auch schon mal was, mein Lieber. Und wie sähe dieser Irrweg aus?"
„Indem du ihn zu dressieren gedächtest, wie es bei mir der Fall war. Kennst du das berühmte Lied von Roger Cicero ‚zieh die Schuh aus'?" „Natürlich kenn ich das." „Siehst du, in diesem beschreibt Cicero genau das, was sie stört, jenes ‚bring den Müll raus! Pass aufs Kind auf! Und räum hier auf! Geh nicht so spät aus, nicht wieder bis um eins'! Worauf er nur achselzuckend befindet, ‚ich verstehe, was du sagst, aber nicht, was du meinst'! Friederike und ich hatten zwar kein Kind, doch einen Hund. Den benötigte sie als begeisterte Jägerin zur Nachsuche. Ich finanzierte ihr sogar ein eigenes Revier, in das sie allabendlich entschwand. Doch für den Rest des Tages war ich für ihren treuen Begleiter zuständig. War ein tolles Tier, doch ich fühlte mich mit ihm komplett eingesperrt. Und das geht auf die Dauer nicht gut. Denn das führt wie in meinem Fall zu einer geradezu neurotischen Freiheitssucht." „Ach die kommt daher", stellt

Claudia fast erleichtert klingend fest. Um anschließend, in die Ferne starrend, nach einem gescheiten Ausweg zu suchen. Bis sie Bernd aus ihrem Grübeln herausreißt: „Manchmal ist übrigens ein sauberer Schnitt besser als die Sackgasse des allmählichen Versauerns in trauter zweisamer Einsamkeit." „Und woran merkt man, ob man versauert?" „Wenn es nur nur noch wenige schöne Tage gibt, die wie im Flug verfliegen, während langweilige dominieren, an denen einem die Decke auf den Kopf fällt. Um sich allabendlich nur noch dem stumpfen Konsum von Netflix, Videos oder dem Fernsehen hinzugeben." „Danke für den Tipp." „Gerne."

Ionen des Zeitgeistes

„Ach komm, mein Lieber, lass uns auf das vertraute Terrain der ‚Ionen' unseres Zeitgeistes begeben." „Ich denke, die hätten wir mit deinen Wendepunkten bereits abgearbeitet." „I wo. Da musst du schon noch durch." „Von mir aus."

‚Kapitalakkumulat-ion 4.0'

„Ich beginne mit der ‚Kapitalakkumulat-ion 4.0'. Das Kapital wird zunächst internationalisiert, um dann auch noch digitalisiert zu werden. Mit der Geldausgabe der Euro-Noten Anfang 2002 wird den Jedermanns klar, dass sie nun in einer neuen Währung denken und rechnen müssen. Bestimmte von 1520 bis 1871 der gute alte Taler für rund 350 Jahre das Leben der Jedermanns, so verringerte sich die Halbwertzeit der Mark – in all ihren Ausgabevarianten – auf nur 130 Jahre. Nun zahlen wir mit dem Euro, begleitet von dem dumpfen Gefühl einer weiteren Reduzierung der Halbwertzeit, wenn man die Staatsverschuldung einiger EU-Staaten im Blick hat. Erst zwingen das insolvente Griechenland und dann auch noch die Finanzschwäche Italiens die Politik dazu, eine Europäische Finanz-Stablilisierungs-Fazilität (EFSF) über sage und schreibe 440 Milliarden € einzurichten. Dann folgt ein Jahr später ein noch größerer Europäischer Stabilitätsmechanismus (ESM). Um schließlich in der von der Europäischen Zentralbank verursachten Lage zu münden, nicht nur negative Zinsen zu berechnen, sondern auch noch ein gigantisches Ankauf-Programm für am Markt gehandelte Staatsanleihen aufzulegen. Während der Einlagezins der Banken auf -0,5 % fällt, kauft die EZB Anleihen in Höhe von knapp 3 Billionen € auf. Ganz allmählich schwant es den Jedermanns, die tragende Säule einer monitären Schicksalsgemeinschaft geworden zu sein, die eine neue Form der Sozialisierung ihres Vermögens verfolgt. Während die hoch verschuldeten Staaten mit einer Frühpensionierung ab 60 neue Wahlgeschenke verteilen, werden die Jedermanns hierzulande, bis 67 arbeitend, auch noch kalt enteignet. Nicht nur ist ihr Sparkonto nichts mehr wert, sondern verzinsen sich auch ihre Lebens- und Rentenversicherungen nicht mehr. Wieder erahnen die Jedermanns, der Euro eignet sich bestenfalls als kurzfristiges Tausch-, nicht aber als langfristiges Vermögensaufbewahrungsmittel. Jedenfalls wächst mit dem sich anhäufenden Kapital der Druck, in Sachwerte zu investieren, bei denen sich zunehmend Spekulationsblasen auftun.

Pünktlich zum Jahrtausendwechsel tauchen die ersten ETFs an der Deutschen Börse auf, also ‚Exchange Traded Funds, die zu einem wahren Hype führen. Mehr als 1400 Fonds stehen inzwischen an der Deutschen Börse zur Auswahl bereit, um unsere Risiken so zu streuen, wie wir es wünschen. Gleichzeitig werden im Jahr 2000 ‚Jumbo-Pfandbriefe' erfunden, um unseren bisherigen Pfandbriefen amerikanische ‚covered bonds' zuzumischen. Was sich letztlich 2009 als der Todesstoß des Pfandbriefes erweist. Nun gewinnt das Crowdfunding an Bedeutung, mit dem Family Offices oder vermögende Individuen Dritten Darlehen gewähren, ohne von den aufsichtsrechtlichen Auflagen belastet zu sein. ‚Fintechs' zur Zwischenfinanzierung der Forderungen nahezu aller Unternehmen setzen als Start-Ups in kürzester Zeit den Devisenhandel der Banken nahezu außer Kraft.

Vor diesem Wettbewerbsumfeld findet bei den Banken ein unglaublicher Konzentrationsprozess statt. Erst schluckt die Commerzbank die Dresdner Bank, dann reduziert sich die Anzahl der Volksbanken und Sparkassen drastisch. Landesbanken wie die West LB, Sachsen LB und die beiden Landesbanken in Hamburg und Bremen verschwinden von der Bildfläche. Verfügte die deutsche Kreditwirtschaft noch 2008 über 42.000 Filialen, so sind es heute weniger als halb so viele.

Nach der 2001 gesetzlich zugelassen Freigabe vermögenswirksamer Leistungen für Investmentfonds gewinnen Vermögensverwalter eine immer größere Bedeutung. Denn sie verwalten verdammt viel Geld. So die Allianz Group 2 Billionen €, die Deutsche Bank 1,2 Billionen €, die DZ 0,4 Billionen € und die Munich Re wie DEKA jeweils 0,3 Billionen €. Noch größer ist jedoch der unabhängige, erst kurz vor der Jahrtausendwende gegründete Vermögensverwalter BlackRock mit einem verwalteten Vermögen von sage und schreibe 6,2 Billionen €. Dagegen erscheinen die Börsenwerte selbst weltweit agierender Konzerne geradezu lächerlich gering. Das führt zu einer immer größeren Einflussnahme der Verwalter auf die Realwirtschaft in Form neuer ‚Compliance'-Vorgaben.

Dass diese ‚Kapitaliakkumulat-ion 4.0' auch in der Realwirtschaft Spuren hinterlässt, ist unübersehbar. Die Industrie verliert in vielen Branchen den Anschluss an die Weltspitze, zu spät die Wucht der Digitalisierung als industrieübergreifenden Prozess begreifend, für den sich der Begriff der ‚Industrie 4.0' durchsetzt. Den definiert erstmals Hennig Kagermann auf der Hannover Messe 2012. Worauf sich die Branchenverbände Bitkom, VDMA und ZVEI auf das Ziel verständigen, die Automatisierung mittels Selbstoptimierung, Selbstkonfiguration und Selbstfehlerdiagnose ohne Skalenverluste bis hin zur ‚Losgröße 1' zu flexibilisieren. Nach der Einführung dampfgetriebener mechanischer Webstühle der Industrie 1.0, der stromgetriebenen

Fließbandfertigung der Industrie 2.0 und dem Einsatz der Elektronik der Industrie 3.0 beginnt damit eine vierte Revolution. In der es darum geht, Prozesse nicht mehr über dezentrale Steuerungen, sondern über eine vernetzte Infrastruktur von der Produktentwicklung über die Fertigung bis hin zur Auslieferung an den Kunden zu verknüpfen. Ein Konzept, das Siemens seit 2017 seinen Kunden als gesamtheitliches System anbietet, basierend auf Campus-Netzwerken, dem Mobilstandard ‚5G' und einer Datenabspeicherung in einer Cloud. Produktionsbezogene industrielle Arbeitsplätze nehmen kontinuierlich ab, während wir uns immer mehr an kleine ‚Cobots' gewöhnen, die die Arbeit machen. Während zu Beginn der Gegenwart noch ein Drittel der Beschäftigten auf die Industrie entfallen, sind es zwanzig Jahre später weniger als ein Viertel." „O. k.", befindet Bernd, ein wenig skeptisch dreinschauend.

„Mit dieser Revolution gehen neue Fertigungsstoffe und -methoden des 3D-Drucks einher. Eingeleitet im Jahr 2000 mit der Polyjet-Technologie des Multi-Jet-Modeling. Wir staunen nicht schlecht, wie Drucker dank Laserlicht und Elektronenstrahlen Metall-, Stein- und Glaspulver in Windeseile zu den kompliziertesten Formen verkleben. Selbst Häuser kann man damit bauen. So soll auf der nächsten Mondmission ein Laserlichtdrucker auf den Mond geschossen werden, um dort mittels dieses neuen Verfahrens eine Behausung zu drucken. Allmählich setzt sich bei den Managern die Erkenntnis durch, dass sich dank der sinkenden Bedeutung der manuellen Arbeitskraft die komparativen Lohnkostenvorteile in Billiglohnländern nivellieren. Was sicher auch zu einer Rückverlagerung der Produktion nach Europa führt." Bernd sieht Claudia erstaunt an. „Das sind doch gute Nachrichten." „Hoffentlich, denn wenn man sich ansieht, was so alles aus China kommt, dann werden wir es sicher noch erleben, dass manche Lieferketten reißen.

Nicht nur die Industrie, auch der Handel stellt sich global auf. Google, Amazon und Facebook entwickeln sich zu globalen Monopolisten, ohne dass die Kartellbehörden eingreifen. Google und Facebook erbringen physisch kaum Dienstleistungen bei uns, weshalb sie bei uns keine Körperschaftssteuer zahlen. Und Amazon bietet als Online-Händler globale Produkte oft ohne Mehrwertsteuer und Einhaltung der bei uns geltenden technischen EU-Normen an. Die umständliche Brüsseler Politik kapituliert bei diesem Tempo. Schlimmer noch, innerhalb der EU setzt sich das Klein-Klein der Vorteilserschleichung von Gesetzeslücken fort, was zur Verlagerung einiger Großkonzerne in die Niederlande, nach Luxemburg und vor allem Irland führt. Auch bei uns wird der Handel immer mächtiger. Die Schwarz-Gruppe wie Aldi Nord und Süd erzielen inzwischen rund 100 Milliarden € und EDEKA wie Rewe rund 50 Milliarden Umsatz, ihre Marktmacht gegenüber ihren produzierenden Lieferanten knallhart ausnutzend. Lass mich damit auf die Folgen der ‚Kapitalakkumulat-ion 4.0' auf die Konsumenten, Landwirte, Banker und Unernehmer eingehen.

Die Konsumenten ändern ihr Verhalten und kaufen zunehmend online. Das führt zu einer gewaltigen Paketwelle kreuz und quer durch das Land, denn so manches per Computer bestellte Produkt gefällt nicht oder erweist sich als zu groß oder klein. Die Konsumenten werden immer mobiler, denn billige Schiffs- oder Flugreisen führen sie nahezu an jeden Winkel der Erde. Drachenfliegen kommt in Mode wie Paragliding. Inzwischen steigen ‚Volocopter' als Prototypen neuartiger Flugtaxis in die Luft. Die ICEs fahren im Stundentakt in alle großen Städte. Bald sollen sie im Halbstundentakt rollen. Bei den PKWs werden zunächst Dieselfahrzeuge beliebt, bis wir nun mit Hybrid- und reinen Elektrofahrzeugen am Beginn der E-Mobilität stehen. Im innerstädtischen Verkehr verzichten viele ganz auf eigene Fahrzeuge, um das ‚Car Sharing' in Anspruch zu nehmen oder sich nur noch gezielt kurzfristig ein Auto zu leihen, das sie ein paar Straßen weiter einfach am Straßenrand wieder abstellen. Auch das Fahrrad erlebt ein Revival. Insbesondere wird das E-Bike populär, um nun auch noch vom E-Scooter abgelöst zu werden. Mit anderen Worten, unsere Mobilität ändert sich.

In der Mode beginnt die Zeit der Lässigkeit. Hauptsache bequem und schlabbernd. Tattoos, pinke Haare, zerrissene Jeans und bunte T-Shirts stehen für die neue Mode. Turnschuhe entwickeln sich als Sneaks zum dominanten Schuhstil. Während die Jedermanns noch vor gar nicht so langer Zeit den Grünen-Politiker Joschka Fischer geißelten, als der sich in diesem Schuhwerk im Hessischen Parlament vereidigen ließ, tragen seine einstigen Kritiker längst selbst Sneaks. Sei es im Theater, beim Empfang oder auf der Straße. Auch Birkenstock-Schuhe werden trendy wie Baseball-Mützen, von vielen als ‚Doofmanns-Kappen' tituliert. Am Grundmodell des Anzugs wird sinnlos herumgebastelt, jedenfalls werden die Jacketts immer kürzer. Worauf Martin Mosebach befindet, ‚Kleider sind eigentlich dazu da, die Defizite des Körpers zu kaschieren. Stattdessen wird jetzt erwartet, dass sich die Leute in zäher Arbeit makellose Körper zulegen, um in die neuen Anzüge zu passen'. Der Schlips verschwindet in der Mottenkiste, während Jogging-Hosen immer mehr das Straßenbild bestimmen. Worauf unser bekannter Modemacher Karl Lagerfeld seufzend befindet, ‚wer Jogging-Hosen trägt, hat die Kontrolle über sein Leben verloren'.

Auch die Freizeit ändert sich. Die Konsumenten entwickeln einen globalen Massentourismus, der ab der Jahrtausendwende in vielen Städten zum ‚Overtourismus' führt. Die Jedermanns bevölkern insbesondere in Küstenregionen geradezu heuschreckenartig Restaurants und Läden. Inzwischen werden von uns jährlich mehr als 400.000 Flusskreuzfahrten und 2 Mio. Seekreuzfahrten konsumiert. An zwei beliebten ausländischen Orten auf den Balearen und in den Alpen bilden sich Hotspots für kollektiv exzessive Entgleisungen." „Wo sollen die denn sein? In der Bierstraße im sommerlichen l'Arenal auf Mallorca und im Kitzloch und ähnlichen Clubs im winterlichen Ischgl. Jedenfalls ist die Zeit des touristischen ‚Sich-einfach-mal-treiben-Lassens' endgültig passé.

Die jüngere Generation verliert das Interesse am Fernsehen. ‚Tagesthemen' und ‚Heute' verlieren kontinuierlich Zuschauer. Dafür schießen riesige ‚Cinemaxx' und ‚Cinestar'-Kinos wegen ihres Eventcharakters aus dem Boden. Ansonsten erfreuen sich die Jüngeren an internetbasierten ‚Streamingdiensten' wie ‚Netflix',

‚Amazon' oder ‚Disney'. Auch kaufen sie keine Platten und CDs mehr, sondern nutzen die Plattform von ‚Spotify'. Anstelle von Theateraufführungen vergnügen sie sich mit ‚Poetry- oder Science-Slams'. Vor allem werden Konzerte, Musicals und Lesungen beliebt. Auch Kabaretts haben Hochkonjunktur, während der Zirkus langsam ausstirbt. Es beginnt das Sterben der Sportvereine, denn die Jedermanns bevorzugen Fitness-Studios, die überall aus dem Boden schießen, um dort frei von vorgegebenen Zeiten und festen sozialen Strukturen dem ‚Work-Out' nachzugehen.

Der Geschmack der Konsumenten wandelt sich. Die altdeutsche Küche verliert ihre Bedeutung, während Restaurants aus fremden Ländern immer mehr an Zuspruch gewinnen, sei es, dass sie Speisen aus Indien, China, Syrien oder Mexico anbieten, um mal ein paar Beispiele aufzulisten. Vegetarisches und veganes Essen setzt sich flächendeckend durch. Immer mehr Jedermanns werden Laktose-intolerant und allergisch auf Gluten. Imitat-Fleisch erblickt das Licht der Welt. Inzwischen produziert selbst der bekannte Fleischproduzent ‚Rügenwalder Mühle' zu einem Fünftel fleischfreie Produkte. Burger aus Soja und Erbsen werden ebenso en vogue wie ‚Beyond-Burger' oder ‚Impossible Food' aus Hämoglobin. Hamburger, Pizza und Döner lösen Fertigsoßen, Dosenravioli und Tiefkühlpizzen ab. Es wird immer weniger gekocht, um stattdessen Lieferdienste wie ‚Lieferando', ‚Delivery Hero', ‚Foodora', ‚Takeaway' und ‚Lieferheld' in Anspruch zu nehmen.

Die Geschmäcker der Jedermanns gehen immer weiter auseinander. Die einen bedienen sich des Totschlag-Arguments, doch ihre Zeit nicht mit dem Kochen verplempern zu wollen. Um sich mit dem bequemen Verzehr von ‚Fastfood' zu begnügen. Dabei gar nicht bemerkend, wie sie ihre Lust am Essen verlieren. Andere hingegen begeistern sich immer mehr am appetitanregenden Duft der Gerichte, den sie ‚à la minute' mit frischen Details bereichern. Um sich stundenlange Kochsendungen im Fernsehen anzusehen und die aufwendigen Gerichte am Wochenende nachzukochen. Unsere Köche jedenfalls steigen als ‚Sterne-Köche' in die internationale Liga auf." „Mann, wenn man das in komprimierter Form so vermittelt bekommt, wird einem schlagartig klar, dass unsere Kultur in einen massiven Veränderungsstrudel geriet", stellt Bernd erstaunt fest. „Ich finde zudem, damit wird vor allem Eines offensichtlich: dieser Prozess wird von niemand bewusst geleitet. Das war's dann wohl mit der Leitkultur!" Sie sieht ihn kritisch an. Unsere Politik versucht, sich gegen die Dominanz des Kapitals zu stemmen. Dabei eine Regulierungswut an den Tag legend, die immer neue Fragen zur Verhältnismäßigkeit aufwirft. Womit die Epoche des ‚Regulatismus' beginnt. Nicht, dass es vorher keine Regelungen gegeben hätte, nur sind sie nun immer haarscharf an der Grenze der Verhältnismäßigkeit. Immer mehr von einem missionarischen Eifer getragen, uns erziehen zu müssen. Vor allem, wenn es um unsere Gesundheit geht, zeigt sie sich geradezu regulatoristisch unerbittlich. Erst zwingt sie die mit der Gentechnologie experimentierende Industrie zu einer Verlagerung ihrer Labore ins Ausland, dann sind die landwirtschaftlichen Produkte zu kennzeichnen, wenn sie gentechnisch veränderte Zutaten enthalten. Ich fürchte, die Politik wird bald auch fadenscheinige Gründe finden, den öffentlichen Alkoholkonsum einzuschränken. Auch macht sie sich um unsere Lungen große Sorgen. Erst mit einem allgemeinen Rauchverbot in Gaststätten, dann dürfen Autos in unseren Städten kaum noch Stickoxide emitieren. Natürlich ist es der Politik auch ein Anliegen, unsere Ohren zu schützen. Mich wunderte es nicht, wenn sie demnächst selbst unsere Motorradfahrer aus gesundheitlichen Gründen maßregelte. Besonders sensibel ist die Politik beim allgemeinen Gesundheitsschutz. Sie zwingt uns, uns bei vielen Krankheiten impfen zu lassen. Noch schlimmer werden die Maßnahmen sein, die die Politik mit der nun beginnenden Corona-Krise aus dem Köcher ziehen wird. Zumindest hört man, die Regierung will einen kompletten Lockdown verfügen. Mich wunderte jedenfalls nicht, wenn die Politik versucht, die Gesundheit über die anderen, durch die Verfassung geschützten Werte zu stellen. Womit sie letztlich die Verfassung ausgehebelt hätte. Die Politik kämpft schließlich weiter zäh darum, uns zu zwingen, jahrelang dahin zu vegitieren,

anstatt unserem Leben selbstbestimmt ein Ende bereiten zu dürfen. Ich hoffe, da wird das Verfassungsgericht endlich einmal gegenhalten." "Ist ja echt krass, habe ich so noch gar nicht gesehen."
„Damit will ich zu den Landwirten überleiten, die auchzunehmend unter dem bürokratischen ‚Regulatismus' zu leiden haben. Im Jahr 2000 gründet der Regensburger Landwirt Sigfried Hofreiter, der vorher mehrfach wegen krimineller Machenschaften auffällt, die KTG Agrar Gesellschaft, die er 2007 an die Börse bringt, um 92% an institutionelle Anleger zu verticken. Sehr geschickt vermarktend, dass seine Gesellschaft mit den aufgekauften 45.000 Hektar Land jährliche EU-Subventionen über 9 Mio. € einsackt. Als sich 2016 wegen der zahlreichen aufgenommenen Kredite Zahlungsschwierigkeiten einstellen, landet sein Unternehmen schnell in der Insolvenz. Sprich, die Konzernbildung beginnt, sich auch in der Landwirtschaft breitzumachen. Das ist nur die Spitze des Eisberges. Ganz generell suchen unsere Landwirte ihr Heil in größeren Betriebseinheiten, um etwa in GbRs weiter profitabel wirtschaften zu können. Bald sind nach 2% zu Beginn des Jahrtausends nur noch 1% in der Landwirtschaft tätig, sodass ein Landwirt inzwischen Nahrungsmittel für über 150 Personen erzeugt. Die Gerätschaften werden zunächst immer größer und effizienter, per GPS sogar fahrerlos gesteuert. Dann werden sie seit Kurzem schlagartig kleiner, um als, an Rasenroboter erinnernde Fahrzeuge, mit neuer Sendetechnik Nitrate zur Düngung nur noch gezielt zu spritzen wie auch Unkraut auf Zentimeter genau zu bekämpfen. Der Ernteertrag je Hektar wächst um ein Drittel, auch nimmt die Milchleistung je Kuh in gleichem Maße zu. Der Selbstverpflegungsgrad in Deutschland beträgt 147% bei Kartoffeln, 124% bei Milchprodukten, 118% bei Schweinen, 110% bei Getreide und Geflügel und 106% beim Rindfleisch. Mit anderen Worten, wir haben uns längst zu einer Exportnation für Nahrungsmittel entwickelt. Insofern fürchte ich, wird der Fleischverzicht bei uns zu keiner Abnahme der Schweineställe führen." „Wusste ich gar nicht", wirft Bernd ein.
Insbesondere die Banker geraten nicht nur in den Sog der ‚Kapitalakkumulation 4.0', sondern auch des ‚Regulatismus',

eine explosive Mischung, die sich für sie als existenzbedrohend erweist. Durch die neue EZB-Politik müssen die Banken Negativzinsen an die EZB zahlen. Im Oktober 2008 überrascht dann auch noch ein Autorenteam unter dem Pseudonym ‚Satoshi Nakamoto' mit der Veröffentlichung der Kryptographie von Bitcoins. Damit können Bitcoins uneingeschränkt kopiert werden. Nach nur sechs Jahren akzeptieren Online-Händler diese neue, sehr volatile Währung –, selbst als sie 2015 zum ersten Mal erfolgreich gehackt wird. Denn vor allem die Marktteilnehmer in totalitären Systemen wie Russland und China setzen weiter auf die nicht kontrollierbaren Internetwährungen. 2019 überrascht Facebook mit der Ankündigung, eine eigene, nicht mehr volatile Kryptowährung namens ‚Libra' in den Markt zu bringen, die weitgehend auf den spekulativen Charakter bisheriger Bitcoins verzichtet. Vordergründiges Ziel von Facebook ist, dass Verbraucher damit Transaktionskosten und Wechselkursgebühren einsparen. Doch dem Konzern geht es um mehr. Die Bundesbank warnt, damit entgleiten ihr die gesetzlichen Aufgaben zur Vermeidung von Geldwäsche und Terrorfinanzierung. Als Facebook an seinem Plan über das – von der Schweiz aus abzuwickelnde Geschäft – zusammen mit Mastercard, Visa und Paypall festhält, beruft die Europäische Zentralbank eine Taskforce ein, um selbst in diesem Segment tätig zu werden. Die Deutsche Bank beginnt elektronische Transaktionen auf der Plattform ‚WeTrade', auch die Commerzbank und LBBW bereiten sich mit ‚Marco Polo' auf eine blockchain-basierte Plattform vor. Zudem denken die Banken über die Abschaffung der Bankautomaten nach, da diese zunehmend gesprengt und ausgeraubt werden und sich mit jährlichen Kosten von 20.000 € pro Automat als teuer erwiesen. Es nimmt kein Wunder, dass die Banken die Jedermanns dazu bewegen wollen, ihre Transaktionen zukünftig mit Girocards oder Apps zu tätigen.

 Fintech-Gesellschaften reißen mit kreativen Ideen immer mehr Stücke des Währungsgeschäftes der Banken an sich. Nun ist es an der Zeit, mit einem solchen die Banken angreifenden Unternehmen aufzuwarten. Bei dem in Aschheim ansässigen

Zahlungs-Dienstleister Wirecard geht zwar das Gerücht über Scheinumsätze in Millionenhöhe um. Gleichwohl gelingt der Wirecard AG ein geradezu kometenhafter Aufstieg in den DAX, um die Commerzbank abzulösen. Sodass die 7 %ige Beteiligung ihren CEO Markus Braun zum Milliardär macht. Doch dann begibt sich Wirecard in eine Dauerfehde mit der Financial Times, die behauptet, das Unternehmen habe in Milliardenhöhe Scheingeschäfte in Dubai und Irland verbucht. Der zuständige Wirtschaftprüfer EY erteilt dem Konzern gleichwohl auf Basis schriftlicher Erklärungen von Treuhändern über die Richtigkeit der Buchungen weiter das Testat. Als es weiter rumort und die Wirecard AG vier Milliarden € Börsenwert verliert, bestellt sie KPMG als zweiten Wirtschaftprüfer, um die Vorwürfe zu entkräften. Doch das Gegenteil geschieht. Ich bin mir sicher, dass die Wirecard nun Insolvenz beantragen muss und habe Zweifel, ob EY sowie die BaFin-Finanzaufsicht den Skandal unbeschadet durchstehen.

Dann sehen sich die Banken mit einem weiteren Angriff auf ihr Geschäft konfrontiert. Immer mehr Reiche kommen nämlich auf die Idee, mit Hilfe der Blockchain-Technologie selbst Geld an Dritte zu verleihen. Zudem zwingen die Regelungen der Zentralbanken Basel II und III die Banken dazu, ihre Eigenkapitalbasis auszuweiten. Die Banken suchen Auswege am Rande der Legalität. Dies will ich dir anhand der Deutsche Bank AG zeigen. Beim Jahrtausendwechsel ist die Bank noch auf Wachstum gepolt. Zunächst erwirbt sie die Berliner Bank, die Direktbank norisbank, den britischen Lebensversicherer Abbey Life, die Privatbank Sal. Oppenheim – einschließlich BHF – und die Postbank AG. Um dann die von Sal. Oppenheim gehaltene BHF-Bank an den französischen Banker Oddo zu verkaufen. Doch dann verheddert sie sich im Gestrüpp der Gier, sodass zuletzt von ihrer einstigen Bedeutung kaum noch etwas übrig bleibt. 2013 zahlt die Bank Strafen von 2,6 Milliarden Dollar wegen unkorrekter Hypothekengeschäfte, dann folgen 2014 eine Milliarde Dollar wegen falscher Angaben, 2015 weitere 2,8 Milliarden Dollar wegen illegaler Libor- und Irangeschäfte, 2016 zusätzliche 7,2

Milliarden Dollar wegen unzulässiger Hyperthekengeschäfte und 2017 0,8 Milliarden Dollar wegen illegaler Spekulationen. Sprich bis heute 15 Milliarden Dollar! Doch auch andere Themen setzen der Bank zu. Ihr CEO Christian Sewing wird 2019 von der Politik genötigt zu prüfen, die angeschlagene Commerzbank AG zu übernehmen. Doch er lässt die Gespräche platzen, nachdem Berechnungen ergeben, dass sich diese nur bei einem Mitarbeiterabbau von 30.000 Jobs rechnet. Um auch ohne die Fusion anzukündigen, die Personalkosten um 1 Milliarde € reduzieren zu müssen. Nach fünf Konzernverlusten in Folge überrascht er dann seine Aktionäre, an die für das Ergebnis mitverantwortlichen Investmentbanker Boni von 1,5 Milliarden € ausschütten zu müssen. Was zu einer schwindenden Akzeptanz der Bank auch als Investmentbank führt. Denn längst werden auch deutsche Transaktionen von der Industrie bevorzugt über die Deutschlandchefin der JP Morgan Bank Dorothee Blessing abgewickelt.

Nun zuletzt zu den Unternehmern. Sie lernen, auf die knappen Arbeitskräfte mit neuen Arbeitsmodellen zuzugehen. Die Kernarbeitszeit spielt eine immer geringere Rolle, die Stechuhr stirbt im Büro langsam aus. Längst hat sich dank des ‚Skypens', ‚Zoomens' und der Telefonkonferenzen das ‚Homeoffice' etabliert oder bilden sich neue Arbeitsformen in ‚Stundenbüros' heraus, in denen Büroflächen nur temporär angemietet werden. ‚Share-your-place' und ‚Share DnC' stehen für diese neue Zeit. Zudem hat in vielen Betrieben der Arbeitnehmer keinen Anspruch mehr auf einen, ihm fest zugewiesenen Arbeitsplatz, sondern wechselt täglich seinen Bürosessel innerhalb der Großraumbüros. Außerdem ist den Jedermanns eine vernünftige ‚Work-Life-Balance' wichtig. Neben den klassischen Anstellungen entstehen viele atypische Beschäftigungen wie Minijobs, Teilzeitbeschäftigung und Zeitarbeit, mit der Folge der Zunahme von ‚Scheinselbstständigen'. Das globale ‚Co-working' entwickelt sich mehr und mehr zu einer globalen Arbeitsteilung.

Unternehmen kaufen sich 2000 von der Verantwortung für die in der NS-Zeit genutzten Sklavenarbeiter mit Gründung der Stiftung ‚Erinnern, Verantwortung und Zukunft' frei, die zur Entschädigung der Nachfahren der ehemaligen Zwangsarber mit einem Betrag von 10 Milliarden DM ausgestattet wird. Die Unternehmen werden mit neuen Themen konfrontiert. Der Börsenwert der Industrie- wie Handelsunternehmen richtet sich nicht mehr nach ihrer Ertragskraft, sondern zunehmend nach der Wachstumsphantasie der Investmentfonds. Unternehmen nutzen das kostenlose Geld nicht mehr vornehmlich für Investitionen, sondern für den Rückkauf eigener Aktien – oder Megafusionen. Allerdings müssen sie sich der ‚Compliance' der Großinvestoren unterwerfen. Das hat wesentliche Folgen auf die Unternehmenskultur. Lange vorbei sind die Zeiten der Start-Up-Visionen der Direktoren der ‚Unternehmenskultur 1.0', der Monopolisierungsträume der Oligarchen der ‚Unternehmenskultur 2.0' und der Internationalisierungspläne der Vorstandsvorsitzenden der ‚Unternehmenskultur 3.0'. Bei der ‚Unternehmenskultur 4.0' steht die ‚Compliance' im Fokus der CEOs, eine unbedingte Regeltreue, auf die sie nicht nur die eigenen Mitarbeiter, sondern auch andere Stakeholder einschwören. Mehr als es ihnen lieb ist, entschließen die sich dazu, sämtliche Unternehmensprozesse in Regeln zu pressen, die das komplexe, von ständigen organisatorischen Veränderungen gekennzeichnete unternehmerische Tun immer mehr einengen. Mit anderen Worten, auch hier setzt sich – diesmal ohne die Politik – ein bisher unbekannter ‚Regularismus' durch, an den sich die Jedermanns erst gewöhnen müssen.

„Und was sind denn die Schwerpunkte der ‚Compliance'?", will Bernd wissen. „Die Einhaltung der Regeltreue reicht von der Vermeidung strafbewährter Verstöße über die Umsetzung emanzipatorischen und umweltbewussten Verhaltens bis hin zur Ent-Diversifizierung." „Warum Ent-Diversifizierung?", will Bernd erstaunt wissen. „Weil die Fonds selbst ihr Risiko über ihre eigene Anlagepolitik streuen wollen und insofern den CEOs unmissverständlich klarmachen, zukünftig unternehmensinterne Quersubventionen nicht profitabler Sparten zu unterlassen. Bist du bereit für ein paar Beispiele?" „Gerne, du weißt ja, Unternehmenskultur hat mich schon immer interessiert."

„Lass mich erstens mit der ‚Compliance' zur konsequenten Vermeidung strafbewährten Verhaltens beginnen. Dieses nimmt nämlich in den ‚Zeiten der zunehmenden Gier' deutlich zu, obwohl viele CEOs dagegen ankämpfen. Ich glaube, jeder hierzulande kennt die VW-Dieselaffäre. 2015 räumt der VW-CEO Winterkorn ein, seit Jahren illegale Abschalt-Einrichtungen in VW-Dieselfahrzeugen eingesetzt zu haben, die bei nicht drehenden Reifen aktiv sind, sich jedoch im Fahrbetrieb teilweise abschalten. Schnell stellt sich heraus, dass nicht VW, sondern Audi diese Abschaltung erfunden hat, was zumindest ein 2003 verfasstes Gedicht eines Audi-Mitarbeiters nahelegt. ‚Wer rennt so spät Meile um Meile?/Es ist der Serienbetreuer in wilder Eile!/Er hält sein Omniprog fest im Arm./Und auch sein Ecoute ist schon warm./Defeat device, komm her zu mir!/Gar schöne Spiele spiel ich mit dir./Manch Schweinerei liegt auf der Hand,/die ich will verdecken mit nem Hystereseband./Mein Betreuer und du Kunde, höret ihr nicht/was der Aggregator uns leise verspricht?/Seid ruhig, bleibt cool, wahrt euer Gesicht,/es murrt nur der TÜV, die Carb merkt das nicht.'" „Kaum zu glauben, was da ein Audi-Mitarbeiter so früh schrieb", befindet Bernd, um sich sodann zu erkundigen: „Was ist eigentlich die Carb?" „Das ist die die kalifornische Umweltbehörde." „Ach so." „Bis heute kostet VW die Dieselaffäre 28 Milliarden € Strafe und Schadensersatz.

VW trifft übrigens noch einen zweiten ‚Compliance'-Fall, der so ungewöhnlich ist, dass ich ihn erzählen muss. Dabei geht es um die an und für sich unzulässige Ausnutzung von ‚Insiderinformationen'. Zu Beginn der Epoche ist das Land Niedersachen mit 20 % der größte VW-Einzelaktionär. Sich in der Sicherheit des VW-Gesetzes der Stimmrechtsbeschränkung in der Hauptversammlung auf 20 % wiegend. Als 2002 der bisherige Vorstandsvorsitzende Ferdinand Piëch als Vorsitzender in den Aufsichtsrat wechselt, wird schnell klar, dass nicht sein Nachfolger Martin Winterkorn, sondern Piëch selbst weiter als starker Mann im Hintergrund die Strippen zieht. Unter Winterkorn gerät der Konzern 2004 in eine Krise." „War das nicht die Zeit, als der Personalvorstand Peter Hartz rausflog, da er Luxusreisen und Bordellbesuche des Betriebsrates billigte?" „Ja, darum geht es mir aber nicht. Piëch weiß, dass die VW-Aktie unterbewertet ist. Insofern nimmt es kein Wunder, dass die Zuffenhausener Porsche AG bis März 2007 rund 5 Milliarden € investiert, um sich einen VW-Anteil von 31 % zusammenzukaufen, da Ferdinand Piëch neben seinen Vettern und seinem Bruder selbst einer der Großaktionäre bei der Porsche AG ist. Porsche ist der Auffassung, das VW-Gesetz verstoße gegen EU-Recht. Nachdem der Europäische Gerichtshof 2007 tatsächlich das VW-Gesetz kassiert, stellen die erstaunten Jedermanns fest, dass der Porsche-Vorstand auf die steigenden VW-Kurse gewettet hat. Um 2008 dank dieser Finanzwette einen Gewinn auszuweisen, der – was es noch nie in der Geschichte gibt – höher ist als der Umsatz! Gleichzeitig gründet die Porsche AG eine Tochtergesellschaft, in die sie das operative Geschäft einbringt. Nun erfahren die erstaunten Jedermanns, die Muttergesellschaft wird in die Porsche Holding SE umbenannt sowie die Tochtergesellschaft in Porsche AG. Derweil kauft die Porsche Holding SE weitere VW-Aktien zu. Bald gehören Porsche 43 % der VW-Aktien, um sich über ‚cash settled swaps' weitere 31 % zu sichern. Was die Kleinigkeit von 10 Milliarden € kostet, wofür die Porsche SE ihre VW-Aktien an die finanzierenden Banken verpfändet. Angesichts der Höhe dieser Finanzwetten dreht sich der Markt. Was für Porsche bedeutet, zwar im Januar 2009 zu melden, 51 % der VW-Anteile zu besitzen, aber kurz vor der Pleite zu stehen. Der Aufsichtsrat der Porsche Holding SE macht gute Miene zum bösen Spiel, entlässt den Vorstand und beschließt eine Kapitalerhöhung von 5 Milliarden €. Das stellt die Porsche-Familie vor eine große Herausforderung, sodass sie eine 10 %ige Beteiligung des Golfemirats Qatar an der Porsche Holding SE akzeptiert. Nun erfährt die verblüffte Öffentlichkeit, dass sich die Porsche Holding SE und VW AG darauf verständigen, dass die VW AG die Porsche AG kauft. Womit die Porsche Holding SE wieder liquide wird und die Aktien des Emirats Qatar zurückkauft. Damit hat sich die VW AG über ihre Muttergesellschaft Porsche Holding SE letztlich – dank dieser insider-geschwängerten Transaktionen – in ein

Familienunternehmen gewandelt. Das von allen fünf Kernmarken VW, Audi, Seat, Skoda und Porsche ebenso profitiert wie von der LKW-Sparte, die nach den Zukäufen von Neoplan, MAN und Scania als Traton AG firmiert." „Mensch, Claudia, wenn ich das so höre, dann bleibt mir glatt die Spucke weg." „Dann trinkt mal einen Schluck." „Stimmt, prost."

„Fortfahren will ich mit der Robert Bosch GmbH, die sich auch mit ‚Compliance-Themen' herumschlagen muss. Denn die an VW gelieferten Komponenten der Diesel-Schummelsoftware stammen aus dem Hause Bosch. Zwar warnt das Unternehmen bereits 2007 VW schriftlich vor einer illegalen Verwendung dieser Technik. Doch zu mehr kann sich der Konzern nicht entschließen. Worauf er 2017 wegen aktiver Betrugsbeihilfe 300 Mio. Dollar an US-Zivilkläger überweist. Zwar kommt damit Bosch mit einem blauen Auge davon, doch erkennt der Konzern schnell den Folgeschaden des wegbrechenden Absatzes des Dieseleinspritzpumpen-Geschäftes. Worauf der Konzern seine Konsumgütersparte durch den Zukauf der restlichen Anteile der BSHG-Hausgeräteproduktion von Siemens stärkt, mit der Eröffnung des Forschungszentrums 2015 eine Medizinsparte aufbaut. Zudem kündigt Bosch an, ab 2021 Brennstoffzellen zu fertigen zu wollen."

Eine ganz andere Geschichte erfährt der Kaufhauskonzern KarstadtQuelle AG, die der einzigen Tochter des Quelle Firmengründers Madeleine Schickedanz gehört, deren Vermögen zu Beginn des Jahrtausends auf 4 Milliarden Dollar geschätzt wird. Die sich dann von dem Bauunternehmer Josef Esch beraten lässt, der 2004 Thomas Middelhoff als CEO holt. Um die finanzielle Lage des Konzerns zu verbessern, werden viele Immobilien der Warenhäuser an ein Konsortium für 4,5 Milliarden € verkauft, an dem Esch und Middelhoff beteiligt sind. Derweil wird die KarstadtQuelle AG in Arcandor AG umbenannt. Die Konzernmittel werden gleichwohl knapp, nicht zuletzt, weil das Konsortium um Esch und Middelhoff hohe Mieten einfordert. Esch überredet Madeleine Schickedanz, ihre Arcandor Aktien und ihren gesamten Familienbesitz zu verpfänden, worauf Arcandor wieder Darlehen erhält. Als dieses neue Geld aufgebraucht ist, stellt Arcandor einen Insolvenzantrag. Womit Madeleine Schickedanz ihr gesamtes Vermögen verliert, während sich der scheidende Vorstandsvorsitzende Thomas Middelhoff neben seinem Grundgehalt von 1,2 Mio. € schnell noch einen Bonus von 2,2 Mio. € auszahlen lässt und dafür bald im Knast landet. Zwar gelingt es Madeleine Schickedanz in einem Aufsehen erregenden Prozess, wenigstens einige Mio. € zurück zu bekommen, doch letztlich ist sie von Esch und Middelhoff um ihr riesiges Vermögen gebracht worden. Arcandor wird aufgefangen und 2014 an die Wiener Signa verkauft, die Stephan Fanderl als neuen Vorstandsvorsitzenden einsetzt, um Karstadt-Quelle – nach einer weitgehenden Sortimentsbereinigung getreu des Mottos ‚retail is detail', nach einem Lohnverzicht der Mitarbeiter und nach der Übernahme des Konkurrenten Kaufhof AG – als ‚Galeria-Karstadt-Kaufhof' neu aufzustellen. Ich bin mir aber nicht sicher, ob der neue Großaktionär nicht doch vornehmlich auf die verbliebenen Innenstadtlagen der noch zum Konzern gehörenden Immobilien schielt, sodass es mich nicht wunderte, wenn wir demnächst von einer weiteren Runde von Kaufhausschließungen hören werden.

Zweitens will ich auf die ‚emanzipatorische Compliance' überleiten. Nachdem große Konzerne auf ihrer Männerdomäne beharren, entschließt sich der Bundestag 2016 zum beherzten Schritt einer 30 %igen Frauenquote für Aufsichtsräte. Was zum allmählichen Umdenken in den Führungsetagen führt. Auch wenn sich nun die in den Aufsichtsrat gewählten Frauen oft mit dem albernen Vorwurf ‚einer Quotenfrau' konfrontiert sehen. Doch für die Vorstandsetagen gilt das neue Gesetz nicht. Hier dauert es noch bis zum Jahr 2019, bis sich gleich zwei Konzerne zu einer Trendwende entschließen." „Welche sollen das denn sein?", will Bernd wissen. „Ein erfolgreiches und ein weniger erfolgreiches Unternehmen. Fangen wir mit Letzterem an.

Ausgerechnet die konservative ThyssenKrupp AG überrascht Anfang Oktober 2019 mit der Nachricht, ab sofort Martina Merz zur CEO zu ernennen. Dass dies kein Spaziergang wird, weiß

Merz aufgrund der traurigen Geschichte der letzten zwanzig Jahre. Noch zu Beginn des Jahrtausends expandiert der Konzern mit neuen Stahlwerken in den USA und Brasilien, um diese nach wenigen Jahren wieder abzustoßen. Dann plant ihr Vorgänger eine Teilung des Konzerns, um den Stahlbereich mit dem indischen Tata-Konzern zu verschmelzen. Dieser Plan scheitert jedoch. Inzwischen ist der Konzern durch hohe Pensionszahlungen und anhaltende Verluste so sehr in eine Schieflage geraten, dass er unterzugehen droht. Wieder einmal kursiert der Spruch, Krupp stehe für ‚Keine Reserven und praktisch pleite'. Da plötzlich besinnt man sich, das Ruder einer Frau zu übergeben. Martina Merz will die verbliebene hochprofitable Aufzugssparte für mehr als 17 Milliarden € verkaufen, um sich finanziell Luft zu verschaffen. Ein Teil dieses Geldes wird in eine Beteiligung an der verkauften Aufzugssparte reinvestiert, um aus deren Dividenden die allfälligen Pensionen zu zahlen. Mit dem Rest soll das verlustgeplagte Stahlgeschäft – nicht nur mit einem Mitarbeiterabbau von 3.000 Stellen, sondern hoffentlich auch mit zukunftweisenden Investitionen in neue CO_2-Filter oder in Lichtbogenöfen – einen Turn Around hinbekommen, um ‚grünen Stahl' zu produzieren und sich so – in dem von Überkapazitäten geplagtem Umfeld – einen Wettbewerbsvorteil zu erarbeiten. Ich kann nur hoffen, dass diese mutigen Schritte von der Europäischen Kommission mit einem Importschutz für nicht ‚grünem Stahl' flankiert werden. Denn sonst dürfte es sicher um den Konzern geschehen sein.

Damit komme ich zum zweiten Beispiel der SAP AG, die längst zum wertvollsten deutschen Unternehmen aufrückt. Vor allem nach dem Kauf von Success-Factors, Ariba, Fieldglass, Concur Hybris und Callidus gelingt die Verlagerung zu Cloud-Lösungen, die nach der revolutionären Software im letzten Jahrhundert zu einer zweiten Aufschwungsphase führt, sodass sich seit 2010 Umsatz und Betriebsergebnis mehr als verdoppeln. Jedenfalls ernennt der Aufsichtsrat 2019 mit der Amerikanerin Jennifer Morgan eine weibliche CEO, die sich diese Aufgabe zusammen mit dem jüngsten CEO im DAX Christian Klein als Doppelspitze teilt. Ich bin mal

gespannt, wie lange diese Doppelspitze gut geht, denn die beiden haben nicht nur unterschiedliche Geschlechter, sondern diametrale Auffassungen über die Bedeutung des Datenschutzes, der in Europa eine sehr viel gewichtigere Rolle spielt als in den USA.
Drittens spielt die ‚umweltbezogene Compliance' eine immer größere Rolle. Denn auch hier erhöhen Fondsverwalter permanent den Druck auf die CEOs. Das führt auch dazu, dass sich neue Dienstleister wie die Gruppe Atmosfair etablieren, um den CO_2-Fußabdruck der Konzerne zu zertifizieren. Die finden großes Interesse bei den Konzernen, auch wenn deren Zertifikate den Eindruck eines modernen Ablasshandels erwecken.

Beginnen will ich mit der Deutsche Post AG. Sie übernimmt 2002 DHL und 2008 die Postbank AG, um Letztere an die Deutsche Bank weiterzuverkaufen. Angesichts der vielen Postautos steht sie bald wegen hoher Umweltbelastungen in der Kritik. Um sich 2014 dazu zu entschließen, mit gutem Beispiel voranzugehen und hierzu den Produzenten batteriebetriebener ‚Streetscooter' zu erwerben. Sie rüstet einen Großteil ihrer Fahrzeugflotte mit diesen aus, doch will die lange Pannenliste des nicht auf den Fahrzeugbau spezialisierten Konzerns nicht abreißen. Schließlich gibt die Post ihre Verkaufsabsicht für die Streetscooter GmbH bekannt. Als bei ihr keine Angebote eingehen, entschließt sich die Post dazu, demnächst die Streetscooter-Produktion einzustellen." „Ist schon erstaunlich", befindet Bernd, „welche Macht inzwischen die Fondsmanager haben."

Viertens geraten viele Unternehmen unter den ‚Compliance-Zwang' der Ent-Diversifizierung. Beginnen möchte ich mit dem Beispiel der Preussag AG. Deren CEO Michael Frenzel erwirbt im Jahr 2000 den britischen Reiseveranstalter Thomson Travel, das französische Tourismusunternehmen Nouvelles Frontières und 2001 den Magic Life International Hotelbetrieb. Dann folgt 2002 die Übernahme der Hapag Lloyd AG, um anschließend ihre alten Wurzeln zu kappen und sich in TUI AG umzubenennen. Gleichzeitig trennt sich Frenzel von sämtlichen bisherigen Sparten des Bergbaus, des Energie-, des Bau- und Logistikgeschäftes. Die neue Doppelvision eines globalen

Tourismus- wie Reedereikonzerns erweist sich als unrealistisch. Jedenfalls verkündet Frenzel den erstaunten Aktionären die Fusion der Touristik-Sparte mit der britischen First Choice Holiday, die bald als TUI Travel PLC an der Londoner Börse gelistet und von dort aus auch operativ geführt wird. Damit konzentriert sich die TUI ganz im Sinne der Ent-Diversifizierung allein auf das Reedereigeschäft. Trotz des Erwerbs der kanadischen Reederei CP-Ships scheitert auch diese Vision an der konjunkturellen Abkühlung. Weshalb der Konzern eine Kehrtwende vollzieht, um sich ab 2009 stufenweise von der Hapag Lloyd AG zu trennen, die er an das Albert-Ballin-Konsortium verkauft. Damit beschränkt sich die TUI auf die Rolle einer ‚erweiterten Holding'. Neben der Beteiligung an der TUI Travel PLC verfügt sie nur noch über Hapag Kreuzfahrtschiffe, Flugzeuge und Hotels. Umso glücklicher sind die Aktionäre, als sie 2014 von dem neuen CEO Friedrich Joussen hören, dass jenem der große Coup gelingt, die TUI Travel PLC auf die TUI AG zu fusionieren." „Das ist ja gerade noch mal gut gegangen", stellt Bernd erstaunt fest.

„Auch die Siemens AG durchläuft einen tiefgreifenden Wandel. 2000 trennt man sich von der Tochtergesellschaft KWU, die Kernkraftwerke produziert, um 2001 Teile der Atecs Mannesmann AG zu erwerben. Während die Siemens AG einige Sparten integriert, verkauft sie andere wie 2007 die VDO Automotive an die Continental AG weiter. Dann fokussiert sich der Konzern konsequent auf die Ent-Diversifizierung. Siemens trennt sich ratenweise von der Telefonsparte, nachdem der Konzern die Entwicklung der Umstellung von Hicom-Telefonanlagen auf Softwarelösungen verschläft. Dann folgt 2005 der Verkauf der Handy-Sparte an den taiwanesischen BenQ Konzern, der ein Jahr später Konkurs anmeldet. 2007 lagert Siemens das Geschäft mit Telefonnetzen in ein Gemeinschaftsunternehmen mit Nokia aus. Um 2008 auch noch den Bereich schnurloser Telefone an Arques zu übertragen. 2009 trennt sich Siemens von dem Gemeinschaftsunternehmen Fujitsu-Siemens Computers. 2014 folgt der Börsengang der Leuchtmittel-Sparte Osram AG und 2015 der Verkauf der Haushaltsgeräte-Sparte des Gemeinschaftsunternehmens BSHG an die Robert Bosch GmbH. Schließlich gründet Siemens seine Windkraftproduktion in die Siemens Energy AG aus, um sie nach einem Umweg – in Form eines Gemeinschaftsunternehmens mit mit der spanischen Gamesa – an die Börse bringen zu wollen. Es folgt die Ausgründung der Medizinsparte in die Siemens Healthineers AG und der Eisenbahnbau-Sparte in die Siemens Mobility AG, bei der 2018 eine Fusion mit dem französischen Alstom-Konzern misslingt. Am Ende verbleiben bei der Siemens AG nur noch die drei operativen Sparten Gas&Power, Smart Infrastructure und Digital Industries. Während Gas&Power Turbinen für konventionelle Kraftwerke produziert, fokussiert sich die Sparte Smart Infrastructure auf kommunale Infrastrukturen und die Sparte Digital Industries auf Industrievernetzungen." „Wirklich erstaunlich, von der alten Siemens AG ist ja kaum noch etwas übrig." „Sag ich ja. Auch Siemens bleiben natürlich andere ‚Compliance-Themen' nicht erspart. Erwähnen will ich hier nur den Schmiergeld-Skandal von 2006, der letzlich sowohl dem Aufsichtsratschef Heinrich v. Pierer, als auch dem CEO Klaus Kleinfeld, ihre Jobs kostete und zu finanziellen Belastungen von 3 Milliarden € führte. Kürzlich wird der aktuelle Siemens-CEO mit der Kritik von Umweltverbänden konfrontiert, eine Signaltechnikanlage an ein australisches Kohlebergbauunternehmen zu liefern. Nur weil dieser CO_2-schädliche Steinkohle fördert. Du siehst also, wie wirkmächtig inzwischen ‚Compliance-Themen' sind." Bernd schüttelt mit dem Kopf.

„Auch die Bayer AG richtet sich komplett neu aus. Erst spaltet sie 2003 den Kunststoffbereich ab, den sie 2005 als Lancess AG an die Börse bringt. Dann folgt 2006 der Verkauf des Diagnosegeschäfts an die Siemens AG. Schließlich trennt sich der Konzern 2014 von der Werkstoffsparte, um sie als Covestro AG an die Börse zu bringen. Mit diesen Mitteln stärkt die Bayer AG ihre Kerngeschäftsfelder Crop Science, Pharmaceuticals und Health Care. Die Sparte Pharmaceuticals erwirbt 2005 von der Schweizer Roche die OTC-Sparte und 2006 die Berliner Schering AG. Die Sparte Consumer Health übernimmt 2014 von Merck das Consumer-Care-Geschäft. Und die Sparte Crop Science kauft 2016 für 85 Milliarden € den US-amerikanischen Pflanzenschutzmittel-Konzern Monsanto. Mit diesem Einkauf geht ein Compliance-Thema einher, das zum Glaubenskrieg um das möglicherweise krebsfördernde Pflanzenschutzmittel Glyphosat führt. Auch wenn die amerikanische Umweltbehörde EAP ausdrücklich bestätigt, es sei nicht bewiesen, dass Glyphosat krebserregend ist, sieht sich der Konzern dazu genötigt, für den Vergleich gerichtlicher Verfahren 10 Milliarden € aufzuwenden. Zudem wird der Bayer-CEO Baumann auf der Bayer-Hauptversammlung nicht entlastet, sondern für den teuersten Zukauf der deutschen Unternehmensgeschichte bei gleichzeitig größter Wertvernichtung des Unternehmens an der Börse verantwortlich gemacht.

Auch die E.ON AG stellt sich komplett neu auf, obwohl sie erst im Jahr 2000 aus der Fusion der VEBA AG und der bayerischen VIAG AG das Licht der Welt erblickt. Zunächst plant E.ON eine Diversifizierung, um 2003 mit einer ministeriellen Genehmigung die Ruhrgas AG zu kaufen. Worauf sie sich mit Gazprom und BASF an der ‚Nord-Stream-1-Pipeline' für russische Gasimporte beteiligt. Dann überrascht sie die Anleger mit der Ankündigung, sich nicht nur von ihrem Hochspannungsnetz zu trennen, das sie an einen niederländischen Netzbetreiber verkauft, sondern auch von den süddeutschen Wasserkraftwerken, die sie auf die österreichische Verbund AG überträgt, sowie von dem Gasleitungsgeschäft, das sie an Infrastruktur-Fonds vertickt. Doch das ist erst der Anfang. 2016 beginnt eine geradezu abenteuerliche Achterbahnfahrt. Zunächst überführt die E.ON AG ihre Kernkraftwerke in die Tochtergesellschaft PreussenElektra GmbH und ihr gesamtes konventionelles Stromgeschäft der Kohle- und Gaskraftwerke in die neu gegründete Tochtergesellschaft Uniper SE, die sie teilweise an die Börse bringt. Womit sie sich als grüne Muttergesellschaft nur noch auf den Stromhandel und die erneuerbaren Energien konzentriert. Um 2019 mit einem Tauschgeschäft eine Kehrtwende zu vollziehen. Denn nun trennt sich die E.ON AG von den erneuerbaren Energien, die sie an die Essener RWE AG überträgt. Um im Gegenzug von der RWE die in deren Tochtergesellschaft Innogy SE gebündelten

Verteilnetze übertragen zu bekommen." „Du, das wird mir langsam zu viel." „Glaube ich dir gern, mein Lieber, hat auch bei mir eine ganze Weile gedauert, um diese Kehrtwendung nachzuvollziehen. Als Ergebnis bleibt festzuhalten, dass sich zukünftig die E.ON AG auf Verteilnetze, den Stromhandel und Kundenlösungen konzentriert, während die RWE AG mit den eingetauschten On- und Offshore Windanlagen und der Solarenergie zur größten Betreiberin für erneuerbare Energien mutiert." „Und wer betreibt die verbliebenen Braunkohle- und Kernkraftwerke?", will Bernd wissen. „Die RWE AG, die diese Anlagen in der Sparte mit der sinnigen Bezeichnung ‚Versorgungssicherheit' bis zum Ablauf der jeweiligen Restlaufzeiten der Kernkraft- und Braunkohlekraftwerke bündelt." „Ist schon gewaltig, was die ‚Compliance' mit unseren Konzernen anstellt."

„Zuletzt durchläuft auch die DaimlerChrysler AG ‚compliance-getrieben' stürmische Zeiten. Zunächst trennt sie sich stufenweise von ihrer 30 %igen Beteiligung an der Airbus SE. Dann verkauft DaimlerChrysler 2003 die Tochtergesellschaft MTU an KKR, um sich nur auf die Autoproduktion zu konzentrieren. Einen weiteren Schritt der Ent-Diversifizierung vollzieht sie dann mit der Trennung von Chrysler, um sich ganz überwiegend – wieder in Daimler AG umbenannt – mit dem Segment der ‚Marke mit dem Stern' zu konzentrieren. 2019 endet übrigens die Diesel-Abgasaffäre auch für die Daimler AG mit einer Bußgeldzahlung von 870 Mio. €. Ich fürchte, Daimler läuft zudem Gefahr, sich zu lange auf die klassischen Antriebe fokussiert zu haben. Jedenfalls werde ich das dumpfe Gefühl nicht los, dass die gesamte deutsche Automobilindustrie schwere Zeiten durchlaufen wird. Willst du noch mehr Beispiele hören?" „Bitte nicht. Ich muss mich leider zu einem Ort begeben, den selbst der Kaiser zu Fuß aufsucht." „Von mir aus, dann kann ich ja mit Josef kommunizieren, wann der vorhat, in Dresden aufzuschlagen. Du findest mich draußen auf der Terrasse." „O. k., bin gleich wieder da."

Auf der Hotelterrasse

Sie begibt sich auf die Terrasse, um sich eine Fluppe anzuzünden. Dann schreibt sie eine WhatsApp-Nachricht an ihren Verlobten. Entgegen seiner sonstigen Gewohnheit antwortet der nicht unmittelbar, was sie misstrauisch stimmt. Als Bernd wenige Momente später erscheint, ist sie sichtlich ungehalten. „Warum meldet sich der Kerl nicht?" „Weiß nicht, was hast du denn auf einmal für eine Unruhe?", erwidert Bernd. „Du hast gut reden. In gut zwei Stunden haben wir unseren Standesamtstermin." „Davon hast du mir ja gar nichts erzählt", wundert sich Bernd. „Warum auch? Da dürfen sich zu Corona-Zeiten ohnehin nur die Brautleute einfinden." „Komische Zeiten, oder?" „Das Standesamt, mein Lieber, ist ohnehin nicht wirklich wichtig für mich, sondern erst die Veranstaltung morgen." „Wo ist eigentlich eure Kirche?" „Die gibt es nicht! „Wie?", will Bernd erstaunt wissen. „Ne, wir feiern hier im ersten Stock des Lingner-Schlösschens. Da befindet sich ein zauberhafter Saal, in dem schon meine Eltern heirateten." „Was?" „Ja, war damals im Osten nicht gerade en vogue, in einer Kirche zu heiraten. Dagegen war der hiesige Kinosaal echt trendy." „Was, du willst in einem Kinosaal heiraten?" „Warum denn nicht?" „Darf ich den mal sehen?" „Gerne", erwidert sie, „komm mit mir in den ersten Stock."

Im Lingner-Schlösschen

Sie laufen gemeinsam die Wendeltreppe hinauf. Als sie den Kinosaal betreten, befindet auch Bernd: „Ist ja echt geil hier. Da oben auf der Theaterbühne willst du also deinem Josef dein Ja-Wort geben?" „Genau da! Und du als mein Trauzeuge darfst da vorne gleich rechts neben mir sitzen. Links von Josef sitzen dann die beiden anderen Trauzeugen." „Und wie kommst du da die schmalen Stufen in deinem Brautkleid hinauf?" „Na ja, ich dachte, du würdest mich – falls nötig – stützen. Um ganz ehrlich zu sein, habe keine Ahnung, wie einfach es ist, in dem langen Kleid mit den Stöckelschuhen zu laufen, aber mache mir an der Seite deines stattlichen Körpers darüber keine Sorgen." „Stimmt", erwidert Bernd, „brauchst du auch nicht, du bist ja leicht wie eine Feder." „Mach mir nicht solch alberne Komplemente. Ich weiß, dass ich ein paar Kilo abnehmen sollte." „Du spinnst doch", erwidert Bernd entsetzt. „Josef findet das aber, mein Lieber." „Und wie steht es um dessen eigene Pläne zur Gewichtsreduktion?" „Er findet, ihm stünde der Wohlstandsbauch gut. Gehöre zur Grundausstattung eines erfolgreich aussehenden Investmentbankers." „Der hat sie doch nicht alle", amüsiert sich Bernd, „und du scheinst ihm ja inzwischen geradezu hörig geworden zu sein. Ist doch sonst nicht deine Art."

Sie laufen die Wendeltreppe wieder hinunter ins Erdgeschoss, um sich erneut auf den Elbterrassen an dem herrlichen Blick zu erfreuen. ‚An Tagen wie diesen', schießt es Bernd an der Seite Claudias durch den Kopf. Um dann leicht stöhnend zu befinden: „Kaum zu glauben, dass wir uns heute zum letzten Mal treffen." Sie antwortet hierauf nicht, sondern raucht weiter ihre Zigarette. Dann kehren sie an den Platz im Restaurant zurück, wo Claudia ihren Vortrag fortsetzt.

‚Glücksvis-ion 4.0'

„Lass mich damit zum zweiten Ion der ‚Glücksvis-ion 4.0' überleiten, die eine weitaus gewichtigere Rolle spielt als die ‚Religion'. Auch wenn sich Letztere als zäh erweist. 2005 konfrontiert uns der zum Papst gewählte Kardinal Ratzinger in seinem grandiosen Werk ‚Jesus' mit einem neuen, intellektuell begründeten Verständnis der christlichen Religion. Doch verliert die katholische Kirche durch das Bekanntwerden zahlreicher Missbrauchsfälle ihrer Priester Vertrauen bei ihren Mitgliedern. Dieser Vertrauensverlust wird durch den anhaltenden Priesterschwund verstärkt, basierend auf dem Zölibat und der sturen Verweigerung, sich in der Seelsorge von weiblichen Katholikinnen unterstützen zu lassen. Allerdings gibt der Hildesheimer Bischof Wilmer mit ‚Gott ist nicht nett' den Gläubigen wieder Zuversicht. Noch mehr schwächelt die protestantische Kirche. Sie verliert so viele Mitglieder, dass sie erstmals in den Mitgliederzahlen auf Rang zwei abrutscht. Hier ist die Analyse vielschichtiger. Sie leidet in der sich säkularisierenden Welt vor allem an ihrer antikonservativen Grundhaltung, an einer immer ausufernden Diskussionskultur und an der abnehmenden Bereitschaft der Jedermanns, sich zeitlich in Organisationen einbinden zu lassen. Und nicht zuletzt an fragwürdigen Projekten wie dem Kauf der ‚Posaidon', einem Rettungsschiff, mit dem die Kirche im Mittelmeer in Seenot geratene Flüchtlinge retten und damit bewusst die EU-Politik unterlaufen will." „Das klingt doch eigentlich ganz vernünftig, nachdem im März 2019 die europäische Seenotrettung an Schwung verlor." „In der Tat ist das Thema komplex, denn Libyen kann seit dem NATO-Bombardement 2011 seine Südgrenze nicht mehr schützen, sodass Zehntausende zur Mittelmeerküste fliehen, um dort mehrere tausend Euro an Schlepper abzudrücken und anschließend in selbstgebauten Schlauchbooten zusammengepfercht darauf zu hoffen, von den Europäern mittels ‚humanitärer Seenottickets' gerettet zu werden. Aber ist diese indirekte Kollaboration mit den Schleppern wirklich der richtige Weg? Während die einen fordern, das Mittelmeer abzuriegeln, gibt es andere, die alle 500.000 zurzeit in Libyen festsitzenden Afrikaner nach Europa holen wollen. Neue Rettungsschiffe führen letztlich zur Perpetuierung des bisherigen Wahnsinns, von dem nur Schlepper profitieren, die billigend in Kauf nehmen, dass jedes Jahr Tausende ertrinken.

Dank der hier verbliebenen Gastarbeiter und zu uns strömenden Flüchtlinge steigt bei uns die Bedeutung des Islams. Was zu einer Spannung zwischen dem Christentum und dem Islam führt. Erst bei näherem Hinsehen wird uns bewusst, dass der

Islam zudem einen Krieg gegen sich selbst führt. Übrigens ähnlich begründet wie der alte Konflikt zwischen Katholizismus und Protestantismus. Während die Schiiten auf die Prophetennachfolge bis zurück zum Schwiegersohn Mohammeds pochen, versteifen sich die Sunniten auf die inhaltliche Übereinstimmung mit Mohameds Lehre. Beide fußend auf einer unheilvollen Allianz von Politik und Religion, die die Araber immer weiter polarisiert. Was letztlich einerseits zur ‚Arabellion' in einigen arabischen Staaten führt, andererseits aber auch im Irak und Syrien zum Ausrufen des radikalreligiösen ‚Islamischen Staates'. Jenem ‚IS', der nicht nur brutal gegen Andersgläubige vorgeht, sondern auch eine Terrorherrschaft ausbaut, um zu töten, zu vergewaltigen und alte Kulturstätten zu vernichten. Auch unterstützt von einigen fanatischen deutschen Jugendlichen, die sich freiwillig nach Syrien begeben, um dort für ‚die gerechte Sache' zu kämpfen. Womit die dortigen Christen grausam verfolgt werden, was den in Syrien lebenden christlichen Pastor Jacques Mourad zur traurigen Einsicht veranlasst, dass die Christen verlassen sind – verlassen in ihrem eigenen Land, verlassen aber auch von der christlichen Welt, die beschließt, auf Distanz zu gehen, ‚weil wir jenen Christen nichts mehr bedeuten'. Zumindest macht uns hierauf unser Literat Navid Kermani schmerzlich in seinem Buch ‚wer sind wir' aufmerksam.

Zwar zeitigt die 2006 ins Leben gerufene ‚Deutsche Islamkonferenz' erste Erfolge gegen den sich radikalisierenden Islamismus. Diese Abgrenzung wird jedoch durch die türkische Regierung erschwert, die eine Unterscheidung von Islam und Islamismus negiert und Moscheen zur direkten Beeinflussung deutscher Gemeindemitglieder nutzt. Worauf der 160.000 Muslime vertretende niedersächsische Ditib-Vorsitzende Yilmaz Kilic 2018 entnervt zurücktritt, da er nicht länger bereit sei, von der Kölner Ditib-Zentrale als Filiale der türkischen Religions- und Ethnopolitik geführt zu werden. Bei tiefgründiger Analyse bemerken die Jedermanns, dass es schon an einem gemeinsamen Grundverständnis darüber fehlt, was Integration bedeutet. Während Muslime sich nach mehr ‚Anerkennung' sehnen, drängen Deutsche auf mehr ‚Anpassung'. Wie jedoch soll diese Anpassung funktionieren, wenn die traurige Realität in sozialer Benachteiligung und erfolglosen Job-Bewerbungen mündet? Sodass die Anzahl der verlorenen Söhne des Islams nicht abnimmt, die nach Straftaten im Gefängnis landen.

Wie aufgeheizt die Debatte ist, lässt sich an der 2019 veranstalteten Frankfurter ‚Kopftuch-Konferenz' festmachen, in deren Vorfeld Aktivistinnen fordern, deren Organisatorin Susanne Schröter müsse aufgrund dieser ‚rassistischen Initiative' ihren Lehrstuhl räumen. Während die einen auf der Konferenz darüber streiten, ob das Kopftuch ein ‚Symbol der Würde' oder der ‚Unterwerfung der Frauen' unter die patriarchale Ordnung des Islams ist, bestehen andere darauf, die Kopftuchpflicht sei nicht aus dem Koran ableitbar. Alice Schwarzer erinnert daran, dass im Iran eine Anwältin alleine deshalb zu 33 Jahren Haft verurteilt wird, weil sie es wagt, Frauen anwaltlich bei Verstößen gegen den Verhüllungszwang zu verteidigen.

Diese religionsbedingte Spannung beschleunigt die Säkularisierung unserer Welt. Zwar entschärft sich der Konflikt zwischen Protestantismus und Katholizismus, nicht zuletzt dank der ‚Gemeinsamen Erklärung zur Rechtfertigungslehre', die beide Kirchen am 31. Oktober 2000 unterzeichnen. Doch hält diese Annährung viele Jedermanns nicht davon ab, aus der Kirche auszutreten. Was sich als doppelt problematisch erweist. Zum einen wird damit der flächendeckenden Seelsorge der Boden entzogen. Zum anderen haben die Kirchen nun nicht mehr ausreichende Mittel, um Kirchen instandzuhalten, die bisher – wie Leuchttürme in Städten und nahezu jedem Dorf – unserer Landschaft ihren ganz besonderen Stempel aufdrücken." „Deshalb finde ich es auch nicht verkehrt, wenn sich die Politik zu dem Schritt entschlösse, unabhängig von unserer Kirchenzugehörigkeit von jedem zu fordern, 1 % der Steuern an einen Kirchengebäudefonds zu zahlen, der sich um den Erhalt unserer Kirchen kümmert." Sie sieht ihn erstaunt an.

„Mit dem Bedeutungsverlust der Religion begeben sich die Jedermanns auf die Suche nach neuen ‚Ikonen'. Dabei helfen ihnen Facebook, YouTube und Instergram, die die Jedermanns in

,Follower' und ‚Influencer' unterteilen. Dabei entwickeln die Jedermanns neue kollektive Glücksvisionen. Vielleicht erinnerst du dich noch? Beim ‚kollektiven Glück 1.0' verfangen sich die Jedermanns in der heilsbringenden Wirkung des Kapitalismus, um sich beim ‚kollektiven Glück 2.0' im Nationalismus zu verrennen und beim ‚kollektiven Glück 3.0' im Kapitalismus-Kommunismus-Wettbewerb zu enden. Beim ‚kollektiven Glück 4.0' entdecken die Jedermanns nun den Populismus-Singularismus-Wettbewerb." „Was meinst du denn damit schon wieder?"

„Die einen suchen im Populismus Halt, um gemeinschaftlich mit einfachen Lösungen die Welt retten zu wollen. Deren ‚Influencer' spielen sich als Gesinnungspolizisten auf, selbst vor einer Wissenschaftsfeindlichkeit nicht zurückschreckend. Um in Berlin Baberowski und Münkler, in Frankfurt Schröter, in Gießen Schönecker und in Hamburg Lucke daran zu hindern, Vorlesungen zu halten. Geprägt von einer merkwürdigen Mischung aus Demagogie, gezielter Fehlinformation, offenen Glaubensansätzen und spontanen Eindrücken, um Vorurteile zu schüren und in immer grotesqueren Formen zu hetzen. Sodass sich Hitler bei manchen Äußerungen Björn Höckes durchaus Hoffnungen auf eine erfolgreiche Urheberrechtsklage hätte machen können. Der traurige Höhepunkt dieser Entwicklung ist die kürzlich veröffentlichte Frankfurter Studie unter Politologie-Studierenden, aufgrund derer sich knapp die Hälfte der Studierenden dagegen verwahrt, Menschen mit kontroversen Standpunkten auch nur zu Wort kommen lassen zu wollen." „Ist doch krass, oder?"

„Die anderen suchen übrigens ihr Glück im kreativen Singularismus, auf den der Soziologe Andreas Reckwitz in ‚die Gesellschaft der Singularitäten' verweist. Anders als bei der konformistisch ausgeprägten Massenkultur verfangen sich neue Eliten in einer ‚dekonformistischen' Profilsucht, geprägt von Einzigartigkeit, Originalität und Attraktivität um jeden Preis. Ein erstaunliches Gefühl dafür entwickelnd, was als interessant gelten kann. Geprägt auch von gezielten Täuschungen. So stellen sie nur schöne Urlaubsbilder ins Netz, ohne auch nur daran zu denken, etwa die ganze Wahrheit über ihren Urlaubsstress preiszugeben." „Das klingt ja so, als ob wir in einem postfaktischen Spannungsfeld festhängen." „Ich glaube schon. Während sich die Letzteren in ihrer kreativen Rolle als ‚Dichter und Denker' sehen, träumen die Ersteren mit ihrer Gesinnungsethik längst von ihrer Rolle als ‚Richter und Henker'."

Bernd unterbricht sie: „Du, ich muss dich kurz stoppen, weil mir zwei Dinge durch den Kopf gehen. Du tust gerade so, als wäre die von dir angesprochene ‚postfaktische' Verhaltensweise etwas Neues. Wann soll denn deiner Meinung nach das goldene Zeitalter der Wahrheit gewesen sein?" „Bei oberflächlicher Betrachtung enthält deine Frage einen wahren Kern, mein Lieber. Aber eben nur dann. Denn nun geben sich die Herrschenden – wie der amerikanische Präsident Trump und der britische Premierminister Boris Johnson – noch nicht einmal mehr die Mühe, einen gesellschaftlichen Konsens über Wahrheiten zu suchen. Sondern infiltrieren die ihnen Wohlgesonnenen über die sozialen Medien mit alternativen Fakten. Erinnerst du dich noch, dass erst mit der Neuzeit die individuelle Freiheit entdeckt wurde und damit auch die Demokratisierung des Wahrheitsbegriffes? Weshalb unsere Zeitungen im öffentlichen Dialog als ‚Vierte Gewalt' um einen Konsens über strittige Fragen bemüht waren. Doch dieser findet öffentlich nicht mehr statt. Denn nun verdrängt Gesinnung die Wahrheit. Donald Trump werden allein im US-Wahlkampf 500 Falschbehauptungen nachgewiesen, worauf er kurzerhand die Presse als ‚Lügenpresse' diffamiert. Da sich alternative Wahrheiten dank einfacher Algorithmen schnell zu einer sich selbst verstärkenden Meinungsverfestigung verdichten lassen, versteifen sich die Jedermanns immer mehr darauf, starrhalsig auf ihrer Meinung nach dem Motto ‚how dare you' zu beharren. Was zu einem enthemmten politischem Aufeinanderprallen führt, gepaart mit einem sich schnell verbreitendem Empfinden, man dürfe nicht mehr alles sagen. Woraufsich die Politik auf technisch-administrative Problemlösungen zurückzieht, um Grundsätzliches nicht mehr zu thematisieren. Reicht das als Erklärung für die Überschrift ‚postfaktische Epoche'?" „Das reicht", erwidert Bernd, sich über die heftige Reaktion Claudias wundernd. „Dann will ich mal mit meiner zweiten Frage weitermachen. Warum landen wir eigentlich sowohl beim Populismus wie auch beim Singularismus in der ‚postfaktischen' Realität?" „Mann, du kannst aber auch Fragen stellen", stöhnt sie. „Dass die Populisten kein Interesse an einer kollektiven Wahrheitsfindung haben, liegt auf der Hand. Ich fürchte, bei den Singularisten ist dies auch so, nur anders begründet. Sie sehen nämlich ihre Einmaligkeit durch immer neue wissenschaftliche Erkenntnisse in Gefahr. Erst lernen sie von biochemischen Mechanismen, die uns letztlich steuern. Dann setzen ihnen neue Erkenntnisse über die Wechselwirkungen von Darmflora und Geist zu. Ihnen dämmert, dass ihre Individualität auf nichts anderem beruht als auf äußeren Reizen oder auf dem spontanen Zerfall elektrischer Ladungen tief in ihnen drinnen. Denen sie sich dadurch zu entziehen suchen, dass sie sich entweder dem Rausch der auf sie einprasselnden Impulse hingeben oder einer entspannten Gelassenheit, um die Zeit zu entschleunigen. Weder bei der einen, noch bei der anderen ist da noch Platz für einen Faktencheck. So viel zur neuen ‚Glücksvis-ion'." Er schweigt.

‚Innovat-ion'

„Damit komme ich zur ‚Innovat-ion' als dem dritten Ion des Zeitgeistes. Du hast bei unseren letzten Treffen die Innovation in vier Teilaspekte unterteilt. An dieser Unterteilung in ‚Kommunikat-ion', ‚Konfrontat-ion', wissenschaftliche ‚Inspirat-ion' und technische ‚Perfekt-ion' will ich festhalten. Mit Blick auf die fortgeschrittene Zeit verspreche ich dir, es diesmal kurz zu machen. Denn auf die ‚Kommunikat-ion' wie ‚Konfrontat-ion' brauche ich ja nicht mehr einzugehen, da ich sie bereits als Wendepunkte zur Neuzeit beleuchtete.

Die wissenschaftliche ‚Inspirat-ion' legt weiter ein atemberaubendes Tempo an den Tag. Drei deutsche Chemiker erhalten den Chemie-Nobelpreis. Gerhard Ertl für seine Studien chemischer Prozesse auf Festkörper-Oberflächen, Stefan Hall für die Fluoreszenzmikroskopie und der in den USA forschende Joachim Frank für die Entwicklung der Kryo-Elektronenmikroskopie. Zwei deutsche Physiker gehören ebenfalls zu diesem erlauchten Kreis, nämlich Theodor Hänsch für die Entdeckung des Frequenzkamms und Peter Grünberg für die des Riesenmagnet-Widerstands. Auch zwei Medizinern wird diese Ehre zuteil. Nämlich Thomas Südhof für die Erforschung von Synapsen und Harald zur Hausen für die vom Papillomvirus. Unsere Wissenschaftler hält es nicht mehr nur in ihren Laboren, sondern sie begeben sich als Astronauten wie Hans Schlegel, Gerhard Thiele, Thomas Reiter und Alexander Gerst in den Weltraum. Die Hirnforschung macht dank der EU-Finanzierung rasante Fortschritte. Das 2007 aufgelegte europäische Blue-Brain-Projekt will ein virtuelles Modell unserer Gehirne abbilden. Bald gelingt die vollständige Simulation einer neokortikalen Säule auf zellulärer Ebene. Was das bedeutet, zeigt uns 2008 der Rhesusaffe Idoya, indem er nach der Implantation von Elektroden in sein Gehirn mit seinen Gedanken die Beine eines Roboters im japanischen Kyoto fernsteuert."
„Ist ja echt krass, wusste ich gar nicht", befindet Bernd erstaunt.

„Schließen will ich mit der technischen ‚Perfekt-ion' einiger Tüftler. Der Ultraschall wird technisch wesentlich verbessert. MRT und CT werden flächendeckend eingesetzt. Auf breiter Front setzen sich energiesparende LED-Leuten durch. Autos verbrauchen – zumindest theoretisch – immer weniger Sprit, Hybridautos und Elektrofahrzeuge tauchen auf. 2014 beginnt die Ära des Formal E Rennsports, in der sich wieder einmal besonders Tüftler wie ABT Tuning durch innovative Ideen zur Verbessung der Batteriesteuerung hervortun. Dem Glashersteller Schott gelingt die Herstellung eines Spezialglases, was dünner als das menschliche Haar ist, um im neuen Samsung Falthandy eingesetzt zu werden. Erste Quantencomputer tauchen auf, um der künstlichen Intelligenz Tür und Tor zu öffnen.

Dass all diese Ionen abermals unsere Kultur ändern, zeigt sich schon in der Struktur unserer Gesellschaft. Die sich nicht mehr in Mittelstand und Arbeiterschaft unterteilt, sondern in kosmopolitisch denkende Städter und naturfokussierte Bewohner auf dem Land. Besonders innerhalb der Stadt bricht die Gesellschaft in bildungsintensive und -ferne Jedermanns auf. Damit spielt wieder mehr die soziale Herkunft bei Karrieren eine Rolle. Zumindest stellt der Soziologe Michael Hartmann in seinem Werk ‚Eliten und Macht' betrübt fest, dass sich die Hoffnung Ralf Dahrendorfs zur Überwindung dieses Trends als Illusion erwiesen habe.

Unsere Sprache bleibt von tiefgreifenden Änderungen nicht verschont. Denn diese wird immer einfacher. ‚Eh Alter, was willst du? Verpiss dich', steht für eine neue Form direkter Kommunikation. Einen Prozess der Verkürzung der Sätze bis zur Sinnlosigkeit einleitend, den Galetti in seinem Gedicht auf den Punkt bringt, ‚das Schwein trägt seinen Namen zurecht,/denn es ist wirklich ein sehr unsauberes Tier'." Bernd muss lachen. „Ich wusste gar nicht, dass wir so sehr verblöden." „Hör dich auf den Straßen bloß mal um." „Wenn ich es recht bedenke, sind wir beiden mit unserer eher altertümlich wirkenden Sprache in einer Sackgasse gelandet." „Warum?" „Weil ich glaube, dass die junge Generation unsere Sprache kaum noch versteht." „Das glaub ich nicht." Zumindest wenn wir beim Konditionalis anstelle des unsäglichen Wortes ‚würde' den alten Konjunktiv II verwenden." „Der Konjunktiv klingt aber doch viel schöner. Deshalb habe ich ihn mir auch gerne von dir abgeguckt, selbst wenn er in den Ohren mancher altmodisch klingt. Der ist zudem übrigens genauso bemerkenswert wie deine häufige Verwendung des Partizips Präsens. Mit dem du mich zunächst ebenso verwirrtest wie inspiriertest." „Ach was", erwidert Bernd erstaunt, „diese Angewohnheit hat bei mir eine schlichte Ursache. Sie hat nach dem entsetzlichen Lateinunterricht in mir zu einem psychotischen Verhältnis zum Gerundium geführt." Sie sieht ihn verblüfft an. Während er fortsetzt: „Aber ich finde, diese besondere Erzählform der Verben mit adjektivischem Charakter hast du verdammt schnell adaptiert." „Weil ich, mein Lieber, das Gerundium vom

Englischen her sehr liebe. Denn erstens klingt es mit der Endung ‚ing' verdammt schön und zweitens kann man so die bei den Germanisten wenig beliebte Konjunktion des hässlichen Komplementierers ‚dass' vermeiden." „Ich weiß wohl, den mögen die Germanisten nicht." Claudia lässt diese Bemerkung kurz auf sich wirken, um hinzuzufügen: „Außerdem klingt das ‚dass' immer hart. Zum Beispiel in dem Satz, ‚ich sehe, dass er hasst.'" „Und?", will Bernd erstaunt wissen. „Man kann eben nicht sagen, mein Lieber, ich sehe ihn hassend. Klänge jedenfalls komisch. Ganz anders als bei den Partizipien ‚liebend und küssend'." Er strahlt. „Wenn das mal kein gutes Zeichen ist." Auch wenn er weiß, dass sie sich mit diesem Argument verrannt hat.

„Auch nutzen wir globalisierungsbedingt immer mehr Anglizismen. Und schlagen uns – nicht zuletzt dank 150 Gender-Lehrstühlen – mit gender-korrekten Formulierungen herum. Wir sprechen zu Recht nicht mehr von Studenten, sondern Studierenden. Und auch nicht mehr von Zuschauern, sondern Zuschauenden. Ob wir am Ende ganz auf geschlechtsspezifische Artikel verzichten oder in einer korrekten Zuordnung in männlich, weiblich und sächlich landen, erscheint noch ungewiss. Wen störte es schon, wenn das Sonne aufgeht und das Mond unter? Erscheint mir jedenfalls überzeugender als die Sternchen hinter den Betroffenen* oder die lähmende Verdopplung jenseits allgemeiner Begrüßungs- und Anredefloskeln. Selbst Stellenanzeigen müssen den Verweis auf ‚m/w/d' enthalten, wobei manche finden, beim ‚d' handele es sich um eine Abkürzung nicht von ‚divers', sondern von ‚deutsch'." „Das wäre ja diskriminierend", unterbricht sie Bernd.

„Die Genderdebatte führt zur Posse an der Berliner Alice-Salomon-Hochschule, dass die dortige Fassade wegen eines – von einigen als sexistisch empfundenen – Gedichtes Eugen Geringers letztendlich umgetüncht werden muss." „Ich erinnere mich", wirft Bernd ein, „was stand da noch einmal drauf?" „Die schlichten Sätze ‚Alleen, Alleen./Alleen und Frauen./Blumen und Frauen./Alleen und Frauen./Alleen und Blumen und Frauen und/ein Bewunderer'. Nun ist an jener Fassade ein neues Gedicht zu lesen, das von Barbara Köhler stammt, ‚SIE BEWUNDERN SIE BEZWEIFELN SIE ENTSCHIEDEN/SIE WIRD ODER WERDEN GROSS GESCHRIEBEN/STEHEN SIE VOR IHNEN IN IHRER SPRACHE/BON DIA GOOD LUCK'. Mit diesem tiefgründigen Sinnspruch will ich zur Zeitgeschichte überleiten."

Josefs Anruf

In diesem Moment klingelt Claudias Telefon. Sie nimmt ab, um bald darauf zu erblassen. Nach nicht einmal einer Minute legt sie auf, leicht verstört wirkend. „Das darf doch nicht wahr sein. Das glaub ich doch nicht. Da lässt der mich schon bei der Vorbereitung hängen und dann auch noch das." „Ärger?", erkundigt sich Bernd. „Kann man wohl sagen. Der kommt erst in drei Stunden hier an. Er und seine Truppe mussten sich in Frankfurt einen Leihwagen nehmen und damit ist unser heutiger Standesamtstermin futsch. Er hat mir zwar versprochen, dort noch einmal anzurufen. Doch glaube mir, mit Geld kann man nicht jedes Problem lösen." „Stimmt, davon musst du mich nicht überzeugen." Tränen schießen in ihre Augen. Er ergreift ihre Hand. „Komm, wir werden schon eine Lösung finden." „Wie soll ich morgen kirchlich heiraten, wenn wir dem Pfarrer keinen Trauschein vorlegen können? Dann ist die ganze Festvorbereitung umsonst." „Vielleicht macht der Pfarrer ja eine Ausnahme." „Das glaubst du doch selbst nicht." Sie springt auf und rennt nach draußen. Er folgt ihr.

Im Hotel

„Dann müssen wir halt den Trauschein fälschen." „Das ist doch unmöglich." „Nichts ist unmöglich." „Das würdest du wirklich für mich tun?" „Na klar, wo ich doch als dein Trauzeuge extra angereist bin." „Und wie willst du das anstellen?" „Keine Ahnung, da müssen wir halt ins Internet." Sie wandern zum Hotel, dort begibt sie sich auf ihr Zimmer, während Bernd in seinem eincheckt. Nach fünf Minuten treffen sie sich wieder an der Rezeption, um in dem Eingangsbereich ins Internet zu gehen. Bernd brummt: „Wie sieht denn so ein Wisch aus? Sieh mal, hier ist ein Muster abgebildet." „Na also." Er lässt sich dieses auf dem Hoteldrucker ausdrucken. „Dann sieh mal zu, dass du hier möglichst sauber eure persönlichen Daten einträgst." „Fällt das denn nicht auf, wenn ich dies handschriftlich tue?" „Da wird uns morgen beim Pfarrer noch eine rührende Geschichte zum coronabedingten Ausfall der Assistentin des Standesbeamten einfallen." „Und wie willst du an den Stempel kommen?"

„Da müssen wir uns wohl erneut ins Internet begeben." Sie suchen in den amtlichen Mitteilungen nach Dokumenten, auf denen Stempel und Unterschrift abgebildet sind. „Du, sieh mal, das ist doch eine gute Vorgabe", befindet er nach mehreren Anläufen. „Die ist doch gar nicht vom Standes-, sondern vom Bauamt." „Meinst du, dein Pfarrer merkt das?" „Ich weiß nicht." Er lässt auch diese amtliche Mitteilung ausdrucken. Anschließend schneidet er den sie interessierenden unteren Teil aus und klebt ihn auf das von Claudia ausgefüllte Exemplar. Nun fertigen sie von dem frisch gefälschten Dokument eine Farbkopie an. Dann zieht Bernd einen Füller aus seiner Jackentasche und zieht die Unterschrift mit frischer Tinte nach. Sorgfältig betrachten sie das Exemplar. Bernd stellt befriedigt fest: „Das könnte klappen." „Das ging ja echt einfach", befindet sie erleichtert. Um fortzusetzen: „Und schwups bin ich mit Josef verheiratet." Sie strahlt. „Jedenfalls kann ich das bezeugen, auch wenn ich damit einen Meineid begehe. Ob ich das allerdings im Zeitalter der ‚Compliance' wirklich tun könnte, weiß ich noch nicht." Claudia sieht ihn verdutzt an. „Komm, stell dich nicht so an."

„Das ginge nur mit einer kleinen Gefälligkeit deinerseits." „Willst du mich jetzt erpressen?" „Ja. Wie wäre es mit einem Kuss?" Claudia zögert einen Moment, um ihn dann liebevoll in den Arm zu nehmen. „Aber nur den einen, mein Lieber." Erst berühren sich ihre Lippen. Dann beginnen ihre Zungen mit dem vertrauten Hase-und-Igel-Spiel. Bernd ergreift ein tiefes Glücksgefühl, doch auch sie unternimmt keine Anstalten, dieses Unterfangen abrupt zu beenden. Ihm schießt es derweil durch den Kopf: „Ist doch wieder einmal typisch. Kaum suchst du nicht nach dem Glück, sondern folgst einfach deinem Herzen, da taucht es von ganz alleine auf." Als sie sich schließlich nach einer gefühlten Ewigkeit aus ihrer innigen Umarmung lösen, flüstert sie: „Mensch, Bernd, das werde ich dir nie vergessen." „Kein Problem", erwidert er, „dann können wir ja nach diesem genialen Verwaltungsakt mit dem Vortrag fortfahren." „Von mir aus gerne." „Ach ja, herzlichen Glückwunsch übrigens!" „Danke, Josef wird Augen machen." „Und ich freue mich jetzt auf einen Vortrag zur Gegenwart, der sicher nicht ganz einfach ist, da uns der nötige Abstand zu ihr fehlt."

Sie wandern schweigend zurück in das Café des Lingner-Schlösschens, beide sichtlich beglückt über die unverhoffte Wendung des Tages. Claudia wegen des Trauscheins und Bernd wegen des Kusses, der in ihm ein Kaleidoskop längst vergessener Gefühle auslöst. Kaum haben sie an ihrem angestammten Tisch Platz genommen, legt sie los.

Claudias Vortrag zur ‚Jetztzeit' (2000 bis 2050)

„Wie wäre es mit dieser digital veranlassten Einleitung? ‚Es war mal, ich denke, vor sehr langer Zeit,/da ließen die Menschen sich immer mehr stressen/von Handys und E-Mails, präsent stets so weit,/um schließlich ihr eigenes Wohl zu vergessen'." „Stimmt, Claudia, ich hatte ja längst vergessen, dass wir unsere Geschichte in Märchen pressen wollten." „Das soll's aber schon gewesen sein", erwidert sie. „Die uns beschäftigende ‚Jetztzeit' umfasst erneut 50 Jahre und endet damit folgerichtig im Jahr 2050. Sich dabei ab dem Jahr 2000 in die ‚Gegenwart' und ab morgen, dem 19. März 2020, in die ‚Nahe Zukunft' unterteilend." „Ist schon komisch", unterbricht sie Bernd, dass damit auch diese Epoche nach dem Ablauf von 2/5 eine tiefe Zäsur erfährt." „Stimmt. Der Montag betrifft die Regierungszeit des Kanzler Schröders, der unsere Volkswirtschaft, die europaweit als ‚kranker Mann Europas' bezeichnet wird, mit seiner ‚Agenda 2010' saniert. Von den einen hierfür kritisiert, von den anderen bejubelt. Und der Dienstag umfasst die lange Regierungszeit Angela Merkels bis zum heutigen Corona-Stillstand. Denn ich fürchte, die wird heute um 19:20 Uhr kurz vor Beginn meines Polterabends eine weitgehende Ausgangssperre oder vergleichbare Regelung verkünden. Womit wir kollektiv in einen Schockzustand verfallen, aus dem wir uns psychologisch wie ökonomisch erst nach ihrer Amtszeit wieder befreien werden." „Einverstanden", erwidert Bernd, um fortzufahren, „und wie würdest du die Epoche bezeichnen?" „Als die postfaktische Epoche.

Montag der ‚Ära des Kanzlers Schröder' (2000–2005)

Der Montagmorgen startet pünktlich mit dem ersten ‚postfaktischen Ereignis' in unserem Lande, und zwar nicht in Berlin, sondern in der kleinen Stadt Sebnitz." „Daran kann ich mich ja gar nicht mehr erinnern", erwidert Bernd erstaunt. „Mit jener laut Spiegel erstaunlichen ‚Schmierenkomödie', in der sich unsere Medien unisono das ‚grässliche Kleid zusammengesponnener Vermutungen, Widersprüche und Schlampereien schneidern'. Jedenfalls wird dort im Januar 2000 der längst beigesetzte

Josef Abdulla auf Veranlassung seiner Mutter wieder ausgegraben. Um in einer Obduktion die Zeugenaussage eines 15-jährigen Mitschülers zu verifizieren, der behauptet, Abdulla sei von Rechtsradikalen erst mit Ritalin betäubt und dann ertränkt worden. Die pathologischen Recherchen erhärten diese These nicht. Die Bild-Zeitung macht gleichwohl im November 2000 mit der Falschmeldung auf, ‚Neonazis ertränken Kind'. Natürlich erst nach Unterzeichnung einer Vereinbarung mit Abdullas Mutter über eine fünfteilige Serie zur ostdeutschen Ausländerfeindlichkeit. Obwohl der mutmaßliche Zeuge längst seine Aussage widerruft, prasselt ein ‚Shitstorm' mit immer aggressiveren Botschaften auf die Stadt Sebnitz ein. Als allmählich die Wahrheit ans Licht dringt, geht es nur noch um Gesinnung. Womit eine für Sebnitz angesetzte Demonstration gleichwohl stattfindet, um rein grundsätzlich ein ‚präventives Zeichen gegen Rechts' zu setzen.

Im Januar 2000 richtet sich die CDU personell neu aus. Ihr bisheriger Vorsitzender Wolfgang Schäuble wird in den Strudel der Parteispenden-Affäre Kohls hineingezogen und verzichtet auf den Parteivorsitz. Zu seiner Nachfolgerin wird die bisherige CDU-Generalsekretärin Angela Merkel gewählt, eine im ostdeutschen Templin groß gewordene Pastorentochter und Physikerin, die sich unter Kanzler Kohl vor allem als Umweltministerin einen Namen macht. Wirtschaftlich platzt an der Börse die ‚Dotcom-Blase' der ‚New Economy', während in Hannover für sechs Monate die erste deutsche Weltausstellung namens ‚Expo 2000' stattfindet. Geprägt von den uns am Herzen liegenden neuen Themen ‚Nachhaltigkeit, Informationstechnologie' und ‚internationaler Tourismus'. Um aus aller Welt Millionen nach Hannover zu locken, die hier allabendlich – dank billiger Abendtickets – zusammen mit den Hannoveranern bis in die frühen Morgenstunden das heitere, internationale Flair genießen.

Die Außenpolitik steht im Zeichen der monopolaren Vorherrschaft der USA, die als selbsternannter ‚Weltpolizist' unter Missachtung internationaler Interessen viel Vertrauen verspielt. Worauf das arabische Al-Qaida-Terrornetzwerk unter ihrem saudi-arabischen Anführer Osama bin Laden einen Anschlag auf ein im Jemen liegendes US-Kriegsschiff mit 17 Toten verübt. Dann gelingt es 19 arabischen Extremisten am 11. September 2001, vier amerikanische Passierflugzeuge in ihre Gewalt zu bringen, um die New Yorker Zwillingstürme des World-Trade-Centers zu zerstören und das Pentagon zu beschädigen. 2.600 Todesopfer kosten die Anschläge. Worauf Bush das amerikanische Militär nicht etwa nach Saudi-Arabien, sondern in den ‚Schurkenstaat' Irak entsendet, wahrheitswidrig behauptend, Beweise für eine irakische Chemiewaffenproduktion gefunden zu haben. Unser Kanzler Schröder bleibt standhaft, ‚jegliche Spielereien mit Krieg' für deutsche Truppen ablehnend. Worauf wir zusammen mit Frankreich vom US-Präsidenten als ‚altes Europa' bezichtigt werden, während sich das ‚neue Europa' der osteuropäischen EU-Mitgliedsstaaten und Großbritanniens auch ohne UN-Mandat als ‚Koalition der Willigen' am Militäreinsatz im Irak beteiligt.

Das Jahr 2002 beginnt mit der Einführung des Euro. Für 1,96 DM erhalten die Jedermanns 1 €. Die neue Währung wird angesichts der hohen Staatsschulden der südeuropäischen Länder von vielen skeptisch beäugt. England, Schweden und Dänemark bleiben daher dem Euro fern. Da viele Läden ihre Preise nach oben aufrunden, wird der Euro bald als ‚Teuro' verspottet. Doch dank fallender Ölpreise liegt am Jahresende 2002 die befürchtete Inflation bei lediglich 2 % und behauptet sich der Euro auch gegenüber dem Dollar. Im Herbst 2002 findet die Bundestagswahl statt. Mitten im Wahlkampf ereignet sich die ‚Jahrhundertflut' an Donau, Elbe und Oder. Während die zur Hilfe gerufene Bundeswehr beim Stapeln von Sandsäcken und der Rettung der von den Wassermassen Eingeschlossenen hilft, präsentiert sich Schröder medienwirksam in Gummistiefeln als Krisenmanager. Die SPD-Grüne Koalition wird wiedergewählt.

Mit Schröders zweiter Koalitionsregierung beginnt der Montagnachmittag, innenpolitisch zunächst gekennzeichnet von dem Schrecken der SARS-Grippe, der schließlich trotz medialer Dauerpräsenz lediglich 800 Menschen zum Opfer fallen. Außenpolitisch begleitet durch eine europaweite Wirtschaftskrise, worauf sich die EU-Staats- und Regierungschefs zur Wiederherstellung der europäischen Wettbewerbsfähigkeit auf Investitionsprogramme in Milliardenhöhe verständigen. Die Europäische Kommission legt ein Reformpapier vor, um die EU wieder flottzumachen. Neben der ‚Charta der europäischen Grundrechte' und Einführung einer europäischen Hymne schlägt sie für Entscheidungen des Europäischen Rates eine ‚Doppelte Mehrstimmigkeit' vor. Diese wird schließlich von den Staats- und Regierungschefs gebilligt, um an den Volksabstimmungen Frankreichs und Hollands zu scheitern. Die Europäer verordnen sich daraufhin eine ‚Denkpause'. Aufgrund der von den politischen Eliten geschaffenen komplexen Strukturen und einer immer ausufernden Administration ist Europa für viele keine ‚Herzensangelegenheit' mehr.

Im Irak finden die US-Soldaten keine Massenvernichtungswaffen. Sie beschließen, radikalisierte Kriegsgefangene auch ohne Gerichtsverfahren in Guantanamo zu inhaftieren. Als amerikanische Soldaten per Video überführt werden, Folterungen in Iraker Gefängnissen begangen zu haben, ziehen sie sich aus dem Land zurück. Womit die amerikanische Politik ihr internationales Ansehen schwächt, während Wladimir Putin, der seit 2000 als Nachfolger Jelzins in Russland regiert, keine Gelegenheit ungenutzt lässt, um Russlands neue Stärke zu demonstrieren. Russland erlebt eine wirtschaftliche Blüte ebenso wie China, zunächst unter Jeng und seit 2003 unter Hu. China tritt jedenfalls dank seines wirtschaftlichen Erwachens wieder in unseren Fokus.

Innenpolitisch wird 2004 das ‚Erneuerbare Energien Gesetz' aufgrund einer EU-Richtlinie modifiziert, um nicht nur als ‚Ökosteuer' die Wind- und Solarkraft zu subventionieren, sondern auch die Lohnnebenkosten zu senken. Kanzler Schröder steht aufgrund hoher Arbeitslosenzahlen unter Druck, nachdem die Industrie infolge der Öffnung der Märkte in Russland und im Reich der Mitte immer mehr Kapazitäten dorthin verlagert. Die öffentliche Hand verfehlt wiederholt die Maastricht-Kriterien einer – bezogen auf das Bruttoinlandsprodukt – maximal 3 %igen staatlichen Neuverschuldung. Dank der Intervention Frankreichs versendet jedoch die Europäische Kommission keinen ‚Blauen Brief' an Deutschland.

Schröder macht sich die Studie der vom VW-Personalvorstand Peter Hartz geleiteten Kommission ‚Moderne Dienstleistungen am Arbeitsmarkt' zunutze und verkündet das Reformprogramm der ‚Agenda 2010'." „Was ist das denn noch einmal?" „Ein Konvolut aus Kürzungen von Sozialleistungen und Konzepten zur verstärkten Eigenverantwortung. So wird das Arbeitslosengeld von 18 auf 12 Monate reduziert, um danach die Betroffenen mit dem sehr viel schmaleren Arbeitslosengeld II sozial abzufangen. Die Arbeitsämter werden in ‚Jobcenter' umgewandelt, der Kündigungsschutz gelockert und Gründungen von Handwerksbetrieben auch ohne Meisterprüfungen zugelassen. Schröder lässt zudem 2003 eine Lockerung des ‚Ladenschlusses' beschließen, womit sich die Öffnungszeiten der Läden am Samstag bis 20:00 Uhr verlängern, was zu einem Beschäftigungsanstieg führt. Wenn auch zumeist nur in Form sogenannter ‚400 €-Jobs'. Unsere Innenstädte wandeln sich in belebte Einkaufsstraßen, die bisher ab Samstagmittag wie ausgestorben wirkten. Ein Schneechaos im Münsterland führt zu tagelangen Stromausfällen, womit der Mythos des sicheren Stromnetzes zum ersten Mal Risse bekommt. 2005 wird der Deutsche Kardinal Ratzinger zum Papst gewählt, sich fortan Benedikt XVI nennend.

Schröder initiiert mit seiner Gesundheitsreform eine Ökonomisierung des Gesundheitswesens, gekennzeichnet durch ‚Fallpauschalen', die einen grundsätzlichen Strukturwandel in der Gesundheitsbranche auslösen. Die Banken schliddern in eine Krise. Die HypoVereinsbank, erst sieben Jahre zuvor aus der Fusion der Bayerischen Vereinsbank mit der Bayerischen Hypotheken- und Wechselbank hervorgegangen, wird von der Mailänder Uni Credit Group übernommen. Auch die Commerzbank schwächelt. Trotzdem sieht sich die Bundesregierung aufgrund des geltenden EU-Rechts dazu gezwungen, mit der Kommission die staatliche Gewährträgerhaftung für Sparkassen zu beenden. Worauf immer mehr Sparkassen fusionieren.

Als die Kritik an Schröder aus den eigenen Reihen immer lauter wird, entschließt sich der zu einem ‚unechten Misstrauensvotum'. Um wie erwartet nach einer fehlenden Mehrheit im

Bundestag vorgezogene Bundestagswahlen zu initiieren, gedeckt durch den neu gewählten Bundespräsidenten Horst Köhler. Die CDU wird stärkste Partei, doch verfehlt die FDP das Ziel, stark genug zu wachsen, um als Koalitionspartner zur Verfügung stehen zu können. Noch in der Wahlnacht prophezeit der angetrunkene Kanzler vor laufenden Kameras Angela Merkel, seine Partei würde einer Großen Koalition unter ihrer Kanzlerschaft niemals zustimmen. Was sich als Irrtum herausstellen soll. Womit ich den Montag politisch enden lassen.

Dienstag der Ära Merkel (von 2006 bis 2020/21)

Der Dienstagmorgen beginnt also Ende November 2005 mit der Wahl Angela Merkels zur Kanzlerin. Ihr gelingt es bis zum Jahresende, sich mit dem bisherigen Chef des Kanzleramtes Frank-Walter Steinmeier auf eine ‚Große Koalition' der beiden großen Volksparteien zu verständigen, der unser neuer Außenminister wird. Ihr ‚auf das Fahren auf Sicht ausgerichteter' Regierungsstil erweist sich als effiziente ‚Politik ohne Markenkern', geprägt vom ‚Prinzip der Moderation' und der oft stereotypen Plattitüde ‚alternativloser Entscheidungen'. Dank ihrer unprätentiösen Art trifft sie gleichwohl bei den Jedermanns auf breite Zustimmung. Innenpolitisch beschließt die Große Koalition eine dringend erforderliche ‚Föderalismus-Reform' mit dem Ziel einer schärferen Trennung der Kompetenzen von Bund und Ländern bei einer gleichzeitigen Entschlackung der vom Bundesrat freizugebenden ‚zustimmungspflichtigen Gesetze'. Die von ihrem Vorgänger veranlasste ‚Agenda 2010' führt derweil zu einem wirtschaftlichen Aufschwung.

Im Sommer 2006 findet in Deutschland die Fußball-Weltmeisterschaft statt, mit der die Nation endlich wieder zu einem unverkrampften Verhältnis zu sich selbst zurückkehrt, auch Freude an deutschen Wimpeln an PKW-Scheiben entwickelnd. Ein von lauen Sommernächten geprägtes ‚Sommermärchen' voller ‚Public-Viewing-Events', mit bestenfalls dem kleinen Schönheitsfehler, dass die italienische Mannschaft den Weltmeistertitel erringt. Bei diesem Großereignis erleben die Jedermanns erstmals wieder das heitere Gefühl des Patriotismus, ohne sich länger für den gespenstigen Nationalismus schämen zu müssen. Im Jahre 2007 erhöht Merkel zur Sanierung des Staatshaushaltes die Mehrwertsteuer von 16% auf 19%. Gleichzeitig wird ein ‚Elterngeld' als elternbezogene staatliche Ersatzleistung für die ersten Monate nach der Geburt von Kindern eingeführt, das sich bald auch bei den Vätern großer Beliebtheit erfreut.

Außenpolitisch gelingt 2007 die Unterzeichnung der ‚Lissabon-Verträge'. Während das Verfassungsgericht eine Volksabstimmung für entbehrlich hält, lassen andere EU-Länder ihre Bevölkerung über die neue europäische Verfassung abstimmen. Die Zustimmung gelingt dieses Mal überall bis auf Irland. Worauf die Staats- und Regierungschefs keine erneute Aussetzung des Denkprozesses vereinbaren, sondern sich auf Nachbesserungen für Irland verständigen. Etwa auf das Recht jedes Mitgliedsstaates zur Entsendung eines Kommissars, auf das die Iren pochen. Sowie auf steuerliche Sonderregeln, womit nun auch die Iren ihre Zustimmung erteilen.

Dann steht das erste Kabinett Merkel vor der großen Herausforderung, mit einer ‚internationalen Finanzkrise' konfrontiert zu sein. Ausgelöst durch die großzügige Finanzierung von US-Eigenheimen können dort immer weniger Häuslebauer ihre Raten zahlen. Die damit verbundenen Ausfälle versuchen amerikanische Banken durch die Ausgabe von Immobilienfonds mit der Vermischung der Darlehen gut laufender Immobilien international in Form von ‚Jumbo-Pfandbriefen' breit zu streuen. Als die Blase platzt, führt dies zum internationalen Misstrauen der Banken untereinander und damit zum Ausfall von Interbanken-Finanzkrediten. Der US-Staat verstaatlicht zur Vermeidung flächendeckender Konkurse zwei nationale Hypothekenbanken und den größten Versicherungskonzern. Fatalerweise weigert er sich jedoch, auch die Investmentbank Lehman Brother aufzufangen, die mit 700 Milliarden Dollar Schulden Insolvenz anmeldet. Worauf der Dow-Jones um 800 Punkte einbricht und in Deutschland die Bayern-LB und die West-LB aufgrund der Kreditvergaben an Lehman Brothers in eine finanzielle Schieflage geraten. Vor allem trifft es aber die seit dem Jahr 2000 mit Jumbo-Pfandbriefen handelnde Hypo Real Estate AG, zu der die Tochtergesellschaft Deutsche Pfandbriefbank AG gehört, die erst 2002 ihren Sitz nach Dublin verlegt, um der hierzulande kritischen Bankenaufsicht zu entkommen.

Worauf sich die Regierung Merkel genötigt sieht, die Hypo Real Estate AG wegen eines uneinbringlichen Pfandvolumens von 45 Milliarden DM zu verstaatlichen. Auch die staatliche Kreditanstalt für Wiederaufbau KfW ist mit 17 Milliarden € betroffen. Bundeskanzlerin Merkel beruhigt, zusammen mit Finanzminister Peer Steinbrück, Kleinsparer mit einer staatlichen Garantie auf Bankguthaben bis zu 100.000 €. Im Oktober folgt ein ‚Finanz-Stabilisierungsgesetz', wonach die Regierung – über einen Fonds – Bürgschaften von bis zu 400 Milliarden Euro vergeben darf. Überall in Europa brodelt es. Die Europäische Union, der Internationale Währungsfond und die Weltbank müssen erst irische Banken und dann die isländische Regierung stützen, die eine Anleihe über 750 Million Dollar nicht zurückzahlen kann. Die amerikanische Notenbank beginnt mit der Politik des ‚Credit Easing', die sich durch niedrige Zinsen, aber auch den Ankauf von Staatsanleihen auszeichnet. Eine Politik, die der europäische Notenbankchef Mario Draghi kopiert. Kapitalspritzen und staatliche Garantien wabern rund um die Welt.

Inmitten dieser Finanzkrise beschließt die ‚Gemeinsame Wissenschaftskonferenz des Bundes und der Länder' die Gründung der ‚Nationalen Akademie der Wissenschaften', die wieder wie seit 1878 ihren Sitz in der in Halle angesiedelten ‚Leopoldina' haben soll, um jenseits der wirtschaftlichen und politischen Interessen lehrstuhlübergreifend grundsätzliche, uns alle betreffende Zukunftsthemen zu beleuchten. Es scheint, für einen Moment lässt damit die Politik inmitten der Finanzkrise ihren postfaktischen Kurs hinter sich, was von den Jedermanns allseits begrüßt wird.

Der Finanzkrise folgt 2009 eine handfeste Wirtschaftskrise. Worauf Merkel mit einem Kurzarbeitergeld von 60% der Bezüge und einer Abwrackprämie für Autos reagiert, um die Autoindustrie anzukurbeln. Gleichzeitig sieht sich die Bundesregierung zur Beruhigung der Gemüter zu einer weiteren Föderalismus-Reform genötigt, mit der sie sich auf eine verbindliche Obergrenze der öffentlichen Verschuldung verpflichtet. Nicht zuletzt dank ihres beherzten Krisenmanagements gelingt Merkel im Herbst 2009 die Wiederwahl. Zwar erleidet die CDU Einbußen, doch erweist sich der FDP-Politiker Westerwelle als erfolgreich.

Womit Merkel in ihrem zweiten Kabinett eine Koalition mit der FDP eingeht und Westerwelle zum Außenminister ernannt wird. Die Regierung überrascht im Juni 2010 mit der Aussetzung der Wehrpflicht. Die Radikalisierung des Islams beschäftigt die Gemüter. 2010 wird Christian Wulff zum Bundespräsidenten gewählt, dem es zuvor als Niedersächsischem Ministerpräsident erfolgreich gelingt, die Anzahl der Landesgesetze deutlich zu reduzieren. Wulff löst mit seiner These eine hitzige Debatte aus, ‚das Christentum gehört zweifelsfrei zu Deutschland. Auch das Judentum gehört zweifelsfrei zu Deutschland, dies ist unsere christlich-jüdische Geschichte. Aber der Islam gehört inzwischen auch zu Deutschland'. Zur Beruhigung der Gemüter schlägt Wuff vor, in deutschen Moscheen nur noch in Deutschland ausgebildete islamische Religionslehrer zuzulassen. Zudem ergänzt er bei seinem Türkeibesuch seine These, ‚das Christentum gehöre – nicht zuletzt angesichts der kleinasiatischen Heimat des Apostels Paulus – auch zur Türkei'. Was dort ebenfalls Empörung auslöst.

Auch das zweite Kabinett Merkel bleibt von einer neuen Krise nicht verschont. Dank der dramtischen Staatsverschuldung weitet sich die ‚Griechenlandkrise' zu einer handfesten europäischen Finanzkrise aus, in deren Verlauf sich die EU veranlasst sieht, ein ‚europäisches System der Finanzaufsicht' mit Behörden für die Banken-, Wertpapier- und Versicherungsaufsicht zu verabschieden. Im Mai 2010 verstößt Merkel gegen die europäische ‚No-Bailout-Klausel'. Denn obwohl europarechtlich eine Stützung anderer Volkswirtschaften ausdrücklich untersagt ist, werden Hilfspakete in Milliardenhöhe aufgelegt, für die sich bald verniedlichend der Begriff ‚Rettungsschirm' einbürgert. Angesichts dieser ‚Europäischen Finanz-Stabilisierungs-Fazilität' (EFSF) mit einer Verleih-Kapazität von 440 Milliarden € bei einem staatlichen Garantieversprechen von insgesamt 750 Milliarden € mahnt Bundespräsident Christian Wulff zum Maßhalten. Denn er sieht in der von der Regierung veranlassten Kompetenzverlagerung nach Brüssel einen ‚Demokratieabbau'. Worauf Merkel auf Distanz zu Wulff geht, während Griechenland neue EU-Hilfsgelder fordert, ohne an einen Abbau der eigenen Staatsverschuldung zu denken.

Europa verständigt sich 2011 auf ein zweites Rettungspaket in Form eines Schuldenschnitts Griechenlands über 100 Milliarden Euro, womit die deutschen Staatsschulden auf 2 Billionen € (2.000.000 Mio. €) ansteigen. 189 Ökonomen warnen mit öffentlichen Anzeigen vor einer Fortsetzung dieser Politik. Mit dem Auslaufen des zeitlich befristeten EFSF-Schirmes verabschiedet Europa 2012 den zeitlich unbegrenzten ‚ESM-Sicherheitsmechanismus', der vom Bundestag gebilligt wird, um mit einem Stammkapital von 700 Milliarden € die Zahlungsfähigkeit überschuldeter europäischer Staaten über Kredite oder Bürgschaften sicherzustellen, von denen die ausfallgefährdeten Staaten Irland, Portugal, Spanien, Italien und Griechenland Gebrauch machen.

Die Debatte um die Integration der bei uns lebenden Ausländer wird schärfer. Thilo Sarrazin spaltet die Jedermanns mit seinem Buch ‚Deutschland schafft sich ab', indem er Umfragen thematisiert, wonach türkische Migranten kaum Deutsch sprechen, weil mehr als die Hälfte von ihnen nur selten oder nie Kontakt zu Deutschen haben. Angesichts der Tatsache, dass 20% der Berliner Straftaten auf nur 1.000 türkische wie arabische Jugendliche zurückzuführen seien, fordert er harte Strafen und eine verstärkte frühkindliche Spracherziehung zur Überwindung von Parallelgesellschaften. Dass gleichzeitig gerade die Nachfahren türkischer Einwanderer sich politisch erfolgreich in allem Parteien etablieren, übersieht er geflissentlich. Zudem thematisiert

Sarrazin bei den Deutschen die Korrelation von Schichtenzugehörigkeit und Sozialverhalten. Um motorische Mängel, Übergewichtigkeit, mangelnde Zahnhygiene, ungesundes Fernsehverhalten und mangelnde Sprachentwicklung der unteren Schichten zu beklagen. Er befindet, in unserem Sozialstaat sei nicht die materielle, sondern die geistig-moralische Armut das Kernproblem. Das Buch avanciert zum Bestseller. Neben seinen merkwürdigen Ideen zur genetischen Übertragung von Intelligenz, werden viele seiner aufgelisteten Fakten als Tabubruch empfunden, worauf sich die Politik von ihm distanziert. Womit seine interessanten Lösungsvorschläge zur negativen Einkommensteuer, zum größeren Lohnabstand von Arbeitslosenhilfe und Mindestlohn, zur Entlastung von Sozialabgaben bei niedrigen Einkommen und zu öffentlichen ‚Workforce-Konzepten' im Nichts verhallen.

Erstmals führen elektronische Netzwerke (ENCs) zu einem ‚Flash Crash', sprich zu einem Absturz der Börsen infolge eines in nur fünf Millisekunden reagierenden Algorithmus, der den Dow Jones binnen weniger Minuten um 1000 Punkte abstürzen lässt. Später stellt sich die Vermutung ein, dass jener durch eine falsche Zahlenangabe eines Händlers ausgelöst wird. Kurz darauf beschäftigt der isländische Vulkanausbruch Eyjafjalla die Jedermanns, der mit seiner Aschewolke wochenlang den europäischen Flugverkehr lahmlegt. Innenpolitisch gerät Bundespräsident Wulff in die öffentliche Kritik. Ausgelöst durch seinen, auf die Mailbox gesprochenen Einschüchterungsversuch gegenüber einem Journalisten. Aufgrund haltloser Anschuldigungen der Vorteilsannahme im Amt, an denen sich die Presse engagiert beteiligt, eröffnet die Hannoversche Staatsanwaltschaft im Februar 2012 ein Strafverfahren gegen Wulff. Das zwingt ihn, als Bundespräsident zurückzutreten. Es entspricht dem Zeitgeist unserer postfaktischen Zeit, dass sich im anschließenden Gerichtsverfahren alle Anschuldigungen als haltlos erweisen, worauf Wulff zwei Jahre später freigesprochen wird.

Derweil blicken die Jedermanns sorgenvoll zur japanischen Küste, die von einem schweren Tsunami heimgesucht wird, in dessen Folge es in den Reaktoren des Atomkraftwerkes Fukushima zur Kernschmelze kommt. Worauf sich die Bundesregierung dazu veranlasst sieht, mit einem ‚Atom-Moratorium' bis 2022 aus der friedlichen Nutzung der Kernenergie auszusteigen, selbst wenn bei uns Tsunamis unbekannt sind. Im Juni 2012 soll mit großem Pomp der neue Berliner Großflughafen BER in Schönefeld eingeweiht werden. Doch im letzten Moment wird der Einweihungstermin verschoben. Man glaubt es kaum, acht Jahre später hat dessen Eröffnung immer noch nicht stattgefunden. Dann folgt 2013 die nächste Bundestagswahl, bei der Merkels CDU – nicht zuletzt dank ihres erfolgreichen Krisenmanagements – deutlich zulegt, während ihr Koalitionspartner FDP einen so dramatischen Absturz erfährt, dass die Partei den Wiedereinzug ins Parlament verfehlt.

2013 folgt die dritte Koalitionsregierung Merkels wieder in Form einer ‚Großen Koalition' mit der SPD. Nun werden ein gesetzlicher Mindestlohn von 8,50 € und ab 45 Berufsjahren eine Rente mit 63 verabschiedet, eine Regelung, von der allerdings nur Industriearbeiter und Bankangestellte profitieren, während die eigentlichen Adressaten körperlich schwer arbeitender Bauarbeiter – aufgrund ihrer Fehlzeiten während der Wintermonate – leer ausgehen. Außenpolitisch beweist die Regierung wenig Gespür, als sie EU-Verhandlungen über ein Assoziierungsabkommen mit der Ukraine zulässt, anstelle sie über andere Formen der wirtschaftlichen Verflechtung zu unterstützen. Womit ausgerechnet die deutsche Regierung das historische Interesse Russlands erstmals gröblich verletzt. Als die vor dem Staatsbankrott stehende Ukraine um westliche Hilfe bittet, sieht sich der russische Präsident Putin dazu veranlasst, einen Tag nach dem Ende der olympischen Winterspiele von Sotschi, in der Ostukraine einen Bürgerkrieg anzufachen und die Autonomiebestrebungen der auf der Krim lebenden Russen militärisch zu unterstützen. Was letztlich zum Ausrufen der ‚Republik Krim' führt, die kurz darauf der Russischen Republik beitritt.

Außenpolitisch verschlechtert sich zudem das Verhältnis zur Türkei, nachdem der Bundestag eine Resolution zum türkischen ‚Völkermord an Armeniern' verabschiedet. In dieser verurteilt das

Parlament nicht nur die während des Ersten Weltkrieges in der Türkei verübten Gräueltaten deutscher Soldaten, sondern auch die unrühmliche Rolle der Türkei. Deren Präsident Erdogan verbittet sich jede moralisierende Einmischung in die türkische Politik, um sich darauf zu versteifen, die türkisch-stämmigen deutschen Bundestagsabgeordneten als ‚Menschen mit schlechter Muttermilch' zu denunzieren. Erdogan gelingt es – auch dank eines in Deutschland geführten Wahlkampfes –, die Türkei von einem ‚Verfassungsstaat' zu einem autokratischen ‚Staat mit Verfassung' zu wandeln. Was viele Jedermanns erzürnt, weil sich ausgerechnet die bei uns lebenden Türken als ‚Zünglein an der Waage' erweisen. Mit der Folge, dass auch deutsche Journalisten in der Türkei Opfer grundloser Inhaftierungen werden. Als Erdogan dann Bundestagsabgeordneten den Besuch des deutschen Luftwaffenstützpunktes in der Türkei untersagt, der für Aufklärungsflüge gegen das von Dschihadisten ausgerufene ‚Kalifat Islamischer Staat' genutzt wird, wird dieser nach Jordanien verlegt und kühlt die Beziehung zur Türkei merklich ab. Kanzlerin Merkel muss zudem die schmerzhafte Erfahrung machen, dass amerikanische Geheimdienste ihre Gespräche infolge einer geradezu ‚paranoiden Rationalität' abhören.

Im April 2013 gründet Bernd Lucke mit Alexander Gauland die ‚Alternative für Deutschland'. Der Fokus der ‚AfD' liegt auf der Kritik an der Verwässerung des Euro durch immer neue Schulden zur Rettung kränkelnder südeuropäischer Staaten. Bald kommen ausländerfeindliche Ansichten hinzu, gegen die sich Lucke zur Wehr setzt. Worauf der Parteigründer auf dem Erfurter Parteitag in einem parteiinternen Machtkampf Frauke Petri unterliegt, um der Partei den Rücken zu kehren. Nun setzt die AfD mit der Kritik an den Migrantenströmen einen neuen Schwerpunkt.

Mit der nun einsetzenden ‚Flüchtlingskrise' schliddert die Kanzlerin in eine dritte Krise. Millionen Syrer fliehen über die Türkei nach Mitteleuropa, nachdem Dschihadisten im Irak und in Syrien mit menschenverachtender Brutalität ihre Glaubensvorstellungen durchsetzen und weder vor Massenmorden, noch vor

Vergewaltigungen oder Sprengungen antiker Kulturgüter haltmachen. Zu diesem Flüchtlingsstrom gesellen sich Wirtschaftsflüchtlinge aus Schwarzafrika und Afghanistan. Die Bilder über die erbärmlichen Lebensverhältnisse der entlang der ‚Balkanroute' Flüchtenden werden immer erschütternder. Als Tausende Budapest erreichen, schließt der Alpenstaat Österreich seine Grenzen. Worauf die Kanzlerin Merkel im September 2015 eine ‚Willkommenskultur' für Flüchtlinge ausruft, um eine humanitäre Katastrophe zu vermeiden. Womit sie de facto das 1997 geschlossene Dubliner Abkommen der Europäischen Staaten aufkündigt, mit dem Asylsuchende dort ihren Asylantag zu stellen haben, wo sie erstmals die EU betreten.

Mit der Parole ‚wir schaffen das' setzt Merkel die ursprünglich auf wenige Tage ausgelegte Öffnung der Grenzen dauerhaft mit der Behauptung aus, ‚das Asyl-Grundgesetz kenne keine Obergrenze'. Ein scheinbar banaler Satz, der sich später zum Kristallisationspunkt einer gesellschaftlichen Polarisierung herausstellt. Unser Bundespräsident Joachim Gauck warnt öffentlich, ‚unser Herz ist weit, doch unsere Möglichkeiten sind endlich'. Es entsteht ein administrativer ‚Kollaps mit Ansage' mit bald über 300.000 ‚Asylanträgen'. Denn die Behörden sind mit der Registrierung der Flüchtlinge hoffnungslos überfordert. Als die Versorgung der Flüchtlinge kläglich zu scheitern droht, gelingt es der Bundeswehr wie vor allem der Zivilgesellschaft, in den nächsten zwölf Monaten der Lage einigermaßen Herr zu werden.

Die Presse entwickelt ein trotziges postfaktisches kollektives ‚Nicht-berichten-Wollen', geboren aus dem verständlichen Wunsch der Vermeidung ausländerdiskreditierender Nachrichten. Womit ein neues Kapitel der ‚Fake News' beginnt. Denn nun werden auch die immer offensichtlicheren Schattenseiten der Flüchtlingspolitik – vom Anstieg der Drogenkriminalität bis zur Belästigung junger Frauen auf nächtlichen Straßen, von rivalisierenden Clans bis zum aufkeimenden muslimischen Antisemitismus und vom Erschleichen vieler Sozialleistungen durch Mehrfachregistrierungen einiger Flüchtlinge bis zu Verteilungskämpfen bei der ‚Tafel' – verschwiegen. Um allein von der AfD thematisiert zu werden. Der Polizei fällt es zunehmend schwerer, die öffentliche Sicherheit an ‚Hotspots' aufrechtzuerhalten. Drei Millionen Überstunden fallen allein bei der Bundespolizei an. Zeitungen rechnen uns vor, dass damit theoretisch 1.500 Polizisten ein Jahr zu Hause bleiben dürften. Das führt zu einer Spaltung der Gesellschaft. Während die einen ‚Ausländer raus' skandieren, setzen andere mit Plakaten ‚auch Kartoffeln waren mal Ausländer' auf die Kraft der Integration.

Besonders Sachsen wird zum Hotspot der rechten Szene. Dort formiert sich die Gruppe ‚Patriotische Europäer gegen die Islamisierung des Abendlandes' – kurz PEGIDA genannt. Während sie von den einen als ‚Neo-Nazis' beschimpft wird, nehmen sie andere als die erste ostdeutsche politische Bewegung nach der Wiedervereinigung wahr. Die sächsische Integrationsministerin Petra Köpping sieht in ihr die späte Reaktion auf den Alltag der Nachwendezeit, in der viele Ossis aufgrund des Scheiterns ihrer eigenen Biografien und der Ausländerpolitik ihr Demokratieverständnis verlieren. Da die DDR ‚abgewickelt worden sei', fehle es den Wessis an der Einsicht über ‚die arbeitsplatzvernichtende Treuanstalt, die Benachteiligung der Ossis bei Löhnen und Renten und ihre beschränkten Aufstiegsmöglichkeiten in Führungsetagen'. Eine Gemengelage, in der die ‚eigene Identitätssuche nicht mehr die Kraft für den Aufbau einer Einwanderungskultur' fände. Das politische Verständnis endet jedoch, als die Proteste in nackte Gewalt umschlagen, ‚Wutbürger' menschenverachtend Asylantenheime anzünden. Womit sich die asymmetrische Berichterstattung verschlimmert und die AfD nach und nach in alle Landesparlamente einzieht.

Erst als in der Silvesternacht zum 1. Januar 2016 junge Frauen vor dem Kölner Bahnhof sexuell belästigt werden, schlägt die öffentliche Meinung um und stimmt die Presse neue Töne an. Nun verspricht die Kanzlerin, die Abschiebung der inzwischen mehr als 200.000 abgelehnten Asylanten umzusetzen. Doch bleibt es bei dieser Ankündigung. Dagegen gelingt ihr die Begrenzung der weiteren Zuwanderung durch ein EU-Türkei-Abkommen. Kaum ist diese Bedrohung von außen gestoppt, schrecken

Terroranschläge islamistischer Extremisten ganz Europa auf. Nach Paris, Nizza, Brüssel und London ereignen sich diese seit Sommer 2016 auch in Würzburg, München, Hannover und beim Berliner Weihnachtsmarkt vor der Gedächtniskirche. Im Falle Berlins aufgrund offenkundiger Unterlassungen bei der polizeilichen Arbeit in Verbindung mit den Geheimdiensten. Die Sicherheit von Großveranstaltungen wird immer teurer, womit die Jedermanns bedauern, dass ‚Public Events' aufgrund zusätzlicher Kosten seltener werden. Längst ist Berlin als ‚Arrival City' ein zentraler Anziehungspunkt einer globalen Wanderungsbewegung. Das schürt Ängste, die russische Staatsmedien anfachen, als sie eine vermeintliche Vergewaltigung einer 13-Jährigen durch einen Asylanten medienwirksam thematisieren. Bis sich die Information als politisch motivierte ‚Fake News' herausstellt.

Der Dieselskandal in den USA stürzt die deutsche Automobilindustrie in eine tiefe Vertrauenskrise. Ein Geflecht aus skandalösem Betrug und Regulierungsversagen. Unzweideutig liegt ein Betrug vor, weil PKW-Abgasanlagen während der Fahrt elektronisch abgestellt werden, während sie auf dem Prüfstand einwandfrei funktionieren. Aber auch ein Regulierungsversagen kann nicht bestritten werden, weil es – anders als in den USA – in der EU keine klaren Regeln gibt und sich die überforderte Brüsseler Administration jahrelang darum herumdrückt, eine schnelle Neuorientierung zu präsentieren, bis der Ruf des Diesels – wieder einmal in der postfaktischen Zeit mit dem Blick auf den CO2-Ausstoß zu Unrecht – restlos ruiniert ist.

Das Jahr 2017 entpuppt sich – vor allem dank dreier Ereignisse – als ein erstes Wetterleuchten für einen epochalen Wendepunkt. Erstens wird Donald Trump als neuer US-Präsident vereidigt, der, nach dem Motto ‚America first', UNO, Weltbank und NATO ebenso geringschätzt wie die WTO, um mit milliardenschweren Strafzöllen gegen China den freien Welthandel einzuschränken. Zweitens ermächtigt das britische Unterhaus im Februar 2017 die britische Regierung, den im Juni 2016 per Volksentscheid verfügten ‚Brexit' mit einem EU-Austrittsantrag zu umzusetzen. Und drittens wird im Mai 2017 Emmanuel Macron mit der von ihm neu gegründeten Partei ‚En Marche' zum neuen französischen Präsidenten gewählt. Bei uns hingegen beginnt die Zeit bloßer politischer Absichtserklärungen. Nicht nur bei den immer offensichtlicheren Mängeln der Bundeswehr, die bei ihren Auslandseinsätzen nicht mehr adäquat ausgerüstet werden kann. Sondern auch bei dem Ausbau der digitalen Infrastruktur wie der administrativen Bewältigung der Flüchtlingskrise. Als der bayerische Ministerpräsident Seehofer im Juli 2017 eine ‚Obergrenze für Flüchtlinge' fordert, lehnt dies Merkel kategorisch ab. Zudem unterschätzt die Koalition beim Hamburger G20-Gipfel im Juli 2017 die Gewaltbereitschaft der ‚Globalisierungsgegner', die bald – von der Politik verschuldete – Sicherheitslücken offenbart. Bei den Bundestagswahlen im September 2017 erhalten die Regierungsparteien die Quittung für diesen Kontrollverlust. Zwar gelingt es Merkel, mit ihrer CDU knapp vorn zu bleiben, doch verliert die CDU ebenso deutlich wie ihr Koalitionspartner SPD.

Das führt zu einer halbjährigen Hängepartie der bisherigen Koalition in Form einer ‚geschäftsführenden Regierung'. Merkel entschließt sich in dieser Phase zur Zustimmung einer neuen ‚sozialen EU-Säule', um die Südosteuropäer über großzügige Sozialleistungen zum Verbleib in ihren Ländern zu bewegen. Selbst um den Preis, dass damit der EU-Haushalt um weitere 10 Milliarden € aufgestockt werden muss. Dagegen erweisen sich die Koalitionsverhandlungen als zäh. Denn die SPD lehnt eine erneute ‚Große Koalition' ab und für eine andere Koalition benötigt Merkel gleich zwei Koalitionspartner. Nämlich die Partnerschaft der Grünen und der FDP, um eine ‚schwarz-gelb-grüne Jamaika-Koalition' eingehen zu können. Die Sondierungsvereinbarungen mit der FDP und den Grünen scheitern daran, dass die Kanzlerin in diesen den potenziellen Partner FDP links liegen lässt. Merkel rechnet nicht damit, dass es der FDP-Vorsitzende Christian Lindner trotz wiederholter Warnungen wagt, diese für gescheitert zu erklären. Worauf allgemeine Ratlosigkeit herrscht. Da die Umfragewerte der Meinungsforscher keinen anderen Wahlausgang für wahrscheinlich halten, appelliert der neu gewählte Bundespräsident Frank-Walter Steinmeier an seine Partei, ‚der Auftrag zur Regierungsbildung ist vielleicht der höchste Auftrag des Wählers, der die Abgeordneten zum Gemeinwohl verpflichtet'. Nach einer internen Mitgliederumfrage setzt sich schließlich die SPD doch noch an den Verhandlungstisch.

Damit beginnt im Frühjahr 2018 das vierte Kabinett Merkel, das sich akribisch dranmacht, die ausgehandelten Eckpunkte des Koalitionsvertrages Punkt für Punkt abzuarbeiten, um ansonsten aktuelle Themen im ‚Betroffenheitsgestus' mit finanziellen Versprechen beiseitezuschieben, wohl wissend, dass sich diese im administrativen Dickicht verheddern. Das gilt für die Verlegung von Glasfasernetzen für ein schnelles Internet, indem die Bundesregierung erneut verspricht, drei Vierteln der Haushalte das Surfen im Internet mit 50 Megabit je Sekunde zu ermöglichen und jeden Haushalt ans Internet und den Mobilfunk anzuschließen. Doch Jahre später gibt es immer noch selbst auf Autobahnen und Schienenstrecken offenkundige Funklöcher. Bei der Ursachensuche zeigt sich wieder die typische Mischung aus komplexen Förderbedingungen, schwierigen Genehmigungsverfahren und dem Personalmangel in Gemeinden und Landkreisen. Geprägt von regulativen Hürden des Bau- und Umweltrechtes, worauf nach den wohlklingenden Ankündigungen die ambitionierten Ausbaupläne in der Schublade verschwinden.

Beim Asylrecht spitzt sich die Lage zu, nachdem sich die südeuropäischen Länder weigern, die über ihre Grenzen nach Europa eingereisten und nach Deutschland durchgeschobenen Flüchtlinge wieder aufzunehmen. Nachdem Innenminister Seehofer der Kanzlerin mit einem deutschen Alleingang der Schließung deutscher Grenzen droht, beginnt eine Marathon-Diplomatie, die dank finanzieller Hilfen mit den betroffenen Südeuropäern gelingt. Zudem verständigt sich die Koalition auf eine Begrenzung von 200.000 Flüchtlingen pro Jahr. Im Sommer 2018 ziehen rechtsradikale Hooligans durch Chemnitz, um sich über die Nachrichten einer Messerattacke eines Immigranten Luft zu verschaffen. Was unter dem Motto ‚wir sind mehr' zu einer breiten Gegenbewegung und einem ‚Rockkonzert gegen Rechts' führt. Die von den großen Rock-Festivals Hurricane und Rock am Ring bekannten Bands Ton Scheibe Erden, die Toten Hosen und Feine Sahne Fischfilet tragen dazu bei, dass sich die Stadt medial aus der rechten Ecke befreit. Dann jedoch beschäftigt die Regierung wochenlang die Behauptung des Präsidenten des Verfassungsschutzes Hans-Georg Maaßen, während der Ausschreitungen in Chemnitz sei es nicht zu ‚Hetzjagden' gegen ausländische Menschen gekommen. Der Dresdener Generalstaatsanwalt widerspricht. Eine Videoaufnahme belegt dessen Sicht, worauf Maaßen politisch nicht mehr haltbar ist. Die Parteivorsitzenden von CDU, CSU und SPD einigen sich darauf, Maaßen als Staatssekretär ins Innenministerium zu versetzen. Was breite öffentliche Proteste auslöst, worauf der Plan schnell fallen gelassen wird. Als Maaßen dann über ‚linksradikale Kräfte in der SPD' schwadroniert, wird er endlich von Seehofer fallen gelassen.

2018 geraten auch die Grundfesten Europas ins Wanken, nachdem immer mehr europäische Mitgliedsländer von Polen über Ungarn bis nach Italien in den Sog von Populisten geraten. Zudem erweist sich das Verhältnis zu den USA als zunehmend spannungsgeladen. Symbolisiert durch ein Foto des G-7-Gipfels, in dem Macron und die Kanzlerin verzweifelt auf den trotzigen, mit verschränkten Armen vor ihnen sitzenden US-Präsidenten einwirken, um ihn von einer Abkehr der überzogenen US-Zollpolitik zu bewegen. Nach einer verlorenen Landtagswahl in Hessen kündigt Angela Merkel überraschend an, im Dezember 2018 nicht mehr für den CDU-Parteivorsitz zu kandidieren. Auf dem CDU-Parteitag setzt sich die CDU-Generalsekretärin ‚AKK', die ehemalige Saarländer Ministerpräsidentin Annegret Kramp-Karrenbauer, nach einem Personal-Geschachere mit dem Vorsitzenden der Jungen Union durch. Ende 2018 wird eine Stärkung des Europäischen Krisenfonds ESM beschlossen und kommt die EZB mit ihrer Politik milliardenschwerer Aufkäufe von Staatsanleihen und ihrer Negativzins-Politik immer mehr in die öffentliche Kritik. Nicht zuletzt, weil sie laut einer Studie der Bundesbank damit die Mieten der Jedermanns in die Höhe treibt.

Die Ausländerproblematik und rechte Hetzer lässt die Republik nicht zur Ruhe kommen. Im April 2019 macht in Berlin ein ausländischer Clan – mit einer Mischung aus Dreistigkeit, spektakulären Raubzügen, Raub, Rauschgift, Erpressung und Geldwäsche – von sich reden. Ähnliches erleben die Jedermanns in Bremen und im Ruhrgebiet. Dann schreckt im Juni der von einem Rechtsextremisten verübte Mord am SPD-Politiker und Kassler Regierungspräsidenten Walter Lübcke die Jedermanns auf, worauf der Politik langsam schwant, dass die Sicherheitskräfte letztlich seit dem Anschlag auf das Oktoberfest im September 1980 auf dem ‚rechten Auge' über Jahre erblinden. Ulrich Greiner veröffentlicht sein Buch ‚Heimatlos – Bekenntnisse eines Konservativen', in dem er das inzwischen vorherrschende politische Meinungsklima des ‚Betroffenheitsgestus' anprangert. Als die Industrie im Juni 2019 die Strompreise, Überbürokratisierung und langsames Internet öffentlich thematisiert, kontert die Kanzlerin nicht zu Unrecht, ‚Vertrauen in die Bundesregierung ist wichtig, aber Vertrauen in die Wirtschaft genauso'. Um ihrerseits das Zurückfallen der Industrie in der digitalen Welt und die Betrügereien um den Dieselskandal zu thematisieren. Dann gerät auch noch die Feinstaub-Diskussion außer Rand und Band, als 100 Lungenärzte darauf verweisen, dass die Stickoxidgrenzen völlig überzogen sind. Flankiert von Studien, aufgrund derer Dieselautos weniger Feinstaub ausstoßen als sie durch den Kühler anziehen. Worauf die nach wie vor angeprangerte Feinstaubbelastung nun den Abrieb der PKW-Reifen und Bremsscheiben stigmatisiert.

Im September 2019 verkündet ein Berliner Gericht, die Grünen-Politikerin Renate Künast habe Beleidigungen wie ‚ein Stück Scheiße', ‚Drecksfotze' und ‚zu wenig gefickt' zu ertragen, da diese vom Recht der freien Meinungsäußerung gedeckt seien. Man solle den Richter als ‚Pimmelarsch Drecksack' bezeichnen, befindet daraufhin der Satiriker Dieter Nuhr. Mit dem Urteil ist ein weiterer Vertrauensverlust in die Justiz verbunden. Schon lange verfestigt sich der Eindruck schwerer administrativer Mängel. Allein im Vorjahr müssen 51 Haftbefehle gegen dringend Tatverdächtige aufgehoben werden, weil die Frist bis zur Verurteilung durch geschicktes anwaltliches Agieren abläuft. Auch erregen sich die

Jedermanns über die deutliche Zunahme an Verfahrenseinstellungen und die ins Abstruse andauernden jahrelangen Verwaltungsprozesse. Dann entdeckt die Politik die gute alte Zeit, um sich in Sonntagsreden zu dreißig Jahren Wiedervereinigung, siebzig Jahren Grundgesetz und hundert Jahren Weimarer Verfassung selbst zu feiern. Die Jedermanns lernen, dass Weimar nicht an seiner Verfassung scheiterte, sondern an denen, die mit ihr lebten.

Nun endlich verschafft sich die Jugend politisches Gehör. Schon 2007 belebt der Schüler Felix Finkbeiner die UN-Initiative ‚Plant-for-the-Planet' und begeistert so viele Mitschüler, dass er 2008 auf einer Pressekonferenz berichten kann, er und seine Freunde haben inzwischen 50.000 Bäume gepflanzt, um den CO_2-Anstieg wenigstens zu verlangsamen. Zusammen mit der Kenianerin Wangari Maathai und vielen Prominenten gewinnt er zunehmend internationale Aufmerksamkeit, sodass er 2011 vor der UN-Generalversammlung sprechen darf, um im Namen der bei ‚Plant-for-the-Planet' engagierten Jugendlichen das weltweite Ziel des Pflanzens von 1.000 Milliarden Bäumen zu verkünden. Im Verlaufe des Jahres 2019 erregt die junge Schwedin Greta Thunberg mit ihrer ‚Friday-for-Future-Bewegung' eine noch größere mediale Aufmerksamkeit, um an jedem Freitag gegen die bisherige Klimapolitik zu demonstrieren. Eine Initiative, die bei uns dank der ‚Plant-for-the-Planet-Aktivisten' in kürzester Zeit zu flächendeckenden Freitagsdemonstrationen führt. Sodass sich im Spätsommer 2019 die Bundesregierung unter Zugzwang gesetzt fühlt, um einen nationalen Zertifikatehandel für Kraftstoffe von zunächst 3 Cent pro Liter einzuführen, der später vom Bundesrat auf 10 Cent aufgestockt wird. Zudem beschließt sie den Braunkohleausstieg bis zum Jahr 2038, für den sie insgesamt 60 Milliarden € zur Verfügung stellt. Gleichzeitig erschüttern die Jedermanns Bilder über Wetterextreme, die zu massiven Ernteausfällen führen und in den norddeutschen Wäldern eine trockenheitsbedingte pandemische Ausbreitung der Borkenkäfer auslösen.

Die EU Staats- und Regierungschefs fällen die Entscheidung, Ursula von der Leyen zur neuen EU-Kommissions-Präsidentin vorzuschlagen. Ihr gelingt es, das Europäische Parlament in einer flammenden Rede für mehr Klimaschutz in Form des ‚Green Deals' und für eine neue Digital-Offensive auch in Gestalt einer eigenen europäischen Cloud hinter sich zu bringen. Im Oktober 2019 löst Christine Lagarde Mario Draghi als EZB-Präsidentin ab, um dessen Politik auf den Prüfstand zu stellen. Dann wird die EU mit dem Wunsch der Engländer nach dem ‚Brexit' konfrontiert, nachdem der frisch gewählte englische Premier Boris Johnson zeitgleich zwei Briefe an die EU versendet. Während er in dem einen, nicht unterzeichneten Brief um die Verschiebung des Brexit bittet, spricht er sich in einem zweiten, von ihm unterzeichneten Brief gegen die Verschiebung aus. Was die EU achselzuckend zur Kenntnis nimmt, um die britische Austrittsfrist infolge der für Dezember angekündigten englischen Unterhauswahlen bis Januar zu verlängern. Als diese Johnson haushoch gewinnt, gewährt die EU im Januar 2020 Großbritannien den Austritt, nachdem sich beide darauf verständigen, innerhalb der nächsten 12 Monate alle offenen Streitpunkte über eine zukünftige Zusammenarbeit abarbeiten zu wollen. Die sich letztlich um die Entscheidung drehen wird, ob quer durch Irland wieder ein Grenzzaun errichtet werden muss oder nicht, und damit vermutlich nicht zustandekommt. Dann streitet sich die EU über die mit der durch Englands Austritt verbundene Deckungslücke des EU-Haushalts von 40 Milliarden €, die Deutschland ablehnt, alleine aufbringen zu wollen. Man muss aber kein Hellseher sein, um zu unterstellen, dass Deutschland letztendlich mindestens die Hälfte davon übernimmt.

Anfang 2020 führt die Regierung eine Grundrente ohne Bedürftigkeitsprüfung für 1,5 Mio. Rentner ein, die fortan einen gestaffelten Zuschlag zu den von ihnen geleisteten Rentenbeiträgen erhalten. Im März 2020 kippt das Bundesverfassungsgericht das Verbot geschäftsmäßiger Sterbehilfe, da die Freiheitsrechte der Jedermanns auch die Freiheit einschlössen, sich das Leben zu nehmen und dabei professionelle Hilfe in Anspruch zu nehmen. Der Präsident des Gerichts macht zeitgleich medienwirksam mit seinem Artikel ‚Karlsruhe Unlimited' darauf aufmerksam, dass es sich die Karlsruher Richter nicht einfach machen, sondern von, wenn auch unsichtbaren, Grenzen der verfassungsrichterlichen Tätigkeit geleitet werden, die vom Diskurs mit dem im Senat mitsitzenden Richtern über den Austausch mit den europäischen Gerichten bis zu affirmativen wie kritischen Beobachtungen der Rechtswissenschaft geprägt werden. Um seine Mit-Richterin Jutta Limbach zu zitieren, die Mehrheitsregel – der Entscheidungen des Bundestages – ‚präge nicht allein das Wesen der westlichen Demokratie. Zu ihr gehören auch bestimmte, gerichtlich überprüfbare grundlegende Werte und Menschenrechte, auf die alle Staatsorgane verpflichtet sind'.

Auch das vierte Kabinett Merkel wird zuletzt von einer neuen Krise getroffen, nachdem wir vom, zum Covid-19 mutierten Corona-Virus befallen werden. Die ‚Corona-Krise' entpuppt sich als dramatisch, da sich das Virus auch über Mitbürger ausbreitet, die noch keine typischen Krankheitssymptome zeigen. Sich – vom bald abgeschotteten chinesischen Wuhan aus – blitzschnell über die gesamte Welt verteilend, um innerhalb weniger Wochen die Jedermanns – wegen der extremen Ansteckungsgefahr und der heftigen Erkrankung einiger Betroffenen – angesichts nur begrenzter Intensivbetten in Angst und Schrecken zu versetzen. „Gibt es nicht schon 2018 bei uns eine Grippewelle mit 25.000 deutsche Grippetoten?" „Stimmt, aber die aktuelle Krise unterscheidet sich von der vor allem aufgrund fehlender Medikamente, sodass die WHO schnell von einer globalen ‚Pandemie' spricht. Bisher reagiert die Regierung mit Bedacht und verdient viel Respekt. Doch man braucht kein Hellseher zu sein, um zu sehen, dass mit der Corona-Krise eine handfeste Wirtschaftskrise einhergeht.

Ich wage einmal die These, dass sich diese Krise in drei Phasen unterteilt. In eine erste mit zwei oder drei Grippewellen, in der die Jedermanns auch dank staatlichen Kurzarbeitergeldes den Lockdown akzeptieren. Bis sich zuletzt ein allgemeiner Frust über die immer willkürlicheren, nicht mehr nachvollziehbaren behördlichen Maßnahmen breit macht. Erst wenn die jungen Mütter dank der Doppelbelastung der Kinderbetreuung und des Homeoffice an ihre Grenzen kommen, öffentlich eine wirtschaftliche Depression eingeräumt wird und gleichzeitig mehr als 100.000 Insolvenzen unser Land erschüttern werden, folgt die zweite Phase, in der die Jedermanns den vollen Umfang des behördlichen Lockdowns begreifen. Worauf die Politik auf Schnellzulassungen der Impfstoffe drängen wird. Was trotzdem den Virus nicht davon abhält, uns mit Mutationen in Schrecken zu verstzen. Womit die Regierung gezwungen ist, einen liberaleren Kurs einzuschlagen. In der dritten Phase wird – so meine These – die Gesellschaft selbst die Politik dazu zwingen, den Kurs zu beenden. Allerdings werden uns lange das mulmige Gefühl bei großen Menschenansammlungen wie auch die Kopfschmerzen begleiten, den finanziellen Schuldenberg wieder abstottern zu müssen. Doch darum wird sich nicht mehr unsere Kanzlerin Merkel zu kümmern haben, die ankündigt, nach sechzehn Dienstjahren zum ersten Mal in unserer Geschichte als Regierungschef freiwillig abzutreten. Jedenfalls finde ich den uns nun bevorstehenden kollektiven Lockdown mit der Entschleunigung des Lebens und dem Zurückfahren sozialer Kontakte als einen geeigneten Moment, um genau nach 2/5 der Epoche die Gegenwart abklingen zu lassen. Denn Corona wird uns noch bis zur nächsten Bundestagswahl im Jahr 2021 fest im Griff haben."

Bernd unterbricht sie: „Ich bin mal gespannt, was die Kanzlerin heute um 19:20 Uhr verkündet." „Ich auch", erwidert Claudia. „Sicher wird sie die Jedermanns auf den Ernst der Lage hinweisen und uns eine ‚Kontaktsperre' ans Herz legen", mutmaßt Bernd. „Meinst du wirklich? Dann sehe ich schwarz bei meinem Polterabend heute Abend." „Hast wahrscheinlich gerade noch Glück. So schnell wird heute die Polizei noch nicht sein. Bin mir aber sicher, dass zukünftig solche Feste ausfallen werden." „Das wäre ja erst ein Grund, heute noch einmal so richtig die Sau herauszulassen. Du weißt doch, ich war schon immer eine Rebellin." Bernd schmunzelt, eine andere Reaktion hätte er ohnehin von ihr nicht erwartet.

Über die ‚Neuen Schönen Künste'

„Komm, mein Lieber, lass mich damit zum letzten Mal zu den ‚Schönen Künsten' überleiten und zunächst wieder mit den ‚Neuen Schönen Künsten' beginnen. Hier bleibt es dir leider nicht erspart, dich neben der Trivialliteratur, Unterhaltungsmusik, dem Fernsehen und den Kinofilmen mit zwei weiteren Facetten der ‚Neuen Schönen Künste' abzufinden. Denn leider kommen nun die interaktiven Videospiele und Streaming Dienste hinzu." Entgegen ihren Befürchtungen antwortet Bernd mit großer Gelassenheit: „Macht nichts, das macht den Kohl nun auch nicht mehr fett."

„Vielleicht nicht aus kultureller Sicht, aber ökologisch belasten diese individualisierten Unterhaltungsformen nicht unerheblich. Was uns nicht davon abhalten wird, neue Gewohnheiten zu entwickeln. Ich finde, da kann einem geradezu schlecht werden. Zumindest, wenn man sich deren Ökobilanz ansieht. Bei den Videospielen, wenn diese auf den auf dem Vormarsch befindlichen online-Versionen beruhen, ebenso wie bei den Streamingdiensten der öffentlichen wie privaten Anbieter. Wir fühlen uns als Deutsche zu Recht mitverantwortlich, dass wir für knapp 3% des weltweiten CO_2-Ausstoßes verantwortlich sind. Aber der entsteht eben nicht nur beim Fliegen, beim Autofahren und Heizen, sondern auch beim Stromverbrauch infolge individueller Internet-Nutzungen. Und die sind weltweit für gut 4% des CO_2-Ausstoßes verantwortlich." „Was, so viel Strom brauchen die dahinterstehenden Computer und Übertragungswege?" „Leider ja. Rund ein Drittel entfallen auf Streamingdienste, vor allem auf Netflix und Amazon Prime, ein Drittel auf Pornos und ein Drittel auf soziale Medien wie YouTube und Facebook." „Ist ja krass."

„Die Trivialliteratur verliert aufgrund der vielen Streaming-Dienste an Bedeutung." „Sag bloß, hierzu fallen dir keine Beispiele mehr ein?" „Doch, doch, etwa die Werke der Autoren Marc Hillefeld und Philipp Roth ‚der Bergdoktor', der Autorin

Marisa Parker ‚die rätselhafte Rebecca' oder des Autors Wolfgang Herrndorf ‚Tschick'. Aber das soll es auch gewesen sein.

In der Unterhaltungsmusik setzt sich Spotify durch, womit die CD ebenso außer Mode geräte wie die Platte. Vierklänge mit Sept-Akkorden werden als neue Harmonien en vogue, sich in einem unglaublichen Stilpluralismus entfaltend. Hierzu nur einige Beispiele. Die Böhsen Onkelz singen ‚dunkler Ort', Stefan Raab ‚wadde hadde dudde', Rosenstolz ‚es könnt ein Anfang sein', die Söhne Mannheims ‚geh davon aus', Fettes Brot ‚schwule Mädchen', Herbert Grönemeyer ‚Mensch', Oomph ‚Augen auf', Ich und Ich ‚du erinnerst mich an Liebe', Tokio Hotel ‚durch den Monsun', Xavier Naidoo ‚dieser Weg', Juli ‚die perfekte Welle' und Paul van Dyk ‚wir sind wir'. Nena singt ‚Liebe ist', die Toten Hosen ‚Tage wie diese', Silbermond ‚das Beste' und Helene Fischer ‚Atemlos'. Ich würde gerne noch ein paar mehr Titel nennen, aber ich glaube, wir sollten uns mehr auf die Zukunft fokussieren." „O. k.", erwidert Bernd, um dann zu ergänzen: „Vielleicht nur noch wenigstens ein paar andere. So singt Rosenstolz ‚ich bin ich', Tokio Hotel ‚rette mich', die Sportfreunde Stiller ‚Applaus, Applaus', Ich und Ich ‚vom selben Stern', Unheilig ‚geboren, um zu leben', Tim Bendzko ‚nur noch kurz die Welt retten', Jupiter Jones ‚still', Udo Lindenberg ‚Cello', Max Herre ‚Wolke 7' und die Drag Queen wie Burlesque-Club-Betreiberin Olivia Jones ‚Finger im Po'."

„Ne, mein Lieber, das lasse ich so nicht stehen. Dann mache ich doch noch weiter. Wie wäre es mit den folgenden: Rammstein singt ‚mein Herz brennt', die Erste Allgemeine Verunsicherung ‚Märchenprinz', Andreas Bourani ‚auf uns', Mark Forster ‚au revoir', Philipp Dittberger & Mary ‚Wolke vier', Glasperlenspiel ‚geiles Leben', Stereoacts ‚die immer lacht', Max Giesinger ‚80 Millionen', Adel Tawi ‚ist da jemand', Wise Guys ‚Achterbahn', Andrea Berg ‚Drachenreiter', Karussell ‚meine Stadt', Ton Scheibe Erden ‚keine Macht im Himmel', Rammstein ‚Eifersucht', Maffay ‚wenn du wiederkommst', die Liga der gewöhnlichen Gentlemen ‚Fuckdance, let's art', Helene Fischer ‚Farbenspiel', Unheilig ‚Große Freiheit', die Toten Hosen ‚Palast der Republik' und Sarah Conor ‚Muttersprache'.

Elektronisch produzierte Musik erfreut sich immer größerer Beliebtheit. Mit ihr gewinnen deutsche DJs an Bedeutung wie ZEDD, Robin Schulz, Paul Kalkbrenner, ATB und Thomas Gold. Erwähnen will ich etwa DJ Tomekks ‚Kimnotyze' und DJ Ötzis ‚ein Stern, der deinen Namen trägt'. Ich sollte noch den Hip-Hop erwähnen, der nun nicht mehr nur die Jugendlichen, sondern uns alle mit Wucht erfasst. Provozierende Namen wie Cappoccino, Frauenarzt, Haftbefehl, das Duale System, Fischmob und Tic Tac Toe. Fettes Brot singen ‚am Wasser gebaut' und Kool Savas ‚Aura'. Der deutsche Rap wird modern, die Grenzen des Anstandes oft überschreitend so wie John-Lorenz Moser als Mitglied der Hamburger 187 Straßenbande. ‚Deine Frau, sie kommt zu mir, weil sie will Steine rauchen./Hab sie alle so fixiert wie aufm Scheiterhaufen./Immer nur so viel, dass keiner stirbt, sie sollen weiter kaufen.' Mit einem kontinuierlichen Tabubruch der Begriffe ‚Schlampe', ‚Mutterficker', ‚Fotze' oder ‚Hurensohn' einhergehend, was sich als Erfolgsgarant für Bushido, Sido und Fler erweist. Der frühe Rap der ‚Absoluten Beginner' und ‚Freundeskreis' mutiert zum harten Straßen-Rap, denn nach Bushido und Sido folgen Caser, Marteria, Manuellsen, Fler Kay One und Capital Bra. Ein gewaltgeprägtes Umfeld perspektivloser Jugendlicher widerspiegelnd.

2017 überraschen Dieter Falk und Michael Kunze im ‚Luther-Jahr' mit der Aufführung eines Luther-Musicals, Aufführungen von über 1.000 Sängern, die nicht mehr nur Musik konsumieren, sondern mit produzieren. Und die Hamburger Goldkehlchen beweisen, dass auch die Zeit unserer Chöre noch lange nicht vorbei ist. Guido Horn und Stefan Raab erzielen mit ihren ironischen Liedern beim European Song Contest Achtungserfolge, bis es Lena Meyer-Landrut 2010 gelingt, mit ‚Satellite' den ESC zu gewinnen. Schließlich will ich noch auf zwei ungewöhnliche Interpreten eingehen. Auf Max Raabe, der mit ‚der perfekte Moment' an die goldenen Zwanziger der Deutschen Welle anknüpft. Sowie auf den genialen Roger Cicero, der mit seinem swingenden Jazz die Jedermanns etwa mit seinem großartigen Lied ‚zieh die Schuh aus' in seinen Bann zieht." „Ist doch komisch", befindet

Bernd, „bei jeder Benennung eines Titels erklingen bei mir sofort die dazugehörigen Melodien in meinem Kopf." „Du weißt doch, unsere Gehirne sind seit der Steinzeit wesentlich ausgeprägter darauf gepolt, Melodien abzuspeichern, als sich etwa Gesprochenes zu merken." „Stimmt, das haben wir ja analysiert."

„Das Fernsehen verliert durch zu viele Talkrunden, Koch- und Unterhaltungssendungen sowie nicht enden wollende Krimiserien an Bedeutung. Ich will mich auch hier auf die Nennung nur weniger Sendungen beschränken. ‚Wetten dass', ‚wer wird Millionär', ‚Tatort', ‚Ein Fall für Zwei', ‚der Bulle von Tölz', ‚Deutschland sucht den Superstar', ‚ich bin ein Star, holt mich hier raus', 'Bauer sucht Frau', ‚um Himmels willen', ‚das Supertalent', ‚in aller Freundschaft', ‚Rach, der Restauranttester', ‚Verstehen Sie Spaß', ‚Musik ist Trumpf', ‚Germanys next Topmodell' und der Bergdoktor'. Auch die ‚Tagesthemen' und das ‚Heute Journal' verlieren kontinuierlich Einschaltquoten. Immerhin wenden sich Hellmuth Karasek, Christine Westermann, Iris Radisch und Volker Weidermann mit dem ‚literarischen Quartett' sowie Max Moor mit seinen ‚ttt' weiter an ein kulturbeflissenes Publikum.

Die internetbasierten Streaming-Dienste wie Net-Flix, Disney oder Amazon buhlen um den Markt der Bezahldienste. Wie übrigens auch der Pay-TV-Sender Skype. Das besondere an den Streaming-Diensten ist, dass sie gerne viele kurze Serien produzieren, die sie nicht an andere verleihen. Mit der eigenen Produktion gelingt es ihnen, vertikale Monopole aufzubauen, wovon mehr als noch Schauspieler die Regisseure profitieren. ‚You are wanted', ‚Pastefka', ‚Stromberg' und ‚inside Borussia' sind einige der deutschen Produktionen. Mit ihnen sterben innerhalb kürzester Zeit die bis dato beliebten Videoshops aus.

Playstation- oder Xbox-basierte Spiele gewinnen exponentiell an Bedeutung. Während vor der Jahrtausendwende noch ‚Nintendo 64' und ‚Playstation' einfache Spielkonsolen waren, haben sich längst die ‚Playstation 4', ‚Oculus Rift' und ‚Nintendo Switch' am Markt etabliert, um über CDs oder als ‚Indies' – sprich Downloadspiele – zu einem mächtigen Medium des Zeitvertreibs heranzuwachsen. Zunächst erfreuen sich FIFA-Fußballspiele oder

Weltraumsimulationen wie ‚X' großer Beliebtheit, dann stehen aktionsorientierte Spiele wie ‚Downhill' hoch im Kurs, in dem es um eine wirklichkeitsnahe Simulation einer Mountainbike-Abfahrtstrecke geht.

Lass mich damit zum Genre des Kinofilms überleiten. Deutsche Filme sind wieder ‚in' wie Oskar Röhlers ‚die Unberührbare', Christian Petzolds ‚die innere Sachlichkeit', Andreas Dresens ‚halbe Treppe', Sönke Wortmanns ‚das Wunder von Bern', Margarethe von Trothas ‚Rosenstraße', Dennis Gansels ‚Napola' und Marc Rothemunds ‚Sophie Scholl', mit dem der Widerstand der Münchener Studierenden im Fokus steht. Es folgen Marcus Rosenbergers ‚wer früher stirbt, ist länger tot', Triebels ‚Emmas Glück', Stefan Ruzowitzkys ‚der Fälscher', Dennis Gansels ‚die Welle', Uli Edels ‚der Baader Meinhoff Komplex', Michael Hanekes ‚Das weiße Band', Feo Aladags ‚die Fremde', Wim Wenders ‚Pina' und Lars Kraumes ‚der Staat gegen Fritz Bauer', in dem der Hergang und Verlauf der Auschwitzprozesse thematisiert werden. Dann folgen Simon Verheugens ‚willkommen bei den Hartmanns', Maren Ades ‚Toni Erdmann', Arpad Bondys ‚die Zeiten des abnehmenden Lichts', Fatih Akins ‚aus dem Nichts', Stephan Ricks ‚die dunkle Seite des Mondes', Oliver Hirschbiegels ‚der Untergang', Lars Kraumes ‚das schweigende Klassenzimmer', Christian Schwochows ‚Deutschstunde', Marco Kreuzpainters ‚der Fall Collini', Fatih Akins ‚gegen die Wand' und Michael Herbigs ‚Ballon', in dem die wahre Geschichte einer spektakulären Westflucht in einem Heißluftballon thematisiert wird. Caroline Link wird für ihren Film ‚nirgendwo in Afrika' ebenso mit einem Oscar ausgezeichnet wie Florian Henckel v. Donnersmarck für sein Werk ‚Das Leben der Anderen', erstmals ein menschliches Bild eines Stasi-Mitarbeiters zeichnend.

Unsere Filmemacher wagen sich zunehmend an Komödien heran, die bisher vornehmlich französische Filmemacher beherrschen. Als Beispiele hierfür möchte ich Michael Herbigs ‚Der Schuh des Manitu', Till Schwaigers ‚Barfuß' und ‚Keinohrhasen', Hape Kerkelings ‚Horst Schlämmers – Isch kandidiere', Bora Baytekins ‚Fack ju Göhte', Dagtekins ‚der Schlussmacher' und Matthias Schweighöfers ‚Vaterfreuden' anführen. Auch die Ost-West- und Ausländerproblematik wird nun komödienhaft aufgearbeitet. In Bernd Steinbichlers ‚Herr Lehmann' wird die Wende aus Sicht eines Westberliner Studenten thematisiert, der diese inmitten seiner alkoholgetriebenen Exzesse nur rein zufällig wahrnimmt. Während in Wolfgang Beckers ‚Good bye Lenin' die Ostberliner Protagonistin im Koma die Wende verpasst, um sich dann ahnungslos als stramme Kommunistin am sich schnell ausbreitenden Aufschwung zu erfreuen. In Yasemin Sanderelis ‚Alemanya – Willkommen in Deutschland' geht es um eine türkische Familie und in Simon Verhoevens ‚Willkommen bei den Hartmanns' um eine Flüchtlingskomödie. Als eine ganz besondere Komödie entpuppte sich David Wnendts ‚Er ist wieder da', die Rückkehr Adolf Hitlers nach mehr als fünfzig Jahren beschreibend.

Über die ‚Klassischen Schönen Künste'

Auch die ‚Klassischen Schönen Künste' entfalten sich stilpluralistisch. Die Architektur wird von einer ‚Schießscharten-Architektur' erfasst. Sich besonders in den neu entstehenden Berliner Wohnblocks, Ministerien wie Abgeordnetenbüros oder entlang der Münchener Bahngleise mit schmalen, bis zum Boden reichenden Fenstern uniform entfaltend. Der schlichte Kubus des Berliner Großflughafens fällt auf, auch wenn er nicht fertig werden will, während in München längst in Rekordzeit ein ebenso großes, drittes Terminalgebäude geplant, genehmigt, gebaut und in Betrieb genommen wird. In Darmstadt ragt das klimaneutrale ‚Alnatura' mit einer von Glasfronten unterbrochenen Stampflehm-Fassade heraus. Der Limburger Bischof Franz Tebartz-van Elst erbaut das Diözesan-Zentrum Sankt Nikolaus, das sich als so teuer erweist, dass er wegen der Verschwendung von Kirchensteuern öffentlich angeprangert wird. Worauf er in den Vatikan versetzt werden muss." „Haben nicht zu allen Zeiten die Kirchenfürsten mit protzigen Bauten geklotzt und nicht nur gekleckert?" „Stimmt."

„Doch gab es natürlich auch andere Stilformen wie den Berliner Hauptbahnhof, die Kölner Cologne Oval Offices, das gläserne Kölner Weltstadthaus, den Zollhof im Düsseldorfer Medienhafen, das Palaisquartier und das halbrunde Frankfurter Radisson Blue Gebäude. Die Autobahnkirche Wilnsdorf der Architekten Schneider und Schumacher stellt eine Kombination von ineinander verschachtelten eckigen Formen dar, während im Innern eine von runden Strukturen geprägte Zeltgeborgenheit vorherrscht. Auch das Berliner ‚Futurium' gehört zu dem de-konstruktivistischem Stil. Herzogs und Menrons Cottbuser Unibibliothek, der futuristisch anmutende Erweiterungsbau der Leipziger Deutschen Bücherei Linsters und Bothedens Kölner Kranhäuser, Rolf Gnädingers Berliner Otto-Bock-Science-Center, Daniel Liebeskinds Lüneburger Zentralgebäude der Leuphana sowie der Stahlkeil inmitten des Dresdner Militärhistorischem Museum sind weitere Beispiele der de-konstruktivistischen Entfaltungsfreude. Mir fiele noch so viel ein wie Ferdinand Heides Frankfurter Westend Campus, Erick van Egeraats Hamburger-Sumatrakontor, Coop Himmelb(l)aus EZB-Gebäude, Ole Schreens Frankfurter Wohnhochhaus Riverpark Tower sowie Pierre de Marons und Jacques Herzogs Elbphilharmonie. Auch der von Magnus Kaminiarz geplante Frankfurter Grand Tower erfährt als höchster Wohnhausturm Deutschlands dank seiner symetrischen Verspieltheit eine wohlmeinende öffentliche Aufmerksamkeit. Sicher gehört auch die von Behnisch in Herzogenaurach geplante Adidas-Konzernzentrale zu den architektonischen Glanzleistungen der letzten Jahre, ein Kubus, der wie ein gelandetes Raumschiff inmitten eines Sees aussieht, geprägt von feststehenden weißen Quadern als feststehender Sonnenschutz. Doch das wohl bemerkenswerteste Bauwerk zweier ineinander geschobener kubischer Bauteile ist allerdings für mich die vom Henn-Team gebaute, ufo-artig wirkende Tauber-Philharmonie in Weikersheim.

Auch die Malerei entfaltet sich stilpluralistisch. Gerhard Richter erklärt sich selbst nur noch zum ausführenden Organ der computergesteuerten Kreativität der für den Kölner Dom gestalteten Kirchenfenster. Bernd Dieter Huber experimentiert mit der Netzkunst. Neo Rauch entwickelt sich zu unserem bekanntesten Maler, um sich auf seine leuchtend opale Figuren in sich überlappenden Räumen und Zeiten zu spezialisieren.

Georg Baselitz malt seine ‚Russenbilder‘, Jörg Immendorff seine ‚Affenplastik‘, Dana Greier ihr farbenfrohes ‚o.T‘ und Andreas Breunig sein ‚Hi LoRes #58‘. Markus Lüpertz löst mit seinem Kirchenfenster-Entwurf für die Hannoversche Marktkirche vor allem infolge der fünf neben dem Reformator abgebildeten dicken Fliegen laute Proteste aus, die einen Urheberrechtsstreit des Stiefsohns des Nachkriegsarchitekten Dieter Oesterlen mit dem Kirchenvorstand auslöst, der die Kirche als wunderschön schlichten Kirchenraum erhalten will." „Und?" „Ich hoffe, die Kirche setzt sich mit dieser großzügigen Spende des Altkanzlers Schröder vor Gericht durch. Doris Ziegler thematisiert mit ihren tristen ‚Passage-Bildern‘ eine tief empfundene Isolation. Auch Norbert Tadeusz provoziert mit seinem Gemälde eines, an einem Haken aufgehängten toten Schweins, dessen Gedärme in eine Schubkarre gleiten. Maria Lessing schockt mit ‚Lebensqualität‘, eine oberhalb einer versunkenen Stadt schwimmende nackte Person zeigend, an der sich ein Fisch festbeißt, während Timm Ulrich im Hannoverschen Sprengelmuseum mit seiner Installation ‚wir-kl-ich‘ provoziert. Und natürlich komme ich nicht umhin, wenigstens den großen Fotografen Peter Lindbergh zu erwähnen, dem es mit seinen Fotografien immer wieder gelingt, die Stimmung der Fotografierten hinter den Fassaden ihrer Gesichter eindrucksvoll festzuhalten.

Stephan Balkenhol feiert landauf, landab mit seinen Skulpturen große Erfolge, sei es mit ‚Mann mit Hirsch‘ in Hannover, mit ‚Mann auf Giraffe‘ vor dem Hamburger Tierpark Hagenbeck oder mit seiner ‚Sphaera‘ in Form eines, auf einer Mozartkugel balancierenden Mannes vor dem Salzburger Dom. Judith Hopf macht sich mit einer aus Ziegeln geformten Hand einen Namen und der Landshuter Fritz Koenig präsentiert auf der dokumenta seinen ‚großen Ikarus' vor rostroter Sonnenscheibe. Günter Demmig verlegt vor Häusern mehr als 63.000 Stolpersteine zum mahnenden Gedenken ehemaliger jüdischer Mitbewohner. Während sich die Sprayer-Legende Harald Naegili wegen fortgesetzter Sachbeschädigung immer wieder in seiner Wahlheimat Düsseldorf vor Gericht verantworten muss. Zuletzt gilt es, einen der großen Kunstfälscher zu erwähnen. Jedenfalls gelingt es Wolfgang Beltracchini jahrelang, mit seinen meisterliche Fälschungen von Werken von Max Ernst und Max Pechstein die Kunstwelt an der Nase herumzuführen.

Die klassische Musik erholt sich ein wenig aus ihrer Schockstarre der letzten Epoche. Auch wenn sie immer noch von dekonstruktiv zusammengesetzten Tonalitäten gezeichnet ist. Daniel Barenboim gelingt es mit seinen Erläuterungen, den Jedermanns im Pierre-Boulez-Saal der Berliner Barenboim-Said-Akademie die moderne Klassik näherzubringen. Franz Olbrisch komponiert ‚streunende Zahlen'. Wolfgang Rihms ‚Triptychos in memoriam Hans Henry Jahnns' wird zur Eröffnung der Elphi uraufgeführt. Jorg Widmann überrascht mit seiner Oper ‚Babylon'. Als noch provokantere Werke erweisen sich Johannes Kreidlers ‚algorithmische Komposition', Peter Ruzickas ‚Benjamin Symphonie', György Ligetis ‚Athmosphères' und Olga Neuwirths hybride Zeitreise der transgender-Oper ‚Orlando', die mit der Geschichte der unverheirateten britischen Königin Elisabeth I beginnt, die sich schließlich in Orlando während der Hippiezeit in eine Frau verliebt. Ein Werk, das sich musikalisch durch den Auftritt versteckter Kinderchöre auszeichnet. Der Filmkomponist Hans Zimmer macht sich mit ‚Hannibal' und ‚Fluch der Karibik' unsterblich. Ludger Stühlmeyer überrascht mit seiner Choralfantasie ‚es ist ein Ros' entsprungen', Rudi Springt mit seiner Orchestermusik ‚entzündet', Enno Poppe mit ‚Keilschrift' und Matthias Pintscher mit ‚Sur Depart'.

Damit will ich zu unseren Literaten überleiten." „Mensch, jetzt geht es aber auf einmal sehr schnell. Erst dachte ich, das hört ja nie auf. Und nun beschleicht mich das Gefühl, wir hätten so manchen Aspekt ruhig noch vertiefen sollen." „Du spinnst wohl", erwidert sie. Um fortzusetzen: „Ich jedenfalls bin heilfroh über das bevorstehende Ende unseres kulturellen Bogens. Als Dekonstruktivisten entpuppten sich die Literaten Grass, Müller, v. Schirach, Schalansky, Ruge, Enzensberger und Rautenberg. Ein typisches Beispiel für den Dekonstruktismus ist für mich das 2002 erschienene, großartige Buch ‚im Krebsgang‘, in dem Günter Grass in einem mehrschichtig konstruierten Prozess den Untergangs der ‚Gustloff‘ beschreibt. Dann verfasst er sein autobiografischen Werk ‚beim Häuten der Zwiebel‘, um zu bekennen, einst ein Mitglied der Waffen-SS gewesen zu sein. Was ihn seine Reputation kostet. Herta Müller verblüfft uns mit ihren kunstvoll konstruierten Wortschöpfungen der ‚Atemschaukel‘, für die sie 2004 den Literaturnobelpreis erhält, die Geschichte ihres Siebenbürger Protagonisten im ukrainischen Arbeitslager erzählend, der mit dekonstruktistischen Wortschöpfungen Halt zu finden sucht. Durchzogen von metaphorischen Ausdrücken wie ‚Hungerengel‘ oder eben jener berühmt gewordenen ‚Atemschaukel‘. Ferdinand v. Schirach thematisiert mit seinem beeindruckend minimalistischen Stil in seinen, aus strafrechtlich faszinierend konstruierten Bestsellern ‚der Fall Collini‘ und ‚Terror‘ grundsätzliche Probleme des Strafrechts. Im Fall Collini beschreibt er die Mordmotive eines pensionierten Gastarbeiters an einem erfolgreichen Industriellen, der im Zweiten Weltkrieg dessen Vater aus Vergeltung vor seinen Augen hatte erschießen lassen. Während es im ‚Terror‘ um die Frage der Schuld eines Luftwaffenpiloten geht, der in letzter Minute eine Lufthansa-Maschine abschießt, bevor diese, wie von dem Terroristen beabsichtigt, in die vollbesetzte Allianz-Arena stürzt. Um nicht etwa als Held gefeiert, sondern wegen hundertfachen Mordes angeklagt zu werden, denn es dürfe – laut des Verfassungsgerichts (bezogen auf den Gesetzgeber) bei uns anders als anderswo – ein Menschenleben nicht mit einem anderen abgewogen werden. Da die Zuschauer am Ende als Jury über die Schuld des Piloten abstimmen müssen, führt die gleichzeitige Uraufführung des Theaterstücks in Berlin und Frankfurt zu verblüffenden Ergebnissen.

Judith Schalansky beschreibt in ihrem ‚der Hals der Giraffe‘ das traurige Bild einer nach außen hart wirkenden, mit einem ehemaligen Besamungstechniker verheirateten Lehrerin, die innerlich ausgehöhlt ist. Um in Momentaufnahmen ihr Privatleben bis in ihre Kindheit zurückreichen zu lassen. Eugen Ruge veröffentlicht seinen Montageroman ‚Im Zeichen des abnehmenden Lichts', in dem er die Geschichte des Zerfalls einer ostdeutschen Familie während der Wendezeit erzählt. Hans Magnus Enzensberger gelingt 2008 mit ‚Hammerstein oder der Eigensinn' eine von vielen Brüchen durchzogene Geschichte der vom Eigensinn geprägten Persönlichkeit des ehemaligen Chefs der Heeresleitung zwischen ‚produktiver Faulheit' und ‚außergewöhnlicher Intelligenz'. Und Arne Rautenberg dichtet ‚und plötzlich steht meine mutter an der ecke,/in die ich einbiegen will, um einen ecke weiter/den berg hinauf zur nervenklinik zu fahren./Die letzten sekunden intakten lacks eines renaults,/nachtblau glitzernd im april, ich nehme die kurve zu eng,/denn plötzlich steht meine mutter an der ecke./ich reiße die augen auf, sehe die wellen der welt/liegen im spiegelnden mutterblick. nehme die kurve/zu eng und ramme ein parkendes lampengeschäft'.

Der Stilpluralismus kennt keine Grenzen, wie unsere Literaten Maron, Kehlmann, Bachér, Tellkamp, Vermes, Kerkeling, Kaminer, Wohlleben, Brocan, Rinck und Rosenlöcher beweisen. Monika Maron verfasst ihren Roman ‚Endmoränen', in dem ihre Protagonistin zwar die Wende beglückt erlebt, doch vor lauter Freude darüber, was sie hinter sich lässt, vergisst, neu anzufangen. Daniel Kehlmanns schildert in ‚die Vermessung der Welt' die unterschiedlichen Ansätze der Forscher Carl Friedrich Gauß und Alexander v. Humboldt, beide besessen von ihren Überlegungen und blind für das, was um sie herum geschieht. Peter Bachér erfährt mit seinem Werk ‚Liebe ist alles' große Aufmerksamkeit, da er es laut Justus Franz versteht, ‚mit dem Herzen zu denken und dem Verstand zu fühlen'. Uwe Tellkamp veröffentlicht seinen ‚Turm', ein großartiges Panorama einer ganz normalen Arztfamilie inmitten der dem Untergang geweihten DDR-Gesellschaft. Mit Timur Vermes traut sich erstmals ein Literat, sich Hitler satirisch zu nähern. In seinem Werk ‚Er ist wieder da' erzählt er die Rückkehr des Führers in die heutige Welt, um aufgrund der zunehmenden ‚Überfremdung' alter Agitationsmuster mit seiner eigenen Fernsehshow zu scheitern.

Hape Kerkeling verfasst seine beiden urkomischen, und doch von einer besonderen Tiefe gekennzeichneten Bücher ‚der Junge muss an die frische Luft' und vor allem ‚ich bin dann mal weg', humorvoll seine spanische Pilgerwanderung beschreibend, sich trocken als ‚Buddhist mit christlichem Überbau' bezeichnend. Um sich zunehmend von den übrigen Pilgern zu unterscheiden, die anders als erhofft ‚als die gleichen Menschen ihre Reise beenden'. Wladimir Kaminer erzählt in ‚ausgerechnet Deutschland' Geschichten unserer neuen Nachbarn, Syrern aus Syrien, Syrern aus Afghanistan und Syrern aus Afrika, uns selbst immer wieder den Spiegel vorhaltend. ‚Die einen sagten, wir dürften nicht zu gastfreundlich sein, sonst kommt auch noch die andere Hälfte der Welt zu uns. Und die anderen, nur wenn wir den anderen helfen, können wir als Gesellschaft bestehen.' Peter Wohlleben bringt uns die Sichtweise eines Försters näher, man müsse Bäume verstehen. Die – so seine These – miteinander kommunizieren. Und Leif Randt erzählt in seinem Liebesroman ‚Allegro Pastell' die Beziehung eines Frankfurter Webdesigners zu einer Berliner Schriftstellerin.

Auch die Lyrik entfaltet sich stilpluralistisch. Jürgen Brocan veröffentlicht seine ‚Schaukel'. ‚Viele Jahre blieben/meine Beine in Bodennähe,/ich hatte vergessen, dass Schaukeln/eine geistige Übung ist./An Ketten hängend,/schwebt man leichter,/je anstrengender das Einwiegen ist./Was hoch und was tief steht,/bleibt, was es ist und war,/es ändert sich bloß/die Perspektive./St. Prokulus, der Schaukler,/tat nur so, als müsse er/das Seil mit Händen greifen.' Ich finde diese Zeilen vor allem deshalb stark, weil sie so klar beschreiben, wie ganz allmählich der Wahnsinn der Welt mit dem der Bewegung verschmilzt." „Und wer, bitte schön, ist St. Prokulus?" „Der floh dereinst aus Verona, um heute noch in einer Südtiroler Dorfkirche auf einer Schaukel sitzend auf einem der ältesten frühchristlichen Fresken zu sehen. Günter Kunert schreibt, ‚jeder Mensch/eine Gruft seiner Erinnerungen./

Fleischumkleidet,/in Zellen eingesperrt verrotten sie/gewohnheitsgemäß'. Und Monika Rinck verblüfft die Jedermann mit ihrer Lyrikbitte ‚wie geht vorbereiten, wie geht bräunungscreme/ und haare waschen, das sind doch alle fragen,/menschenalter kommen da zusammen, so wie/auf einer landungsbrücke stehn und schnittchen essen,/weil jemand sich verlobt und ein orchester spielt./der unterschied zwischen champagner und fleischfarben/ist bekanntlich nur graduell'." „Mann, du wartest ja zuletzt noch echt mit schwerer Kost auf."

„Oder wie wäre es mit Michael Augustins Zeilen? ‚Schreib uns doch bitte ein Gedicht/mit dem man durch die Woche kommt./ An dem es immer was zu knabbern gibt,/am Montag schon und noch am Freitag./Das selbst am Sonnabend/zur Sportschauzeit noch/mehr fetzt als das ganze Rumgekicke./Und das am Sonntag locker/jeden Gottesdienst ersetzt'. Marion Poschmann beobachtet einen ins Licht wachsenden Farn, bis sie von dem Teil der Pflanze magisch angezogen wird, der am Boden bleibt. Jene Farn-Fraktale, die wie bei vielen anderen Pflanzen für ihr Überleben sorgt, obwohl sie nicht im Lebenslicht steht. ‚Und wir, wir wichen schüchtern den Schritt zurück/ins Dunkle, wo die Farnspiralen/ausharren, dicht in sich eingewunden,/genügsam und lautlos./Wenn ich jemals so,/so eingerollt in mich, völlig eingehegt/im Wald, der an mich grenzte, Wald, der/Gegenfarn bildete, größer, steiler'?"

„Hast du vielleicht eine leichtere Kost anzubieten?", erkundigt sich Bernd. „Wie wäre es mit Nadja Küchenmeister, die eine bewundernswerte dokumentarische Gründlichkeit an den Tag legt, wenn sie schreibt, ‚ich zähle deine hemden, socken,/unterhosen, entwirre die Kabel unter dem tisch, schwarze/wurzeln, die keinen anfang und kein ende haben'." „Na also", freut sich Bernd, „damit kann ich endlich was anfangen." „Enden will ich mit Thomas Rosenlöchers Zeilen, die hoffentlich auch auf dich versöhnlich wirken. ‚Glücklich unter Rosen hocken –/wer das noch sagen könnte./Aber die Rosen stehen doch vorm Haus/und unsere Namen klein an der Tür./Schon läuten die Blüten, schon hämmern die Zweige./Glücklich unter Rosen hocken hält selbst das Weltende auf.'" „Das ist auch für mich zumindest ein versöhnliches Ende der ‚Jetztzeit', gar keine Frage", befindet Bernd erleichtert, „zumindest wenn man Rosenlöcher als Hygge-Angebote versteht, mit denen man sich der Entschleunigung hingeben kann, um neue Kraft für unseren Kampf in den irrsinnigen Weltwirbeln um uns herum zu schöpfen." „Du hast recht, mein Lieber. Ich glaube, er will den Zustand loben, wenn wir endlich unsere Seele entspannt baumeln lassen dürfen." „Komisch, ich liebe diese Metapher nicht, denke beim ‚Baumeln-Lassen' immer an einen, am Strick hängenden leblosen Körper." „Vielleicht fühlt sich meine Seele genauso an", erwidert sie gelassen. „Denn irgendwie ahnt sie die nun bevorstehenden neuen Leiden angesichts meiner nun wegbrechenden Sozialkontakte infolge der coronabedingten Isolation." „So schlimm wird es schon nicht werden. Du hast ja wenigstens Josef."

Halbzeitpause

„Komm, lass uns nach draußen gehen." „Gerne." Sie erheben sich, um bald auf der Terrasse tief durchatmend die warme Frühlingssonne zu genießen. „Sie mal, da vorne, wie schön die Forsythien schon blühen!", ruft Claudia sichtlich beglückt. „Danke übrigens für deine beeindruckend gründliche Schilderung zur Jetzt-Zeit", erwidert Bernd. „Du meinst also, mein Vortrag war zu lang, oder?", erkundigt sich Claudia, besorgt dreinschauend. „Macht nichts", befindet Bernd, „er war nicht zu lang, sondern öffnete mir einfach nur die Augen, mit welch rasanter Geschwindigkeit wir in eine neue Zeit katapultiert wurden, die in zwanzig Jahren gerade einmal dank zehn wirkmächtiger Wendepunkte unser Leben gründlich auf den Kopf stellte." Claudia nickt.

„Wenn du eine Bilanz ziehen müsstest", setzt Bernd fort, „ich meine über die ersten zwanzig Jahre des neuen Jahrtausends, wie fiele sie politisch aus?", erkundigt sich Bernd. „Du fragst mich ehrlich nach dem Preis der Wendepunkte? Sie führen zu tiefen Brüchen und zu einer nie gekannten Gier. Und die wiederum mündet im nie gekannten Wohlstand, fußend auf der politischen Lüge, uns zulasten gigantischer Schulden eine heile Welt vorzugaukeln." „Na und?" „Die eigentliche Gefahr der politischen Lüge liegt darin, dass wir sie längst für die Wahrheit halten. Nachdem wir genug Lügen hören, verlieren wir das Gespür darüber, was die Wahrheit ist. Wir verlieren das Gespür für das Aufspüren der Wahrheit. Womit wir uns mit Märchengeschichten begnügen. Zwar ist uns einerlei, wer in diesen die Helden sind. Dafür entwickeln wir jedoch ein neues Interesse für Schuldige." „Wie kommst du denn da drauf?" „Das ist der wahre Grund, warum uns die Gesinnung, nein, die richtige Gesinnung wichtig ist. Denn aus ihr leiten wir die Moral der Geschichte ab, die für uns alleine zählt." Bernd schweigt.

„Worin siehst du denn politische Lügen?" „Ach, mein Lieber, das meinst du doch nicht im Ernst, oder?" „Doch." „Mir fallen so viele ein, dass du mich gleich bitten wirst, meine unendliche Geschichte zu beenden." O. k., wie wäre es mit einigen wenigen Lügen?" Sie sieht einen Moment in die Ferne, dann legt sie los.

Klage über politische Lügen der postfaktischen Zeit

„Ich will mich mal auf zehn politische Lügen beschränken. Ich könnte aber locker auch auf sechzehn kommen." „Ne, da sind mir zehn schon lieber", erwidert Bernd beunruhigt, während er seinen Blick über die Dächer und Türme der Stadt schweifen lässt. Wohl erahnend, dass nun ein weiteres Feuerwerk auf ihn niederprasseln wird.

„Erstens tut die Politik so, als liefe unser Planungsrecht ordnungsgemäß ab. Insofern denkt sie auch nicht laut etwa über ein Umweltgesetzbuch zur Straffung von Verwaltungsverfahren nach. Doch sieh mal genauer hin. Großprojekte wie Stuttgart 21, der

Bau der Elphi und der Berliner Flughafen verzögern sich um Jahre. Es kann doch nicht sein, dass die Entschlüsse der Bundesregierung zur Abschaltung der Kern- und Braunkohlekraftwerke nicht einhergehen mit dem dringend erforderlichen Ausbau alternativer Energiequellen und eines engmaschigeren Leitungsnetzes. Obwohl wir jeden Tag fünf neuer Räder bedürften, gibt es mehr als eintausend Initiativen, um gegen die Windkraft mobil zu machen. So wie bei den Überlandleitungen, von denen bisher weniger als ein Sechstel fertiggestellt sind." Bernd schweigt.

„Zweitens klafft eine immer größere Lücke zwischen politischen Versprechen und deren Umsetzung. Jeder von uns jammert bei der Digitalisierung über schlechte Netze, Mobilfunklöcher und eine fehlende Cloud. Die Regierung beteuert, sie habe doch Milliarden zur Verfügung gestellt. Von den angekündigten 5 Milliarden € für den ‚Digitalisierungspakt' mit den Schulen sind inzwischen gerade einmal 20 Mio. € abgerufen. Das ist noch nicht einmal ein halbes Prozent. Bis 2021 versprach uns die Regierung den Bau von 1,5 Mio. neuen Sozialwohnungen. Von denen bis jetzt noch nicht einmal 300.000 gebaut sind. Sieht denn keiner das administrative Gestrüpp, das die Regierenden gar nicht antasten wollen, um eine schnelle Lösung zu erreichen?" Bernd schweigt.

„Drittens ersticken wir im elenden Klein-Klein politischer Visionen. Sei es beim Hausbau mit gesetzlichen Erfordernissen vom barrierefreien Wohnen bis zu Auflagen von Trockenräumen, Kinderspielplätzen und Garagen. Sei es beim unternehmerischen Handeln aufgrund vieler Vorgaben bei der Qualitätskontrolle, dem Brandschutz, der Arbeitssicherheit und Schutz vor Steuerhinterziehung bei Finanztransaktionen. Gibt es einen, der ernsthaft die damit verbundenen Formalitäten anprangert. Findest du es richtig, wenn in vielen Bundesländern Bauanträge erst nach vier Jahren erteilt werden? Und vor allem unsere kleinen Unternehmen an der merkwürdigen Formalisierungsneurose zu ersticken drohen, die unser Land krebsartig überzieht. Allein die Kassenzettel einer Bäckerei füllen in einem Jahr zehn Güterwaggons. Wie steht es denn um die Selbstverpflichtung der Halbierungsdauer behördlicher Verfahren? Merkt denn keiner die dahinterstehende politische Lüge, lieber unser Land mit einer vermeintlich richtigen Gesinnung zum Stillstand zu bringen, als auf die Privatinteressen zu vertrauen?" Bernd schweigt.

„Viertens tut die Politik so, als könnte uns die Bundeswehr noch verteidigen. Willst du wirklich hinter die Kulissen sehen? 9.000 Mitarbeiter sind im Beschaffungsamt für das Erstellen und Umsetzen der ‚Lastenhefte' tätig. So kamen für eine Patriot-Rakete schnell 14.000 Seiten zusammen. Findest du es richtig, dass Soldaten ADAC-Hubschrauber fliegen müssen, um ihre Lizenz nicht zu verlieren. Dass im Mai 2019 von den 128 Kampfjets gerade einmal vier einsatzfähig waren und die Transportflugzeuge A400M immer noch am Boden stehen, dass Soldaten in VW-Bullis die Einsätze ihrer nicht vorhandenen Schützenpanzer üben und dass wir nur noch weniger als 200 Kampfpanzer haben. Unseren Soldaten mangelt es sogar an hochwertiger Bekleidung. Selbst auf Unterhosen warten die ‚Bedarfsträger' am Ende eines ‚Formularkrieges' Monate." „Immerhin", so wirft Bernd kleinlaut ein, „erklärte doch kürzlich die Verteidigungsministerin Kramp-Karrenbauer, dass alle 9 Brigaden bald wieder aufgerüstet sind." „Hast du da genau hingehört, mein Lieber?" „Wenn ich dich so anschaue, vermutlich nicht." „Eben, zunächst soll nur eine erst Brigade mit Leihmaterial aus den anderen Truppenteilen ausgestattet werden, um in sage und schreibe drei Jahren komplett ausgestattet zu sein. Bis 2027 sollen dann 3 Brigaden einsatzfähig sein. Und bis 2031 sogar alle 9 Brigaden über ausreichendes Material verfügen. Das ist ein elfjähriger Planungszeitraum, bevor wir – selbst wenn alles gut läuft – wieder handlungsfähig sind." Bernd schweigt.

„Fünftens tut unsere Politik so, als halte sie die Justiz hoch. Sieht man genauer hin, dann bemerkt man, die ist chronisch unterbesetzt. Es gibt viel zu wenige Richterstellen und viel zu viele blödsinnige Rückverweisungen an niedrige Instanzen. Findest du es akzeptabel, dass das Bundesverwaltungsgericht vor Kurzem ein vor 14 Jahren beantragtes neues Kraftwerk wegen zahlreicher Umweltschutzbedenken zu einer neuen Runde an das zuständige OLG zurückverweist? Wir haben sie doch nicht mehr alle." Bernd schweigt.

„Sechstens hat die Bundesregierung eine wundersame Fähigkeit dafür entwickelt, komplexe Themen wegzudelegieren. Um den Eindruck zu vermitteln, zumindest sie habe alles gut im Griff. Auch das ist eine Lüge. Denn damit wurde unserer gemeindlichen Administration so viel aufgebürdet, dass diese nichts mehr voranbringen kann. Findest du es hinnehmenswert, dass Gemeinden nicht mehr in der Lage sind, komplexe Förderanträge für die Sanierung von Straßen, Schulen und die Internet-Infrastruktur beim Bund oder der EU zu stellen? Wie lange soll es denn eigentlich noch dauern, bis das längst vereinbarte zentrale Internetportal für behördliche Leistungen von der KfZ-Ummeldung bis zum Kindergeldantrag endlich zur Verfügung steht?" Bernd schweigt abermals.

„Siebtens gibt sich die Bundesregierung als besonders umweltbewusst. Doch auch das stimmt nicht. Bei der Nitratbelastung in unseren Gewässern wartet sie so lange, bis sie vom Europäischen Gerichtshof dazu verdonnert wird, die Überdüngung der Felder endlich aktiv anzugehen. Weshalb monatliche Schadensersatzzahlungen in Millionenhöhe an die EU fällig werden. Findest du es richtig, anstatt die Messstellen zu erhöhen, die Landwirte nur pauschal an den Pranger zu stellen? Der Bayerische Ministerpräsident Markus Söder muss erst durch ein groß angelegtes Volksbegehren so unter Druck gesetzt werden, bis er ein Gesetz zum Bienenschutz verabschiedet. Ich jedenfalls habe keinen Bock, so wie in China selbst meine Obstbäume bestäuben zu müssen. Und bei dem Zertifikatehandel beschließt die Bundesregierung gerade einmal eine finanzielle Belastung auf Kraftstoff von 3 Liter. Die ist so lächerlich gering, dass sie innerhalb der täglichen Schwankungsbreite der Tankstellen von Angebot und Nachfrage liegt." Bernd schweigt.

„Achtens tut die Regierung so, als mache die EZB einen guten Job. Zumindest hält sie sich mit Initiativen für politische Leitplanken der EZB zurück, während diese dreist zur Stützung des Systems negative Zinsen verlangt. Hans-Werner Sinn schätzt den jährlichen Verlust der Sparer im Vergleich zum Zinsniveau vor der Finanzkrise 2007 auf 70 Milliarden €. Wenn wir Geld mitbringen müssen, um es anzulegen, liegt ein systemischer Fehler vor, der zu einer breit angelegten Enteignung führt. Ist doch komisch, dass die Jedermanns ahnen, dafür einen hohen Preis zu zahlen, während die Politik wahrheitswidrig auf ihre begrenzte Zuständigkeit verweist." Bernd schweigt.

„Neuntens erfreuen sich nicht nur die Regierung, sondern auch die Parlamente in Straßburg, Berlin und unseren Landeshauptstädten daran, uns kontinuierlich weiter mit ihrem missionarischen Drang der Gestaltung von Einzelfallsgerechtigkeiten zu überschütten. Weißt du, wie viele Gesetze seit der Jahrtausendwende beschlossen wurden? Sage und schreibe mehr als 2.500 neue Gesetze. Wenn jedes im Schnitt nur über 50 Paragraphen verfügt, dann hätte sich die Anzahl der Paragraphen um 125.000 erhöht, die die Beamten wie Bürger zu berücksichtigen haben. Glaubt denn wirklich einer, die führen zu mehr Gerechtigkeit? Nur wenige Politiker machen Ernst mit der Verabschiedung einer Selbstverpflichtung der Gesetzgebung zur Halbierung der Gesetze. Wo ist denn die lange geforderte ‚Experimentierklausel' bei Gesetzen, die es den Entscheidungsträgern vor Ort ermöglichte, zur Erzielung der Einzelfallsgerechtigkeit flexibler vorgehen zu dürfen?

Und zehntens tun unsere Finanzbehörden so, als seien sie an der Aufdeckung jedes Steuermissbrauchs interessiert. Auch das ist eine Lüge. So zahlen Amazon, Google und Facebook bei uns keine Körperschaftssteuern. Unsere Finanzverwaltung nimmt seit mehr als einem Jahrzehnt den Missbrauch von cum-cum und cum-ex Geschäften tatenlos hin. Wir sind laut polnischer Schätzungen Opfer eines jährlichen Umsatzsteuer-Betrugs von 50 Milliarden €, nur weil es einige Mehrwertsteuer-Mafias geschickt verstehen, sich über die europäischen Binnengrenzen hinweg dank gefälschter Rechnungen nicht gezahlte Mehrwertsteuern erstatten zu lassen. Und findest du es richtig, dass Luxemburg und andere Steuerparadiese nicht dafür angeprangert werden, aufgrund ihres Verzichts auf Mehrwertsteuer dazu beizutragen, dass sich 500 Milliarden € verwaltende Private-Equity-Gesellschaften, die bei uns für 1/4 der Unternehmenstransaktionen verantwortlich sind, und zudem 15.000 Fonds mit einem Verwaltungsvolumen von mehr als 4 Billionen € eben dort ansiedeln?

Auch wenn es traurig klingt, mein Lieber, fürchte ich, am Ende der ‚Jetzt-Zeit' lassen sich die vielen politischen Lügen nicht mehr vertuschen. Ich fürchte, unsere letzten Jahre werden als die ‚verlorenen Jahre verpasster Chancen' in unsere Geschichtsbücher eingehen." „Komm, lass es gut sein, nun hast du meine Generation genug gescholten." „Was heißt hier genug? Genug ist dann, wenn ich es sage." Er muss lachen. „Irgendwie scheint dir Josefs verspätete Ankunft ganz schön aufs Gemüt zu schlagen." „Kann sein, mein Lieber."

„Und wie lautet die Quintessenz deines Gegenwartsmärchens?" „Stimmt, ich vergaß, mein Lieber. Eigentlich hätte ich sagen wollen, ‚und die Moral der fake-News-Kunde,/an dieser gehn wir noch zugrunde'. Aber dann fehlte natürlich die positive Konnotation des Märchens. Außerdem bin ich ja wirklich im Grunde meines Herzens nicht pessimistisch. Also werde ich dir jetzt eine versöhnlichere Moral präsentieren." „Na, auf die bin ich nun echt gespannt." „Du erinnerst dich, mein Lieber, ich habe die Gegenwart ja mit den Versen begonnen, ‚Es war mal, ich denke, vor sehr langer Zeit,/da ließen die Menschen sich immer mehr stressen/von Handys und E-Mails, präsent stets so weit,/ um schließlich ihr eigenes Wohl zu vergessen'. Vor dem Hintergrund des uns nun bevorstehendem kollektiven ‚Lockdowns' finde ich, könnte man mit der rundherum versöhnlichen Erkenntnis enden, ‚und die Moral von der Geschicht',/das Schicksal unverhofft uns lenkt./auf dunklen Pfaden hin zum Licht,/es kommt oft anders, als man denkt'." „Was für ein schönes Märchen, auch wenn ich mir leider auch durchaus vorstellen könnte, dass wir nun vor einer Zeit voller Angst und Schrecken stehen." „Nie im Leben", erwidert sie.

„Lass uns bloß das Thema wechseln. Wo warst du eigentlich zu Beginn der Corona-Krise?" „Beim Skifahren natürlich." „Sag bloß in Ischgl?" „Ne, in Kitzbühel." „Au weia. Meinst du, du hast dir da was geholt?" „Mag sein, ist aber nur ein kleiner Schnupfen gewesen, der längst abklang." „Und wenn das doch erst die Ruhe vor dem Sturm ist?" „Selbst dann wäre ich zuversichtlich, dass das Virus bei mir keinen größeren Kollateralschaden verursacht." „Warum?" „Weil ich jung bin und eine Frau dazu. Das Virus scheint mehr an euch Männern Gefallen zu finden." „Da sei dir mal nicht so sicher." „Bin ich aber." „Hast du irgendwelche Symptome?" Sie zuckt mit den Schultern. Bernd sieht sie prüfend an. Innerlich sagt ihm eine Stimme, auf etwas mehr Abstand gehen zu müssen. Aber das will er nicht, zumindest nicht bei ihr. „Was hast du?" „Ein komisches Gefühl, was mich zuletzt erfasste, als ich zu Zeiten der DDR in einem der wenigen Restaurants saß und über die alberne Meldepflicht ablästerte. Um urplötzlich von jenem gleichen Gefühl übermannt zu werden, nachdem mir auffiel, dass direkt am Tisch neben mir – keinen Meter entfernt – ein Nachbar saß, der nur so tat, als ob er Zeitung läse." „Lese ich Zeitung?" „Ne, nur hast du möglicherweise ein Virus in dir, das mir gerade ähnlich subtil ans Leder will wie der damals." „Ich kann ja Abstand nehmen", schlägt sie vor. „Bitte nicht", erwidert Bernd besorgt. „Lass uns lieber vom kollektiven Glück träumen."

„Zu zweit oder als kollektive Gemeinschaft?", will sie wissen. „Natürlich Letzteres, ich bin doch nicht meschugge", ist Bernds spontane Reaktion. „Was für ein schönes Wort. Das habe ich schon lange nicht mehr gehört. Meinst du, nun ändert sich unsere kollektive Glücksvision?" „Durchaus möglich." „Dann müsste unsere Quarantäne aber verdammt lange anhalten, mein Lieber." „Wer weiß. Ich fürchte, das besondere an dem Corona-Virus liegt darin, dass die Infizierten noch vor Ausbruch erster Krankheitssymptome andere über durch die Luft schwirrende Tröpfchen anstecken, die vor allem zur Lungeninfektion führen und unsere intensivmedizinischen Kapazitäten schnell an ihre Grenzen bringen." „Meinst du, es wird viele Tote geben?" „Ich weiß nicht. Aber stell dir nur einmal für einen winzigen Moment vor, die Corona-Pandemie, wo 1,4 Milliarden Menschen leben, die Kriegsgebiete Syriens oder Hungerregionen Afrikas." „Mensch, dann muss ich Corona wohl doch ernster nehmen als bisher", erwidert sie kleinlaut. „Ne, nicht die Grippe, sondern deine Freiheit!" „Wie meinst du das?" „Ich glaube, uns wird der ‚Regularismus' mit seinem Wahn zur Machbarkeit vollständiger Gesundheitskontrolle schwer zusetzen. Zugegeben. Ich finde es richtig, wenn die Regierung augenblicklich die Reißleine zieht. Doch sobald zusätzliche Inensivbetten aufgebaut sein werden, vergisst sie sicher, dass eigentlich diese Engpässe der Grund für den allgemeinen Lockdown sind. So wird sie ihn lange fortsetzen. Doch mal ehrlich, glaubst du wirklich, wenn das Virus weltweit grassiert, dass wir es jemals vollständig in den Griff bekommen werden. Du wirst sehen, die Regierung wird sich erst bei null! Neuerkrankten zu einer relativen! Lockerung entschließen." „Du machst mir ja richtig Angst", erwidert sie. „Lass mich dir einmal ein Gleichnis erzählen." „Gerne, wenn es erhellend ist."

‚Gleichnis vom Hotel California'

„Es war einmal ein Altenheim, das zu einer größeren Kette gehörend, einen hervorragenden Ruf genoss. Seine Heimleiterin Dr. Waltraud Leben setzte in geradezu mustergültiger Weise das Unternehmenskonzept würdevollen Altwerdens um. Jedenfalls wurden in ihrer Einrichtung die Bewohner, statistisch nachweisbar, deutlich älter als anderswo. Auch in der Pflege setzte sie Maßstäbe." „Ihr Name war sozusagen Programm?" „Wenn du so willst, ja. Die Bewohner wurden pünktlich um 6:30 Uhr geweckt, um rechtzeitig gewaschen und angezogen um 7:15 am Frühstücksbüffet erscheinen zu können. Auch mittags gab es reichlich zu essen. Nachmittags wurde Kuchen gereicht und um 17:30 Uhr ein Abendbuffet. Der Speisesaal musste um 19:00 Uhr verlassen werden, um ihn anschließend noch gründlich desinfizieren zu können. Das Rauchen war natürlich verboten. Auch untersagte Frau Dr. Leben den Alkoholgenuss, da er demenzfördernd sei. Singen durften die Heimbewohner ausschließlich im Freien, um sich nicht mit Erkältungskrankheiten gegenseitig anzustecken. Jeder durfte in die Stadt hinaus und natürlich auch Besuch empfangen. Nur musste er oder sie dann für drei Tage in Quarantäne. Sprich, er oder sie durfte das Zimmer nicht verlassen, um jegliches Hineinschleppen fremder Keime zu vermeiden. Frau Dr. Leben entschloss sich sogar, den Bewohnern leichte Psychopharmaka in den Tee zu geben, um die übersprudelnde Aktivität der Bewohner ein klein wenig zu dämpfen, die sich ihrer Meinung nach ohnehin nur als aggressionsfördernd erwies. Frau Dr. Leben wurde in jedem Jahr mit dem ‚Unernehmens-Award' als bestes Heim ausgezeichnet ein, die Presse, die wohlwollend über sie berichtete. Meist in Anlehnung an das Lied der Eagels mit der anerkennenden Überschrift ‚Hotel California'. Denn jeder der Bewohner könne die Enrichtung ja jederzeit verlassen, nur es täte das halt wegen der hervorragenden Bedingungen keiner. Nur die Bewohner äußerten sich kritisch über die Über-Vorsorge, was Frau Dr. Leben als altersbedingtes Meckern abtuend der Konzernzentrale unterschlug. Bis eines Tages die Bewohner begannen, Alkohol in die Einrichtung zu schmuggeln. Eines Tages entschlossen sie sich sogar zu einem Tanzfest, das die halbe Nacht andauerte. Am nächsten Morgen waren zwei Tote zu beklagen. Nun stürzte sich die Presse auf Frau Dr. Leben, die wutentbrannt kündigte. Worauf die Alten beglückt eine anständige, ausgiebige Trauerfeier veranstalteten." „Was willst du mir mit dem Gleichnis sagen?" „Dass ein einseitiger Fokus auf Gesundheit alle anderen Grundrechte mühelos aushebelt. Und dass wir selbst entscheiden müssen, wann genug ist."

„In das Heim hätte ich nicht ziehen wollen", befindet Claudia. „Warum?" „Weil die Heimleitung das Postulat des ‚würdevolle Altwerdens' über ein selbstbestimmtes, gerne auch mal unvernünftiges und verrücktes Leben setzte." „Meinst du echt, unsere Regierung wird sich genauso verhalten, mein Lieber?" „Du hast mich erst auf die Fährte gesetzt, indem du von der Epoche des ‚Regularismus' sprachst." „Stimmt. Wird hoffentlich nicht so kommen." „Und wenn doch?" „Dann werden wir spätestens in Phase zwei aufmucken." „Hoffentlich hat bis dahin die Regierung die Intensivbetten nicht wieder eingemottet und gelernt, wenn überhaut nur lokale Hotspots mit einer Quarantäne zu überziehen." Sie nickt.

„Weißt du, mein Lieber, woran ich gerade denken muss?" „Ne." „An Frank Schätzings ‚der Schwarm'." „Warum?" „Der beschrieb darin den Aufstand einer unbekannten, aber verdammt intelligenten maritimen Lebensform gegen die immer zerstörerische Menschheit?" „Stimmt", brummt Bernd, „dann haben wir ja schon einen Namen für das Corona Virus." Sie sieht ihn fragend an, „Covid-19, oder?" „Ne, ‚Yrr'." Sie muss lachen. „Ist schon komisch, was Yrr mit uns macht. Nun ist sogar das Klopapier ausverkauft. Ich fass es nicht, Hamsterkäufe bei Seife und Klopapier, der Handel spricht von mehr als einer Verdopplung der Nachfrage. Ich weiß gar nicht, was die Jedermanns in der ‚vor-Corona' Zeit machten?" Bernd muss nun seinerseits prusten. „Vielleicht schissen die Jedermanns bisher gerne in Restaurants, beim Arbeitgeber oder in Arztpraxen. Da das nicht mehr geht, müssen sie nun zu Hause aufs Klo und sich dort auch noch die Hände waschen." „Na, das ist ja einmal ein erfreulicher Kulturschock." „Ist schon komisch, mein Lieber, während bei uns Seife und Klopapier den Hamsterkäufen zum Opfer fallen, sind es in Frankreich Wein und Kondome." „Sag ich ja, unserer ‚Savoir Vivre' unterscheidet sich erheblich von dem unserer Nachbarn." „Komm, lass uns nach Frankreich aufbrechen", befindet sie. „Von mir aus gerne."

„Meinst du, es wird alles wieder so, wie es mal war?" „Weiß nicht", erwidert Bernd, „ich glaube, du hast mit deiner Drei-Phasen-Theorie gar nicht so unrecht. Jedenfalls steht uns der tiefe Einbruch im Winter noch bevor, wenn uns eine Erkältungswelle überrollt und wir durch die Nachrichten über eine Konkurswelle nie gekannten Ausmaßes wachgerüttelt werden. Ich fürchte, dann gelingt es uns nicht mehr zu vergessen und verdrängen."

„Vielleicht werden wir anders glücklich", erwidert Bernd mit bedächtigem Ton. „Wie anders?", will sie erstaunt wissen. „Anders halt." „Lass mal hören, mein Lieber, da steckt doch mehr dahinter, oder?" „Ne, bin mit meinen Überlegungen noch nicht ganz fertig." „Und wenn schon."

Bernds ‚Nach-Corona-Vision'

„Wenn wir also – wofür einiges spricht – in ‚Phase eins' wirklich behördlich gezwungen werden, unsere sozialen Kontakte auf ein Minimum zu beschränken, werden wir kollektiv eine, schon lange nicht mehr erlebte Privatheit erleben, die letztlich eine Menge mit uns tun wird. Mir fallen spontan zehn positive Auswirkungen ein.

Erstens werden wir kurzfristig unseren, längst verloren geglaubten ‚Gemeinschaftssinn' in unserem unmittelbaren Umfeld wieder entdecken. Ich hörte – wie du vermutlich auch – von ersten konzertierten Aktionen ganzer Straßenzüge, um ‚Freude schöner Götterfunke' balkonübergreifend zu musizieren. Oder vom kollektiven straßenübergreifenden Klatschen für diejenigen, die ihre systemrelevanten Jobs gerade jetzt für unsere Gemeinschaft weiter ausüben. Die Nachbarschaftshilfe für Ältere wird zunehmen. Wir reden sicher mehr bei unseren einsamen Spaziergängen mit denjenigen, die wir zufällig treffen. Wir werden Freundschaften anstelle von Massenveranstaltungen pflegen und uns mehr mit den eigenen Kindern beschäftigen. Später werden sich sicher die Kinder mit leuchtenden Augen daran erinnern, wie schön sie es empfanden, mit beiden Eltern im Wald Hütten zu bauen oder im Sandkasten zu spielen.

Zweitens werden wir uns mit einer neuen ‚Mentalität der Vorsicht' auseinanderzusetzen haben. Für längere Zeit werden wir uns nicht mehr mit Freude in großen Menschenmassen aufhalten und Clubs, Fußballstadien und Volksfeste meiden. Und vermutlich auch Kreuzfahrten und Fernreisen, um stattdessen lieber Deutschland und Europa zu erkunden. Zudem werden wir zu einer Nation von Wanderern und E-Bikern.

Drittens werden wir den ‚strategischen Gesundheitsschutz' wieder entdecken. Strategische Lagerbestände, die wir beim Öl kennen, werden bei medizinischen Produkten und bei Schutzkleidung aufgebaut." „Ist doch unglaublich, dass die Pharmaindustrie so viele Produkte nach Indien und China verlagerte." „Das ist so nicht ganz richtig." „Sondern, mein Lieber?" „Weiß eigentlich die Politik noch, dass sie es war, die uns den Schlamassel 2001 mit einer europäischen Richtlinie einbrockte?" „He?" „Damals wurde der patentrechtlich geschützte arzneimittelrechtliche Unterlagenschutz auf zehn Jahre verkürzt und ein beschleunigtes Zulassungsverfahren für Generika eingeführt. Womit sich zwar europaweit jährlich 11 Milliarden € einsparen ließen, aber viele Forschungsvorhaben unprofitabel wurden und die Antibiotika-Produktion aus Europa entschwand." Sie sieht ihn prüfend an. „Kannst aber beruhigt sein", setzt er fort, „langfristig werden wir mithilfe künstlicher Intelligenz ohnehin sehr viel preiswerter und schneller neue Antibiotika und Grippevirus-Medikamente wieder bei uns entwickeln.

Viertens wird unser ‚Freiheitsbewusstsein' geschärft. Kurzfristig werden selbst diejenigen, die immer einen starken Staat forderten, überrascht sein, wie stark die Politik mit einer einzigen, nicht vom Parlament verabschiedeten Verordnung in unser Leben eingreift. Ich befürchte, die Politik schlachtet gleich eine ganze Herde ‚Heiliger Kühe'. Ich ahne, die Alten werden in den Seniorenheimen so hermetisch abgeschirmt, dass sie in Einsamkeit sterben müssen. Ich glaube, unser Gesundheitsminister Jens Spahn hat recht, wenn er öffentlich verkündet, ‚wir Politiker werden uns in einigen Monaten für manches entschuldigen müssen'. Der Gesundheitsminister erhält eine Allmacht, die er nutzen wird, um – wie beim Kriegsbeginn – schnell unsere Freiheit einschränken. Und nicht so recht wissen, wie sie da wieder rauskommen soll. Das auf die Sicherheit bedachte Politikverständnis wird auf das auf die Freiheit fokussierte geisteswissenschaftliche prallen. Wir werden – auch wenn es schwer fällt – hoffentlich beizeiten begreifen, wer die Freiheit aufgibt, um Sicherheit zu gewinnen, wird am Ende beides verlieren. Wir werden jedenfalls unsere Muße dazu benutzen, um eine neue Gerechtigkeitsdebatte anzufachen. Während wir Lebensmittelkassiererinnen, Pflegerinnen und Krankenschwestern wie Polizisten, Postboten und LKW-Fahrer zum Dienst zwingen, dürfen Kindererzieher und Lehrerinnen ab sechzig oder aber mit ärztlichen Attesten aufgrund der Lebensgemeinschaft mit Älteren ohne jeglichen Einkommensverlust zu Hause bleiben. Ist denn Bildung nicht systemrelevant? Wir werden erleben, dass sich Homeoffice und Videokonferenzen in der Wirtschaft schnell durchsetzen werden, während sich die staatlichen Stellen damit schwertun. Nach der effektiven ersten Phase des Lockdowns werden wir uns dann in endlose Diskussionen über die unfairen Nebenwirkungen der allmählichen Lockerungen verstricken. Ich fürchte, in unseren Krankenhäusern werden zehntausende Krebsoperationen verschoben, um ja über genug freie Intensivbetten für mögliche Coronakranke zu verfügen, die es nicht geben wird.

Fünftens werden wir uns in ‚Bescheidenheit' üben. Profit ist nicht alles." „Du meinst, wir werden uns endlich Gedanken über das Ende des dauerhaften Wachstums machen?" Bernd überlegt einen Moment, um mit bedächtigem Unterton zu antworten: „Ne ich glaube nicht. Denn unser Wohlstand fußt letztlich auf der Befriedigung immer neuer Wünsche. Insofern bin ich davon überzeugt: Wachstum ist unendlich." „Das ist doch totaler Quatsch, mein Lieber." „Eben nicht, denn Wachstum beruht auf dreierlei: auf Rohstoffen, auf Energie – zumeist in Form von Arbeit – und auf Wissen! Solange Letzteres weiter exponentiell steigt, wird es hoffentlich immer wieder Menschen geben, die für neue Produkte Geld ausgeben. Sei es aus dem Drang nach Wissen, nach

Bequemlichkeit, nach dem Wunsch nach umweltschonenderen Produkten oder einfach nur aus Neugier.

Sechstens wird uns die ‚uniforme Panikmache der Medien' immer mehr stören, die sich in unserer post-faktischen Zeit seit der Jahrtausendwende breitmachte. Sei es bei der Berichterstattung über den Umweltschutz, die Ausländerdiskriminierung oder die Migrantenströme wie nun bei dem dramatischen Bedrohungspotenzial des Virus, begleitet von Bildern überfüllter Krankenhäuser irgendwo auf der Welt und der ‚Virokratie' des Robert-Koch-Instituts. Ich wette, wir werden keine Bilder von dem überwiegenden Teil der Krankenhausärzte sehen, die aufgrund der gähnenden Leere kaum noch was zu tun haben. Wir werden das Panikszenario der ‚Virokratie' zunehmend durchschauen. Wir realisieren deren schlichte Exponentialfunktionen erster Ordnung. Uns fehlen die Zahlen der Gesundeten, die Kenntnis über den Peak sowie die Anzahl der Erkrankten, die keine ärztliche Hilfe benötigen. Erinnerst du dich noch an das großartige Buch Schirachs ‚Terror'?" „Na klar, das erwähnte ich doch gerade erst in meinem Vortrag!" „Stimmt. Das thematisierte die Entscheidung des Bundesverfassungsgerichtes, dass Leben nicht mit Leben abgewogen werden könne." „Genau." „Eben diese Grundeinstellung wird unsere Berichterstattung prägen und nicht mehr die Frage der Verhältnismäßigkeit, wie sich 10% der Bevölkerung freiwillig wirksam schützen, damit die restlichen 90% wieder dazu beitragen, dass sich das Leben nach den ersten drei Wochen kollektiver Schockstarre wieder normalisiert.

Siebtens wird Corona zu einem ‚Digitalisierungsschub' führen. Diejenigen Unis und Schulen, die ihren Unterrichtsstoff nicht digital vermitteln können, werden kurzfristig im Ansehen verlieren und sich auf eine Aufholjagd begeben. Auch wird es kurzfristig eine ‚Stopp-Corona-App' geben, die eben nicht auf der Speicherung unserer Standortdaten beruht, sondern lediglich auf anonymisierten Bewegungsprofilen mit dem digitalen Registrieren im Falle eines Zu-nahe-Kommens mit anderen. Das wird uns genauso in Fleisch und Blut übergehen wie die entpersonifizierte Nutzung positionsbezogener Daten als ‚Google-Maps-Echtzeit-Stauermittler'. Wir werden mehr bei Online-Diensten kaufen, was zu einem Sterben des Handels führen wird. Auch werden wir für lange Zeit digitale Übertragungen Theater- und und Konzertbesuchen vorziehen.

Achtens wird mit der Krise ein Mentalitätswandel einhergehen." „Warum denn dies?" Natürlich wird es einige geben, die ihren gehorteten Vorrat an Büchern, Filmen und CDs aufkonsumieren, um sich dann entsetzlich zu langweilen. Denen wird dann das Corona-Virus zurufen, ‚und ihr wollt wirklich ewig leben'? Und sich auch Depressionen werden sich bei denjenigen verstärken, die ohnehin von Lebensängsten geplagt sind. Doch für die Mehrzahl wird die kontaktarme Zeit zu einer eigenen Rückbesinnung führen, aus der sie gestärkt herausgehen. So wie in einem ‚Sabbatical', das sie für wenige Wochen aus dem Dauerjogging im Hamsterrad herausführt. Um mit sich und ihrem bisherigen Tun wieder ins Reine zu kommen. Das schließt auch die Wertschätzung der vertrauten bisherigen Normalität mit ein. Ein Prozess der Kontemplation, wie er uns schon aus der Bibel von Jesus bekannt ist. Und den auch viele Philosophen wie Schopenhauer, Nietzsche und Kierkegaard nutzten, um sich in konzentrierter Kontemplation neu zu sammeln. Hieß es nicht schon in Nietzsches ‚Zarathustra', ‚des einen Einsamkeit ist die Flucht des Kranken' – man möchte hinzufügen, vor seiner gelangweilten eigenen Psyche. ‚Des anderen Einsamkeit die Flucht vor dem Kranken' – sprich vor dem krank machenden, von der Gier getriebenen Weiter-so.

Neuntens werden wir ein neues ‚Europaverständnis' entwickeln müssen. Indem wir unsere Finanzstärke nutzen, um Südeuropa zu unterstützen, aber uns die damit erforderliche Einführung von Euro-Bonds mit neuen Konzepten nach mehr Gemeinschaft erkaufen, zumal uns die beiden Blöcke USA und China immer fremder werden. Nur als Gemeinschaft haben wir dazu eine Chance.

Und zehntens werden wir von einem ‚Kreativitätsschub' erfasst. Kurzfristig leiden die Kunstschaffenden. Doch sie werden uns mit ihren Leiden in ihren musikalischen, malerischen und literarischen Bildern bald neu unterhalten. Wir werden kurzfristig Geschichten über Corona Profiteure oder Familientragödien zu hören und zu sehen bekommen. Habe heute Morgen von ‚Covid-Classics' bei Instergram gehört, die im kleinen Familienkreis alte Meister fotografisch nachstellen. Wir werden langfristig aber auch mit neuen Fantasien über die ‚zurückschlagende Natur' beglückt werden, die vielleicht zu einem anderen Umweltbewusstsein führt. Ich freue mich zudem, dass sich in dieser Krise zeigt, wer zum ‚Meister verbaler Pirouetten' verkommt und wer nicht. Es wird sich unter den Politikern die Erkenntnis durchsetzten, dass sich das Virus nicht von fake News beeindrucken lässt, da es gegen das ‚Trumpen' – sprich Lügen – resistent ist." „Du meinst, die Lüge wird verschwinden?" „Das vielleicht nicht. Aber die Märchengeschichten werden weniger.

„Dann könnte ich ja der Corona-Krise doch noch etwas Positives abgewinnen. Zumindest, wenn sich wirklich eine neuer Gemeinschaftssinn, eine kollektive Vorsichtsmentalität, eine Verbesserung des strategischen Gesundheitsschutzes, eine Schärfung unseres Freiheitsbewusstseins, eine neue Bescheidenheit, eine Distanz von medialer Panikmache, ein Digitalisierungsschub, ein kontemplativer Mentalitätswandel, ein neues Europaverständnis und ein Kreativitätsschub einstellen sollten", erfreut sich Claudia. „Ne, bestimmt nicht, ich werde die Zeit jedenfalls zur Kontemplation nutzen. Sieh zum Beispiel da vorne die Forsythien. Immer, wenn ich die sehe, muss ich an Gottfried Benn denken." „Warum?" Der dichtete vor einhundert Jahren mit geradezu hellseherischer Fähigkeit in Bezug auf die Corona-Krise, ‚nimm die Forsythien tief in dich hinein/und wenn der Flieder kommt, vermisch auch diesen/mit deinem Blut und Glück und Elend-Sein,/ dem dunklen Grund, auf den du angewiesen./Langsame Tage! Alles überwunden!/Und fragst du nicht, ob Ende, ob Beginn,/ dann tragen dich vielleicht die Stunden/noch bis zum Juni und den

Rosen hin'." „Mensch, das klingt ja fast so, als hätte Benn unsere Corona-Stimmung einfangen wollen." Claudia atmet tief durch.

Über den Beziehungsstress

„Ganz ehrlich, mein Lieber, ich kann es wirklich noch nicht fassen, ab morgen als verheiratete Frau durchs Leben zu gehen. Aber ich hoffe, meine Zweifel werden sich bald legen." „Was soll das denn? Ich fasse es nicht", erwidert Bernd. „Ich dachte, du warst dein ganzes Leben lang auf der Suche nach einem Traummann. Da kommen dir ausgerechnet heute Zweifel?" „Ich weiß ja, klingt unverständlich." „Hast du denn wirklich die ernsthafte Sorge, Josef könnte nicht der Richtige sein?" „Kann man das wirklich ausschließen? Wie war es denn bei dir und deiner Frau?" „Natürlich hatten wir beide, so wie du heute, ein komisches Gefühl. Aber im Grunde war unsere Ehe sehr, sehr glücklich." „Und warum trenntet ihr euch später?" „Sie hat sich irgendwann neu orientiert." „Und warum?" „Wenn ich das nur wüsste, wir haben uns einfach auseinandergelebt." „Glaub ich dir nicht." „Na ja, wenn ich ganz ehrlich bin, bemängelte sie immer mehr an mir. Was mich zunehmend nervte und dazu veranlasste, ihr immer weniger zuhören zu können." „Du meinst wohl, du wolltest nicht mehr zuhören, oder?" „Kommt auf dasselbe heraus. Während ihre Kritik kontinuierlich zunahm, entschloss ich mich zu einer anderen Streitvermeidungs-Strategie, indem ich lieber ihre Macken still ertrug. Denn konfliktreich war bereits mein berufliches Tun, das ich nicht auch noch zu Hause fortzusetzen gedachte. Während sie immer mehr an mir herummäkelte, wurde ich immer verschlossener. Dann schöpfte ich den Verdacht, sie gehe fremd. Weißt du, doof bin ich nicht. Zumindest tauchte ab und an so ein Typ auf, der ein echter ‚Strahlebär' war. So eine echte Frohnatur, die immer nur blöd grinst. Ich dachte, die Zuneigung der beiden vergeht schon wieder. Tat sie aber nicht. Dann zog sie aus, kurz bevor wir uns kennenlernten. Das passiert halt, egal, ob du Angst vor der Ehe hast oder nicht." Gibt es da keine andere Option?" „Doch, zu beten, dass du das Glück hast, keinen anderen interessanteren Typen kennenzulernen." Sie sieht ihn mit kritischem Blick an.

Bernd erhebt das Glas. „Lass uns auf die Kreativität unserer Kultur anstoßen!" „Schon wieder?" „Warum nicht?", erwidert Bernd, „ich kann ja doch nicht den ganzen Tag nur auf dein Wohl trinken. Auf die Zukunft!" „Ne, mein Lieber, auf in die Zukunft." Bernd stutzt: „Ich hätte gehofft, wir hätten mit meiner ‚Nach-Corona' Glücksvision die Zukunft gleich mit abgearbeitet?" „Ne, mein Lieber, wir haben doch nicht nur virenbedingte und ökonomische Zukunftsängste. All die anderen bedrückenden Themen haben sich doch mit dem Virus nicht in Luft aufgelöst." „Stimmt", räumt Bernd ein, „außerdem habe ich heute ja Zeit." „Ich zwar nicht, mein Lieber. Ich muss aber trotzdem meine Quintessenz zur Kulturgeschichte noch loswerden, die mich in den letzten Wochen, auch ohne Corona, so sehr quälte." „Lass uns bloß wieder ins Café gehen, damit ich unsere Gläser noch einmal nachschenken kann", befindet Bernd, um seinen Arm um sie zu legen. Worauf sie entspannt an ihre angestammten Plätze zurückkehren.

Auf in die Zukunft

„Nach der von dir beschriebenen Corona-Zeit der Jahre 2020/21 will ich nun mit meiner ‚Zukunftsvision' aufwarten!" „Ach stimmt, da war ja noch was." „Du weißt, ich bin Unternehmensberaterin. Bitte nicht falsch verstehen, ich hänge nicht nur auf einem Hausboot ab, um über die Vergangenheit oder die kurzfristigen Folgen der Corona-Krise zu grübeln. Ich will die Zukunft gestalten!" „Tue ich doch auch", erwidert Bernd. „Aber mit einem verdammt starken Fokus auf vorgestern." „Das ist überzeichnet." „Und wenn schon. Jedenfalls bin ich – wie alle Jüngeren – letztlich allein an der Zukunft nicht von morgen, sondern übermorgen interessiert. Ich habe mich hierzu mit ganz unterschiedlichen Zukunftsansätzen befasst, die ich dir nun zu präsentieren gedenke." „Wie viele sind das denn?" „Nur drei!" „Das klingt doch gut."

Erster Zukunftsansatz über Science-Fiktion-Literatur

„Wenn man sich mit Zukunftsvisionen beschäftigt, dann landet man als Kulturbeflissener unweigerlich bei der Science-Fiction-Literatur." „Na, das ist aber ein merkwürdiger Ansatz, sich mit unserer Zukunft zu beschäftigen." „Warum, nur weil er nicht von der Politik oder Wirtschaft, sondern unseren Literaten stammt?" „O. k. So gesehen hast du auch wieder recht. Mit wie vielen Literaten willst du mich denn konfrontieren?" „Wie wäre es mit sechzehn?" „Sind mir zu viele." „Gut, dann halt mit nur zehn." „Wenn's sein muss." „Beginnen will ich mit den Science-Fiktion-Romanen des berühmten ‚Dreigestirns des 19. Jahrhunderts'." „Das kenne ich ja gar nicht." „Mensch, das sind der Franzose Verne, der Engländers Wells und der Deutsche Lasswitz.

Der große französische Science-Fiktion-Romandichter Jules Vernes veröffentlichte 1864 seine ‚voyages au centre de la terre', die Reise in die Tiefen der Meere erzählend." „Da bin ich ja beruhigt, die ist 150 Jahre später immer noch eine reine Vision." „Wenn wir aber mit der Umweltverschmutzung so weitermachen, wäre es bald an der Zeit, sich darüber Gedanken zu machen, wie wenigstens einige von uns tief unter dem Meeresspiegel überleben könnten." Bernd sieht sie kritisch an.

„Der englische Romandichter George Wells machte 1895 mit seinem Werk ‚the time machine' Furore, in dem sein Protagonist eine Zeitmaschine konstruiert, um sich so einen Einblick in unsere Zukunft zu verschaffen. Um uns in eine fremde Welt zu entführen, in der sich zwei Erdbevölkerungsgruppen feindlich gegenüberstehen.

Während die einen ein sorgenfreies Leben an der Oberfläche führen, schuften die anderen tief im Innern der Erde. Doch die Arglosigkeit der paradiesisch Gelangweilten an der Oberfläche hat ihren Preis. Denn regelmäßig wird ein Teil von ihnen nach unten entführt, um als Lebensmittel für die Untermenschen zu enden. Mensch, stell dir mal vor, mein Lieber, wir würden unsere Sozialsysteme mit Grundeinkommen und Grundrente immer weiter optimieren, sodass sich eines Tages die Arglosigkeit eines perpetuierten Müßiggangs so weit verfestigte, dass sich nur noch eine kleine Elite darüber Gedanken macht, wie sie uns kontrolliert." „Wenn du diesen Roman so interpretierst, hielte ich es durchaus für möglich, bald vor ganz neuen Herausforderungen zu stehen.

Und wie lautete die Vision des dritten Science-Fiction-Klassikers?", will Bernd wissen. „Unser deutscher Futurist Kurt Lasswitz konfrontierte 1887 die Jedermanns in ‚auf zwei Planeten' mit seiner Vision eines Zusammenpralls von Marsmenschen und Menschen, die sich zunächst freundlich begegnen, bis die Stimmung infolge wechselseitiger kultureller Einmischungen umschlägt. Trotz der Tatsache, dass die Außerirdischen schon lange keinen Krieg mehr kennen. Schließlich gelingt nach vielen Irrungen und Wirrungen doch noch ein friedliches Nebeneinander." „Meinst du, uns werden wirklich Aliens in den nächsten 30 Jahren besuchen?" „Ne, ich biete dir ja nur eine weitere literarische Option an. Stell dir nur einmal für einen Moment vor, anstelle der Marsmenschen geht es um Afrikaner oder Chinesen." Er schweigt.

„Dann will ich mal mit einem Vorkriegs- und einem Nachkriegsliteraten des Zweiten Weltkrieges aufwarten. Zunächst mit dem Science-Fiction-Roman ‚die Insel der großen Mutter' des Vorkriegsliteraten Gerhard Hauptmann. Mit einem Werk, in dem er die Geschichte einiger Überlebender eines Schiffbruchs auf einer Südseeinsel erzählt. Ein Ereignis, das, abgesehen von einem zwölfjährigen Jungen, nur Frauen überleben. Angesichts des paradiesischen Zustands entschließen sich die Frauen, eine Oberpriesterin zu wählen, die den Tempelschlaf einführt, infolgedessen die Frauen nach neun Monaten Kinder gebären. Um die Jungen, kaum dass sie zu Knaben heranwachsen, von dem

‚Mütterland' über den Fluss in das ‚Wildermannland' zu verstoßen. Nach Jahren stellen die Frauen erstaunt fest, dass sich die dort Herangewachsenen als Praktiker und Techniker im Überlebenskampf durchaus als effektiv erweisen. Denen es schließlich sogar gelingt, Segelboote zu bauen. Als kurz darauf die empfangswilligen Frauen in ‚Mütterland' beim Tempelschlaf nicht mehr schwanger werden, eilen sie nach ‚Wildermannland', wo sich die Geschlechter vermischen und damit das Matriarchat untergeht."
„Ah", befindet Bernd, „du willst auf erfreuliche Weise darauf hinweisen, dass sich unsere heutigen Genderthemen bald wie von selbst lösen werden." „So was Blödes kann sich auch nur ein bescheuerter Macho ausdenken", erregt sie sich. „Oder meinst du, ihr Frauen werdet eines Tages dank der künstlichen Befruchtung doch noch euren kollektiven Traum eines Matriarchats verwirklichen?" „Mit dir kann man darüber nicht ernst reden. Ist doch nur ein Angebot, sich der Zukunft mal von einer ganz anderen Seite zu nähern." Bernd schüttelt den Kopf.

„Walter Jens schrieb als Nachkriegsliterat das utopische Werk ‚Nein – die Welt der Angeklagten'. Ein düsteres Bild über einen fiktiven Ort, in dem es 22 Jahre nach dem Großen Krieg in einem Überwachungsstaat nur noch Angeklagte, Zeugen und Richter gibt. In dem jeder angeklagt wird, der seine Pflicht vernachlässigt. Weil er etwa seine Überstunden nicht abzuleisten bereit ist. Der Protagonist ist ein ehemaliger Schriftsteller, auch wenn es längst keine Bücher mehr gibt. Selbst Liebe, Müßiggang und Individualität sind abgeschafft. Eines Tages wird jener Ex-Schriftsteller wegen seines Andersseins in einem Strafprozess angeklagt. Bis sich herausstellt, dass der Richter selbst in ihm einen Nachfolger für sich selbst sieht." „Na ja, die Aspekte der wegfallenden Individualität halte ich im Zeitalter des Dataismus durchaus für realistisch. Und wenn man bedenkt, wie die Chinesen die öffentliche Videoüberwachung dazu nutzen, Sozialpunkte zu vergeben, dann könnte sich auch ein solches Szenario durchaus als realistisch erweisen, sobald ein ‚Vereinfacher' an die Macht käme. Und denke ich an unsere, weiter voranschreitende Gesinnungsmentalität, dann wird mir bei dieser Vision geradezu schlecht."

„Nun zu fünf aktuell international erfolgreichen Science-Fiction-Autoren. Beginnend mit der Zukunftsvision George Orwells, die er in seinem Bestseller ‚1984' niederschrieb." „Du, ganz ehrlich, ich kenne zwar den Titel, aber leider nicht den Inhalt dieser Vision." „In diesem beschreibt er den permanenten Krieg dreier globaler Blöcke. In einem herrscht eine totalitäre Regierung, die sich innenpolitisch auf den ‚Großen Bruder' stützt. Flankiert von der ‚Gedankenpolizei', die die Jedermanns als ‚big brother is watching you' mittels nicht abschaltbarer Geräte überwacht. Zusammengehalten von der Propaganda der Gefahren einer fiktiven Untergrundorganisation namens Bruderschaft, die die Überwachten mit Parolen wie ‚Freiheit ist Sklaverei' und ‚Unwissenheit ist Stärke' indoktriniert. Der Protagonist wagt es schließlich, Kontakt zur Bruderschaft aufzunehmen. Er wird jedoch entdeckt, gefoltert und einer Gehirnwäsche unterzogen." „O. k. Bei Lichte betrachtet, war Orwell in seinem Zukunftspessimismus viel zu schnell unterwegs. Aber hätte er sein Buch nicht mit der Zahl 1984, sondern 2034 betitelt, erschiene mir so ein Szenario vor dem Hintergrund der aktuellen Entwicklungen nicht unrealistisch."

„Gut mein Lieber, ich will dann mal mit David Mitchell weitermachen, der 2004 seinen berühmten Roman ‚der Wolkenatlas' veröffentlichte. Ein Kaleidoskop, das Schicksale aus sechs verschiedenen Epochen miteinander nicht in Form einer äußeren Kausalität, sondern in Gestalt von Antizipationen verwebt. Diese veranlassen seine Protagonisten dazu, sich immer wieder mutig gegen den Zeitgeist zu stellen. Fußend übrigens auf der – wenn auch nicht näher spezifizierten – Vision ewigen Wiederkunft, wie sie schon Nietzsche in ‚Also sprach Zarathustra' entwickelte." „Ne, Claudia, daran glaube ich nicht."

„Nun ist es an der Zeit, mit der Vision der ‚Truman Show' des Neuseeländers Andrew Niccol aufzuwarten. Der Fiktion einer Life-Show, in der der Protagonist in einer riesigen Fernsehkulisse aufwächst, um erst im Verlaufe der Serie zu erfahren, dass er ausschließlich von Schauspielern umgeben ist, sein Leben also nichts anderes ist als ein Teil einer Fernsehshow." „Das ist doch als Vision Quatsch." „Warte mal. Der wird zwar wohlbehütet,

doch am Ende siegt seine Neugier, die wirkliche Welt mit eigenen Augen zu erobern. Worauf es ihm nach vielen Anläufen endlich gelingt, in die Freiheit zu entfliehen." „Das wiederum erscheint mir eine durchaus realistische Variante zu sein, selbst wenn ich an 1984 denke."
„Das bringt mich zu der großartigen, von Disney verfilmten Fiction ‚Alles steht Kopf' der Autoren Pete Doctor und Meg LeFauve. Ihre Vision ist, dass wir nicht in einer fremdbestimmten Welt gefangen gehalten werden, sondern von den eigenen körperlichen Antrieben, fußend auf neurobiologischen Prozessen, die in dem computeranimierten Film als die gelbe Person der Freude, die blaue Person des Kummers und die rote Person der Wut sich wechselseitig in Schach halten." „Das ist doch keine Vision, sondern nackte Realität. Vermutlich sind wir nichts anderes als das Spiegelbild innerer widerstreitender Kräfte, die um unser inneres Gleichgewicht kämpfen, das unseren Persönlichkeitskern ausmacht", befindet Bernd. „Das hoffe ich nicht. Das führte nämlich zu komplexen Fragen. Zumindest wäre es dann um die großartigen Konzepte unserer Individualität, unseres selbstbestimmten Lebens und vor allem unserer individuellen Schuld geschehen. Sowie um unsere Demokratie." Bernd schluckt. „Du meinst, das spräche für das chinesische Wertesystem, dem es vornehmlich um das kollektive Wohlergehen geht?" „Ich fürchte jedenfalls, wir erleben gerade in der auf uns zurollenden Corona-Krise die ersten Vorboten einer solchen Vision." Bernd nickt.
„Neuntens will ich auf die Vision des Literaten James Cameron eingehen, der als Regisseur mit seinem Film ‚Avatar – Aufbruch nach Pandora' extrem erfolgreich war. In diesem Film erlebt ein gelähmter Marinesoldat eine neue Realität in einem künstlich hergestellten Körper namens Avatar. Da sich ein Avatar durch Bewusstseinsübertragung steuern lässt, erfährt er auf dem erdähnlichen Planeten Pandora ein neues Leben – frei von körperlichen Einschränkungen. Um sich schließlich zu entscheiden, sich mit Hilfe seines neuronalen Netzwerkes von seinem bisherigen Körper zu befreien, um endgültig in der Welt der Avatare zu verbleiben." „Vielleicht ist das ja wirklich eines Tages möglich",

befindet Bernd, „so wie in Karl Marx' Kommunistischem Manifest alles Ständige und Stehende verdampft, wird es den Jedermanns im Jahr 2048 gelingen, mit Hinblick auf ‚Avatar' und ‚Alles steht Kopf' alles Körperliche zu überwinden. Dann wären wir doch dem Chaos hier entronnen." „Meinst du ehrlich, wir richteten in der virtuellen Welt dank unseres Egoismus nicht den gleichen Schaden an wie auf unserem Globus hier?" Bernd zuckt die Schultern.

„Zuletzt will ich auf das berühmte Drehbuch ‚In time – deine Zeit läuft ab' des Neuseeländers Andrew Niccol eingehen." „Hatten wir den nicht schon?" „Stimmt, der ist aber wirklich sehr kreativ. In diesem beschreibt er eine Zweiklassengesellschaft, in der – nach der medizinisch möglich gewordenen Unterbrechung des Alterungsprozesses – eine Oberschicht Lebenszeit-Konten für die Unterschicht einführt, um mit dieser neuen Währung die Überbevölkerung zu kontrollieren. Jedes Ghetto-Mitglied der Unterschicht hat eine im Unterarm implantierte Uhr, die ihm den Count Down der noch verbliebenen Lebenszeit anzeigt. Schaffen es die Betroffenen nicht, diese mit harter Arbeit immer wieder aufzufüllen, versterben sie umgehend." „Dieses Szenario halte ich durchaus für nicht unwahrscheinlich", befindet Bernd.

„Ich finde, mein Lieber, ich habe dir mit diesen zehn Zukunfts-Szenarien genug Varianten angeboten, damit du dir vielleicht aus der Variation dieser eine eigene Vision für 2050 zurechtbiegen kannst." „Ich weiß nicht. Da bevorzugte ich lieber die Vision des Literaten George Lucas. In seinem Film ‚Star Wars' konfrontiert er uns mit der ‚Macht' als einem das Universum durchdringenden Energiefeld. Einige verfügen über die Begabung, dieses anzuzapfen, um das Böse mit Telepathie, Telekinese, Hellsicht und geistiger Beeinflussung zum Wohl des Universums zu bekämpfen." „Da bist du letztlich nicht weit über die Vision von Lasswitz einer Konfrontation mit ‚Aliens' hinausgekommen? Denn dass hier auf diesem Planeten einer über die ‚Macht' verfügt, kann ich zumindest für mich beruhigt ausschließen", befindet sie amüsiert.

Zweiter verhaltensbezogener Zukunftsansatz

„Ich will dich aber nicht mit diesen Visionen allein lassen. Insofern will ich einen zweiten Anlauf starten. Wir sehen heute die nächsten 30 Jahre weniger klar voraus, als es die Menschen im Jahr 1020 in Bezug auf das Jahr 1050 tun konnten. Denn die technischen Neuerungen verändern binnen kürzester Zeit unser Leben so grundlegend, dass sich vermutlich alle Visionen als unwahrscheinlich erweisen werden. Insofern bleibt uns selbst bei der Zukunftsbetrachtung letztlich nur eine Rückbesinnung auf uns selbst, also die Frage, welche ‚intersubjektive Verhaltensweisen' wir uns in den letzten Jahren aneigneten, die vermutlich auch in der Zukunft fortwirken werden." „Ach was. Was soll denn das sein?" „Es ist inzwischen wissenschaftlich unbestritten, dass wir tiefenpsychologisch neben ‚objektiv' und ‚subjektiv' eine dritte Wirklichkeitsebene kennen, die wir ‚intersubjektiv' nennen. In jedem verdammten Seminar zum Thema Unternehmensführung muss ich mir die Thesen zur ‚interkulturellen Verhandlungsführung' anhören. Franzosen verhandeln anders als Engländer, Polen wiederum anders als Italiener. Jeder will auf seine Art und Weise an einen Kompromiss herangeführt werden. Das gilt natürlich auch für uns.

Da dies so ist, erscheint es mir folgerichtig, dass sich die mitteleuropäischen Jedermanns im Laufe der Zeit ‚intersubjektive Eigenarten' angewöhnten." Wir beschrieben bei unseren Treffen sechzehnmal unsere deutsche Kultur. Wir modellierten ein Sechzehneck, das sich im Lauf eines iterativen Prozesses formstabil herausbildete. Ein kollektives Bewusstsein entwickelnd, in dem wir uns kollektive Verhaltens- und Denkweisen angewöhnten. Bei jedem Mal fußend auf den bisherigen Verhaltens- und Denkweisen, um sich dann doch um eine weitere Ecke zu einer neuen ‚intersubjektiven' Kombination fortzuentwickeln. Um letztlich in einem stabilen Sechzehneck zu münden." „Klingt irgendwie surreal." „Ist es aber nicht.

Erstens sind wir seit der Steinzeit, wie wir beide herausfanden, ‚leistungsbewusst'. Sicher auch bedingt durch unser raues, sich von südlicheren Hemisphären deutlich unterscheidendes Klima, das uns zwingt, unser Leben – angesichts der Skepsis über die im Winter nachlassende sommerliche Strahlkraft unserer Sonne – zielstrebig, anpackend und antriebsstark in die Hand zu nehmen. Zweitens sind wir seit der Jungsteinzeit ‚technikaffin', eine besondere Freude an technischen Lösungen entfaltend. Nicht erst seit der Erfindung von Auto, Rakete und Computer, sondern bereits seit der des Rades in der Jungsteinzeit. Drittens sind wir seit der Bronzezeit ‚weltoffen', sehr wohl begreifend, nur ein kleines Rädchen des Fernhandels zu sein. Unsere Weltoffenheit drückt sich heute in unserer bereitwilligen Übernahme ausländischer Worte aus, zunächst am Lateinischen, dann am Französischen und heute am Englischen eine besondere Freude entwickelnd. Dabei typisch über das Ziel hinausschießend, indem wir Worte wie das ‚Handy' erfinden, obwohl dies in den USA ‚Mobile' und in England ‚Cell phone' heißt und bei uns eigentlich auch mit Mobiltelefon trefflich umschrieben werden könnte.

Wir sind viertens seit der frühantiken Keltenzeit ‚grundsätzlich'. Eine seltsame Mischung aus Sturheit und Rechthaberei an den Tag legend, sicher auch infolge des tiefen, quer durch unser Land und seine Bewohner verlaufenden Grabens entlang der Ufer des Mains. Stur, wenn es beim Kampf von Kelten und Germanen darum ging, das jeweilige Brauchtum bei Ess-, Trink- und Liebesgewohnheiten beizubehalten, was mich jedenfalls bei deinem Keltenvortrag überzeugte. Und rechthaberisch, wenn es den einen um ihre drei Bethen und den anderen um ihre donnernden Götter ging. Wir sind fünftens seit der hochantiken Römerzeit ‚unbestechlich', uns die Rechtsstaatlichkeit der Römer in ganz anderer Weise als jene zu Herzen nehmend. Fortan darauf bedacht, sich diese nicht mehr nehmen zu lassen. Und wir sind sechstens seit der spätantiken Dunklen Zeit ‚treu' oder, wie wir heute sagen würden, ‚verlässlich'. Und zwar in Wort und Tat! Auf die Einhaltung unserer Zusagen gedrillt, aber auch eine Zuverlässigkeit im Handeln bis hin zur Sekundärtugend der Pünktlichkeit an den Tag legend. ‚Verlässlich' halt. Man kann sich zudem auf die Qualität unserer ‚Made-in-Germany' Produkte verlassen."

„Das meinst du doch nicht wirklich im Ernst", will Bernd besorgt wissen. „Wart doch erst einmal ab." „Schon gut."

„Wir sind siebtens seit dem Frühmittelalter ‚christlich'. Doch diese Christlichkeit entwickelte sich ganz anders als in unseren Nachbarländern, sicher auch geprägt durch das Augsburger Bekenntnis. Mit dem wir uns jedenfalls strikt weigerten, die Freiheit der Religionsausübung über unsere Grundregeln des Zusammenseins zu stellen. Wir sind achtens seit dem Hochmittelalter ‚traditionell', Wert auf das Benehmen legend, um uns seither die rechte Hand zur Begrüßung reichend, uns mit erhobenen Bier- oder Weingläsern und offenem Blick zuprostend und mit offenem Visier kämpfend. Wir sind neuntens seit dem Spätmittelalter, kleinstädtisch geprägt, extrem ‚ordnungsliebend'. Vor allem innerhalb unserer Stadtmauern auf Reinlichkeit bedacht, um nicht nur in, sondern auch vor unseren Häusern in den Vorgärten und sogar auf den Bürgersteigen Ordnung zu schaffen.

Wir sind zehntens seit der Epoche der Religionskriege ‚föderal'. Uns auf der einen Seite in der Kleinteiligkeit im Denken und Handeln verlierend, auf der anderen aber auch eine besondere Toleranz gegenüber den regionalen Besonderheiten anderer entwickelnd. Wir sind elftens seit der Epoche des Absolutismus ‚gemütsbetont'. Ein wenig wehleidig, im Übrigen aber auch besonders vergnügt beim Feiern. Wir sind zwölftens seit der Epoche des Biedermeiers ‚bildungsaffin'. Wir zählen zu den Weltmeistern, gute Bücher mit Genuss zu studieren, die uns überall in öffentlichen Bibliotheken zur Verfügung gestellt werden. Und entwickeln uns zu Reiseweltmeistern, uns dabei besonders an Bildungsreisen erfreuend." „Halt, komm doch bitte auf den Punkt. Du glaubst doch nicht im Ernst, aus diesem aufsummierten Schwachsinn unsere Zukunft ableiten zu wollen, oder?" „Ich bitte noch um einen kleinen Moment der Geduld.

Dreizehntens sind die Jedermanns seit der Epoche des Kapitalismus 1.0 ‚sozial', gesetzliche Sozialversicherungssysteme entwickelnd, die heute noch in der Welt als vorbildlich gelten. Uns aber auch ‚zivilgesellschaftlich' engagierend, von der freiwilligen

Feuerwehr über den Katastrophenschutz und die Unfallhilfe bis hin zum ‚freiwilligen sozialen Jahr'. Wir sind vierzehntens seit der Epoche der Urkatastrophen ‚sparsam'. Sparsam bei den Finanzen, bei militärischem Engagement, bei unserem Nationalgefühl, in der Bevormundung anderer und beim Leben über unsere Verhältnisse. Wir sind fünfzehntens seit der Epoche unserer Europäisierung ‚europa-affin', immer wieder von europäischen Werten träumend, eine Einstellung, die geschichtsbedingt ausgeprägter ist als bei unseren europäischen Nachbarn. Europa erscheint uns geradezu als eine Herzensangelegenheit, vorausgesetzt, wir müssen damit nicht die Solidität unserer Staatsfinanzen aufs Spiel setzen. Und wir sind schszehntens seit unserer Epoche des Regularismus der Jetztzeit vor allem ‚umweltbewusst'. Eine Eigenschaft, die uns mehr prägt als andere europäische Völker. Schon immer liebten wir unseren Wald, den bei uns – anders als fast überall sonst – jeder betreten dar.

Meine Schlussfolgerung ist schlicht und ergreifend, wir haben uns ‚intersubjektive Handlungs- und Denkweisen' angewöhnt, die wir zukünftig nicht einfach abstreifen werden! Du kannst dir selbst ausmalen, welche dieser sechzehn Ecken uns stärker oder schwächer in die eine oder andere Richtung lenkt. Ich glaube aber, die Ecken sind allesamt verdammt stabil. Sie werden sich also weder infolge der Digitalisierung noch der Corona-Pandemie verflüchtigen! Und dass ich zu dieser Erkenntnis gelangte, verdanke ich allein dir. Denn du warst es, der mich mit dem Fokus auf die vergangenheitsorientierte Kultur unserer sechzehn Epochen auf diese Idee brachte. Insofern haben wir unsere Zeit nicht vergeudet, sondern vielleicht, anders als von dir vermutet, sinnvoll verbracht. Dafür danke ich dir von ganzem Herzen! Auf dein Wohl, mein Lieber!" Sie erhebt ihr Glas, sie stoßen an und trinken einen, sich angesichts dieser fundamentalen Erkenntnis gehörenden, geziemenden Schluck. Bernd strahlt. „Danke für dieses Kompliment, bin echt gerührt."

„Während du mir die sechzehn ‚intersubjektiven' Eigenschaften der Jedermanns aufzähltest", setzt Bernd fort, „reifte, ehrlich gesagt, in mir die Erkenntnis, dass wir irgendwie verschroben sind. Irgendwie kollektiv kompliziert. Was ja auch bei einem Sechzehneck nicht gerade verwunderlich ist, oder? Uns ist eine gewisse Umständlichkeit zu eigen. Warum sind wir Deutschen eigentlich so?" Claudia antwortet: „Schwer zu sagen. Vielleicht, weil wir mit der Eindimensionalität der Vereinfacher dreimal gescheitert sind, was wir ja bei unseren sechzehn Treffen herausgearbeitet haben." „Du meinst mit unseren kollektiven Leiden infolge unserer drei 30-jährigen Kriege, oder?", erkundigt er sich. „Genau. Das erste Mal sind wir auf die These Karls des Großen reingefallen, nur Christen dürften in unserem Land leben. Dreißig verdammt lange Jahre kämpften die Franken gegen die Saxen, worauf die Chronisten Karls des Großen vom grausamsten Krieg der Menschheitsgeschichte sprachen. Das zweite Mal war es der Wiener, vom Katholizismus zerfressene kaiserliche Wahn, der die Protestanten im Dreißigjährigen Krieg mit Stumpf und Stiel ausrotten wollte. Und das dritte Mal war es unser eindimensionaler Nationalismus, mit dem wir zunächst im Ersten Weltkrieg vom Platz an der Sonne träumten, um dann im Zweiten Weltkrieg als ‚Volk ohne Raum' andere zu überfallen und zugleich die für schuldig befundenen Juden, Sinti, Roma, Andersdenkenden und Behinderten wie Ungeziefer ‚vertilgen' wollten. Eine erneut 30-jährige Epoche, in deren Mitte schwere innenpolitische Konflikte die Politik bestimmten. Was wir ja hinlänglich analysierten. Ne, ganz ehrlich, lieber tiefgründig als eindimensional flach. Denn das ‚Wehret den Anfängen' bedeutet für mich, gegen die Eindimensionalität der Vereinfacher immer wieder Position zu beziehen." Bernd schweigt.

„Gibt es denn für uns nie ein Mittelding?", erkundigt er sich. „Bei den von mir analysierten sechzehn Macken? Weiß nicht. Jedenfalls sind wir komplizierter als unsere Nachbarn, was sicher auch an unseren jahrtausendalten Antipoden eines kulturellen Spannungsfeldes liegt. Ein Kraftfeld, das uns schon beim Auftauchen aus dem Dunkel der Kultur der um die Kulturhoheit widerstreitenden Kelten und Germanen auszeichnete." „Das liegt vielleicht nur daran, dass uns letztlich kaum etwas über die Kultur davor bekannt ist." „Kommt aber, mein Lieber, letztlich auf dasselbe heraus." „Stimmt." „Jedenfalls bin ich zuversichtlich, dass es uns im Lichte dieses wohlvertrauten Spannungsfeldes gelingt, einen umständlichen wie letztlich vernünftigen Weg zu finden, um unsere verschrobene Vision nach Individualität, Föderalismus und Traditionsbewusstsein gemeinsam auch weiter zu realisieren, ohne unter die Räder der amerikanischen oder chinesischen Kulturen zu geraten." „Das ist doch mal eine angenehme Vorstellung", befindet Bernd, „auch wenn ich mir gewünscht hätte, es wäre uns gelungen, jenseits dieser abstrakten Gedanken die Zukunft etwas konkreter zu erhellen."

Dritter angstbezogener Zukunftsansatz

„O. k., du willst es also konkreter? Das habe ich mir gedacht. Dann wollen wir uns ganz konkret mit deinen Zukunftsängsten beschäftigen." „So habe ich das auch wieder nicht gemeint." „Doch, doch, lass mal. Ist gar nicht so schlecht. Wärest du Politiker, welche vier dringendsten Zukunftsthemen würden dich herumtreiben?" „Warum gerade vier?", will er erstaunt wissen. „Ist allein technisch bedingt, mein Lieber. Wir haben mit der Politik Schröders und Merkels schon zwei Wochentage abgearbeitet. Somit verbleiben uns nach Adam Riese nur noch vier zukunftsbezogene Thementage bis zu unserem letzten sonntäglichen Resümee." „Was? Nun sollen noch vier Wochentage folgen?" „Warum denn nicht, oder hast du es jetzt auf einmal eilig? Mensch, Bernd, es geht doch auch um deine Zukunft!" „Da muss ich dir natürlich wie immer beipflichten. Ist mir nur so herausgerutscht. Denn ehrlich gesagt empfinde ich eine tiefe Freude, dir einfach nur zuzuhören."

„Ich habe zwar bei der Vorbereitung für unser heutiges Treffen eine Auswahl getroffen. Doch will ich natürlich nicht nur meine Themen abarbeiten. Insofern bin ich ehrlich daran interessiert zu erfahren, wie weit unsere Meinungen über die uns bewegenden Zukunftsfragen übereinstimmen." „Du willst also wirklich von mir wissen, welches unsere vier größten ‚intersubjektiven' Zukunftsängste sind?" Sie nickt. „Ach du großer Gott", erwidert Bernd, „darüber müsste ich erst einmal einen Moment nachdenken." Er blickt vermeintlich gedankenverloren aus dem Fenster. Sie hat offenbar keine Eile, ihn aus seinem Entscheidungsprozess herauszureißen.

Schließlich beginnt er: „O. k., warte mal. Ich finde, wir alle streben ein vom Wohlstand und von Gesundheit geprägtes glückliches Leben an. Dieses kollektive ‚Glücksstreben' ist für mich Zukunftsthema Nummer eins." „Einverstanden", erwidert sie. „Zweitens liegen mir", so setzt Bernd fort, „ein paar elementare Kernthemen im Magen, beginnend mit dem nach wie vor fortschreitenden Bevölkerungswachstum. Auch glaube ich, uns sollte das Thema Nachhaltigkeit mehr beschäftigen." „Abermals einverstanden", befindet Claudia. Worauf Bernd triumphierend bemerkt: „Woran du erkennen kannst, dass ich nicht nur an meine aussterbende Generation denke." Claudia sieht ihn besorgt an. „Habe ich dich etwa mit dieser These verletzt, mein Lieber?" Er winkt ab, um fortzufahren: „Vielleicht ist für mich schließlich auch das Bewahren unserer ‚Sicherheit' relevant, um so weiterleben zu können, wie ich es bisher schätzte." Claudia strahlt. „Du bist echt ein Schatz, genau auf diese vier Themenbereiche habe ich mich vorbereitet. Echt krass. Und ich hatte echt die Sorge, du brächtest mich mit chaotischen Themen wie mit einer drohenden Invasion von ‚Aliens' aus meinem Konzept." „Vergiss es, ich bin lammfromm, angepasst und dir geradezu hörig", erwidert er.

Mittwoch – Thementag zum kollektiven Glück

„Dann lass mich mal mit dem Mittwoch beginnen, mit einem Thementag, der sich um unser kollektives Glück drehen soll. Ich will meine Analyse – wie Professor Bernd Raffelhüschen –

in vier Glücksfacetten unterteilen, nämlich in die ‚4 Gs', ohne sie allzu sehr zu vertiefen." „Dein Wort in Gottes Gehörgang." „‚G1' steht für G̲eld, sprich für Wohlstand, ‚G2' für die kollektive G̲emeinschaft, ‚G3' für die kollektive G̲esundheit' und ‚G4' den kollektiven G̲roll." „Warum Letzterer?" „Im Grunde genommen unterteilt sich dieser in einen individuellen Griesgram und einen, vom Hass geprägten, kontinuierlich nicht zuletzt im Internet zunehmenden und damit öffentlich wahrnehmbaren kollektiven Groll. Egal, ob der in uns steckt oder einfach nur der Endpunkt eines Ärgers über das uns immer mehr nervende regulatorische Umfeld ist." „Klingt irgendwie verdammt abstrakt." „Nicht mehr lange."

Zukunftsthema Glück – ‚G1' des Geldes

„Fangen wir mit dem Themenbereich ‚G1' des Geldes an. Worauf beruht unser Reichtum, mein Lieber?" „Aus meiner Sicht auf unserer freien Entfaltung innerhalb der Marktwirtschaft und unserer Bildung?" „O. k., ich fürchte, die freie Marktwirtschaft wird bis 2050 immer mehr Federn lassen. Denn es wird für kleine Unternehmen immer schwieriger, sich gegen die globalen Konzerne durchzusetzen. Verursacht nicht vom Markt, sondern von den Behörden. Oder glaubst du, dass Google, Facebook und Amazon beim Datenschutz gleich behandelt werden wie unsere kleinen Vereine und Betriebe?" „Ne." „Das gilt für alle anderen regulkatorischen Themen gleichermaßen.

Auch bei der Bildung wird bis 2050 die Schere von Gebildeten und Ungebildeten weiter aufgehen. Schon heute besuchen bei uns knapp 10% der Schüler Privatschulen, weil diejenigen, die ihren Kindern eine gute Ausbildung angedeihen lassen wollen, die Schnauze voll haben von den sie verdummenden Schulpolitikern, die sie von den Vorzügen des ‚migrationsbedingten Verdichtens der Klassen' und dem ‚inklusions-bezogenen

Entschleunigen individueller Lernbedürnisse' zu überreden gedenken. Denn in Wirklichkeit sind sie nur vom ‚Einsparen teurer Lehrer' getrieben. Die Privatschulquote wird leider steigen. Hast du gewusst, dass einige Bundesländer ernsthaft erwägen, das Erlernen des Schreibens an den Grundschulen abzuschaffen wie auch teure Schulbücher? Obwohl eine Meta-Studie beweist, dass das Papier im Vergleich zum Bildschirm ein tieferes Verständnis von Texten und deren Behalten fördert. Ich fürchte, der Anachronismus wird weiter zunehmen, dass in den meisten Bundesländern die Abiturientenquote bei über 50 % liegt, während bei der Einschulung fast die Hälfte der Erstklässler mit Migrationshintergrund nur rudimentär Deutsch spricht. Mit der Corona-Krise geht die Schere weiter auf. Während sich um die sozial benachteiligten Schüler keiner schert, werden sich die Kinder Gutsituierter dank elterlicher Veranlassung digital fortbilden."
„Meinst du nicht, wir könnten das bis 2050 ändern?" „Nur wenn die Politik einen Neuanfang wagte. Mit zahlreichen neuen Kindergärtnern und Lehrern. Wir müssten zudem in der Erziehung mehr Energie auf das kritische Hinterfragen legen und ein tieferes Verständnis dafür, wie etwa Mathematiker ihre Internet-Algorithmen programmieren. Und sicher auch zur Beschleunigung des Lernprozesses ganz bewusst bei der Digitalisierung auf das Lernen von Gleichaltrigen setzen.

Zukunftsthema Glück – ‚G2' der Gemeinschaft

Nun zum ‚G2' der kollektiven Gemeinschaft. Glücksforscher haben leider festgestellt, dass wir uns glücklicher fühlen, wenn wir fast nichts haben, als wenn wir mehr besitzen, doch unsere Nachbarn noch mehr. Es ist diese vergleichende Perspektive, die uns Probleme bereitet. Diese wird sich verstärken, wenn wir uns immer weniger als soziale Wesen verhalten. Dazu trägt bei, dass sich heute nur noch ein Viertel der Jedermanns am familiären Esstisch eine gemeinsame Mahlzeit teilt. Zwei Drittel lehnen es unter der Woche ab, ihre Zeit mit dem Kochen zu verbringen, um stattdessen vor dem Computer, auf dem Weg zum Arbeitsplatz oder gar vor der Glotze Fast Food in sich hineinzuschaufeln. Wir brauchen mehr Sozialarbeiter in Brennpunkten und wieder eine schulische Ausbildung beim Kochen. Es reicht nicht die staatlich verordnete Toleranz, wenn die oberen 1 % der Reichen gut 20 % des Steuereinkommens erbringen und die ärmsten 50 % zu diesem nur 6 % beitragen. Spätestens seit Karl Poppers Toleranzparadox wissen wir doch, dass Toleranz ausgerechnet dadurch schwindet, wenn sie im Übermaß gewährt wird. Wir brauchen vielmehr Anreizsysteme für ein selbstverantwortliches Leben und sollten auch bei den Immigranten den behördlich verordneten Zwang zur willenlosen Passivität abschaffen, der jegliche Initiativkraft abtötet.

Zukunftsthema Glück – ‚G3' der Gesundheit

„Damit will ich zur ‚G3', also zu der kollektiven Gesundheit überleiten. Die gut Verdienenden leben gesünder als die sozial Benachteiligten, weil sie aktiver sind. Sie können sich auch eine teurere Medizin leisten, deren Kosten mit der 2012 entwickelten Crisp-Technik immet weiter steigen, um mit der Individualisierung der Behandlungsmethoden etwa vom genmanipulierten Blut die Abwehrsysteme zu steigern. Zudem werden wir uns dank der Überbevölkerung auf mehr Pandemien einstellen müssen. Wir sehen ja gerade, wohin eine kollektive Sorglosigkeit bei der Vorbereitung auf Pandemien führt" „Und was müssten wir deiner Meinung nach besser machen?" „Wir werden sehr viel mehr Energie darauf verwenden müssen, bekannte Volkskrankheiten wie Bluthochdruck, Übergewichtigkeit, Herzinfarkt oder Lungenkrebs freiwillig zu bekämpfen, die überwiegend etwas mit unserer eigenen ungesunden Lebensweise zu tun haben. Wir haben Angst vor dem Terrorismus, doch dieser tötet im Vergleich zum Zuckerkonsum nur verdammt wenige Menschen.

Mit der zunehmenden Bevölkerungsexplosion und unserer weltweiten Mobilität nehmen Pandemien zu. Im ‚Kapitalismus 1.0' erhitzte die Gemüter die Schwindsucht, sprich Lungenentzündung. Im ‚Kapitalismus 2.0' folgten die Poliomytis und die berühmte Spanische Grippe. Die Betroffenen bekamen zunächst kaum Luft, dann spuckten sie Blut und waren schließlich zwei Tage später tot. Im ‚Kapitalismus 3.0' mehrten sich die viralen Epidemien. Erst grassierte das Marburgfieber, dann die Hongkong-Grippe und zuletzt die Russland-Grippe. Und im ‚Kapitalismus 4.0' sind wir jetzt schon von der vierten Pandemie innerhalb von nur zwanzig Jahren betroffen. Erst von SARS, dann von der Schweinegrippe gefolgt von der Vogelgrippe und nun zu allem Überfluss von Covid 19, sprich Corona. Doch dieser Virus erscheint immer noch harmloser zu sein als der Ebola-Virus, von dem wir bisher verschont blieben. Wir sollten wenigstens mit einer freiwilligen I-Phone-Nutzung anonymisierter Daten die Ansteckungsketten im Blick haben und werden strategische Reserven nicht nur beim Öl, sondern auch bei Schutzkleidung und Impfstoffen anlegen."

Zukunftsthema Glück – ‚G4' des Grolls

„Damit will ich zum kollektiven Groll überleiten. Wir stehen an einer Gezeitenwende des kollektiven Grolls. Wir sind in der Lage, unseren persönlichen Griesgram medikamentös zu kurieren. Der nicht auf einer genetischen Disposition fußt, sondern auf sich selbst verstärkenden Anreizprozessen unseres kreativen Gehirns. Das sich kontinuierlich eigenständig formt, um unsere Lebenseinstellung entweder negativ oder positiv zu beeinflussen. Ich glaube, wir werden bis 2050 verdammt viele Medikamente auf dem Markt sehen, um miesepetrig Dreinschauende in ‚Sonny-Boys' zu verwandeln. Schon heute werden Ritalin, Fluctin und Kokain – eigentlich zur Verbesserung der Symptome bei Aufmerksamkeitsdefiziten und Hyperaktivstörung entwickelt – von einem Viertel der Schüler und Studenten vor Examina zur Steigerung der Konzentrationsfähigkeit geschluckt. Auch nehmen unsere Wirtschaftseliten regelmäßig Fluctin zum Verbreiten guter Laune ein. Selbst wenn diese Art Hirndoping verkennt, dass unser Gehirn kein Muskel ist. Doch Kollektiv nimmt der ‚intersubjektive' Groll kontinuierlich zu. Der oft auf das ‚Mechthild-Bach-Syndrom' zurückzuführen ist." „Was ist das denn schon wieder?" „Die Gerontologin Mechthild Bach wurde letztlich von den Behörden 2010 in den Freitod getrieben, die ihr bei der Sterbebegleitung ihrer Patienten eine mangelnde Dokumentation vorwarfen. Wir dokumentieren uns zu Tode, womit jedes aktive Tun administrativ unterbunden wird und der in uns gärende Groll vom Brandschutz über Arbeitssicherheit und Qualitätsadministration bis hin zum Datenschutz immer weiter zunimmt." „O. k.", räumte ich einmal ein, an deinem Argument sei etwas dran, wie müssten wir uns ändern?" „Wir müssten die Aufklärung der schädlichen Langzeitfolgen von Ritalin, Fluctin und Kokain verbessern und unsere Dokumentationspflichten auf systemrelevante Punkte zurückfahren." Bernd stöhnt.

Donnerstag der ‚Elementarrisiken'

„Der Donnerstag ist der Thementag der ‚Elementarrisiken' unserer globalisierten Welt, mit deren Zunahme die Ohnmacht nationaler Aktionismen immer deutlicher wird." „Lass mich raten", unterbricht sie Bernd, „wenn du von Elementarrisiken sprichst, konfrontierst du mich auch hier mit einem vierfachen Trommelwirbel, oder?" „Genau, mit den vier ‚E's'.

Zukunftsthema ‚E1' – Expansion der Weltbevölkerung

Das wohl wichtigste globale Zukunftsthema will ich als ‚E1' bezeichnen. Wobei ‚E1' als Mutter aller Zukunftsängste für die Expansion der Weltbevölkerung steht. Denn mit jeder neuen Milliarde Menschen steigen unsere Umwelt-, Nachhaltigkeits- und Energieprobleme! Schon heute leben in Afrika doppelt so viele Jugendliche, wie es Europäer insgesamt gibt, also vom Säugling bis zum Greis. Wir sollten uns darum bemühen, die Fertilitätsrate freiwillig zu drücken. Dazu gehört unzweideutig eine Steigerung der Bildung und des Wohlstands. Ausgerechnet bei der Finanzierung der Entwicklungszusammenarbeit stehen wir Deutsche, pro Kopf gesehen, nicht etwa in der ersten oder zweiten, sondern erst der dritten Reihe." „Das klingt nicht gut. Und was müssten wir deiner Meinung nach hier tun?" „Ich glaube, wir bräuchten eine neue Form eines Weltregimes. Wir brauchen eine neue Vision globaler Entscheidungsfindungsprozesse. Nicht mehr mediale G-20-Treffen der Staats- und Regierungschefs, sondern eine grundsätzliche Reform der UNO. Etwa in Form von zwei Kammern, eine der G20-Staaten, die rund 85 % des Welthandels erwirtschaften. Und eine zweite, die die restlichen gut 200 Staaten vertritt. Jede Kammer sollte sich als Weltparlament aus 100 Mitgliedern zusammensetzen. Nicht vertreten von einem Abgeordneten je Land, sondern – wie es demokratischen Usancen entspräche – basierend auf den wirklichen Bevölkerungszahlen. Diese Versammlung müsste sich über alle Grundsatzfragen verständigen, und zwar frei von jeglichen Vetorechten der Großen." „Und warum willst du zwei Kammern?" „Weil sonst vermutlich die Kleinen völlig untergingen." „Hm", brummt Bernd. „Wir brauchen ein positiv wirkendes Anreiz- ebenso wie ein negativ wirkendes Malussystem der Abnahme von Entwicklungshilfe bei steigenden Bevölkerungszahlen. Zum einen müssen wir die Ärmsten mehr unterstützen. Zum anderen müssen wir ihnen aber auch klarmachen, dass eine weiter wachsende Weltbevölkerung die Existenz aller gefährdet.

Zukunftsthema ‚E2' – Lenkung der Emigrantenströme

Damit komme ich zum Zukunftsthema ‚E2' des zweiten Elementarrisikos. Nämlich der Lenkung der E̲migrantenströme. Wir brauchen eine Kanalisierung der Völkerwanderungen. Da die Bevölkerung in Afrika weiter zunimmt und sich die Hadley-Zirkulation mit zunehmenden Regenfällen in den Tropen und trockeneren Winden am Rande der Sahara abschwächt, werden weiter die Ränder der Sahara vertrocknen und Millionen zu Völkerwanderungen zwingen. Dem Grundsatz nach sind wir uns darüber einig, dass sich 2015 so nicht wiederholen darf. Doch sind wir ernsthaft darum bemüht, uns mit alternativen Konzepten auseinanderzusetzen? Ich fürchte, dass wird für die nächsten dreißig Jahre so bleiben." „Und was müssten wir deiner Meinung nach tun?" „Wir müssten so ehrlich sein, die weltweiten Migrantenströme zu thematisieren, wie es die anderen Einwanderungsländer der Welt, USA, Kanada und Australien, längst tun. Wir müssten endlich ein Einwanderungsgesetz verabschieden, das weitere Migration zulässt, die von unseren Botschaften in der Dritten Welt administriert werden sollte. Dazu gehört aber auch das Verhindern illegaler Flucht, also ein stabiles europäisches Zurückweisungs- und Abschiebungsmanagement.

Zukunftsthema ‚E3' – Schutz globaler Elementarbiotope

Damit will ich auf den Themenbereich ‚E3' des dritten Elementarrisikos überleiten, der dringend unserer Aufmerksamkeit bedarf, wenn es sich um den Schutz der von der ganzen Menschheit benötigten E̲lementarbiotope geht. Wir brauchen den tropischen Regenwald für unsere CO_2-Bilanz! Nachdem wir zuließen, dass dieser in Australien wie Indonesien vernichtet wurde, frage ich mich, ob wir ernsthaft erneut zusehen wollen, wenn der auch noch in Afrika und vor allem Brasilien vernichtet wird? Diese Länder haben eine Elementarverpflichtung gegenüber der gesamten Menschheit. Das Gleiche gilt übrigens auch für die Vermüllung und Überfischung der Meere. Inzwischen gibt es riesige Plastikstrudel in jedem unserer Weltmeere, die unabsehbare Folgen für unsere Gesundheit wie das Klima haben. Auch hier sehe ich für die nächsten dreißig Jahre dringenden Handlungsbedarf." „O. k., wie müssten wir uns hier, deiner Meinung nach, ändern?" „Wir sitzen alle in einem Boot, was den Erhalt der Sauerstoffquellen unseres Planeten anbetrifft. Wenn Brasilien und Afrika diese Elementarverpflichtung nicht ernst nehmen, wäre die internationale Staatengemeinschaft dringend dazu aufgerufen, diese unter Naturschutz zu stellen. Notfalls mit Gewalt. Insofern müssten wir uns rechtzeitig auf ein neues Weltregime verständigen, um gerade auch hier eine Gefährdung der Menschheit abzuwenden.

Zukunftsthema ‚E4' - wertebezogener Elementarkonsens

Schon bin ich bei dem vierten Elementarrisiko, das ich als ‚E4' bezeichne. Bei diesem geht es um einen wertebezogenen Elementarschutz. Solange es uns nicht global gelingt, Steuerhinterziehung, Bandenkriminalität und Korruption multinational zu unterbinden, werden wir aufgrund der immer größeren finanziellen Mittel jener Verbrecher auf eine immer größere globale Schieflage zusteuern. Die Schlupflöcher für immer dreistere, global agierende Verbrecher nehmen weiter zu. Insofern ist es dringend an der Zeit, diesen Elementarschutz in den nächsten dreißig Jahren wirksam aufzubauen." „O. k., und wie sähe deiner Meinung nach eine konkrete Lösung hierzu aus?" „Mensch, Bernd. Korruption und Geldwäsche müssten mit Stumpf und Stiel ausgerottet werden. Auch hierzu bedürfte es eines wirksamen Weltregimes, das auch über Exekutivrechte verfügt. Wäre nicht allein der Gedanke großartig, das so gewonnene Geld in Dritte und Vierte Welt Infrastrukturprojekte umzuleiten?" „Mensch, Claudia, zumindest erkenne ich zum ersten Mal eine Vision, wie wir aus der Sackgasse der Elementarrisiken heraussteuern könnten. Auch wenn bei deren Umsetzung sicher noch viel Wasser den Rhein herunterfließen wird." „Wie wäre es, wenn wir einfach mal anfingen, uns mit der Thematisierung unserer Visionen Gehör zu verschaffen, anstatt mit unserem ‚auf-Sicht-steuernden' politischen Pragmatismus immer nur den Problemen hinterherzurennen?" „Da bleibt mir nur erneut, dir, Claudia, vollumfänglich beizupflichten."

Freitag als Thementag zur Nachhaltigkeit

„Der Freitag ist der Nachhaltigkeit gewidmet. Vielen in unserem Lande ist es gar nicht bewusst, dass ein Deutscher diesen Begriff erfand. Nicht als einen ‚verträumten Ausdruck für ökologisch gezüchtete Tomaten', sondern als rationale Handlungsmaxime unter Berücksichtigung der natürlichen Regenerationsfähigkeit unserer Natur. Auch wenn es dem Sachsen Bernd Carl von Carlowitz im Jahre 1713 nur um die Waldwirtschaft ging, verwenden wir inzwischen den Begriff in einem viel umfassenderen Sinn. Insofern will ich mich auch hier auf vier Nachhaltigkeitsfaktoren fokussieren, die ich als die ‚4Ns' bezeichne." „Hätte ich jetzt echt nicht gedacht", schmunzelt Bernd.

Zukunftsthema Nachhaltigkeit – ‚N1' des Wassers

„Der erste Themenbereich ‚N1' betrifft die Nachhaltigkeit des sauberen Wassers. Die sollte uns schon deshalb am Herzen liegen, als wir ohne Wasser keine Überlebenschance haben. Mit der Zunahme des Klimawandels erleben wir gerade zunehmende Regenfälle in den Tropen und immer trockenere Bedingungen über den Äquatorgürteln. Ich fürchte, diese ungleichen Niederschläge werden zunehmen und die Verteilung des Wassers wird sich dramatisch verschieben. Allmählich sinkt unser Grundwasserspiegel. Doch kaum eine Gemeinde kümmert sich darum. Welche verheerenden Folgen das sorglose Abpumpen des Grundwassers haben kann, könnten wir – so wir denn wollen – am traurigen Ende des einstigen, sich über mehrere US-Bundesstaaten erstreckenden Grundwasserreservoirs des Ogallala-Aquifers lernen. Denn das steht inzwischen den Amerikanern infolge des reichlichen Abpumpens schlichtweg nicht mehr zur Verfügung. Doch nicht nur das Grundwasser an sich, sondern auch dessen Qualität ist gefährdet. Die Bundesregierung missachtete seit Jahren die Anweisung der europäischen Kommission, die hohe Nitrateinfuhr in manchen Regionen zu unterbinden. Aber viel schlimmer noch, sie scherte sich nicht um eine Verbesserung des Trinkwassers. Ich fürchte, auch hier gibt es für die nächsten dreißig Jahre verdammt viel zu tun." „Und wie sähe deiner Meinung nach eine Lösung dieses Themas aus?" „Wir sollten von den Tirolern lernen und auf unseren Hügeln sowie in breiten Tälern Wasserspeicher anlegen, damit sich der Grundwasserspiegel auch dann erholen kann, selbst wenn es zukünftig nur noch sturzflutartig bei uns gießt. Neue Kläranlagen mit einer vierten Reinigungsstufe lägen auf der Hand, um feine Schwebstoffe wie Fette und Öle ebenso herauszufiltern wie Ammoniak zu oxidieren und Stickstoff und Phosphat auszuflocken. Genauso übrigens wie Anschubfinanzierungen für die Landwirtschaft zur Anschaffung neuwertiger Rasenrobotern ähnelnder Maschinen. Denn diese vernichten mit ihren dünnen Reifen weniger Anbauflächen und bespritzen automatisch nur noch da die Felder, wo ihre Kameras Unkraut ausmachen. Das Gleiche gilt für das Düngen.

Zukunftsthema Nachhaltigkeit – ‚N2' der Fauna und Flora

Als ‚N2' geht es mir auch um die Nachhaltigkeit von Fauna und Flora. Bei der Fauna registrieren wir ein dramatisches sechstes Massensterben auf unserem Planeten, dem in den vergangenen 20 Jahren rund 15 Mio. Arten zum Opfer fielen, ohne dass wir irgendeine Ahnung davon haben, welche Auswirkungen damit verbunden sind. Inzwischen sind infolge des Pestizid-Einsatzes sogar Bienenvölker gefährdet. Auch sind unsere Monokulturen in der Forst- und Landwirtschaft Grund für immer neue Hiobsmeldungen. Ich fürchte, da haben wir für die nächsten dreißig Jahre gut zu tun." „O. k., und wie sähe deiner Meinung nach eine Lösung aus?" „Monokulturen tun uns weder im Wald noch auf den Feldern gut. Das gilt auch für die Massentierhaltung, die in Österreich schlichtweg untersagt ist. Nachdem wir inzwischen die Käfighaltung der Hühner verboten haben, wäre es nun an der Zeit, über eine weitere Einschränkung der Massentierhaltung von Hühnern, Puten und Gänsen wie Schweinen und Rindern nachzudenken. Ist doch komisch, dass wir immer weniger Fleisch essen und gleichwohl die Produktion steigt, weil wir zunehmend den chinesischen Markt beliefern.

Zukunftsthema Nachhaltigkeit – ‚N3' der Luft

Damit will ich zur Nachhaltigkeit sauberer Luft überleiten, die ich als ‚N3' abhandeln möchte. Hier müssen wir komplett umdenken. Es bezweifelt keiner, dass sich die Erde immer wieder auch ohne menschliches Zutun aufwärmte oder abkühlte. Nicht zuletzt dank großer Vulkanausbrüche, Änderungen der Erdachsen-Ausrichtung und Sonnenflecken-Schwankungen. Insofern ist unsere Erdgeschichte voller ‚Eiszeiten' und ‚Heißzeiten'. Doch das darf uns, mein Lieber, nicht davon abhalten, Anstrengungen zu unternehmen, um die von Menschen verursachte Luftverschmutzung auf ein Minimum zu reduzieren, ohne – und das gilt es ausdrücklich zu betonen – gleich über das Ziel hinauszuschießen!" „Na, da bin ich aber mal sehr gespannt, denn gerade dieses Thema erscheint mir so undurchsichtig, dass ich mir längst eine klare Meinung hierzu abgewöhnt habe." „Das darf doch nicht wahr sein." „Ist aber so." „Wenn du so großes Interesse an diesem Thema zeigst, dauerte natürlich eine für dich befriedigende Vermittlung meiner Visionen etwas länger." „Von mir aus." „O. k., letztlich unterteilt sich das Thema bei sehr grober Betrachtung in zwei Teilbereiche, nämlich erstens in die – teilweise krebserregenden – Feinstoff-Belastungen und zweitens den CO2-Ausstoß. Ich finde es echt merkwürdig, dass selbst diese schlichte Untergliederung medial immer wieder vermischt wird." „Das mag sein, zumindest gehöre auch ich zu denjenigen, die beide Themen in einen Topf werfen." „O. k., dann werde ich mal versuchen, zur Entwirrung beizutragen." „Danke", erwidert Bernd, sich abermals Wein in sein Glas schüttend. „Dann leg mal los."

„Lass mich also erstens mit den Feinstoff-Belastungen beginnen. Ausgerechnet diese wurden zum Feldzug gegen die Autoindustrie missbraucht. Wenn ich dir den Beginn der Geschichte der Dämonisierung von Stickstoffdioxid und Feinstaub erzähle, wird dir gleich übel. Vielleicht wirst du sogar zum Europahasser." „Glaube ich nicht." „Die Geschichte reicht zurück bis zum Rio-Umweltgipfel 1992. Damals wollte die EU beim Thema Stickstoffdioxid mit gutem Beispiel vorangehen, auch wenn es zu keiner Verständigung über einen gesundheitsschädlichen Grenzwert kam. Auch Expertenzusammenkünfte im Oktober 1994 und 1995 blieben ergebnislos. In ihrer Not einigte sich im Juni 1996 eine Arbeitsgruppe auf den Wert aus einem Programm für die chemische Sicherheit IPCS für geschlossene

Räume. Diese dauerhafte Exposition verwechselte das EU-Parlament mit einem ständig einzuhaltenden Grenzwert. Damit enden wir in der ‚Dieselfalle' der Verteufelung ausgerechnet desjenigen Antriebssystems, das deutlich weniger CO2 produziert als ein Benziner! Wenn man Feinstaub vor einem Dieselfahrzeug hochwirbelt, dann kommt aus dem Auspuff kein höherer Wert heraus. Worauf seit kurzem Bremsen- und Reifenabrieb verteufelt werden. Vielleicht sollten wir einfach auf das Bremsen ganz verzichten. Die Silvesterböllerei dagegen kommt relativ glimpflich davon, die 16% der jährlichen Feinstaub-Emissionen des Autoverkehrs in nur einer Nacht verursachen. Auch sollten wir Kerzen dringend verbieten. Denn auch diese führen in unseren Wohnzimmern zu dramatischen Überschreitungen der von der EU beschlossenen Grenzwerte. Bereits drei in geschlossenen Räumen genossene Zigaretten führen ebenfalls zu deutlichen Grenzwertüberschreitungen. Am dramatischsten ist jedoch die Feinstaubbelastung jenseits der 0,025 mg/m3 an der Nordsee. Denn die salzhaltige Luft hat einen doppelt so hohen Feinstaubanteil wie vorgeschrieben. Übrigens nimmt in Stuttgart gemessene Feinstaub selbst in den letzten Tagen kaum ab, in denen coronabedingt kaum ein Auto unterwgs ist. Doch einmal erkämpfte Positionen werden auch von der EU nicht wieder aufgegeben. Natürlich bleibt Feinstaub wegen seiner Krebsgefährdung nicht unproblematisch und sind auch die Wirkungen des Nanostaubes noch längst nicht erforscht, doch wo wird bei diesem Thema die viel gepriesene Verhältnismäßigkeit beachtet?

Sodann will ich zweitens auf die CO2-Belastung eingehen." „Bist du da auch so kritisch?" „Na klar, nur mit umgekehrtem Vorzeichen. Denn da pflichte ich Felix Finkbeiner und seinen Freunden der ‚Plant-for-the-Planet-Bewegung' und Greta Thunberg mit ihren ‚Fridays-for-Future' voll bei." „Ehrlich?" „Ja, ehrlich. Europa hat für die Industrie schon lange einen sehr wirksamen Zertifikatehandel eingeführt, der zu drastisch sinkenden CO2-Emissionen führte. Nur bei der Autoindustrie verhielt man sich merkwürdig indifferent. Man steuert nämlich CO2-Emissionen über den Flottenverbrauch der Hersteller, und sonst gar nicht. Die Autokonzerne verbessern zwar kontinuierlich den CO2-Ausstoß, doch werden diese Bemühungen von uns allen durch immer größere SUVs mit immer mehr PS zunichtegemacht. Viele reden sich damit raus, dass vor 500 Mio. Jahren die CO2 Konzentration noch um das Zwanzigfache höher lag als heute. Doch wenn man sich einmal den menschengemachten CO2-Wert in absoluten Zahlen ansieht, kann einem nur schlecht werden. Nordamerika steigerte seine CO2 Emissionen im Vergleich zu 1990 um 10 % auf 5,3 Milliarden Tonnen, Südamerika um 99 % auf 1,2 Milliarden Tonnen, China um 247 % auf 11,3 Milliarden Tonnen und Indien um 341 % auf 2,6 Milliarden Tonnen. Nur Europa reduzierte seine Emissionen als einzige große Region um 21 % auf 2,2 Milliarden Tonnen. Der deutsche Grenzwert verminderte sich 2019 sogar um 35 %. Doch das reicht nicht. Unsere Welt steuert auf ein Tauen des Permafrostes zu wie auf das Abschmelzen der Polkappen, die Versteppung Afrikas und immer dramatischere Unwetter. Und was macht Brasilien? Es fackelt großflächig den Regenwald ab." „O. k., und wie sähe deiner Meinung nach eine bessere Lösung aus?" „Mensch, Bernd, es geht darum, mit Marktkonzepten beim CO2 schnell entgegen zu steuern, ohne nicht gleich alles vom Dieselmotor über den Bremsen- und Reifenabrieb zu verteufeln. Dazu müsste sich Europa auf einen doppelten Green Deal verständigen, um einerseits Feinstaub-Grenzwerte zu lockern und andererseits den CO2-Emissionsabbau ernsthaft anzugehen. Dazu gehört auch die Förderung der Wind- und Solarenergie sowie Wasserstoff- und Batterietechnologie. Vielleicht landen wir aber auch bei einer neuen Atomkraft. Nicht in Form der hochproblematischen Kernspaltung, sondern der hitzebedingten Fusion, mit der keine vergleichbaren Risiken einhergehen." Bernd schweigt.

Zukunftsthema Nachhaltigkeit – ‚N4' der Ressourcen

Das letzte Nachhaltigkeitsthema ‚N4' bezieht sich auf eine generelle Minimierung unserer Ressourcen. Die Bodenschatz-Ausbeutung nimmt immer groteskere Formen an. Immerhin beginnen wir im Jahr 2000 erstmals ernsthaft mit der Nutzung ‚alternativer Energien' in zunächst der Form der Rückkehr zur Windkraft, die wir früher intensiv nutzten. Um 1880 gab es jedenfalls noch rund 18.000 Windmühlen bei uns. Nun ist es an der Zeit, eine neue Runde für den Ausbau weiterer Windkraftanlagen einzuläuten." „Wie viele Windkrafträder haben wir denn?" „Rund 30.000. Leider müssen nun 9.000 Anlagen erneuert werden, da deren Betriebszeiten nach zwanzig Jahren enden. Das müsste uns zu einem tiefgreifenden Umdenken veranlassen, um nicht nur diese zu erneuern, sondern auch weitere aufzustellen, obwohl die meisten Produzenten und Konstrukteure inzwischen Insolvenz anmeldeten oder kurz davor sind. Bei der Solarzellenproduktion haben wir im Wettbewerb mit China kapituliert." „Weil die ein Dumping betreiben." „So. Und wo ist die Reaktion der europäischen Wettbewerbsbehörde? Immerhin entwickelt sich langsam eine neue Generation deutscher Solarproduzenten, deren Produkte vor allem im Süden errichtet werden. Doch da geht mit Hilfe Europas noch mehr. Wir verdrängen längst mit immer größeren Schürffahrzeugen die an und für sich einfache Erkenntnis, dass Bodenschätze nur solange ‚Bodenschätze' heißen, wie wir sie nicht restlos aufgebraucht haben." „Zukünftige Generation sollten doch auch noch etwas kreativ sein dürfen", wirft Bernd ein. „Das war mal wieder eine typische Bemerkung deiner Generation. Wenn wir sie einfach nur konsumptiv einsetzen, verpuffen Kohle, Öl und Gas unwiederbringlich. Die Reihe der knapp werdenden Bodenschätze wird inzwischen lang und länger." „Was verstehst du denn unter knapp?" „Wenn sie uns am Ende der ‚Nahen Zukunft' im Jahr 2050 nicht mehr zur Verfügung stehen. Kupfer steht auf dieser Liste ebenso wie Nickel, Zinn, Kadmium, Silber, Gold, Tellur und Indium. Unser globales Recycling-Management ist geradezu erbärmlich. Wir schippern unsren Wohlstandsschrott um die halbe Welt, um ihn bei den Ärmsten abzuladen, die dann auf den Müllkippen mit unprofessionellen Methoden diesen einsammeln und verkaufen. Wollen wir diesen Irrsinn für die nächsten dreißig Jahre dulden?" „Und was sollen wir deiner Meinung nach tun?" „Den schnellen Ausbau der Windkraft, Solarenergie und Netzwerke ebenso gewährleisten wie die Forschung von alternativen Energien fördern. Vor allem aber sollten wir jeglichen Export unseres Schrotts untersagen und uns darauf konzentrieren, mit intelligenten Mitteln dazu beizutragen, dass sich das ressourcenschonende Recycling für immer mehr Rohstoffe lohnt." Bernd nickt. „Damit haben wir auch den Freitag geschafft?" „Genau. Und sind dir meine Visionen immer noch zu abstrakt?" „Ne, ganz ehrlich nicht. Sind verdammt konkret." Claudia lächelt zufrieden.

Samstag – Thementag zur Sicherheit

„Damit sind wir beim letzten Tag der Epoche der ‚Jetztzeit' angelangt. Nämlich beim Samstag, an dem wir uns sicherheitsbezogenen Themen zuwenden." „Halt mal", unterbricht Bernd, „ich will aber auf unsere Diskussion des abschließenden Sonntags nicht verzichten." „Hast recht, mein Lieber, den vergaß ich im Eifer. Du wirst dich sicher nicht darüber wundern, dass ich auch die Sicherheit in die vier Unterbereiche gliedere, die ich als die ‚4S' bezeichne." „Ne, Claudia, das habe ich sogar vermutet. Stellt sich nur noch die Frage nach der Themenauswahl." „Und?" „Weiß nicht? Lass mal hören."

Zukunftsthema Sicherheit – ‚S1' im Innern

„Als ‚S1' möchte ich mit der ‚Sicherheit im Innern' beginnen. In der Tat drehen sich viele Zukunftsängste bei den schnell wachsenden Großstädten um sich bildende Ghettos, in deren Folge die Bandenkriminalität zunimmt. Sehen wir einmal nur fünfzig Jahre zurück, da gab es mit Tokio, New York und Mexiko nur drei Metropol-Regionen mit mehr als 10 Millionen Einwohnern. Laut UN-Angaben werden es 2050 mindestens 40 sein. Das ist mehr als eine Verzehnfachung. Sieht man genauer hin, so gibt es heute gut organisierte wie Singapur, New York und Shanghai. Aber auch verdammt schlecht administrierte wie Lagos und Kinshasa, wo schon jetzt die Hälfte nicht lesen kann, die Polizei unterbesetzt und elektrischer Strom eine Mangelware ist. Unsere Polizei macht einen guten Job, den gilt es bei der Bekämpfung der Bandenkriminalität zu verbessern, wozu es einer besseren internationalen Vernetzung bedarf. Bis dahin wird die Bandenbildung ebenso zunehmen wie die Überwachung in Form flächendeckender Kameras und automatischer Bildidentifizierungen. Letztlich geht es um die Frage, wie wir sowohl das US-amerikanische Model der monopolgesteuerten öffentlichen Kontrolle vermeiden können als auch das chinesische ‚Big-Brother-Modell'. Bisher sehe ich keine überzeugende europäische Politik, wie wir die Monopole von Yahoo, Google und Amazon eindämmen wollen. Wir beobachten, dass China gerade eine App mit dem Namen ‚WeChat' herausbringt, um die Bildung jeglicher öffentlicher Solidarität bereits im Ansatz zu verhindern. Auch sind wir erstaunt über das dortige Punktesystem für soziale Korrektheit." „Und was sollten wir deiner Meinung nach konkret tun?" „Wir müssen unsere Freiheit verteidigen. Wir werden uns in den kommenden Jahren sowohl mit der Frage beschäftigen, wie es gelingt, unser Augenmerk vom ‚wovon-wir-frei-sein-wollen' auf das ‚wofür-wir-frei-sein-wollen' zu lenken. Vielleicht sollten wir uns mit Luthers Freiheitsdefinition des Christenmenschen auseinandersetzen, ‚ein Christenmensch ist ein freier Herr über alle Dinge und niemandem untertan. Ein Christenmensch ist gleichzeitig ein dienstbarer Knecht aller Dinge und jedermann untertan'. Was so viel heißt wie, wir sind frei, um freiwillig zu dienen.

Zukunftsthema Sicherheit – ‚S2' im Äußeren

Dann lass mich mal mit ‚S2 fortfahren. Nämlich dem Thema unserer äußeren Sicherheit in der sich rasant ändernden Welt, in der die USA uns zwingen wollen, für unseren eigenen Schutz zu sorgen, während Russland massiv aufrüstet. Diese Frage hat mindestens zwei Facetten. Einmal geht es um unseren Selbstschutz und zum anderen um internationale Einsätze. Beginnen will ich mit unserem Selbstschutz. Du kennst doch das Gedicht Brechts, ‚stell dir mal vor, es wäre Krieg/und keiner ginge hin./ Dann kommt der Krieg zu euch./Wer zu Hause bleibt, wenn der Kampf beginnt/und lässt andere kämpfen für seine Sache,/ der muss sich vorsehen./Denn wer den Kampf nicht geteilt hat,/ wird teilen die Niederlage'. Auch wenn Brecht längst tot ist, diese schmerzliche Erkenntnis gilt immer noch. Sicherheitspolitiker weisen vermutlich zu Recht darauf hin, dass sich Europa nicht militärisch selbst verteidigen kann, nachdem Russland die Fehler der Sowjetunion wiederholt, anstatt die Wirtschaft zu modernisieren, weiter auf den Dreiklang von Rohstoff- und Waffenexporten und die eigene Aufrüstung zu setzen. Was die NATO dazu zwingt, vier Bataillon-Taktikgruppen an der osteuropäischen Grenze aufzustellen. Ich fürchte, der ‚große Gleichmacher nuklearer Bomben' – so Bundespräsident Steinmeier – verliert seine Bedeutung mit der abnehmenden Bereitschaft der USA, für den Schutz Europas parat zu stehen. Was wir benötigen, ist eine mentale Anpassung an die sich veränderte Wirklichkeit, die auch von uns eine ehrliche Kompromissbereitschaft erfordert, manchmal anders wahrgenommene Sicherheitsbedürfnis unserer NATO-Partner zu beherzigen. Von dem uns selbst gesteckten Ziel der Rüstungsausgaben in der Höhe von 2% des Bruttoinlandsproduktes, ja selbst von dem von 1,5% sind wir meilenweit entfernt. Nun klagen die USA aufgrund des selbst gewählten ‚imperial overstrech‘ über Übermüdungserscheinungen, die sich in der ‚Nach-Corona‘ Zeit sicher verstärken. Während Merkel erkennt, ‚da auf alte Freunde kein Verlass mehr sei, müsse man sich nach neuen Sicherungen umsehen‘. Einverstanden, kann ich nur sagen, auch wenn die Bundesregierung diese bisher nicht aus dem Hut zaubert." „Du willst also ernsthaft bis 2050 wieder aufrüsten? Das ist doch glatter Wahnsinn." „Den Wahnsinn könnten wir nur vermeiden, wenn wir uns ernsthaft darum bemühten, neue globale Sicherheitsstrukturen aufzubauen. Indem wir mehrdimensional mit Russland über eine Deeskulation etwa mit normalen Wirtschaftsbeziehungen verhandelten, um uns gleichzeitig auf eine Unterbrechung der Rüstungsspirale zu verständigen.

Zweitens werden internationale Einsätze weiter erforderlich sein. Haben wir denn wirklich schon vergessen, dass vor nicht einmal dreißig Jahren 1994 in Ruanda eine Million Menschen getötet wurde, nachdem das Land seine Bevölkerung, die sich zu 85% aus bäuerlichen Hutu und 15% aus viehzüchtenden Tutsi zusammensetzte, nicht mehr ernähren konnte. Am Ende der grausamen Kämpfe verloren drei Viertel des Hirtenvolkes der Tutsi ihr Leben, während eine gleich große Gruppe Hutu in die benachbarten Staaten floh. Solche Stellvertreterkriege werden zunehmen, und zwar ausgerechnet dort, wo wichtige Rohstoffe entdeckt werden. Haben wir wirklich den Zerfall Jugoslawiens und die Kämpfe in der Ukraine verdrängt? Im November 2019 spricht der französische Präsident Macron nach dem offenen Konflikt der Bündnispartner USA und Türkei in Syrien vom Hirntod der NATO." „Und was sollten wir deiner Meinung nach tun?" „Wir müssen unsere Truppen besser ausrüsten und dafür sorgen, dass die UNO für den wirksamen Schutz aller Nationen ein Mandat bekommt.

Zukunftsthema Sicherheit – ‚S3' im Systemischen

Insofern will sodann als ‚S3' zur systemischen S̲icherheit als Folge der digitalen Revolution überleiten, um erstens die unsere Netze und zweitens die unsere Psyche betreffenden Herausforderungen zu thematisieren. Beginnen möchte ich mit unseren Stromnetzen. Wir sollten begreifen, Hackerangriffe aus Russland, China und Nord-Korea sind Vorformen eines global geführten asymmetrischen Krieges. Trotz der dramatischen Zunahme von Hackerangriffen auf unsere Infrastruktur verschließen wir die Augen. Die verheerenden Folgen eines längeren Black-Outs in unserer sehr fragilen Welt werden Lebensmittelplünderungen sein. Das Wasser fällt aus, die Wohnungen erkalten und wir werden infolge ausfallender Zapfsäulen noch nicht einmal dem Schlamassel entkommen können. Dank unserer komplexen Systeme schaffen wir es zudem, uns selbst immer wieder an den Rand des Chaos zu bringen. Es ist noch kein Jahr her, als wir am 6. Juni, 12. Juni und 25. Juni 2019 dreimal hintereinander verdammt knapp einem Black-Out entkamen. Am 6. Juni aufgrund eines unerwarteten Stromüberhangs, der zur Sicherheitsabschaltung vieler Windkrafträder führte, am 12. Juni infolge eines ‚Prognosefehlers' und am 25. Juni aufgrund der inversen Preisstruktur, die einige zockende Händler mit gezielten Leerverkäufen an der Strombörse ausnutzten, da die Ausgleichsenergie der Netzbetreiber billiger war als der Strom von der Börse. Kurzfristig explodierte der Strompreis für eine Megawattstunde von 400 € auf sage und schreibe 37.850 €. In allen drei Fällen konnte unser 50 Hertz-Netz nur durch massive Zukäufe der Kapazitäten von 6 Kernkraftwerken aus dem europäischen Ausland aufrechterhalten werden.

Zweitens will ich auch die unsere Psyche betreffenden Gefahren erwähnen. Längst sind Bots dabei, uns zu manipulieren, also computergesteuerte Meldungen, die sich nicht mehr von den von Menschen kommunizierten Informationen unterscheiden lassen. Doch das ist erst die Spitze eines Eisberges. Schon heute gibt es biometrische Sensoren, die – sofern sie am Körper getragen werden – einen tiefen Einblick in unser Seelenleben geben können. Gegenwärtig werden Softwarepakete entwickelt, um unsere Augenbewegung und Mimik zu erforschen. Bald wird die Software wissen, wie wir zum Lachen gebracht werden können und welche Themen uns langweilen. Noch bessere Aussagen ließen sich erzielen, wenn dann auch noch biometrische Daten wie Puls, Blutdruck und Gehirnaktivitäten hinzukämen. Da in der Regel jeder Computer mit einer Kamera ausgerüstet ist, die sich nicht abschalten lässt, könnten diese nicht nur dazu missbraucht werden, uns auszuspähen, sondern könnte künstliche Intelligenz bald über unsere Beziehungen besser Bescheid wissen als wir selbst. Ich fürchte, auch hier stehen wir in den nächsten dreißig Jahren vor großen Herausforderungen." „Und was sollten wir hier deiner Meinung nach tun?" „Mensch, Bernd, wir müssen mit künstlicher Intelligenz ‚systemische Risiken' sehr viel ernster nehmen, um regionale Notfallpläne unter Einschluss lokaler ‚Lockdown-Szenarien' zu entwickeln.

Zukunftsthema Sicherheit – ‚S4' in Finanzen

‚S4' steht viertens für die finanzielle Stabilität als letzter Aspekt unseres Sicherheitsbedürfnisses. Längst ist es Allgemeingut, dass die Geldschöpfung nur in sehr begrenztem Maße in der staatlichen Hand liegt. Längst reicht anstelle der staatlichen Notenbank der Eintrag in die Bilanz. Die Menge des Bargeldes in Bezug auf das gesamte Vermögen beträgt 9 %. Der Rest ist von Banken geschaffenes Geld, befreit von demokratisch legitimierten Akteuren. Längst sind die in die Zukunftsvorsorge investierten Gelder sehr viel höher als die privaten Investitionen, aus denen sich Zinsen generieren ließen. Sprich, wir haben uns in einem unglücklichen Mix der Dominanz der Schuldner bei der Zinsfestlegung und dem wachsenden Privatvermögen jenseits vernünftiger Reinvestitionsmöglichkeiten verheddert. Während wir darüber mutmaßen, dass der Libra nicht kommt, wird dieses Konzept der durch Vermögenswerte und Staatsanleihen unterlegten ‚Stable-coins' längst realisiert. Ja, wir stellen inzwischen erstaunt fest, dass von den europaweit für E-Geld zugelassenen knapp 400 Instituten nur 8 deutschen Ursprungs sind. Dieser Prozess wird beschleunigt von der augenblicklichen Negativzinspolitik der EZB, die infolge der breiten Enteignung mal wieder zu einem Vertrauensverlust in unsere Währung führt. Werner Sinn schätzte einen jährlichen Wohlstandsverlust von 70 Milliarden €. Bei der öffentlichen Verschuldung der EU steuern wir auf die 4 Billionen € zu. Die europäische ‚No-Bailout'-Regel wurde Stück für Stück aufgeweicht. Nun bin ich mir sicher, werden wir demnächst die Aufnahme der Euro-Bonds erleben. Doch dieses Mal zu Recht. Denn nun sind wir inmitten einer tiefen Krise. Doch letztlich aufgrund des fahrlässigen Umgangs der letzten Jahre. Hinzu kommt die Unternehmensverschuldung, vor der die IWF-Direktorin warnt. Diese beträgt 19.000 Milliarden Dollar, was rund 40% der Gesamtschulden der acht größten Industrienationen entspricht. Wenn man sich unsere drei größten Währungskrisen der ‚Gründerkrise, der Weltwirtschaftskrise 1929 und der Eurokrise ansieht, dann übersteigt die Sprengkraft der Coronakrise diese um ein Vielfaches. Wir sollten jedenfalls nicht erstaunt darüber sein, wenn sich die 1 Billionen € Forderungen gegenüber den übrigen Eurostaaten auf den ‚Transferkonten' über Nacht als Nullnummern erwiesen."

„Und was sollen wir hier deiner Meinung nach tun?" „Zunächst weiter gute Miene zum bösen Spiel machen. Denn wir stehen angesichts der globalen Verbreitung des Virus, relativ gesehen, nicht schlechter da als Chinesen und Amerikaner. Wenn wir uns dann aber in den nächsten Jahren nicht ernsthaft dranmachen, sie wieder zurückzuführen und positive Zinsen zu zahlen, werden uns viele sinnlose Mittel-Allokationen endgültig in den Abgrund reißen. Eigentlich wären meine Visionen gar nicht so schwer umsetzbar, wenn wir nur wollten." „Ach was. So wie deine morgige Hochzeit?" „So wie deine Bereitschaft, mir dabei als Trauzeuge zur Verfügung zu stehen. Damit ‚habe ich fertig'."

Sonntägliche Diskussion

„Alle Achtung, Claudia, ich hätte nicht gedacht, es gelänge dir auch nur ansatzweise eine so konkrete Zukunftsanalyse. Als Kombination von literarisch abgeleiteten Visionen, von ‚intersubjektiven Verhaltensweisen' und von, auf kollektiven Zukunftsängsten fußenden konkreten Lösungsansätzen. Es wird dich aber auch nicht wundern, wenn ich dabei nicht immer deiner Meinung bin und war." „Solange unsere Diskussionen vom gegenseitigen Respekt getragen sind, kann ich gut damit leben. Wir brauchen doch keine fertigen Antworten, sondern eine offene Streitkultur, die Habermas als kommunikative Vernunft propagierte."

Sie blickt beiläufig auf das Zifferblatt ihrer Armbanduhr. „Ich bin doch echt verrückt. Mir läuft die Zeit weg. Ich hätte vor fünf Minuten hier nebenan zu meiner Verabredung mit meinen Freundinnen aufbrechen müssen, um die letzten Feinheiten für heute Abend zu organisieren. Und was mache ich? Ich hänge hier immer noch rum." „Passt schon", beruhigt sie Bernd, „die werden das auch ohne dich schaffen." „Da hast du hoffentlich recht, sonst habe ich heute Abend Stress." „Du wirst sehen, das klappt schon alles". Bernd sieht ihr fest in die Augen und ergreift ihre beiden Hände. „Liebe Claudia, für mich endet die wunderbare Zeit mit dir. Sie war – glaube mir – mein höchstpersönliches Märchen." „Mensch, Bernd, du weißt, ich heirate morgen. Da gibt es kein Happy End für dich und mich. Wach endlich auf." „Ich weiß." „Aber ich gestatte dir gerne, mein Lieber, unsere Referate zu einem Buch zusammenzufassen und daraus Profit zu schlagen. Meinen Segen dazu hast du jedenfalls. Nur wie du daraus ein Märchen machen willst, bleibt mir schleierhaft. Insofern fürchte ich, dass du demnächst doch beim Administrator festhängst." „Gibt es denn keine Märchen ohne Happy End?" „Ne." „Ich modifizierte nur zu gern den Ausgang der Geschichte. So wie dereinst Moses Mendelssohn die von Goethe verfassten ‚Leiden des jungen Werther' in nur wenigen letzten Absätzen umformulierte, um das Werk als ‚Freuden des jungen Werther' zu vermarkten." „He?", wundert sie sich. „Ne, echt, solltest du mal das Buch ‚Freuden des jungen Werther' in die Hände bekommen, lies es, ist echt lesenswert. Nur durch das Umschreiben des letzten Kapitels gab Mendelssohn dem Stück eine komplett andere Konnotation." „Das wird dir leider nicht gelingen, mein Lieber. Aber sieh es doch einmal so. Was wäre aus Goethe geworden, hätte er Charlotte Buffs Herz erobert? Bestenfalls ein in Wetzlar praktizierender Jurist ohne jede Wirkmächtigkeit. Ich bin mir sicher, ohne Charlottes Liebesentzug hätte es nie den Faust gegeben. Vielleicht gelingt dir Leidendem ja mit deiner Buchveröffentlichung auch so ein Erfolg. Denk an Goethe. Du brauchst nur eine zerbrochene Liebe." Bernd verzieht das Gesicht. „War aber trotzdem sehr schön mit dir. Ich fühlte mich von unserer spannungsgeladenen Diskussion wundersam geleitet, egal ob wir uns liebten oder nicht."

Quintessenz zur Kultur

„Darf ich dir, Claudia, noch als Letztes die ‚Gretchenfrage' stellen?" „Die was?" „Die ‚Gretchenfrage' nach deinem kulturellen Fazit?" „Ach so, ich dachte, nun packtest du deinen ‚Faust' aus." „Stimmt, ich wollte nach so viel Hauptmann, Kästner, Brecht und Dürrenmatt noch mal an Goethe erinnern. Denn das gehört zu jedem deutschen Vortrag. An seine berühmte ‚Gretchenfrage', die er in seinem Faust der Protagonistin in den Mund legte, ‚nun sag, wie hast du's mit der Religion?/Du bist ein herzlich guter Mann,/allein ich glaub, du hältst nicht viel davon'. Nur will ich meine Gretchenfrage nicht auf die Religion, sondern auf die Kultur beziehen. Wie also hälst du es mit der Leitkultur?"

„Ich habe dich doch schon einmal mit meiner Kulturdefinition zugetextet. An ihr hat sich nichts geändert. Vielleicht erinnerst du dich nicht mehr an sie. Warte mal, ich befand damals, zur Definition der Kultur bedürfe es fünf Sätze. Nämlich erstens: Kultur ist der soziale Kitt unserer Gesellschaft. Zweitens: dieser Kitt fußt auf unserem kollektiven Schwarmverhalten. Drittens: das Schwarmverhalten reagiert besonders sensibel auf technologiebedingte Änderungen. Viertens: diese Änderungen verlaufen zumeist disruptiv. Und fünftens: es gibt nur wenige Eckpfeiler, die kulturellen Änderungen standhalten'." „Stimmt, nun erinnere ich mich wieder. War sehr detailverliebt, aber o. k." Sie grinst.

„Ich habe übrigens einen anderen Weg gefunden und hierzu gestern abend ein paar Zeilen verfasst. Bist du interessiert, Claudia?" „Na klar, mein Lieber." Worauf er fortsetzt: „Stell dir mal vor, gerade ginge die Sonne am Ende eines lauen Frühlingsabends unter. Mal steht dir der Sinn nach einem gemütlichen Fernsehabend, mal nach einem guten Buch, mal nach dem Lauschen der Musik und mal nach dem Betrachten eines Bildes." „O. k., das kann ich mir gut vorstellen", erwidert sie. „Schließe die Augen, wenn ich dir die von mir verfassten Zeilen vortrage." „Gehört das zur Definition dazu?" „Na klar." „O. k., dann schieß mal los."

„Nichts soll heut uns mehr verdrießen,
da die Abendzeit ist nett.
Lass uns ‚einfach nur!' genießen,
bis wir gehen dann zu Bett.

Jedermann, er sollte wissen,
was das ist, das ‚einfach nur',
wenn wir endlich nichts mehr müssen,
dann genau beginnt ‚Kultur'."

„Nicht schlecht!", befindet Claudia, wieder ihre Augen öffnend. „Doch eigentlich bezog sich ja deine Gretchenfrage nicht auf die

Kultur, sondern die Leitkultur, oder?" „Stimmt." „Da bin ich mir wie du ganz ehrlich nicht mehr sicher. Irgendwie hat sich für uns Deutsche die Hoffnung Richard Wagners verflüchtigt, der befand, ‚die Deutschen sind nicht zu Herrschern, wohl aber zu Veredlern der Welt bestimmt'. Das stimmt nach dem Dritten Reich nicht mehr. Es mag sein, dass wir immer noch die merkwürdige Mischung aus Zielstrebigkeit und Tagträumerei in uns tragen, nur verloren wir unsere Unschuld. Sodass ich dazu neige, meine Kulturdefinition um einen sechsten Satz zu ergänzen." „Der da lautet", will Bernd erstaunt wissen. „Die Kultur beruht nicht auf einer Leit-, sondern einer Streitkultur!" Bernd sieht sie erstaunt an.

„Ja ehrlich, mein Lieber. Nach unseren sechzehn Vorträgen weiß ich, dass unser So-Sein auf einem permanenten Austausch von Erfahrungen und Verhaltensweisen beruht. Meist getragen von der Provokation der Jüngeren gegenüber den Älteren. Dieser Prozess führt zu Konflikten, die ausgetragen werden, bei denen sich jegliche Indoktrination als wirkungslos erweist. Erst indem wir um die Kultur ringen, entfaltet sich ihre erfrischende Wirkmächtigkeit in immer neuen Facetten. Das kannst du übrigens gut daran festmachen, wenn Mitbürger für mehrere Jahre ins Ausland ziehen. Kehren sie später zu uns zurück, kommen sie uns aufgrund jener fehlender Konflikterfahrungen irgendwie merkwürdig gestrig vor." Bernd sieht sie verblüfft an. „Bravo. Du bist dir aber schon darüber im Klaren, dass du die Leitkultur aufgegeben hast." „Na und", erwidert sie. „Dann hätten wir ja die Gretchenfrage auch geklärt", strahlt Bernd.

„Was verbliebe, wäre nur noch die Frage nach deinem persönlichen Erkenntnisgewinn." Claudia sieht ihn erstaunt an. „Ich habe verdammt viel über unsere Kulturgeschichte gelernt. Ich wäre froh, wenn du unsere Erfahrungen zu Papier brächtest, denn ich fände, ich könnte angesichts der Komplexität unserer Geschichte durchaus noch eine Wiederholung vertragen." „Ich übrigens auch." „Und persönlich?" „Ich habe, mein Lieber, einen tollen Freund gewonnen, der bereit ist, mich morgen als Trauzeuge zum Gottesdienst zu geleiten. Und du?" „Ich fand meine große

Liebe. Habe sie wieder einmal verbockt. Genauso wie von Max Frisch vorhergesagt." „Kanntest du Max Frisch?" „Ne, habe nur seine ‚Biografie' gelesen." „Die habe ich wohl bei meiner Auflistung heute vergessen, oder?" „Ne, die gehört ins vorige Jahrhundert. Wenn hier einer etwas vergaß, dann war ich es." „Und worum geht es in dem Stück, mein Lieber?"

„In jenem räumt der ‚Administrator' seinem Protagonisten die einmalige Chance ein, sein Leben noch einmal zu leben, seine Beziehung anders zu gestalten, um erneut – beim zweiten und auch dritten Mal – zu scheitern. Obwohl er sich unglaubliche Mühe gibt, alte Fehler nicht zu wiederholen. Um neue zu machen. Max Frisch schrieb in seinem Nachwort ‚in eigener Sache', ‚es geschieht etwas und etwas anderes, was ebenso möglich gewesen wäre, geschieht nicht. Und selbst, wo wir Entscheidungen treffen, bleibt uns der Verdacht, dass es die Gebärde eines Gesteuerten ist, der nicht weiß, was ihn steuert'. Frisch setzt dann fort, ‚es gibt die Zeit und dadurch Unwiderrufbares. Das Ergebnis bedeutet nicht, dass mit den gleichen Figuren nicht auch eine ganz andere Partie hätte stattfinden können als gerade diese, die Geschichte geworden ist. Biografie wie Weltgeschichte. Jeder Verlauf, der dadurch, dass er stattfindet, andere Verläufe ausschließt, unterstellt sich selbst einen Sinn, der ihm nicht zukommt. Das ist es doch, was durch Unwahrheit langweilt. Das Gespielte – wie das Erzählte – hat einen Hang zum Sinn, den das Gelebte nicht hat'."

Sie sieht ihn entgeistert an. „Worauf willst du hinaus? Doch nicht darauf, dass aufgrund deiner hoffnungslosen Biografie gleich auch noch unsere Kultur zufallsbedingt ist?" „Wenn du das Argument Frischs berücksichtigtest, wäre das Ergebnis unseres kulturellen Tuns und Handelns nichts anderes als das zufällige Resultat einer Laune des Schicksals, nur das breite Fahrwasser, in dem wir treiben, um unseren Kurs mal auf das linke und mal auf das rechte Ufer zu nehmen. Es ist der Streit, der uns leitet. Mal sind Politiker die Meinungsführer, dann aber auch wieder Musiker oder Literaten, die mit ihren provokanten Thesen eine ebenso dominante Wirkmächtigkeit entfalten."

Sie blickt auf ihr Handy. „Merde, es gibt ein neues Problem. Der DJ hat gerade abgesagt." „Das klingt nicht gut." „Nicht wirklich, muss dringend zu meinen Mädels." Sie springt auf. „Freue mich auf heute Abend. Tut mir zwar leid, wenn ich dich hier sitzen lasse, aber du bist ja ohnehin der Überzeugung, deine Biografie ist mit oder ohne mich vorbestimmt." „Bis später!", ruft Bernd ihr hinterher, während er den letzten Schluck im Glase zu sich nimmt.

Polterabend

Als Bernd gegen 21:00 Uhr verspätet die Party-Räumlichkeit betritt, stellt er fest, dass sich hier – sicher coronabedingt – nur ein kleiner Kreis von vier Dutzend Gästen eingefunden hat. Gleichwohl ist die Stimmung laut, heftig und schrill. Laut, weil die offensichtlich vom Handy aus über die Anlage gespielte Musik aus der Sicht Bernds die Anwesenden erfreulicherweise dazu zwingt, sich anstelle üblicher Prahlereien auf eine vornehmlich tanz- und körperbezogene Kommunikation zu reduzieren. Heftig, weil offenbar die angekündigte Kontaktsperre die anwesenden, vornehmlich jungen Leute dazu bringt, extrovertiert auf der Tanzfläche auszuflippen. Und schrill, weil es sich erkennbar um zwei Gruppen handelt, die schon optisch eine tiefe Disharmonie der Versammelten widerspiegelt. Auf der einen Seite eine sehr stylisch aussehende Gruppe um den Bräutigam und auf der anderen eher leger Gekleidete, denen erkennbar das ‚Aufgebrezelt-Sein' der anderen auf den Keks geht.

Bernd begibt sich zur Bar, um sich einen Wodka-Martini mixen zu lassen. Hier erscheint es ihm nicht ganz so laut zu sein. Er wird von einer jungen Frau angesprochen: „Hast du auch die Rede der Kanzlerin um 19:20 gehört? War ja echt ernst. Verdammt ernst." „Ich fand es gut, dass sie auf jegliches Kampfvokabular verzichtete. War keine Rede vom Krieg gegen das feindliche Virus." „Stimmt, solche Reden gingen bei mir eh nach hinten los." Bernd kippt das Glas auf ex in sich hinein, um den Barkeeper um ein weiteres Glas Wodka-Martini zu bitten. „Du trinkst zu viel", befindet die immer noch neben ihm stehende junge Dame. „Liegt daran, dass mir das Getränk schmeckt." „Aber nicht bekommt. Oder bist du James Bond?" Er sieht sie prüfend an: „Bist du etwa diejenige, mit dem Claudia mal etwas hatte?" „Wenn du es genau wissen willst, ja. Findest du sie auch immer noch geil?" Bernd wundert sich über ihre Wortwahl, um knapp zu erwidern: „Um ehrlich zu sein, ja." „Siehst du, dann geht es dir genauso wie mir. Einfach zu schade, dass sie ihr Herz an ein solches Arschloch verschleuderte." „Willst du noch einen mit mir trinken?" „Gerne."

Nach einer Weile befindet Bernd, es ist nun auch für ihn Zeit zu tanzen. Er bestellt sich bei der, die Musik steuernden Handy-Besitzerin das ruhige Lied Eros Ramazottis ‚Cose bella vita'. Dann begibt er sich zurück an die Bar. Als wenig später die ersten Akkorde seines Musikwunsches erklingen, steuert er zielstrebig auf Claudia zu, um sie mit den Worten „darf ich bitten?" auf die Tanzfläche zu locken. „Na klar", erwidert sie strahlend. Sie tanzen wie ein altes Liebespaar, eng umschlungen, zu eng, wie Josef befindet, der jedoch stolz darauf zu sein scheint, sich als Tanzmuffel auszugeben. Sie genießt die Obhut in Bernds kräftigen Armen, um leise die Zeilen des Liedes mitzusingen, ‚confinanti di cuore, solo che ognuno sta, sto pensando a te, a noi'. „Weißt du, was das bedeutet?", will er erstaunt wissen. „Na klar, benachbarte Herzen, wie einsam jedes ist, hinter den Zäunen ihres Selbstbewusstseins, ich denke an dich, an uns." „Dann habe ich mir ja intuitiv genau das richtige Lied ausgesucht", stellt Bernd erfreut fest. „Du wirst sicher nicht überrascht sein, mein Lieber, dass anschließend ein anderes, von mir ausgesuchtes folgt", erwidert Claudia. Dann erklingen auch schon die Töne des Liedes ‚Männer' von Herbert Grönemeyer. Er beginnt sie zunächst vorsichtig, dann immer heftiger beim offensichtlich ihr gefallenden ‚Knotentanz' herumzuschleudern, sich immer mehr an ihren synchronen Bewegungen erfreuend. Sie singt laut mit, ‚Männer sind einsame Streiter,/müssen durch jede Wand, müssen immer weiter'. Längst ruhen die Augen der meisten Gäste auf ihnen.

Als das Lied endet, ergreifen zwei Freunde Josefs das Mikrophon. „Liebe Claudia, es ist die Sitte, die Brautleute kurz vor dem eigentlichen Hochzeitsfest hochleben zu lassen. Du bist echt anders als Josef, wie ein Rohdiamant, der noch eines gründlichen Schliffes bedarf, um dich in unserer Welt zurechtzufinden. Wir haben ein Lied vorbereitet, in dem wir den Text von Festzelt Juppie umdichteten, das wir nun gerne vortragen wollen." Einer der beiden ergreift die Gitarre, dann beginnen sie auch schon zu singen: „Für einen Augenblick, da wurd er schwach,/trotz ranziger Klamotten neben ihr wach./Und fragte sie höflich, besorgt überaus,/hast du keinen Spiegel bei dir da zu Haus?/Du siehst so scheiße aus, mach die Lichter aus,/zieh die Klamotten aus,/ich halt's nicht mehr aus." Während sich der eine Teil der Gesellschaft prächtig amüsiert, ist der andere sichtlich genervt. Claudia ist sauer, weiß aber, sich bei Josefs Freunden keine Blöße geben zu wollen. Es folgt ein lang anhaltender Beifall der Freunde Josefs.

Bernd zieht sich zurück, um an einer Replik zu arbeiten. Er kehrt nach zehn Minuten zurück. Alle sind wieder auf der Tanzfläche. Als sich abzeichnet, dass sich kein weiterer Gast zu Wort meldet, entschließt sich Bernd, trotz seines angetrunkenen Zustands ans Glas zu klopfen. Kaum haben sich alle Augen ihm zugewendet, beginnt er: „Es war einmal 'ne junge Frau,/die wusst im Herzen nicht genau,/wen sie zum Manne nehmen sollte./Denn zwei, sie standen ihr zur Wahl,/bereitend ihr manch Seelenqual,/wen sie im Herzen ehrlich wollte." „Sag bloß", unterbricht ihn Josef lautstark, „du willst dich mit einem Märchen lächerlich machen. Vergiss nicht, das hält für dich kein Happy End bereit." Die Gesellschaft bricht in schallendes Gelächter aus. Bernd setzt erneut an: „Ich bin, wie man unschwer an meinem Outfit erkennen kann, ein Freund der Braut, der laute Musik liebt, gerne tanzt, seine Umwelt mit kritischen Augen betrachtet und offenbar für einen gewissen Kreis hier ‚echt scheiße' aussieht. Ein Spinner und Tagträumer also, der versuchte, Claudias Herz zu erobern, um am Ende feststellen zu müssen, dass sie ihr Herz an

Josef verschleuderte. Insofern endete das Märchen für Claudia mit einem Happy End: ‚Sie folgte einem inn'ren Rat/und dachte, wer viel Knete hat/und schwimmt sogar in seinem Geld,/ja, dem gehört, ganz klar, die Welt./Und die Moral von der Geschicht'/Bescheidenheit, die lohnt sich nicht'." Ein Teil der Hochzeitsgesellschaft applaudiert. „Kein schlechtes Ende!", ruft Claudia erfreut.

„Zwei persönliche Dinge will ich dir noch zurufen, Claudia. Erstens, wenn es bei euch mal nicht läuft, dann ruf mich an. Dann werde ich für dich da sein, genauso wie es Revolverheld besang, ‚ich lass für dich das Licht an, obwohl's mir zu hell ist,/ich hör mit dir Platten, die ich nicht mag,/ich gehe mit dir in die schlimmsten Schnulzen,/ist mir alles egal, Hauptsache du bis da'." Ein Zwischenruf bringt ihn aus dem Takt: „Wer hat denn dem eifersüchtigen Spinner ein Rederecht eingeräumt?" Worauf ein erneutes schallendes Gelächter ausbricht. Bernd schwankt, vom Wodka erkennbar gezeichnet. „Liebe Claudia, du brauchst dir zweitens keine Sorgen um mich zu machen, sondern wenn, nur um dich. Ich schätze sehr Vicky Leandros Lied ‚du weißt, ich liebe das Leben,/die Welt wird sich weiterdreh'n,/auch wenn wir auseinandergeh'n'. Allerdings solltest du dir Sorgen um dich selbst machen, da ich mit dir das Bild einer begeisterten Skifahrerin und Pferde-Närrin verbinde. Wisst ihr, was der traurigste Tag im Leben einer Skifahrerin ist? Wenn es taut. Und der der Pferde?" Die meisten blicken verständnislos drein. „Wenn sie eingefangen werden, um fortan, zu arbeitsamen, fleißigen Haustieren zugeritten, sich in der Nützlichkeit ihres Daseins verlieren." „Jetzt reicht es!", ruft Josef sichtlich erzürnt, um mit diesem Bemerken wieder die Musik laut aufzudrehen.

Bernd torkelt in Richtung Toilette, wo er von einem Freund Josefs angepöbelt wird: „Was war denn das für eine weinerliche Nummer?" Ein anderer stellt Bernd ein Bein. Er stürzt und verweilt einige Momente benommen am Boden, um dann verzweifelt zu versuchen, sich aus eigner Kraft wieder aufzurichten. Was ihm nicht gelingen will. Claudia bittet einen alten Schulfreund, ihm aufzuhelfen. Dabei auf Bernd einredend: „Du siehst echt angeschlagen aus, ich glaube, du solltest dich direkt ins Hotel begeben." Bernd nickt und verlässt den Raum, als ihm Claudia noch hinterherruft: „Nicht vergessen, die Trauung beginnt um Punkt 11:00 Uhr." Während ihm Josef noch hinterherbrüllt: „Und die Moral von der Geschicht', der Dichter kommt zum Zuge nicht."

Während sich die Freunde Josefs über den gelungenen Abgang des Deppen amüsieren, wirken die Freundinnen Claudias ein wenig verstört. Um sich nun erst recht am wilden Tanz zu Rammsteins Musik ‚Ich will' aufzuputschen. Das wiederum missfällt Josef, der sich wenig später in sein Hotelzimmer zurückzieht. Claudia hingegen bleibt auf der Tanzfläche, viel zu aufgekratzt, um ausgerechnet an diesem Abend auch nur ein frühes ‚Zu-Bett-Gehen' in Erwägung zu ziehen …

Hochzeitsfeier

Bernd erwacht infolge merkwürdig lauter Geräusche vor seinem Hotelfenster. Ein Lichtstrahl fällt auf sein Gesicht. Er dreht sich zur Seite, um auf sein Handy zu blicken. Es ist 10:47 Uhr. „Verdammt, habe wohl den Wecker doch nicht mehr gestellt", murmelt er leise, um von einem stechenden Kopfschmerz erfasst zu werden. „Wann begann die Hochzeitszeremonie noch? Au weia, in zehn Minuten." Er springt aus dem Bett und versucht, das Brummen seines Kopfes mit dem kalten Strahl des Duschwassers zu übertünchen. Da dies nicht gelingt und Eile geboten ist, dreht er den Hahn wieder zu und trocknet sich nur kurz ab. Nach dem Zähneputzen, das ihm ob seiner Fahne obligatorisch erscheint, wirft er sich hastig noch zwei Aspirintabletten ein. Ausgerechnet er als Trauzeuge weiß, es sich nicht leisten zu können, zu spät zu kommen. Er streift sich in aller Eile sein Hemd über. An einem altbekannten Geräusch vernimmt er, soeben seinen Hemdsärmel eingerissen zu haben. „Egal", brummt er. Als er sich mühsam in den in die Jahre gekommenen, etwas geschrumpften schwarzen

Anzug zwängt, beginnt eine Glocke zu läuten. Ein wenig unnatürlich klingend, offensichtlich vom Band abgespielt. „Ist doch Mist, wenn man nicht in einer Kirche, sondern in einer Event-Location heiratet", murmelt er leise vor sich hin.

Er stolpert in noch leicht torkelndem Gang den Parkweg hinunter in Richtung Lingner-Schlösschen. Die Hochzeitsgemeinde ist schon im Gebäudeinneren verschwunden. Am Fuße der Wendeltreppe sieht er, wie die Braut von ihrem Vater in Richtung Kinosaal geführt wird. So bleibt ihm nichts anderes übrig, als zügig zu ihnen aufzuschließen und hinter ihnen her zu trotten. Beim Betreten des Kinosaals nimmt er Josef wahr, der im ‚Stresemann' einen noch eleganteren Eindruck macht als sonst. Der Brautvater macht vor der Bühnentreppe halt, während Claudia versucht, die schmale Treppe zu erklimmen. Auch sie schwankt. Beherzt drängelt sich Bernd am Brautvater vorbei, um Claudia zu stützen, just als sie ins Straucheln kommt. Um von Bernd im letzten Moment ergriffen zu werden. Erst jetzt reicht der auf der Bühne stehende Josef Claudia seine Hand, die sie ergreift. Nicht nur für Bernd ist unübersehbar, dass Josef sichtlich erzürnt über den angeschlagenen Zustand seiner Braut ist. Sie lässt sich auf ihrem zugewiesenen Platz in den Stuhl fallen. Josef und die beiden, ebenfalls mit einem ‚Stresemann' bekleideten Trauzeugen nehmen zu ihrer Linken Platz, während Bernd noch einen kleinen Moment in die illustre Gesellschaft schaut, bevor er neben Claudia Platz nimmt, um ihr betont lässig ein kurzes ‚Hi' zuzuraunen, was sie mit einem Lächeln erwidert.

Er bemerkt mit einem gewissen Vergnügen, dass ihr Schleier ihre Fahne nicht abschirmt: „Na, ganz nüchtern bist du ja auch nicht. Welcome to the Club." „Ist verdammt spät geworden", murmelt Claudia. „Dann kannst du dir wenigstens später nicht vorwerfen, an deiner Hochzeit etwas verpasst zu haben." „Ne, bestimmt nicht." Bernd beobachtet sie von der Seite, still für sich befindend, dass sie in ihrem leicht angeschlagenen Zustand noch anziehender wirkt als sonst. Er lächelt sie an, sie kichert. Dann muss sie aufstoßen. Worauf sie der Bräutigam anraunzt: „Nun reiß dich doch endlich zusammen! Das darf doch nicht wahr sein, die ganze Nacht durchzufeiern, um ausgerechnet heute einen Fehltritt nach dem anderen zu begehen." „Entschuldige." „Ist doch eine Schande, was sollen denn meine Kollegen von mir denken?" „Dass du eine Alkoholikerin heiratest?" „Findest du das witzig?" „Es tut mir ja leid, warum hast du mich gestern auch allein zurückgelassen?" „Du hättest ja mit mir kommen können, doch du konntest den Hals natürlich nicht voll genug bekommen." „Ihr klingt ja jetzt schon wie ein altes Ehepaar", kann es sich Bernd nicht verkneifen. „Und du verschwindest am besten", faucht ihn Josef an. „Ich denke, ich soll hier deinen Bund der Ehe bezeugen", erwidert Bernd. Claudia kichert erneut. „Da seht ihr mal, wozu euch eure dämliche Kultur gebracht hat. Nur an den Abgrund, als ob es nichts Wichtigeres gäbe." „Was soll denn wichtiger sein?", will sie erstaunt wissen. „Anstand und Contenance." „Du meinst wohl Knete?", mischt sich einer der andren Trauzeugen in die Konversation ein.

Der Pfarrer begrüßt die Gemeinde mit lauter, diese Konversation übertönender Stimme. Anschließend fordert er sie auf, beim nun einsetzenden Kirchenlied ‚Geh aus mein Herz und suche Freud' möglichst beherzt mitzusingen. Bernd hört Josef sagen: „Und du, komischer Vogel, machst gleich nach dem Ende der Zeremonie hier einen Abflug, damit das ganz klar ist." „Habe ich ohnehin vor, kann gar nicht so viel trinken, wie ich kotzen möchte." „Weißt du, wozu du mich eigentlich brauchst, Josef?", erkundigt sich Claudia, als die Gemeinde zur zweiten Strophe anstimmt. „Du benötigst mich doch bloß als eine Puppe, um deinen Geschäftspartnern eine heile Welt vorzugaukeln." „Das gelänge doch nur, wenn du vorzeigbar wärest." „Was soll denn das heißen?", erwidert sie, in Tränen ausbrechend, „schämst du dich etwa, mit mir auszugehen?" „Wie blöd ist das denn, du organisierst eine Trauung, um dann so zu erscheinen, nur weil dir jegliche sittliche Reife fehlt. In Zukunft werden wir Partys gemeinsam gegen Mitternacht verlassen." Sie wendet ruckartig ihren Kopf von Josef ab. Bernd nimmt selbst durch den Schleier das Blitzen ihrer Augen wahr, um sich während der nun folgenden Predigt auszumalen, wie aufregend und chaotisch ein Wiedersehen mit ihr aussehen könnte.

Dann folgt der kirchliche Trauungsakt. Der Pfarrer bittet die beiden aufzustehen, um mit tragender Stimme fortzufahren: „Gott hat euch einander anvertraut. Wollt ihr als Eheleute einander lieben und ehren und die Ehe nach Gottes Gebot und Verheißung führen, in guten wie in schlechten Tagen, bis dass der Tod euch scheidet, so antwortet: Ja, mit Gottes Hilfe. Er wendet sich Claudia zu. Sie schweigt. Worauf der Pastor ihr leise zuraunt: „Sie müssen jetzt auf meine Frage antworten." Claudia starrt den Pfarrer gedankenverloren an. Was die im Saal Versammelten nicht sehen können, ist das synaptische Feuerwerk wild kreisender Gedankenfetzen, das es ihr unmöglich macht, auch nur einen klaren Gedanken zu fassen. Geschweige denn, zugleich auch nur ein Wort herauszubringen. Im Saal wird es derweil unruhig. Die ersten Besucher der vorderen Reihen rutschen auf den Stühlen hin und her. Der Pastor wiederholt derweil seine an Claudia gerichtete Frage: „Sie sollten nun antworten, Claudia!" Worauf Bernd nur das Zischen von Josef vernimmt: „Du blöde Kuh, nun mach hinne, sonst war's das mit deiner Top-Partie." Claudia gibt vor, husten zu müssen. Bernd ergreift intuitiv ihre Schulter, während das Publikum den Atem anhält. Claudia wirkt nun wieder etwas gefestigter, holt tief Luft, um mit fester Stimme zu antworten: „Hier stehe ich, ich kann nicht anders. Nein!"

Ein Raunen geht durch den Saal. Der Pastor versucht, die Fassung zu wahren. „Die Wege des Herrn sind, liebe Gemeinde, unerfindlich." Um die Situation zu retten, schlägt er vor: „Ich bitte euch, liebe Gemeinde, gleichwohl zum Abschluss des heutigen Gottesdienstes das von den beiden gewünschte Lied ,Lobe den Herren' anzustimmen." Der Organist zögert einen Moment, um dann doch der Aufforderung des Pastors zu folgen. Doch da haben sich die Gäste Josefs bereits von den Stühlen erhoben, um sich zu den einsetzenden Klängen der Orgel laut schimpfend in Richtung Ausgang zu begeben. Einer von ihnen ruft laut: „Unverschämtheit, und dafür musste ich in dieses verdammte Kaff reisen." „Recht hast du, hat nur einen Provinzflughafen ohne vernünftige Anschlüsse", kommentiert ein Zweiter, um fortzusetzen, „in was für eine dämliche Ossi-Tussi hat sich Josef bloß verrannt?" Josef sackt in seinem Stuhl in sich zusammen, während Claudia voller Inbrunst mitsingt: „Lobe den Herren, der alles so herrlich regieret,/der dich auf Adelers Fittichen sicher geführet." So laut schmetternd, wie sie es gefühlt noch nie tat. Während sich Josef erhebt, um die Bühne zusammen mit seinen beiden Trauzeugen leise zu verlassen, erschließt sich ihr während des Singens der Text auf eine neue, wundersame Weise, ‚denke daran,/was der Allmächtige kann,/der dir mit Liebe begegnet'. Der Gottesdienst endet mit dem kirchlichen Segen.

Während der genervte Pfarrer schnell entschwindet, erhebt sich Claudia in aller Ruhe, Bernd bittend, sie von der Bühne herunter zu geleiten. Was Bernd sich nicht zweimal sagen lässt. „Heißt das, unsere Beziehung hat doch noch eine Zukunft?" „Zumindest heißt das, ich fühle mich nun verdammt unwohl bei dem Gedanken, dass du dich mit deinem Buch unsterblich machen willst. Man sollte eben aus den Fehlern Charlotte Buffs lernen. Hätte sie Goethe nicht den Laufpass gegeben, wäre uns zwar ein großer Literat verloren gegangen, sie aber hätte einen bezaubernden Liebhaber gewonnen. Man kann eben immer was aus unserer Kultur lernen."

Claudia bittet ihre Gäste, sie auf die Elbterrasse zu begleiten, wo sich Josef und seine Gäste laut über das flegelhafte Verhalten Claudia echauffieren. Claudia fordert ihre Gäste auf: „Übrigens, der Champagner und das Essen heute Mittag sind bereits bezahlt. Lasst uns bloß auch ohne die hochnäsige Mischpoke da vorne feiern! Wo schon mal alle meine Freunde hier versammelt sind." Sie stoßen gemeinsam an, dann stellt Claudia Bernd ihren Eltern vor. Ihr Vater begrüßt ihn mit den Worten: „Ach, Sie sind der arme Poet von gestern Abend. Da haben Sie wohl bei meiner Tochter die richtigen Töne getroffen. Auch wenn ich, ehrlich gesagt dachte, sie waren ein wenig zu weinerlich." „War nur etwas angeschlagen", versucht sich Bernd zu rechtfertigen. „Das kann man wohl sagen", befindet amüsiert Claudias Mutter, „herzlich willkommen im Kreis unserer chaotischen Familie. Was gibt es

Langweiligeres als Konvention? Fand übrigens bei meiner Tochter den Verweis auf Wildpferde echt cool. Sie wissen aber, dass meine Tochter keine Pferdeliebhaberin ist, oder?" „Ne", erwidert Bernd freudig strahlend.

Bernd wendet sich wieder Claudia zu: „Du hast eine bessere ‚Josephsgeschichte' verdient." „Was soll das denn schon wieder, mein Lieber?" „Sag bloß, du kennst nicht Thomas Manns ‚Josephsgeschichte'?" „Ne." „Der beschreibt in seinem Roman zwei Ebenen, nämlich zum einen die Gegenwart mit ihren Bindungen und Verpflichtungen, ihren Freuden und ihren Bedrängnissen. Und zum anderen die doppelschichtige Ebene der auf sie einwirkenden Dimensionen der Vergangenheit und Zukunft, um mit mythischen Überlieferungen und wilden Zukunftsträumen wirkmächtig unsere Gegenwart zu bestimmen. ‚Denn die Gegenwart sucht stets nach Orientierung, um aus der unergründlichen Tiefe der Vergangenheit und der Verheißung der fernen Zukunft Kraft zu schöpfen'." „Na ja, die vergangenheitsorientierte Betrachtung wäre mir zu wenig, du kennst doch meinen besonderen Hang zur Zukunft." Um anschließend den um sie Versammelten zuzuprosten: „Na, dann vorwärts in die Vergangenheit."

„Gehe ich recht in der Annahme, du gewöhnst dich an die Vorstellung, unser Experiment fortzusetzen?", will er beglückt wissen. „Wie wäre es zunächst mit einem gemeinsamen Hobby? Einem Mittelding aus meiner ‚Action-betonten-Welt' und deinem die Seele baumeln lassenden Lebensstil?" „An welches denkst du?" „Wie wäre es mit dem Schlittschuhlaufen?" Bernd kann es sich nicht verkneifen: „Alle Ecken, Kanten, Spitzen deine/lieb ich: Nullen haben nämlich keine." Sie muss lachen.

Dagegen schäumen die auf der anderen Seite der Elbterrasse stehenden Verwandten und Freunde Josefs. „Da hast du aber wirklich noch mal Glück gehabt, dass du diese Schnepfe los bist." „Das kann man wohl sagen. Manchmal macht Liebe wirklich blind." Claudia erhebt mit Blick auf sie das Glas und ruft so laut sie nur kann: „Auf die Freiheit!" Um anschließend ihr Glas auf ex in sich hineinzustürzen. Begleitet von einem lauten, zustimmenden Kreischen ihrer Freundinnen. Was Josef und seine Gruppe dazu veranlasst, die Terrasse umgehend zu verlassen. Josef ruft Claudia noch hinterher: „Du dämliche Kuh, geh doch zu dem poetischen Spinner, so wirst du jedenfalls nie ein sorgenfreies Leben führen. Du und deine alberne Leitkultur! ‚Dass ich nicht lache,/ nichts als 'ne flache/leitkulturelle/Kult-Bagatelle'." „Wenigstens hast du das Dichten nicht verlernt", ruft ihm Claudia hinterher.

Um sich wieder Bernd zuzuwenden: „Und wohin reisen wir? Hinauf aufs offene Meer?" „Wenn wir da noch hinkommen. Wie lange Zeit hast du denn?" „Ich habe vor, in den nächsten Wochen meine Arbeit ins Homeoffice zu verlegen." „Na dann? Meinst du, wir überleben in Zweisamkeit die Quarantäne unbeschadet?" „Wäre doch einen Versuch wert, oder?" „Jedenfalls freue ich mich auf meinen ganz persönlichen Sprung in die ‚Nach-Corona Glückskultur', einer neuen Zeit mit entschleunigter Kontemplation und etwas mehr Bescheidenheit." Sie nimmt ihn liebevoll in den Arm und küsst ihn. Die sie umgebenden Frauen fangen an, begeistert zu klatschen. „Darf ich dir erzählen, wie mein Märchen in dem nun vor mir liegenden Buchprojekt enden wird?" „Von mir aus, mein Lieber."

„Und die Moral von der Geschicht'/man unterschätze Dichter nicht!" „Was für ein schönes Happy End." Unweigerlich kommen ihm die Zeilen von Joris in den Sinn, in denen er sich während der gestrigen Autoreise immer wieder verfing, ‚und immer, wenn es Zeit wär' zu gehen,/vergess ich, was mal war, und bleibe steh'n./Das Herz sagt bleib, der Kopf sagt geh'n'. Und ich Trottel dachte gestern noch: ‚Kopf über Herz'. Ne, er ist sich inzwischen sicher: Richtig heißt es ‚Herz über Kopf'. Komme da, was wolle!

Zeittafel zur Treppenwitz-Trilogie

Band I zur Urkultur

Urzeit	**(-13.700.000.000 bis -800)**
Steinzeit	(-13.700.000.000 bis -5000)
Jungsteinzeit	(-5000 bis -2300)
Bronzezeit	(-2300 bis -800)
Antike	**(-800 bis 700)**
Keltenzeit	(-800 bis 0)
Römerzeit	(0 bis 400)
Dunkle Zeit	(400 bis 700)

Band II zur Hochkultur

Mittelalter	**(700 bis 1500)**
Frühmittelalter	(700 bis 1000)
Hochmittelalter	(1000 bis 1250)
Spätmittelalter	(1250 bis 1500)
Frühneuzeit	**(1500 bis 1850)**
Humanismus	(1500 bis 1650)
Absolutismus	(1650 bis 1800)
Biedermeier	(1800 bis 1850)

Band III zur Zeitkultur

Neuzeit **(1850 bis 2000)**
Kapitalismus (1850 bis 1900)
Nationalismus (1900 bis 1950)
Europäisierung (1950 bis 2000)

Jetztzeit **(2000 bis 2050)**
Regularismus (2000 bis 2020/21)
Nahe Zukunft (2020/21 bis 2050)

Bewerten
Sie dieses Buch
auf unserer
Homepage!

www.novumverlag.com

Der Autor

Walther Wever wurde 1955 in Essen geboren und studierte unter anderem Philosophie und VWL in Freiburg, Hamburg und Newark, Delaware. Der seit seinem Studium geschichtsbegeisterte Vater dreier Kinder war beruflich in Brüssel, Hamburg, Prag, Hannover und München tätig und ist seit 2015 freier Autor.

novum ▲ VERLAG FÜR NEUAUTOREN

Der Verlag

*Wer aufhört
besser zu werden,
hat aufgehört
gut zu sein!*

Basierend auf diesem Motto ist es dem novum Verlag ein Anliegen neue Manuskripte aufzuspüren, zu veröffentlichen und deren Autoren langfristig zu fördern. Mittlerweile gilt der 1997 gegründete und mehrfach prämierte Verlag als Spezialist für Neuautoren in Deutschland, Österreich und der Schweiz.

Für jedes neue Manuskript wird innerhalb weniger Wochen eine kostenfreie, unverbindliche Lektorats-Prüfung erstellt.

Weitere Informationen zum Verlag und seinen Büchern finden Sie im Internet unter:

w w w . n o v u m v e r l a g . c o m

Walther Wever

Treppenwitz zur Urkultur

Sprung in unsere Leitkultur?

ISBN 978-3-95840-882-1
290 Seiten

Bernd und Claudia lernen einander durch Zufall im Hofbräuhaus kennen, wo sich eine Diskussion über den Begriff „Leitkultur" zwischen ihnen entspinnt. Aus dieser entwickelt sich eine Serie von Vorträgen über die mitteleuropäische Urgeschichte.

novum VERLAG FÜR NEUAUTOREN

Walther Wever
Treppenwitz zur Hochkultur
Beginn unserer Traumkultur?

ISBN 978-3-948379-20-9
500 Seiten

Kulturgeschichte gilt heute nicht mehr en vogue. Doch Walther Wever gelingt es, unsere vom Mittelalter bis zur Romantik reichende Hochkultur heiter zu erzählen, eingebunden in Tagebucheinträge einer Romanze zweier Liebender.

Printed in Dunstable, United Kingdom